JN106094

ドゥルーズ+ガタリ

仲正昌樹

〈千のプラトー〉入門講義

Introductory Lectures on Mille Plateaux

作品社

［はじめに］

「俺に分からないものに価値はない！」、と開き直る前に

一九八〇年代半ばから九〇年代にかけて、日本に「現代思想」ブームが起こった。

今の若い人は、〝現代思想〟と聞いても、現代一番流行っている思想というくらいにしか思わないかもしれないが、当時の「現代思想」には非常に狭い意味があり、どういう思想家のどういうタイプの理論や言説が、それに属するのか、かなりはっきりしていた。主にフランスで、「実存主義＋現象学」以降に台頭してきた思想、構造主義革命と呼ばれるものを経て、デカルト的な理性の主体を括弧に入れ、精神分析や文化人類学、記号学などの新たな知見を導入して、「人間」を捉え直すとする、レヴィ＝ストロース、ラカン、バルト、フーコー、デリダ、ドゥルーズ、ガタリなどの理論的言説が、「現代思想」だった。

日本での「現代思想」――ジャーナリズムやサブカル・広告批評などと融合した、新しい知のスタイルを標榜したことから「ニュー・アカデミズム」とも呼ばれた――の旗手として目立ったのが、浅田彰や中沢新一で、彼らがネタ元としてしばしば引用したのが、ドゥルーズ＋ガタリの二大共著『アンチ・オイディプス』と『千のプラトー』だ。

この二冊は、いわば、「現代思想」のバイブルだったが、テーマが多岐にわたるうえ、いろいろ奇妙な造語や表現が出てくるし、多方面に戦線を広げていくので、どこに話が収斂していくのか、見極めにくい。翻訳を読んでも、なかなかピンと来ない。あまり頭に残らない。そこで浅田など、〝専門家〟たちによる、ピン・ポイント解説に頼りきることになる。解説で強調されているカッコよさそうなキーワードだけは何となく分かるが、元のテクストを読んで確かめようとすると、どうしてそういう解釈になるのか、どういう文脈で出てきた話なのか理解できず、途方に暮れてしまう人が多かったのではないか。

そのせいで、この二つの著作を、分からないからこそ、ありがたいと言わんばかりに神秘化してあがめるか、「ジャーゴンでごまかしているだけに決まっている。内容はない」、と決めつけ、反ポモ的な言動に走るかの、いずれかの両極端に陥りやすい。

そういう状態を少しでも解消するため、五年前に『アンチ・オイディプス』の、今回、『千のプラトー』の講義・解説書を刊行

した。これらのテクストは確かに読みにくい。

タイトルから、精神分析のオイディプス仮説批判だということだけは理解できる『アンチ・オイディプス』に比べても、『千のプラトー』は何を批判・解体しようとしているのかさえ分かりにくい。「プラトー（高原）」と、人間の主体性とか理性に何の関係があるのか。

しかし、前回も言ったことだが、分からないからと飛ばし読みしないで、ドゥルーズたちの引用・参照元になっている生物学史、文化人類学、考古学、精神分析、哲学、小説、文芸批評、経済学、科学哲学などのテクストを、実際手に取って読んでみると、彼らが何を問題にしているか徐々に分かってくる。分かったことを、断片的になってもいいから随時にメモに取り、それらの間にどういう繋がりがあるか辛抱強く考え続けると、一見バラバラに見える各プラトーを結ぶ線が徐々に見えてくる。

慣れない外国語や古文を読む時と、同じ要領である。いつか全部分かるようになりたいという願望を抱き続け、ちょっとずつ理解を進めていくしかない。ＤＶＤの早回しのようにして、早分かりし、カッコよく現代思想のエッセンスをすらすら語れるようになりたいという横着者は、間違いなく挫折する。そもそも、何のために読むのか？

「俺に分からないものに価値はない！」、と開き直る前に、自分が本当に理解しようとしているのか反省すべきだ。

目次

ドゥルーズ+ガタリ〈千のプラトー〉入門講義

【第六回目の講義風景】

本書は、「読書人隣り」で行われた全７回の連続講義（2020年1月11日～9月12日）に、適宜見出しで区切り、文章化するにあたり正確を期するべく大幅に手を入れたものです。なお講義の雰囲気を再現するため話し言葉のままとしました。また講義内容に即した会場からの質問も、編集のうえ収録しました。

講義で、主に使用した邦訳テクストは、『千のプラトー　資本主義と分裂症』（上・中・下巻、宇野邦一、小沢秋広、田中敏彦、豊崎光一、宮林寛、守中高明 訳、河出書房新社［河出文庫］、2010年）。原書は、Gilles Deleuze et Félix Guattari, *Mille Plateaux*（Paris, Éditions de Minuit, 1980）を主に引用・参照しました。訳などを適宜変更した箇所もあります。

本書は、テクストの精読を受講生と一緒に進めながら、読解し、その内容について考えていくという主旨で編集しています。決して“答え”が書いてあるわけではありません。きちんと本講義で取り上げられたテクストをご自分で手に取られ、自分自身で考えるための“道具”になるよう切に願っております。

最後に、来場していただいたみなさま並びにご協力いただいた「週刊読書人」のスタッフの方々に心より御礼申し上げます。【編集部】

［講義］第1回　緒言、1「序――リゾーム」、2「一九一四年――狼はただ一匹か数匹か？・」を読む

「緒言」

緒言に「この本は『資本主義と分裂症』の続編であり、最終巻である」とあります。第一巻としている『アンチ・オイディプス』（一九七二）もこの『千のプラトー』（一九八〇）も、副タイトルは「資本主義と分裂症」となっています。シリーズであれば、「資本主義と分裂症」というメインタイトルを先に付けるのが一般的なので変則的ですが、本人たちとしては、「資本主義と分裂症」という一連のテーマの下で本を書いていると考えていたのでしょう。二つのテクストのテーマが連続していることは間違いありませんが、「資本主義と分裂症」というテーマが『千のプラトー』にきちんと当てはまるのか、内容を考えると少々疑問です。

この本は、結論を含めて一五の章に分かれています。「結論」は、普通の意味での結論ではなく、用語のまとめのようなものです。読み進めると分かりますが、執筆時期によって多少言葉の使い方にズレがあって、この言葉はこのように定義し直さないとならない、と後の章で言い直している箇所がいくつかあるので、最後に一応まとめた、というところでしょう。といっても、日本の哲学書にある用語解説のように、初心者にも分かりやすくするという感じでは到底なく、むしろ、自分たちから見ても勢いに任せて書いたところがあるので、一応、辻褄が合うように説明した、という感じで、本文で付いていけなかった人が読むと、余計に混乱するかもしれません。

全体としては、河出文庫版の上巻を見ただけで分かるように、資本主義と直接関連したテーマは実はあまり出てきていません。これはやはり資本主義の話だったのだな、と分かるのは下巻に収められている第13章「BC七〇〇〇年――捕獲装置」と第14章「一四四〇年――平滑と条理」に達したあたりです。そこに行くまでに様々なテーマが登場しており、本当に「資本主義と

分裂症」という連続のテーマを扱っているのか、分からなくなりそうです。各章ごとにそれなりに面白く、特に文学や音楽に対しての細かい分析もあるので、そちら方面に造詣が深い人にとっては興味深いと思うので、資本主義と直接関係なくてもいいか、と思えるかもしれません。

章ごとに長さもかなり異なります。今回は第1章と第2章のみにします。これらは比較的短いものです。最も長いのが、この河出文庫の中巻の第10章です。中巻は第7章から始まりますが、続く第8、第9章も含め、テーマは文学的で、読み切りの印象が強いもので、第10章の前奏曲のような感じになっています。

難易度について言うと、私の印象ですが、第12章、第13章は文化人類学や歴史学の具体的な話、知見に即して自らの議論を展開しているので、分かりやすさが高いと思います。その次に分かりやすいものが、先ほど最も長いと紹介した第10章です。特に前半は、主に文学や芸術を中心としたテーマなので、文学好きな人にとっては、こちらの章の方が分かりやすいかもしれません。動物への変身というモチーフは刺激的でしょう。ただし、第10章は終わりの方になると、内容が抽象的になってくるのでだんだん摑みにくくなるかもしれません。全体的に難易度はかなりブレがあると思って下さい。

各章は比較的独立しているのですが、所々で前の章で言及したというくだりが出てくるので、やはり一冊の本として読まねばならないと分かります。特に章同士の連続性が高いと思われるのは、第2章と第10章です。明らかにテーマが被っており、第2章で少し触れたことが第10章で全面展開されています。

説明上「章」という言葉を使わせてもらいましたが、「緒言」にあるように「本書は、章ではなく『プラトー』〔高原〕によって構成されている。後でその理由の説明を試みるつもりである（なぜテクストに日付がついているのかについても）」、ということです。少なくとも、章から章へと論理的道筋を追って展開しているというより、それぞれのユニットが高原のように独自の形をしていて、相互に独立しているけど、少し下に降りて、行き来できないわけではない、という感じでしょう。ただし「1　序章」には日付が付いていません。日付といっても厳密な日付ではなく、第4プラトーや第6プラトーのように具体的な日付が入っているものもあれば、第2プラトーは「一九一四年」だけですし、第3プラトーは「ＢＣ一〇〇〇〇年」です。当然のことながら一万年という厳密な数字ではありません。つまり、日付が実際に判明しているか否かというより、本来、日付があるはずだ、起源がはっきりしているはずだ、という点が重要なわけです。そういう視点から、はっきり判明している限りで、日付が付けられていると考えられます。

この点について用語紹介をかねて、私なりの解釈を予めお話ししておきたいと思います。本文中に「機械」や「アレンジメント」といった概念が頻繁に出てきます。後者は、原語であるフランス語では〈agencement〉です。英語の〈arrangement〉とほぼ同じく、「配置」とか「編成」「割当」といった意味です。もともとの語源から見ると、一応別系統に属しますが、〈agencement〉の〈agence-〉の部分は、英語の〈agency〉と同様に、「代理店」とか「代理」という意味の名詞〈agence〉と同じ綴りです。

「機械」は、私たちが日常的に機械と言っている、自動的に動く、通常金属製の道具のことではなく、それも含みますが、自動的に運動を続けるユニット全般を指します。例えば、目が何か性的なものを見て、性器とか胸が興奮して運動し、それが身体の中で運動のサイクルを形成していれば、それで一つの「機械」です。口とか肛門とか手とかが、異なった「機械」のパーツをかねていることもありますし、複数の人の体、人と普通の意味での機械の組み合わせが、一つの「機械」になっていることもありますが、彼らが重視し、記述の中心に置いているのは、「欲望機械」と呼ばれる、何らかの形で、人間の欲望を循環させている「機械」です。

そうした「機械」とは一応区別されている、「アレンジメント」について、結論で結構細かい説明がありますが、私なりの大雑把な理解では、「機械」が運動するための周囲の「配置」ということではないかと思います。例えば、複数の人間が一つの「機械」を構成するには、そもそも何人かタイミングを合わせて動ける人間がその場にいて、動きを相互に伝えるための道具があるとか、いろんな物や人の配置が必要です。空気や水の流れなども関係しているかもしれません。そうした「アレンジメント」自体が、行為主体（agent）的な挙動を示すこともあるかもしれません。「アレンジメント」の中に、「機械」の部品になるものが含まれているわけですから。

そういう風に理解できるのですが、「機械」も「アレンジメント」も、普通の意味で非常に抽象的――彼らは、「抽象機械」という概念も使っているので、安易に「抽象」という言葉は使えません――な概念なので、普通の人間がこうした言葉が出てくるテクストを読んでいると、そもそも何を言っているか理解できない可能性の方が高いですが、ある程度文脈を追っていけるようだと、「そんな抽象的概念なら、何だってこれが機械だとか、あそこにアレンジメントがある」、とか言えてしまうじゃないか、という印象を抱くと思います。それに対して、彼らとしては、「いや、そんな適当なものではなく、この本で主要な役割を担っている機械たちはある時点で、はっきりとした形を取って作動を始めた。その意味では、歴史的出来事だ」ということを示したい。そうした始まりをはっきりさせるために、日付を付しているのではないかと思います。通常の意味での「歴史」ではありませんが、少なくとも、「機械」の活躍に関する年代記にはなっていそうです。

「緒言」にあるように、「第1プラトー」、「第2プラトー」、「第6プラトー」は既発表論文です。では「第1プラトー」＝

機械

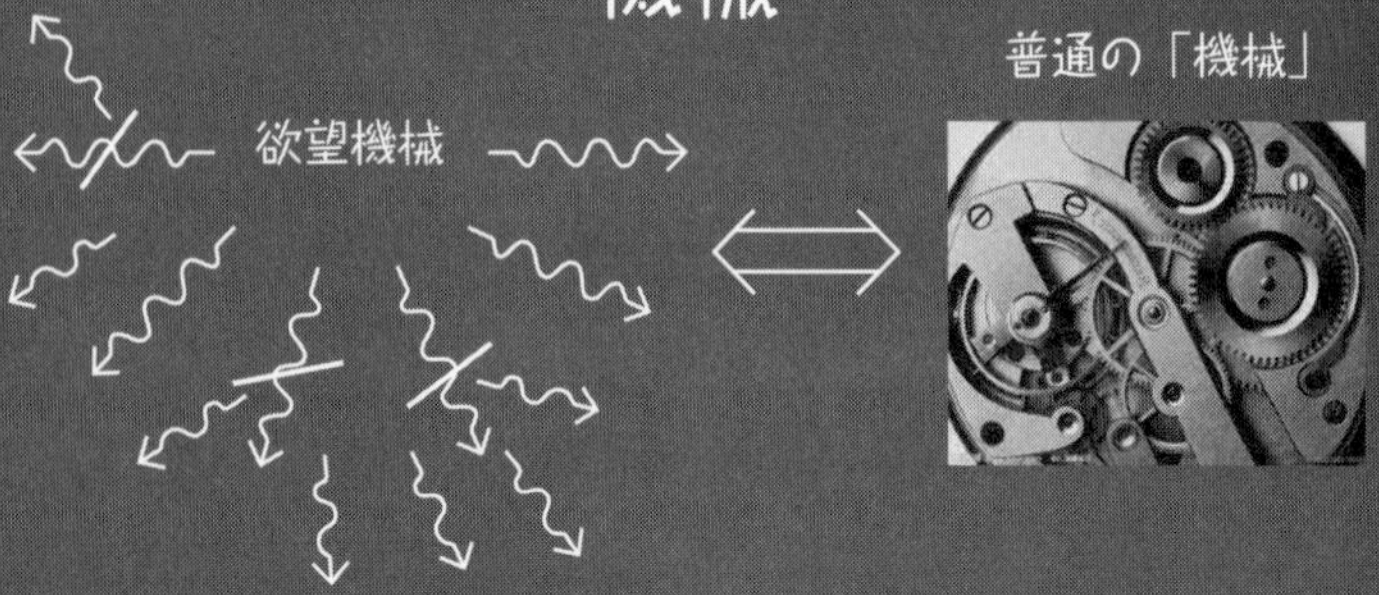

「機械」（ドゥルーズ＋ガタリ）
自動的に運動を続けるユニット全般をさす。
※「欲望機械」――何らかの形で、人間の欲望を循環させている「機械」。

アレンジメント

「機械」が運動するための周囲の「配置」
※原語のフランス語は〈agencement〉。英語の〈arrangement〉とほぼ同じく、「配置」とか「編成」「割当」といった意味。

「序――リゾーム」から見ていきましょう。最初の方はわりと分かりやすい文章です。

> われわれは『アンチ・オイディプス』を二人で書いた。二人それぞれが数人だったのだから、それだけでもう多数になっていた。この本では、いちばん手近なものからいちばん遠くにあるものまで、なんでも手あたりしだいに利用した。見分けがつかなくなるように巧みな擬名をばらまいた。なぜ自分たちの名はそのままにしておいたのか？　習慣から、単に習慣からだ。今度はわれわれ自身の見分けがつかなくなるように。われわれ自身ではなく、われわれを行動させ感じさせ、あるいは思考させているものを、知覚できなくするために。それにみんなと同じようにお喋りして、日が昇る、などと言うことは楽しいからだ、みんながそんなのは話の糸口にすぎないと承知しているときに。人がもはや私と言わない地点に到達するのではなく、私と言うか言わないかが、もはやまったく重要でないような地点に到達することだ。われわれはもはやわれわれ自身ではない。それぞれが自分なりの同志と知り合うことになる。われわれは助けられ、吸いこまれ、多数化されたのである。

「二人それぞれが数人だった」というのは、普通だと意味不明ですが、彼らが「分裂症」分析という彼らの立場から推測できるように、彼らは生命体としての一人の人間が、人格という完全な統一体とは考えず、それぞれが複数の「機械」から成り立っている、ということでしょう。「巧みな擬名をばらまいた distribué d'habiles pseudonymes」というのは、その前の「なんでも手あたりしだいに利用した」ということに対応しているのでしょう。つまり、他の著作家の言葉を巧みに引用して、彼らを通して言いたいことを言った、という感じでしょう。それだと、自分の本音を偽装している感じになりますが、その本体の人格自体が存在せず、複数の人の集合体だというわけです。彼らとしては、自分たちの内の複数の人は外と繋がっているというか、場合によっては、テクストの連関という形で内と外双方にまたがった「機械」が成立しているということもあるので、他人の名前が付いたテクストを利用することも、「機械」の連鎖を辿って、二人の名前に繋がっているものを取りあえず、名指ししただけということなのでしょう。その二人の名前も特別扱いせず、いろんな「機械」たちの集団創作のような形にしてもよかったけど、惰性で二人の共著ということにしておいた、ということでしょう。少し言い訳めいていますね。

「われわれ nous」とか「みんな tout le monde」というのは、二人に繋がっている諸々の「機械」の集合体でしょう。今はまだ、ここはドゥルーズ、ここはガタリ、ここはその他の人の引用という感じで、著者の区別がついているのでしょうが、将来的には、本当に「機械」の集合創作のようなことができるようになりたい、ということでしょう。「多数化 multiplier」されることを目指している、あるいは、テクストの連鎖を通して自然とそうなっていくことに身を委ねる、ということでしょう。「二人」で書くというのは、そういう運動が起こる、あるいは顕在化していくきっかけになる、と考えているのでしょう。

> 一冊の本には対象《オブジェ》もなければ主題《シュジェ》もない。本はさまざまな具合に形作られる素材や、それぞれまったく異なる日付けや速度でできているのだ。本を何かある主題に帰属させるということはたちどころに、さまざまな素材の働きを、そしてそれら素材間の関係の外部性をないがしろにすることになる。地質学的な運動のかわりに、人は神様をでっちあげたりする。

「主題」という意味の〈sujet〉が「主体」という意味でも使われていることを利用した言葉遊びですね。普通は、「本」というものは、論ずべき主題があり、記述する「対象」があって初めて成立するものだと考えるのですが、そういうものはないし、書く「主体」＝著者も、書かれる「対象」としてのテクストという関係もない、というわけです。単なる言葉遊びではなく、先ほどの話から「主題」がないことと「主体」が不在であることが不可分の関係にあることが分かりますね。単一の著者が、まず一つの「主題」を設定し、それに合うようにテクスト（対象）を構成していかないと、まとまった本にならないと思ってしまいますね。しかし、先ほどのように、一人の人間の中に多くの「機械」が棲みついていて、それらがコラボし、他人の名義で書かれているテクストを参照したり、取り入れたりしながら、テクストを編み出すのだとすれば、話は違った様相を呈してきます。

「本を書く」という時、天才的な作者が最初から最後まで見通して、計画的に書き進めていると本気で思っている人は、まずいないでしょう。あまり考えないと、そういうイメージを持ってしまうかもしれませんが、ごく普通に考えれば、作家は大筋は決めていたとしても、物語を進めるためのいろんな素材を意識的・無意識的に集めてきて、話の流れに組み込んでいくので、大筋が変化することは当然あるでしょう。論文だって、そうです。作家が取材する、ということをよく聞きますね。少なくとも完全に自分の頭の中だけで考えたのではなく、現実世界で起こっていることを参考にするわけです。

松本清張（一九〇九－九二）や司馬遼太郎（一九二三－九六）等の大作家であれば、ノンフィクションあるいはそれに準じた歴史小説を書く時、編集者等を使って様々な素材を集めさせるという話を聞きますね。新聞記事を調べる、あるいは郷土資料館に行って資料を探させる等。当たり前のように聞く話ですね。ちょっと不思議ですね。本当にその人だけの作品と言えるのか。新人の作家が、編集者に材料を提供してもらって作品を書くと聞いたら、それは本当に本人の作品なのか、と思ってしまいますね。新人作家だったら、編集者が手を加えるという話も聞きますね。その意味でも、本人の作品なのか怪しい。大物の作家だって、細かいところは編集者が手を入れるとか、口述してその際に必然的に編集者や筆録者の手が加わるかもしれません。

大学で論文を書く場合、院生の論文だったら、指導してもらっている先生のコメントや、研究会での発表に際しての質疑などが反映されるので、純粋に自分だけの文章ということはまずありませんし、論文というものはそもそも引用・参照だらけなので、他人の言葉がどんどん入ってきます。自然科学に近い分野だと、共著論文というのがありますし、助教とか講師になりたての人が、大部分を書いてそれを指導教員が一部補足して、共著とする教科書類のようなものもあります。

作家が取材にも編集者にも頼らず、本人の想像と記憶だけに頼って書くとしても、それらの素材は彼の内で自然発生的に湧いてきたものではなく、言語や、彫刻・絵画、建物など様々な人工物を通して、取り込んだものです。そうでないと、他の人に通じない。そもそも作家が書くために使っている言語も、彼の物の見方も他者から学んだものです。

そうしたことを考えてみると、「二人」の主張は具体的な事実に基づいているわけです。「本」というのは実際には、様々な「機械」が作り出したテクストの断片が、誰かの名前でまとめられたものです。自分の書くことを、書き始める時点で、最初から最後まで見通している万能な作家はいませんし、できません。印刷所に入れるぎりぎりまで推敲を重ねているわけです。編集者から「この表現では分かりにくいですね」と言われたりなど、いろいろなやりとりがあって、ようやく、印刷に回されるけど、校正で微妙に変わる可能性は、刷り上がるまで残ります。いろんなところで、他者が介入してきて、こうした「本」の成立をめぐる哲学的かつ社会学的な問題について、既にドイツの初期ロマン派のフリードリヒ・シュレーゲル（一七七二―一八二九）が論じています――詳しくは、拙著『増補新版 モデルネの葛藤』（作品社）をご覧下さい。

「日付け date」というのは、そういうテクストの生成過程で、ピースとピースが遭遇して、新しいテクストが生成した「日付け」ということでしょう。「速度 vitesse」というのは、それまで別々のピースたちの「機械」としての運動の「速度」ということか、機械ごとの固有の運動の速度・加速度、方向、リズムなどを指しているのでしょう。異なる「機械」と接し、合体することで、新しい運動の形が生じてくる、ということでしょう。

「外部性 l'extériorité」とは、今説明したように、通常はテクストの「外部」と見なされる領域との繋がりということでしょう。

「神様をでっちあげる fabriquer un bon Dieu」とは、先ほどお話しした、全てを見通してテクストを書く万能の著者を想定するということです。「著者」を意味する〈auteur〉は、「生産者」「創造者」を意味するラテン語の〈auctor〉から派生した言葉で、「創造主＝神」を意味することがあります。「地質学的 géologique」という表現が、メタファー的に「プラトー（高地）plateau」と繋がっていることは分かりますね。これは、人間の身

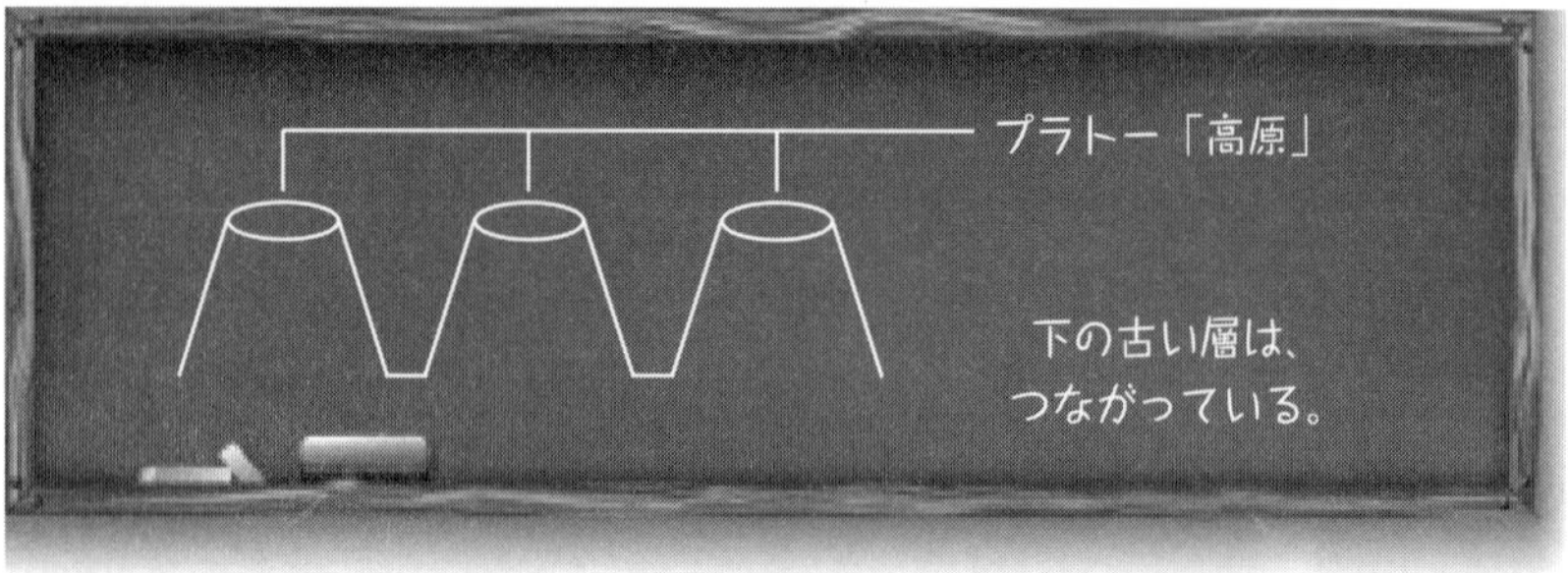

体や意識を含め、単純な「機械」を基層にして、そのうえにより複雑な「機械」が出来上がっていくと考えて、それを地層に見立てているのでしょう。元素の層があり、それが合成されて鉱物とか溶岩、液体の層になり、それらが更に集まって、有機系化合物の層になり、それがいくつか合わさって生物の層になり、単細胞生物が集まって多細胞生物に……という風に積み重なっていく。前の時代にできたものの上に新しい時代の機械＝地層が、人間の体の各部位も、人間が誕生するずっと以前の生物そのもの、あるいはその臓器が機械として取り込まれていますし、人間の身体に棲みついている細胞やウイルスといった、独立の機械もいます。昔の機械あるいはその部位が、コンピューターとか自動車、高層ビルのような現代の複雑な機械に組み込まれているのと同じ感じで、そういう包み込みを、地層のような重なりとして変形してイメージしているわけです。

こうした地層、地質学的な層について、「結論」のところで、分かりやすいイメージで描いています。物理化学的地層があり、有機的地層があり、その上に人間的形態の地層がある、少なくとも三層がある。それぞれの地層は多様な形態をとっており、様々な形で発展する。地層には「著しい機動性（une grande mobilité）がある」、つまり地層は運動している。地層の間で「機械」が動いているというイメージでしょう。本当はこの「地層」の譬えはあまり良くないのかもしれません。我々が知っている地層では、そこに入っている生物は死んでいて動きませんから。でも、ものすごい年月の間にちょっとずつ動いて断層を起こしたりするので、全く不適切ではないかもしれません。

地層の譬えの利点として、もともとどういう存在だったか、地中の生態系の中でどういう位置を占めていたか分からないものが、含まれているということがあります。私たちの身体には、人間にとって必要な器官があるだけではなく、尾てい骨とか虫垂とか、いろいろいらないものがありますね。人間になるまでの進化の途上にある生物にとって不可欠であったが、人間にとってはあまり要らなくなったものが、人間の中に、いわば、堆積しているわけです。進化のある段階で誕生した、手足、呼吸器、消化器、知覚器官、脊髄、小脳、大脳などの諸器官が機能

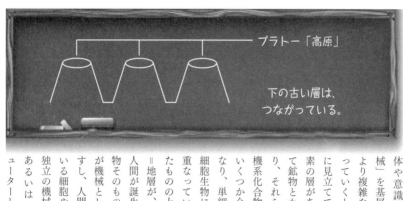

的に積みあがって統合されていくような形で人間の身体が出来上がり、前頭葉が高度に発達した段階で、人間の「精神」のようなものが機能として生じてくるので、いろんな下部構造＝地層の上に、高度な機能を備えた上部構造＝地層が重なっている。下の層を利用しながら上の層ができているので、各層に、上の層から見て要らないものが含まれていることもある、ということになるでしょう。

「プラトー」とは、地層が高く積みあがっている箇所で、プラトー同士は離れているけれど、下の方の、より基盤になる地層の部分は繋がっているので、全く違う性質に見えるプラトー同士の間に、古い層に由来するという共通性が見られる。

先取りになりますが、様々なレベルの存在が層状に重なって形成されているという考え方を呈示し、物理学方面からドゥルーズ＋ガタリに影響を与えた人物として、第3プラトーで時々引用されているジルベール・シモンドン（一九二四－八九）が最近注目されています。昨年、法政大学出版局から著作の翻訳が出版されました。第3プラトーの注釈（10）に挙げられている（三四七頁）『個体化とその物理生命的生成』（邦題、『個体化の哲学――形相と情報の概念を手がかりに』）という著作です。この著作では、様々な条件下での鉱物の結晶化から始まって有機体まで論じられています。

第1プラトー「序――リゾーム」

『千のプラトー』の本文に戻りましょう。

> あらゆるものと同じで、本というものにおいても、分節線あるいは切片性の線があり、地層があり、領土性がある。また逃走線があり、脱領土化および脱地層化の運動もある。こうしたもろもろの線にしたがって生じる流出の速度の比較的な差が、相対的な遅れや、粘性や、あるいは逆に加速や切断といった現象をもたらすのだ。こうしたものすべて、測定可能なもろもろの線や速度は、一つのアレンジメント、*agencement* を形成する。本とはそのようなアレンジメントであり、そのようなものとして、何ものにも帰属しえない。それは一個の多様体なのだ――とはいえ〈多〉が、もはや何にも帰属しないとき、つまり実詞の状態にまで高められるとき、何をもたらすか、まだわかっていないのだ。

「分節線あるいは切片性の線 des lignes d'articulation et de segmentarité」という言い方をすると、難しいことを言っているように聞こえますが、要は、地層の「折れ目」「切れ目」ということでしょう。「本」というのも、様々な地層の積み重ねで出来上がった人間という複合的「機械」の活動によって出来上がっている一種の地層で、「本」そのものの内にも、他の「地層」

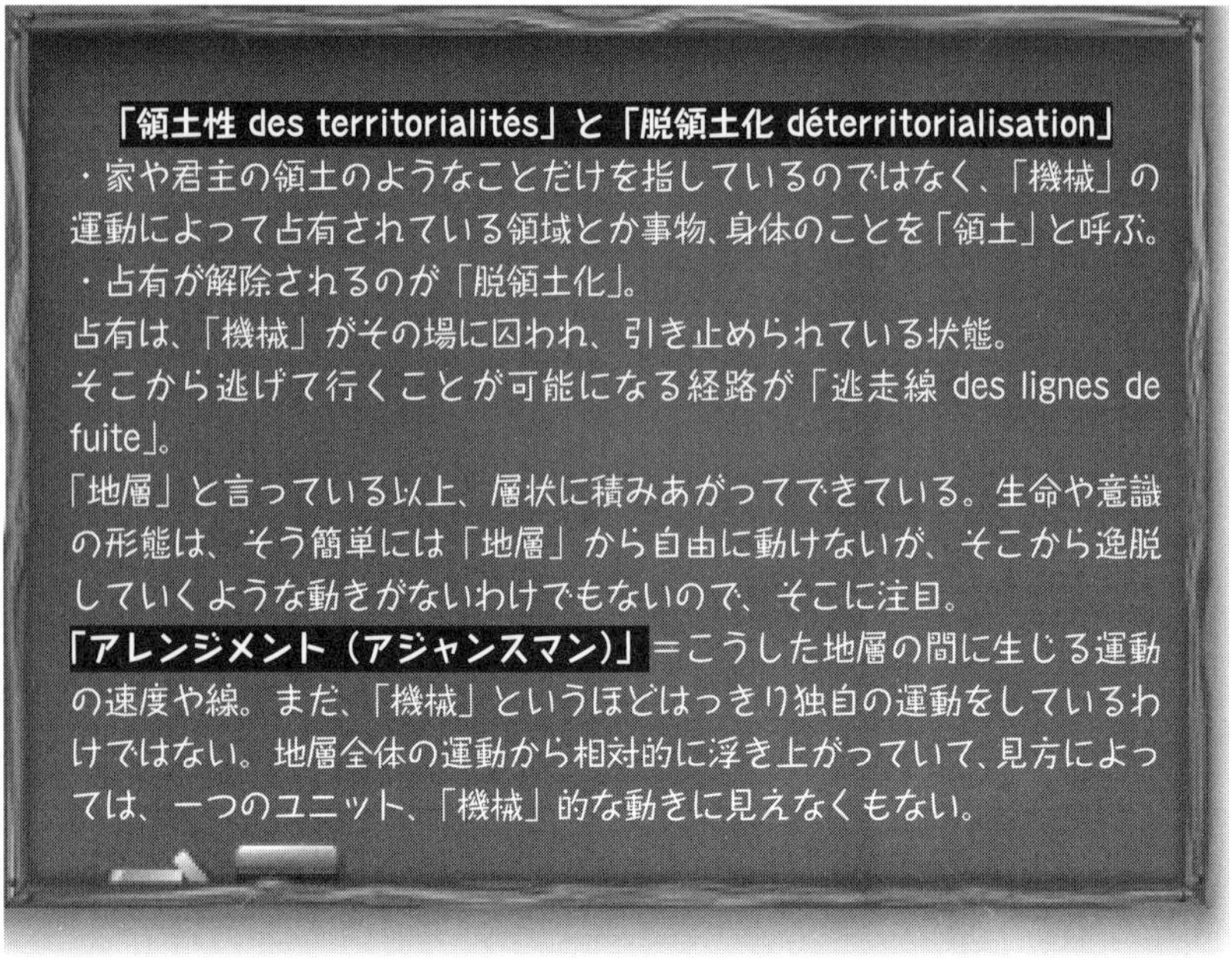
「領土性 des territorialités」と「脱領土化 déterritorialisation」
・家や君主の領土のようなことだけを指しているのではなく、「機械」の運動によって占有されている領域とか事物、身体のことを「領土」と呼ぶ。
・占有が解除されるのが「脱領土化」。
占有は、「機械」がその場に囚われ、引き止められている状態。
そこから逃げて行くことが可能になる経路が「逃走線 des lignes de fuite」。
「地層」と言っている以上、層状に積みあがってできている。生命や意識の形態は、そう簡単には「地層」から自由に動けないが、そこから逸脱していくような動きがないわけでもないので、そこに注目。
「アレンジメント（アジャンスマン）」＝こうした地層の間に生じる運動の速度や線。まだ、「機械」というほどはっきり独自の運動をしているわけではない。地層全体の運動から相対的に浮き上がっていて、見方によっては、一つのユニット、「機械」的な動きに見えなくもない。

のように、その生成過程やもともとどういう地層、機械から合成されたのかを示す切れ目、折り目が刻み込まれている、ということでしょう。

「領土性 des territorialités」と「脱領土化 déterritorialisation」というのは当然、国家や君主の領土のようなことだけを指しているのではなく、「機械」の運動によって占有されている領域とか事物、身体のことを「領土」と言い、そうなっている状態を「領土性」、その占有が解除されることを「脱領土化」と呼んでいるわけです。この占有は、「機械」がその場に囚われ、引き止められているということでもあるのですが、そこから逃げて行くことが可能になる経路が「逃走線 des lignes de fuite」です。地形の影響で、例えば、周りに急な崖があるなどの事情があって、一つの領土から抜け出すのはかなり困難だけど、ある狭い道筋を通っていくと、脱出できる可能性がある、ということでしょう。「地層」と言っている以上、層状に積みあがってできている、生命や意識の形態は、そう簡単には「地層」から自由に動けないが、そこから逸脱していくような動きがないわけでもないので、そこに注目しよう、というスタンスなのでしょう。

「アレンジメント（アジャンスマン）」は、こうした地層の間に生じる運動の速度や線だということですね。まだ、「機械」というほどはっきり独自の運動をしているわけではないけど、地層全体の運動から相対的に浮き上がっていて、見方によっては、一つのユニット、「機械」的な動きに見えなくもない、ということですね。

先ほどのように、「本」が地層的なものであるとすれば、「本」自体にも「アジャンスマン」的な性格、つまり、もう少しで「機械」として独立しそうな性格を見せてもおかしくないでしょう。

「多様体」の原語は〈multiplicité〉で、「多」の原語は〈le multiple〉で、同じ系統の言葉です。日本語で「多」と言うと複数存在するというニュアンスがしますが、「多様体」だと、一つのものに多くの側面あるいは機能が備わっている、あるいは、複数の個体が合体した連合体のようなニュアンスになりますね。ドゥルーズたちは、その両面の意味を含めているのでしょう。

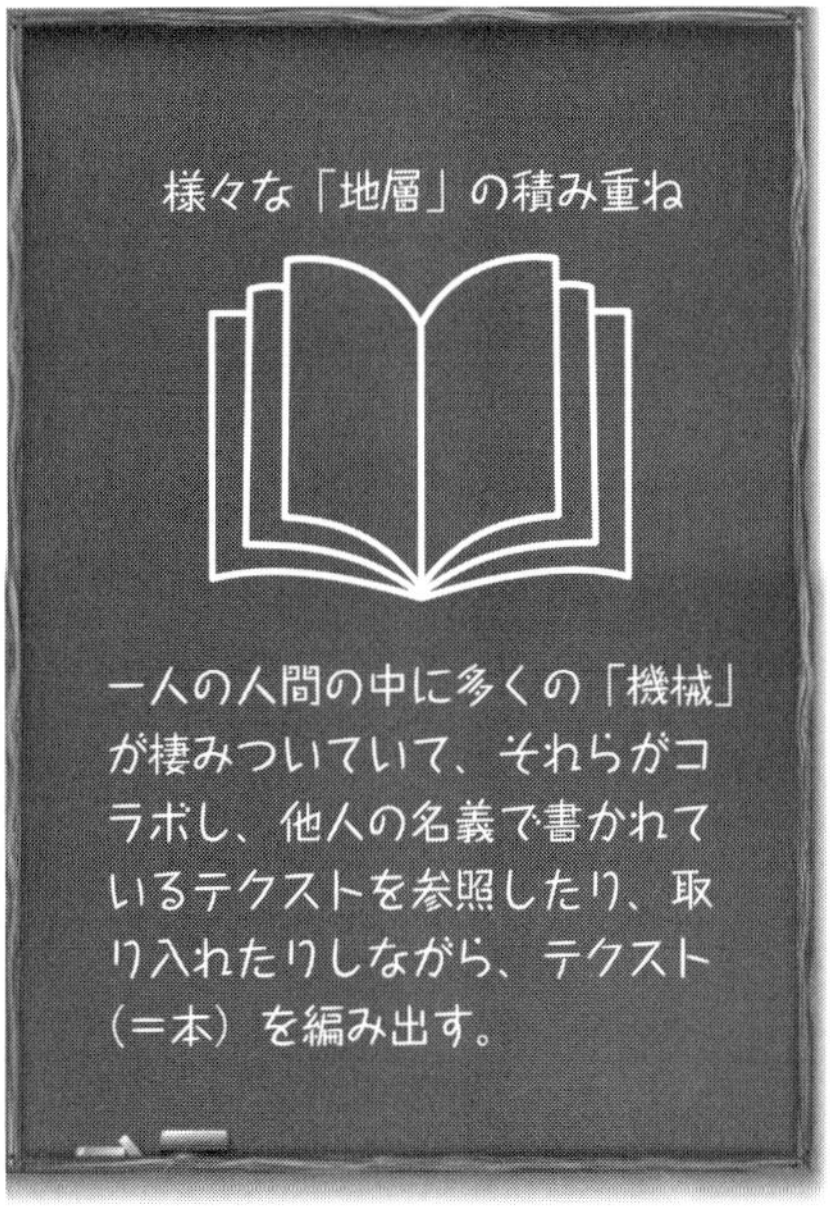
様々な「地層」の積み重ね
一人の人間の中に多くの「機械」が棲みついていて、それらがコラボし、他人の名義で書かれているテクストを参照したり、取り入れたりしながら、テクスト（＝本）を編み出す。

細かいことですが、括弧付きで〈多〉と表記していますが、原文ではイタリックでも太字でもなく単に〈le multiple〉と表記されています。

「実詞」の原語は〈substantif〉で、「名詞」のことです。ただ、この場合、「実体」という意味の哲学用語〈substance〉との関連を連想させているのでしょう。ドイツ語であれば、「名詞」の意味で〈Substantiv〉という言葉を使うのは普通ですが、フランス語では「名詞」を指す言葉として、「名前」という意味の〈nom〉もあり、こっちの方が一般的ではないかと思います。何故、ドイツ語っぽい〈substantif〉という言葉を使っているかというと、〈multiple〉という形容詞、状態を表す言葉を、〈le multiple〉という言い方によって実体化しているというニュアンスを出したいからでしょう。「多」が「実詞」の状態に高まるというのは、多様な様相を示している「アレンジメント」の中から、一つの独立した実体のようなもの、「多様体」と名付けていいものが浮かびあがってくる、ということでしょう。

機械状アレンジメントは地層の方へ向けられており、地層はこのアレンジメントをおそらく一種の有機体に、あるいは意味作用を行なう一個の全体に、あるいは一個の主体に帰属しうる一つの規定にしてしまう。しかしこのアレンジメントはまた器官なき身体の方へも向けられており、こちらはたえず有機体を解体し、意味作用のない微粒子群や純粋な強度を通わせ循環させ、そしてみずからにもろもろの

主体をたえず帰属させ、それらの主体には強度の痕跡として一個の名だけを残すのだ。

「アレンジメント」が、「地層の方へと向けられて tourné vers les strates」いるというのは、「地層」の一部になりつつある、地層の一番上に当たる層に一つの実体的なものとして固まりつつある、ということでしょう。それが「有機体 organisme」ということでしょう。この場合の「有機体」というのは、有機化学の対象になる、狭義の有機体ではなく、一定の組織を持っているモノということでしょう。「意味作用を行なう一個の全体 une totalité signifiante」というのは、それを構成する諸要素が単に物理的に寄せ集まっているだけでなく、何らかのコード、規則の体系、文法に従って組織化されて一つの「全体」を構成しているということでしょう。「一個の主体に帰属しうる一つの規定 une determination attribunale à un sujet」というのは、「アレンジメント」が、単細胞生物が多細胞生物の一部になるとか、細菌が人間の体内に棲みついて人間の身体の一部になるように、一つの「主体」に帰属するようになる、ということでしょう。ただ、この場合の「主体」というのは、必ずしも人間のことではなく、自律的に運動するユニットということでしょう。〈sujet〉の原語であるラテン語の〈subjectum〉は、「下に sub-」＋「投げ出されているもの（横たわっているもの）」という意味で、元は、何かの「根底にあるもの」という意味で使われていました。地層のメタファーで話を進めているので、そういう「主体」の本来の意味も込められているかもしれません。

「器官なき身体 un corps sans organes」とは、『アンチ・オイディプス』にも頻繁に出てきた、ドゥルーズ＋ガタリの基本概念で、元は、劇作家のアルトー（一八九六―一九四八）が使った言葉ですが、ドゥルーズ＋ガタリがキーワードとして多用したので、どちらかというと、彼らの用語のような感じになっています。「器官」というのは、物理的・生物的な意味での「器官」のことではなく、機能的に分化して機械として動いているユニットということです。乳幼児は、身体の各部位がはっきり機能分化していないので、手足や口などをどう使うか定まっておらず、口でいろんなもの、食べ物でないものにも噛みついたり、手をへんなところにこすりつけたりしますね。同じ口でも、物心がついてくれれば、食べる、攻撃のために噛みつく、物をくわえて運ぶ、キスする、何かをしゃぶる、しゃべる、歌を歌う、といった機能ごとに分化していて、まるで違う器官であるかのように使い分けますが、赤ん坊は全部が混沌としていて、どういう欲望を充足したいのか分からない。アルトーは、芝居の中でそういう「器官なき身体」状態に近付こうとしたわけですが、ドゥルーズ＋ガタリは、それを拡張して、一人の人間の身体でなくても、社会集団でも、「器官なき身体」状態に、つまり未分化の状態になり得る、というようなことを想定しているようです。この本ではその適用範囲を更に拡大して、人間でも生物でもなくてもその内部で運動が生じているけれど、各部分、成

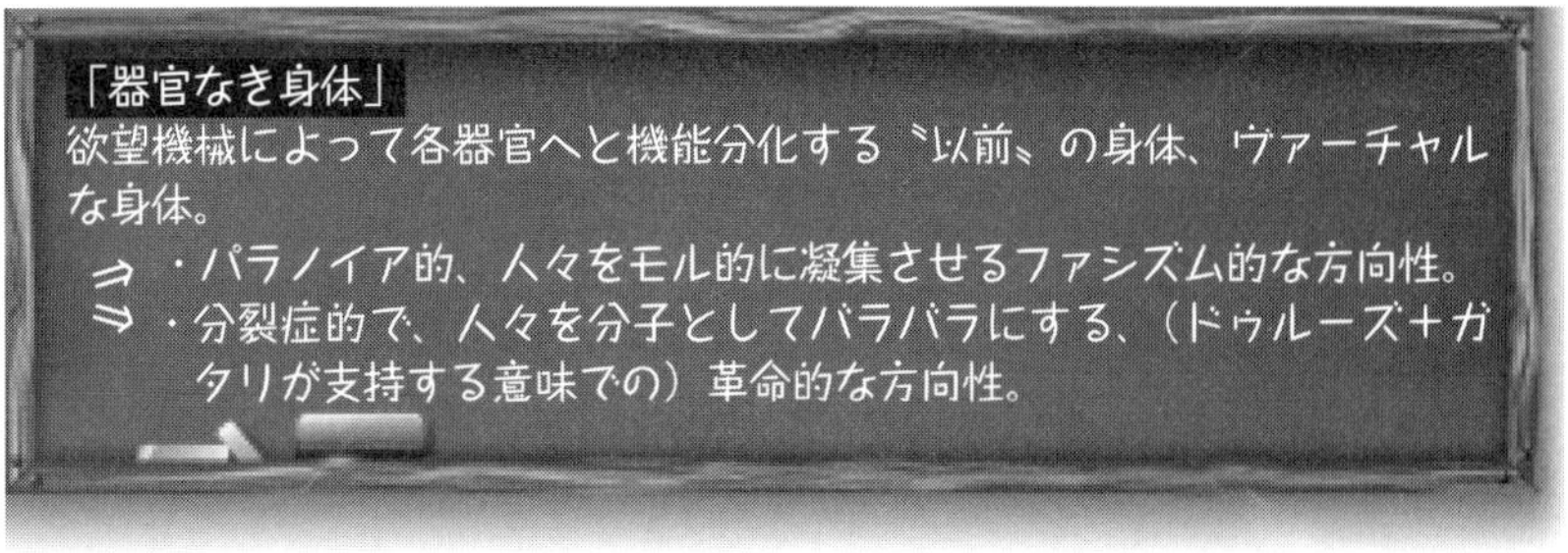

「器官なき身体」
欲望機械によって各器官へと機能分化する〝以前〟の身体、ヴァーチャルな身体。
⇒・パラノイア的、人々をモル的に凝集させるファシズム的な方向性。
⇒・分裂症的で、人々を分子としてバラバラにする、（ドゥルーズ＋ガタリが支持する意味での）革命的な方向性。

分がはっきりした機能を担っていないようなもの、本当の地層とか生態系とか本のようなものも、「器官なき身体」になる可能性はありそうです。

「器官なき身体の方へも向けられて」いるというのは、「地層」へと固定化していく可能性があるけど、その一方で、「器官なき身体」として未分化の状態にとどまる可能性もある、ということでしょう。それが、「こちらはたえず有機体を解体し、意味作用のない微粒子群や純粋な強度を通わせ循環させ」るということでしょう。「器官なき身体」の状態と、その中で安定した意味作用が行われないで、規則性のない運動・流動化が続くということでしょう。「強度 intensités」というのは、フランス系の現代思想でよく使われる言葉ですが、最近カタカナの言葉としてよく聞く「インテンシヴ intensive」と同じ系統の言葉ですね。「集中している」という意味合いがあるわけです。つまり、運動が均等に分布しているのではなく、どこかで集中して生じていることが、そこで運動が強いという「強度」として現れるわけです。一部に集中すると、あたかもそこに「主体」が成立したかのような様相を呈します。そこで「一個の名」を与えられることになる。

「本」

一冊の本の器官なき身体とは何か？　これにはいくつかあり、考察される線の性質によって、それらの線の内容あるいは固有の密度によって、それらの選別を保証する「存立平面」plan de consistance へそれらが収束する可能性によって変わるのである。他の場合と同様ここでも肝要なのは測定の統一性である——エクリチュールを量化すること。ある本が語っていることと、それが書かれている仕方のあいだには違いがない。だから、本には対象《オブジェ》などというものもないのだ。アレンジメントとしての本は、それ自体他のさまざまなアレンジメントと接続され、他のさまざまな器官なき身体にかかわるだけだ。本の言おうとすることを、意味されるもの《シニフィエ》であれ意味するもの《シニフィアン》であれ、決して問うべきではないし、本に何か理解すべきことを探すべきではない。

ここで「考察される線 lignes considérées」というのは、それほど難しいことではなくて、私たちがある本を読解・考察する時に追っていく時の話の筋ということでしょう。「存立 consistance」は英語の〈consistence〉、「成立している」とか「一貫性を持って持続している」という意味合いの言葉です。語源になっているラテン語の〈consistere〉は、「共に」＋「立っている」という意味です。ここでは、いろんな点や線、運動が存在していると認められることを可能にする共通の平面とか座標系という意味でしょう。存在している以上、どこか存在の共通の場があるはずです。「測定の統一性」というのは、「存立平面」としての本において、様々な線や粒子の痕跡が観察されるということです。恐らく、それらの線や粒子の運動は、「本」の外でも進行していたのだけど、ある一冊の「本」の「存立平面」に入ってくることで可視的になる、譬えて言うと、光がある狭い空間の中に入ってきて、床や壁に影ができることで可視化するのと同じようなことが起こっている、ということでしょう。「本」は、いろんな欲望の主体や資料、書かれる媒体など、様々な独自の運動しているものが合わさって、「存立平面」を構成していて、その平面を基準として、各線が持っている意味が明らかになっていくということでしょう。それがエクリチュールを「量化 quantifier」するということでしょう。長さや重さの単位を決めることで、対象を測定することを可能にするのと同じように、本という単位で区切られた「エクリチュール」が、その中に現れてくる様々な運動の強度を測定する基準を提供する。

「量化」というのは、記号論理学で、論理式が適用される個体の数を限定することを言う言葉です。大学の論理学か哲学、あるいは数学の授業で、あるxについて、xはPであるとか、全てのxについて、xはQであるとかを、∃xPx、∀xQxというような式で表現したのを覚えている人もいるのではないかと思います。あれを「量化記号」と言います。それから、物理学で、ある現象が、量子としての条件を満たすことを、つまり一個のまとまった量と見なせる場合、「量子化」という言い方をしますね。恐らくそういうニュアンスを込めたうえで、人々の言語や記号を介した活動によって延々と至るところに広がっているエクリチュールを、一冊の本とか一本の論文、記事というような形で、「量化」するということを言っているのでしょう。

「ある本が語っていること（ce dont un livre parle）と、それが書かれている仕方（la manière dont il est fait）のあいだには違いがない」というのは、先ほどの「一冊の本には対象もなければ主題もない」を別の角度から記述しているのでしょう。特定の主体（人間）にとって言いたいことがまずあって、それをある様式に従って表現するというのが、普通のテクスト理解ですが、彼らの議論だと、主体自身を含めて様々な運動の流れがあり、その内のたまたまある程度まとまった形で言語化されるのが、暫定的に〝主体〟に見えているにすぎないのですから、その〝主体〟の〝言いたいこと〟というのは見方によってかなり違った様相を呈するだろうし、〝様式〟の方も、〝主体〟の周囲の様々な事物の運動の動向から相対的に読みとれるだけなので、両者はほぼ同じ運動の圏内に属していると見なせるものの一部を、違った視点から抽出したにすぎないわけではない。

「本」は、〝主体〟になる可能性を持った様々なアレンジメントの中で暫定的に形を取っているだけなので、ソシュール言語学で言うところの「意味するもの signifiant／意味されるもの signifié」の区別は無効になるわけです。ソシュール言語学は、人間が意識と言語の主体であることを前提、人間がイメージする内容と、人間がそれを表現するのに用いる音声や文字の結び付きを問題にするわけですが、ドゥルーズ＋ガタリの場合、先ほど述べたように、〝主体〟自体が様々な力と運動のアレンジメントの中で暫定的に成立しているだけであり、何がその意識の内容で、何がその表現様式かは分からないわけです。例えば、私たちの脳の中で何らかのシナプスの反応があり、それに対応するような手の動きとか、発声、文字や記号が現れたとします。普通は、シナプスの反応に相当する何らかの思考内容があり、それが原因になって、手の動きや発声、書かれた記号が現れると考えますが、彼らはどれがどれの原因か決められない、という見方をしているわけです。

本が何によって機能しているか、何との接続によって強度を通しあるいは通さないか、どのような多様体のうちにみずからの多様体を導きいれ、そして変貌させるか、その本自身は、いかなる器官なき身体とともに、自己の器官なき身体を収束させるか、といったことを問うべきなのだ。本というものは外によってしか、そして外においてしか存在しない。

ここまで来ると、文脈上どういう話か分かりますね。「本」が何を言わんとしているかはどっちみち未確定だし、絶えず変動するので、問うても意味はないけれど、その「本」が置かれている状況でどう機能しているか、何と繋がっているかを問うことには意味があるというわけです。それ自体に意味はなく、もっぱら「外 le dehors」との関係でどのように機能するかという観点からしか意味付けできない、わけですね。ここでの「器官なき身体」というのは当然、先ほどお話ししたような、様々な運動は進行しているけれど、固定した運動の回路を形成していない状態というような意味合いでしょう。

一七頁を見ると、そういう意味での「本」を「文学機械 la machine littéraire」と呼んでいます。狭い意味での「文学」作品を生み出す「機械」ということではなくて、エクリチュールを紡ぎ出す「機械」ということでしょう。「機械」という以上、一人の主体が計画的に自分の観念を作品にしているということではなくて、いろんな人間やエクリチュール、活字をめぐる文化、本の素材になるものなどから成る運動体で、運動しながらいろんなエクリチュールを産出し続けるわけです。一七頁の後の方を見ると、この「文学機械」を、これから出てくる「戦争機械 une machine de guerre」「性愛機械 une machine d'amour」「革命機械 une machine révolutionnair」等の他の機械、そしてそれらを包括する「抽象機械 une machine abstraite」との関係性の中で捉えなければならない、ということですね。ここで、例として、トロイ戦争時のアマゾンの女王とギリシアの英雄アキレスの関係を主題とした、クライスト（一七七七―一八一一）の『ペンテジレーア』（一八〇六）が挙げられていますね。この作品はその後何度も引用されていますが、文学作品で、戦争と恋愛がテーマになっているので、「文学機械」「戦争機械」「恋愛機械」の三つの性質を備えているのは確かで、ドゥルーズ＋ガタリは、この作品の中に、彼らが「分子革命」と呼んでいるものの端緒があると見ているわけです。常識的な人であれば、文学作品と、そこに描かれたテーマを、「機械」として同列に並べるのはおかしいと考えるでしょうが、彼らの議論では、文学機械は、一人の作家の想像力によってゼロから作り上げられるものではなく、社会や自然環境の中の様々なアレンジメントの連鎖の中で、相対的に自立したユニットになっている「文学機械」から生み出されるものであり、基礎となるアレンジメントは、社会を実際に動揺させている「戦争機械」や、複数の人間を欲望で結び付ける「恋愛機械」と共有されているはずです。どこが虚構で、どこからが現実という区別は彼らの議論の枠組みにおいては無効でしょう。これらを包括するものを、「抽象機械」と呼んでいるのは、具体的な形を持った個体として目に見えるように作用しているとは限らず、複数のアレンジメントを横断するような形で作用する、抽象的な規則のような形でしか現れてこないからでしょう。

私は、八年ほど前から京都のあごうさとしさん（一九七六―）という演出家の演劇に、ドラマトゥルクというアドバイザーの役割で協力しているのですが、（二〇二〇年）一〇月に京都の劇場でこの作品を上演する予定で、今上演に合わせて新しい日本語訳を行なっているところです。岩波でも翻訳が出ていますが戦前のものです。京都産業大学の先生が国書刊行会から二十数年前に出した翻訳もありますが、台詞が妙に和風になっていて、私たちのコンセプトに合わないので自分で訳しています。

『ペンテジレーア』の主題はまさに「戦争機械」です。少し後で言及されている、「官僚機械」はカフカ（一八八三―一九二四）の作品で描かれます。カフカを知っている人ならばすぐに連想すると思いますが、『審判』（一九二五）と『城』（一九二六）では官僚機構がテーマになっています。

このように「本」の広がりや無定形性を強調しているわけですが、普通の人は、本は著者の主体性が発揮されているものだと、どうしても思いがちですね。そこで一八頁から、「本」には二つのタイプがあるという話をしています。一つは、「根としての本 le livre-racine」です。ここで浅田彰さん（一九五七―）の紹介で有名になった有名な「ツリー―根」の話が出てくるわけです。これは、私たちが典型的な「本」だと思っているもののことです。

樹木はすでに世界のイマージュである、あるいは根は世界としての樹木のイマージュである。それは、有機的、意味作用的、主体的な（これらは本の諸地層である）美しき内面性としての、古典的な本である。本は世界を模倣するのだ、芸術が自然を模倣するように——それも固有の手法によってであり、この手法は自然がなしえないこと、あるいはもはやなしえなくなったことを巧みに成功させる。

これは分かりますね。世界あるいは自然を、意味を持って組織化された有機的な体系と見て、それをある視点から写し取ろうとするわけですね。「根」を強調しているのは、木が根を起点に垂直に成長していくように、一定のしっかりした前提を起点にして、はっきりした方向性と体系性を持って展開していく、何が幹で何が枝葉かはっきりしているし、どういう果実＝結果になるか予め見通せるというようなイメージでしょう。

「一が二になる」

一が二になる——この定式に出会うたびごとに、それが毛沢東《マオ》によって戦略的に口にされたものであろうと、また最高に「弁証法的に」理解されようと、われわれは最も古典的で最も反省的な思考、最も古くさく、最も疲弊した思考を前にしている。自然はそんなやり方はしない。

「一が二になる un devient deux」というのは、「自然」を「本」が写し取り、意味付けすることによって二重化される、ということでしょう。それは極めて〝不自然〟な行為ですけど、近代の偉大な〝本〟の著者たちは、そういう二重化をやって、自分の〝本〟の中にこそ真実があると主張しているわけです。「弁証法的」と言っているのは、ヘーゲル（一七七〇－一八三一）やマルクス（一八一八－八三）の弁証法のように、ナマのままの概念化されていない「自然」がまずあって、それを彼らのような哲学者が概念的に規定し、その〝自然〟概念の限界を指摘し、より正しく把握することを目指す試みがなされるようになり、その結果より高次の〝自然〟概念が現れ、というように次第に発展していくイメージを前提として、体系的な〝本〟を書く、ということでしょう。テーゼ→アンチテーゼ→ジンテーゼ……みたいですね。無論、そんな大げさな〝本〟はごく少数だろうというのが、普通の人のリアクションでしょうが、例えば、ゲーテ（一七四九－一八三二）とかトルストイ（一八二八－一九一〇）のような著名な文学者の大作は、何某か、自然や歴史、政治、経済など、世界のあらゆる要素を取り込んでいるふしがありますし、独自の世界観を持っている文学作品は何らかの形で、その世界像を反映しているはずです。物理学や生物学の本だって、ある側面から見た自然を体系的に描いていると見ることができます。

この著作が刊行された一九八〇年は、サルトル（一九〇五－

八〇）が亡くなった年です。まだサルトルの影響が結構残っている時期です。「弁証法」という言い方は、恐らくサルトルの著作『弁証法的理性批判』（一九六〇）を念頭に置いているのでしょう。弁証法的発想は既に時代遅れになりつつあったかもしれませんが、サルトルだけは別格の感じがありました。この『弁証法的理性批判』が西欧中心主義的な進歩史観を代表しているのではないかをめぐって、レヴィ＝ストロース（一九〇八－二〇〇九）とサルトルの間で論争になったのは有名な話です。一九六八年の五月革命と呼ばれた学生の反乱の前後から、日本でもそうですが、フランスでも毛沢東（一八九三－一九七六）を、マルクス＝レーニン主義を新しいステージにもたらす理論家として持ち上げる傾向が新左翼の一部に見られました。ソ連や自国の共産党は駄目だけれど、毛沢東にはアジア的な新しいマルクス主義の可能性があると思われていた時代です。特にガタリの方は一九六八年の学生運動に関与していたので、毛沢東主義の方に近いと思われていたのでしょうけれど、この言い方からすると距離を取っているようですね。自分が与えた規定を反省して批判を加え、それを通して新しい規定を生み出す弁証法のような運動は、自然そのものにはない、というわけです。

> 根それ自体もそこでは直根《ピヴォタント》〔回転する根〕であり、側面的、循環的といった、より多数の分岐をもっていて、二分法的なものではない。精神は自然に遅れをとっている。自然的現実としての本さえも、直根《ピヴォ》〔回転《タン》〕式であり、軸があってそのまわりに葉がある。

「根」が「直根 pivotant」というのが分かりにくいですが、これは英語の〈pivot〉と同じ綴りの〈pivot〉が「軸」という意味で使われることを利用した、一種の言葉遊びだと思います。つまり、まっすぐに立っているための中心の「軸」という意味合いと、回転の「軸」という意味合いです。回転のイメージが分かりにくいかもしれません。「根」が回転するというのはすぐにはピンと来ないかもしれませんが、この場合は、回転するように、円状に並んで生えているということでしょう。ごく普通に考えると、水平の回転がメインでしょう。年輪と同じような感じで。「側面的 latérale」「循環的 circulaire」というのは、年輪のような感じで根が何重にも円を描くように生えている、ということでしょう。ただ、垂直方向に回転するかのように、上下や斜め上下に向かって生えているようにも見える場合もありますね。

> だが精神的現実としての本、イマージュとしての〈樹木〉または〈根〉は、〈一〉が二になり、ついで二が四になる……という法則をたえず発展させる。二元的論理は根としての樹木の精神的現実なのだ。

「精神的現実 réalité spirituelle」としての「本」というのは、先ほど言ったように、「本」が「自然」あるいは「現実」を正しく表象していると自称することを指しているのでしょう。それが〈一〉が二になるだけでなく、その二が四になるというのは、「本」を通してある「精神的現実」が生み出されると、それに他の主体たちが解釈を加えて、二重化する、その二重化に対して更に……という感じで増殖していく、というようなことでしょう。例えば、古代のソクラテス以前の哲学者たちが〝自然〟を観察し、独自の「自然」観について文書を残したとします。その〝自然〟観をプラトン（前四二七－三四七）が批判して、自分なりの〝自然〟観とその本質であるイデアの世界を描き出し、それを更にアリストテレス（前三八四－三二二）が……という風に増殖していく、ということでしょう。

側根システム、またはひげ根のシステムは、本の第二の形であり、これは現代の人々が好んで援用するものである。この場合、中心の根は中断されてしまうか、あるいはその先端が破壊され、この根に接穂されるのは、大いに発達した副次的な根の数々という、直接的かつ任意の多様体なのだ。この場合、自然的現実は中心の根が中断されるところに現われるが、だからといってその統一性が過ぎ去ったもの、あるいは来たるべきものとして、可能なるものとして存続していることに変わりはない。そして疑うべきことは、今度は精神的、反映的現実が、なおいっそう包括的な秘かな統一への、あるいはいっそう広がりのある全体性への希求を示すことによって、このような事物の状態を補償しているのではないかということである。バロウズのカット・アップの方法をとりあげてみよう――あるテクストの他のテクストの方への折り曲げ、多数の根、あるいは不定根さえ形成する折り曲げ（まるで挿し木のような）は、問題となっているテクストの次元を補完する次元をともなう。折り曲げのこの補完的次元においてこそ、統一性はその精神的作業を続行している。

これは、先ほどの典型的な「樹木」型の「本」の変形ヴァージョンです。「側根 radicelle」というのは、メインの根の側面から枝分かれして伸びている根のことです。どの程度広がっているかは別にして、これは私たちがよく知っている根の形態ですね。「ひげ根 racine fasciculée」はこれとは別の形態です。「ひげ根」系の植物の場合、主根の成長はすぐに止まって、茎の下から、ひげのような細い根がいろんな方向に伸びているネギ、イネ、麦のような単子葉植物や、シダ植物がこれに当たります。恐らく主に念頭にあるのは、「ひげ根」の方でしょう。伸びている方向がバラバラだというところがポイントでしょう。ただ、そうはいっても、一つの茎から発しているので、中心となる軸はあるわけですね。

ひげ根

ウィリアム・バロウズ（一九一四－九七）は、麻薬等を使用した経験に基づいて創作したとされるビートニクスの作家ですね。「カット・アップ cut-up」とは、テクストをバラバラにして、それをランダムに再構成していくライティングの技法です。そのくっ付ける行為に精神の統一する作用、というより精神の統一性を保とうとする作用が働いているのではないか、と示唆しているわけです。作家がいる以上は当たり前ですね。

> 統一性を中断するものたちはここでまさに堕胎を行なうもの、天使的博士たち *doctores angelici* である、つまり彼らはまさに天使的な至上の統一性を確立するからだ。ジョイスの用いる語、まさしく「たくさんの根を持つ」と言われている語は、語の、あるいは言葉そのものの直線的統一性を実際に打ち砕くのだが、やはり文、テクスト、または知の循環的統一性を設定するのだ。

「統一性を中断するものたちはここでまさに堕胎を行なうもの」となっていますが、原文では単に、「統一性の堕胎者 les avorteurs de l'unité」となっています。「天使的博士」というのは、中世の神学・スコラ哲学の学者で特に、トマス・アクウィナス（一二二五頃－七四）を指すようです。この場合、複数なので、トマス一人ではなく、スコラ哲学の主要博士たちということでしょう。だとすると、「統一性」や「堕胎」といった言葉で象徴的に表現されているのは、神の三位一体とか処女懐胎といった、神やイエスの属性や素性をめぐる問題でしょう。恐らく、言わんとしているのは、「博士たち」は、神の単一の属性、万物の統一的な性質などをそれぞれの理論によって体系化しよう

ジェイムズ・ジョイス

と試み、結果的に神あるいは自然を何重にもしてしまうけれど、一番の根っこでは、キリスト教的な「神」の観念に回帰する、ということでしょう。無論、狭義のスコラ哲学の博士だけでなく、単一の自然あるいは世界を描こうとしてエクリチュールを産出する思想家や作家全ての営みが含意されているのでしょう。あと、「天使」は、神と被造物（自然）の間を媒介する存在なので、本来、統一性を守る存在だけど、本当にそうなのか、というような皮肉な意味合いも込められているのでしょう。

ジョイスというのは勿論、『ユリシーズ』（一九二二）や『フィネガンズ・ウェイク』（一九三九）の著者であるジェイムズ・ジョイス（一八八二－一九四一）のことです。「たくさんの根を持つ à racines multiples」というのは、主にジョイスが多用した〈portmanteau（かばん語）〉と呼ばれる、様々な言語から取ってきた語根を合成した〈ringroundabout〉とか〈whenceness〉〈ethiquetical〉〈sinduces〉といった言葉や言い回しを念頭に置いているのでしょう。〈theologicophilological〉とか〈contransmagnificandjewbangtantiality〉といった結構長いものも珍しくありません。長いセンテンスと同じくらいの長さのものさえ

あります。

> 世界は混沌《カオス》となってしまった、けれども本は世界のイマージュ、つまり側根としての混沌＝秩序宇宙《カオスモス》であり続けるのだ、根としての秩序＝宇宙《コスモス》である代わりに。奇妙な韜晦だ、断片化しているだけになおさら全体的な本という韜晦。

「カオスモス chaosmos」というのは、ドゥルーズ＋ガタリの用語として有名ですが、ここでは端的に、「カオス」に見えて、根底では「コスモス」に繋がっているという意味合いでしょう。「側根としての混沌＝秩序宇宙」は原文では〈chaosmos-radicelle〉となっていて、「ひげ根」それ自体が、カオスモス的な性格、脱中心化していく傾向と、それでもなお中心に繋がろうとする傾向を併せ持っていることを示唆する言い方になっているわけです。「本」の「著者」と天使博士の話を合わせて考えると面白いかもしれません。「著者＝創作家 auteur」は、ひげ根を張りめぐらせることを通じて、バベルの塔を壊して、多様な言語を生み出した神＝創造主（auteur）を演じている、と言えるかもしれません。ひげ根的な分散の場合、バベルの塔の破壊で人類はバラバラになったようで、最後はキリストの救済によって統一されるよう運命付けられている、というイメージで捉えてもいいかもしれません。

これはまだ、「リゾーム」の話ではありません。二二頁の〈多〉について述べている所から、「リゾーム」の話に入っていきます。単に〈多〉と叫ぶだけではなく、実践する必要がある、ということですね。これは現代思想の本を読んでいると分かりますね。多とか複数性が大事だと掛け声ばかりかけるけど、何だか、多とか複数性についての自分の単一的な考え方を押し付けているような感じのもの。

〈一〉と〈多〉

> 〈多〉、それは作り出さねばならないのだ、相変わらず一個の高位の次元を付け加えることによってではなく、逆におよそ最も単純な仕方で、節制により、手持ちの次元の水準で、つねにnマイナス1で（こうしてはじめて一は多の一部となるのだ、つねに引かれるものであることによって）。設定すべき多様体から一なるものを引くこと、nマイナス1で書くこと。

何でいきなり、n-1なんて出てくるのか？　恐らくメタファーなんだろうけど、何のメタファーか？　何のメタファーか考えないで、n-1と、〈1〉と〈多〉という数学基礎論っぽい言い回しに拘ると、ドゥルーズたちは、いい加減な理系知識を振り回している、とかいう、よくある〝ポモ批判〟に行きついてしまいますね（笑）。まず、n-1ではなくて、それと対比されているらしい、「一個の高位の次元 une dimension supérieure」を付け加えるという〝ありがちの行為〟について考えてみましょう。ひげ根を散らばらせるというのは、大本の根っこと幹はそのままにして、末端を複雑にすることです。いわば、中心と周縁、本質と現象、本体と派生態の二重の関係を設定することで、高い次元を一つ増やす行為と言えます。考えてみると当然ですね。「本」の著者＝創作者は、最初に自分が描こうとする対象をある程度包括的かつ理念的に捉えたうえで、それのどの側面を分散的に描き出せるか、どうやったら不自然にならないか考えるでしょう。現実にそこにある対象は、既に様々な次元、縦横高さのサイズ、重さ、密度、類や種……といったいろんな次元を含んでいるわけですが、そこに、本質／周辺のようなもう一つの次元を付け加えることになるわけです。そういうことをやらないで、逆に一つの次元を抜くことをやってみよう、というわけです。でも、どうやったら一本抜けるのか？

> このようなシステムはリゾーム〔根茎〕と呼ばれうるだろう。地下の茎としてのリゾームは根《ラシーヌ》や側根《ラディセル》から絶対的に区別される。球根や塊茎はリゾームである。根ないし側根を持つ植物も、まったく別の観点からはリゾーム状でありうる――植物学が、その特殊性において、総体としてリゾーム状ではないかということは、解明すべき一つの問題である。動物でさえ、その群れをなす状態においてはリゾームであって、ねずみはまさにリゾームである。また巣穴がそうだ。住居、食料貯蔵、移動、避難、切断といったそのあらゆる機能によって。リゾームそのものが四方八方に分岐したその表面の拡張から、球根や塊茎としての凝結に至るまで実にさまざまな形をしている。ねずみが折り重なってたがいの下に隠れるときもそうだ。

「リゾーム（根茎）」の本来の意味は、地中に伸びている地下茎の中で、どこかに球や塊ができて、それが準中心のようになっていないものが根茎で、スギナ、ワサビ、ワラビ、ススキなどがこれに当たるようです。サトイモとかクロッカスのように地上の茎の下に球状の部分（球根［bulbe］）ができるものや、山芋のように不定型に肥大する塊（塊茎［tubercule］）ができるものを含めて、地下茎全般を根茎と呼ぶこともあるようです。ドゥルーズ＋ガタリは、そのイメージを拡張して、垂直な幹のような中心軸があって、そこから茎や根が生えているようなタイプではなく、垂直軸抜きに、地下茎の相互の不定形の結び付きで、方向を定めないで広がっていくような生命体、集合体を、「リゾーム」と呼んでいるようです。巣穴で群れをなしている鼠とか、互いに折り重なっている状態の鼠の群れが「リゾーム」だというのは、中心となる軸が立ちようがないからでしょう。中心軸がない抜けてしまっている状態を n-1 と表現しているのでしょう。

「1°および2°――連結と非等質性の原理」

二三頁の「1°および2°――連結と非等質性の原理（Principes de connexion et d'hétérogénéité）」という所で、「リゾーム」の観点からチョムスキー（一九二八－　）の変形生成文法を批判しています。この場合の「リゾーム」というのは、実体的に中心軸があるかないかではなく、見方を変えることで、「リゾーム」的に見るということです。例えば、一本の木は単体として見ると、どうしても幹を中心軸とする「ツリー」でしかないのですが、周囲の木や草、土や石ころ、虫などと共に林や森を形成していて、〝木〟はその一部にすぎないという見方をすると、どこが中心か分からなくなりますね。そうやって見方を変えることで、中心軸をなくすことがn-1なわけです。

> リゾームのどんな一点も他のどんな一点とでも接合されうるし、接合されるべきものである。これは一つの点、一つの秩序を固定する樹木ないし根とはたいへん違うところだ。チョムスキー流の言語樹もやはりS点に始まって二分法によって進められる。リゾームにおいては反対に、特性のひとつひとつが必ずしも言語的特性にかかわりはしない。あらゆる性格の記号論的な鎖の輪がそこでは実にさまざまなコード化方式、生物学的、政治的、経済的等々の鎖の輪に連結され、いろいろな記号の体制のみならず、物の状態のステータスを試練にさらす。言表行為の集団的アレンジメントは事実、直接に機械状アレンジメントにおいて機能するのであり、もろもろの記号の体制とそれらの対象とのあいだに根本的な切れめを設定することはできないのである。

Sというのは、無論、「主体 Sujet」のことでしょう。あるいは、ラカン（一九〇一‐八一）の精神分析で、Sをドイツ語のアルファベットとして「エス」と読ませて、フロイト（一八五六‐一九三九）の心的構造論で、無意識にほぼ相当する「Es（エス＝それ）」を指すこともあるので、その意味を含めているのかもしれません。「主体」と、匿名的な「エス」を強引に同じ記号で表すのは、ヘンな感じですが、これは「エスがあったところに自我が生じなければならない Wo Es war, soll Ich werden」というフロイトの定式に対応しています。これは大よそ、エスが働くと、それを制御するように、あるいは、それに意味付けするために、自我が現れてくる、ということで、簡単に言うと、「エス」と「自我」は表裏一体の関係にあるわけです。ドゥルーズ＋ガタリがここでラカンの議論をどこまで意識して

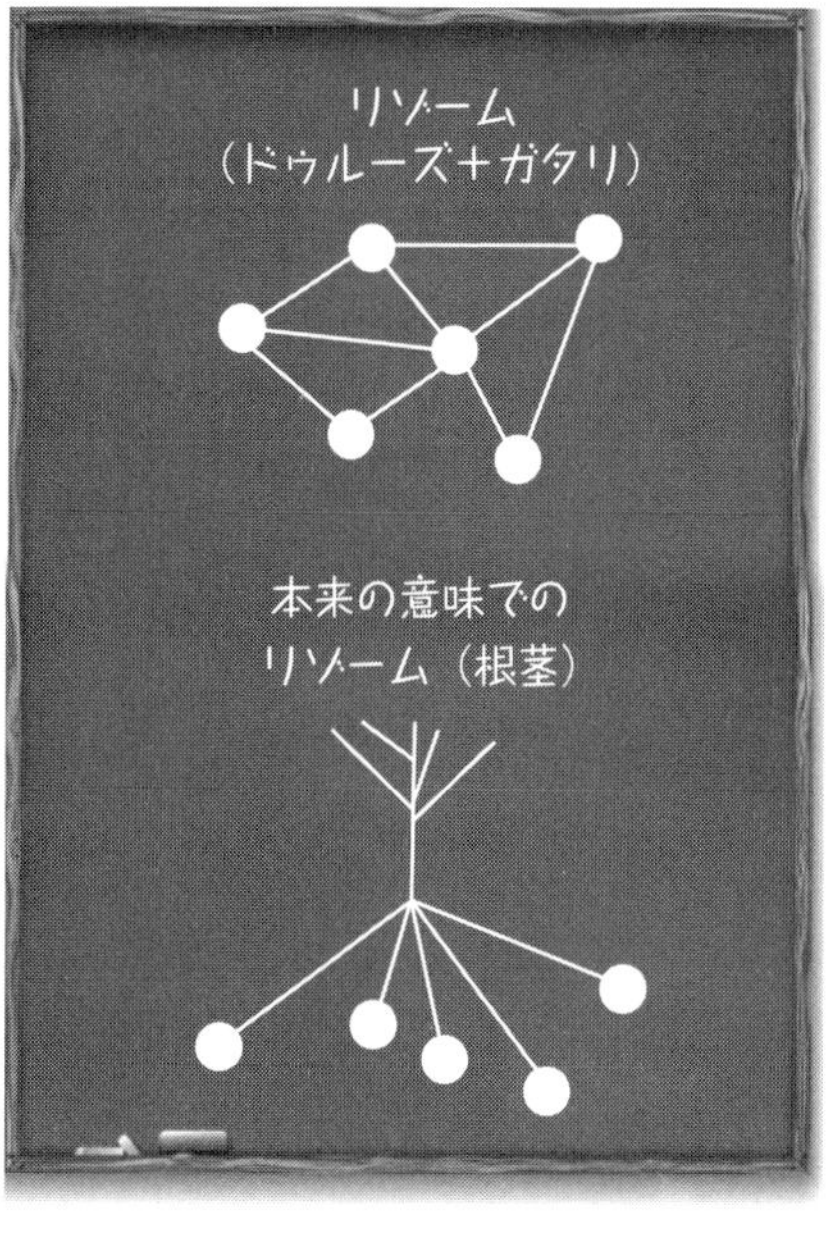

いるか分かりませんが、少なくとも、ラカンっぽい表記をすることで、通常理解されているような意味で、安定して理性的で自律的に作用する主体ではない、というニュアンスを込めていると見ていいでしょう。

「S点 un point S」という言い方をしているのは、「主体」あるいは「エス」を実体的なものとしてではなく、欲動あるいは欲望の運動が通過する一つの点にすぎないものとして捉えようとしているからでしょう。実際、私たちが何かに対して欲望を抱き、行動を起こす時、〝私〟自身の内で自然発生的に欲望が生じてくるわけではなく、何らかの形で、何か見えたり聞こえたりするとか、匂うとか外から刺激が来て、それによって欲望が起動するわけです。つまり、生物的な身体というユニットだけで見た場合の起点が〝主体〟であって、欲望を生み出す機械的な運動は繋がっているわけです。その連鎖を「機械状アレンジメント les agencements machiniques」と呼んでいるのでしょう。『アンチ・オイディプス』では、「機械」の連鎖として描いていたのに対して、『千のプラトー』では、自立的に運動している「機械」だけでなく、周囲の環境の様々なものが運動を伝える媒体になっていることを念頭に置いて、「アレンジメント」という概念を導入したのでしょう。常に新たな欲望を抱き、追求することが人間の〝本質〟だとすると、人間は単体として存在しているというより、「機械状アレンジメント」の中で、起点となる〝主体〟であるかのように振る舞っているだけ、ということになるでしょう。

チョムスキーの生成文法では、主語と動詞の結び付きの基本的なパターンが様々に変形して現実の文へと生成していくのですが、「主体」が常に言語活動の起点になります。言語なので、当たり前の話のようですが、彼らは、言語も、「主体」ごとに自己完結した記号のユニットではなく、その主体の身体的な特性や生活環境、他者との力関係などの「アレンジメント」の中で複雑な運動をしていると見ているわけです。つまり、狭い意味での〝言語〟以外の要素が様々に絡んでいる。しかも、その内のどの要因が主体による「言表行為」、言葉（と見なされるもの）を発する行為に決定的な影響を与えるか確定できないので、どこを起点に、言表行為が始動するのかはっきりしなくなるでしょう。更に、そうして発動した言表行為が、今度はフィードバック的に各人の動作や環境、モノの配置に影響を与える、という循環になっている。それが「リゾーム」です。チョムスキーをターゲットにしているのは、チョムスキー自身が、デカルト派を名乗り、理性的主体を起点とする言語学を擁護する代表選手だからでしょう。

「言表行為の集団的アレンジメント les agencements collectifs d'énonciations」というのは、ごく単純化して言えば、ある時期に特定の社会集団に特有の言葉遣い、流行っている、あるいは人々を縛っている言説のタイプのことでしょう。狭い意味での言語以外のものも含む様々な社会的要素が影響を与え合っている集積体なのでしょう。そうした人間たちの「集団的アレンジメント」が、住居とか道具とか、普通の意味での機械とかの物理的環境としての「機械状アレンジメント」と一体になって作用している。こういう風に言うと、漠然とした話に聞こえるかもしれませんが、私たちの物の言い方、コミュニケーションの仕方は、実際、どういう服を着ているか、激しく運動した後か起きたばかりか、自分の部屋の中か教室か職場か公共の広場か、目の前にいるのは知っている顔か知らない人ばかりか、マイクを持っているか電話越しか、といったことで大分変わります。というより、そういう「機械状アレンジメント」に押されるようにして、特定の言説を発することもありますね。

> チョムスキーの文法性、あらゆる文を支配するカテゴリー的シンボルとしてのS〔sentence の頭文字〕は、統辞法上の標識である以前に権力の標識である――文法的に正しい文を作りたまえ、言表のひとつひとつを名詞節と動詞節に区分したまえ（最初の二分法だ……）。

〈S〉というのは、〈sentence〉でもあったわけですが、ちゃんとした文法にのっとって発せられる文は、当然、自立した「主体」という概念と結び付いていますね。いきなり、「権力」が出てきますが、この場合の「権力 pouvoir」というのは無論、特定の制度に結び付いた権力というより、主語となる名詞＝主体と、述語となる動詞をはっきり区分したうえで、文法的に正しく繋げるよう働きかけてくる「力 pouvoir」ということですね。私たちが言葉を話したり、書いたりする時、文法に反すると法的に罰せられるということは、オーウェルの（一九〇三－五〇）『一九八四』（一九四八）に出てくる全体主義国家でない限り滅多にありませんが、やはり文法に適合しないヘンなしゃべり方をしていると、ヘンな奴だと胡散臭く見られ、仕事にも人間関係にも支障を来たします。ちゃんとした、一人前の主体と認められません。そういうのを「力」と言っているのでしょう。チョムスキーは、アナーキズムを標榜する左派として活動することでも知られていますが、その彼が、定型化されたSを生み出し、維持すべく、「力」を利用しようとしている。そういう皮肉なのでしょう。

> われわれは、このような言語学的モデルに対して、あまりに抽象的すぎるといって非難するわけではない。逆に十分抽象的でないこと、言語と、諸言表の意味論的および実践的内容との連結、言表行為の集団的アレンジメントや、社会的地平のミクロ政治学との連結を行なう抽象機械にまで到達していないことを非難したいのだ。

「抽象機械」というのがどういうものか説明がないのですっきりしないですが、この言い方からすると、狭い意味での言語と、集団的アレンジメントや社会関係を形成しているミクロな力関係を繋いで言表行為を生み出す、総合的な機械ということでしょう。ダンスを続けるとか、体の性的器官を興奮させるといった個別の機械や、集団で何かの儀礼をしたり、言表行為をしたりする社会機械であれば、いかにも機械として動いている様子を観察することができますが、「抽象機械」というのは、コンピュータとかシステムのプログラムのようなものでしょう。つまり、○○がXの運動をすると、□□がYの運動をし、▽▽がZの運動を……というように、個別の機械やアレンジメントの運動を、連鎖・循環させるプログラムのようなもの、あるいは、機械を機械として運動させるメタ機械のようなものでしょう。

> 一個の記号論的鎖の輪は、実にさまざまな行為、言語学的、また知覚的、黙劇的、身振り的、思惟的な行為を凝集させる塊茎のようなものである。言語それ自体というものもなければ、言語活動の普遍性というものもなく、方言、俚言、隠語、特殊言語などの交錯があるだけなのだ。理想的な話し手——聞き手というものがないのと同様、等質的な言語共同体というものもない。言語とは、ヴァインリッヒの言い方にしたがえば、「本質的に非等質的な現実」である。母〔国〕語というものはなく、一個の政治的多様体における一個の支配的言語による権力奪取があるだけだ。言語は教区とか、司教区とか、主都などのまわりで固定化する。球根をなすのだ。

難しい言い方になっていますが、要は、フランス語とかドイツ語、オランダ語、英語といった、まとまった言語体系は存在しない、それどころか、先ほど言ったように、身振りとか発声の仕方とか社会的関係性とかと多重な循環で結び付いていて、どこまでを「言表行為」と呼んでいいのかさえはっきりしないということです。フランス語のことを念頭に置くといいかもしれません。フランスはヨーロッパの中で一番言語が統一されていて、方言による違いもほとんどないようなイメージがありますが、フランス革命の時、純粋にフランス語を母国語としていると言える人は人口の半分くらいで、今でもフランス語が唯一の言語ではありません。例えば、南フランスには、フランス語とは別の言語とされるプロヴァンス語があります。モーパッサン（一八五〇－九三）やドーデ（一八四〇－九七）、ゾラ（一八四〇－一九〇二）等と同世代のフランスの作家にミストラル（一八三〇－一九一四）という人がいて、彼の叙事詩は今でも岩波文庫から出ているので我々は日本語で読めますが、元はプロヴァンス語で書かれています。一目見ただけではフランス語を話す人ですら分からないような単語が結構出てきます。その他、ケルト系のブルトン語や系統のよく分からないバスク語、欧州議会があるストラスブールを含むアルザス＝ロレーヌ地方ではドイツ語の方言が話され、コルシカ島ではイタリア語に近いコルシカ語が話されています。学校教育で無理やり統一しなければ、おそらくヨーロッパの言語の境目はもっと混沌としていたでしょう。ヨーロッパの言語には、語と方言の違いはかなり曖昧だし、「俚言 patois」、「隠語 argots」、「特殊言語 langues spéciales」とかもあって、それぞれいろんな言語外の要素と繋がっているというわけです。「俚言」というのは、都会の人が話している標準フランス語に対して、農村部の下層の人たちの小集団が話している言葉遣いのことです。ウリエル・ヴァインリッヒ（一九二六―六七）はリトアニア出身のアメリカのユダヤ系の言語学者で、二言語使用（bilingualism）と言語接触（language contact）の研究と、東欧のユダヤ人の間で話されていたイディッシュの研究で知られています。父親のマックス・ヴァインライヒ（一八九四―一九六九）もイディッシュの研究者として有名で、戦前ドイツで活動しています。

ツリーのようなはっきりした境界線・体系性を持った「言語」というものなどなく、リゾーム的などこから始まってどこで終わって、どの範囲で一つの単位になっているのか分からない状態になっていて、見方次第で変わる、というのが主旨ですね。なのに統一的な、ツリー的なものがあると思ってしまうのは、何らかの力が働いているからだ、というわけです。チョムスキーはアナーキストを名乗りながら、そういうツリー形成の力に寄与してしまっているわけです。

「3°——多様体の原理」

二五頁以降の「3°——多様体の原理」という所に入りましょう。「多様体」は基本的にリゾーム状だということですね。

> 統一はいつも考察の対象となるシステムの次元を補完する空虚な次元の裡で働く（超コード化）。だがまさしく、リゾームまたは多様体は超コード化を受けつけず、それが持つ線の数を、つまりそれらの線に付随する諸数という多様体を補完する次元をそなえることは決してない。あらゆる多様体は、そのあらゆる次元を満たし、蔽いつくすというかぎりにおいて平たいものである。したがって多様体の存立平面という言い方を用いることにしよう。この「平面」なるものは、その上に成立する接続の数によって増加する次元をそなえるものであるにもかかわらず、多様体は外によって定義される。つまり抽象的な線、逃走線、あるいは脱領土化線によって定義されるのである。

ドゥルーズ＋ガタリは、「統一 l'unité」とはもともとリゾーム的に繋がってぐるぐる回りしている「多様体」に、強引に取って付けられたものだと言っているわけですね。先ほどの「存立平面」という言葉が、「多様体」と結び付いてきたわけですが、「平面」とか「平たい plat」と言うと、平面に押さえつけられて動きがないような感じがしますが、これは空間的な意味で「平ら」ということではなく、垂直的、つまり超越した次元から全てが統御されておらず、全て力や運動が同等のレベルで併存している、ということでしょう。「外」との一応の境界線になる逃走線や脱領土化線などの〝線〟によって、その「平面」に属するものが決まってくるのでしょう。「平面」と言っていますが、それは単に垂直な次元がないというだけで、様々な力や運動、機械やアレンジメント、地層が混じって、いろんな次元での組み合わせが出来上がっているので、実は結構デコ

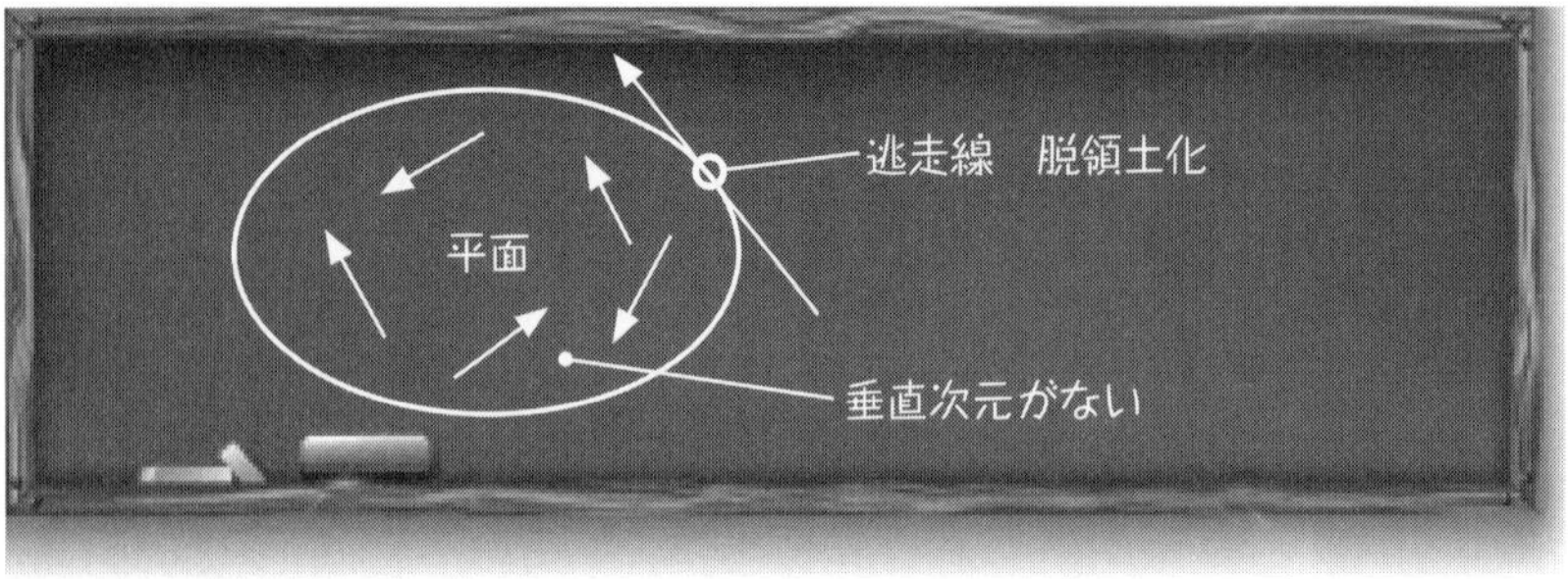

ボコしているのでしょう。その凹凸が「プラトー」なわけです。「本」というのは、本来、そうした垂直次元を持たない、リゾーム的なもの、デリダ（一九三〇－二〇〇四）が「エクリチュール」と呼ぶような、自己自身の内から様々な差異を生み出す、意味作用の連鎖であるわけです。

> クライストはこうしたタイプのエクリチュール、情動《アフェクト》に断ち切られる連鎖、変動する速度や加速や変形をそなえ、つねに外との関係を保っているエクリチュールを発明した。開かれた環だ。それゆえに彼のテクスト群は、一個の実体ないし主体の内面性によって形成される古典的ないしロマン派的な本に、あらゆる点において対立する。国家装置としての本に対抗する戦争機械としての本。

抽象的な言い方をしていますが、言っていることは分かりますね。普通文学作品は自己完結していて、読者がずっとテクストだけに集中できるのがいいということになりがちですが、クライストのエクリチュールは、それに触れることで、読者の中で性的ニュアンスを帯びた身体的欲望が喚起され、強い情動が引き起こされ、身体に影響が出て、身体を介してテクストの外の世界と繋がる。エロ小説とか、刺激的なサスペンスだったら、体が興奮したり、異性あるいは同性のことが気になったり、場合によっては刺激を増強したり、抑えたりするグッズや飲食物・薬物を摂取するといった、テクスト外の要素と関係して、様々な機械の動きと連動するのはそんなに悪いことではありませんが、いわゆる純文学だと、そういう余計なものに左右され、作品それ自体から逸れてしまうのは、読者の態度としてダメだし、そういうのを前提に書かれた作品もダメということになりますが、クライストの作品、特に『ペンテジレーア』は外見的には純文学的なものであるはずなのに、情動を刺激して、否応なく欲望機械を作動させるということでしょう。

「古典的 classique」という言葉で念頭に置かれているのは、ゲーテやシラー（一七五九－一八〇五）など、古代ギリシアやローマの古典をモデルにしながら、近代ドイツ文学の基礎を築いた人たちのことです。近代ドイツ語による文学が始まったのは、早くても一七世紀で、ドイツ固有のスタイルが確立されるのは、一八世紀後半になってからです。ゲーテは、クライストの『ペンテジレーア』を見て、その野蛮さに気分を害し、上演に反対し続けたというのは有名なエピソードです。「ロマン派的 romantique」というのは、クライストと同世代のフリードリヒ・シュレーゲルやノヴァーリス（一七七二―一八〇一）、ティーク（一七七三―一八五四）、E・T・A・ホフマン（一七七六―一八二二）といった作家たちの運動で、ゲーテやシラーの確立した古典の理想である、自立した主体を中心にした統一的な世界観に抗して、幻想や民族の集団的想像力など、非理性的・無意識的な力を引き出すことに力を入れたとされます。通常のドイツ文学史では、クライストは、古典派ともロマン派とも違う、独自のカテゴリーのように扱われています。『ペンテジレーア』のような、人間の情念が行き着く究極の野蛮、残忍性を描くのは、古典派とは対立するが、彼の情念や狂気の描写はリアルすぎて、ロマン派のような幻想性は感じにくい。ある意味、無意識の領域を扱っているけれど、それはリアリティを欠いた幻想的な性格の無意識ではなく、いろんな偶然が重なれば、普通の人が陥ってもおかしくないような狂気として現れてくるリアルな無意識です。ドゥルーズ＋ガタリによると、「古典派」も「ロマン派」も結局、一冊の「本 le livre」として自己完結するようなエクリチュール、一人の「主体 le sujet」の「内面性 l'intériorité」を描き切るようなエクリチュールを目指したけど、クライストはむしろ、そうした自己完結性を破壊して、「外 le dehors」にあふれ出してしまうようなエクリチュールを作り出した、ということでしょう。

「国家装置としての本 lelivre-appareil d'Etat」「戦争機械としての本 le livre-machine de guerre」というのは、このテクストのかなり後の方で出てくる、「国家」と「戦争機械」の対置を、主体の「内面性」を中心にした自己完結性を目指す「本」と、「外」にあふれ出していく「本」の違いと重ね合わせようとした表現でしょう。ごく簡単に先取りで説明しておくと、「戦争機械」というのは、「国家装置」としての軍隊ではなくて、遊牧民の集団のように、絶えず運動しながら、行き当たるもの全てに闘いを挑んで、必要なものを略奪しては、また先に進み、それに合わせてメンバーの構成もしょっちゅう変化する集団で、軍隊のような規律化された集団とは対照的です。軍隊は、国家が「戦争機械」を自らの装置として取り込んだものです。「機械」が自律的に運動するのに対し、「装置」は、上からの指令なしには動けません。こうした「戦争機械⇔軍隊」の対比と、「リゾーム型の本（リゾームであることを自覚した本）⇔ツリー型の本（ツリーであろうとする本）」の対比を重ね合わせていることに加えて、恐らく、ツリー型の本は特定の権力やイデオロギーに奉仕する性格を持っているというニュアンスも持たせている、ということでしょう。ツリーは、諸事物の意味を安定させるための働きがあるので、国家のような組織に利用されやすいのでしょう。

「4°——非意味的切断の原理」

二八頁に4°として「非意味的切断の原理 Principe de rupture asignifiante」が出てきますね。

> これは諸構造を分かち、あるいは一つの構造を横断する、あまりに意味をもちすぎる切断に対抗するものだ。リゾームは任意の一点で切れたり折れたりしてもかまわない。それ自身のしかじかの線や別の線にしたがってまた育ってくるのだ。

リゾーム的にいろんなところに繋がっているということは、裏を返せば、あちこちで切断可能で、切り取った単位ごとに意味付け可能ということですが、切りようによっては、ツリー的な単位を実体視することになりかねません。一つの言語とか民族を切り出してしまうこともあるかもしれない。二八頁にあるように、「ファシズム的凝結」や、そこまでいかなくても、「ミクロ・ファシズム」的なものを生み出したりすることもあり得る。

> どうして脱領土化の動きと再領土化の過程とが相対的なものであり、絶えず接続され、互いにからみあっているものでないわけがあろう？　蘭は雀蜂のイマージュやコピーを形作ることによって自己を脱領土化する。けれども雀蜂はこのイマージュの上に自己を再領土化する。とはいえ雀蜂はそれ自身蘭の生殖機構の一部分となっているのだから、自己を脱領土化してもいるのだ。しかしまた雀蜂は花粉を運ぶことによって蘭を再領土化する。雀蜂と蘭は、非等質であるかぎりにおいてリゾームをなしているのである。蘭は雀蜂を模倣していて、何か意味する仕方（真似、擬態、おとり、等々）で雀蜂の似姿を再生していると言うかもしれない。しかしそれは地層の水準において言えることにすぎない——一方の層における植物的組織がもう一方の層における動物的組織を模倣しているという形で、二つの層の間に平行関係があるというわけだ。

「脱領土化」と「再領土化 reterritorialisation」が相対的だというのは、実際の国家の領土とか集団を念頭に置くと分かりやすいでしょう。ある国家が弱体化して、いろんな民族とか地域、政治集団が反乱を起こすと、崩壊が早まり、国の形が曖昧になります。それが「脱領土化」だとすると、その一方で、その国家に反逆して自立した集団は結束が固まり、自分たちが活動している領域を領土化するようになるでしょう。地理的な位置に注目すると、その場所は「再領土化」されたと言えるわけです。崩壊しなくても、境界線が曖昧になったり、混乱したりすると、他の機械とか主体による「再領土化」が行われる可能性があるわけです。

ここでは、一つの機械のようにユニット化している蘭と雀蜂を例に考えているわけです。蘭は、雄の雀蜂を引き付けるために、雌に蜂の生殖器に似た花を咲かせます。それがコピーするということです。引き寄せられた雄の蜂は花粉を媒介してくれます。「蘭」の方は、蘭という生として自己完結しているはずだけれど、「雀蜂」の生殖器という、本来別の生命体に属するものを自分の内で再現したことで、その再現部分に関しては、自分で自由に利用することができなくなります。その意味で、「脱領土化」されています。しかし、そのおかげで、雀蜂を自分の生殖器官の一部のように使うことができるようになり、その意味では「再領土化」しているわけです。同じことが、「雀蜂」の側についても言えます。両者は二つの個体が連合しているというより、元々、お互いの存在を前提に組織化・領土化されているので、リゾーム的に繋がっていると見ることができるわけです。

これと同時にまったく別なことが問題になっているのだ——もはやまったく模倣などではなく、コードの捕獲、コードの剰余価値、原子価の増量、真の生成変化《ドゥヴニール》〔なること〕、蘭の雀蜂への生成変化、雀蜂の蘭への生成変化があって、これらの生成変化のおのおのが二項のうちの一方の脱領土化ともう一方の再領土化を保証し、二つの生成変化は諸強度の循環にしたがって連鎖をなしかつ交代で働き、この循環が脱領土化をつねによりいっそう推し進めるのだ。そこには模倣も類似もなく、一個の共通のリゾームからなる逃走線において二つの異質な系列《セリー》が炸裂しているのであり、この共通のリゾームは意味にかかわるどんなものにも帰属せず、従属もしない。

「コード code」というのは、言語の文法とか、暗号の方式とか、法典とか意味を確定するための決まりごとで、変化してはならないはずですが、「雀蜂と蘭」のような関係では、ここで彼らが「コードの捕獲 capture de code」と呼んでいることが起こります。つまり、ある単位あるいは流れを支配しているユニットが、その外部と関係を持つことによって、「コード」は自己完結的ではなくなり、「雀蜂と蘭」という新たなユニットのコードが生じてきて、「雀蜂」や「蘭」のコードはその一部に組み込まれます。「模倣」も「類似」もないというのは、独立した個体が自分の方から自発的に似ていくのではなく、リゾーム的な絡み合いの中で、両者を横断する「コード」が生じてくるということでしょう。

「生成変化 devenire」というのは、ある決まった個体があって、それが決まったゴールに向かって決まったコースに向かっていくのではなく、リゾーム的に様々な状態が繋がっているので、様々な方向への変異の可能性がある、ということでしょう。ただ、この場合は、雀蜂に関わる線と蘭に関わる線が比較的はっきりしているわけです。ただ、「雀蜂」も「蘭」もお互いをがんじがらめにするようにくっついているわけではなく、それぞれ別の機械やアレンジメントとも繋がって運動しているわけで、それが「逃走線」になるわけです。

三〇頁を見ると、ウイルスが生殖細胞に結合して、生殖細胞同士の結合によって生まれる生命体の遺伝子になることもあるし、そこから逃走して全く別の細胞に入り込むといった挙動を取ることで、新たなリゾームが出来上がると述べられていますね。そういう風な広がりを考えると、ここからここまでの切片が独立した意味のユニットである、と一概に言い切ることは本来できないことが分かります。そういうリゾーム的な多方向の繋がりが見えなくなると、ミクロ・ファシズムのような現象が生じるのでしょう。

「5°および6°——地図作製法および複写術の原理」

三三頁からの、「5°および6°——地図作製法および複写術の原理」について見ておきましょう。三四頁に、「リゾーム」は「地図であって複写ではない carte et non pas calque」と述べられていますね。「複写」というのは、二元論的な論理に従って自己を複製拡大していくツリーの構成原理で、本質的あるいは基礎的、根幹的な部分をコピーするような形で枝が形成され拡大していくわけです。いったん〝現実〟を固定化したうえで、それをフォーマット通りに再現するわけです。コピーは対象の状態を変えない限り、同じ像を何枚でも再生産します。それに対して「地図」というのは、開かれたリゾーム状の現実に密着しているという主旨のことが書かれていますが、これは当然、一度決まったフォーマットで描かれると、何万枚でも同じ形で大量印刷される私たちがよく使っている地図を念頭に置くと、「複写」との違いが分からなくなります。そうではなくて、それぞれの地図が作成される過程、特に手作りの地図のそれを念頭に置くべきでしょう。何に注目して、どう表記するかによって、地図の描き方は変わります。新しい要素を発見して書き込んだり、逆に、不要になった要素を除去したり、道路とか鉄道、河川、等高線などの各種の線、あるいはその線を区切る分節点を加えたり減らしたりすることで、地図の形は変わります。

> 地図は自己に閉じこもった無意識を複製するのではなく、無意識を構築するのだ。地図は諸分野の接続に向かい、器官なき身体の封鎖解除に、それら器官なき身体を存立平面上へと最大限に開くことに向かう。地図はそれ自体リゾームの一部分をなしているのだ。地図は開かれたものであり、そのあらゆる次元において接続可能なもの、分解可能、裏返し可能なものであり、たえず変更を受け入れることが可能なものである。

「無意識 l'inconscient」を「複製する reproduire」のではなく、「構築する construire」というのは、何が「無意識」なのかを予め決まったフォーマットによって定めるのではなく、従来のやり方、既存の観念では捉え切れないものを発見するごとに、〝無意識〟の領域に数え入れるものを増やしたり、逆に、十分に意識化されていると思えれば外していくというような形で、その領域を絶えず再構成するということでしょう。様々な生き物、鉱物、人間、制度などが、機械あるいはアレンジメントと

して多方向的に連鎖しながら、運動を伝えるリゾームをなしているとすると、そうしたリゾームの「地図」を描く行為もまた、そのリゾームの一部を成しているわけです。ここで出てくる「器官なき身体」は、人間の身体だけではなく、いくつかの機械やアレンジメントが合わさって一つのユニットのようになっているけれど、どの部分がどの機能を担うか決まっていなくて、外部との境界線がオープンな状態にあるものと考えればいいでしょう。そういう意味での「器官なき身体」を「地図」に記載するというのは、例えば、目の前の生き物を一人の人間の子として登録するとか、数人の人間のグループを一つの「団体 corps」として登録する、あるいは、ある場所の木や草、土の塊を森として、先ほどの雀蜂と蘭のようなものを一つのユニットとして登録する、というようなことが考えられます。そうやって「地図」に登録することで、「地図」を使っている者にとっては、それらが一つの「身体」を持ったものとして存在するようになるわけです。

複写はすでに地図をイマージュに翻訳し、リゾームをすでに根や側根に変容させた。複写はその軸である意味性と主体化との軸にしたがって、もろもろの多様体を組織し、安定させ、中和させた。リゾームを生み、構造化したのだ。そして複写は何か別のものを複製しているつもりでいるときも、すでに自分自身しか複製していないのである。だからこそ複写は実に危険なのだ。それは冗長性を注ぎこみ、それを伝播繁殖させる。複写が地図ないしリゾームから複製するものは、単にその袋小路、閉塞、回転軸の萌芽、ないしは構造化の諸基点などである。精神分析と言語学を見るがよい――前者はただ無意識の複写または写真しか作ったためしがなく、後者は言語の複写または写真しか撮ったためしがなくて、そこには予想されるあらゆる裏切りがともなっている（精神分析が自己の運命を言語学と絡ませたのも不思議ではない）。

かなり抽象的な表現が続きますが、これまでの話から言わんとしていることは分かりますね。不確定で運動するリゾームの一部になっている「地図」に対して、「複写」は、自らの観察する〝対象〟（素材）の中に「意味性 signification」や「主体化 subjectivation」（の萌芽）を見出し、それに即して「構造化 structuraliser」しようとします。リゾームを「生む générer」という言い方が気になりますが、これは、〝リゾーム〟の範囲を確定し、一つの単位として、括弧付きの〝リゾーム〟を生み出す、ということでしょう。

自分自身しか「複製」しないというのは、自分の基準に従って、複製するポイントや形式を決めているので、〝複製〟された事物には、自分自身が刻印される、ということでしょう。これは主体性中心の観念論的な哲学と構造主義に共通の問題として指摘されるところです。ここでは、そういうことをやっている知の領域として、精神分析と言語学が槍玉にあげられていますね。言語学の場合、構造主義言語学だけでなく、チョムスキーのようにデカルト的自我を前提にする理論にも、この指摘は当てはまりそうです。というより、音素、音節、単語、節、文、言説といった言葉の基本的なユニットを決めないと、研究できないどころか、国語を体系化して、学校で教えることさえできないので、ある意味、仕方ないことですが、問題は「精神分析」の方でしょう。精神分析は当初は、どちらかといえば、オープンな態度で「無意識」という未知の領域を開拓することをモットーとして、人間の「心」に関わる様々な現象に挑戦的に取り組むという感じでしたが、元祖であるフロイト自身において既に、大家になるに従って次第に、〝無意識〟の「構造」を定型化するようになりました。『アンチ・オイディプス』はそれを批判した本です。

フロイトが自分のフォーマットによる「複写」を押し付けた例として、「幼いハンス」のことが引き合いに出されています。「幼いハンス le petit Hans = der kleine Hans」というのは、「ある五歳男児の恐怖症の分析」（一九〇九）という症例分析論文で取り上げられている少年のことです。五歳のハンスは馬に噛まれるのではないかという恐怖症に襲われ、馬車が通る街中を歩けなくなったということで、父親に連れられて、フロイトの分析を受けに来ます。フロイトは、ハンスの記憶を探って、三歳半の時、妹を出産する前後の母の様子を見たこと、そこでコウノトリの話を聞かされ、その説明は怪しいと感じた、という話を引き出します。男根の話にもっていったわけです。

> すでに典型的な幼児精神分析において、幼いハンスに起こっていたことを見るがよい——たえず〈彼のリゾームはこわされ〉、〈彼の地図はよごされ〉、その地図は位置を正され、あらゆる出口は塞がれて、ついに彼は自分自身の恥辱と罪悪感を望むに至り、彼のうちに恥辱と罪悪感、〈恐怖症《フォビー》〉が根を生やす（彼に対して建物のリゾーム、次に街路のリゾームが封鎖され、彼は両親のベッドの中に根を生やすほど釘づけにされ、自分の肉体の上に側根を生やされ、フロイト先生に金縛りにされるのだ）。

「彼のリゾーム SON RHIZOME」というのは、この場合、ハンスの行動、関心、関係性、欲望などの連なり全部のことで、それについては様々な「地図」が出来上がっているということでしょう。「建物のリゾーム le rhizome de l'immeuble」とか「街路のリゾーム le rhizome de la rue」というのは、ハンスの生活における「建物」や「街路」に即して形成されていて、必ずしも父や母との間のリビドーを中心にしたリゾームに従属しない、別系統のリゾームということでしょう。フロイトはそれらに出てくる馬とか馬車、建物自体には中心的な意味は与えず、比較的大きな意味を持っているように思えるものも、「両親のベッド」で展開される性愛的な関係の代理物としか見なさなかった、ということでしょう。君が本当に欲しいのはこの金属の塊ではなくて……というわけです。

これに加えて、メラニー・クライン（一八八二－一九六〇）が「幼いリチャード le petit Richard」に対してやったことも言及されていますね。クラインはウィーン出身の児童分析に重点を置いた精神分析家で、対象関係論と呼ばれる流れの先駆者とされています。彼女は一九二七年に、英国の精神分析家アーネスト・ジョーンズ（一八七九－一九五八）の招きに応じて、英国に移住して活動拠点にしますが、リチャードは英国での症例で、「早期不安に照らしてみたエディプス・コンプレックス」（一九四五）と『児童分析のナラティヴ』（邦訳タイトル『児童分析の記録』、一九六一）で論じられています。ロンドンの空襲のため、スコットランドに疎開していた一〇歳のリチャードは、外出することや他の子供に不安を抱いていて、学校へ行くことができませんでした。クラインはリチャードにいろんなおもちゃを使って遊ばせ、その使い方、例えば、列車を衝突させる動作から、彼のエディプス・コンプレックスを導き出します。この態度についてドゥルーズ＋ガタリは、以下のように述べています。

メラニー・クライン

> 彼女はその写真を撮り、複写を作る。ポーズしなさい、または軸に沿って進みなさい、発生段階でも構造的運命でも、とにかくあなたのリゾームはこわしますよ。生かしておいて、話もさせてあげる。ただしどんな出口もみんなふさぐという条件で。

かなり辛辣ですが、クラインが四カ月にわたる治療の間に実際、彼のリゾームを寸断して、エディプス・コンプレックスの枠内で自己理解するよう誘導して後戻りできなくさせた可能性はあります。因みに、『アンチ・オイディプス』では、リチャード・リンドナー（一九〇一－七八）という画家の、いくつかの機械と体がリゾーム状に繋がった少年を描いた『機械と共にあるリチャード』（一九五四）という作品について論じられています。リチャード繋がりを意識しているのかもしれません。とにかくフロイトは、すぐに男根に結び付けるし、メラニー・クラインは、部分対象、母親の乳房等に結び付けます。彼らは複写しているつもりでも、本当は全てを写し取っていない、リゾームを適当に断ち切っていることしかしていない、と批判しています。

「非中心化システム」、「リゾーム」的思考

四四頁を見ると、彼らは従来の知を特徴付けてきた、「中心化システム systèmes centrés」に対して、自分たちは「非中心化システム systèmes acentrés」を目指しているとしています。

> ［…］（以降［…］は著者による略）そこではコミュニケーションはある隣接者から別の任意の隣接者へと行なわ

れ、茎や経路は先立って存在することがなく、個体はどれもみな交換可能で、単にある瞬間における状態によって定義されるだけ、そのため局地的操作は相関的に組織され、包括的な最後の結果は中心的権威からは独立してみずからをシンクロナイズするのである。

これは分かりやすいですね。経路も、誰が中継点になるかも分からないわけですね。そして四六頁で、樹木が西欧的であるのに対し、東洋、特にオセアニアはリゾーム的だと述べていますね。

オードリクールはそこに、西欧に親しい超越の倫理ないし哲学と、東洋における内在性のそれとのあいだにある対立の理由の一つを見てさえいる――播きそして刈りとる神に対して、突き刺しそして掘り出す神である（突き刺すことに対して播くこと）。超越、これはヨーロッパ固有の病である。

アンドレ＝ジョルジュ・オドリクール（一九一一－九六）は、フランスの植物学者で、後に言語学や民族学に専門を移した人です。ここで注として参照されている論文「動物の家畜化、植物の栽培＝文化（culture）、他者の扱い」（一九六二）や「ヤム芋の自然と文化」（一九六四）では、必ずしもドゥルーズたちが言っているように、ツリーとリゾームがきれいに対置されているわけではなく、むしろヤム芋を栽培するメラネシアの文化を、前者では、地中海の羊飼いの文化と、後者では、中近東を起源とする種蒔きによる農業文化と対比しているのですが、ヤム芋の「塊茎」的な性格を強調しているのは間違いないので、大筋では間違っていないでしょう。「播きそして刈り取る qui sème et qui fauche」というのは、「羊」と並んで、キリスト教でよく聞く譬えですね。ただ、「突き刺し掘り出す神 le Dieu qui pique et déterre」という言い方は、ヤム芋の栽培の仕方の話をしているとはいえ、イエスの十字架と復活を連想させるので、あまりうまい対比ではないと思います――ひょっとすると、わざとそういう混乱した印象を抱かせるような言い方をしているのかもしれません。それは措くとして、ここでドゥルーズたちはオドリクールの記述を参考にして、西欧哲学でよく聞く、「超越 transcendance／内在性 immanence」の対立を、「ツリー／リゾーム」の対立とパラレルに考えているわけですね。これまでの話から分かるように、「ツリー」は何らかの中心化する論理によって、事物を組織化するわけですが、その際に、その事物から離れて、上空のようなところから見通す必要があるわけです。本当は、全体を完全に見通せるような超越的地点などないと分かっていても、そういう視点を無理にでも設定する。哲学的・神学的な「超越」を、時空を超えたものについての思考を、その延長で捉えるわけです。それに対して、「リゾーム」的思考は、現実に密着して、中心を無理に設定せず、「地図」を描いていく。その延長に「内在性」の思考があると考えるのでしょう。

また性行動もちっとも同じではない——種子をもつ植物は、両性を結合するときでさえ、性行動を再生産のモデルにしたがわせる。ところがリゾームは反対に、再生産からのみならず、生殖からも性行動を解放するのである。われわれの場合、身体には樹木が植えこまれてしまい、性さえも硬化させ地層化してしまったのだ。

種子植物にとって生殖と自己増殖は一致します。リゾームで増殖する植物であれば、生殖によって種子を作ることは必ずしも必要ではありません。無論、実際の植物の場合、好きでやっているわけではないですが、ポイントは、ツリー状の思考をしている人間にとっては、セックス＝自己増殖になっていて、性的快楽が全て、種、民族、一族、家族の増殖、自己複製のプロセスの付属物のような位置付けになってしまっている、ということでしょう。「地層化 stratifier」というのは、ここでは、化石の埋まっている過去の地層のように、そこに埋まっているものが身動きとれない状態にするということでしょう。精神分析は、性をエディプス三角形に還元することに最大の寄与をしている、と言えるわけです。欲望をセックス＝生殖という機能に還元するのではなく、おもちゃとか道路とか建物とか動物とか、通常の意味での性的な意味合いのない他者との関係性など、様々な欲望の間のリゾームの連鎖を認めるべきだと示唆しているわけですね。

——われわれはリゾームあるいは草を失ってしまった。

ここで言う「草 l'herbe」は主として根茎を通じて繁殖する草のことでしょう。「草」を失うというのは、不定形な欲望や関係性の連鎖を形成して、そこに生きることができなくなったということでしょう。これに関連して、『アンチ・オイディプス』にもたびたび登場した、恐らくドゥルーズ＋ガタリのお気に入りの作家の一人であるヘンリー・ミラー（一八九一－一九八〇）の『ハムレット』（一九三九、四一）から、詳しく言うと、マイケル・フランケル（一八九六－一九五七）という出版者・著述家とのハムレットをめぐる往復書簡集から長めに引用されています。一九三五年一一月二三日付けのミラーの側からの手紙です。

ヘンリー・ミラーは言う——「中国は人類というキャベツ畑の雑草だ。（……）雑草は人間の努力の復讐《ネメシス》の女神である。われわれがもろもろの植物、動物、星などに託しているあらゆる想像的生活のうちで、いちばん賢明な生活を送っているのはたぶん雑草である。確かに草は花も産み出さなければ、航空母艦も、それから山上の垂訓も産み出すわけじゃない。（……）けれどもとどのつまり、つねに最後の一言を言うのはいつも草なのだ。とどのつまりすべてが中国の状態に回帰するのだ。それは歴史家たちが一般に中世の暗黒と呼ぶものである。草以外に出口はない。（……）草は耕されない広大な空間のあいだにしか存在しない。それは空虚を満たすのだ。それはあいだに生える。ほかのいろいろなものにはさまれて、花は美しいし、キャベツは役に立ち、ケシは人を狂わせる。けれども草は氾濫であり、それは一個の教訓なのだ。」

「雑草」の原語であるフランス語の〈mauvaise herbe〉——ミラー自身が原文（英語）で使っている単語は〈weed〉——は、文字通り訳すと、「悪い草」です。中国が本当に「雑草＝悪い草」的な存在かどうかは別にして、言ってることは分かりますね。西欧文明がどんなに秩序立った、まともで価値の高いものを生産・再生産しても、いつしか、花壇が雑草に侵食されるように、リゾーム状の連なりがツリー的な秩序を破壊してしまうというわけです。当時のアメリカ人には、至るところに棲みついて自分たちのコミュニティを作る中国人が「雑草」に見えたのかもしれません。

アメリカ、東洋

アメリカについては、特別の場所を割くべきだろう。もちろんアメリカにしても樹木の支配と根の追求から免れているわけではない。それは文学においてさえ、国民的アイデンティティーの、さらにはヨーロッパの祖先ないし系譜の探究においてさえ見てとれることだ（ケルアックは自己の祖先たちを探しに出かける）。にもかかわらず、かつて起きた重要なことのすべて、いま起きつつある重要なことのすべてが、アメリカというリゾームを通して行なわれていることに変わりはない——ビートニク、アンダーグラウンド、地下運動、徒党とかギャングなど、一つの外とじかに連結する数々の継起的側面的激動だ。たとえ樹木を追求しているときでさえ、アメリカの本とヨーロッパの本とは違う。それは本の考え方そのものの中にある違いである。『草の葉』。しかもアメリカにはさまざまな方向が存在する——〈東部〉においては樹木状の探求と旧世界への回帰が行なわれる。けれども〈西部〉はリゾーム状なのだ。その祖先なきインディアンたち、つねに遠くへ逃れ去ろうとするその限界、可動的であり移動してやまないその辺境《フロンティア》などにおいて。〈西部〉にはまさにアメリカ的「地図」があり、そこでは樹木でさえもリゾームになる。アメリカは方位を逆転させた——その東方《オリエント》を西部に置いたのだ、あたかも大地がまさにアメリカにおいて円くなったかのように。

ある意味、ベタな感じもしますが、ヨーロッパの伝統から切り離されたところで、様々なエスニシティや宗教の集団から形成され、雑多な文化を発展させた「アメリカ」は「リゾーム」的な性格に見えておかしくありません。ジャック・ケルアック（一九二二—六九）は『アンチ・オイディプス』にも登場する、ビートニク世代を代表する作家です。ビートニクというのは、一九四〇年代から六〇年代にかけてアメリカの若者に影響を与えた、反物質主義・スピリチュアリズム、性の解放、ドラッグなどを特徴とするカウンター・カルチャーの運動です。彼はカナダのケベック州の出身で、両親は、ケルト系の文化の影響が強いフランスのブルターニュ地方からの移民で、母語はフランス語で、ケルアック本人も学校に通うようになるまではフランス語を話していたようです。ケルアックはそうした自分のルーツにかなり拘って、四三歳になって、フランスへルーツ探しの旅に出かけます。

『草の葉 Leaves of Grass』（一八五五）は、南北戦争時代にアメリカの民主主義的な文化を謳った詩人ウォルト・ホイットマン（一八一九－九二）の詩集で、アメリカの様々な風景や人々の生活様式が謳われています。この作品には同性愛的描写があり、性的多様性という文脈でも引用されます。文化や制度がある程度定着している「東部 l'Est」が「ツリー」的な性格を持っていて、旧世界＝ヨーロッパに繋がっているのに対し、まだネイティヴ・アメリカンがいて、フロンティアの開拓が続いている「西部 l'Ouest」は、「リゾーム」的な性格をしているというのは分かりますね。「インディアン Indiens」に「先祖」がないというのは、無論、実在するネイティヴ・アメリカンの個々の部族に祖先崇拝のようなものがないという話ではなく、恐らく、白人系のアメリカ人が「インディアン」と呼んでいる人たちは、一つの実体ではなく、様々な伝統を持つ部族を一つの集合体と見なした時の呼称で、彼らの間にいろいろな離合集散があるし、白人との接触で、部族の配置や編成が大分変化している、ということを踏まえた言い方でしょう。今は、「インディアン」と総称されている集団がいるけれど、彼らの共通の祖先などいない、ということではないかと思います。方位（les directions）を逆転（inverser）させた、というのは、「西洋 l'Occident ＝ツリー」が自己を拡大すべく「東洋 l'Occident」へと運動していったのに対し、アメリカではその方向が逆転したわけですね。これは、単に象徴的な意味で言っているのではありません。大航海時代にヨーロッパ人は、東方にある「インド l'Inde」を求める旅で、アメリカ大陸に遭遇したわけです。「インディアン」というのは、その「インドの人」という意味だったというのはご存じですね。西回りの旅で遭遇した〝インド〟だったので、更に「西」に向かうというのは、ある意味必然かもしれません。

> もちろん、リゾームと内在性から成る東洋を提示することはあまりに安易である。けれども東洋では国家は、予定され、樹木と化し、根と化した諸階級に照応する樹木状組織の図式にのっとって働きかけるのではない。そこにあるのはさまざまな水路による官僚制、例えば有名な、「固有性に乏しい」水力学的権力であり、そこで国家は水路を形成し、みずからも水路となった諸階級を産み出すのである（ヴィットフォーゲルの諸説においてかつて一度も反論されたことのないところを参照）。

「東洋＝リゾーム」というイメージが安易に聞こえるのが分かっていて、補足したということですね。カール・ヴィットフォーゲル（一八九六－一九八八）は、ドイツ出身のアメリカの社会学者です。ドイツ共産党員でフランクフルト学派の初期メンバーの一人です。若い時から中国に関心を持って研究し、中国をはじめとする四大文明が大規模水利事業を行い、そのための官僚制を発展させたという説を提唱します。古代中国の専制国家は、そうした水利的な権力だったというわけです。水力を中心にして形成されている権力なので、ヨーロッパ等の権力とは異なった在り方をしているという議論です。吉本隆明（一九二四－二〇一二）の『共同幻想論』（一九六八）の冒頭でも参照されています。水の流れに沿って展開する権力形態なので、ヨーロッパのように固定した領土を起点とするツリー状の権力とは性質が違う、と言いたいわけです。確かに東アジアでは稲作のための水利事業が重要だったはずですが、だからといって、古代の王朝が脱領土的性格を持っていて、リゾーム的なネットワークを張り巡らしていたかというと、私たちには疑問ですね。

無論、これもまた安易な図式になっていることは本人たちも分かっているようです。

リゾームもまた固有の専制主義、固有の序列性、それらのもっと厳しい形を持っていることさえ示さねばならないのか。その通り、なぜなら二元論などないからだ。ここ とあそこという存在論的二元論などはなく、善と悪という価値論的二元論もなく、アメリカ的混合ないし綜合もないからだ。リゾームには樹木状組織の結節点があり、根にはリゾーム状の発芽がある。それればかりかリゾーム固有の内在性と水路網をそなえた専制的形成体《フォルマシオン》もあるのだ。樹木の超越的システムには、空中根や地下茎という、無政府的歪形《デフォルマシオン》がある。重要なのは、樹木――根とリゾーム－水路とが二つのモデルとして対立するのではないということだ（…）。

言い訳めいているけど、言わんとしていることは分かりますね。ツリーとリゾームは常に混ざり合っていて、純粋形態はないので、彼らが分かりやすいリゾームのイメージを何かの例で示しても、その例を別の面から見れば、ツリー的な構造が見つかるだろう、ということです。要は、リゾームの方が優勢になって、構造が解体していく傾向にあるのか、その逆なのかを観察したうえで、評価しようということでしょう。

「プラトー」（高原・台地）

五二頁を見ると、「リゾーム」は線として連なっていくが、「ツリー」とは違って決まった方向の一本の線をなしているわけではない、という主旨のことが述べられていますね。

リゾームは反《アンチ》系譜学である。それは短い記憶、あるいは反記憶である。リゾームは変化、拡張、征服、捕獲、刺しこみによって進行する。

ニーチェ（一八四四－一九〇〇）は、キリスト教的な「善／悪」を軸とする既成の道徳的諸観念を解体するため、系譜学的に遡っていくことを試みましたし、フーコー（一九二六－八四）

は、「性の歴史」に関してそれを試みましたが、ドゥルーズ＋ガタリによると、リゾームの線は絶えず変化したり、複数の線が混じったりします。人間の文化の場合、ある民族や集団が辿っていた線が別の集合体によって接収されたり、全然関係のない民族の神話や宗教が唐突に導入されて、元の伝統の線とちぐはぐなまま繋がっていったりします。日本の宗教や神話、民話ってそういう混じった感じのものが多いですね。実際に、私たちがはっきりした「記憶」のラインだと思っているものも、実はいろんなものが混じっていて、しょっちゅう変化している可能性はあります。多くの場合、本人は気付いていなくて、何かのきっかけで他人に指摘されたり、記録を見たりして、自分の〝記憶〟がそんなに直線的でも安定しているものでもないことに気付く。

プラトー〔高原・台地〕はつねに真ん中にある。始めでも終わりでもない。リゾームはもろもろのプラトーからなっている。グレゴリー・ベイトソンは「プラトー」という語を、きわめて特殊なものを指すのに用いている。すなわち、さまざまな強度の連続する地帯、みずからの上に打ち震え、何かある頂点へ、あるいは外在的目標に向かうあらゆる方向づけを回避しつつ展開される地帯である。

「プラトー」は、既存の制度、文化、環境、生命形態を構成する諸地層から構成されていて、私たちが具体的な存在者について考察しようとすれば、「プラトー」を問題にせざるを得ず、その意味で「つねに真ん中に toujours au milieu」あるわけですが、「始めでも終わりでもない」というのは、特定の「プラトー」が全ての運動の起点や終着点になっているわけではなく、様々な形をした「プラトー」同士の間にいろんな繋がりがあり、「リゾーム」をなしているので、「リゾーム」の中で生成しつつある各「プラトー」に注目すべき、というスタンスの表明でしょう。グレゴリー・ベイトソン（一九〇四－八〇）はアメリカの文化人類学者で、言語によって直接伝えられるメッセージと、身振りなどが示している非言語的メッセージの間の矛盾によって生じる「ダブル・バインド double bind」の理論で有名ですね。親や先生から、「怒らないから、正直に言いなさい」、と怒った調子で言われた時に、子供が陥るような状況でしょう。今の箇所の少し後で、ベイトソンの研究したバリ島文化の、母子間の性的戯れや男同士の喧嘩の例が引き合いに出されていますね。参照されているのは、ベイトソンの『精神の生態学 Steps to an Ecology of Mind』（一九七二）です。

「一種の連続した強度のプラトーがオルガスムにとって代わっている Une espèce de plateau continu d'intensitée est substitué à l'orgasme」という文が引用されていますが、原文の英語は、〈some sort of continuing plateau of intensity is substituted for climax〉、つまり「オルガスム」ではなくて、〈climax（頂点）〉という言い方になっていて、性的なことを指しているのかはっきりしません。佐藤良明さん（一九五〇－　）による訳では、カタカナで「クライマックス」になっています。念のため、ドゥルーズたちが引用しているフランス語訳を確認しましたが、この箇所では確かに〈l'orgasme〉という言葉が使われています。性的なニュアンスがあると判断して意訳したのでしょう。ここでは、生理学的な意味での本当の情動のマックスに達する前の適度の高さ、というような意味合いでしょう。

> 例えば、一冊の本は章から構成されるかぎり、それなりの頂点、それなりの終着点をそなえている。逆に、もろもろのプラトーからなる本、脳におけるように、いくつもの微細な亀裂によってたがいに通じ合うプラトーからなる本の場合は、どのようなことが起こるであろうか？

実際、どういう本になるのかイメージしにくいですが、言わんとしていることは分かりますね。本である以上、何らかの形で中心的テーマのようなところ、盛り上がりどころがないと、話が続かないと、「頂点 points culminants」とか「終着点 points de terminaison.」に達してしまったとしたら、それで自己完結してしまうので、「プラトー」に留めておいて、その〝本〟の外部にある諸「プラトー」と繋がっているような感じを残していくような書き方をする、ということです。

五五頁で、「リゾーム学＝分裂分析《スキゾアナリーズ》＝地層－分析＝プラグマティック＝ミクロ政治学」というフレーズが太字で、原文では全部大文字にすることで強調されていますね。『アンチ・オイディプス』で、エディプス的自我を前提とする「精神分析」に代わるものとして提起した「分裂分析」が、文化人類学、社会学、生物学、地質学、政治学などに応用すると、「リゾーム学 rhizomatique」とか、「地層－分析 strato-analyse」、「ミクロ政治学 micro-politique」になるわけです。決まった統一性がない「機械」や「アレンジメント」を結び付けている力の働きを分析するフーコー的な仕事が、「ミクロ政治学」、それらが中心を持たないままどういう風に繋がっているかを研究する「リゾーム学」、それぞれのユニットがどのように構成されているのか、相対的に古い層に遡って位置付けるのが「地層－分析」。「プラグマティック pragmatique」には、「実践論」という意味と、言語学の「語用論」という意味があります。どちらとも取れるので、カタカナで訳したのでしょう。「実践論」というのは、主体や対象の予め決まった構造とか、純理論に対して、実際にどう使われるかを観察する営みです。言語学では、通常、語などの固定した意味を調べあげる「意味論」と、語や節の並べ方の規則を明らかにする「統語論」が重要で、具体的にどのようなシチュエーションで文が使われるかという「語用論」は、はっきりした法則を確定しにくいので、付随的なものと見なされがちですが、リゾーム的な繋がり、（チョムスキー的な深層構造を前提としない）生成変化を重視する彼らには、流動性の高い語用論＝実践論の方が重要ということでしょう。

最後に近い六〇頁で、ミュージカル『ショウ・ボート』（一九二七）の中の有名な歌《Ol' Man River》が引かれていますね。

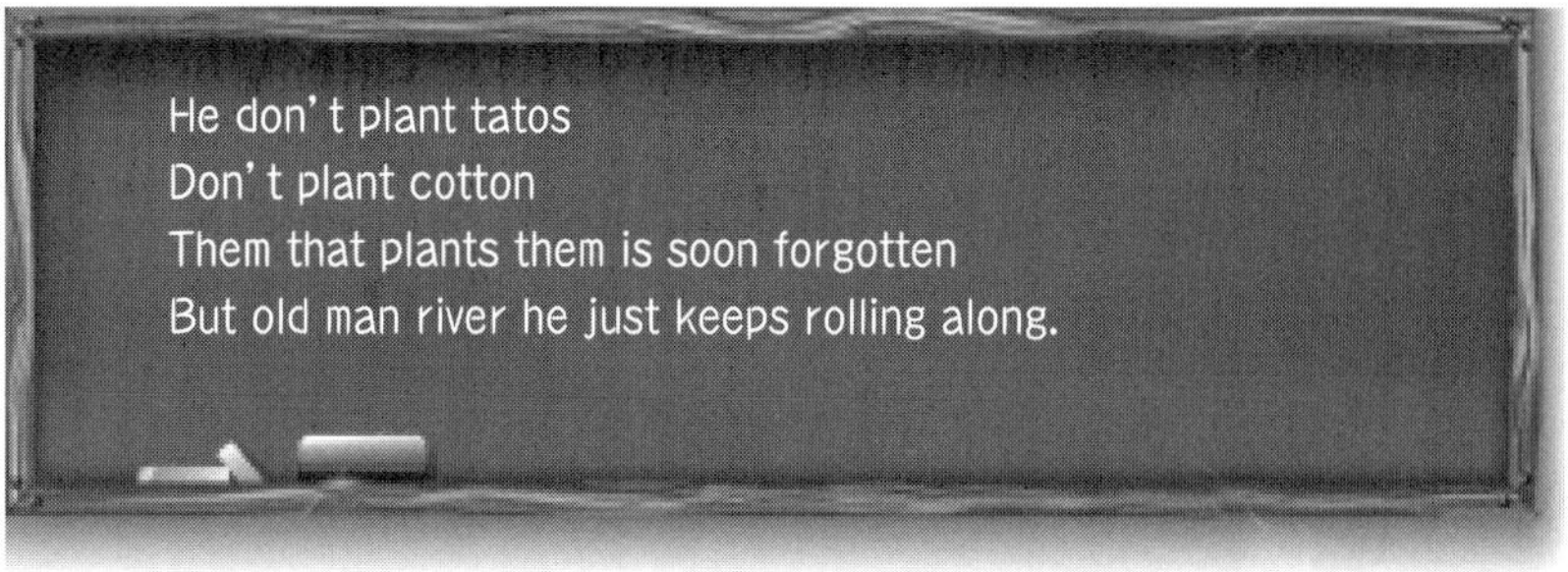
He don't plant tatos
Don't plant cotton
Them that plants them is soon forgotten
But old man river he just keeps rolling along.

黒板を見て下さい。

英語の標準的な文法からかなり逸脱した、黒人英語っぽい表現になっています。意味の繋がりもよく考えると、ヘンですね。〈He〉というのは、〈old man river〉のことのようですが、それが〈(po) tatos〉や〈cotton〉を植えないというのは、論理的に考えると、どういうことかよく分かりませんが、どうも川なので、農民である人間のように定住することなく、「ただ回転しながら進み続ける keeps rolling along」というのがポイントのようです。農民はすぐに忘れさられて（forgotten）しまうが、川は年を取ってもずっと流れ続ける。そういう川の流れが、不規則的な〝文法〟で謳われている点が重要なのでしょう。

——リゾームには始まりも終点もない、いつも中間、もののあいだ、存在のあいだ、間奏曲 intermezzo なのだ。

「いつも中間」の原語は、先ほど「プラトー」のところに出てきた〈toujours au milieu〉です。どこが起点で終点なのか分からない、というか、「リゾーム」のどの点も、それに当たらないという意味で常に「中間」にあるわけです。「リゾーム」には境界線がないわけです。

第2プラトー「一九一四年——狼はただ一匹か数匹か？」

第二プラトーを見ておきましょう。「第一プラトー」で彼らの発想がかなり分かってきたので、筋が摑みやすくなったと思います。タイトルの「一九一四年——狼はただ一匹か数匹か？」の「一九一四年」は、フロイトが「狼男 der Wolfsmann」についての報告論文「ある幼児期神経症の病歴より」を書いた年です。無論、第一次大戦が始まった年でもあります。挿絵の「足跡のある野原あるいは狼の線」は、雲の間を飛ぶ爆撃機による空爆のように見えなくもないですね。「狼男 l'Homme aux loups」と呼ばれたのは、セルゲイ・パンケイエフ（一八八六—一九七九）というウクライナのオデッサ生まれのロシア貴族で、一九〇五年のロシア第一革命の後、一家で国外で過ごすようになった人です。彼は、自分が狼男になるという妄想に悩まされていました。因みに、伝説的な怪物の狼男を表すドイツ語は、〈Wolfsmann〉ではなく、〈Werewolf〉で、英語圏の映画などでも、通常、この古いドイツ語を使います。

狼男

その日〈狼男〉は、いつになく疲れはてて長椅子から立ち上がった。彼にはわかっていた。フロイトが、真実にまさに触れようとしては脇を通りすぎてしまい、それから空白の部分をもろもろの連想で埋めるという点で天才的なことが。彼にはわかっていた。フロイトは狼のことなど何もわかってはいないし、肛門のことだって同じだ、ということが。フロイトに理解できたのは、犬とは、犬の尻尾とは、どんなものかということだけだった。そんなことでは不十分だった、そんなことでは不十分だろう。〈狼男〉にはわかっていた。フロイトは間もなく彼のことを治ったというだろうが、しかし決してそんなことはなく、自分はこれから永久にルースや、ラカンや、ルクレールなどの手にかかり続けるのだということが。

言わんとしていることは分かりますね。フロイトは、狼のことも肛門のことも知らないくせに、狼の尻尾にだけ注目して、肛門の刺激の話にして、本人に自覚させて治ったことにしたい、と思っている。そう本人には分かっていた、というわけです。ルースだけファーストネームですが、ルース・マック・ブランスウィック（一八九七―一九四六）はアメリカの精神科医で、アメリカで医学教育を受け、ウィーンでフロイトの分析を受けた後、フロイトの精神分析の研究に協力するようになり、「狼男」のことをフロイトから任せられ、実際に面談して分析した人物です。ラカンは、一九五一―五二年にかけて「狼男」に関するセミナーを行っています。セルジュ・ルクレール（一九二四―九四）はラカン門下の精神分析医で、「狼男」について論文を書いています。確かに「狼男」は、いかにも男根や父親に結び付けやすい感じがしますね。

彼にはこういうこともわかっていた。自分が真の固有名、〈狼男〉という名を獲得しつつあり、それは彼の本名よりもずっと固有のものであるということが――何しろこの名は狼という属をなす多様体を即座に把握することで、最高の特異性に到達していたのだから――けれどもこの新しい、この真の固有名が、やがて歪められ、綴字を間違えられ、姓として転記されようとしているということが。

「狼男」の方が、彼が歴史上の人物として誰かを特定する本当の固有名のようになったわけですね。綴字を間違えられるというのは、〈Wolfsmann〉を英語式に表記した〈Wolfman〉が彼の苗字のようになっている、ということでしょう。

といっても、フロイトの方は、間もなく驚異的な数頁を書こうとしていた。それは「無意識」についての一九一五年の論文で、神経症と精神病との違いにかかわるまったく実用的なものだった。フロイトの言うには、ヒステリー患

> 者や妄想患者は、例えば靴下を膣に、傷痕を去勢に、まるごとなぞらえることのできる連中である。おそらく彼らは、対象を同時に全体として、しかも失われたものとしてエロチックに把握しているのである。しかし、皮膚を、毛孔、小さな点、小さな傷痕、あるいは小さな穴の多様体としてエロチックに捉えること、靴下を編み目の多様体としてエロチックに捉えること、これこそは、神経症患者が思いつかないことで、精神病患者にだけ可能なことである。

問題になっているのは、まさに「無意識」（一九一五）というタイトルの論文です。「神経症 Neurose」の患者、「精神病 Psychose」が区別されているということですね。この論文自体を読むと、具体的にはヒステリーや強迫神経症の患者と、統合失調症（分裂症）の患者の違いという形で論じられています。違いが分かりにくいですが、要は、神経症の患者は、普通の人にとってエロスの対象となる「膣」を、傷痕とか靴下のような部分的に形が似ているものから想像し、「膣」そのものがそこにあるように感じているのに対して、精神病の患者は、毛孔、小さな点、小さな傷痕、小さな窪みの集合体のような、全然形が違うものを見て、普通の人が膣を見るのと同じようにリアクションする、ということです。前者は、普通の人でも、同じように感じはしないまでも、その欲望の回路が理解できるけれど、後者はどういう回路になっているのか理解した気になれないですね。

> 例えば、サルヴァドール・ダリは錯乱を再現しようとして、ほかならぬ犀の角について長々と語ることができる。それでも彼は神経症的言説から全然はみだしてはいないのだ。しかし、彼が皮膚にできた鳥肌を、犀のごく小さな角の局部に比べ始めると、われわれは事態は変わり、狂気の中に踏み込んだと感じる。いったいこれはまだ比較の問題だろうか。むしろこれは、要素を変更する多様体、あるいは生成変化する純粋な多様体なのだ。ミクロな論理の水準で、小さな水疱は角に「なり」、角は小さなペニスに「なる」。

犀の角から男性器を想像するというのは、普通の人にも理解できる範囲ですが、その角のごく小さな一部が何段階かの生成変化を経て、ペニスになっていく様子を想像し、それに性的欲望を感じて、いわば、不定形の多様体に欲情してこそ本当の狂気というわけです。ドゥルーズ＋ガタリに言わせると、こうした精神病の特徴に気付いたフロイトは、リゾームの発見まで今一歩の所まで来ていたのだけれど、結局、「父」「ペニス」「膣」「去勢」といった、自分のフィールドに戻っていきます。神経症患者は「表象」によって、靴下などと膣を比較、同一化するのに対し、精神病患者は例えば「穴」という言葉を手掛かりにして、比較、同一化するという理屈を考え出した、というわけです。

> こうして事物の統一性はなくても、少なくとも言語の統一性、同一性は存在する。この場合、名詞は、外延的な用途

> で用いられている。（…）フロイトにとって、物が爆発し、その同一性を失っても、言語はまだ物に同一性を与え、あるいは同一性をでっちあげてやるために存在するのだ。フロイトは、物の中にはもう存在しなかった統一性を再建しようとして言葉に依存する。

主体が操る言語によって、諸事物の「同一性 identité」が担保されるというのは、観念論系哲学、現代の英米の分析哲学、構造主義の共通の前提です。ラカンは、フロイトの理論から生理学的な要素を抜き去って、「父の名（否）nom (non) du père」を受け入れることで、言語によって秩序付けられる「象徴界」へと参入することとして、エディプス的主体の成立を説明したわけですが、フロイト自身が、「精神病」をエディプス・コンプレックスと無理やり関連付けるために、そういう方向に踏み出していたというわけです。

では、こうした精神病者のリゾーム志向を、エディプス的な主体の欲望の変形として解釈しようとするフロイトの強引なやり方と、「狼男」の分析はどう関係しているのか？

> しかし、フロイトが神経症のものであると宣告する第一の挿間性疾患において、〈狼男〉は、自分は一本の樹の上にいる六匹か七匹の狼を夢に見たと語り、その中の五匹を絵に描いている。実際、狼たちが群れをなして行動することを知らぬ者がいるだろうか？　フロイトだけが知らないのだ。どんな子供でもわかっていることがフロイトにはわからないのだ。

「挿間性疾患 épisode」とは、普通の状態を中断して、発作のような形で生じる性格の疾患のことです。狼が男根とか父とかを象徴しているとすれば、なんで群れなのか、という素朴な疑問ですね。六六頁では、フロイトの論文「無意識」から、「われわれは、小さな窪みが多いせいで、神経症患者はこの窪みを、それを女性器の生殖器の代替物として用いることはできないと考える」という一文が引用されていますが、この理屈で行くと、少なくとも、神経症患者はたくさんいる狼を、「男根」の代替物と見ることはできない、ということになりそうです。

> こうして狼たちはみずからの多様体を一掃しなければならないことになる。

フロイトは、究極の対象であるファルスの「統一性 unité」と人格の「同一性」を守るために「多様体 multiplicité」を抑圧しなければならなくなったわけです。

> この操作は、夢と『狼と七匹の仔山羊』（そのうち六匹だけが喰われたのだった）という童話の連想によって行なわれる。われわれはフロイトの還元の悦びに立ち会い、多様体が狼たちから離れて、この話の中に全然登場する必要のない仔山羊たちの姿をとるのを目にすることになる。七匹の狼とは仔山羊たちのことにほかならず、狼が六匹ならばそれは七匹目の仔山羊（つまり〈狼男〉自身）が大時計の中に隠れているからだし、狼が五匹なら、それは彼が両親

> がセックスをするのを見たのがたぶん五時だから、そしてローマ数字のVが女性の両脚のエロチックな開き具合と観念連合するからであり、狼が三匹なら両親がたぶん三回セックスをしたからで、二匹ならばそれは鶏姦 *more ferarum* する両親、でなければたぶんその子がはじめに交尾するのを目撃した二匹の犬のことである。

『狼と七匹の子山羊 Wolf und die sieben Geißlein』というのはあの有名なグリム童話のことですが、フロイトは「狼男」の夢で、狼が六、七匹出てくるのは、この童話を読み聞かされて、夢を形成する材料としてこれを使ったからだと解釈します。このようにフロイトは解釈していきます。この話と『赤ずきんちゃん』が夢の素材になっていると述べています。大時計に隠れて難を逃れる七匹目の子山羊は、「狼男自身」のことだとして話を合わせるわけです。無論、『狼と七匹の子山羊』自体が、リビドー的なものを暗示する童話だとすると、彼の中で現実に見た性的場面と、童話の中の七匹目が重なったというのは、そんなに無茶ではないかもしれませんが、五匹の場合は「五時」を指す、とか二匹なら鶏姦（＝男色）というのは無理がありますね。

> 狼たちは、夢を見ている子供を監視し見つめている。しかし夢は逆の事態を生んでいると言い、子供の方が、セックスをしている最中の犬または両親を見つめていると言ってしまうことの方がずっと無難なのだ。フロイトが知っているのは、オイディプス化された狼や犬、去勢され去勢する者である狼－パパ、犬小屋の犬、精神分析学者のワンワンだけだ。

「狼男」は、自分の夢では、狼によって自分が見つめられているという証言をしているのに、フロイトはそうした視線の逆転は、神経症では当たり前のように起こると主張します。狼の群れに見つめられているという前提に立つと、オイディプス的な去勢の話にもっていけません。結局のところ、フロイトは全てをエディプス的なものに還元してしまいます。七〇頁に、狼についてある番組を聴いているフラニー（Franny）という女性が登場します。これは、サリンジャー（一九一九－二〇一〇）の『フラニーとゾーイー』（一九六一）の主要登場人物である女子大生で、過剰な自己意識に悩み、スピリチュアルなことに関心を持ち、「祈り」の練習をするようになります。ただ、これはサリンジャーの小説からの直接の引用ではなく、ドゥルーズたちがフラニーなら言いそうな台詞として想像した内容のようです。君は「一匹の狼 un loup」でありたいのかという質問に対して、彼女は「[…] たった一匹の狼なんかいるわけないじゃない、狼はいつだって八匹か十匹、六匹か七匹なのよ」（七〇頁）と言います。そこから更にフラニーは、自分の夢を語ります。そこは「砂漠 le désert」のパノラマのようになっていて、

「群れ」「多様体」

> 「[…] その中に蠢く一つの群れ、蜜蜂の大群、入りみだ

れるフットボール選手かトゥアレグ族の集団。私はこの群れの縁に、その周辺にいる――でも私はそれに所属している。私はそれに私の体の先端で、片手か片足で結ばれているの。私には、この周辺が私に唯一可能な場所で、もしこの混乱の中心に引きずり込まれてしまったら死んでしまうこと、でも同じくらい確実に、この群れを手放してしまっても、死んでしまうことがわかっている［…］。」

この「砂漠」は、後の方の章で出てくる「ノマド」のイメージに繋がっていくと予想できますね。「群れ foule」という言葉で、狼、蜜蜂、入り乱れた状態のフットボールの選手やトゥアレグ族といった、流動性の高そうな、リゾーム的な群れが言及されているわけですね。

無意識における繁殖の問題――分裂症者の毛孔や麻薬中毒者の静脈を通っていくすべて、つまりさまざまなひしめき、蠢き、興奮、強度、もろもろの種と族。

「無意識」を統一的に把握しようとし、そういうイメージを描く精神分析に対し、ドゥルーズ＋ガタリの分裂分析は、まさに分裂症の人において、各種の細部に見られる穴や角がどんどん増殖し、群れ＝リゾームを形成することに注目するわけです。

毛孔や、にきびや、小さな傷痕あるいは編み目の多様体。乳房、赤ん坊、そして鉄棒の多様体。蜜蜂、フットボール選手あるいはトゥアレグ族の多様体。狼たち、ジャッカルたちの多様体……。こうしたものはすべて還元を受けつけず、われわれを無意識のさまざまな形成の一定の様態にかかわらせる。ここに介在しているもろもろの因子を規定してみよう。まず、充溢せる身体――器官なき身体の役割を演ずる何かがある。それはさきほどの夢の中の砂漠だ。それは〈狼男〉の夢の中で狼たちがとまっている裸の樹だ。それは覆い、または環としての皮膚、裏返すことのできる表面としての靴下。それは一つの家、家の一部屋、さらにその他何でもよい、たくさんのものでありうる。

小さいものたちからなる「多様体」は、それを全体的にカバーしたり、囲い込んだりして、暫定的に一つのユニットにする、外皮のようなものを形成するわけですね。それで覆われることで、「器官なき身体」が生まれてくる。これが「充溢せる身体 corps plein」でもあるのは、単に器官に特化した機能がなくて、活気がない状態ではなく、むしろその中で様々な小さいもの＝分子がひしめき合い、相互に多重に作用し合っているからでしょう。

器官なき身体とは、諸器官をもぎ取られた空虚な身体のことではない。そうではなく器官として役立つもの（狼たち、狼たちの眼、狼たちの顎？）が、群れの現象にしたがって、ブラウン運動によって、分子的多様体の形をとって、その上に分配されるような身体なのである。砂漠がみたされるのだ。だからそれは、もろもろの器官《オルガン》に対立するわけではなく、一つの有機体《オルガニスム》を構成するもろもろの器官の組織化《オルガニザシオン》に対立するのである。器官なき身体とは、死んだ身体ではなく、生きた身体であり、有機体とその組織化を破裂させればさせるほどますます生き生きとし、ますますひしめきあうような身体なのだ。

「器官として役立つ qui sert d'organes」という言い方が少し引っ掛かりますが、言いたいことは分かりますね。それぞれが活発に動いていて、器官として何かの機能を果たしているように見える、ただ、全体として「組織化」されていないだけ。分裂症の人においては、がっちりした組織化、一体性がほどけて、それまで「一つの統一した身体」に見えていたものが、諸部分が解放されて生き生きと、相互作用する「器官なき身体」の様相を呈するわけです。

この多様体＝リゾームは、運動を続け、大きくなったり、分裂したりするたびに、性質を変えます。英国の植民地であったインドを背景にした児童文学作品を多く残したキプリング（一八六五－一九三五）の『ジャングル・ブック』（一八九四）の主人公・狼少年モーグリが言及されていますね。

狼たちの一党は、周縁を疾走するモーグリ［…］の力によって、ドゥルス族の一味に対抗し、蜜蜂の大群と合流する（そうなのだ、キプリングは狼たちの呼びかけ、彼らのリビドーの意味をフロイトよりもよく理解していた。それにまた、〈狼男〉には、狼たちを引き継ぐことになる雀蜂や蝶の物語もある。狼たちは雀蜂に移行するのだ）。

モーグリは狼に育てられたといっても、見かけも能力も人間なので、狼の群れの周縁にいたのですが、次第に、群れから仲間と認められるようになる。ドゥルーズたちの言い方だと、狼に「生成」しつつある人間いうことになるでしょう。究極の敵はシーア・カーンという虎ですが、虎は一匹です。モーグリは、狼だけではなく群れになっている獣たちと一緒に行動します。しかもモーグリは、人間世界との関わりを持っていないわけではなく、途中で人間と関わりを持ったりします。まさに多様体の生き方をしているわけです。ここでドゥルス族（Deuhls）と呼ばれているのは、英語名〈Dhole（ドール）〉という、犬科の動物で、作品では赤犬（red dog）とも呼ばれています。北方のデカン高原から、モーグリたちの住む森に侵略してきます。モーグリは、蜂の大群や大蛇カーの力を借りて、ドゥルスを絶滅させます。ドゥルーズたちは、狼少年を主人公にする『ジャングル・ブック』は、他の生物種の群れともリゾーム的に繋がる可能性を示唆していると見るわけです。また、狼男の夢では実際、狼の群れの後、雀蜂や蝶も登場します。ドゥルーズたちは、それを、男根とか性交に関する同じ原光景の変種ではなく、様々な群れの連鎖と、それに伴う欲望の拡散の現れと見ているのでしょう。

フロイト自身、〈狼男〉のうちに共存するさまざまなリビドーの「流れ」を認めている。それだけにいっそうフロイトが無意識の多様体を取扱う仕方に、われわれはいまでも

> 驚くのだ。なぜなら、彼にとってはつねに単一なるものへの還元が用意されているからだ――小さな瘢痕、小さな孔は、大きな瘢痕、あるいは去勢と名づけられた主要な穴の下位区分となり、狼たちは、いたるところに、いつも想定されては、見出される唯一の同じ父の代理となるだろう（ルート・マック・ブルンスヴィックの言うように、狼たち、それは「すべての父親と医者たち」なのだ、しかし〈狼男〉は考える――それならぼくのお尻、これは狼じゃないの？）

今までの流れから、ここで何を言わんとしているか分かりますね。フロイト自身、リビドーの多様性を半ば分かっていたのに、小さな瘢痕や孔を、去勢という「大きな穴（欠如）」の代理と見なすことで、多様性を打ち消そうとするわけですね。では、肛門は実際のところ、どういう意味を持つのか。

> 肛門機械は狼機械となんの関係もないものであるとか、あるいは両者はただ単にオイディプス的装置によって、あまりに人間的な〈父〉の形象によって結ばれているだけであるなどと、誰が信じるだろうか？　なぜなら、結局肛門もまた一つの強度を、この場合は、要素が性質を変えることなしには分解されない距離ゼロへの接近を表現しているからだ。狼の群れにほかならぬ肛門の領域。そして、幼児が狼に、周辺に執着するのは、肛門によってではないだろうか？　顎から肛門への降下。顎と肛門によって狼たちに執着すること。顎といっても狼の顎ではない。ことはそんなに単純ではなく、顎と狼は一つの多様体を形成し、これが他の距離によって、他の速度にしたがって、他の多様体とともに、さまざまな閾の限界において、眼と狼に、肛門と狼に変化するのだ。

分かりにくい書き方ですが、ドゥルーズたちは人間の身体自体を統一体としてではなく、各パーツが相対的に独立した機械で、リゾーム的に繋がっている状態を想定しているわけです。身体の中の「肛門機械 la machine anale」と、〝外部〟の「狼機械 la machine des loups」の間に、精神分析の「エディプス的装置 l'appareil œdipien」だけではない、リビドーのリゾーム的な回路があると見ているわけです。現代思想でよく出てくる、この「強度 une intensité」という言葉が分かりにくいのですが、これは英語の〈intensity〉に当たる言葉で、「集中度」というような意味もあります。諸要素、あるいは機能がある程度まとまった状態で存在していて、それがどれくらい強固か、安定化しているかということだと思って下さい。「強度」がある程度あると、そう簡単には分解しないけれど、強度が高いものを無理に分解すると、機能が破壊され、別の機械、アレンジメント、あるいは単なる物質になってしまいます。「顎 la mâchoire」は、外から食べ物を摂取する器官、あるいはそれが「狼」の「顎」だとすると、自分が摂取されてしまう可能性がある器官で、「肛門 l'anus」は外部へ排出する器官です。「顎－肛門」が自己の身体を形成する基本的なラインとすると、「顎」と「肛門」はそれぞれ〝外〟の諸機械との繋がりの要衝ということになるでしょう。

「群衆」「社会機械」

七九～八〇頁にかけて、エリアス・カネッティ（一九〇五－九四）を引きながら、「群れ」と「群集」の違いについて論じられていますね。カネッティはブルガリアに生まれたユダヤ系の人ですが、両親はセファルディム系のユダヤ人がよく使う、古いスペイン語から派生したラディーノという言語を話していましたが、幼い頃から英語、ドイツ語、フランス語を学び、父親の死の後、一家でウィーンに移住し、化学を学んだ後、ドイツ語で書く作家になります。日本ではほとんど忘れられていますが、ノーベル文学賞を取った、ドイツ語圏では影響力のある作家です。彼の群衆論、『群衆と権力』（一九六〇）はよく知られています。彼によると、人間は未知のものと接することに根源的に不安を覚えていて、それを克服する手段が「群衆」になることだと主張します。

エリアス・カネッティ

> エリアス・カネッティは、あるときは対立し合い、あるときは浸透し合う二つのタイプの多様体を区別している。群集 masse と群れ meute という二つのタイプである。カネッティの言う意味での群集の特性のうち、特に注目しなければならないのは、大きな量、構成員の分割可能性および一様性、集中状態、総体の社会性、階層的な方向づけの単一性、領土性または領土化の組織、もろもろの記号の発信、といったことである。群れの特性のうちで注目すべきことは、数量の乏しさまたは制約、散逸状態、分解不能で可変的な距離、さまざまな質的変容、残余または超過としての不等性、固定的な全体化や階層化が不可能なこと、さまざまな方向のブラウン運動的な変動、脱領土化線の数々、もろもろの粒子の放射、といったことである。おそらく、群れにも群集にも一様性は存在せず、またどちらにも階層性が存在する。しかしそれらは同じものではない。群れや徒党のリーダーは、一手一手に勝負を賭ける、つまり彼は一手打つたびにすべてを新たに賭け直さねばならないのだ。これに対して団体や群衆のリーダーは、獲得したものを総合し、蓄積化＝資本化するのである。

これは分かりやすいですね。「群衆」が数が膨大で、一様性（l'égalité）、集中状態（la concentration）、階層性を特徴としていて、「領土化」を志向しているのに対して、「群れ」は比較的少数で、「散逸状態 la dispersion」「質的変容 les méta morphoses qualitatives」「不等性 les inégalités」などを特徴として、「脱領土化」傾向がある。とすると、「狼男」のような分裂気質の人は後者の傾向を示す、ということになりそうです。

とはいえ問題は、多様体の二つのタイプ、モル状の機械と分子状の機械を、一と多の二元論よりましなわけではない二元論によって対立させることではない。

「群衆／群れ」の違いは、『アンチ・オイディプス』の「モル／分子」の違いに対応しているように思えますが、「ツリー」と「リゾーム」が別種のものとしてあるのではなく、前者が後者のごく一部が固定化したものであるように、「モル」も、基本的には「分子」としてバラバラに運動しているものの一部が暫定的に凝集したものということのようですね。なのに、精神分析はそうした「多様体」を「エディプス・コンプレックス」から説明しようとするわけです。

〈狼男〉の第二の夢を取り上げてみよう。精神病的であるとされる挿間性疾患の時期のものだ。ある道、壁があって、閉じた扉がついている。扉の左側には空の衣裳箪笥。患者は衣裳箪笥の前にいる。顔に小さな傷痕のある大柄な女がいて、彼女は壁の向こう側に廻ろうとしているようだ。そして壁の向こう側には扉の方へ向かってひしめき合う狼の一群がいる。ブルンスヴィック女史ですら思い違いをしようがない。たとえ大柄な女とは自分のことだと思ってしまうにせよ、彼女にはよくわかっている。この場合狼たちはボルシェヴィキ、つまり衣裳箪笥を空にし、〈狼男〉の財産を没収した革命集団であるということが。準安定状態で、狼たちは巨大な社会機械の側に移行したのだ。だが精神分析はこうしたことすべてについて語るべき何も持ってはいない。

この場合の「社会機械 une machine sociale」というのは、個人の身体のレベルではなく、社会を媒体にして作用する機械ということでしょう。この第二の夢はブルンスヴィックとのセッションで出てきます。ブルンスヴィックによる報告は、アメリカの精神分析家ミュリエル・ガーディナー（一九〇一－八五）の編集した『狼男による狼男 The Wolf-Man by the Wolf-Man』（一九七一）という本に掲載されています。これは、第一次大戦中に起こったボルシェビキ革命で財産を失ってウィーンに再びやってきた後の、夢の話です。少し安易な感じもしますが、こういう状況であれば、ボルシェビキの脅威を想定するのが普通でしょうし、ブルンスヴィック自身もそのことについて背景説明しています。それにもかかわらず、彼女はこの話をどうしてもエディプス・コンプレックスと関係付けようとしたわけです。通常の精神分析だと、「父」と関係なしに、「社会機械」がいきなり出てくると、説明に困ってしまうわけですね。欲望の多様性を認めないからです。

『ジャッカルとアラブ人』

八四～八五頁で、プルースト（一八七一－一九二二）の『失われた時を求めて』（一九一三－二七）では、特定の人に対してリビドーが固定化するのではなく、その人の身体の各部分や属しているグループ、その人たちの身体に現れている様々な人物や物、動物などに、多様なものに向かっていく様子が描かれていることが強調されています。プルーストは、ドゥルーズとガタリが好んで分析の対象にする作家です。八七頁では、プルーストと並んで彼らが好むカフカの『ジャッカルとアラブ人』（一九一七）に、同じような視点から言及しています。北からやって来た男がアラブ人の案内人を含む何人かの連れと共にオアシスにやって来て、眠りについたところ、ジャッカルたちがやってきて、彼を自分たちをアラブ人から解放してくれる選ばれし人だと言って、持ち上げ、アラブ人の首を鋏で切って殺させようとします。しかし、そこへアラブ人がやって来て、ジャッカルたちを鞭で追い払い、彼らはヨーロッパ人が来るたびにこの芝居をやるんですよ、と説明します。そこへ死んだ駱駝の死体が運ばれてくると、ジャッカルたちは鞭打たれるのを気にせず、それに貪りつきます。アラブ人は、彼らをバカな犬だと言う。そういう奇妙な話です。

マルセル・プルースト

アラブ人たちは明らかに父親に結びついているし、ジャッカルたちは母親に結びついている――両者のあいだに、錆びついた鋏によって表象される、まさに一個の去勢の物語が成立する。けれども、アラブ人たちは、組織され、武装しており、外延的であって、砂漠全域に広がる群集であり、ジャッカルたちの方は、さまざまな逃走線や脱領土化線に沿って砂漠の中に絶えず奥深く進んでいく、強度の群れであることがわかる（「連中は狂人、正真正銘の狂人なのです」）。両者のあいだ、辺境に、北から来た男、ジャッカルの人がいる。そして大きな鋏とは、粒子＝ジャッカルたちを導き、あるいは解き放つアラブ人の合図であり、それらを群衆から切り離すことによって、狂気じみた疾走を加速する一方、それらをこの群集に連れ戻し、手なずけ、鞭で打ち、思い通りに動かすためのものではないだろうか？

これは意外と分かりやすいですね。組織化された群衆としてのアラブ人と、群れとしてのジャッカルが対置されているわけです。そうすると、「鋏」の意味もすんなり解釈できるわけですが、

餌というオイディプス的装置、ラクダの屍体、腐肉という反ーオイディプス的装置――喰うために動物を殺すこと、あるいは腐肉をきれいに片づけるために喰うこと。ジャッカルたちは適切に問いを提出している――これは去勢の問題などではなく、「潔癖さ」の問題であり、砂漠ー欲望の試練なのだ。どちらが勝ちをおさめるか、群集の領土性か、

あるいは群れの脱領土化か、つまりドラマが演じられる器官なき身体にほかならない砂漠の全域をひたすリビドーか?

確かにこの作品を、象徴的去勢という観点から理解することもできるけど、それよりはむしろ、アラブ人的な組織に飼いならされるのか、という問題と考えた方が自然だというわけです。駱駝の死体を餌か腐肉かと考えると、去勢か反去勢かという問題のように考えられるが、動物を組織的に殺すアラブ人の生き方と、腐肉をきれいに食って片づける自分たちの生き方のどちらが勝つか、という問題として考えると、領土化するアラブ人と、腐肉があればどこでも何でも食らいつく、脱領土化されたジャッカルの生き方の対置になるわけです。ヨーロッパ人はそこに証人として立ち会うことを迫られる。

■質疑応答

Q1　先生は最初の見取り図として、文学の登場回数が多いか、言語学批判が展開されているといった話をされたと思います。「東洋」が出てきた時、「東洋」を参照して、例えば、禅のような、前言語的な世界を想定したりするのかな、とも思ったのですが、ドゥルーズ＋ガタリはあくまでも方言やども り等、文学や言語で対抗していくという姿勢なのでしょうか。

A1　東洋に関する話はかなりあっさりしていましたね。あまり知らないんだから、大して語れないというのが実情だと思うんですが、言語で表現されたものに拘るのはどうしてかというのは、方法論的な問題でしょう。だって、言語以外のもので表現されている内容を、言語で論じるんだから、どうしてもいわゆる〝主観的〟な解釈になってしまいます。自然科学的、あるいは文化人類学的な問題であれば、それぞれの領域の専門的な研究者の言説を相互に比較したり、その一貫性を追求したりすることで、分析し、独自の見方を引き出すことができるかもしれませんが、例えば、ある宗教で修業をしていて神秘的な経験をした人たちの言説ではなく、彼らの体験として語られている内容を、ドゥルーズ＋ガタリが現実として受けとめ、自分もそれを体験しているかのように語り出したら、際限なく主観的になって、文字通りの意味でのフィクション、というか妄想になってしまうでしょう。今日読んだところにも若干そういう傾向のある箇所はありましたが、一定の抑制をかけているでしょう。単なる妄想で終われば、それこそ群衆が求めるミクロ・ファシズム的な妄想になってしまいかねません。文学作品に照準を当てることによって、現実に存在するテクストに即した分析として、自分たちの分析を正当化することができるし、自分たちや読者の妄想に歯止めをかけることができるでしょう。

もう少し現実的なことを言うと、カフカ、プルースト、ミラーのような〝メジャー〟な作家の場合、少なくとも、ドゥルーズたちの主要読者になるような人は既に読んでいたり、直接読んでいなくても、内容を知っています。だから、細かく粗筋紹介をしなくてもいい。フロイトやメラニー・クラインのような精神分析家についても同じことが言えます。またそうした著名な著述家については、常識化された読み方が確立しています。プロだったら、こういう風に読むしかないというのがある。実際にそういう風に読めるのでしょう。人文系知識人の常識に合っているから。ドゥルーズたちは、そういうメジャーなテクストのこれこれの箇所を読むと、全然違うものが見えてくるでしょう、ということを示しているわけです。目をちゃんと開くと、実は至るところに、常識からそれていく逃走線が走っているのが見える、ということを実演しているわけです。

Q2　いわゆる超コード化についての質問です。ニーチェは人間の振る舞いを根源的に制約する超コードによる支配に対し、超人を想定して抗い、フーコーは歴史的にその系譜を追求し、無力化しようとしたと思います。ドゥルーズ＋ガタリは、立場としては同じで、それを、機械の運動を制約する構造の生成という観点から捉えたのだと思います。彼らの論理を理解する前に、特殊な言葉が壁のように立ちはだかっているので、なかなかハードなのですが。ニーチェのように「超人」として対抗しようとしても、終わりがなく最後は狂ってしまう、それでドゥルーズたちの姿勢としては逃走線を探し続ける、浅田彰さんの言うように、軽やかに逃走し続けるしかないということを言いたいのでしょうか。ただ、千葉雅也さん（一九七八－　）はドゥルーズに関して、『動きすぎてはいけない』という本を出しています。仲正先生は、どのようにお考えですか。

A2　ドゥルーズは、ニーチェの「超人」を私たちが普通この言葉から想像するような、強靭な精神力を持って自分の目的を追求する、すごい人間というより、あらゆる人間的な価値観に囚われず、欲望の流れに素直に従う存在として捉えています。それはそうとして、ドゥルーズたちが既成の「超コード」に打ち勝つような、〝もっと強い超コード〟を見つけるのではなく、「逃走線」を見つけることに集中しているのは間違いないですが、「逃走線」を見つけて辿るのはそんなにたやすいことではないでしょう。自分の常識、既存の生き方を棄てていくことですから、そんなに軽やかな感じにはならないでしょう。それと千葉さんの言っていることは矛盾しないと思います。「逃げる」ことは、やたらに激しく動き回ることでも、逃走の速度を上げることでもありません。逃走線を辿っていく速度というのは決まっていないし、理性的にコントロールできるわけではありません。焦って逃走線を見つけようとすると、既成の枠から逃げ出すどころか、ますます強く束縛されることになるでしょう。何でも同じ基準によって、高速で効率的に処理する合理的な社会から抜け出そうとする人たちが、その抜け道を効率的に見つけ出すことを教えてくれるマニュアル本に飛びつき、その内容を教える講座が大学や学校にできる。そういう話よく聞きませんか。

［講義］第2回

3「BC一〇〇〇〇年——道徳の地質学」、4「一九二三年十一月二〇日——言語学の公準」を読む

第3プラトー「BC一〇〇〇〇年——道徳の地質学（地球はおのれを何と心得るか）」

前回読んだ第1プラトー「序」では、彼らが「リゾーム」や「アレンジメント」「地層」といった言葉を使っている意図について述べられ、第2プラトー「一九一四年——狼は一匹か数匹か?」では、フロイトの「狼男」の分析を批判しました。フロイトは狼男の症状を、去勢する父親の存在に還元しようとするけれど、父親であれば彼の夢に出てくる狼は一匹のはずなのに、何故複数匹いるのか、という疑問を提起しました。

第2プラトーではフロイトの分析がエディプス・コンプレックスにあまりにも偏しているという点を軸に批判していますが、彼らのエディプス・コンプレックス批判は前著『アンチ・オイディプス』において既に十分に語り尽くしたと思っているのか、『千のプラトー』では話を広げ、全体のテーマとして、人間のリビドー的な欲望だけでなく、それを取り巻く、動植物や鉱物、文字通りの機械や制度、組織なども視野に入れています。

この本ではプラトー（高原）という表現を使っています。プラトーという比喩が意味を持つのは、それぞれが異なった組成や成分、高さを持っているけれど、一つの地面で何らかの形でリゾーム的に繋がっている。その繋がりの総体が「存立平面」で、そこに現れることで、様々な「機械」や「アレンジメント」が可視化され、また、「平面」の上下の地層の位置関係がはっきりするわけです。無論、「平面」といっても、平べったくて画一化されているということではありません。あたかもある一つの面が、様々な事物、「機械」や「アレンジメント」の共通の存在の地盤になっているかのような様相を呈している、というだけのことです。

では、第3章にあたるテクスト、第3プラトーを見ていきましょう。彼らがこの本は普通の本の構造のように「ツリー状ではない」と言っているので「章」と言ってはいけないのでしょ

うけれど。タイトルは「ＢＣ一〇 〇〇〇年――道徳の地質学（地球はおのれを何と心得るか）」です。最後の終章と序章以外は、いつ起こった出来事なのか、その日付をタイトルに記しています。第2章はフロイトによる狼男の分析があった年なので明確な日付が付されていますが、第3章のＢＣ一万年というのは、どう考えても厳密な数字ではありませんね。石器時代が始まった時代、要するに現生人類が誕生した頃ということでしょう。

章扉を開くと、いきなりロブスターの写真があり、「二重分節」というキャプションが付いています。「二重分節」の意味はじきに分かります。

「地層」

チャレンジャー教授、あのコナン・ドイルでおなじみの、地球を機械で責めて唸り声をあげさせたチャレンジャー先生が、例によって猿顔負けの気まぐれさで地質学や生物学の概説をあれこれミックスして、講演を行なった。

コナン・ドイル（一八五九―一九三〇）はシャーロック・ホームズ・シリーズ以外にＳＦ作品をいくつか書いており、「チャレンジャー教授」はそのＳＦシリーズの登場人物です。一番知られているのは『失われた世界 The Lost World』（一九一二）です。この作品に登場して以降、お馴染みのキャラになって他のＳＦ作品にも出てくるようになります。

ちなみに、混同するのは私だけかも知れませんが、何となくジュール・ヴェルヌ（一八二八―一九〇五）の『地底旅行』（一八六四）とイメージが被るのではないかと思います。アドベンチャー系のＳＦ映画やアニメでヴェルヌとドイルの世界それぞれのイメージをミックスしたような話が多いので、どちらかのコアなファンでなければ混同する可能性が高いと思います。『失われた世界』はアマゾンの奥地に猿人や翼竜、肉食恐竜が住んでいる世界があるという設定で、ヴェルヌの『地底旅行』は地球の中心部に太古の世界が残っていて、デボン紀の巨大魚やイクチオサウルスのような魚竜、プレシオサウルスのような首長竜などと遭遇するという設定です。確かに似ていますが、『地底旅行』の方が五〇年近く前なので、ドイルの方がヴェルヌの影響を受けているのでしょう。年齢もヴェルヌが一世代ほど先輩です。

チャレンジャー教授が何故『千のプラトー』に登場したかというと、「地質学や生物学の概説をあれこれミックス」した、自然科学についての一般的イメージからすると、かなり奇天烈な話がこれから展開されるからです。チャレンジャー教授は、コナン・ドイル・ファンにはお馴染みのキャラクターで、かなりエキセントリック、かつエネルギッシュな人物という設定なので、自分たちの代弁者として丁度いいと思ったのでしょう。

教授の説明によれば、この大地――脱領土化された世界、大氷河、一巨大分子としての地球――は、器官なき身体そ

> のものである。この器官なき身体は、まだ形をなしていない不安定な物質や、あらゆる方向の流れに縦横に貫かれ、自由状態の強度や放浪する特異性、狂ったような移行状態の粒子がそこを飛び交っている。

「脱領土化」というのは、それまで何らかの機械によって支配され、特定の機能だけしか果たさない状態になっているのが「領土化」で、それが解除されるのが「脱領土化」です。「脱領土化」された一つの身体で、様々な「アレンジメント」や「機械」が特定の場所を占拠することなく、ひしめき合っていて、どういう方向に機能分化していくか不確定な状態が、「器官なき身体」です。無論、生物の身体は誕生した瞬間から何らかの形で機能分化しているので、大人になるほど、あるいは身体的な訓練が進むほど進行すると思われる機能分化を逆に辿っていった極限に想定される仮想の状態でしょう。もともとは、アルトーが人間の身体を想定して使っていた言葉ですが、ドゥルーズたちは、それを社会や大地のような、一つの「体 corps」を持っていると見なされるもの全般に拡大して適用しています。

「大氷河 la Glaciaire」が出てくるのは、当然、文字通りの意味での「地層」の問題と繋げるためでしょう。氷河の動きによって地層の形は大きく影響を受けます。「地層」というのは、人間の意識とか社会的制度の多層性を分かりやすく表現するための単なるメタファーではなく、生物学・地質学的な意味での「地層」も様々な「機械」や「アレンジメント」のリゾーム状の繋がりを通して形成され、それらを基礎にして、人間の身体や意識、社会が段階的に形成される、ということを示唆したいのでしょう。例えば、太古の海で、アミノ酸やタンパク質が形成されたことによって、それらをベースにした細胞が形成されることが可能になり、細胞が存在するようになったことで、複数の細胞から成る多細胞生物が生まれ、植物が生まれたことで、その光合成を利用する動物の生存が可能になる……というように、いくつか前の段階で起こったことが相対的に硬い基盤となって、次の段階の生成変化が可能になるような関係にある、その過程の痕跡が地層にということでしょう。

「一巨大分子 (la Molécule géante) としての地球」というのは妙な言い方ですが、ドゥルーズ+ガタリは、個々の相対的に自立してある程度自由に動ける状態にある「分子」と、それらが複数凝集して、その性質が固定した「モル」を対置して、脱領土化を通して「モル」が再び自由な諸「分子」へと解放されることを良しとする態度を取っています。「地球」の場合、一体何とくっついて「モル」を形成しているのかと思ってしまいますが、ここはそれほど厳密に取る必要はなくて、「地球」が様々な「分子」が自由に運動できる巨大な「器官なき身体」だということを言いたいのでしょう。

> だが、さしあたっていま問題なのはそのことではない。というのも、このとき同時に地球の上に、ある点ではありがたくもあるが他の多くの点では遺憾ともいえる、きわめ

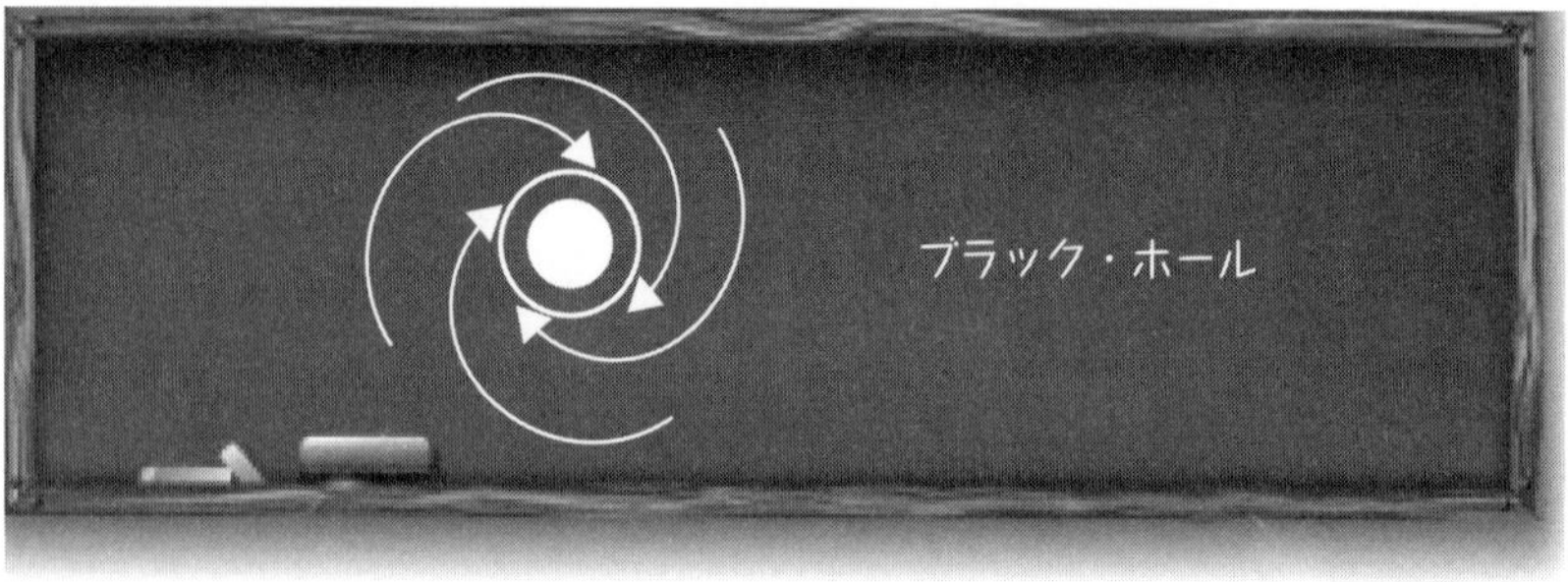

て重要かつ不可避的な一つの現象が起きている。すなわち地層化という現象である。地層はまさに「層」であり「帯」であって、その本質は、物質に形を与え、共鳴と冗長性にもとづく安定したシステムのうちに強度を閉じ込め、特異性を固定して、地球というこの身体の上に大小の分子を構成し、それらの分子をさらにモル状の集合体へと組み入れていくところにある。地層とは捕獲であり、いわば「ブラック・ホール」であって、圏内を通過するいっさいのものを引き止めようとする閉塞の現象なのだ。地層は、この地球の上でのコード化と領土化によって作用する。

「地層」という概念を使って「プラトー」を説明しようとしている割には、「地層化 stratification」という現象自体は、安定したシステムの中に「強度 des intensités」や「特異点 des singularités」を閉じ込めて、モル的な集合体にしてしまうものとして否定的に見ているわけですね。「強度」というのは、力とか運動量、リビドーなどの分布の密度と考えればいいでしょう。どこかに力やエネルギーが集中することで強く（intense）なったり、その分、他のところがその分弱くなったりする度合いのことです。「冗長性 redondance」というのは、システム論等の用語で、繰り返しや重複した要素が多く含まれるということで、同じものが複数あるという意味では無駄だけど、システムの一部が壊れた時にすぐに修復できるわけです。私たちの身体の器官はそうした冗長性のおかげで持っているけれど、これが社会的組織だと、各人の替えが利くということになるわけです。

「ブラック・ホール trous noirs」という表現は、この後も頻繁に使われます。例えば人間の顔についても「ブラック・ホール」と言います。天文学の本物の「ブラック・ホール」であれば、吸い込まれて何も無くなるのですが、彼らの言う「ブラック・ホール」はむしろ、重力の中心点で、その力の場に捕らわれたら、自由に運動できなくなって、その中心点に次第に引き寄せられ、完全にその中心点と同化するか、その周囲の同じ軌道をぐるぐる回り続けるしかなくなる、そういう性質の点です。天文学によるメタファーとしてはあまりうまくないのですが、分子的な運動が、一つの点に捕らわれ、外から様子を窺い知れない暗い穴の中に落ち込んでいくようなイメージを出したかったのでしょう。

ドゥルーズ＋ガタリは『アンチ・オイディプス』で、「器官なき身体」としての個人を社会全体としての話にまで広げましたが、今度はそれを鉱物や生物が生じてくるようなレベルにまで広げようとしています。そうやって議論の射程を広げることの意義について、正式の哲学論文ならその意図するところについてちゃんと説明しないといけないのでしょうが、それは恐らく型にはまった、それこそ冗長な説明になってしまうので、チャレンジャー教授に語らせて一気に話を進めようとしたのでしょう。

> 地層は神の裁きであり、地層化全般は、まさに神の審判の体制そのものなのである（だが大地あるいは、この器官なき身体は、どこまでも裁きを逃れて逃走し、地層化を脱して、脱コード化し、脱領土化しつづける）。

「神の審判 jugement de Dieu」という表現は、アルトーの『神の裁きと訣別するため』（一九四八）を暗示しているのでしょう。これは「器官なき身体」という言葉が導入されるテクストです。これは人間に器官を与え、その身体を社会の中でどのように使うか定めた神、西欧人にとってはキリスト教の神との決別を宣言する短いテクストです。ここではそれに加えて恐らく、近代初期に、地層に私たちが知らない古い生物が含まれていることを、聖書の天地創造と矛盾なく説明するために考え出された、ノアの洪水のように、神の裁きによって地上の生物が洪水によって絶滅されたことが過去に何度かあり、その痕跡が地層として残っている、という「天変地異説 catastrophisme」のことを言っているのでしょう。近代の比較解剖学や古生物学を確立したキュヴィエ（一七六九－一八三二）によって唱えられた説なので、バカにはできません。彼はこの立場からラマルク（一七四四－一八二九）の進化論を徹底的に批判しました。ドゥルーズたちは別に進化論の意義を強調したいわけではないのでしょうが、「地層」で見つかる生き物やウイルスなどを、神によって定められた姿で特定の時代にだけ存在したものではなく、他の種と様々に繋がりを持ちながら時間的にも空間的にもリゾーム的に広がっていくもの、「地層」の境目を超えて、他の層と多重に繋がっているという見方を可能にしたという点で、進化論の意義を認めているのでしょう。

> チャレンジャーはここで、これはある地質学の概説書にあったのだが、理解できるようになるのは後になってからだから、よく覚えておくようにと断って、次の一節を引用している。「地層化の表面は、二つの層のあいだにあってもっと稠密な存立平面である。」層とは、形成される当の地層そのものであり、これは少なくとも二つが組となって、その一方が他方にとって基層となる。しかし地層化の表面の方は、一つの機械状アレンジメントであって、地層それ

自体とは区別されなければならない。アレンジメントは二つの層のあいだ、二つの地層のあいだにあり、したがって一面では地層の方へと向かっているが（その意味ではこれは間層である）、同時にまた器官なき身体、いいかえれば存立平面に向かう一面ももっている（メタ地層的な層である）。実際、器官なき身体は、それ自身平面を形作り、地層レベルで稠密化し濃度を増しているからである。

「地層」についての説明は常識的ですね。問題は「地層化」する表面が、「存立平面」だという点ですが、これはこの「平面」のすぐうえに存在するものたちは同時に存在し活動していた可能性が高い、ということでしょう。本当は、時間軸がそんなにすっぱり切れるわけではなく、でこぼこした〝平面〟になっているのでしょうが、「層」ができることで、それ以前と以後に比較的きれいに切れて、地表に出ている部分が新たな「存立平面」になったと近似的に言うことはできるでしょう。

「機械状アレンジメント un agencement machinique」と「地層」の関係が分かりにくいですが、これは「地層」の一部になって固定化していくか、「器官なき身体＝存立平面」としてオープンな状態にとどまるか、微妙な状態にある「アレンジメント（配置）」ということでしょう。本当の地質学の「地層」で考えると分からなくなるので、ある土地の生態系を「機械状アレンジメント」と考えてみましょう。地表の下の「地層」に示される進化の過程の最終的な帰結として、現在の生態系があるとすれば、それは「地層」に規定されているはずですし、安定していて変化がほとんどなければ、それ自体も既に「地層」の一部になりつつある、と見ていい。しかし、変化が激しくて、生物の種やその分布、雀蜂と蘭のようにお互いをそれぞれの器官として利用するような関係が絶えず組み換えられていれば、「器官なき身体」と見てもいいでしょう。生態系自体を、一つの自立した運動体としての「機械」であると見なすのは少し無理ですが、その中に生きた「機械」を多く含んでいて、全体的な傾向としてある運動を繰り返しているように見えるとすれば、それは「機械状アレンジメント」と呼べるでしょう。人間の身体の構造とか、人間と普通の意味での道具・機械とのユニット、社会的集合体等についても、これと同じように、古くからある層に規定されている側面と「器官なき身体」としてのオープンな側面がある、ということだと考えればいいでしょう。

地層と二重分節

神は巨大なロブスター、二重挟み、ダブル・バインドである。これは、地層が少なくとも二つ組になって形成されるだけでなく、それとは別に一つ一つの地層もまた二重になっている（各地層自体が複数の層から成る）からだ。事実、どんな地層にも二重分節を構成する現象が認められる。B-A、BAと二度、はっきりと分節がわかるように区切って言ってみたまえ。といってもこれは、地層が話をしたり

――言語からなるなどということではまったくない。

「神」が「巨大なロブスター un Homard」であるという文には少なくとも二重の意味があると考えられます。「神」というのが、様々な生物や鉱物に特定の生態系の中で決まった役割を与える超越した存在、あるいはそういう役割を指定する作用だとすると、その「神」があらゆる事物をしっかり押さえ込んで、自由に運動できなくし、地層の中に封じ込めてしまうという意味と、節足類であるロブスターの体、特に鋏が付いている脚の分節の仕方、「二重鋏み double-pince」が、ここでドゥルーズ＋ガタリが話題にしようとしている「二重分節 double articulation」のモデルになっている、という意味の二つです。「二重鋏」というのは、「鋏」の形をしている部分自体が獲物を挟むのに使えるということに加えて、二本の鋏脚を使って、その間に獲物を抱え込むようにして摑まえることもできるので、二重の鋏みたいなものだということでしょう。――第二プラトーで参照されている『ジャッカルとアラブ人』で、象徴的去勢を暗示する「鋏」が出てきましたね。その「二重鋏」という言い回しが、ベイトソンの用語である「ダブル・バインド double bind」の言い換えになっていることを示唆して、言葉遊びをしているのでしょうが、ここでは、メッセージに従っても逆らっても痛い目に遭うので、選べないという本来の意味の「ダブル・バインド」はあまりないでしょう。ただ、「二重分節」は言語学の概念なので、多少の繫がりはあります。

「二重分節」というのは、意味の基本単位である文は、二重に分節化できるという理論です。まず、単語や、単語の構成要素で一定の意味を担う接頭辞・接尾辞のような形態素に分けられます。それらはそれぞれ一定の意味を持っていますが、それは更に、「音素」という、その言語において意味を成す区別を生み出す音韻的要素に分解できます。例えば、英語の〈cat〉なら、〈k/æ/t〉の三つの音素に分解できます。構成している音素が異なることで、〈cat〉は〈dog〉とか〈hat〉などと区別できるわけです。英語だと〈b〉と〈v〉、〈l〉と〈r〉は違う音素ですが、日本語では区別されません。この法則を定式化したのは、フランスの構造主義言語学者アンドレ・マルティネ（一九〇八―一九九）です。これは人間の言語に固有の構造だとされています。猿の鳴き声や身振りは、危険を知らせる時の声とじゃれついている時の声とかの分節はできますが、それが更に分解しようとした時、物理的な特性によって何らかの分け方はできるかもしれないけれど、そこから、彼らが鳴き声や身振りを区別する時の決定的な単位を特定することは、少なくとも今の生物学ではできないとされています。

無論、ドゥルーズたちはそうした人間の言語に固有の二重分節を問題にしたいのではなく、彼らの言うところの「地層」にそれと同じような分節の構造が見出せる、ということです。そうした「地層」の二重分節のおかげで、地層の構造、地層の中に見出される化石や鉱物などの〝個体〟が安定しているわけです。逆に言うと、そういう二重鋏による締め付けがなかったら、地層の中に含まれているいろんな個体のアイデンティティや他との境目は曖昧になります。b/vの境目が曖昧なように。因みに、ヨーロッパ語ではこの境界線は絶対的で、日本語とか韓国語で曖昧というわけではなく、スペイン語ではb/vの違いは曖昧になっていますし、b/vの違いがはっきりしている言語でも、英語の〈fever〉をドイツ語では〈Fieber〉と言うとか、言語が違えば変異しますし、英語の〈title〉がフランス語で〈titre〉になるとか結構相対的ですし、西欧の言葉を母国語にしている人にも〈r〉をちゃんと発音できないで、〈l〉に聞こえてしまう人が若干います。つまり、英語や日本語の音素は、二重分節構造によって意味が区切られていないと、音の区別も曖昧になってしまうわけです。どうもドゥルーズたちは、二重分節を相対化する物の見方を提示しようとしているようですね。

二重分節にはさまざまな変化があって、われわれは一般的なモデルから出発することはできず、比較的単純なケースから出発するしかない。第一次分節は、不安定な流れ−粒子群から、分子状もしくは準分子状の準安定的単位（実質）を選びとり、または取り出し、これに結合と継起の一定の統計的秩序（形式）を課すものといえるだろう。第二次分節は、稠密で機能的な安定した構造（形式）を配置して、モル状の複合物（実質）を構成するものといえるだろう。そうした構造自体も、この複合物において同時に実現をみるのである。例えばある地質学的地層では、第一の分節は「堆積作用」であり、これは周期的に沈降するさまざまな堆積単位を統計的な秩序にしたがって集積する。つまり砂岩と片岩の交互継起をともなう堆積物《フリッシュ》の形成である。第二の分節は「褶曲作用」であり、これによって安定した機能的構造が配置され、堆積物から堆積岩への移行が保証されるのである。

ごちゃごちゃしていますが、地層の説明自体は分かりやすいですね。第一の分節が、単純に同じような性質の物質が積み重なっていくだけの「堆積作用 sédimentation」である程度移動の余地があるのに対して、第二の分節の「褶曲作用 plissement」が起こると、堆積は中断され、特定の方向に圧力がかかり、固まってしまいます。ある部分は、それまで隣接していた部分から切り離され、その上や横、斜めに異質な層が積み重なっていくために、周囲を取り囲まれたような形になり、様々な方向の褶曲の動きによって、圧縮され固まっていきます。第一段階だと、いろんな要素が緩く繋がり、各要素が分子状態だったものが、第二段階の分節が起こり、二重に挟み込まれて、モル状に固まってしまうわけです。無論、ドゥルーズたちは、分かりやすいイメージとして「地層」を参照しているだけで、本格的な地質学の議論をしたいわけではありません。ポイントは、第一段階で生じるという「実質 substances」と、第二段階で生じるという「形式 formes」の違い、あるいは両者の関係です。これ

は、構造主義言語学の用語でもありますが、それは少し後で出てくるので、その時話すことにして、ここでは、この地層の譬えから、「実質」と「形式」に関してどういう主張が読み取れるか確認しておきましょう。アリストテレスは〈substance（ousia）〉を、その事物の変わらない一番本質的な性質、「実体」という意味で使いましたが、ここで言う〈substance〉は、地層に含まれている土とか砂、岩、化石のような、具体的な中身、まさに「実質」というような意味合いのようですね。私たちの常識的な感覚では、形式のない「実質」というのは考えにくいですが、ドゥルーズたちはまず、柔軟に変化可能な「実質」が分子状で生成し、それが二番目の分節によって形を与えられ、モル的に固定化する、というわけです。ここは、「形式」ではなくて、「形態」と訳した方が話が分かりやすくなるでしょう。

> 明らかにこの二つの分節は、その一方が実質をにない、他方が形式をになうといった形で区別されるのではない。実質とは形式化された物質以外の何ものでもない。形式は、一定のコードと、コード化、脱コード化のさまざまな様相を含んでいる。一方、形式化された物質としての実質は領土性や領土化、脱領土化のさまざまな度合にかかわっている。ところが、まさにこの二重の分節は、そのどちらにもコードもあれば領土性もあり、おのおのがそれなりの形式と実質をともなっているのである。さしあたって言いうることはただ、そうしたおのおのの分節が異なった二つのタイプの切片性 ségmentarité もしくは多様体に対応しているということだ。どちらかといえば分子レベルの、単に順序づけられているにすぎない柔軟なタイプと、もっと硬い、モル状の、組織化されたタイプの多様体である。

二重分節と〈実質／形態〉の関係がややこしくなったような感じがしますが、「形式（形態）化」というのが具体的なフォルムを与えられることだとすると、物質に何らかのフォルムがあるのは当然です。堆積するうちに、小さい粒子がバラバラに存在する時には見られなかったまとまったフォルムを見せるようになり、それが褶曲によって圧力を加えられることで、より大きなモル的単位としての形を見せるようになる。そうした意味で、第一次分節化の前の〝もの〟にも「形態」はありますし、第二次分節化された後の〝もの〟にも、更に形態化される余地は残っているわけです。どの段階でも、それまでの前後左右の関係から切り離されたという意味での「切片性」と、様々な要素を含んだ形で存在する「多様体」としての性格を有していると言えるでしょう。

> 実際、第一の分節にも体系立った相互作用が欠けているわけではないが、中心化、統一化、全体化、統合化、階層化、合目的化といった超コード化を形作る諸現象は、特に第二の分節のレベルで起きてくる。どちらの分節も、そのおのおのの要素の切片間に二項関係を打ち立てる。

これは分かりやすいですし、二重分節の話をしている主旨が分かってきましたね。第一次分節の段階ではまだ締め付けが緩くて、分子的な運動の自由があるけれど、もう一度分節が生じて二重の締め付けが生じると、超コード化への傾向が強まるということをしっかり認識して、第二次分節に気を付けるよう促しているわけです。二項関係というのは、異なる性質を持った切片の間には必ず存在するわけですが、それが二つの項の間の緩い繋がりですまなくなって、諸項の間の関係をその上位で制御するようなコードが生じると、窮屈になるということですね。

> ここで話は、エネルギー論的、物理－化学的、地質学的な地層の膨大な多様性を一足跳びに超える。話は有機体の地層に、というか有機体にも大いなる地層化作用があるということに移るのだ。さて、有機体《オルガニスム》の問題——すなわち、いかにして身体を有機体に「する」か？——それはまたしても分節の、分節的関係の問題なのである。

生物学レベルの話に飛躍しようとしていることは分かりますが、「身体を有機体に『する』« faire » un organisme au corps」というのが、身体と有機体ができる順序と逆のようで、謎めいていますね。これは〈oranisme〉を「有機体」と訳すから分からなくなるのだと思います。綴りで分かるように、〈organisme〉は、「器官なき身体」の「器官」に当たる〈organe〉から派生した言葉です。〈organe〉は「器官」とか「組織」といった意味の言葉で、「有機体」というのは、生命を生み出す条件になる複雑な組織形態を持っている物質ということですね。化学→有機化学→生物学→生理学という繋がりを示唆するために、「有機体」という意味もにじませたいのでしょうが、実質的には、「諸器官に分化する可能性のある組織体」というような意味合いでしょう。あと、〈faire ～ à〉という形になっていて、これは正確には、「～を～にする」ではなく、「～に～を作る」ということなので、「いかにして身体に、(諸器官の) 組織体を『作り出す』か」と訳した方がしっくりくるでしょう。

身体の各パーツを、それぞれが一定の機能を担っていて、同時に、統合された身体という超コード化された実体の部分でもある「器官」に転化することも「分節化」と呼んでいるわけです。地層が物理的に堆積したり、褶曲したりするのと違って、人体は純粋に物理的に折りたたまれるということではないですが、人間の身体も、曲げたり伸ばしたりの運動を何度も繰り返すことで、各部位が特定の機能を果たすことができるようになります。

ドゴン族の神話

> ドゴン族は教授が知りつくしている一族なのだが、彼らはこんなふうに問いをたてる。すなわち、鍛冶師の身体が有機体《オルガニスム》になるのは、身体に地層化をほどこすような機械の、または機械状アレンジメントの効果によってである、というふうに。「衝突のショックで、大槌と鉄床が、彼の腕と足を、肘と膝のところでへし折った——この肘と膝はそれまで彼にはついていなかったものである。彼は人間の新た

な形態に特有の関節をもつようになったが、このような姿こそ、のちに地上に広まり、労働するべく定められていた人間の姿であった。（……）彼の腕は働くために折れまがった。」

「ドゴン族」はアフリカのニジェール共和国のマリ川流域に居住する民族で、『アンチ・オイディプス』では、フランスの民族学者グリオール（一八九八—一九五六）などの仕事から知られるドゴン族の神話に基づいて、原始大地機械（la machine territoriale primitive）では、フロイトが想定しているようなエディプス的図式や、部族間での女性の交換システムに関するレヴィ＝ストロースの議論を批判しています――拙著『ドゥルーズ＋ガタリ「アンチ・オイディプス」入門講義』（作品社）をご覧下さい。チャレンジャー教授が「知りつくしている」と言っていますが、ドゥルーズ＋ガタリがよく読んだおかげで知っているということでしょう。

ドゴンの神話では、原初に創造神アンマがいて、彼は女性の形をした大地を生み出し、それと交わろうとしたけれど、アクシデントでその交わりが不完全に終わって、男性だけのユルグという不完全な存在が生まれます。アンマはその後、大地に雨を降らせて、双子で雌雄同体の精霊ノンモを生み出します。ノンモは母なる大地に衣をかけてやりますが、先に生まれたユルグは妻を求めて、その衣を破り、母と交わります。それで大地は汚れてしまいます。アンマはその後、粘土から両性具有の人間を生み出しますが、男女に分離し、結局、四つのカップル、八人の男女にします。この八人の子孫はノンモの加護を受けながら、地上におけるユルグの支配を打ち破っていきます。人間をめぐるノンモとユルグの葛藤として神話は展開していきます。

この神話にはちょっとずつ異なるヴァージョンがいくつかあって、そのうちのいくつかでは、ユルグが大地を犯した時、ノンモは大地の胎盤にいて、胎盤の中で母なる大地を守ったことになっています。両性具有のカップルとしてのノンモが、大地の胎盤の中で生殖に関連した活動をしていたとすると、母親の卵巣の中の卵が単性生殖する幼生生殖（paedogenesis）のような感じになりますが、グリオールはユルグを中心にドゴンの神話と儀礼を体系的に分析した『青い狐』（一九六五）で、その線に沿って神話を記述していて、『アンチ・オイディプス』でのノンモの記述はそれに依拠しているようです。アンマとユルグの関係だけに注目するとエディプス神話的に見えますが、ノンモに注目すると、それとは異質の原理が働いているようにも思えます。また、人間は最初から男女として創造されたというヴァージョンもあるようです。

『アンチ・オイディプス』でも、人の身体と、普通の意味での機械が一体となって、機械として運動している、という話が出てきましたが、ここでは、それに伴う、人間の身体の特殊な組織＝有機化の過程が問題になっているわけです。彼らがチャレンジャー教授に語らせているドゴンの神話は全くの創作というわけではありません。「 」内のチャレンジャーの台詞に原注が付いていることから分かるように、これはグリオールの著作『水の神』(一九四八)から取った話です。せりか書房から訳が出ています。ドゴンの神話に、精霊になって天上に昇っていた八人のうちの長子が、ノンモの鍛冶の仕事場に侵入し、鍛冶の仕事道具一式と、太陽の欠片を盗み出すという話があります。長子の家族は地上に降りていきますが、怒ったノンモは雷を家族に落とします。彼らはそれをうまくかわしますが、地上に降りた時のショックで手足は肘と膝のところで折れてしまいます。それまでの人間の手足は、ノンモの腕がそうであるように、蛇のようにしなやかだったそうです。しかし、折れ曲がったおかげで、労働できるようになりました。これが、人間の鍛冶仕事をするようになった起源です。この神話に、ドゥルーズたちの議論のこの文脈にどういう意味があるのか。関節があって、体を曲げられるようになっているのは、鍛冶仕事が始まる遥か前の進化の過程のことで、関節の数や位置は基本的には他の哺乳類とほぼ同じです。しかし、関節を思いっきり曲げて使うことに慣れないと、関節はあまり意味を持ちません。動物に育てられた子供だと、膝を折り曲げて、立ったり、中腰になったり、蹴ったりといった足の使い方は十分できないでしょうし、腕を曲げて、物を抱えたり、どこかに摑まったり、パンチを繰り出したり、指で書いたり、フォークを握ったり、といった動作もできないでしょう。類人猿に育てられたら、彼らと同じ程度には、腕や指を動かせるでしょうが、そんなに複雑な動作はできないでしょう。そういう捻じ曲げるために力を入れるようにある程度筋肉を鍛えていないと、大人になってから急に折り曲げて使おうとしても、無理です。「器官なき身体」が分節化=組織化されるお蔭で、いろいろな役割を担うことができるようになった、ということです。

「内容 contenu = indhold/表現 expression = udtryk」、「実質 substance=substans/形式 forme=form」

一〇〇頁でようやく、「デンマーク人でスピノザ主義地質学者のイェルムスレウ」の話が出てきます。イェルムスレウ(一八九九－一九六五)は構造主義の言語学者ですが、当然、スピノザ(一六三二－七七)を研究する哲学者でも地質学者でもありません。スピノザ主義というのは、ここでは、単純に汎神論的、あるいは、あらゆる事物は一つの実体からなるという前提の下で、構造主義的な法則を見出そうとするという意味でしょう。地質学者というのは、単に、言語の表面的な構造を見るのではなく、その表面が出来上がる過程やメカニズム、その構造の形式を保持している二重分節のようなものまで視野に入れた、掘り下げた分析をする、というような意味でしょう。要するに、構造主義の言語学者の中で、一番、自分たちの脱領土化・脱コード化の戦略に取り込める人ということでしょう。このプラトーでの二重分節化論はかなりの部分、イェルムスレウの二重分節化論に依拠しています。

ドゥルーズたちにとって、構造主義の何がまずいのかというと、耳に入ってくる音声的イメージとしての「意味するもの signifiant」が、概念としての「意味されるもの signifié」に割り当てられる仕組みに関して、言語ごとに決まった「構造」があるという発想です。「意味するもの」と「意味されるもの」が個別に緩く結び付いているだけでなく、各言語の体系（langue）によってその関係が固定化され、二重鋏み状態になっていると想定されているわけです。ラカンの精神分析は構造主義的精神分析と言われていますが、その特徴を一言で言えば、「ファルス」や「父の名」といった特別なシニフィアンを中心にした意味の体系、象徴界が固定化しているわけです。スラヴォイ・ジジェク（一九四九－　）であれば、「ファルス」は空洞だと言うでしょうが、空洞であろうと何であろうと、ファルスの位置は固定化しています。

ローマン・ヤコブソン

構造主義の教科書では、まずソシュールがいて、ソシュール（一八五七－一九一三）の直弟子で彼の講義録等を出版した人たちがおり、その間接的な影響を受けた、主にスラブ系の人たちからなるプラハ学派と、イェルムスレウ等のコペンハーゲン学派がいると説明されます。レヴィ＝ストロースは、プラハ派のローマン・ヤコブソン（一八九六－一九八二）と個人的に知り合いになって、影響を受けたことが知られています。

イェルムスレウについては先ほどの紹介に続いて、「ハムレットの末裔たるこの陰鬱なプリンスはまた、言語をも研究対象としているが、それはまさしくそこから『地層化作用』を掘り起こしてくるためなのだ」（一〇〇頁）と言っていますが、これはハムレットがデンマークの王子だという設定になっているという表面的な繋がりと、より本質的には、〈to be or not to be〉という有名な台詞のためでしょう。つまり、彼の理論は、存在するかしないかは、鋏み方次第であるというような理解が可能であるということを暗示しているのでしょう。

> イェルムスレウは、質料、内容と表現、形式と実質という観念によってある解読格子の全体を構成するにいたった。そのようなものが「地層」strata なのだ、とイェルムスレウは言った。ところで、この解読格子にはすでに、形式－内容という二元性と手を切っているという利点がある。というのも、表現の形式があるように、内容の形式というのもあるからだ。イェルムスレウの敵たちはそこに、シニフィアンとシニフィエという、信用を失った概念を命名し直す方便しか見なかったが、問題はそんなことではない。

「内容 contenu = indhold ／表現 expression = udtryk」、「実質 substance=substans ／形式 forme=form」の二つの概念対は、「意

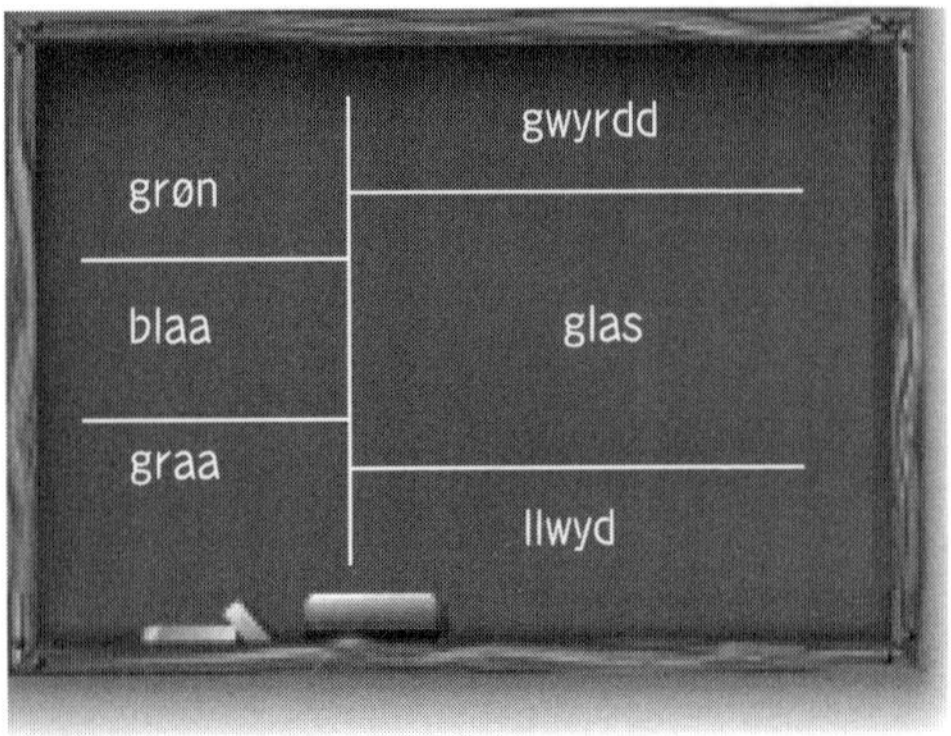

味されるもの／意味するもの」の二つの側面に対応する。イェルムスレウを表面的に読むと、そう理解しがちですが、ドゥルーズたちはそうではないと言いたいわけです。これらに加えて、「質料 matière」という概念もあるわけですね。この言葉をイェルムスレウは、ドイツ語ではまさに素材とか元素という意味の〈Stoff〉で表しています。どうも、何の形式も帯びていない、無定形の音の塊あるいは、はっきり分節化されていない思考の中のイメージの塊で、言語以前から存在しているもののようです。後者、思考の中のイメージ群を指す用語として、イェルムスレウはデンマーク語で〈mening〉、英語で〈purport〉という単語を使っていますが、これは「原意」と訳されます。

　一〇四頁に付いている注（6）を見ると、参照先としてイェルムスレウの『言語理論序説』が挙げられています。原著は一九四三年にデンマーク語で刊行されています。一九九八年にゆまに書房から出ているこの『言語理論序説』は英語からの重訳で、八五年に岩波書店から『言語理論の確立をめぐって』というタイトルで出たものの方がデンマーク語から直接訳されたものですが、どっちも今では中古でしか入手できなくなっています。この本の一三節「表現と内容」で「表現」と「内容」について説明されています。「内容」というのはほぼ「シニフィエ」に相当していて、その記号によって表現されようとしている内容、意味の元になるようなものです。言語をはじめとする各種の記号は、自らの外にある「内容」を「表現」するわけです。「内容」が記号によって表現される直接知覚できない要素だとすれば、「表現は」直接知覚できる音や慣習のような要素です。そして、「内容」と「表現」のそれぞれに「実質」と「形態（形式）」があるというのが、イェルムスレウの理論の特徴です。「形態」というのは、その都度変化することのない固定した要素で、「形態」によって指示される具体的な要素が、「実質」です。抽象的に言うと分かりにくくなるのですが、イェルムスレウは、色の分類を例にして説明します。私たちは、西洋人は色を同じように分類していると考えがちですが、そうではないようです。色の分類は、言語によって異なるという話は聞いたことがあると思いますが、その言語のネイティヴは、同じようなものを無理に言語によって区分しているのではなく、実際に違って見えるわけです。日本語の「緑」にほぼ相当するデンマーク語が〈grøn〉ですが、ウェールズ語では、〈grøn〉――英語

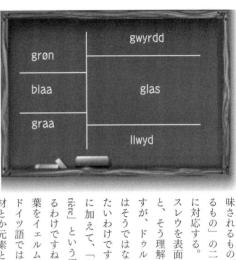

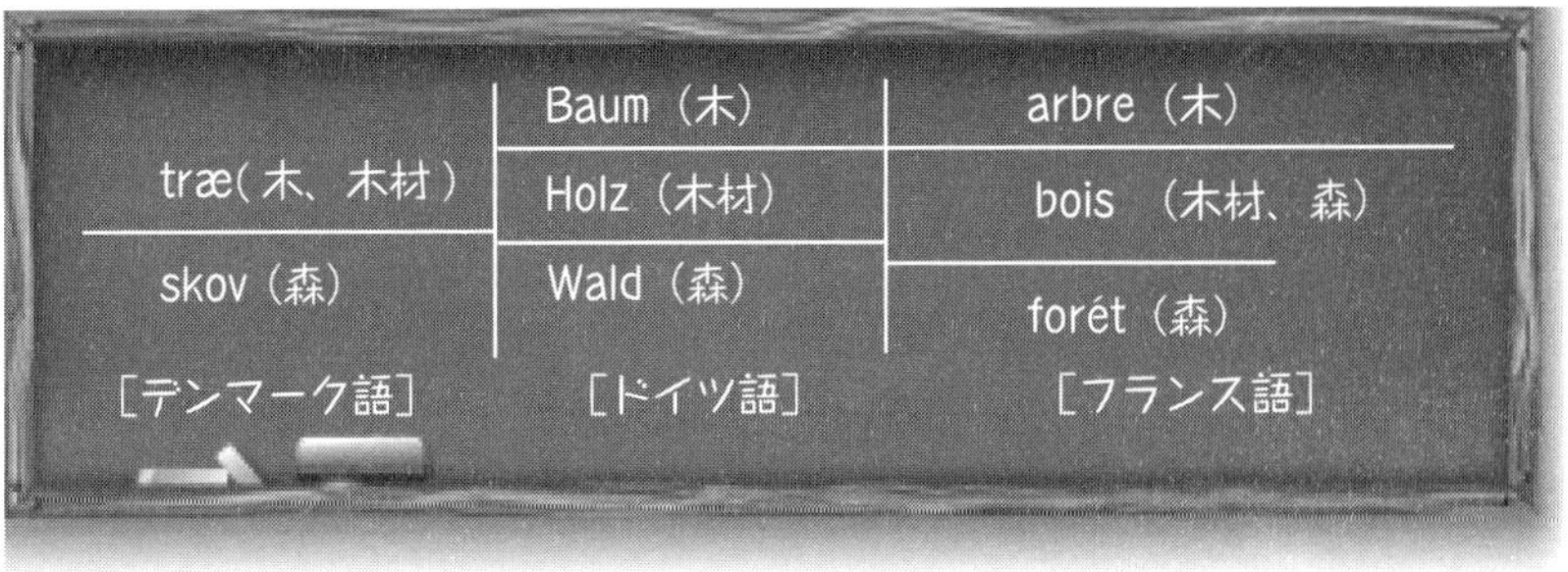

の〈green〉と同じ語源――の一部は〈gwyrdd〉、別の部分は〈glas〉と呼ばれます。ところが、「青」に当たる〈blaa〉――英語の〈blue〉と同じ語源――は、その〈glas〉に全て含まれてしまいます。「灰色」に相当する〈graa〉は一部が〈glas〉、別の部分が〈llwyd〉と呼ばれる色に相当します。〈llwyd〉には、「茶色」に相当するデンマーク語〈brun〉(brown)も含まれます。黒板を見て下さい。

このように色の境界線を対比すると、ちぐはぐさが際立ち、デンマーク語とウェールズ語のどちらかがものすごく不自然な色の分類をしているような印象を受けますが、当人たちにはそれ以外の色の分け方があるなんて想像できないかもしれません。つまり、何かの光のスペクトル(質料)を見て、それを言語で表現しようとするわけですが、その時、自分が見たと感じた色が、「内容実質 substance de contenu = indholdssubstans」で、それは知覚の中から自然と生じてくるわけではなく、〈grøn/blaa/graa/brun〉あるいは〈gwyrdd/glas/llwyd〉といった、言語ごとの「内容形態 forme du contenu = inholdsform」をほぼ無自覚的に適用することで、質料が区分けされるわけですね。また、「木」に関連する例も出しています。黒板を見て下さい。

つまり「内容」は、予め「形態」によって切り分けられているのですが、私たちは自分ではそのことに気付かないまま、素の〝素材〟(質料)を表現しているつもりになっているわけですね。更に「表現」にも、「表現実質 substance de l'expression」と「表現形態 forme de l'expression」があると言います。例えば、「ベルリン」をドイツ語では〈bɛɐ̯'liːn〉、英語では〈bɜːr'lɪn〉、デンマーク語では〈bæɐ̯'liːn〉という風に、それぞれ違った形態で発音されることで、ドイツの現在の首都という「内容」を指す「ベルリン」という単語(表現実質)が表出されたことになるわけです。ヨーロッパ語同士だと、大した音の違いはないように思うかもしれませんが、少なくとも日本人には、「ベルリン」と「バーリン」は結構違って聞こえるし、フランス語の〈bɛʁ.lɛ̃〉になると、鼻音が入っているので、フランス語を聞き慣れていないと、他のヨーロッパ語のネイティヴにも何を指している発音か聞きとれないでしょう。ドゥルーズたちが、チャレンジャーに言わせている「表現の形式」とか「内容の形式」というのは、こういう議論を指しているのでしょう。

では、こういう議論に言及することにどういう意味があるのか。ソシュールは、記号は「意味されるもの」（≒内容）と「意味するもの」（≒表現）の繋がりは恣意的であるという立場を取ったけれど、それほど単純ではなく、「内容」自体が既に形態化され分節化しているし、「表現」の側も、形態化されることで分節化されている、という入り組んだ分節化によって成り立っているわけです。イェルムスレウによると、ソシュール自身、そのことに気付いていたようです。岩波の訳の六一頁で、以下のように述べられています。

> 不必要な公準を避ける科学には、「内容実質」つまり思想、あるいは「表現実質」つまり音連鎖は、時間あるいは階層の順序の中で、言語に先行するものであると想定する根拠も、あるいはこの逆であると想定する根拠もまったく見出されない。もしソシュールの用語をそのまま使うことにする場合には、次のような点、つまり実質はもっぱら形態の恩恵を受けて生きているのであって、どんな意味であるにしろ、独立した存在を持っているとは言えない、それほど実質は形態に依存しているのであるということ、この点を――まさにソシュールが前提としているところからも――はっきりと理解しておく必要がある。

つまり、言語による表現と内容両面での二重の分節化以前に、意味されるべき思考の実体もなければ、素材として自由に利用できる音の実体のようなものもなかった、ということです。だとすると、観念論と唯物論双方に対する批判になりますし、かなり哲学的、存在論的、正確に言うと、存在論が成立しにくくなるような話ですね。言語以前に何があったのか、何が確実にあると言えるのか、確定しにくくなるからです。更にイェルムスレウは、これだけにとどまらず、自らの分析枠組みの根拠、理論的な足場さえも解体していきます。岩波の訳の七二頁では以下のように述べられています。この『千のプラトー（上）』の一〇四頁に引用されているのと同じ内容です。

> 表現面と内容面、特に表現と内容という名称さえ、習慣で認められてきた概念に従って選んだものであり、これらはまったく恣意的である。この両者の機能による定義からすれば、これら潜在体のまさに一方を表現と呼び、そして他方を内容と呼んで、この逆の呼び方をしないということが正当であるとは主張できない。この両者は相互に連帯関係を持っていることによってのみ定義され、そのどちらもこれとは別のやり方でこれが何であるかを確認することはできない。これらはそれぞれ別個には、まったく同じ機能を持つたがいに相対する機能層として、また対立的にまた相対的にのみ定義されるものである。

厳密に表現しているので難しい気がしますが、言っているのは極めて当たり前のことです。私たちはどうしても、表現されるべき中身がまずあり、それを心の中で思い浮かべたうえで、つまり「思想 tanken=pensée」を持ったうえで、それに言語や記号で「表現」を与えてやるような気がしているが、本当にそうか、むしろ、音とか文字とか、身振りとか、〝表現〟と呼ばれているものに接することで、〝思想〟の中身を思い浮かべているのではないか、具体的なイメージが生まれるのではないか、ということです。日本語で「表現／内容」というと、さほど対照的な感じはしませんが、英語やフランス語の〈expression〉は「外に ex-」「押し出されていること pression」というのが元の意味で、〈content〉や〈contenu〉は「共に（con-）含まれているもの」というのが本来の意味なので、いかにも、「内容」の方が実体や重みがあるような感じがします。デンマーク語の〈udtryk/indhold〉やドイツ語の〈Ausdruck/Inhalt〉は、それぞれ「外へ ud-, aus-」「内に ind-, in-」という接頭辞が付いているので、いかにも「内」のために「外」があるような印象を与えます。イェルムスレウは、そういう「内／外」関係はそれこそ言葉の印象によるイメージで出来上がっているのであって、どっちが〝内〟にある中心的要素か分からない、と示唆しているわけです。実際、音声的な形態素による区切りがないと、私たちは、自分が何を念頭に置いているのか判別できないわけです。

　一〇〇頁の終わりから、ドゥルーズ＋ガタリは、このイェルムスレウの議論を一挙に自分たちの議論の文脈に引き込んでいきます。

> 素材と呼ばれるのは、存立平面、また〈器官なき身体〉、つまりまだ形式化されていない、有機的に組織されていない、地層化されていない、あるいは脱地層化された身体のことであり、またそうした身体の上を流れるいっさいのもの、いいかえれば分子以下、原子以下の素粒子群、純粋状態の強度、物理現象や生命現象以前の自由な特異点のことである。内容と呼ばれるのは、形式化された素材のことであり、したがってこれはその実質と形式の二つの観点からとらえなければならない。ある個々の決まった質料が「選択」されるかぎりにおいては実質の観点から、またそうした一群の質料が一定の秩序のもとに選択されるかぎりにおいては形式の観点から、とらえなければならないのだ（内容の実質と形式）。表現と呼ばれるのは、機能的な構造のことだろうが、これはこれでやはり二つの観点からとらえなくてはならない。そうした構造自体のもつ形式の組織という観点、そして、これによって各種の複合物が形成されるというかぎりでは実質の観点である（表現の形式と実質）。

「素材」の原語は〈matière〉で、「質料」と同じです。「素材」とした方が分かりやすいと思いますが、紛らわしいので、どっちかに統一した方がいいと思います。ドゥルーズたちが、「素材」を、地層化を被っていない状態、分子以下の小さい単位が緩く繋がって、辛うじて存立平面＝器官なき身体を形成している、緩やかな繋がりしかない状態として位置付けていることは分かりますね。その「素材」が形式化されることで、「内容」が生じてくるということを強調したいようですね。「素材」が形式化される意味内容が最初からあるわけではなくて、「素材」が形式化されることを通して生じてくるにすぎない。「ある個々の決まった質料が『選択』される」と「そうした一群の質料が一定の秩序のもとに選択される」の違いが分かりにくいですが、先ほどの〈arbre/bois/forêt〉の例で言えば、そういう語と共にイメージされる〝木〟の具体的な状態の区分が「実質」で、それぞれの語が「形式」であるわけです。フランス語ネイティヴは、〈arbre〉か〈bois〉か〈forêt〉のいずれかを使うことで、自分が目の前にしている、あるいは想像している、他者に伝えようとしている〝木〟のイメージを特定できるわけで、それらの形式化された選択肢と全く関係のない音や文字を使おうとしても、全然イメージを固定化できないわけです。「表現」の方は、先ほど「ベルリン」についてお話しした通りでしょう。

一〇一頁の終わりで、「第一の分節は内容に、第二の分節は表現にかかわっている」と述べられていますね。この言い方だと、「内容」が先に構成されて、次に「表現」が構成されているように聞こえるので、先ほど見たイェルムスレウ自身の発言とはずれているように見えますが、ドゥルーズたちにとって順番はどうでもいいのでしょう。「表現」と「内容」がそれぞれ「形態」と「実質」に分節されることで、あたかも「表現」と「内容」が固定化されているかのような見せかけが生じる、ということですから。それに、一〇二頁の終わりの方の記述と、一〇四頁のイェルムスレウからの引用で、第一次、第二次の順番は相対的であることを一応断っていますね。それぞれ、不定形な「意味するもの」と「意味されるもの」が適当に組み合わされているのではなくて、それぞれの側で、既に分割線が入っているとすると、どういう風に「意味するもの」と「意味されるもの」が形成されるのかは言語ごとに定まっているという構造主義的な話になりそうです。〝木〟の類をどうイメージするかが、音韻の分節化によって生じた音声的な形式にとって規定されているとすると、少なくともその言語を使う限り、それらとは違う音声記号を使って、〝木〟の類を表象するのはかなり困難です。しかし、逆に言えば、それはいったん二重の分節化が生じた後の話であって、二重の分節化がどういう風に起こるかは予め決まっていないわけです。

例えば学生の学籍番号を決めるのに、入学した学年、学部、学科、コースの順に番号かアルファベットを割り当て、最後にアイウエオ順にするというやり方が決まっているとします。どういう番号を割り振るかは当然自然に決まってくるわけではなく、大学の組織と、どこにどの番号やアルファベットを割り振るかという恣意的な決定によって決めたにすぎませんが、一度決めると変更しにくくなります。それによって、学費の納入とか身体測定の順番、成績や賞罰の記録、個人を呼び出す時の検索システムとかを運用するようになると、便利ですが、その順番を、ある学年から全く変更するとか、一部の学生だけ別の学籍番号システムを導入するとかいったことをやろうとすると、大混乱するので、誰も一度決まった識別システムを変えたくありません。しかし、全く変更不可能というわけではありません。もし戦争のようなことがあって、学籍情報が失われたら、以前とはかなり違う識別システムが導入されるかもしれません。

あるいは、少し無理な譬えになりそうですが、地層の元になる物質がどこにどういう速度でどれだけ堆積して、どこで褶曲するかは、予め決まっているわけではありません。それに、褶曲して固定化された層が更に褶曲化され変形するように、言語や記号も更なる分節化で変質しないとも限りません。『言語理論の確立をめぐって』の六三頁で、イェルムスレウ自身が、意味的に分節化される前の「原意 mening」に関して、そうした変化の可能性を示唆するような比喩表現を使っています。

> それぞれの言語はこの無定形な「思想の塊」の中に自分の境界を定め、その中に異なった要因を異なった順序で浮び上がらせ、異なった場所に重心を置き、これら重心に異なった強調を与える。これは非常に多種多様な模様を形作る、まったく同じ一握りの砂粒のようであり、あるいはハムレットの目に、一分ごとに姿を変えてうつるあの空に浮ぶ雲のようである。同じ砂粒が異なる模様を形作って置かれることができるように、また同じ雲がたえず新しい姿をすることができるように、言語が異なれば、その形成のされ方、あるいは構造のされ方も異なるのは、これまたやはり同じ原意である。原意の形を決定するのは、もっぱら言語の機能、つまり記号機能とそこから演繹できる機能である。原意はその度ごとに新しい形のための実質となり、しかもある形のための実質とならなければ、まったく存在することはできないのである。

イェルムスレウ自身がハムレットと、「原意」が「実質」として「存在 existens」することを結び付けてくれているわけですね。

一〇二頁で、「内容／表現」関係が相対的であることを有機体に敷衍しようとしています。タンパク質や核酸で、ある部分が他の部分を「表現」する役割を果たすと同時に、また別の部分、あるいは単位との関係では、「内容」になる、という話をしていますね。

> つまり、ただ単に連鎖の半分がもう半分によって複製されて内容となるのみならず、再構成された連鎖はそれ自体「メッセンジャー」との関連において内容となるのである。

これは恐らく、ＲＮＡを介してのＤＮＡの複製を念頭に置いているのでしょう。元のＤＮＡの情報を「内容」とすると、複製されたＤＮＡはその「表現」と見ることができます。ただ、その複製されたＤＮＡも元のＤＮＡも、ＲＮＡに情報の「内容」を提供する。遺伝情報が「実質」で、複製に使われる塩基が「形態」ということになるでしょう。こういう風に考えると、生体内あるいは生体間の物質のやりとりを介しての情報伝達は全て、おなじ物質が、ある面では「内容」、別の面では「表現」という役割を果たすことによって成立している、と言えそうです。DNA－RNAの場合のように、伝達のために使われる「形態」と伝えられる「内容」がはっきりしていないと、「内容／表現」の区別自体がしにくいのですが、知覚した情報が神経を通じて脳に入って処理される過程とか、体内に侵入した細菌やウイルスに対する免疫が形成され、発動される仕組みとかでは、いくつかの異なった種類の物質が、特定の情報内容を伝える媒体になり、その伝えられた結果が別の体内物質に表現されているということが何段階かにわたっている、ということはいろいろあると思います。

「抽象機械」

一〇五頁で、ジョフロワ・サンティレール（一七七二－一八四九）という人の議論が言及されています。この人はラマルクの議論を継承・発展させ、キュヴィエと論争しました。先ほどお話ししたように、キュヴィエは、生物の種は固定化しているという立場を頑強に取り続け、進化論に反対し続けます。ジョフロワは全ての動物の器官や組織は、基本的に同じ種類、数で、同じ繋がり方をしていて、違うのはそのサイズと形だけだという、器官の相同性を主張します。環境の変化の影響を受けてそれらの器官のどれかが大きくなると、バランスを取るために他の器官が縮小します。しかし完全に消えることはなく、何らかの痕跡を示す。その痕跡器官から進化の経路を辿れる、というわけです。ジョフロワは、節足動物の体の構造が脊髄動物のそれと相同関係にあることを示す、ロブスターの体の図解を描いていて、恐らく、そのことを暗示するためにドゥルーズたちは最初にロブスターの写真を持ってきたのでしょう。

> というのは物質はどんな地層にあっても同じだからである。しかし、それは特有の構成の統一性を、つまり唯一の同じ抽象的〈動物〉、地層の内部に捕えられた唯一の同じ抽象機械をもち、そして同じ分子的素材、解剖学上の同じ器官要素、同じ成分、同じ形式的連結を示すのである。

ここでの「抽象機械」というのは、生物学的な素材から様々な動物を一定の法則に従って構成するよう、環境や様々な生物に作用する「機械」ということでしょう。地層の断絶のようなことがあっても、この「抽象機械」は常に同じである、というわけです。一〇六頁で、チャレンジャーのトークの中で、キュヴィエvs.ジョフロワの論争に参戦した、他の三人の学者に言及していますね。

> ジョフロワは自分の側にいろいろな〈怪物〉どもを呼び寄せ、キュヴィエの方はありとあらゆる〈化石〉をそろえ、ベーアはといえば〈胎児〉の入ったフラスコを振りかざし、ヴィアルトンは〈四足類帯〉を体に巻きつけ、ペリエは

―〈口〉と〈脳〉の悲劇的《ドラマチック》な闘いを演ずる……

ジョフロワの〈怪物 les Monstres〉というのは、今日では「飛躍進化説 saltationism」と呼ばれる彼の説に由来する考えで、環境の変化で生まれた「奇形 monstre」から進化が始まるというものです。それに対してキュヴィエは、先ほどの「抽象機械」で言うと、地層学的な時代ごとに異なった、その環境に合った器官を作る「抽象機械」があり、かつ、各動物の体を構成する器官は、それぞれの個体内でバランスを取るようにできているので、一部の器官だけが個体内の、環境とのバランスを崩すように進化するなどありえない、と主張しました。ここでの〈化石 les Fossiles〉という言葉には、化石のように固定化していて変わらない「種」、という意味が込められているのでしょう。ベーアはカール・エルンスト・フォン・ベーア（一七九二―一八七六）という、現在エストニアになっているロシア帝国のエストラントに生まれた、バルト・ドイツ人の動物学者で、哺乳類の卵子を発見して、発生学を開拓した人です。彼が一八二八年に定式化した「ベーアの法則 Baer-Regel」によると、脊椎動物の胚は発生の初期の段階ほど互いに似ていて、後の段階になるに従って違いが大きくなるというものです。彼は胚の発生の見地から種が変化するという意味で、進化論は認めていましたが、それが適者生存の法則によってより新しい種を生み出し続けるという考え方は否定し、ダーウィンとは一線を画します。ルイ・ヴィアルトン（一八五九―一九二九）は、彼らより大分後の世代の、フランスの生物学者で、形態学的な観点から、連続的進化ではなく、飛躍進化を支持しました。「四足類帯」の「四足類」というのは、脚に相当する器官あるいはその痕跡を持っている脊椎動物、両生類、爬虫類、鳥類、哺乳類のことで、「(肢) 帯 ceiture = limb girdle」というのは、前脚と後脚の根本にある骨格組織で、脚を動かせるような仕組みになっています。ヴィアルトンはこの肢帯の研究に基づいて、連続進化を否定します。ジャン・オクターヴ・エドモン・ペリエ（一八四四―一九二一）はフランスの動物学者で、ラマルクとダーウィンの進化論を比較して、ラマルクの方を支持する議論をしました。「〈口〉と〈脳〉の悲劇的な闘い la lutte dramatique de la Bouche et du Cerveau」というのは思わせぶりな言い方ですが、これは、一一〇頁の注（8）で説明されています。脊椎動物の脳が、ミミズやゴカイ、ヒルなどの環形動物の口の位置にあるのはどうしてかという問題を、一九一八年の論文で、各器官の発生の速度という点から論じていることに由来するようです。

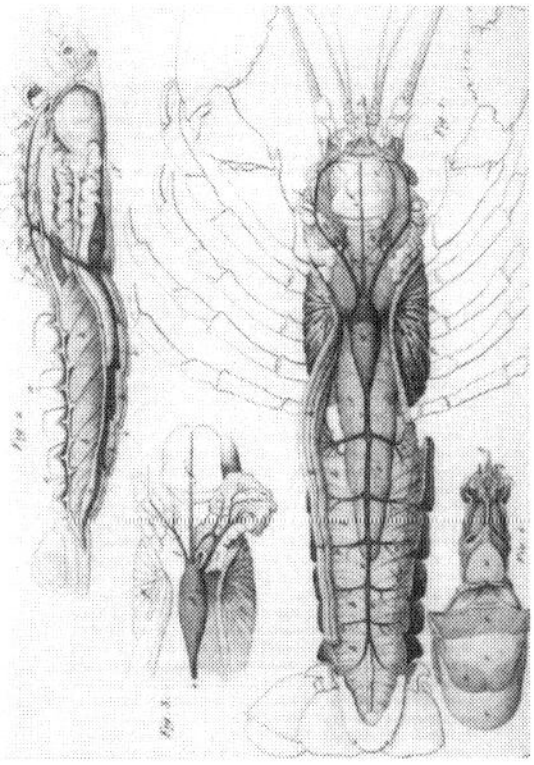
サンティレールの論文『脊椎についての一般的考察』の挿絵

ジョフロワ——異種間同形性の根拠、それは、形態が有機的地層上ではいかに異なっていようと、ある形態から別の形態に「折り畳み」を介して移行しうるということです。例えば、脊椎動物から頭足綱に移るには、脊椎動物の脊柱の二つの部位を引っ張り寄せてごらんなさい、つまり、頭部を足の方へ、骨盤を項《うなじ》の方へもっていくのです……——
キュヴィエ（かっとして）——そんなのはでたらめ、でたらめですぞ、象からクラゲへ移行するなんてことはできやしない、私はやってみたんだから。還元不可能な軸や型や分類学の門というものがあるんですよ。存在するのは諸器官の相似性と諸形態の類似性であって、それだけです。あんたは嘘つき、空想家だ。

架空の会話ですが、ジョフロワが無茶な空想をして、キュヴィエが常識で批判をしている感じですね。ポイントは、この「折り畳み pliage」が先ほどの「褶曲作用 plissement」と言葉の作りのうえでもイメージ的に繋がっていることと、ジョフロワの論理によるのではないにせよ、結果的に進化論の方が正しいと判明したことでしょう。〈plissement〉の方は、〈plisser〉という「襞（pli）を作る」という意味の動詞から派生していて、〈pliage〉の方は、「折る」とか「曲げる」という意味の〈plier〉という動詞から派生していますが、いずれもその元は「折る」「曲げる」「折り重ねる」という意味のラテン語〈plicare〉です。ここでの「折り畳み」をめぐるジョフロワの発言は、本人の言説というより、彼の相同性に基づく進化論を、ドゥルーズ＋ガタリ流に要約したものですが、ジョフロワの議論の通りに進化していくとすると、何らかの形で身体の「折り曲げ」が起こっているはずなので、単なる話を面白くするための、デタラメなフィクションだというわけではありません。

一〇七～一〇九頁にかけて、ジョフロワ、キュヴィエに加えて、ベーアとヴィアルトンの間で、褶曲により進化が可能かという架空の論戦を展開していきます。

われわれにはもはや、何がどうなっているのかよくわからない。[…]というのも、認識論というものは、決して罪のないものではないからだ。繊細でとても優しいジョフロワと、真面目で辛辣なキュヴィエが、ナポレオンの周囲で闘っている。キュヴィエはいかにも専門家、ジョフロワの方はいつでも専門を変える用意がある。キュヴィエはジョフロワを憎悪している。キュヴィエにはジョフロワの軽やかなものの言い方、ジョフロワのユーモアが我慢ならないのだ（そう、〈雌鶏〉には歯があるし、〈ロブスター〉には骨の上に皮膚がある、等々）。キュヴィエとは〈権力〉と〈領域〉の人であり、そのことをやがてジョフロワに悟らせることになるだろう。ジョフロワの方は、さまざまな速度を持つ遊牧の人の姿をすでに体現している。キュヴィエはユークリッド的空間で思索し、一方ジョフロワはトポロジックに思考する。[…]地層とはトポロジックなものなのであり、ジョフロワは折り畳みの巨匠、最高の芸術家なのだ。彼はそのことによってすでにある種の動物的リゾームを、驚くべきコミュニケーションをもつリゾームを、つまり〈怪物〉どもを予感しており、一方キュヴィエはもろもろの不連続な写真と化石的な複写の術語でもってこれに対抗する。

これでドゥルーズたちがこの対決を描いた理由がはっきりしてきましたね。柔軟に詩的想像力を持って創作するジョフロワは「遊牧」的な人間であり、生物の器官を折り曲げたらどうなるか大胆にトポロジー（位相幾何学）的に考える。キュヴィエが事物をきれいに区切って、複写可能な定型化された対象に加工するのに対し、ジョフロワは、リゾーム的・地図的に、不定形な〝対象〟をなぞっていく。ダーウィンの進化論が登場する前に、そういうリゾーム対ツリー、地図対複写、権力対芸術のせめぎ合いがあり、その痕跡が、生物哲学史に見出されるのではないか、と言いたいのでしょう。

一一三頁で地層の「内部 un intérieur」と「外部 un extérieur」は相対的であるという話が出てきますが、これは分かりますね。何と何がその〝層〟の素材になるかが始めから決まっているわけではなく、後から物質が追加されたり、減ったりすれば、「内／外」の境界線も組成も、形態化のパターンも変わります。

例えば、結晶する地層上で、結晶がまだ構成されていないときには不定形の環境が核の外部にある。だが、結晶は不定形の素材の量塊を内部に入れ、一体化することなしには構成されない。逆に、結晶核の内部はシステムの外部へ移行しなければならない。そこで不定形の環境が結晶しうるのである。

何だか専門的なことを言ってそうですが、そうではありません。結晶というのは一つの決まった領域が瞬間的に完全に同時に結晶化するというものではなくて、周囲の温度とか圧力とか特定の物質の密度とかでできる条件が異なります。条件が変わることで、結晶になる範囲は異なります。最初は小さかった結晶が拡大するということは、結晶の「核」――原語は英語の〈nucleus〉に当たる〈noyaou〉ではなく、〈germe〉なので、むしろ「胚」です――になるものの中に、それまで結晶化を起こしていなかった物質が入ってくる、あるいは、核の方が領土を広げる、ということです。いずれにしても、結晶の「核」が〝自己〟の内部で純粋に自発的に変化するのではなく、〝外部〟と何らかの形で相互作用し、〝外〟と〝内〟の入れ替わりが起こっているわけです。

一一四頁を見ると、結晶との類比で、有機体、特に細胞膜を持った生命体の例が引き合いに出されていますね。細胞の場合、「膜」によって外部と仕切られていますが、絶えず外と物質交換しているし、細胞分裂やウイルスの侵入などで、境界線は変動しています。

――われわれが扱っている二つの例のうち結晶層は、外部の環境ないし素材と内部の核とのあいだに、可能なかぎり多くの媒介物を含んでいる。すなわち、完全に非連続的なもろもろの準安定状態からなる多様体、それは同じだけの階層的な度合にほかならない。有機的地層もまたいわゆる内部環境と切り離すことができない。この内部環境は、まさに外的素材との関連で内的要素であるのだが、同時にそれは内的実質との関連では、外的要素でもあるわけだ（11）。

注（11）は、前回も説明しましたが、最近法政大学出版局から『個体化の哲学』というタイトルで翻訳が出されたシモンドンの死後出版された著作の参照です。この著作でシモンドンは、アリストテレス以降の哲学では、事物を「形相 forme」と「質料 matière」の二項関係で理解し、前者を原理として後者が組織化されることで事物が生成するというイメージで考えがちですが、そう単純なことではなくて、そもそも何が「形相」になるのかさえ最初から確定しているわけではないこと、そこにある物質の量や環境が変わることで、「形相／質料」の関係がかなり変動する余地があることを、物理学、地質学、生物学、心理学など、自然科学の実例に基づいて説明しています。物性物理学とか結晶学、地質学を専門にしているわけではない私たちの多くは、物質ごとにどういう風にどういう条件の時には、結晶化するかはっきり決まっていて、一度結晶化すると、ものすごい高温になるなどのことがない限り、結晶のまま安定していると考えがちですが、実際には、その物質の熱容量、温度、圧力などによって、安定状態に至る〝前〟の複数の準安定状態（métastabilité）があることもあります。物質の性質や組成が変わると、何が〝形相〟なのかはっきりしなくなります。そうした不確定性を含んだ物質界の上に形成される有機体も、多様、多重の形相／質料関係を含んでいて、どういう物質に含まれるどの情報が、内容として伝達され、形態化の原理になるのか、アプリオリに確定していないことが分かる。そうした二重の不確定性を含んだ地層のうえに、人間の知覚・心理の層が形成されているわけなので、人間の心理についても、何が「形相」なのか何かの法則に従って、最初から決まっているわけではない、ということになります。どの生物も同じで、それぞれにとっての完全な平衡状態というものはありません。

一一七頁ではエストニア出身の、ドイツの生物学者ユクスキュル（一八六四―一九四四）の名前が出てきます。ハイデガー（一八八九―一九七六）の「環世界 Umwelt」をめぐる議論がユクスキュルの影響を受けているのは、その方面ではよく知られています。ユクスキュルは、生物はそれぞれ自らの視点から、自分が属する世界を構築しているとして、それを「環世界」と呼びます。例えばダニは、「落下の重力のエネルギー、汗を知覚するその嗅覚特性、および生物を刺すという行動特性」（一一七頁）の三つだけから成る環世界に生きています。木の高い所にいて、哺乳類の汗を感知すると、落下して刺すのにそれだけで十分なわけです。ドゥルーズたちは、これを「内部環境 le

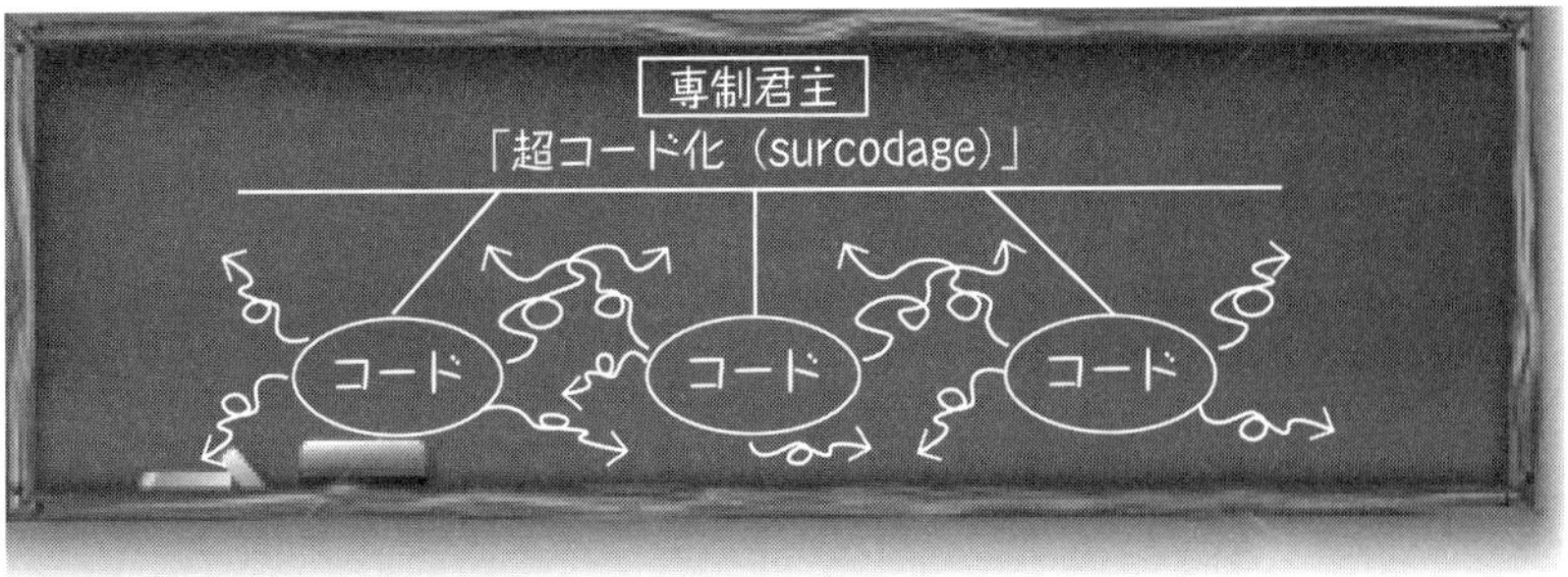

milieu intérieur」でも「外部環境 le milieu extérieur」でもない、「結合された、あるいは、付加された環境 un milieu associé ou annexé」だと言います。分かりにくい言い方ですが、「外部環境」から完全に独立しているわけではないけれど、かといって、自分の内だけで完結しているわけではなく、〝外〟から入ってくる情報の一部だけを、自分の〝内〟で活用するための、半ば閉じた、あるいは、半ば開いた〝環境〟ということでしょう。結晶だけでなく、生物の場合も、「内／外」の境界線が相対的・流動的だということを示している、ということですね。

一一八頁の終わりから、生態系や生命体、社会を維持するための情報を伝達する「コード code」の話が出てきます。『アンチ・オイディプス』では、「原始大地機械」が固有の「コード」で自己完結的に制御されていたのに対し、「専制君主機械」の登場と共に、それを上から制御する、「超コード surcode」が登場し、「資本主義機械」が現れて、グローバルな資本の拡大で脱領土化するようになると、「脱コード化 décoder」と「再コード化」が並行して進行するようになる、という話でした。この文脈で「コード」の話が出てくる意味分かりますね。地層や有機体が自己生産・拡大するための「コード」は〝内部〟で自己完結的に決まっているわけではなく、〝環境〟との関係で変化するし、これが規定される〝素材〟で、これが規定するコードだという風にきれいに分けられるわけではありません。一一九～一二〇頁にかけての、動物の進化を念頭に置いたコード変化についての議論を見て下さい。

どこから新たな形態と新たに結合された環境が生じてくるのか。なるほど、変化それ自体は、明らかにあらかじめ確立された形態間の移行から、つまり、あるコードの別のコードへの翻訳から生ずるのではない。問題をそんなふうに立てているかぎり、解決は不可能であり、キュヴィエとベーアとともにおそらくこう言わねばなるまい——確定された形態のタイプは、それらが還元不可能である以上、いかなる翻訳も変形も許容しはしない、と。けれども、コードというものはみずからに内在する脱コード化の過程と分離しえないことを認めるなら、問題はまったく別の仕方で

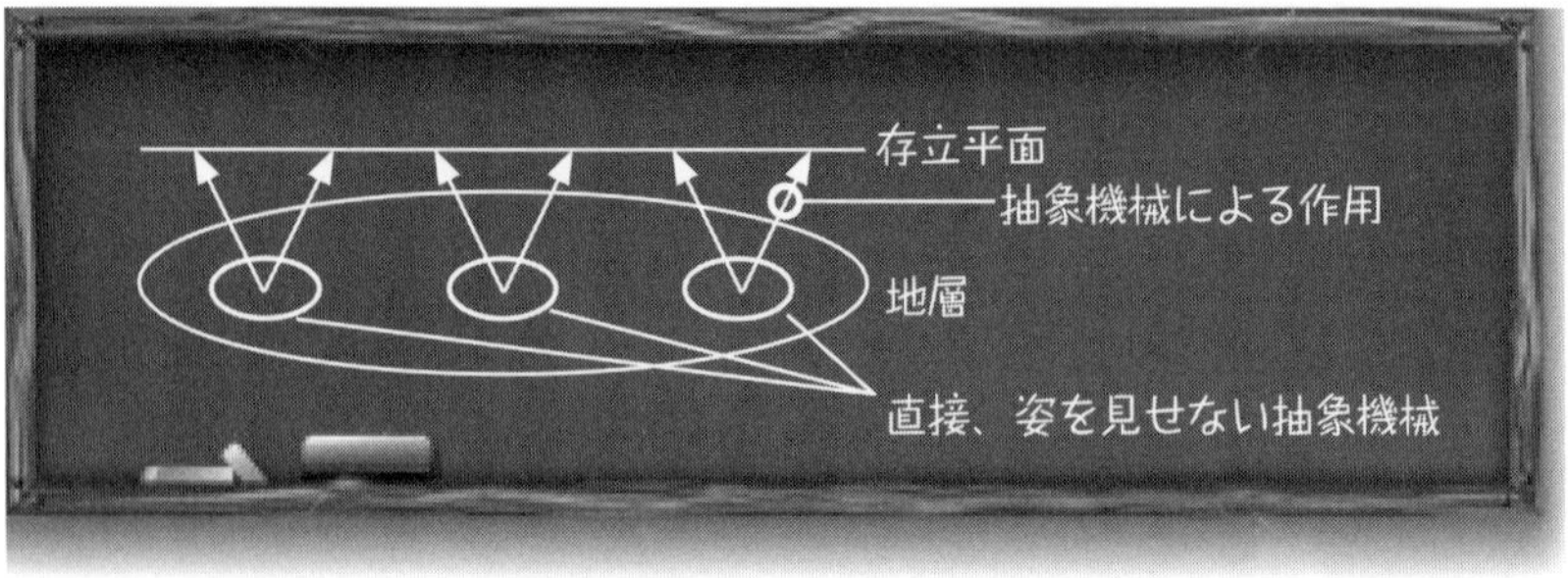

> 立てられることになる。

キュヴィエやベーアとジョフロワとの〝論争〟を大げさに演出した意味が分かってきましたね。脱コード化が何らかの形で起こらなければ、〝進化〟は不可能になってしまうわけです。

一二〇頁の真ん中あたりで、細胞から細胞へのコードの受け渡しを変異させる要素としてのウイルスに言及していますね。

一二六頁に、コード化に内在する脱コード化作用と関連付ける形で、「抽象機械」について説明されています。

> 人はこういうことさえできる——微粒子の数々を放射し組み合わせるもろもろの抽象機械は、いわば実に相異なる二つの存在様式を持っていると。すなわち、統合態と平面態である。あるとき抽象機械は、地層化作用に捉われたままで、それはこれこれの特定の地層の内部に包摂され、その地層のプログラムや構成の統一性を規定し（〈抽象的動物〉、〈抽象的化学体〉、〈即自的エネルギー〉）、地層上の相対的な脱領土化の運動を調節する。またあるときには、抽象機械は逆に、あらゆる地層化作用を横断し、唯一のものとして、それ自体で存立平面上に展開され、そのダイアグラム〔図表〕を構成する。

それこそ抽象的な言い方をしていて分かりにくいですが、最低限、「抽象機械」が特定の「地層」に含まれていることは分かりますね。「統一性 l'unité」と「脱領土化」というキーワードから、その「地層」に含まれる個別具体的なアレンジメントや機械を動かして、それらが統一性を保ったり、逆に脱領土化するように作用することが分かります。自らは個別の運動を行わないけれど、具体的に形態化され、実質を持った機械やアレンジメントを動かす、メタ機械的な性質を持っているわけです。「統合態 l'œcumène」は抽象機械の一側面で、文字通り、統合する作用や、脱領土化する作用のことで、存在を示す側面、「平面態 le planomène」は、地層のような階層構造とは関係なく、様々な機械やアレンジメントを共存させる「存立平面＝器官なき身体」を形成することで、自らの存在を示す別の側面ということでしょう。いきなり出てくる「ダイアグラム le diagramme」というのがよく分からないですが、文脈からすると、通常は地層に内在して、直接姿を見せない「抽象機械」が、自らが形成しつつある「存立平面」に現れてくるもの、ということになりそうです。ドゥルーズとガタリの他の著作や解説書によると、機械、システム、建築などのために様々な項の間の関係を線と矢印で示す図表、あるいは、そうした図表の形をした芸術作品などを念頭に置いているようです。直接的には、プラグマティズムの哲学者パース（一八三九－一九一四）が、関係性を表す記号という意味で使っているのをガタリが借用したのが起源のようです。ここでの彼らの言い方からすると、「抽象機械」は通常、地層の中に隠れているので、どういう風に作用が伝わっているか分からないけれど、ある特別な局面、地殻変動や気候変動が起こると、結晶化作用が広範に起こるとかによって、個々の生物の環世界が玉突き的に生じることで、それまではっきり繋がっていなかった機械やアレンジメントの間にリゾーム的連結が生じ、存立平面が浮上してくるような場面において、どのような機械やアレンジメントの動き、変化が次にどのような動きに通じるかが、会社や自治体の事業計画のダイアグラム、あるいは、AIの情報処理のアルゴリズムのような形で全体的な流れが分かりやすくなるかもしれない。そうやってある局面、あるいは、あるパースペクティヴにおいて、はっきりと矢印が見えてきた「抽象機械」が「ダイアグラム」のようです。

「手－道具」－「内容」と「顔－言語」－「表現」

一二八～一三五頁にかけて、これまでの議論と、その学問史的な意義が「内容／表現」の相対性の観点から捉え直されています。一二八頁でチャレンジャーのエキセントリックな講演についていけなくなって、二重分節に拘るマルティネ学派や、「表現／内容」の区別に拘るイェルムスレウ学派、タンパク質と核酸に拘る生物学者が席を立ったと述べられていますが、こういう人たちが実際にその場にいたら、自分たちの学術的な理論が、学問の基本的なルールをかき乱す、リゾームとか地図とかダイアグラムとかいった、訳の分からぬものに結び付けられることに腹を立てるだろう、とドゥルーズ＋ガタリ自身が予想していたということでしょう——彼ら自身、「サイエンス・ウォーズ」で、ありがちのポストモダン批判をしたような人たち、〝純粋科学者〟的な人たちが出てくるのを予測していたわけです。

　一三五頁でルロワ＝グーラン（一九一一－八六）という、『アンチ・オイディプス』でも結構重視されていた、フランスの文化人類学者・考古学者が登場します。彼は人間の身振り表現を研究した人です。

> ルロワ＝グーランの分析から出発して、われわれは、どのようにして内容が手－道具という対に結びつき、表現が顔面－言語、顔－言語という対に結びついているかを理解することができる。手は、ここでは単なる器官と見なされてはならず、一個のコード化作用（指による《ディジタル》コード）、活動的な構造化、活動的な形成（手による形式、あるいは手に

よる形式的特徴）と見なされねばならない。内容の一般形式としての手は、道具においてみずからを拡張するが、道具はそれ自体活動中の形式であり、形式化された質料としての実質をともなう。そして最後に、生産物は形式化された質料、または実質であり、今度はそれが道具として役立つことになる。

「手 main」と「道具 outil」が繋がっているのはいいとして、それが「内容」と結び付くというのが、ピンと来ないですね。ドゥルーズたちは、運動や変化の観点から語っているので、この「手」や「道具」も、〝外〟にある〝素材〟を自分の領域に取り込んで、自分の欲望の対象、望む対象へと加工し、領土化していく器官、機械としての「手−道具」なのでしょう。「活動的な構造化 une structuration dynamique」とか「活動的な形成 une formation dynamique」――「活動的」と訳すと、意識的・反省的な動作のように聞こえるので、「動的」とか「動態的」と訳した方がいいと思います――というのは、そういう、対象化して自分のものにする運動のことでしょう。「手による形式 forme manuelle」というのは、文字通り、手で何かを作り出す時、手の特性や癖が、「形」、「フォルム」として素材に刻印される、ということでしょう。私たちは、「コード」というと、何か抽象的な原理のようものを思い浮かべますが、先ほどからのイェルムスレウやシモンドンからドゥルーズ＋ガタリが受容した視点からすると、「手−道具」による〝対象〟の生産の方式を制御している「コード」は、アプリオリに規定されているのではなく、「手−道具」の動作の繰り返しの中で「形態」が浮上してくる、ということでしょう。「指によるコード《ディジタル》 code digital」というのは、文字通りには「ディジタル・コード」で、いかにも抽象的な原理に基づいているようですが、訳者は「指」という意味のラテン語〈digitus〉から派生したことが含意されていると見て、こういう風に訳したのでしょう。「指」の動作から浮上してきた「形」から、「コード」が抽出されます。因みに、〈code〉の語源になったラテン語〈caudex〉は「木の幹」という意味です。

「手−道具」がそうした人間が作り出したもの、更に別の何かを作るために作り出したものという意味での「内容」だとすれば、「顔−言語」は、それを他の人間に向かって「表現」する関係にある。人間について、「表現」という言い方をすると、芸術とか思想のような高尚なものを思い浮かべがちですが、ごく単純に、表情や記号化された身振りで、これは私のものだと示すとか、これを手に取ってみてもいいとか、あげてもいいといった〝意志〟を表すこともあります。無論、そういう表現的な行為を通して、後追いで、〝意志〟が形成されることもあるでしょう。「内容／表現」といっても、それぞれ同じ人の身体に属していて、相互に絶えず影響を与え合い、連動している――しかも、いずれも身体の外部と繋がって運動しています――「手」と「顔」によって主として担われているわけなので、労働を担当する手がやることなので「内容」、他人に向かって言語を発する「顔」が担当することなので、「表現」という感じにはならないですね。社会の中で各器官が機能分化するようになって、こっちが「内容」、こっちが「表現」という感じで何となく使い分けられるようになった、つまり二重分節化が行われているけれど、その起源を考えると、「内容／表現」の境界線は最初からはっきりしているわけではない。ドゥルーズたちは、そういう印象を与えることを狙った言い方をしているのでしょう。このように考えると、口から発する、抽象的にコード化された音声言語も、顔の中に位置する口という身体の器官と結び付いていることが想起されてきますね。

> だが、内容と表現のこれらの新たな配置は幻影などではない。手ー道具によって特徴づけられ、より根本的には一つの〈社会機械〉および権力の諸形成体にかかわるテクノロジー的内容。顔ー言語によって特徴づけられ、より根本的には一つの〈記号機械〉また記号の諸体制にかかわる象徴的表現。[…]二つの記号の体制を、あるいは二つの権力の形成体を首尾よく区別できたとしたら、われわれは、それこそが、実際に人間の集団における二つの地層なのだと言えるだろう。

〈社会機械 une Machine sociale〉と〈記号機械 une Machine sémiotique〉は、マルクス主義だと「下部構造」「上部構造」と呼ばれているもののことですね。〈社会機械〉の方がテクノロジーを駆使する実体的な「権力」で、〈記号機械〉の方が、そういうものに支配されない、自由な「象徴的表現」の体系であるような感じがしますが、ドゥルーズたちは、この二つがもともと身体から発したもので、〈社会機械〉も象徴表現によって構成されているし、〈記号機械〉の方にも、身体によって欲望の対象を作り出したり、確保したりする「権力 puissance」的な側面がもともとあったわけです。

「シニフィアンの帝国主義」

一四四〜一四七頁にかけて、一見すると「言語の帝国主義 l'impérialisme du langage」であるかのように見える、「シニフィアンの帝国主義 l'impérialisme du signifiant」について論じられています。どうして「シニフィエ」でなくて、「シニフィアン」の帝国主義かと言うと、「シニフィエ」自体には物質的な形態がないので、身体や道具の動き、権力関係、テクノロジーなどに直接反応することがないのに対し、身振り、音、文字、絵画、彫刻、装飾品、建築物など、いろんなものが「シニフィアン」になり得ます。「シニフィアン」が特定の「シニフィエ」に縛られていないとしたら、「シニフィアン」はいろんな意味内容を持つことが可能です。例えば、人の腕は、その人にとっては物を持ち上げる道具や人を殴る武器といった意味を持ちますが、他の人から見れば、労働力や権力の象徴とか、性的欲求の対象としても意味を持つかもしれません。絵画や彫刻の形で模写される、あるいは写真に撮影される対象かもしれません。腕を表象するそれらの作品が、美術史・美術批評の文脈で更に別の意味を持つかもしれません。そうやって、いろんな素材に関わり、意味内容を変えていくことによって、「シニフィアン」は様々な領域、地層を支配することができます。

> シニフィアンの愛好家たちは、あまりに単純な状況を暗黙のモデルにしている。語と物、というのがそれだ。彼らは、語からシニフィアンを抽出し、物からは語に適合する――したがってシニフィアンに従属するシニフィエを抽出してくる。彼らはこうして、言語に内在する等質的な領域に身を落ち着けるわけだ。

これは皮肉でしょう。「シニフィアンの愛好家たち les amateurs de signifiant」というのは、恐らく自分でそう思っているだけの人で、彼らは、シニフィアン、シニフィアンと言っているわりには、「シニフィアン」を狭い意味での言語学の枠内で捉えてしまって、「シニフィアン」が様々なレベルで「内容」になったり「表現」になったりしながら変動しているのを全然捉えられていない、ということでしょう。

> ここで、フーコーから一つの模範的な分析を借りてくることにしよう。この分析は、そんなふうに見えないだけに、いっそう言語学にかかわっている。例えば監獄という物がある。監獄とは、一つの形式、「監獄−形式」、一地層上の内容の一形式であり、他のもろもろの内容の形式（学校、兵舎、病院、工場）と関連している。ところで、この物あるいは形式は、「監獄」という語にではなく、まったく別の語と概念にかかわるのである。例えば、犯罪行為を分類し、言表し、翻訳し、実行しさえする一つの新たな仕方を表現する「犯罪者、犯罪行為」といったものに。「犯罪行為」とは、「監獄」という内容の形式と相互に前提し合う表現の形式なのである。それは、監獄をシニフィエとするシニフィアンなどではなく、法的なシニフィアンでさえないのだ。人はそんなふうに考えて分析の全体を台無しにしてしまうのだが。そもそも表現の形式とはもろもろの語に還元されるものではなく、地層と見なされる社会的領野に出現する言表の集合（それがまさに、記号の体制である）に還元される。内容の形式は、物に還元されるものではなく、力の形成体としての複雑な物の状態（建築、生命プログラム、等々）に還元される。そこにはいわば、たえず交錯し続ける二つの多様体が、つまり表現の「言説的多様体」と内容の「非言説的多様体」が存在するのだ。

言うまでもなく、フーコーの『監獄の誕生』（一九七五）を参照しているわけですが、フーコー自身はこんな不思議な記号論のような話をしているわけではありません。「監獄 prison」はごく普通に語の意味から考えれば、「囚人 prisonnier」を入れる施設です。物理的な表現という面でも、語の意味的にも、「監獄」というシニフィアンは、〝囚人を収容する施設〟というシニフィエに対応しているはずです。「囚人」とは囚われている人です。「内容の形式 une forme de contenu」というのは、先ほどのイェルムスレウの議論からすると、公的施設であるとか、人を収容する目的を持つなどの内容を形式的に制約する区分のようなものでしょう。フーコーの分析のカギになったベンサム（一七四八―一八三二）のパノプティコン（全展望監視装置）の構想からすると、学校、病院、工場が、同種の内容の形式、建築学的・光学的構造を利用して中にいる人を効率的に監視するための施設というような共通の形式を備えていて、そこに収容される人の種類や、監視・管理の方式で、分かれるということになるでしょう。その「監獄」が、〈prison〉という語ではなく、「犯罪行為 Délinquance」の分類、言表、翻訳、実行に関係する、「犯罪行為 délinquant」や「犯罪者 délinquance」といった語に関係するというのは、「監獄」をめぐる近代の言説で、「監獄」が、特定の種類の人間を、「閉じ込める」とか「捕える」「拘束する」といった語彙で、その本質が語られることはあまりなく、むしろ、「犯罪」や「犯罪者」を分類する言説の中に位置付けられてきたということです。そういう風に言うと、『「犯罪者」について語ることは、監獄について語ることだ。何が変なのだ？』、と思う人が多いでしょうが、それがヘンでなくなっていることをフーコーは問題にし、言説分析しているとドゥルーズ＋ガタリは言っているわけです。確かに、英国のロンドン塔のようなものを考えると、そこに収容されているのは、犯罪者というより、当時の王権や教会にとって危険な人物であった時代もありましたし、戦争の捕虜や危険な精神病患者を収容する施設も、監獄と同じような機能をします。誰かを「収容する」という以上、どういう風に収容するのか、学校や修道院、捕虜収容所などの「収容」とはどう違うのかが問題になってもおかしくないわけですが、「監獄」をめぐる近代の言説では、「監獄に入っている者＝犯罪者」ということが最初に定義され、そこにいる「犯罪者」をいろんなタイプに分類し、彼らに「犯罪者」という属性を与えているものは何かが、主として「監獄」の中で行われる監視と記録に基づいて、決まるようになった、ということです。無論、刑法上有罪になった人＝犯罪者と、法の形式に従って考えるのであれば、「監獄」での観察は大した意味を持ちませんが、フーコーはむしろ、「監獄」での監視と矯正教育、その結果の記録が、「犯罪者」という特殊なタイプの人間を生み出すことに大きく寄与したと言っており、ドゥルーズたちはそれを、イェルムスレウ的な意味で言語学的な議論だと言っているわけです。

因みに、「犯罪行為」を「実行しさえする」というのは、いくらフーコーが左翼系の人だとしても、妙な言い方ですが、原語は〈faire des actes criminels〉で、これは「犯罪行為 faire des actes criminels」を「実行する」のではなくて、「作り出す」という意味でしょう。「監獄」という制度的実体とそれを指示＝意味する〈prison〉という語によって、「普通（normal）の人」

ではなく、「監獄にいる人＝犯罪者」だけがやるような行為として「犯罪」が捉えられるようになったということです。

当然のことながら、「監獄」という語と、こうした意味内容の結び付きは、単に人々がこの単語を口にしているうちに徐々に形成されるなどということはなくて、「犯罪」や「犯罪者」をめぐる権力関係や施設、そこで獲得され、精神医学や心理学、社会学等にフィードバックされた知、あるいは同種の内容的形式を備えていると見なされる「学校」「病院」「工場」をめぐる言説の影響を受けている面が強い。「監獄」のような社会的制度を表す言葉の意味内容が、力や物の状態によって変化するというのは当たり前の話のような気もしますが、その当たり前のことをちゃんと捉えるには、狭義の言語学を超えた議論が必要だと言いたいのでしょう。

この後、地層、抽象機械、ブラック・ホール、様々な機械からなる〈機械圏〉などについてのごちゃごちゃした、これまでの内容を確認するような説明が続きますが、チャレンジャー教授が地質学的レベルから生物学・解剖学的レベル、言語学・記号学あるいは社会学レベルへと、普通だととても一人の学者がカバーしきれない広い領域を進んでいく形で地層論を展開してきたので、本人も辻褄合わせの必要を感じて、後になっていろいろ細かく説明している、という設定なのだと思います。しかし、そうやって頑張るほど、ますます話についていけなくなって聴衆がいなくなっていきます。最後はチャレンジャー自体が解体していきます。

> 誰一人要約を理解した者はいなかったし、誰一人チャレンジャーを引きとめようとする者はいなかった。チャレンジャーは、というか彼の残り滓は、もう何も相対的なもののない奇妙な軌道に沿って、ゆっくり存立平面の方へと急いでいた。彼は滑り込もうとしていた、回転扉の役割を演じるアレンジメントの中、分節子で作動し、強度のチク・タクという音をたて、絶対を連打する相乗的リズムを刻む〈大時計〉の中へ――[…]。

この後、ラヴクラフト（一八九〇－一九三七）の小説『銀の鍵の門を越えて』（一九三四）の最後の場面が引用されています。世界の様々な謎を探求してきた、オカルト研究家のランドルフ・カーターという人物は、ラヴクラフトのいくつかの作品に登場します。この作品では、カーターが失踪した後、彼の遺産をどうするかをめぐって、彼の友人かつ財産管理人で、神秘主義者であるマリニーと、カーターの友人で作家のウォード・フィリップス、カーターの遠縁の弁護士で、財産分与を要求する現実主義者のアスピンウォール、ヒンドゥー教の神秘家で、カーターと交流しているというチャンドラプトゥラ師が会合します。その席でチャンドラプトゥラ師は、カーターから聞いたという話を語り続けます。宇宙の秘密に通じる銀の鍵を手に入れたカーターはそこで、「導くもの the Guide」に出会い、様々な時代や場所に違った姿で存在する自分、地球上だけでなく、宇宙の様々な星に存在する自分を体験します。様々な姿のものたちの記憶が、自分の内にあることを〝カーター〟は気付きます。彼は特に、惑星ヤディスに住み、鉤爪で、昆虫のような多関節の体を持つ種族の魔道士ズカウバに関心を持ち、その身体にしっかりと入り込みますが、そこから出られなくなって、カーターの意識に帰れなくなります。元に戻るには、鍵と一緒に箱の中に収められていた羊皮紙に書かれた呪文が必要なのですが、カーターは、その羊皮紙を忘れてきました。そこでその星の魔道術を使い、人間に変装して地球に戻ってきて、羊皮紙を手に入れようとしている、と語ります。ヤディス人は何千年も生きるので、長い歳月をかけて、それを実行することができた、というのです。しかし、その前提だとカーターは生きているということになるので、アスピンウォールは反発し、いかがわしいと言い出します。彼は、チャンドラプトゥラ師の顔を見つめて、それは仮面だな、取れと言い出します。そこで師は仕方なく、自分がカーターだと認めますが、今の私の本当の顔を見せたら、大変なことになるので、仮面をはぎ取るのはやめてくれと言いますが、アスピンウォールは力づくで、その仮面をはぎ取りますが、ショックを受け、絶命します。チャンドラプトゥラ師＝カーターは、次第に形が崩れていって、その部屋の大時計の中に溶け込んでいきます。引用されているのは、その一番最後の場面です。

ヘンな終わり方ですが、これはこれで筋が通っているような気もします。チャレンジャーの言うように、全てがリゾーム的に繋がっているだけで、決まった形態を持たないとすれば、チャレンジャーの言説、彼の存在自体もリゾーム的な繋がりとして暫定的な形をしているだけだとすれば、最後は言説も言表行為の主体も消滅した方が、物語的には収まりがいいでしょう。ドゥルーズ＋ガタリ自身が消えたら、この先書き続けられないので、身代わりで消えてもらったと考えると、それなりに合理的というか、ある意味、彼らもやっぱり普通の人間なんだなあ、と思わせるような話です。

第4プラトー「一九二三年十一月二〇日――言語学の公準」

第4プラトーの「一九二三年十一月二〇日――言語学の公準」を見ていきましょう。言語学の話が出てくるのは、第3プラトーで、イェルムスレウの「表現／内容」「形式／実質（素材）」で、実際の地層や結晶、有機体、生物の身体構造などを説明して、人間そのもののリゾーム性、存立平面依存性に話題を移しているのだから、言語の話になるのは自然な流れですが、問題はこの日付です。邦訳の一七六頁の注（11）に出ていますが、敗戦後のドイツで大きなインフレがあり、大規模なデノミが行われた日付です。デノミというのは、貨幣記号の名称を変えることで、貨幣の通用価値を変更させようとする政策ですね。

「I　言語は情報を与えるもの、そして伝達するものであろう」という小見出しが付いています。私たちは言語というものは情報を与えるものだと思っているけれど、本当にそれだけなのか、という問いを立てているわけです。

「I　言語は情報を与えるもの、そして伝達するものであろう」

学校の女性教師は、文法や計算の規則を教えるとき、何か情報を与えるというわけではなく、また生徒に質問するときも、生徒から情報を手に入れるわけではない。彼女は「記号へと導き」ensigner、指図を与え、命令するのだ。教師の命令は、教えられることの外側にあるのではなく、これにつけくわえられるのでもない。命令は最初の意味から出てくるわけではなく、情報の結果ではないのだ。指図はいつも、そしてすでに、さまざまな指図に向けられており、それゆえに冗長性である。義務教育の機械は情報を伝えるのではなく、文法のあらゆる二項的なベースとともに、記号論的座標を子供に強要する（男性－女性、単数－複数、実詞－動詞、言表の主体－言表行為の主体など）。

冒頭から小見出しの内容を否定していますが、言っていることは分かりますね。問題は、こうした単なる情報伝達ではなく、「指図」「命令」的な意味合いを伴った言語活動は、学校での先生と生徒のやりとりに限定されていないということです。教室は言語による「指図」「命令」のモデルです。私たちが他人に話しかける場合、客観的な事実を表す文の場合でも、実際には、その文を伝えることで、相手に直接何かを指図するのでなくても、何かをするように暗に促していることがあります。「私は●○についてブログに書いています」と言えば、読んでくれ、ということですし、「今日は暑いですね」と言う時は、自分の不快感に共感してほしいとか。英米の分析哲学の言語行為論という領域では、文を客観的情報というより、相手への働きかけとして捉えます。この分野の開拓者とされるジョン・L・オースティン（一九一一－六〇）の仕事は『千のプラトー』のずっと前に刊行されていますし、その後継者とされるサール（一九三二－　）の仕事も刊行されています。『千のプラトー』以降の話になりますが、認知心理学者のトマセロ（一九五〇－　）は、類人猿や乳幼児のコミュニケーションの研究から、相手に働きかけて何か得ようとする志向性に基づき、身振り中心のコミュニケーションから、客観的な文を伝達する文が発展してきた過程を見事に描いています。〈ensigner〉という動詞は、普通のフランス語にはありません。文字通りに取ると、「記号化する」とか「記号を刻む」とかになるのですが、これは「示す」「知らせる」「教える」という意味の〈enseigner〉をもじっているのでしょう。〈enseiner〉の語源になったラテン語〈insignire〉は、「記号」を意味する〈signum〉から派生したので、〈ensigner〉はその語源を示唆する造語です。

「実詞 substantif」というのは、名詞のことです。フランス語では「名詞」を表すのに、「名前」というのが本来の意味である〈nom〉を使うこともありますが、〈substance〉のあるものというようなニュアンスを持った、この〈substantif〉を使うことも少なくありません。ドゥルーズたちは当然、〈substance〉との繋がりを意識しているでしょう。「言表の主体／言表行為の主体 sujet d'énoncé／sujet d'énonciation」は、ラカンによる区別で、「私」を主語にした言表に関する見かけ上のパラドックスを説明するために導入されます。例えば、「私は嘘をつく」とか「私は混乱していて、語る言葉もない」、とかの文だと、文の主語になっている「私」とは、別の〝私〟が第三者的に語っている感じになりますね。前者が「言表の主体」、後者が「言表行為の主体」ということになります。『アンチ・オイディプス』でもこの区別が出てきます。

シュペングラーは、言葉の根本的な形態は、判断の言表でも感情の表現でもなく、「命令、従属の証拠、断言、質問、肯定または否定」であり、生に対して命令し、事業や大工事と切り離せない実に短い文章であると述べている。「用意はいいか」、「はい」、「始め」。単語は道具ではない。しかし、子供たちには、言語と、ペンと、ノートが与えられる。労働者にシャベルやツルハシが与えられるのと同じだ。文法の規則は、構文法の目印である前に、権力の目印なのだ。指図は、先行する意味にも、先行する弁別的諸単位の組織にも関係がない。その反対だ。情報は、命令としての指図を送り、伝え、遵守するために必要最小限のものでしかない。火事だ Au feu と、ゲーム始め Au jeu を混同しない程度に、またルイス・キャロルの教師と生徒の実に困った場面（教師は階段の上から質問を述べ、それを下男たちが各階ごとに歪曲して伝える。生徒は下の庭から答えるが、この答えも階を昇るごとに歪曲されるのだ）を避けることができる程度に、情報を得るだけでいいのだ。

シュペングラー（一八八〇－一九三六）は、ドイツ帝国の末期からワイマール期にかけて活動した文化哲学者で、『西洋の没落』（一九一八、二二）で有名な人です。敗戦後の混乱とハイパーインフレの時代の人です。そこを意識して選んでいるのでしょう。『人間と技術』（一九三一）という著作を参照していますね。人間は手によって道具を作り出すようになったことで、他の動物とは違う創造性を見せ、文明を築き上げたという視点に立つ著作で、その延長で言語も手仕事的なものから生まれたと見ているわけです。言語の起原を、力を背景にした命令と捉えるニーチェ的な見方をシュペングラーもしていたというのがかなり意外ですが、その意外感を出すのと、シュペングラーの

オスヴァルト・シュペングラー

名を出すことで、言語–権力の問題と、西欧の台頭と没落を関連付けたいのでしょう。

ルイス・キャロル（一八三二–九八）は、あの『不思議の国のアリス』（一八六五）を書いた数学者です。ドゥルーズは『意味の論理学』（一九六九）で、『不思議の国のアリス』等、キャロルの作品に見られる言語上のパラドックスを、無意識の影響による意味生成のモデルとして参照しています。キャロルの作品では、トランプのハートの女王が実体の女王様として現れるとか、単にお約束で使用されている言葉が、実体的なものとして捉えられることからくる不条理が多いですね。ドゥルーズたちは、そこに無意識の作用を見ているわけです。ここで言及されている［教師–（召使）–生徒］の伝達関係は具体的な作品から取ったというより、彼の作品によくある、御主人様の命令を僕が、先生の言葉を生徒が文字通りに取りすぎたことからナンセンスが生じてくるパターンのことを言っているのでしょう。子供たちは、共同体の中の教師役の大人の言葉を習うことを通して、それらの言葉に含まれている共同体の規範も身に付けているわけですが、その学習は間に何人も介して行なわれるので、オリジナルなメッセージが、誰が発したどういう内容だったか曖昧になっていく傾向がある、と言いたいのでしょう。曖昧になっても、とにかく命令的な意味を含んだ言葉を、子供たちが学習することを通して、共同体は維持されるわけです。

――「最初の」言語、あるいはむしろ言語に与えられる最初の限定は、比喩でも暗喩でもなく間接話法である。換喩や暗喩に人が与えようとした重要性は、言語の研究にとっては致命的であることがわかる。暗喩や換喩は単に効果にすぎず、すでに間接話法を仮定してはじめて言語に属するのだ。一つの情念の中には多くの情念が含まれており、一つの声の中にはあらゆる種類の声、あらゆるざわめきや異言異語が含まれている。そのためどんな言説も間接的であり、言語に固有な変換とは、間接話法の変換なのだ。

最初の言語に与えられる「限定 détermination」が「比喩 le trope」とか「暗喩 la métaphore」ではなくて、「間接話法 discours indirect」だというわけですが、そもそも「限定」というのはどういうことかからして分かりませんね。まず、「比喩」とか「暗喩」だとかいう話は、私たちの言語が具体的な物だけでなく、物と物との間の関係も言い表すことと関係していると思います。例えば、「言葉を発する」という時の「発する」は、言葉を矢とかピストルのようにイメージしているから可能なわけです。「議論を展開する」の「展開する」は、議論を巻物のようにイメージしているからですね。言語学の認知意味論という分野では、私たちの言語の基本的な構造が、広い意味での隠喩に由来するという前提で研究が進められます。

ドゥルーズたちは、それよりも根源的な「限定」として、「間接話法」があると言っているわけです。英語の文法で習ったように、〈He said, "I am busy."〉が直接話法で、それを〈He said he was busy.〉と表現するのが、「間接話法」です。ここで「間接話法」と言っているのは、他人の言葉を、引用符抜き＋主語抜きで、反復・参照するような語り方ということです。普段、我々が語っている文はどこかで聞いた文ですね。全て自分でゼロから言語を発明することはできませんし、そんな文は誰にも伝わりません。誰かが語ったことを、真似しているわけです。そう言うと、いや、それは言いたいことがあるから、他人の表現を借りているだけだ、と反論したくなるでしょうが、赤ん坊が最初に言葉を発する時、表現したいことがまずあった、と言えるでしょうか。普通、幼児は、大人の言っていることを真似しようとするだけですね。それでも、いやそれは幼児の話であって、少なくとも大人には、話したい〝内容〟がまずあるのでは、と更に反論したくなる人もいるでしょう。では、どこの時点で、単なる人まねしかできない存在が、自らの意図を持って語る〝主体〟になったのか。いろんなソースからの参照を適当に組み合わせているうちに、何となく習慣ができて、〝主体〟っぽく見えるようになっただけのことではないか。これは物まねだが、これは自分のオリジナルな意図だという区別が付けられるのか。そういう風に考えると、引用符やコンマ、時制の一致などの文法規則が出来上がった後、それに合わせて、これは自分の言葉、これは他人の言葉と区別がはっきり付くようになったのではないかと思えてきます。形式が整ったのに合わせて、内容がはっきり切り分けられ、〝主体〟と関係付けられるようになったということでしょう。

明治以前の日本語の文章には引用符はないので、文学作品でどこが語り手の言葉で、どこが登場人物の言葉かはっきり分からない、というのがありますね。明治期になって、括弧をはじめ、西欧の書き言葉の様式を取り入れたことで、日本文学がどう変化したのかということが一時期、狭義の文学研究だけでなく、現代思想系の文芸批評の強い関心の対象になったことがあります。どこの国の文学でも、初期においては引用符がないので、語りの〝主体〟が不明確なケースが多々あります。現代人が、〝語る主体〟たちの区別がはっきりしないものを虚心坦懐に読むと、新鮮な印象を受けることも少なくありません。フロベール（一八二一－八〇）は「自由間接話法 discours indirect libre」が巧みだったと言われます。「自由間接話法」というのは、発言者を明示する「言う」とか「表現する」「問う」「疑う」といった動詞を省略して、誰かの言葉を参照するので、その登場人物の言葉なのか、物語の語り手の視点から再構成された言葉なのか、ぼかした感じが出ます。登場人物の内面にふっと入り込んでしまったような感じがするかもしれない。

こうした他者の言葉の引用をめぐって、デリダとオースティンの後、言語行為論の代表格になっていたジョン・サールとの間で論争がありました。デリダは、言語行為における慣習の役割、つまり、どういう場合にどういう風に語るのかについての慣習的パターンをめぐるオースティンの議論を深読み、拡大解釈して、言語行為が他者に対して影響力を発揮するのは、社会的に一定の権威のある他者の言葉を参照・反復しているからではないか、と示唆します。それに対してサールは、デリダが参照しているのは、文学とか演劇の台詞に近い性格をもった特殊なものであって、通常の会話は、慣習による反復のメカニズムに依存する必要はない、語る主体自身の意図が発話を通して実現されると主張しました。サールがあまりにもありきたりな反応で、デリダを退けようとしたので、デリダはかなりしつこくサールの矛盾を皮肉る文章を書いています。これについては、拙著『ポストモダン・ニヒリズム』（作品社）に収めた「ハーバマスとデリダ」で論じましたので、詳しくはそちらをご覧下さい。

　ここで言語が多かれ少なかれ「指令語」としての性格を持っていることが、オースティンの言語行為論に即して説明されていますね。

　オースチンの周知の理論は、行動と言葉のあいだには、言表が、直説法によって一つの行動を記述したり、命令法によってそれを喚起したりできる、というような外的な関係だけが存在するのではないことをよく示している。一定の行為を言いながら遂行するとき（遂行 performatif つまり「誓って言う」と言いながら誓う場合）、その言葉と一定の行為とのあいだには、またさらに一般的に、言葉と人が話しながら遂行する行為（発話内行為 illoutoire、つまり私は“est-ce que”と言いながら質問し、「愛している」と言いながら約束し、命令法を用いながら命令する、等々）とのあいだには、内的な関係があるのだ。潜在的な、あるいは非言説的な前提と呼ぶことができるのは、この言葉の内部の行為、言表と行為との内在的な関係であり、これは言表をいつも他の言表や、外的行為と関係づけてしまう、つねに明示しうる仮定とは異なっている（デュクロ）。

オースティンは、言語の機能を「事実確認的 constative」なものと、「行為遂行的 performative」なものに分けて考えます。前者が、文字通り、事実を述べるだけ、つまり「情報」を伝達するだけですが、「行為遂行的」の方は、「〜と誓う」とか「〜と約束する」とか述べることで、自分と他者の関係、両者に関わる社会的現実を変化させる性質のものです。オースティンは更に、この二分法をもう少し詳しくして、言語行為を、他者に及ぼす影響の観点から、「発語行為 locutionary act ／発語内行為 illocutionary act ／発語媒介行為 perlocutionary act」の三つに区別します。「発語行為」というのは、「これはペンです」というような何の変哲もない事実確認文でも、それを誰かに向かって発することそれ自体で、少なくとも知識が共有されるという意味で、影響を与えるので、一つの「行為」と見なす、ということです。「発語内行為」は文を相手に伝えるだけでなく、「約束する」とか「誓う」とか言うことで、相手との関係を変化させる行為で、「発語媒介行為」は、「〜を取ってくれ」とか「火事だ！」とか言って、相手に何か非言語的行為をするよう促す行為です。私たちの言語には、「愛している」のように、一見発語内行為に見えながら、相手への社会的・身体的影響が含意されているものがたくさんあります。言語は常に何らかの形で、相手に影響を与えて、社会的・物理的現実を変える性格があると言えるかもしれません。オスヴァルド・デュクロ（一九三〇ー　）は、言表行為やポリフォニー（多声性）の研究で知られるフランスの言語学者です。

一六九頁で、こうした言語の他者への影響、言語の持つ力を解明する分野として、「プラグマティック pragmatique」に言及しています。言語学の領域だとすると、「語用論」と訳せますが、道徳的「実践論」を指していると取ることもできます。ハーバマス（一九二九ー　）は、人間が言葉を使用して話し合いをする時に成立するルールから社会的規範の原型が生まれてくると考え、語用論の研究を道徳法則の発展の探求へと繋げていく自らの試みを「普遍的語用論　Universalpragmatik」と呼んでいます。言語行為が、人間の相互関係に影響を与える力を持つという発想を、ハーバマスはデリダやドゥルーズ＋ガタリたちと共有していると言えますが、後者が、言語の帯びている力が、人々を巻き込みながら、既存の関係性を次第に解体し、拡散させていくと見ているのに対し、ハーバマスは、その力は、普遍的な道徳法則の形成に向かっていくと考えます。

言語学では、はっきりした法則性を発見しやすい音韻論、意味論や統語論に比べて、どういう状況で、どういう目的であるタイプの文を使用するのかといった、問題設定次第でどうにでも言えてしまいそうな問題を扱う「語用論」はあまり発展していなかったようですが、オースティンや、同じく日常言語の分析に関心を寄せるオクスフォード学派の言語哲学者ポール・グライス（一九一三ー八八）等の仕事によって、方法論が確立されたようです。言語学プロパーというより、哲学や人類学との学際的研究が盛んなこの分野に、ドゥルーズ＋ガタリは、単なる言語の用法にとどまらず、言語機械と、それ以外の機械とのリゾーム的な繋がり、力の伝播・拡散を明らかにする鍵があると見ていたのかもしれません。一七八頁で、「プラグマティックは、言語の政治学である」、と述べていますね。

一七三頁で、言表行為は、「集団的なアレンジメント agencement collectif」に関わっていると言っていますね。言表行為は単独でなされるものではないわけですね。指令語（mot d'ordre）的な意味を持つ言葉が、その言語の語り手たちの間で循環していて、各主体はその流通している言葉を使って言表し、その言表が別の聞き手＝語り手に影響して、何らかの行動へと促すわけですから、単独の言表行為はなくて、多くの人の身体や制度、慣習を巻き込んで、循環しているわけです。ただ、「機械」とは言っていないので、必ずしも、自己完結した、自律した運動を反復し続けるユニットであるとは限らず、「指令語」のやりとりを通して、ある一定の方向に変化していく可能性を秘めているだけ、ということでしょう。

一七四頁で、（指令語を含む）言表行為は、「社会の身体」に向けられる「非身体的変形 transformations incorporelles」の集合体だと述べられていますね。抽象的で分かりにくいですが、これは、言語行為によってその人の社会的なステータスが変化し、周囲の人の彼に対する態度も変化するということでしょう。「容疑者 un accusé」を「被告 condamné」にする裁判官の判決を例にしたデュクロの議論を参照していますが、これは分かりやすいですね。裁判官の言葉は直接的に、容疑者の身体を変形させるわけではないですが、彼の身体をめぐる、その社会の法的状態を変化させ、刑務官など特定の地位にある人たちの彼に対する扱いを変更させます。

> 身体には、年齢、成熟、老化がある。しかし、過大評価、定年退職、あれこれの年齢の区分は、しかじかの社会において、瞬時に身体のものとなる非身体的変形なのである。「おまえはもう子供じゃないんだよ」。この言表は、たとえ身体について言われ、その行動と受動に干渉するにしても、やはり非身体的変形に関するものである。

これは分かりやすいですね。私たちの身体には確かに日々物質的に変化していますが、いつまで子供、いつから青年、いつから中年、いつから老人と決まっているわけではありません。周りからどのように呼ばれるか、法律やその会社のルールでどうなっているかで決まっています。単に言葉の上でそうなっているだけではなく、それに伴って周囲の人たちからの扱われ方、法的な行為能力が変化し、本人もそれを自覚して異なった振る舞いをするようになるでしょう。

> 非身体的変形とは、その瞬時性、直接性、それを表現する言表と、この変化が産み出す作用との同時性によって確かめられる。このため、指令語は、時、分、秒まで正確に日付をもち、日付を得るのと同時に効果を発する。

ここで「指令語」と言われているのは、これまで問題にしてきた「指令語」一般ではなく、日付がはっきり付くような「指令語」のことでしょう、法律や組織のルール、約款、通過儀礼のようなものであれば、ちゃんと日付が付きます。この本の各プラトーに日付らしきものが付いているのは、こういう理論的な背景があったからですね。歴史的な出来事というのは、そうした日付を持った言表によって作り出されるわけですね。この文脈でドイツのデノミの話が出てきます。

> 〈歴史〉は日付なしには存在しない。一つの集団的プロセスにおけるこれらの決定的行為の存在と瞬時性を最もよく示すのは、おそらく経済学、あるいは財政分析であろう（言表が決してイデオロギーの一部をなすことなく、下部構造と見なされる領域ですでに機能するのはそのためである）。一九一八年以降の、ドイツにおける急速なインフレは、貨幣の身体や、他のいろいろな身体を襲った一つのプロセスである。しかし「諸状況」の集合は、理論的には土

地の身体や、具体的な資産に帰することもできるが、やはり純粋な行為、または、非身体的変形であるような記号的変化を一気に可能にしたのである――一九二三年十一月二〇日……。

政治や法と違って、市場に関係する各種の統計的変化を通して把握される経済は、多くの人が関わる一連の行為の帰結として変化するので、日付が付きにくそうな感じがしますが、貨幣制度に注目すると、財政当局あるいは中央銀行が貨幣の単位を変更すると、その瞬間から、一般人の行動も強制的に変化させられます。各人の手持ちのお金の価値が変化するのだから、法律やルールの場合、変更されても、各人がそれに直接関係する行動を取らない限り、ただちに影響を受けることはありません。殺人罪とか、危険運転致死罪の規定が変わっても、普通の人の行動はただちには影響を受けません。

一七八～一八〇頁にかけて、ナチスの指令語や、「万国のプロレタリアートは団結せよ」「すべての権力をソビエトへ」等のマルクス＝レーニン主義の指令語が掲げられています。「すべての権力をソビエトへ」によって実際に、党指導部への権力集中という事態を生み出します。

一八〇～一八一頁にかけて、この議論をもう一度抽象化して、「私」という存在自体が、「指令語」を含んだ「間接話法」によって構成される、ということが示唆されています。

――直接話法は、一つの集合から切り離された断片であり、集団的アレンジメントの分割から生まれる。しかし、集団的アレンジメントはいつも、そこから私が私の固有名詞をくみとるざわめきであり、私が私の声を引き出す声の集合、一致することもあれば、一致しないこともある声の集合なのだ。［…］書くこと、それはこの無意識のアレンジメントを明るみに出し、ささやく声を選び取り、部族や秘密の声を呼び寄せることだ。そういったものから、私は私と呼ばれる何かを抽出しているだけだ。〈私〉とは、一つの指令語である。

最初に〈私〉という個人があり、〈私〉と他者の違いを明確にする直接話法があったのではなく、いろんな種類の記号から成る「集団的アレンジメント」があり、そこから、集団の中の役割や立場に応じて、〈私〉が切り出されてくる。切り出されてきた後も、当然、「集団的アレンジメント」から独立しているわけではなく、常にいろんな指令語を受け取っているわけです。

「II　どんな『外的』要素にも依存しない言語的抽象機械が存在するであろう」

一八三頁のIIの小見出しは、「どんな『外的』要素にも依存しない言語的抽象機械が存在するであろう」となっています。これまでの議論の流れから分かるように、彼らは「言語的抽象機械」が単独で存在する、という考え方を批判したいわけです。

最初に、ストア派に言及しています。ストア派が、身体的行為と非身体的行為を区別したうえで、後者だけで「表現の形式」が成立するという前提で、独自の言語哲学を展開し、逆説的な帰結を導き出したからです。

ドゥルーズたちは、言表における「表現の形式」も身体から生じるというところから出発します。意味の社会的地平では多様な要素が絡み合っているのに、無理に「身体的変容の集合 l'ensemble des modifications corporelles」と「非身体的変形の集合 l'ensemble des transformations incorporelles」を分けて考えようとすることから、「内容」と「表現」の区分が絶対視される、ということが述べられていますね。ここでもまた、イェルムスレウの議論と繋がってきましたね。「身体的変容」というのが自分の身体を使った行動や身体の内で起こる情動の変化で、これが「内容」と見なされ、「非身体的変形」というのは、身体的なものを直接伴わない、言葉による表象で、それが「表現」になるわけです。

ここでまた先ほどの政治的・日付の話が出てきて、こうした区別が恣意的なものであることが示唆されます。

一九一七年七月四日、八月四日夜、一九二三年十一月二〇日。諸身体に帰属し、それらに介入するどのような非身体的変形が、表現されているのだろうか。表現の形式と内容の形式の独立性は、二つのあいだにいかなる並行関係も、一方の他方による表象も成立させることはないが、逆に、二つのものの細分化を、表現が内容に挿入され、一つの特徴から、他の特徴へと人がたえまなく跳躍し、記号が物自身に働きかけると同時に、物が記号を通じて拡張し、展開していく仕方を確立するのだ。

レーニン

一九一七年七月四日は、ロシアで臨時政府と、ソビエトの対立が激化して、ソビエト側が先ほどの「すべての権力をソビエトへ」という宣言を出して、全権掌握を目指したわけです。ロシアの二月革命では、労働者、農民、軍人の「評議会」という意味の〈Совет〉が各地で結成され、権力を掌握しますが、中央ではそれとは別に貴族出身のリヴォフ（一八六一―一九二五）を首相とし、カデット（立憲民主党）、自由主義者等から成る臨時政府が成立しました。その後、社会革命党のケレンスキー（一八八一―一九七〇）を首相とし、カデットや、「メンシェビキ（少数派）」と呼ばれる社会民主党の右派などが参加する臨時政府が成立しますが、この政府と、レーニン（一八七〇―一九二四）など「ボリシェビキ」が主導権を握る「ソビエト」との間で対立が高まり、「ソビエト」側が全権掌握を宣言したわけです。「ボリシェビキ」とは、社会民主党の「多数派」

ということです。衝突の結果、ソビエト側が破れて、レーニンたちは国外に逃れますが、十月革命では、ソビエト側の電撃作戦が成功して、ソ連が成立します。ただ、「ソビエト（評議会）」といっても、実体は、ボリシェビキ党による一党支配体制だったわけです。まさに、現実的な人々の身体の動きと、宣言という形の言語行為が密接に連結していたわけです。

問題は「八月四日」です。一九一七年の八月四日にはこれといった目立ったイベントはありません。実は原文では、最初に「八月四日」という月日だけあって、それに一九一七年七月四日が続きます。訳者は、一九一七年の「八月四日」だと解釈して、「七月四日」の後にしたのでしょうが、これが一九一四年の「八月四日」だとすると、英国がドイツに対して宣戦布告した日です。夜一一時にこの布告が発効しているので、辻褄が合います。

> 一九二三年十一月二〇日頃のドイツでは、貨幣の身体の脱領土化的なインフレが起こるのだが、ライヒスマルクからレンテンマルクへの記号的変形が起きてこれを引き継ぎ、再領土化を可能にする。

「ライヒ Reich」というのは「帝国」という意味ですが、ワイマール共和国の通貨は「ライヒスマルク Reichsmark」と呼ばれました。戦後のハイパーインフレで従来の「マルク」の価値が暴落し、経済が混乱しました。一九一四年にマルクと金の交換を停止していたので、マルクの価値を安定させることは難しかったのですが、中央銀行の総裁に就任したシャハト（一八七七－一九七〇）は、地代請求権を担保とするレンテンマルクを発行するレンテ・バンクを創設し、レンテンマルクを政府への支払いの代金とすることができるようにしました。レンテンマルクは正式の通貨ではなく、その発行高と、レンテ銀行の国債引き受け高は制限されていましたが、これが安定した価値で流通したことで、ドイツはひとまずハイパーインフレの危機を脱することができました。「脱領土化」というのは、マルクのドイツ国内での通用力が弱まること、再領土化は、再び強くなって、ドイツの地をしっかり支配するようになった、ということでしょう。政府や中央銀行の指令語を含んだ宣言によって、人々の振る舞いが変化し、それによって、マルクの通貨としての状態が大きく変化したわけです。

こうしたことを踏まえて、改めて「アレンジメント」とは何か説明されています。ただ、これは生物学的なものや鉱物的なものではなく、社会的な「アレンジメント」限定の話でしょう。

> 第一の水平的な軸にしたがえば、一つのアレンジメントは二つの切片を含む。内容の切片と表現の切片である。一方でそれは、身体の行動、受動の機械状アレンジメントであり、たがいに作用しあう身体の混合である。他方ではそれは、言表行為の、つまり行為と言表の集団的アレンジメントであり、身体に向けられる非身体的変形である。しかし、方向づけられた垂直の軸にしたがえば、アレンジメントは

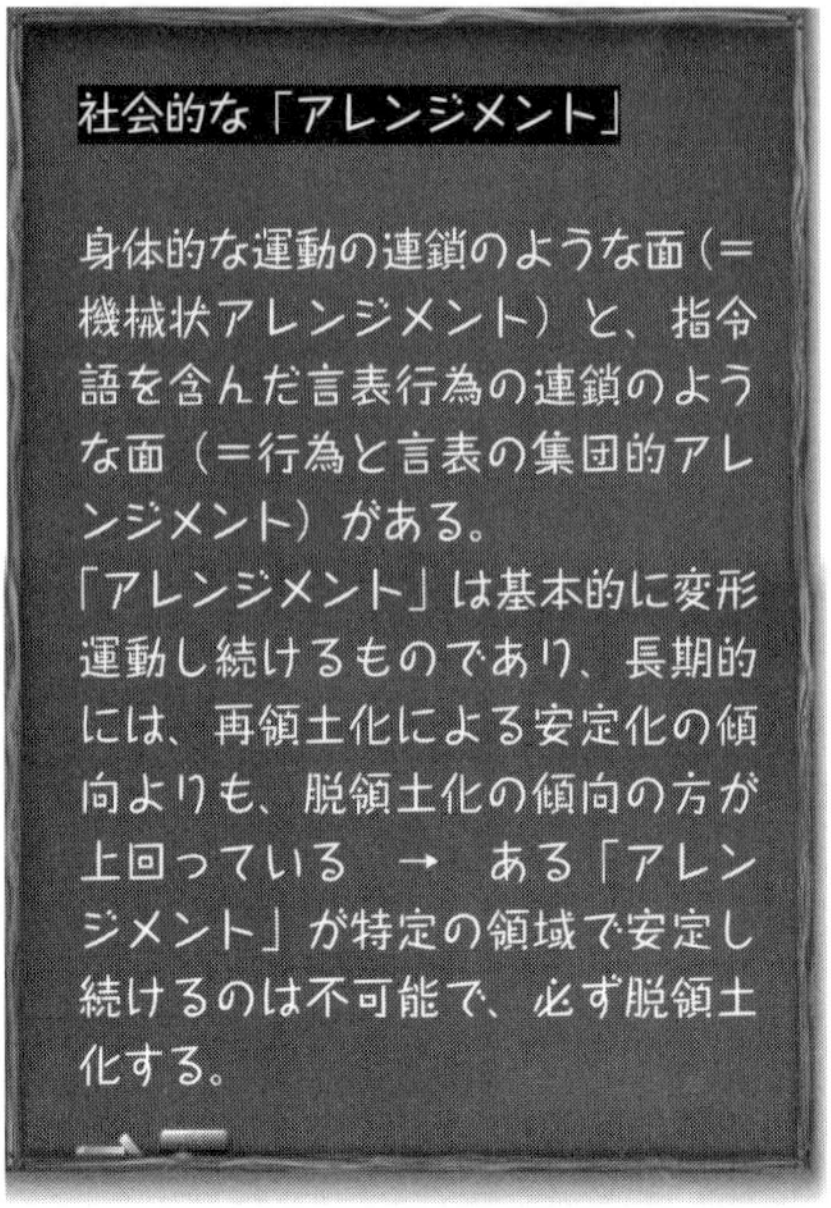
社会的な「アレンジメント」
身体的な運動の連鎖のような面（＝機械状アレンジメント）と、指令語を含んだ言表行為の連鎖のような面（＝行為と言表の集団的アレンジメント）がある。
「アレンジメント」は基本的に変形運動し続けるものであり、長期的には、再領土化による安定化の傾向よりも、脱領土化の傾向の方が上回っている → ある「アレンジメント」が特定の領域で安定し続けるのは不可能で、必ず脱領土化する。

一方では、これを静止させる領土的または再領土化された側面をもち、他方ではそれを上回る脱領土化の先端をもっているのだ。

社会的な「アレンジメント」が、身体的な運動の連鎖のような面（＝機械状アレンジメント）と、指令語を含んだ言表行為の連鎖のような面（＝行為と言表の集団的アレンジメント）があるのはこれまでの話から十分想像が付きますが、ここで興味深いのは、「アレンジメント」は基本的に変形運動し続けるものであり、長期的には、再領土化による安定化の傾向よりも、脱領土化の傾向の方が上回っている、ということです。どんなに頑張っても、ある「アレンジメント」が特定の領域で安定し続けるのは不可能で、必ず脱領土化するわけです。

カフカは誰よりもよくこうしたアレンジメントの複数の軸を抽出し、いっしょに機能させることができた。まず、船－機械、ホテル－機械、サーカス－機械、城－機械、法廷－機械、といったそれぞれの機械が、その部品、歯車、その工程、混合され、接合され、取り外されるその諸身体とともにある（例えば、屋根を破る頭）。それから、記号あるいは言表行為の体制があり、それぞれの体制が、その非身体的変形、その行為、その死刑宣告、判決、訴訟、その「権利」とともにある。

ここで挙げられている「機械」は、カフカの作品で様々な奇妙な出来事が起こる場、ユニットです。「城－機械 la machine-château」は『城 Das Schloss』に、「法廷－機械 la machine-tribunal」は『審判 Der Process』に対応しているのでしょう。「船－機械 la machine-bateau」「ホテル－機械」la machine-hôtel「サーカス－機械 la machine-cirque」は、『失跡者 Der Verschollene』（一九二七）あるいは『アメリカ Amerika』と呼ばれる未完の作品で、主人公の運命が大きく転換する三つの場に対応していると考えられます。「機械」の部品や歯車に対応するのは、そうした場に出入りする奇妙な人物たちの身体でしょう。彼らの身体が相互に「接合 emboiter」されたり、「機械」本体から「取り外 déboiter」されることで、「機械」も変化するわけです。「屋根を破る頭 la tête qui crève le toit」というのは、大学生時代のカフカが友人である歴史家オスカー・ポラック（一八八三―一九一五）に宛てた手紙の中で語った、創作寓話の人物の描写です。原文では、「その大きな角ばった頭蓋骨で、真っすぐ屋根を貫いた mit seinem großen eckigen Schädel geradewegs durch die Decke fuhr」となっています。恥ずかしがりで、路地裏の小さい家に引き籠もっていたけれど、あまりにも小さい家なので、椅子から立ち上がると、頭が突き抜けた、というわけです。「死刑宣告」や「判決」「訴訟」は主として、『審判』の中で頻繁に出てくる言表行為ですが、作品中の、登場人物の奇妙な行動が重なることで、彼らが属している「機械」の制度的・物質的在り方も影響を受けるわけです。

アレンジメントの四価性。例えば封建的アレンジメント。封建性を定義する身体の混合を考えてみよう。大地の身体と社会体、封建君主、臣下、農奴の身体、騎士の身体、馬の身体、それらが、身体の緊密な結合を保証するあぶみ、武器、道具などとともに確立する新しい関係、これらは一つの機械状アレンジメントの全体である。また言表、表現、紋章の法的体制、一連の非身体的変形、とりわけその変数とともにある誓約、隷属の契約、また愛の契約など。これらは言表行為の集団的アレンジメントである。そして、他の軸にしたがうなら、騎士とその馬をさらってしまう脱領土化線と同時に、封建的な領土性と再領土化、言表と行為
―とがある。

「四価性 tétravalence」についての説明がないので唐突ですが、話の流れからすると、「機械状アレンジメント／言表行為の集団的アレンジメント」×「脱領土化／領土性―再領土化」ということでしょう。封建制の場合は、「機械状アレンジメント」が君主、臣下、農奴、家畜の身体や各種の道具など、物質的なものの連なりで、「言表の集団的アレンジメント」が言表それ自体プラス、紋章とか儀礼に使う各種の表象など記号的なものの連なりで、両者が不可分に結合しているわけである。少し意外なのは、領主による領土化の道具になりそうな騎士が脱領土化線の方に位置付けられていることですが、これは小領主としての騎士の気質の問題ではなくて、騎士を使った広範囲にわたる軍事活動、例えば十字軍によって領土的秩序が解体していく、というような作用を言っているのでしょう。どちらかというと、もう少し後のプラトーで出てくる「戦争機械」のイメージで言っているのでしょう。

「III　言語を等質的体系として定義することを許す、言語の定数や普遍的特性が存在するだろう」

三つ目の小見出しは、「言語を等質的体系として定義することを許す、言語の定数や普遍的特性が存在するだろう」となっていますね。無論、そういう普遍的特性が存在するという前提を批判しているわけです。

一九六～一九七頁にかけてチョムスキーの議論を批判していますね。一九五頁を見ると、「言語能力 compétence linguistique」の普遍性という問題に手をつけていますね。言語学者たちは、言語を操る人間の「能力」は普遍的だけど、それが実際に使われる場面、「遂行 performance」においては多様性があることを認めるわけですが、ドゥルーズたちは、そうやって「能力」と「遂行」をきれいに分けてしまうことには反対のようです。

> もし能力と遂行の区別はまったく相対的なものだ、とわれわれが反論すれば、――言語能力は、経済的、宗教的、政治的、美学的……などでありえ、教師の教授能力は、監査官の審査や大臣の発する規則とのかかわりで一つの遂行であるにすぎないからである――言語学者は、能力のレベルを多様化し、体系の中にプラグマティックな価値を導入する用意もあると答えるだろう。ブレックルはこうして、言語学的、心理学的、あるいは社会学的要素の総体と結びついた「個人に特有の遂行能力」という要素を付け加えることを提唱する。しかし、このプラグマティックの導入も、それが固有の定数や普遍的特性をもつものと見なされるなら、いったい何になるだろう。

言語学者とドゥルーズたちの立場の違いは分かりますね。後者が、言語を理解する能力も、教える能力も、いろんな他の能力と不可分に結び付いていて、これが純粋な言語能力だと言えるようなものは抽出できないという立場を取っているのに対し、言語学者は、心理学とか社会学のような〝他分野〟の要素を持ってきて、各「個人に特有の遂行能力 compétence performan-tielle idio-syncrasique」は多様だと認める、しかし、暗に言語能力の真の本質のようなものを想定していて、そこは譲らないように見える。しかも、その〝心理学〟とか〝社会学〟の要素も、それぞれの領域での研究に基づいて、普遍化できるかのように想定している。そういう風に、「プラグマティック（語用＝実践論）」を用いても、ドゥルーズ＋ガタリ的には何にもならない。無論、言語学者にとっては、そうやって他分野の成果を取り込んで、今まではっきり解明できなかった「遂行能力」について論ずることができるようになるのは、重要なことなのでしょうが。ブレックルというのは、ヘルベルト・エルンスト・ブレークル（一九三五－二〇一八）というドイツの言語学者・活字職人で、ここでの議論では、彼の『意味論』（一九七二）を参照しているようです。

予想通りというか、やはりチョムスキーの名前も出てきますね。

> 同様にチョムスキー的樹木を栽培し、線形的な秩序を破壊しようとしてみても、決裂をしるすプラグマティックな要素が樹木の頂におかれたり、あるいは派生の際に消されたりするかぎり、実は何も勝ち取ったことにはならないし、リゾームを作り上げたとはいえない。

チョムスキーは、言語には深層における普遍的構造があるという立場を取っていますね。ドゥルーズ＋ガタリの言わんとしていることは分かりますね。チョムスキーが想定してるような、普遍的性格を備えたツリー的な構造を中核に置きながら、先っちょの枝葉のところでだけ、語用論という要素を持ち込んでも仕方ないということですね。注を見ると、ドゥルーズたちがここで念頭に置いているのは、チョムスキー自身ではなく、ディーター・ヴンダリッヒ（一九三七―　）というドイツ語の言語学者です。

ただ、これにすぐ続く箇所で、階層ごとの言語の性格を調べる研究の意義についてのチョムスキーの見解を、アメリカの各種の方言研究をしたウィリアム・ラボヴ（一九二七―　）のそれと対比していますね。

> どんな言語も本質的に非等質的な、混合した現実であること、言語学者はそのことをわきまえており、それを口にする。しかし、それは事実として指摘しているだけのことだ。チョムスキーはただ、人はこの集合の中に、理論上、科学的研究を可能にする抽象化と理想化の条件として等質的または標準的な体系を切り取るのだ、と主張する。だからといってスタンダードな英語だけにこだわろうというわけではない。なぜなら、たとえブラック・イングリッシュあるいはゲットーの英語を研究しても、言語学者は研究対象の恒常性と等質性を保証する標準的体系を抽出するという義務を見出すであろう（どんな科学もこれ以外の方法では達成されないだろうというわけだ）。

少し持って回っていますが、ポイントははっきりしていますね。科学的な言語学は言語に関する多様な事実があることを認めるけど、それらの事実から、「恒常性 la constance」と「等質性 l'homogénéité」を保証する「標準的体系 un système standard」を導き出す、出せることが前提になっているわけです。多様な事実から、多元的な性質が明らかになるかもしれない、とは考えないわけです。

> だからチョムスキーは、ラボヴが言語の可変的特徴への関心を主張するとき、ラボヴはこうして言語学の外にある事実のプラグマティックに身をおいているのだと信ずるふりをする。しかし、ラボヴは別の望みをもっているのだ。内的変化の線を抽出しながら、彼は単に、発音、スタイル、定常的でない特徴などにかかわって、体系の外にあり体系の等質性の存在を許している「自由な変数」をそこに見ているばかりではない。またそれぞれがそれ自体では等質的な二つの体系のあいだで事実上の混合が起き、話者はあたかも一つの体系から他の体系に移動していくようにすることを見ているのでもない。彼は言語学がそこにいすわろうとした二者択一を拒否するのだ。変数を異なる体系に所属させるか、またはそれらを構造の内部に逆戻りさせるか、という二者択一である。音楽家たちが「主題はヴァリエーションである。」というのと同じ意味で、変化そのものが

> 体系的なのだ。ラボヴは、変化の中に、それぞれの体系に内側から働きかけ、この体系が内に閉じこもったり、原理上等質的になったりすることを禁じ、その固有の動力で体系を逃走させ、爆破するような理論上の構成要素を見るのだ。

ここも分かりますね。チョムスキーが「プラグマティック」をあくまでも、言語学外の事実を扱うものと見ているのに対し、ラボヴは、「プラグマティック」は確かに、通常の言語学が想定する体系とは違う体系に属するように見えるが、両者はそれぞれ自己完結しているわけではなく、相互に影響し合っていて、体系間の境界線が突破される可能性がある、と考えているわけです。ラボヴは、言わば、文字通りの〝変形生成文法〟をイメージしていたのかもしれません。

二〇二～二〇四頁にかけて、ルソー（一七一二－七八）の言語起源論などを参照しながら、言語の音楽性という問題、〝言語外〟の要素とのリゾーム的な繋がりが論じられています。ルソーは、音楽家としても知られていて、童謡の「結んで開いて」は彼の作曲したオペラの一節から取られたものです。没後刊行された『言語起源論』（一七八一）でルソーは、言語の始まりは音楽の始まりであるとして、言語と音楽が根源的に不可分であるという説を展開しています。

二〇五頁で、文学的な「スタイル style」の問題に言及し、言語学的な問題が、一見言語それ自体とは関係なさそうな要素と共鳴しているという例として、何人かの特異な文化的な背景をもった作家を挙げています。

> スタイルは個人的、心理的な創造ではなく、言表行為のアレンジメントであって、それが言語の中に一つの言語を作り出すことを阻止することはできないのだ。われわれが愛する作家たちの気紛れなリストを作ってみよう。われわれはカフカ、ベケット、ゲラシム・ルカ、ジャン＝リュック・ゴダールを繰り返し引用する。彼らが、多かれ少なかれ、ある種の二国語併用の状況にあったことに気づく。チェコのユダヤ人であるカフカはドイツ語で書き、アイルランド人ベケットは英語とフランス語の両方で書き、ルカはルーマニア出身、ゴダールはスイス人たろうとする。［…］われわれはまた、彼らのうちの多くは単に作家ではないこと、あるいは彼らがまず作家であることに注目する（ベケットと演劇あるいはテレビ、ゴダールと映画・テレビ、ルカと彼の視聴覚装置）。

純粋に個人的な「スタイル」というものはないので、何らかの形で「言表行為のアレンジメント」に由来するというのは納得できますね。ドゥルーズたちは特に、二言語併用と、分野横断的活動に注目しているわけです。カフカの父親はチェコ語を話すユダヤ人で、生涯ドイツ語に不自由していたのに対し、母親はドイツ化したユダヤ人の家系で、彼自身はドイツ語で学校教育を受けました。サミュエル・ベケット（一九〇六－八九）

は、フランスからアイルランドに移民してきた家系の出で、主にフランスで活動し、有名な戯曲『ゴドーを待ちながら』（一九五二）など、主要な作品はフランス語で書かれていますね。ゲラシム・ルカ（一九一三－九四）は、ルーマニア生まれのシュルレアリスム系の詩人です。アシュケナージム（東方系）のユダヤ人で、イディッシュとルーマニア語の他、学校教育等でドイツ語やフランス語も習得しています。最初はルーマニア語で詩を書いていますが、後にフランス語で書くようになります。彼は、ある人物が見たイメージを正方形に切り取ったものを並べていく、キュボマニア（cubomania）という芸術の形態を考案したことでも知られています。ゴダール（一九三〇－二〇二二）は、よく知られているように、フランスの映画監督で、ヌーヴェル・ヴァーグと呼ばれる新しい潮流の旗手ですが、ドゥルーズたちは彼がフランス生まれだけど、スイス人でもあることに注意を促しているわけですね。

> プルーストは言っていた。「傑作はある種の外国語で書かれる。」それはどもることと同じなのだが、単にパロールにおいてどもるばかりではなく、言語活動《ランガージュ》においてどもることによってである。外国人であること、しかし、単に自国語ではない言語を話す誰かのようにではなく、自分自身の言語においてどもること。二国語あるいは多国語を用いるものであること、しかも地方語、あるいは方言とは関係なく、唯一の同じ国語において。

ここも分かりやすいですね。「どもる bégayer」というのは、当然、狭い意味での「どもる」こと、しゃべる時に出にくい音があってそこで何度かつっかえるということだけでなく、一見言語学外と見えるところで生じる、音声とか身振りの変則的な運動、発話に伴う力の変異など、言語学の〝体系〟を変容させる可能性がある要素ということでしょう。「スタイル」は、そういう〝言語〟自体のリズムを乱してしまうものを含んでいるのでしょう。二〇八頁では、E・E・カミングス（一八九四－一九六二）というアメリカの詩人の〈he danced he did〉とか〈they went their came〉といった、非文法的な表現に関して、文法自体にこうした変化を引き起こす要因が潜在しているのではなく、むしろ、「非定型的な表現 l'expression atypique」、普通の英語にはない言葉の組み合わせや音韻を使っていることによって、文法が変形せざるを得なくなった、という見方が示されています。

「Ⅳ　言語は主要な、あるいはスタンダードな言語という条件においてしか、科学的に研究されないだろう」

二一〇頁に、「Ⅳ　言語は主要な、あるいはスタンダードな言語という条件においてしか、科学的に研究されないだろう」という最後の小見出しが出ていますね。先ほどのⅢと似ていますが、ここでのポイントは、仮に言語学外の要素が言語を変化させるとしても、それを科学的に探究することなどできないだろう、言語の全てを把握できないとしても、やはり科学としての言語学に頼らざるを得ないではないか、という予想される反論への、ドゥルーズ＋ガタリなりの答え、というところでしょう。

二一二頁で、「メジャー言語 une langue majeure」と「マイナー言語 une langue mineure」を、話し手の人数の大小ではなく、それぞれ「定数の権力 le pouvoir des constantes」と、「変化の能力 la puissance de la variation」として定義していますね。つまり、日本語とか英語とかドイツ語といった国や民族の名前が付いているような、文法的に安定した言語の体系と、変化するポテンシャルが高い、不安定化要因の多い言語という分け方なのでしょう。後者は多くの場合、国民国家の中で多数派に取り囲まれている少数民族とか、アメリカの黒人のように人数はそれなりにいても、文化的ルーツをはっきり共有しておらず、存在自体が不安定な集団ということになるのでしょう。

> 例えば、カナダのケベック語は単に標準的なフランス語との関係で評価されるだけではなく、メジャーな英語との関係でも評価され、これからあらゆる種類の音声的、構文的要素を借りて変化させているのだ。バントゥー族の方言は、単に母語だけではなくメジャー言語としてのアフリカーンス語や、黒人たちによって好まれている反メジャー言語としての英語との関連で評価されなければならない。要するに、マイナー言語の概念を明らかにするのは方言の概念ではなく、逆にマイナー言語の方こそ、その固有の変化可能性によって方言を定義するのだ。

かわったことを言っているようにも見えますが、考えてみると当然ですね。ケベック語は、フランス語の方言で、フランス語の影響を受けているというだけでなく、カナダで話されている英語と影響を与え合っているわけです。南アフリカのバントゥー系の民族は、様々な言語を話していて、そのいくつかは国外のバントゥー系の民族の言語と共通していますが、そうした言語学的系統だけでなく、南アフリカのメジャー言語であるアフリカーンスや対抗メジャー言語である英語とも影響を与え合っているはずだ、というわけです。アフリカーンス語自体、オランダ語が英語や現地の人たちの言語と影響を与え合うなかで、生まれた言語ですね。「マイナー言語の概念を明らかにする（éclairer）のは方言（dialecte）の概念ではなく、逆にマイナー言語の方こそ、その固有の変化可能性によって方言を定義する（définir）のだ」というのが哲学っぽくて、ピンと来にくいのですが、文化の中央から離れるに従って、「方言」が「標準語」から少しずつズレていくという従来のありがちな発想では、自他共に変化させ続ける「マイナー言語」が説明できず、むしろ「マイナー言語」の「変化」のポテンシャルによって「方言」が生じる仕組みを解明すべきだと言っているわけです。

他の言語に圧倒的な影響を与える帝国的な言語を「メジャー言語」、その支配を受けるのを「マイナー言語」と呼ぶのかというと、そうではないようです。方言、ゲットーの言語、マイナー言語も、「そこから等質的なシステムを取り出し、定数を抽出しようとする処理の制約を免れることができない」、というチョムスキーの言い分は認めているようです。黒人の英語に文法的規則性を見出すことは可能だし、フランス語は世界の多数派言語としての地位を失っても、「定常性」「等質性」「中心性」を失っていないし、アフリカーンス語は、政治的に英語に押されてマイナー言語の地位に追いやられている間に「等質性」を獲得したということですね。その逆に、「ある言語がメジャーな言語の性格をもち、あるいはこのような性格を獲得すればするほど、その言語はそれ自身を『マイナー』にもたらす連続変化によって作用される」、ということですね。「それ自身を『マイナー』にもたらす」というのが分かりにくいですが、原文では、〈qui la transpose en《mineur》〉となっていて、〈transposer〉という動詞は、「移し替える」という意味です。この表現を分かりやすく言い換えると、「メジャー言語」を「マイナーの側」に移す、ということになるでしょう。つまり、「メジャー言語」がメジャーになればなるほど、次第にその内から、標準的な言語活動に収まらない変化が生じてきて、その意味で「マイナー」化するわけです。従って、二一五頁の後ろの方で述べられているように、二種類の言語があるのではなく、「メジャー」と「マイナー」は言語の生成の二つの傾向のような感じですね。属領化＝モル化の運動が進んでいくと、どこかで脱属領化＝分子化の方が優勢になる、というパターンですね。

> ゲール語や英アイルランド語が英語を変化させる仕方。黒人英語や数々の「ゲットー」が、米語を変化させ、ニューヨークがほとんど国語のない都市になってしまう仕方（そのうえ、英語と違って米語は、少数派のこのような言語的活動なしには成立しなかった）。あるいはかつてのオーストリア帝国における言語の状況。ドイツ語は、それをドイツ人のドイツ語に対してマイナー言語にしてしまう処理を少数派からこうむることなしには、少数派に対するメジャー言語ではありえないのだ。

これは語学好きの人はよく聞く話だと思います。アメリカ英語が、イギリス英語からあれだけ乖離し、方言なのか外国語由来なのかよく分からない、いろんなくせのあるアクセントや変わった単語があるのは、〝内部〟で——どこまでが〝内部〟なのか自体がはっきりしませんが——マイナー化が進行しているからだと考える人は少なくないでしょう。二一七頁で、チェコのユダヤ人としてドイツ語で書いたカフカは、ドイツ語に「マイナー言語」としての「創造的処理 un traitement créateur」を被らせた、ということが述べられていますね。当時のベルリンやウィーンでは、ドイツ語はどこまで行ってもメジャー言語で、なかなかマイナー化しにくかったけれど、チェコ語の方が多数派の地域で、しかもユダヤ人としてドイツ語で書くことで、「マイナー化」の効果を出した、というわけです。

二一九頁で、「少数派〔マイノリティ〕」の概念は、音楽、文学、言語、法律、政治などにかかわる実に複雑な概念である」（二一九頁）と述べて、話を拡大しています。これまでの議論から分かるように、「多数派」は標準となる「定数」を伴っているのを特徴とするのに対し、「少数の方は万人の生成変化であり、モデルからずれてしまうかぎり、潜在的な生成変化なのだ」ということですね。

> われわれは、マイナー言語と、メジャー言語と、メジャー言語がマイナーに生成変化することを区別しなければならないのだ。もちろん少数派は、客観的に定義可能な状態、ゲットー的な領土性をもった言語、民族、性の状態である。しかしそれはまた、制御できない運動や、平均的なものや多数派の脱領土化をもたらすことによってのみ価値をもつ生成変化の胚種や結晶と考えられる。［…］少数派の意識の普遍的な形態が万人の生成変化として存在する。この生成変化が創造なのだ。それは多数派にたどりつくことによって実現されるのではない。この形態は、まさに、過剰や誤謬によって多数派の尺度の代表的な閾〔しきい〕を逸脱し続ける振幅としての連続変化である。少数派の普遍的意識の形態を構築することによって、われわれは〈権力〉や〈支配〉の領域とは別の領域にある生成変化の力に注目しているのだ。［…］意識の普遍的形態としての少数派への生成変化は、自立《オトノミー》と呼ぶことができる。人が革命的になるのは、決して、方言としてマイナー言語を使用することによってでも、地方主義やゲットーを作り出すことによってでもない。特定の、自立した、意想外な生成変化を発明するには、多くの少数派の要素を使用し、それらを連結し、接合しなければならない。

ここには、ドゥルーズ＋ガタリの政治的メッセージが込められていると思います。少し、用語上の不統一があるようにも思えますが、領土がゲットー化、つまり囲い込まれていて窮屈になっている言語という意味での「マイナー言語」であること自体が重要なのではなく、「生成変化 devenir」による「創造」が生じる素地になっていることが重要なわけです。ドゥルーズたちがこの文章を書いている一九七〇年代には、六八年革命の影響等から、〝少数派の解放〟、〝少数派の多数派に対する闘争〟〝少数派である権利〟といったことが強調され、〝多数派〟から少しでも権力を奪い取るべきことが、革命的闘争の目標とされましたが、ドゥルーズたちは、「多数派／少数派」双方に生成変化が起こって、これまでの領土に囚われない、新しいアイデンティティ、属性、生活形態が生み出されるということが重要なのでしょう。

二二二～二二六頁にかけて、「メジャー言語／マイナー言語」の関係を論じるには、言語の基本的な性格を決定している、「メタ言語 métalangage」としての「指令語」に遡って考える必要があることが主張されていますね。最初にかなりざっくりした言い方ですが、「指令語」には、「死刑宣告 sentence de mort」と、「逃走の知らせ un message de fuite」という二つの調子があると述べていますね。「死刑宣告」といっても、実際に、すぐに死へと至らしめられる命令はさほどないでしょうが、戦場のような場での命令は死に繋がることが少なくないし、日常でも、命令を絶対的に遂行しようとするとかなり危険な目に遭うことがありますね。教室で眠り込んでテコでも起きようとしない学生を、何としてでも起こせという指令を受けた教職員とか（笑）。ドゥルーズたちは、「死」という言葉をかなり抽象的な意味で使っているようです。

> それ自体としては、死は行動でも受動でもなく、純粋な行為、言表行為が言表に結びつける純粋な変形、判決である。この男は死んだ……きみが指令語を受け取るとき、きみはすでに死んでいる……死は実際にいたるところで、身体同士を分離し、それらの形態とそれらの状態を分離する、あの越えがたい理念的な境界のようであり、そして主体が形式や状態を変えるためにどうしても通過しなければならない、秘儀伝授的、象徴的でさえある条件のようである。

この言い方からすると、人々の身体相互の影響の自然な連鎖があって、指令の言葉はその繋がりを断ち切ってしまい、当該の身体の社会的ステータスを変えてしまうようですね。他者の身体と感情的、体感的に繋がっていても、それと関係なく、その人の身体は命令に従わせられる。ホラー映画やアニメによくある、身体が霊の憑依によって完全に乗っ取られる状態、もう少しアニメっぽく言うと、生体か死体かにかかわらず、ボディ・スナッチされている状態、あるいは、アンドロイドの人格を制御するプログラムが上書きされて、新しいコマンドが実行される、という感じでしょう。そうやって身体が急に支配されることを、「死」と捉えているわけです。ラカンだと、父の「否 non ＝名 nom」を受け入れることによる象徴的去勢、ロゴスの領域である「象徴界」への挿入と言うところでしょうが、ドゥルーズ＋ガタリは、「象徴界」のような形で、言語の機能を一義的に規定して、しかもそれを「主体」や「自己」の生成と結び付ける発想とは一線を画したいのでしょう。「逃走の知らせ」については、あまり詳しく説明していませんが、二二五〜二二六頁にかけて、「それは死を消滅させるのではなく、死を減少させ、死それ自体を一つの変化とする唯一の仕方である」と述べられていますね。宣告された「死」に囚われないよう、身体が一つの命令に支配されることのないよう、逃げ続けるという感じですね。これは、フロイトの言う、ストレスの多いこの世での生を逃れて、誕生以前の状態へと回帰しようとする、「タナトス（死への欲動）」と、この世で快楽を得ようとする「エロス」の対立を連想させますが、これもやはり、命のある間は、「自我」あるいは「主体」が単一的な実体として持続しているという話になってしまうので、ドゥルーズ＋ガタリとしては受け入れがたいので、単一の〝主体〟を想定しない、

「マイナー」化していく「逃走」というイメージで、描き直したかったのでしょう。

二二六頁で「メジャー科学 sciences majeures」と「マイナー科学 sciences mineures」という対比が出てきますが、これはこれまでの話から分かるように、定数を求めて体系化する科学と、体系に収まらない変異に注目する科学ということでしょう。後者の課題は、「いかにして指令語が内包している死の宣告を逃れるか、いかにして逃走力を展開するのか、いかにして逃走が想像力の中で空転したり、ブラック・ホールに落ちこんだりすることを避けるか、いかにして指令語の革命的潜在性を保持し、抽出するか」にある、ということのようです。「逃走」が一筋縄ではゆかず、想像力の空回りが起こる危険や、途中でブラック・ホールの引力に引き寄せられて、逃げられなくなる可能性も見据えていたわけですね。最後に、世紀末ウィーンの作家として知られるホフマンスタール（一八七四－一九二九）に言及している箇所を見ておきましょう。

> ホフマンスタールは自分自身に向けて、「ドイツ、ドイツ！」という指令語を放つ。再領土化の欲求であり、「憂鬱の鏡」にさえとらわれている。しかし、この指令語の背後に、彼はもう一つの指令語を聞く。あたかもドイツ的な古めかしい「形象」は単なる定数にすぎなかったのであり、今や自然や生との、可変的であるからこそ、より深い関係を表わそうとして消えてしまったようだ。――生との関係はどんな場合に硬直し、どんな場合に隷属となってしまうのだろうか。

参照されているのは、『帰国者の手紙 Die Briefe des Zurückgekehrten』（一九〇七－〇八）という作品です。長いこと海外でビジネスをやっていたオーストリア人が、一八年ぶりに、「ドイツ」に戻り、オーストリアへ帰郷する途中に、友人に宛てて書いた五通の手紙という設定になっています。彼はオーストリア人ですが、自分が、オーストリアを含んだ、広い意味での「ドイツ Deutschland」に属していると常に感じ、見聞きするいろんな事物に「ドイツ」を見ていた、と言います。しかし、現実の〝ドイツ〟に帰ってみても、「ドイツ」を構成する「ドイツ人」というのがどういう存在か、その顔がよく見えてこない。彼らと一緒にいても、居心地がよくない。そうこうしているうちに、彼はたまたま見かけたある画家の絵の強烈な色彩に魅せられることになります。その画家はゴッホ（一八五三－九〇）です。ドゥルーズたちは、その過程に、「ドイツ」への再属領化の圧力と、それが限界に達した時の、「ドイツ」を越えて、〝自然〟へと向かっていく、脱属領化の流れを見ているわけです。

■質疑応答

Q1　地層の話から「襞」を連想しました。彼らにとって「襞」は重要なものなのでしょうか。

A1　ドゥルーズに『襞：ライプニッツのバロック』（一九八八）という著作があります。ジョフロワのところでお話ししたように、「襞 pli」は「褶曲 plissement」と関係しています。『襞』では、バロックの建築や美術に、褶曲による「襞」を生かしたものが多いことと、ライプニッツ（一六四六―一七一六）が、物理学や数学、生物学において、折り畳まれ、褶曲している部分に着目して研究を進めたことの間にパラレルな関係があることが示唆されています。ライプニッツは微分積分の開拓者として知られていますが、曲線の長さや曲率を求めるのは、襞を扱うということに通じますね。中沢新一さん（一九五〇―　）のフラクタルへの注目も、元ネタはドゥルーズです。一見、直線や平面に見えるものを、細かく観察すると、襞が細かくできていることがある。細かい「襞」込みで測ろうとすると長さや表面積がかなり増大するでしょうし、測定不可能になるかもしれません。「襞」として折り込まれている部分は直接は見えてきません。ドゥルーズ＋ガタリは、反権力的な運動を自分で創り出すというよりは、襞や褶曲の中に潜んでいるポテンシャルが自然と〝外〟に出てきて、マイナー化運動を引き起こすのに注目し、それにちょっとだけ寄与する、という感じのスタンスでしょう。普通の左翼の人は、襞や褶曲を自分が正しいと思う方向に開こうとするんでしょうが、ドゥルーズたちは無理をすると、逆にファシズム的なもの、スターリン主義的に硬直化したものが出てくる恐れがあると考えるんでしょう。無論、「襞」にかなり危ないものが潜んでいるかもしれませんが。

Q2　第3プラトーでは、タイトルにだけ「道徳の」という言葉が見られます。地層、有機体、言語の話をしていますが、「道徳」が出てこない。実は、フーコーが「知」の在り方について論じながら、それと結び付いている規範の問題を明らかにしているように、実は地質学とか言語学と結び付いた道徳を問題にしていて、道徳とは相対的なものであると言いたかったのでしょうか。であれば最後に一言触れてもよかったのに、と思いました。

A2　恐らくニーチェの『道徳の系譜学』（一八八七）をもじった言い方でしょう。『道徳の系譜学』は、「善」や「悪」などの道徳概念を言語学的起源まで遡って、それらが私たちが〝道徳〟とイメージしているものからかけ離れた、人類学的な意味での「力」に由来していることを明らかにしたわけですが、恐らくそうしたニーチェの仕事を前提に、更に、生物学、地質学と、根源まで掘っていった、ということなのでしょう。それに、第4プラトーでは、第3プラトーでの言語学的・記号論的な議論を踏まえて、言語行為における「指令語」の役割をめぐる議論が出てくるので、通して読むと、ちゃんと「道徳の地質学」になっているのではないか、と思います。

Q2　第4プラトーも基本的には同じ事を述べているのではないかという印象を受けたのですが、言語学について不勉強なので読み進めにくかったです。結局、既存の道徳や規律は相対的なものなのだから、縛られずに自由に逃走線を引いて行こう！と鼓舞しつつ、でも、それはブラック・ホールに落ち込む可能性も持つので――例えばナチス等でしょう――、二二一頁にあるように、例え多数派となっても「過剰や誤謬によって多数派の尺度の代表的な閾《しきい》を逸脱し続ける振幅としての連続変化」であり続けるように、つまり逃走し続ける軽やかさ――浅田彰さんになりますが――を持ち続けるべし、ということでしょうか。でも、独りでその姿勢を保ち続けるのは結構難しいことだと思いました。

A2　「逃走線」を重視しているのは間違いありませんが、それは自分で自由に「引ける」のか、というと、ノーでしょう。だって、「地層」ができているんだから、勝手に脱出できっこありません。属領化が行くところまで行った時に、脱属領化が否応なく生じ、その時、逃走線が見えてくるので、それに身を委ねようとする、冒険的な態度をドゥルーズ＋ガタリが持っているのは確かですが、波をコントロールできないように、逃走線をコントロールすることはできません。逃走線にのっかって華麗に走っているつもりのうちに、自分のアイデンティティが完全に崩壊しているかもしれない。今の社会の大枠は解体しているでしょうし、自己という観念が消えているかもしれない。逃げた挙句、今の自分が「死ぬ」ことになるかもしれない。でも、ブラック・ホールにはまり込んでしまうよりは、逃走線を見つけよう、というスタンスでしょう。浅田さんのメッセージの伝え方が間違っているとしたら、それは楽しそうな感じを出しすぎたことでしょう。

［講義］第3回

5「BC五八七年、AD七〇年——いくつかの記号の体制について」、6「一九四七年十一月二十八日——いかにして器官なき身体を獲得するか」を読む

第5プラトー「BC五八七年、AD七〇年——いくつかの記号の体制について」

第5章のタイトルは「BC五八七年、AD七〇年——いくつかの記号の体制について」です。この年代は具体性があるように感じられますね。BC五八七年は南北に分裂していたイスラエルの、南のユダ王国が滅亡し、バビロン捕囚が行われた年です。AD七〇年はイェルサレムがローマ帝国によって包囲され、陥落した年で、それによりイスラエルが事実上消滅し、ディアスポラが始まります。このプラトーは、国家の生成、あるいは消滅に関わるような内容で、しかも「いくつかの記号体制について」という副タイトルからも分かるように、それに記号が絡んでくるわけです。前の第4プラトー「言語学の公準」では、指令語の身体への作用や、メジャー言語／マイナー言語という観点から政治的な問題が浮上してきましたが、このプラトーでは更に、記号と国家体制というテーマに焦点が当てられます。

記号のシニフィアン的体制

> 少なくとも表現が言語的である場合、われわれはあらゆる特有な表現形成を、記号の体制と呼ぶことにする。ある記号の体制は、一つの記号系を構成する。しかし、記号系をそれ自体として考察することは、難しいように思われる。実際、いつでも表現の形式と不可分であると同時に、これから独立した内容の形式が存在するのだ。そして、この二つの形式は、原則として、言語的なものではないさまざまなアレンジメントにかかわるのである。

「表現の形式」と「内容の形式」については、前回読んだ第3、第4プラトーでイェルムスレウの言語学との関連で出てきました。イェルムスレウの言語学では、「表現」「内容」それぞれに「形式」と「実質」がありますが、ドゥルーズ＋ガタリはその話を、鉱物、有機体、器官、生物の個体、地層など、存在する

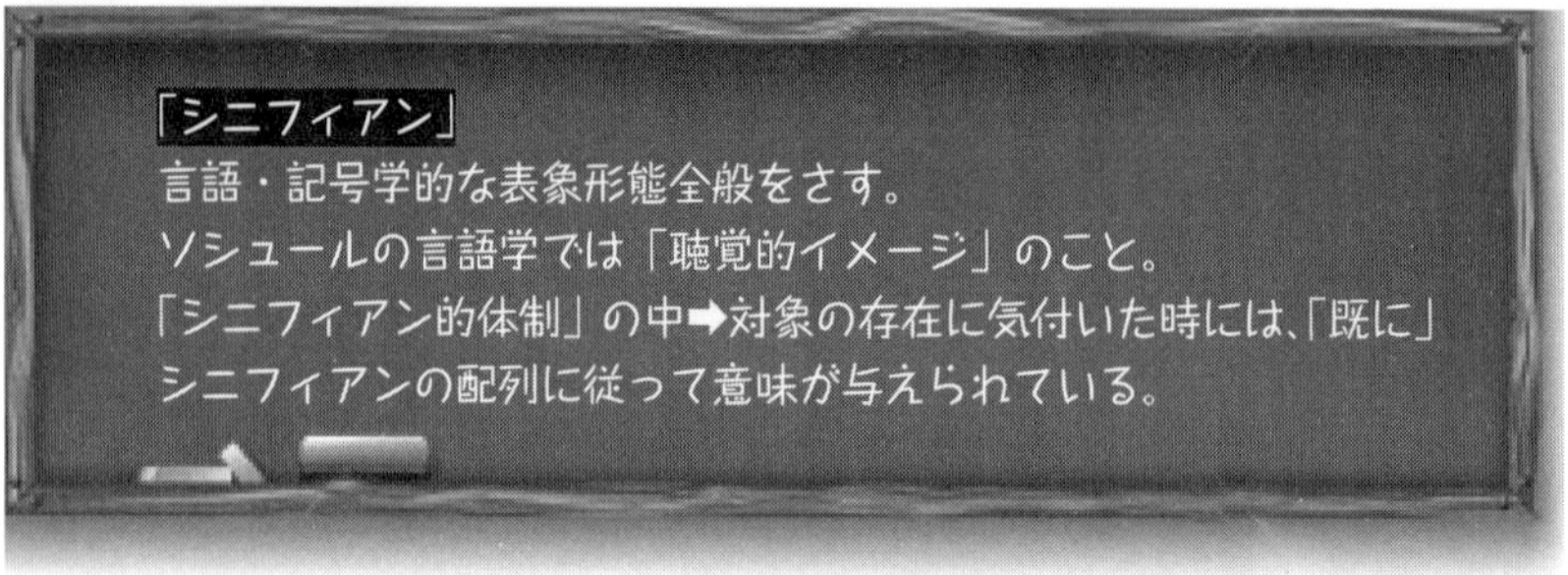

「シニフィアン」

言語・記号学的な表象形態全般をさす。

ソシュールの言語学では「聴覚的イメージ」のこと。

「シニフィアン的体制」の中➡対象の存在に気付いた時には、「既に」

シニフィアンの配列に従って意味が与えられている。


あらゆるものに適用・展開し、「表現」と「内容」の関係が一義的なものではないことを明らかにしました。ここではいったん話を言語に戻したうえで、「表現」の「形式」も、「内容」の「形式」も言語以外のアレンジメントと繋がっていて、言語内で自己完結しているわけではない、と言っているわけです。

前回見た、「監獄」をめぐるフーコーの議論からの例で言うと、「監獄 prison」という言葉の「内容の形式」は、「学校」「病院」「工場」といった他の同じような機能を持つ施設との関連で規定されていて、「表現の形式」は、「犯罪行為」や「犯罪者」といったそこに収容される人の性質に関わっているわけです。

> ――しかしながら、表現の形成はあたかも自立的で自足的であるかのように見なすことができる。なぜなら、このような条件においてさえ、表現の形式は非常に多岐にわたり、これらの形式は非常に混合しているので、われわれは、「シニフィアン」の形式や体制に特権を与えることはできないからである。

この場合の「自立的（autonom）で自足的（suffisant）」というのは、政治や経済、宗教、芸術など他の領域から相対的に独立していると見なすことができる、言語的・記号的なものの領域がそれらから自立して、自発的に運動していると見てもよい、ということでしょう。これは、実験が行われている空間が、外の影響から遮断されていて、その空間内だけで完結している、というのと同じようなことでしょう。そのように見なすとしても、表現の形式は多様なので、「シニフィアン signifiant」の形式や体制だけを特権化することはできないと言っているわけですが、そうなると、「シニフィアン」とは一体何なのかが問題です。「シニフィアン」は時によっては言語・記号学的な表象形態全般を指すこともありますが、この場合、ソシュールの言語学で「シニフィアン」と呼ばれている、「聴覚的イメージ」のことだと考えた方がいいでしょう。つまり、一応、その語の音韻的な形のことを「シニフィアン」と呼ぶことにして、それ以外にも、いろんな言語学・記号学の研究の対象になり得る、形式・形態上の要因があるので、狭義の「シニフィアン」だけを特権化することはできない、というわけです。そこで、広義の記号の体制を明らかにするには、「プラグマティック」が必要だというわけです。

記号のシニフィアン的体制（意味する記号）は、単純な一般的公式をもっている。つまり記号は記号にかかわり、どこまでも記号だけにかかわるのである。だから結局は、記号の概念なしにすますことさえできる。なぜなら、それが指示する物の状態や、それが意味する抽象的実体とのかかわりは原則として考慮されず、シニフィアンと呼ばれる連鎖を定義するものとして単に記号と記号との形式的な関係だけが考慮されるからである。意味性の無限が、記号にとって代わってしまう。外示 dénotation（ここでは指示と意味作用の総体）は、すでに内包〔含意〕connotation の一部であると見なすとき、われわれは全面的にこのような記号のシニフィアン的体制の中にいるのだ。

「記号が記号だけにかかわる」とか「記号と記号との形式的な関係」というのは、「シニフィアン」を「シニフィエ」と恣意的に結び付いている聴覚的イメージにすぎず、政治、経済、文化などからの影響は関係ない、あるいは、あっても無視できるとすると、「シニフィアン」についての研究は、音韻が古代→中世→近代→現代と時代的にどう変化したか、あるいは地域的にどういう変異の傾向があるか、その音の組み合わせがどう変わったら、対応する「シニフィエ」がどう変わるか、例えば、〈play〉に新たな音が加わって、〈plays〉とか〈played〉とかになったら、どう意味が変わるか、といった、まさに記号同士の関係をめぐる研究になるしかないということです。

「デノテーション（外示）」、「コノテーション（共示義）」は、言語学の専門家でなくても、英語好きの人が何となく使っている用語ですが、元はイェルムスレウの用語だったわけです。「デノテーション」は、その言葉がその時点で第一義的に意味しているもの、例えば、「薬」であれば、文字通りの意味での、医療、あるいは広い意味での治療に使う薬がそれに当たりますが、「いい薬になる」と言う場合のように、お仕置きとか報いの意味で使ったり、麻薬、覚せい剤、脱法ドラッグの意味で使う時もあります。こういう「薬」のデノテーションと何らかの関連があって、次第に「薬」という言葉の第二、第三の意味になっていくようなものをコノテーションと呼びます。ごく常識的に考えると、コノテーションの方は政治、経済、宗教、芸術の影響で変動しますが、記号は記号にしか関わらないという前提に立つと、そういう他領域からの影響は無視されることになり、どういう風にコノテーションが展開するかは、デノテーションの中に予め組み込まれていて、それは記号論によって読み取ることができる、ということになるでしょう。〈connotation〉の語源のラテン語〈connotare〉は、〈con-（一緒に）〉＋〈notare（記す）〉という形になっていて、「〜と一緒に記す」という意味ですが、そこから意味が拡大して、訳者が補充しているように、「含意」とか、論理学の「内包／外延」の「内包」の意味もあります。純粋記号学的な見方をした場合、外にはっきり表れた意味である〈denotation〉は、〈connotation〉の予め記号学的に規定された連鎖の中に「含まれ」ていて、両者の関係は経済学や社会学の助けを借りなくても、記号学単独で解明できる、ということになるわけです。

> 人は、レヴィ=ストロースの描いた状況の中にいるのだ。意味世界は、それが何を意味するかわれわれが知る前に、意味し始める。シニフィエは、知られることなく与えられる。あなたの妻があなたを妙な目で見た。そして、今朝門番が指をすりあわせながら、あなたに税務署からの手紙をわたした。それからあなたは犬の糞を踏んづけた。あなたは歩道に、時計の針のように組み合った二つの小さな木切れを見た。あなたが事務所についたとき、人が陰でささやいている。何を意味しているかはどうでもいい。それはいつもシニフィアンなのだ。記号にかかわる記号は、奇妙な無力さや不確かさに襲われる。しかし、連鎖を構成するシニフィアンは強力である。だからパラノイア患者は、滑る空気の中で彼を四方八方から攻める脱領土化された記号のあの無力さに合体する。しかし、それだけよけいに彼は、空気の中に広がった組織網の主人として、堂々たる怒りの感情において、シニフィアンの超権力に接近するのだ。パラノイア的専制的体制。彼らは私を攻撃し私を苦しめるが、私は彼らの意図を読み彼らに先んじる。私はいつも気づいていたんだ。無力さにおいてさえ、私は力をもっている。「あいつらは私の思う壺」。

ここは、我々が「記号のシニフィアン的体制 le régime signifiant du signe」の中にいるというのがどういうことかについての説明です。「シニフィエは、知られることなく与えられる」というのは、現象学などで言われているように、私たちが、自分の目にするもの、耳にしたものを自分の身体に元から備わっている情報処理機構に従って対象として構成し、意味付けするよりも早く、シニフィアンの連鎖の中でそもそもどういう物や出来事に注意を向けるかが決まっていて、その対象の存在に気付いた時には既に、シニフィアンの配列に従って意味が与えられているということです。これは、私たちが無意識的に母国語の文字や音声を追っていたり、よく知らない外国語であっても、文字や人間の音声だと分かるとそこに注意を向けてしまう現象を基準に考えると、分かりやすいでしょう。言語記号そのものでなくても、標識や信号、ピクトグラム、更には道路、建物など人間が作って、それに伴って何らかのシニフィアンを割り当てているものに注意が向きます。自然界の物でも、人間がシニフィアンを割り当てているユニットの方に注意が向くでしょう。そういう風に、私たちの注意の向き方、情報処理機構の使い方が、「シニフィアン的体制」に合うように予め調整されているので、どこで何をしても、「シニフィアン的体制」にうまくはまってしまい、体制の中でその対象に割り当てられた特定のシニフィアンに応じて、「シニフィエ」も自動的に決まってしまうわけです。「犬の糞」の話がありますが、この世界にはそれよりも人間の健康によくないもの、悪臭を放つものはいくらでもあるでしょうが、「犬」と「糞」というシニフィアンに私たちは日常で頻繁に遭遇するので、それに当てはまるものを見出してしまうわけです。

では、パラノイアの人にとって、そうした「シニフィアン的体制」が、脱領土化作用を及ぼしながら四方八方から攻めてくるというのは、どういうことか。この場合の「脱領土化作用」というのは、「シニフィアン」が本来の意味の領域から離れて、いろんなものに付着してはまた離れたりする運動を繰り返しているように見える、ということでしょう。例えば、「父」とか「母」とか「兄」とかは、自分の狭い意味での家の中にしかいないはずなのに、職場とか学校とか、趣味のクラブとかでも、父的な存在、母的な存在、兄的な存在、そういう名前で呼ばれている存在に出くわし、それらが本当に父、母、兄であるかのように、私を監視し、叱り、行動を制約する、というような感じで。そうした「シニフィアン的体制」が常に「私」を先回りし、包囲しているように見えるということでしょう。そのため、「私」が何かを自発的にやろう、既成の概念の枠組みから外れたことをやろうとしても、「シニフィアン的体制」にたちまち捕えられ、お決まりの役回りを再び押し付けられてしまう。それを「超権力 surpouvoir」とか「パラノイア的専制体制 régime despotique paranoïaque」と言っているわけです。「超権力」というのは、「シニフィアン的体制」が権力を構成しているという意味合いで、「パラノイア的専制体制」の「パラノイア的」とは、パラノイアの人に専制的に取り憑いて離さないという意味合いですが、取り憑かれているうちに、「私」の方が「私」を取り囲んでいる記号たちの裏をかいて、逆に使役しているつもりになってくる。無論、ドゥルーズたちは、これが精神病の一種である、狭義のパラノイアの人特有の感じ方ではなく、ほとんどの人間はある程度パラノイア状態になっている、と言いたいわけです。私たちは、常にシニフィアンによって先取りされる記号体制にすっぽりはまり込んでいるのだけれど、「シニフィアン的体制」がすぐに「シニフィエ」を指し示してくれるので疑問に思ったり、窮屈に感じたりしない。いわゆる、パラノイアの人がそれに過敏になって、「シニフィアン的体制」に対してドン・キホーテ的な闘いを挑んでいる、ということになるのでしょう。

『城』や『審判』『アメリカ』などのカフカの代表的な長編小説は、そうしたパラノイア的状況を表現しているといえるでしょう。主人公は、自分の日常の様々な場面に入り込み、かなり極端な物の見方、振る舞い方を押し付けてくるように見える、「法」とか「城」「アメリカ」などの、ある方向に偏っていく「シニフィアン的体制」と闘っていくうちに、だんだん他のことが見えなくなります。サルトルの『嘔吐』(一九三八)も、自分の周囲にある物が、既に意味を持って存在し、既成の存在の空間から自分は抜け出すことができないと知った時に覚えた嫌悪感をテーマにしています。

> 記号は単に無限の組織網を形成するだけではない。記号の組織網は、どこまでも円環的なのである。言表はその対象よりも長く生きのび、名前はその持ち主よりも長く生きのびる。他の記号の中に移動したり、一定期間貯蔵されたりして、記号は、その物の状態よりも、そのシニフィエよりも生きのびるのである。記号は獣のように、あるいは死のように襲いかかり、連鎖の中に位置を占め、新しい状態、新しいシニフィエを取り囲み、そこからまた自身を抽出するのである。永劫回帰の印象。浮遊し、放浪する言表の体制、宙吊りになった名前の体制、記号の体制が確かに存在し、連鎖によって前方へと押しやられるのを待ちながら回帰しようと隙をうかがっている。

「シニフィアン」としての「記号」が、それが指し示していたはずの対象や、シニフィエよりも長く生き延びる、というのはよくあることですね。例えば、「上院」という意味で使われている英語の〈senate〉は、もともと古代ローマの「元老院」のことだし、「帝国」という意味で、比喩的にも広く使われている〈empire〉は、将軍の命令権を意味する〈imperium〉から派生しています。「将軍」という日本語は当然、中国の古典が元で、日本では律令制の時代に、鎮守府将軍とか征夷大将軍など、特殊な役目の司令官に限定されて使うようになって、それが鎌倉時代以降、幕府の長の意味になり、明治時代以降は、将官の総称になり、現在では、公式的には日本の官職に対して用いられることはないけれど、外国の将官に対して用いられるほか、比喩的な意味で、いろんなところで使われるようになっているわけです。

ニーチェの「永劫回帰」というのは、文字通りには、この世界は自然界の法則も含めて偶然の産物であり、偶然の組み合わせによって、何億年先か何兆年先か分からないし、場所もどこか分からないが、別の偶然によって生じた世界において、この地球と全く同じ惑星で私と身体も意識も全く同一の人間が存在し、今この瞬間私が経験しているのと全く同じことを経験する可能性があること、SFのパラレル・ワールド＋無限ループのような状態を指しますが、ポイントは「私」がそういう可能性をどう受け止めるかです。今この瞬間自分が経験していること、世界のこの状態が、永遠に繰り返されるとしても、それを自分は肯定することができるのか、それだけ現在の自分の、自分の意志の方向性に絶対的な確信があるのか、ということです。こういう問いが生じてくる背景には、「私」という存在が、自分では「意志」の主体であるかのように思っていても、実際には、様々な物理的因果法則の組み合わせで、私の意志も行動も完全に規定されているかもしれない、私の生など無意味かもしれない、という不安があるからです。そういう不安に対して、たとえ、「永劫回帰」が起こっているとしても、今の自己の在り方を肯定できるか、とニーチェは問いかけているわけですが、ドゥルーズたちはその状態を記号論的に説明しているわけです。私たちは、「シニフィアン的体制」に囚われていて、「シニフィアン」は、私たちが活動するあらゆるところに先回りして現れ、私たちがかつて見たのと同じような〝シニフィエ〟を再現するので、「永劫回帰」しているように見えるというわけです。

円環や連鎖の多様体

> しかし、重要なのは記号のこのような円環性ではなく、円環や連鎖の多様体の方である。記号は単に同一の円上で記号にかかわるだけではなく、一つの円環から他の円環に、一つの螺旋から他の螺旋にかかわるのである。ロベール・ロウィは、クロー族とホピー族とが、妻たちに欺かれたとき、いかに違った仕方で対処するか語っている（クロー族は放浪する狩猟民であり、ホピー族は帝国的伝統に縛られた定住民である）。「クローのインディアンは、妻に欺かれたとき、妻の顔に切り傷をつけるが、同じ不運の犠牲となったホピーの方は、平静を失わずに隠居し、村に干害と飢餓がくるように祈るのである。」どちらがパラノイアであり、専制的要素またはシニフィアン的体制であるかは明らかである。レヴィ＝ストロースのいう「信心狂い」である。「というのは実際、ホピーにとってはすべてが結び付いている。社会的無秩序、家でのもめ事は、そのあらゆるレベルが多様な対応関係によって結び付いているところの宇宙の体系を巻きぞえにするのである。ある平面での動揺は、他のレベルを巻き込んでしまう他の動揺の投影としてだけ理解可能であり、また我慢できるわけだ。」

「円環性 circularité」よりも、「円環や連鎖の多様体 la multiplicité des cercles ou des chaînes」が重要だというのは、大局的に見ると、記号はひたすら同じ「円環」を描き続けるだけでなく、逃走線などを介して、他の円環に移行したり、いろんな運動の間を連鎖したりしている、ということです。これは、ツリーも大局的に見るとリゾームの一部になっているとか、属領化よりも脱属領化の方が先行しているといった話を、別の側面から見てのことです。ロベール・ロウィというのは、ロバート・ハリー・ローウィ（一八八三―一九五七）という、オーストリアでユダヤ系の家に生まれた、アメリカの文化人類学者です。文化相対主義を提唱したので有名なフランツ・ボアズ（一八五八―一九四二）の弟子で、ボアズと同様に、ネイティヴ・アメリカンの研究で有名です。特にここに出てくるクロー族の研究で知られているようです。レヴィ＝ストロースはローウィの仕事を知ってから、文化人類学を志すようになったとされています。引用されているのは、ホピー族のタラィエスヴァ（一八九〇―一九八五）という人物に対して、アメリカの文化人類学者レオ・W・シモンズ（一八九七―一九七九）がインタビューした

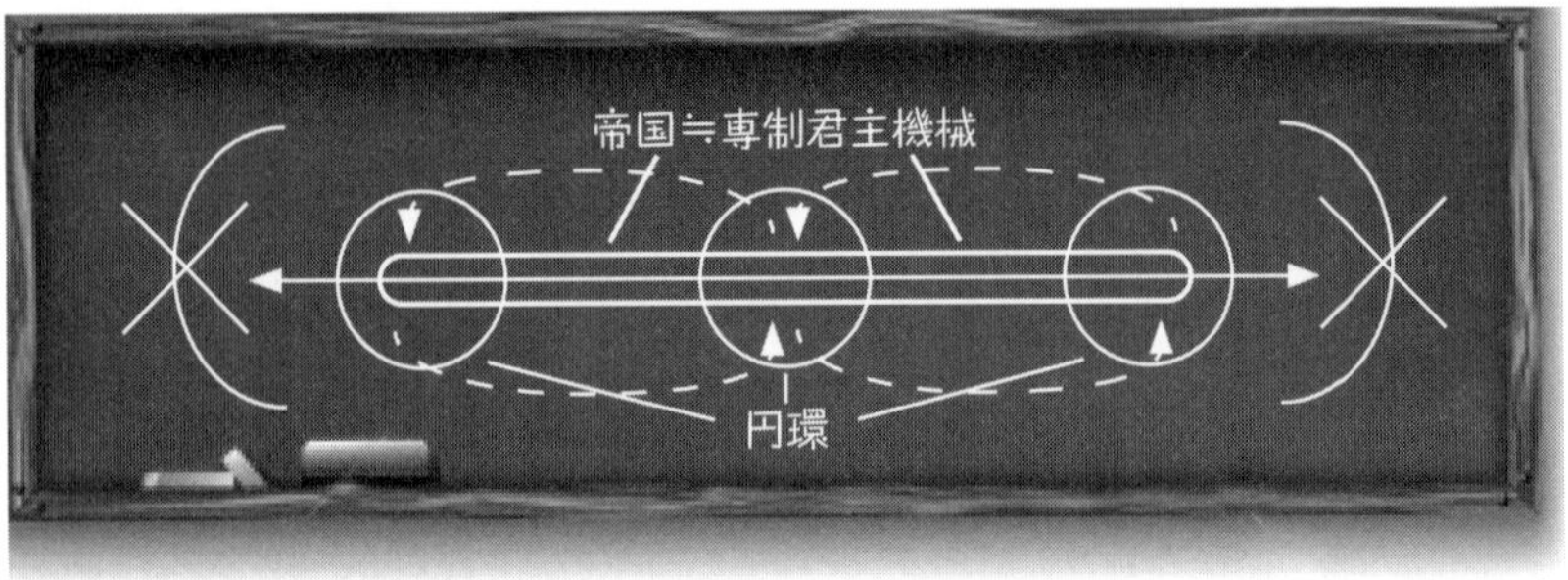

自伝的記録のフランス語訳に対してレヴィ＝ストロースが寄せた序文です。

近代人の常識だと、何となく、妻の顔に傷つけるクロー族の方が暴力的なので、帝国的だという印象を持ちそうですが、そういう行動をできるのは彼らが、そういう自らの行為を、自然の全体の秩序のような、「シニフィアン的体制」と結び付けて捉える発想がないからで、一回きりの瞬間的な暴力としか思っていないからだというわけです。それに対してホピー族は、自分や妻のちょっとした行動が、宇宙のあらゆる出来事と意味的に繋がっているような強固な「シニフィアン的体制」、地の果てまで広がる意味の体系に閉じ込められている、と思い込んでいて、大きな反響を引き起こしそうな危ないことはできない。因みに、「クロー」というのは英語の〈crow〉で、これは彼らが自分たちのことを「烏の人」という意味の〈Absaroka〉と呼んでいることに由来します。

そうやって理解できたと思ったら、そのホピー族が「跳躍」するという話が出てきて、混乱させられます。

ホピー族は、一つの円から他の円へ、二つの螺旋上の一つの記号から他の記号へと跳躍する。人は村から、町から出かけ、そこに帰ってくる。このような跳躍は、前シニフィアン的な儀式によってのみならず、その正当性を決定する帝国的な官僚制によって規律化されることがある。出鱈目に、規律なしに跳躍するわけではない。跳躍が規律化されているだけでなく、禁止事項もまたある。いちばん外の円を飛び越さないこと、いちばん中心に近寄らないこと……円のあいだの差異は次のような事態からやってくる。あらゆる記号は脱領土化され、同じ意味性の中心に向かい、不定形の連続体のうちに配分されることによってはじめて、たがいにかかわりあうのだが、それでもやはり、出所（寺院、宮殿、家、道路、村、林など）を証明するさまざまな脱領土化の速度をもち、円のあいだに区別を保ち、あるいは連続体の大気中に閾（私的と公的、家族的なもめ事と社会的無秩序）を成立させる微分的な関係をもつからである。それに、こういった閾や円環は、場合によって分担を移動させる。システムには根本的な欺瞞が存在する。一つの円から他の円へ飛び、たえず舞台を変え、つねに舞台を移すこと、これは主体としてのペテン師のヒステリックな動作であって、自分の意味性の中心にいすわった専制君主のパラノイア的な活動に呼応するものである。

「跳躍する sauter」という言い方をすると、ホピー族もかなり自由ではないか、という印象を受けますが、ポイントはむしろ、「帰ってくる revenir」ことと、「跳躍」自体が「規律化 régler」されていることです。つまり、いくつかの相対的に閉じている「円環」の間の決まったルートを跳躍しているわけです。地域ごとの円環を横断するような形で、「帝国」が形成されているわけですね。ここで「帝国」と呼ばれているものは、『アンチ・オイディプス』で、「専制君主機械」と呼ばれているものとほぼ同じでしょう。「専制君主機械」を、自立的に運動する一つの「機械」としてではなく、各種の円環を繋ぐシステムと見ると、「帝国」になるのでしょう。取引とか婚姻とか一緒に何かの仕事をするとかで、円環の間を「跳躍する」こともあるけれど、「帝国」自体の外に出ることは通常禁止されるわけですね。「前シニフィアン的な儀式 des rituels présignifiants」の「前シニフィアン的」とは、オリジナルな指示対象や「シニフィエ」との関係から解き放たれ、浮遊している、ここでドゥルーズ＋ガタリが話題にしているような、典型的な「シニフィアン」ではなく、何らかの形で指示対象に密着している記号のことでしょう。「跳躍」の前に、共同体の中で、「前シニフィアン」な表象による儀式を受けて、力を得るということでしょう。様々な「脱領土化」の速度があるというのは、「帝国」を構成する、寺院、家などの各ユニットで、それぞれ違った速度で、脱領土化し、固有の属性を失いつつあり、それらに付着していた前シニフィアン的な記号が、浮遊する「シニフィアン」化しつつある、ということでしょう。

少し分かりにくいのが、最後の「システム」の「根本的な欺瞞 une tricherie fondamentale」と「主体としてのペテン師のヒステリックな動作 l'opération hystérique du tricheur comme sujet」「専制君主のパラノイア的活動 l'opération paranoïaque du despote」です。これは、先ほどの「パラノイア患者」の状態のように、「システム」の中のどこにいても、「シニフィアン的体制」に先回りされてしまって、囚われていると感じるということでしょう。本当は、いろんな円環や連鎖の間を跳躍していて、結構異なる関係性、場所で行為しているのに、常に同じシニフィアンに囚われ、追い立てられているようなつもりになっている、ということです。それを〈tricherie〉と言っているわけです。これは、英語の〈trick〉と同じ系統の言葉で、賭博での「いかさま」が基本的な意味です。〈tricheur〉というのはそれをやる人のことです。この場合は、他人だけでなく自分も「いかさま」にかけている、ということでしょう。そういうシステム内の各主体の振る舞いが、システムの中心あるいは頂点にいて、様々な円環や連関を一つに結び付けている「専制君主」の振る舞いに対応しているわけです。

シニフィアン的体制は、そうやって新しい円環を作ってはシステムの中に取り込むだけではなく、その新しい円環が、それに属して、様々な活動に従事している主体たちに、自分たちのやっていることの「意味」を供給すべく、「解釈 l'interprétation」を提供すると言います。

> 一つの記号または記号の一集合に、われわれは適正と定められ、それ以来認識可能となった一片のシニフィエを対応させるのである。記号にかかわる記号の連辞的な軸に範列的な軸が加わり、こうして形式化された記号が、自分に適合したシニフィエを切り取るのである（だからここでもまた内容が抽象されるわけだが、新しい仕方で抽象されるのだ）。解釈する僧侶、占い師は神－専制君主の官僚たちの一人である。ペテンの新たな側面、僧侶のペテンが姿を表わす。解釈は無限に続き、解釈すべきものといっても、それ自体すでに解釈であるもの以外何にも出会わないのである。したがってシニフィエはたえずシニフィアンを与え、それを充塡し生産するのである。形態はいつもシニフィアンからやってくる。最終的なシニフィエとは、それゆえ冗長性あるいは「過剰」となったシニフィアンにほかならない。

ここで「記号」と言われているのは、狭義の「シニフィアン」だけでなく、「前シニフィアン的」なものや、後から出てくる「逆シニフィアン」的なもの、「ポスト・シニフィアン」的なものなど、いろんな種類の記号を指しているのでしょう。このテクストで既に何度も出てきましたが、私たちは、指示対象の本質に対応する「シニフィエ」の方が先にあって、それに合わせて記号を選択していると考えがちですが、実際には、様々に変異している記号の集合体がまずあって、それに相応しい「シニフィエ」が割り当てられている、というのがドゥルーズたちの主張です。

「連辞的 syntagmatique／範例的 paradigmatique」というのはソシュール系の言語学の用語で、「連辞」の方が、文の中でのその語と前後の語との関係で、「範例」の方は、その語の代わりに、その位置に入ることのできる語、例えば、犬の代わりに、猫とか猿とか。この二つの記号の軸が予め設定されていて、それに合わせて「シニフィエ」が切り取られる、というわけです。その割り振り作業が、「解釈」であるわけですが、それを主宰するのが、専制君主の官僚である「僧侶」や「占い師」である、というわけです。「解釈」によって、記号と「シニフィエ」が自然と合致しているように見せるわけです。例えば、何かの星や太陽の輝きを、王権の更新や戦勝の兆候と結び付けるといったことでしょう。ただ彼らの「解釈」は、彼ら自身が「シニフィアン」の連鎖の中で生きているので、「シニフィアン」を別の「シニフィアン」に結び付ける、例えば、「太陽の光」というシニフィアンを「王の権力」というシニフィアンとして解釈し、「王」というシニフィアンを、「神の子」というシニフィアンで解釈し、「神」というシニフィアンを「太陽」というシニフィアンで解釈し、という風に循環します。これは、私たちが自分にとって重要なもの、金とか権力とか愛とかを、別の言葉で説明しようとすると必ず生じることです。辞書である言葉の定義を探して、その定義のために使われている言葉の意味を同じ辞書で探し、その意味の説明で使われている言葉の意味を……と探していって、「価値」とか「規範」とか、「存在」「言語」「関係」「意味」「名前」「繋がり」といった基本的な語彙になってくると、いくつかの単語の間でぐるぐる回りし始めます。「冗長性 redondance」とか「過剰 «excédent»」と言っているのは、そうした堂々めぐりのことです。〝外〟から見ていると、「システム」の無駄ですが、その無駄によって〝主体〟たちが堂々めぐりさせられていることによって、空白だらけで、ちぐはぐな〝システム〟が成り立っているのです。

> 精神分析の僧侶たちは発見したのであった（ただしこれは他のあらゆる僧侶たち、占い師たちも自分たちの時代にしたことである）、解釈は意味性に従属しなければならないということを。したがってシニフィエがシニフィアンを再び与え返すことなしには、シニフィアンはどんなシニフィエも与えることができない。とどのつまり、実際にはもう解釈すべきものさえないわけである。というのも最良の、最も重く、最も根底的な解釈は、非常に有意義な沈黙だからである。精神分析学者が、もう話すことさえせず、それだけよけいに解釈すること、それどころか地獄の一つの円から他の円に飛んでいく主体に解釈すべきものを与えていることは周知の事実である。

ここは分かりやすいですね。精神分析家が、原初の帝国の占い師＝解釈者の末裔だというわけですね。とにかく、〝主体〟であり続けることに疲れたクライアントを、その社会を結び付けている「意味性 signifiance」にしっかり結び付け直してやらないといけない。しかし、究極の意味の源泉は見つかりようがなく、分析家も「シニフィアン」を「シニフィアン」で解釈することしかできない。分析家はまずクライアントに語らせ、典型的なフロイト派の人であれば、それを近親相姦願望とか去勢不安のようなものに結び付けるでしょうが、クライアントがそういう「シニフィエ」で満足せず、近親相姦したい願望とは一体どういうことか、仮にそういうものがあるとして、それが近親ではない人との関係にも影響するのか、だとすればどうしてか、その願望は私をどこに向かわせているのか……と聞かれて、近親に対する性欲という場合の性欲とは……と説明することはできますが、そうすると、またシニフィアンの連鎖が続きます。「シニフィエ」は「シニフィアン」の余剰にすぎないので、問答をする限り、最終的なゴールの見つかりようがないわけです。だから、黙ることによって、究極のシニフィエなどないことを示した方がいいのではないか、と禅問答っぽい皮肉を言っているわけです。精神分析学者が、「話すことさえせず」、「それだけよけいに解釈すること」を「主体」に与えるというのが、どういうことかよく分かりませんが、これは分析家が自分で言葉を付け加えるのではなく、クライアント自身が自由連想による解釈を続けるよう促すということでしょう。

顔

> 意味性の中心、〈シニフィアン〉そのものについて、大して言うべきことはない。それは純粋な抽象であり、純粋な原理であり、結局何者でもないのである。欠如であろうと過剰であろうと、大した違いはない。記号が際限なく他の記号にかかわるということと、記号の無限の全体が一つの主要なシニフィアンにかかわるということとは、同じことなのである。しかし、まさにこのシニフィアンの、形式的で純粋な冗長性は、ある特別な表現の実質なしには考えられないものである。それに一つの名を与えなければならない。顔貌性 *visagéité* という名を。言語はいつも顔貌性の特徴をともなうだけでなく、顔は冗長性の全体を結晶させ、シニフィアンである記号を送り、受け、放ち、再び捕える。それはそれ自身でまさに一つの身体なのである。顔は意味性の中心にある身体のようなものであり、脱領土化されたあらゆる記号はそれに引きとめられ、顔はそれらの脱領土化の極限になる。声は顔から出てくるのである。

「シニフィアン」の連鎖によって「意味性」が生じているわけですが、その「意味性」自体に何かより上位の〝意味〟、メタ意味のようなものがあるわけではありません。先ほどお話ししたように、シニフィアンの連鎖をどこまで辿っても、同じようなことの繰り返しという意味での「冗長性」が現れるだけです。ただ、そうした「冗長性」を与えるには、「特別な表現 expression particulière」の「実質 substance」が必要だと言っているわけですが、この「特別な表現」というのは、シニフィアンを発したり、受けとめる〝主体〟、音声として言葉を発したり、文字を書いたりする、あるいはそれを意味あるものとして認識し、解釈しようとする〝主体〟の存在の表れ、ということでしょう。「シニフィエ／シニフィアン」ではなく、「表現／内容」の「表現」、「形式／実質」の「形式」というイェルムスレウ用語が使われているのは、ここでは、単にシニフィアンの連鎖の一つの項であるものではなくて、そうした連鎖を背後で支えているように思えるものが問題なので、違う言い方をする必要があったのでしょう。「形式」でなくて、「実質」なのは、チューリング・テストを受けるＡＩのように、単に形のうえでやりとりらしきものがあるだけでなく、実体、身体性をもった存在としているように見えることが必要だからでしょう。それが「顔貌性」だというわけです。

「意味性」の源泉としての人格の実体的な表れ（＝表現の実質）のように見える「顔」というものがあることによって、単

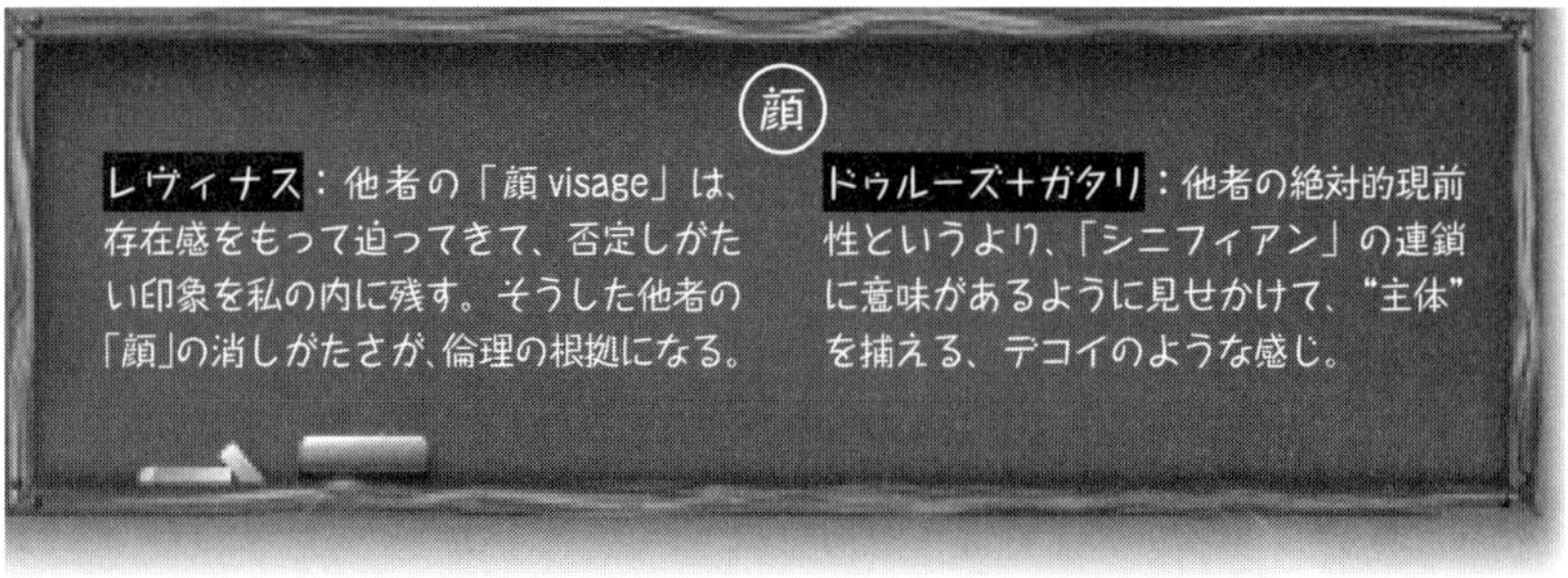
顔
レヴィナス：他者の「顔 visage」は、存在感をもって迫ってきて、否定しがたい印象を私の内に残す。そうした他者の「顔」の消しがたさが、倫理の根拠になる。
ドゥルーズ＋ガタリ：他者の絶対的現前性というより、「シニフィアン」の連鎖に意味があるように見せかけて、“主体”を捕える、デコイのような感じ。

に「シニフィアン」と「シニフィアン」が無駄に連鎖しているのではない、という印象が生じるわけです。ツイッターを見ていると、人間が発しているとは思いたくないような、文法の規則に従っていないので、言葉の繋がりが分からない、辛うじて誰かに向けての罵倒言葉らしいことをツブヤいているように見えるアカウントがありますね、ああいうのだと、それを発している人間の〝顔〟を思い浮かべるのは難しいですね（笑）。フランス現代思想で「顔」というとどうしても、エマニュエル・レヴィナス（一九〇六－九五）の「顔 visage」を連想します。恐らく、ドゥルーズ＋ガタリは、レヴィナスを意識しているでしょう。サルトルやメルロ＝ポンティ（一九〇八－六一）と同世代のレヴィナスは、彼らと同様に現象学の影響を受け、実存主義的な傾向が強い哲学者です。レヴィナスの言う、他者の「顔 visage」は、絶対的な現前性、分かりやすく言うと、存在感をもって迫ってきて、否定しがたい印象を私の内に残していきます。そうした他者の「顔」の消しがたさが、倫理の根拠になるはず、というのがレヴィナスの主張です。それに比べると、ドゥルーズたちの言っている「顔貌性」は、他者の絶対的現前性というより、「シニフィアン」の連鎖に意味があるように見せかけて、〝主体〟を捕える、デコイのような感じですね。

顔はシニフィアン的体制に固有の〈図像《イコン》〉であり、システムに内属する再領土化である。シニフィアンは顔の上で再領土化するのである。シニフィアンの実質を与えるのは顔であり、解釈すべきものを与え、解釈が実質に再びシニフィアンを与える際に、変化し、特徴を変えるのも顔である。「おや、彼は顔色を変えた。」シニフィアンはいつも顔貌化される。顔貌性は、意味性と解釈のあの全体に、具体的に君臨するのである。

ここで何重にもキリストの復活のメタファーが使われているのが分かりますか。「イコン」は、ガタリもよく参照するプラグマティズムの哲学者パース（一八三九－一九一四）の記号論の用語で、類似記号（icon）は、地図とか似顔絵、ピクトグラムのようにその事物の形に似ている記号で、指標記号（index）が、風見鶏で風の方向を示すとか、水銀の柱の高さで温度を示

す、ドアのノックやブザーが来客を示すとか、それと繋がっているものを利用した記号で、象徴記号（symbol）は、私たちの使っている言語の大部分がそうであるように、何を指しているのか慣習や取り決めによって規定されているものです。直接的には、そのイコンのことでしょうが、顔のイコンというと、当然、キリストのイコンを思い浮かべるでしょう。東方教会では、キリストや聖人の聖なる画像という意味での「イコン」は、徒に感性を刺激する偶像ではなく、人を信仰へと導く媒介物として位置付けられます。十字架に架けられたイエスの身体を覆ったという聖骸布に、イエスの身体がプリントされたとされているものがあります。特に、イエスの顔がはっきり写っているトリノの聖骸布が有名ですが、こういうものもキリストの像（イコン）と呼ばれます。また、「彼は顔色を変えた il a changé de visage」というのは、恐らく、イエスが高い山の上で、その姿が光り輝き始めた、というイエスの「変容」をもじっているのでしょう。「意味性と解釈のあの全体に、具体的に君臨する」というのは、復活したイエスがメシアとして地上に君臨するようになったということのもじりでしょう。「具体的に」の原語は、〈matériellement〉で、これは「顔貌」が物質的な形を取っていないと効果を発揮できないということと、イエスが具体的な身体をもって復活したことの両方を指していると思うので、ここは素朴に「物質的に」と訳した方がいいでしょう。要は、イエスが復活したとされたことで、バラバラになりかけていた教団がまとまり、イエスの言葉とされるものが新約聖書としてまとめられて、旧約聖書と統合されたことに象徴されるように、霊とかロゴスのような漠然とした存在ではなく、身体をもった存在、特にはっきりした「顔」をもった存在がいてこそ、「シニフィアン」の連鎖に意味があるように見えてくるわけです。

> 神－専制君主は決して顔を隠してこなかった。反対に彼は、いつも一つあるいはいくつかの顔をもちさえした。仮面は顔を隠さない。仮面は顔なのだ。僧侶は神の顔を操る。専制君主においてはすべてが公的であり、公的であるすべてのことは顔によって公的なのである。

神、あるいはその代理を演じる専制君主が「顔」を隠してこなかった、と言われると、神の姿は祭りの時にだけ、姿を見せるが、日常でその姿を見ることは許されないという話とか、神の像を作ってはいけないという偶像禁止の話、明治維新までは、天皇は一般庶民に姿を見せなかったとか、それに反する例をいろいろ思い浮かべてしまいますが、儀礼に使う「仮面 masque」も「顔」であると考えると、それなりに納得がいきますね。狭い意味での「仮面」だけでなく、イコンとか、王家の様子を描いた絵画とか演劇のようなものも、広い意味での「仮面」と考えると、結構説得力がありそうな気がします。天皇や国王にあっては、全ては公的だという話はよく聞きますが、これは彼らが常に国民に向けて何らかの形で、「顔＝仮面」を見せ、各人が従うべき文化的な意味連関があるように思わせる役割を担っているから、ということになるでしょう。儀礼の仮面にしろ演劇の仮面にしろ、「仮面」というのは、公的な場に何らかの「顔」をもった存在、意味の源泉となるべき存在が現れたことを印象付けるために作られるわけです。

> 結局、専制君主や神の顔あるいは身体は、逆身体のようなものをもっている。受刑者、あるいはもっとふさわしいのは除け者の身体である。これら二つの身体が通じあっていることは確かである。なぜなら、専制君主の身体は屈辱、あるいは責苦、または追放や排除の憂き目にあうことがあるからである。「別の極には、有罪者の体をおくことを想像できる。彼もまた法的な資格をもち、最高権力者を冒す最大の権力を措定するためではなく、処刑されるものにそなわった最小の権力をコード化するために、彼自身の儀礼を喚起するわけである。(……) 政治的地平の最も見えにくい場所に、有罪者は、対称的な逆立した王の形象を描くのである。」受刑者とは、まず顔を失うものであり、動物ー生成変化、分子ー生成変化に入るものであり、その灰は風に散るのである。しかし、受刑者は終着点などではなく、逆に排除の前の第一歩のように思われる。オイディプスは少なくともそのことを理解したのだ。彼は自分を処罰し、目を突き、去ってしまう。

「逆身体 un contre-corps」というのが唐突に出てきますが、文脈から分かるように、意味の源泉になるようなプラスの価値を持った身体ではなく、逆に、マイナスの価値を帯びた身体ということでしょう。これは、キリストがそうであったように、王が、共同体の罪を追って死ぬ犠牲の羊、アガンベン（一九四二ー　）の用語だと、「ホモ・サケル（聖なる人）Homo Sacer」でもあるということですね。「受刑者」が「顔」を失うというのは、日本語で、合わせる顔がない、と言う時の極端な状態のことでしょう。レヴィナスだと、一度、苦痛に満ち他者の「顔」に接したら、もはやそれから逃れることはできない、ということになりそうですが、ドゥルーズ+ガタリは、「顔」というのは共同体の中でしか通用しない危ういもので、「顔」を失うことで、共同体のモル的な束縛から解き放たれ、前回見たような意味で、「マイナー」なものとして「生成変化」するようになるわけです。受刑者は「排除の前の第一歩 le premier pas avant l'exclusion」だと言っていますが、ドゥルーズたちは、これを必ずしも否定的には捉えていないようですね。オイディプスは、自分が父を殺した後、母と交わって子供をもうけたと分かった後、自分の目を潰して放浪の旅に出ます。普通に考えれば、汚れた自分を罰しているわけですが、ドゥルーズたちは、王であるオイディプスが、自らの「顔」を破壊することで、共同体の軛から自由になった、と見ているわけです。

> 贖罪の山羊の儀式と動物ー生成変化はそのことをよく示している。最初の罪滅ぼしの山羊は犠牲になるが、二番目の山羊は追い払われ、不毛な砂漠にやられる。同じシニフィ

> アン的体制において、贖罪の山羊は、記号のシステムにとってエントロピー増大の新たな形を代表しているのだ。その山羊は、一定の時期のあらゆる「悪しき」もの、つまり意味する記号に抵抗したあらゆるもの、異なる円環を通過する記号から記号へのかかわりを逃れるあらゆるものを代表する。その山羊はまた、中心においてシニフィアンを補充することをしないあらゆるものを引き受け、最も外側の円をはみだすあらゆるものを連れ去る。結局また特に山羊は、シニフィアン的体制が我慢することのできない逃走線を体現し、この体制が封じ込めなければならず、否定的にしか定義することのできない絶対的な脱領土化を体現しているのだ。

「贖罪の山羊」も、先ほどのオイディプスの自己追放の話のように、生成変化としてポジティヴに捉えようとしているわけですね。「贖罪の山羊」が二匹というのは、旧約聖書のレヴィ記に出ている話で、二匹の山羊を選んで、一匹を直接神への捧げものにして、もう一匹を悪魔アザゼルのいる荒野に追放するようにした、とされています。この、意味の体系としての共同体の外へと追いやられる山羊が、エントロピーの増大への対応になっている、というのは何となく分かりますね。エントロピーが増大するということは、ランダムな運動の余地が広がって、秩序の維持が難しくなるということです。増えすぎたエントロピー＝汚れ、具体的には、人々が共同体の掟から逸脱して行為してきたことを、山羊に背負わせて追放し、共同体の秩序を維持するわけです。象徴的な行為ですが、それによって、共同体のメンバーはそれまでの罪を清算してもらった気になり、自暴自棄にならないですむかもしれません。そういう風に言うと、山羊は罪を押し付けられた哀れな存在に聞こえますが、ドゥルーズたちはむしろ、そのことによって、山羊がマイナーで分子的な性格を獲得すると考えているようです。無論、人間にそれまで飼育され、外では生活できない体質になってしまっていたのに、人間の都合で追い出される山羊にしてみれば迷惑な話でしかないでしょうが、これを共同体の罪を負わされる「ホモ・サケル」的な人間、共同体の「シニフィアン的体制」の意味の連鎖に回収されることがないので、無能・無価値に見えるけど、放っておいたら危ない人間のことを指していると考えると、そういう人間の存在が、モル的な硬直状態からの「逃走線」になるというのは、分からなくもない理屈ですね。

「記号のシニフィアン的体制」には八つの側面

二四三頁に「記号のシニフィアン的体制」には八つの側面があると述べられています。今までのまとめになっています。

> （1）記号は記号に、無限に差し向けられる（記号を脱領土化する無限の意味性）。（2）記号は記号によってもとに戻され、たえず戻される（脱領土化された記号の円環性）。（3）記号は円から円へと跳躍し、みずから中心にかかわ

りながら、たえず中心を移動させる（記号のメタファーとヒステリー）。（4）円の拡張は、いつもシニフィエを与え、シニフィアンを再び与える解釈によって保証される（僧侶の解釈病）。

ここまでは、記号がその本来の領土から離脱しながら、様々な場所で新たな指示対象やシニフィエを捕獲して、円環運動を〝再現〟し、それが結果的に、あらゆる場所に遍在するように見える「シニフィアン的体制」を生み出す、という話ですね。（5）がちょっと難しそうです。

（5）記号の無限集合は、欠如としても過剰としても出現するメジャーなシニフィアンに差し向けられる（専制君主的なシニフィアン、システムの脱領土化の限界）。

ここでは、専制君主自身ではなくて、「専制君主的なシニフィアン le signifiant despotique」が問題になっているわけですね。「過剰」というのは、先ほどあったように、記号を記号で説明する堂々めぐりのために余分になっているということです。「専制君主」は、共同体を構成する人間や事物が一定の意味を持っていることを保証する役割を一応担っているわけですが、では、どうして専制君主にそんな〝権威〟があるかというと、専制君主が、神の子とか代理とか、太陽とか天であるとか、宇宙の主宰者とか、特別なシニフィアンだと見ているからです。では、どうしてそういう「専制君主的なシニフィアン」が特別かと言うと、それは、神とは○○であるからだ……という風に別のシニフィアンで説明しようとすると、結局堂々めぐりになるし、主体＝臣民（sujet）たちが彼を特別なシニフィアンと見なしているから特別なんだということだとすると、露骨な同義反復になってしまいます。「専制君主的なシニフィアン」はその意味で余分であるわけですが、別の見方をすれば、意味を保証する役割を本当に果たせている「専制君主的なシニフィアン」などなく、そのような見かけによる誤魔化し、デコイがあるだけとも言えます。ペニスという生物学的器官はあっても、父の力の源泉であるファルスは虚構としてのみ存在する、のと同じように。

（6）シニフィアンの形式は実質をもつ、あるいはシニフィアンは〈顔〉にほかならない身体をもつ（再領土化を成立させる顔貌性の特徴の原則）。（7）システムの逃走線はある否定的な価値を与えられ、シニフィアン的体制の脱領土化の能力を超えるものとして処罰される（贖罪の山羊の原則）。（8）それは、さまざまな跳躍、調整された円環、占い師の解釈の規則、顔貌化された中心の公共性、逃走線の処理などからなる普遍的な欺瞞の体制である。

（7）で重要なポイントが指摘されていますね。システム自体に備わっている「脱領土化」作用があって、放っておいても、シニフィアンは脱属領化し、本来とは違う指示対象やシニフィエに関係付けられるようになりますが、その標準的な速度を上回って、シニフィアンの連鎖の中に組み込めないような、急激なエントロピーの増大、意味のかく乱を引き起こすと、システムがもたないので、追放してしまうわけです。（8）は、（1）～（7）の性質を備えたシステムは、見せかけによって辛うじて成立している不安定なものだというわけです。

四つの記号系

更に、こうした脱領土化しながら支配域を見かけ上拡大するシニフィアン的記号系以外の記号系が三つ存在するとされています。

> まず、原始的といわれるプレ・シニフィアン的な記号系であって、これは記号なしで機能する「自然な」コード化にはるかによく似ている。この場合、表現の唯一の実質は少しも顔貌性に還元されてしまうものではない。シニフィエが抽象されることによって、内容の形式が抹消されることもまったくないのだ。

「プレ・シニフィアン的」は、先ほどは「前シニフィアン的」と訳されていましたね。厳密に言うと、ここでは、〈pré-signi-fiant〉とハイフンが入って、「前・」だと強調されている点が違いますが、ハイフンを入れたからといって、「前」を「プレ」にすべき必然性はないので、統一しておいた方がいいでしょう。「記号なしで（sans signes）機能する『自然的な』コード」というのは、動物が仲間同士、あるいは周囲の事物に対して働きかける際の、Aという刺激があればBの反応をする、というように自動的に意味付けし、動作を引き起こすコードということでしょう。これに似ているというのですから、ほぼ〝自然〟にその意味が決まっていて、固定化している記号系ということでしょう。「内容の形式」というのは、事物が私たちの習慣的な行動においてほぼ〝自然〟に分類されている時のパターン、恐らく、魚と鯨や海豚を見た目で同じカテゴリーに入れるような自然な区分ということでしょう。「前シニフィアン的な記号」にとっての「表現の唯一の実質」というのは、今の例で言うと、その（魚と鯨を区別しない）共同体で〝魚〟を指すために使われている言葉とか、それに対応する象徴的記号のようなものでしょう。記号といっても、恐らく当人たちにとっては、便宜的にそう名付けているのではなくて、必然的にそういう発音や、画像とかシンボルで表されるべき実体があるのでしょう。そうした「前シニフィアン的記号系」は、意味をコントロールする主体の顔を必ずしも必要としない、というわけです。

> にもかかわらず、かぎられた記号的観点から内容を抽象するのは、シニフィアンによるどんな権力奪取もしりぞけ、内容それ自体に固有の表現形式を保存する表現形式の複数性や多様性を強調するためである。こうして、身体性、動作、リズム、ダンス、儀式などの形式は、非等質的なもののうちで、音声的な形式と共存するのである。表現のいくつかの形式、いくつかの実質が、たがいに切り取られ中継しあう。これは切片〔線分〕的な記号系であるが、複線的

> であり、多次元的であり、あらかじめあらゆる意味の円環性と戦うものである。

少し分かりにくいですが、これは「切片〔線分〕的な記号系 une sémiotique segmentaire」と呼ばれる記号系ですね。「シニフィアン的記号系」が円環的、つまり堂々めぐりしているのに対して、一定の方向にしか向かわないように方向付けられている。「かぎられた記号的観点 dans une perspective étroitement sémiotique」、つまり、特定の内容を切り捨て、別の内容を強調するタイプの記号ということでしょう。「身体性」「動作」「リズム」「ダンス」「儀式」というのは、いずれも人間の自然な動きの一面だけを記号化したものですね。

> そして、さらにもう一つ、逆シニフィアン的と呼びうるような記号系が存在する（とりわけ遊牧し、戦闘する恐るべき放浪民のそれであり、先に述べた記号系に属する狩猟する放浪民とは異なったもの）。こんどは、この記号系は切片性によってではなく、むしろ代数によってあるいは計数法によってのみ機能する。確かに切片的な系統の分割または統合において、数はすでにたいへん重要な意味をもっていた。数はまたシニフィアン的な帝国的官僚制において、決定的な機能をもっていたのである。しかし、それは「自分以外のものによってもたらされ、産み出され、引き起こされて」、表象し、あるいは意味する数であった。逆に、「それ自身を樹立する印づけの外のいかなるものによっても産み出されることのない数的記号、複数的、動的な分配をしるし、それ自体で、さまざまな機能や関係を産み出し、総計ではなく編成を行ない、収集ではなく分配を行ない、単位の組み合わせによってではなく、切断、移行、移動、集積などによって作動する数的記号、このような記号は、今度は国家装置に対立する遊牧的な戦闘機械の記号系に属しているように思われる。一〇、五〇、一〇〇、一〇〇〇……等における数の組織、そしてそれに結びつく空間的な組織は明らかに国家の軍隊によって採用されることになるが、そもそもヒクソスからモンゴルにいたるステップの偉大なる遊牧民に固有の戦闘組織を示しており、血統の原則に重なるものである。秘密、諜報は、戦争機械におけるこのような〈数〉の記号系の重要な要素である。聖書における〈数〉の役割は、遊牧民と無関係ではない。

「逆シニフィアン的 contre-signifiant」の「逆」ということから、先ほど出てきた「逆身体」のように、負の価値を持ったシニフィアンとか、エントロピーを増大させるシニフィアンのようなものを連想しますが、どうもそういうイメージではなくて、「遊牧民 les nomades」及び「数 un nombre」との関係が深いということですね。「放浪民」という言葉も使われていますが、原語は同じ「ノマド」です。（ ）内の説明にあるように、一方の〈nomades〉に「遊牧する éleveur」——正確には、「飼育者である」と訳すべきでしょう——という形容詞が付いているの

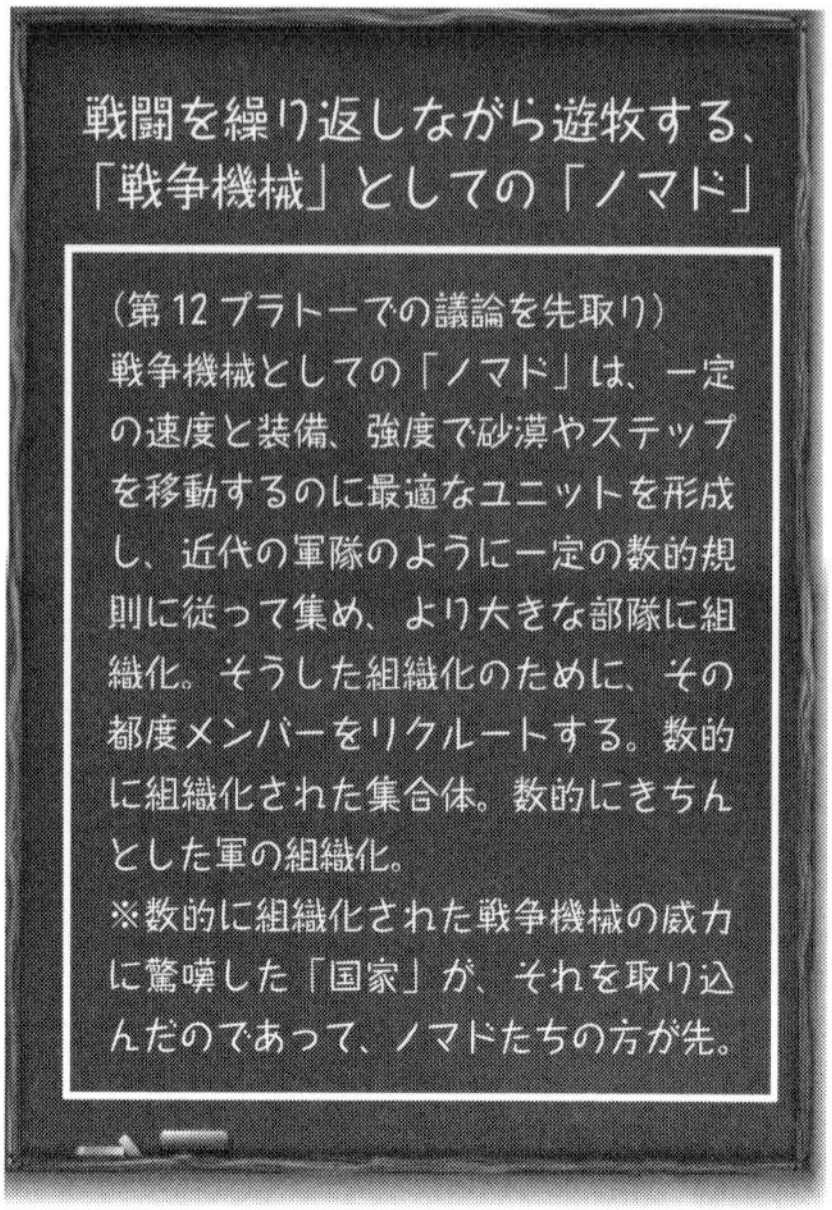
戦闘を繰り返しながら遊牧する、
「戦争機械」としての「ノマド」
（第12プラトーでの議論を先取り）
戦争機械としての「ノマド」は、一定の速度と装備、強度で砂漠やステップを移動するのに最適なユニットを形成し、近代の軍隊のように一定の数的規則に従って集め、より大きな部隊に組織化。そうした組織化のために、その都度メンバーをリクルートする。数的に組織化された集合体。数的にきちんとした軍の組織化。
※数的に組織化された戦争機械の威力に驚嘆した「国家」が、それを取り込んだのであって、ノマドたちの方が先。

で、仕方なく、「放浪者」という言葉を当てたのでしょう。狩猟採集生活していて、比較的少人数の集団しか作らないであろう「ノマド」が先ほどの「切片的な記号系」と関係しているのに対し、戦闘を繰り返しながら遊牧する、この後、第12プラトーで本格的に扱われる「戦争機械」としての「ノマド」の「逆シニフィアン的体制」では、「数」が重要になるわけですね。

　では、どういう意味で「逆」なのか？　シニフィアン的体制では、専制君主を中心とした記号の体系に、全てが関係付けられます。個人のちょっとした行動も、国家的な秩序の視点から意味付けされ、制約を受けます。そういう意味がコントロールされている体制は、年貢の取り立てとか徴兵、賠償金の支払いとかで数値化されてそうな気がしますが、そういうのは領域の支配とか秩序維持といった目的のために数字を使っているということですね。ドゥルーズたちの言っている「数」はそういう体制維持のための〝数〟ではなく、むしろ数の論理に従って、組織を作っていくための数です。

　第12プラトーでの議論を先取りすると、戦争機械としての「ノマド」は、一定の速度と装備、強度で砂漠やステップを移動するのに最適なユニットを形成し、そのユニットを、近代の軍隊のように一定の数的規則に従って集め、より大きな部隊に組織化していくわけです。そうした組織化のために、その都度メンバーをリクルートするわけです。ドゥルーズたちは、戦争機械としての「ノマド」をそういう数的に組織化された集合体と見ているわけです。数的にきちんとした軍の組織化を始めたのは、国家だと私たちは考えがちですが、ドゥルーズたちに言わせれば、数的に組織化された戦争機械の威力に驚嘆した「国家」が、それを取り込んだのであって、ノマドたちの方が先です。「血統の原則に重なる se superposer au principe des lignages」と言っていますが、この場合の「血統」というのは、純粋に父系か母系で遺伝子を受け継いでいるという意味ではなくて、必要に応じてユニットを作る際に、婚姻関係を結ぶとか、養子にする、義兄弟になるといったことも含んでいるのではないか、と思います。

　聖書にもそういう記述がありますね。「創世記」「出エジプト記」等と並ぶ、モーセ五書の一つに「民数記」があります。「民数記」では、▲▲の地に四〇年とどまったか、〇〇に集まった民衆の数は▼▼人で、◇◇人が犠牲を捧げ、●●人は罪を犯したので殺された、◇◇族はどこに配置されるとか、数的、空間配置的な話が実際たくさん出てきます。他の書もやたらと数の記述が多いですね。イスラエルは、ヤコブの子孫の十二支族から成っているとされていますが、モーセがそうだったように、異邦人の下で暮らしたり、結婚したりする者もいます。戦争機械が、こうした「数」による組織によって、土地を占有しようとする専制君主機械を掘り崩すので、「逆」と呼ばれるのでしょう。

「第四の記号体制」が「ポスト・シニフィアン的体制 régime post-signifiant」です。

> これは新たな性格をもっていて意味性に対立し、「主体化」という、独創的な過程によって定義される。——したがって記号の体制は数多く存在する。われわれのリストもまた、任意に限定されたものにすぎない。一つの体制、あるいは一つの記号系を、ある民族や、ある歴史的瞬間に一致させる理由は少しもないのである。同一の瞬間、同一の民族において、はなはだしい混合が存在するので、われわれはただ、一民族、一言語あるいは一時期において、ある体制が相対的に優勢であるといえるだけである。おそらくあらゆる記号系は混成的であり、内容のさまざまな形式と結びつくだけでなく、さまざまな記号の体制を結びつけるものである。

この書き方だと、どういう記号が使われるのかよく分からないですが、まさにそれがこの〝記号体制〟の特徴です。「記号の体制」が「数多く存在する」状態、単一のシニフィアン的体制でまとまるのが複数の競合する記号体制によって阻止されている状態を、全体的に見て「ポスト・シニフィアン的体制」というのでしょう。

> プレ・シニフィアン的要素はいつも能動的であり、逆シニフィアン的要素はたえず作用し、出現し、ポスト・シニフィアン的要素は、すでにシニフィアン的体制の中に存在している。

シニフィアン的体制が支配的になっているように見えても、実際には、他の記号体制もそれに対抗するように働いていて、俯瞰的に見ると、ポスト・シニフィアン的体制になっている。ツリーとリゾームの話と同じような構図ですね。

> 二十世紀の始め臨床的な洗練の頂点にあったとき、精神医学は心的な統合を保ったままで「知的減退」をともなうことがなく、幻覚もともなわない錯乱という問題に直面した。最初の大きな症候群としては、すでにさまざまな様相を呈するパラノイア的錯乱あるいは解釈の錯乱があった。しかし、問題は、エスキロールのいう〈モノマニー〉、クレッペリンのいう〈好訴妄想〉などにおいて記述され、セ

リユーとカップグラのいう〈復讐〉錯乱、クレランボーのいう恋愛妄想において定義されたような、もう一つの症候群がときとして自立的に存在することであった（好訴あるいは復讐、嫉妬、好色）。まずセリユーとカップグラ、そしてクレランボー（分類の方法において、いちばん進んでいたのは彼である）の実にすぐれた研究によると、意味性のパラノイア的で解釈的な観念的体制と、ポスト・シニフィアン的で情念的な主体的体制とが対立することになるだろう。

急に精神医学の話になるので面食らいますが、これまで見てきたように、ドゥルーズたちは、精神医学的症状と、その人にとっての「記号の体制」の見え方、作用の仕方を表裏一体と見ているようです。エスキロール（一七七二－一八四〇）は、フランスの精神医学者で、近代精神医学の父とされるピネル（一七四五－一八二六）に学んで、ピネルが運営する有名なサンペトリエール病院に勤務します。「モノマニー Monomanie」は偏執狂とか固定妄想などと訳されますが、特定の行動様式、傾向、思考に関しては病的だけど、他の面では普通であるような状態を指します。一九世紀のフランスの精神医学ではよく使われていて、フーコーの本にも出てきますが、今では過去の概念になっているようです。クレペリン（一八五六－一九二六）はドイツの精神医学者で、現在の精神病の分類法の原型を作ったことで知られています。「好訴妄想 Quérulance」というのは文字通り、自分が受けた損害を埋め合わせるため訴訟をしないといけないと信じて行動に移してしまうことです。ポール・セリユー（一八六四－一九四七）とカプグラ（一八七三－一九五〇）は、フランスの精神医学者で、解釈妄想病（délire d'interprétation）と呼ばれるパラノイア型の精神病の共同研究をしたことで知られています。「〈復讐〉錯乱 le délire de Revendication」というのは、復讐に取りつかれた状態で、「好訴妄想」もその一種のようです。クレランボー（一八七二－一九三四）もフランスの精神医学者で、愛されていると思い込む「クレランボー症候群」の研究で知られています。ドゥルーズ＋ガタリは、これらの人たちを参照することで、「シニフィアン的体制」と強く結び付いた「意味性のパラノイア的で解釈的な観念体制 un régime idéel de signifiance, paranoïaque-interprétatif」と、それを内から解体する傾向を秘めた「ポスト・シニフィアン的で情念的な主体的体制 un régime subjectif, post-signifiant, passionnel」の違いがはっきりしてくる、と示唆しているわけですね。

第一の体制は、ひそかな開始によって、つまり一つの観念をめぐる内因的な力を示す隠れた中心によって定義される。そしてまた、不定形の連続体に網をめぐらす展開、些細な出来事をもとらえる流動的な空気、円環状に放射する組織、あらゆる方向に円環状に放射する拡張などによって定義される。個人はそのとき一つの点からほかの点へ、一つの円から他の円へと跳躍し、中心に近づいては遠ざかり、未来

> を予測し、過去を回顧するのである。さらにこの体制は、原理的な中核のまわりに集合する可変的な軌跡、または二次的な中心にしたがう空気の変形によって定義されるのである。

第一の体制というのは、パラノイア的な性格を持ったシニフィアン体制のことですね。これまで述べられてきたように、この体制は、一つの「中心」をめぐる多くの円環運動から成っていて、この中に囚われている〝主体〟たちは、円環から円環へと跳躍し、不動の「中心 le centre」を向いているように見えるけど、実際には、不動の「中心」などなく、至るところに同じシニフィアンを見出そうとするパラノイア的な〝主体〟によって、その都度〝中心〟が再構成される、というわけです。全く違うものが、シニフィアンによって等号で結ばれているので、同じように見えてしまい、そういうシニフィアンの〝同一性〟を保証している絶対的な〝中心〟がいるように思えてしまう。

> 第二の体制の方は、逆に、外的で決定的な機会によって、観念よりも情念として、想像よりも努力や行為として現われる外部との関係によって（「観念よりもむしろ行為の錯乱」）、ただ一つの部門で作動する限定された布置によって、消耗しながら新しいプロセスの開始をしるす一つの線形の系列、または一つのプロセスの出発的であるような「公準」あるいは「簡潔な公式」によって、要するに、無限に拡張するさまざまな円環の同時性によってではなく、かぎられたプロセスの線形的かつ時間的な継起によって、定義されるのである。

ポイントを摑みにくい抽象的な書き方ですが、「外的で決定的な機会」と「一つの部門で作動する限定された布置」「かぎられたプロセスの線形的かつ時間的な継起」の三つがポイントだと思います。つまり、ヴァーチャルな〝中心〟をめぐって、延々と続く円環運動ではなくて、「外」からの何か具体的な影響で、特定の領域で、時間的に区切られた、一定の方向への個別の運動が、てんでばらばらに次々に生じていく、ということであれば、第一の体制とはかなり違ったイメージになりますね。

> 知的な減退をともなうことのない二つの錯乱に関するこのような歴史は、たいへん重要なものである。なぜならそれは既存の精神医学を攪乱するものではなく、十九世紀の精神医学が成立したときその中心にあり、精神医は、出現したときからちっとも変わっていないということをよく説明している。

一九世紀の精神医学の創成期に、知能は低下していないのに「錯乱 délire」するという現象に、二つのタイプ、先ほどの第一の記号的体制に対応するパラノイア型のものと、第二の記号体制に対応するモノマニー型のものがあるということが話題になったということですね。それは、精神医学の本質に関わる問題かもしれない、と示唆しているわけです。

最初のタイプの例として、シュレーバー症例で有名なダニエル・パウル・シュレーバー（一八四二―一九一一）の話を出していますね。彼は、様々な霊が、霊的な光線という形で自分の身体の中に入ってきて苦しめているという妄想に苦しめられ、神が自分を女性の身体に変えようとしておられる、と言い出します。しかし、彼はそうした自分の状態をかなりしっかりと認識し、詳細に書き留めています。自分のようにちゃんと財産管理できる判断能力のある人間を本人の意志に反して、施設に閉じ込めることは法的に妥当なのかとして、訴訟を起こしている。だからこそ彼の手記が、フロイトをはじめ、いろんな人に分析されるわけです。で、それと違うタイプというのは、

> 一方の極には、まったく狂人の外観をもたないで、しかもまったく狂人でしかありえない人々がいる。それは彼らの唐突な行為、喧嘩、放火、殺人などが示しているとおりである（すでに、エスキロールによる四つの大きなモノマニー、色情的、推論的、火災的、殺人的モノマニーがそうである）。

シュレーバーのようなパラノイア型は特定の問題にずっと固執するので、ある意味、分かりやすいのですが、モノマニー型の方は、いきなり異様な、迷惑な行為をするので、大変なわけですね。「推論的モノマニー monomanie raisonannte」というのがよく分からないですが、これは他の色情とか放火、殺人のようなものが、悪いと分かっていても情動の働きが強くて止められないのに対して、〈raisonnant〉というのは、特定の妄想とか幻覚が張り込んでいることを除いて、他の部分では至って正常に推論を働かせている状態のことです。「推論的」だとよく分からないので、「推論が機能している状態での」と意訳した方がいいのではないかと思います。

> だから、われわれはシニフィアン的パラノイア的な専制的記号体制と、ポスト・シニフィアン的主体的あるいは情念的な権威体制とを区別しようとする。

前者の「シニフィアン的パラノイア的な専制記号体制」と、後者の「ポスト・シニフィアン的主体的な体制」はこれまでの説明から十分分かりますが、後者に「権威」とか「情念的」といった形容詞が付いている意味がよく分かりませんね。原語では、〈un régime autoritaire, post-signifiant, subjectif ou passionnel〉となっています。シニフィアンの円環運動に巻き込まれない独自性という意味での〝主体性〟を示すことを、「情念的」と言い換えるのはいいとして、それがどうして「権威（的）」なのか、「権威的」と「専制的」がどう違うのか分からないですね。

逃走線

> この第二の体制においては、前に定義されたシニフィアン的体制に対してどんなことが起きるのだろうか。まず、一つの記号、あるいは一団の記号が、拡散的な円環的組織網から離脱し、自立的に動きはじめ、まるで細く開いた通路に吸い込まれていくように、直線の上を急進する。シニフ

ィアンのシステムはすでに、自分自身の脱領土化された記号の固有の基準を超えてしまうような逃走線あるいは脱領土化線をしるしていたのであった。しかし、まさにシニフィアンのシステムは贖罪の山羊を逃走させることによって、このような線に否定的な価値を刻みつけてしまったのだ。いまやわれわれは、この線は肯定的な価値を受け取り、これに自己の存在理由や運命を見出す一つの民全員によって、まさに占拠され、追求されるということができるだろう。

ここも抽象的な言い方なのでピンと来にくいですが、ぐるぐる回る円環運動から離脱して、一つの方向に突っ走る傾向があるということですね。その逸脱に際して、シニフィアン的体制では、否定的な価値を付与されていた「逃走線」、犠牲の山羊を共同体の外部に追い立てるためだけに使われていた線を、多くの人が逃げ出すために積極的に活用するようになる、ということを言っているわけです。

パラノイアのファラオンと情念的なヘブライの場合もまたそうだろうか。ユダヤの民とともに、一群の記号が、その一部をなしていた帝国的エジプト的組織網から離脱し、最も権威的な主体性を専制的な意味性に対立させ、最も情念的で、少しも解釈的でない錯乱を、解釈者のパラノイア的な錯乱に、要するに、線形的な「訴訟あるいは要求」を拡散的円環的な組織網に対立させて、砂漠における逃走線を追求するのだ。きみたちの要求、きみたちの訴訟、これが、その民に対するモーゼの言葉であり、そしてさまざまな訴訟が、〈情念〉の線上に相次いであらわれる。カフカはそこから、彼独特の好訴妄想と訴訟の概念、また一連の線形的な切片を導きだすのである。父―訴訟、ホテル―訴訟、船―訴訟、法廷―訴訟……。

先ほどもイスラエルを、逆シニフィアン的なノマドの例として出していましたが、ここでも『旧約聖書』のイメージを利用して、モーセの出エジプトを引き留めようとしたファラオを専制君主、彼の治めるエジプトを、パラノイア・シニフィアン的体制の国家と見ているわけです。そこから、イスラエルの民がノマド化して、ポスト・シニフィアン的な状態になって逃走するわけです。我々が文学から抱く漠然としたイメージからすると、ユダヤ人こそ究極の意味に拘っているような気もしますが、ここでは、モーセに率いられて、約束の地はあるのだと信じて、エジプトという円環的な国家を離脱して、砂漠を直進していったという面に注目しているわけです。モーセが「権威」を代表しているわけですから、ファラオのような中心に君臨して全体を制御して、安定化するような権力ではなく、戦争機械に対して十戒のような形で、何が正しいかを示し、一つの方向に向かわせる、方向指示器的な作用をするものだと考えられます。日本語の普通の使い方だと、「権威」は「専制的権力」とあまり違わない感じがしますが、ここでははっきり使い分けているようですね。

ここでカフカの話が急に出てくるので、少し混乱しますが、「訴訟」の原語が〈procès〉で、この言葉には当然、「プロセス」という意味があることに注意して下さい。「プロセス」と言うと、モーセとイスラエル民族の歩みと繋がってきますね。また、「要求」と訳される〈revendication〉は、法廷での「訴え」とか「返還請求」の意味で、先ほど見たように、〈le délire de Revendication〉と言うと、（「好訴妄想」を含んだ）「〈復讐〉錯乱」の意味になります。そして、『審判』の原題は、《Der Process》です。ある日いきなり下宿を訪ねてきた監視人に「あなたは逮捕された」と告げられ、実体がよく分からない「訴訟 der Process」に巻き込まれ、自分が知らない間にその「プロセス」がどんどん進行していくことに面食らっているヨーゼフ・Kをめぐる、『審判』の物語は、パラノイア型の解釈病のようにも読めるのですが、ドゥルーズ＋ガタリは、むしろ好訴妄想のモノマニー型の物語と取り、モーセとイスラエル民族の線形的なプロセスと重ね合わせようとしているわけです。ご存知のように、カフカはユダヤ系です。

ただ、律法の権威に率いられて砂漠を実際に行進する「プロセス」と、「訴訟」の「プロセス」は言葉の上では繋がっていても、何か全然違うプロセスのように聞こえますね。そこで、比較的自由に解釈できそうな『審判』を、『出エジプト記』に引きつけて解釈してみましょう。モーセたちは、円環の中で割り当てられた機械のパーツのような円環から離脱して、自分たち固有の生き方を求めて、離脱のプロセスを開始しました。権威であるモーセから与えられる戒律に導かれて。銀行員であるヨーゼフ・Kは、銀行でのルーティン仕事を続けています。小説を素直に読むと、「法」の方から彼を追いかけてくるようですが、これはKの内面で起こったプロセスで、実際には彼の方が日常の円環から離脱しようとして、訴えを起こして線形的な「プロセス」を開始したと見ることもできるでしょう。Kをめぐるプロセスは、役所や法律関係者の間で行ったり来たりを繰り返しているように見えながら、小説なので当然ではあるのですが、徐々に進んでいき、最後はKの処刑で終わります。ただ、その「処刑」が実は、Kが円環から最終的に解き放たれたことを示しているのかもしれない。

「父－訴訟」などと表記されている「訴訟」は、先ほど言ったように〈procès〉です。カフカの作品のそれぞれで、「父」とか「ホテル」とか「船」がきっかけになって、円環を逃げ出すプロセスが始まる、あるいは、プロセスの進行する場が設定される、ということでしょう。「父」は、象徴的にはカフカの全ての作品に潜在的に表れていると言えますが、特に『変身』（一九一五）とか『判決』（一九一六）とか、いくつかの作品で直接、主人公が〝破局〟へのプロセスに向かっていく直接のきっかけを作ります。モーセに相当する役割を果たしているのかもしれません。「ホテル」と「船」は、前回お話ししたように、『失踪者』もしくは『アメリカ』と呼ばれる作品からです。カフカの作品の登場人物は、堂々めぐりしている、シニフィアン的なものにパラノイア的に拘っているように見えなくもありません。しかしドゥルーズ＋ガタリは、実は、彼らが既にその円環から逸脱していて、ゆっくりかもしれないけど、後戻りできない逃走線上を走っている、と見ているわけです。

二五三頁を見ると、例の紀元前五八七年と紀元七〇年のことが言及されています。二度にわたって、イスラエルの神殿（Temple）は壊されたわけですが、このことは、イスラエル人の生活の中心である寺院の壊れやすさ、シニフィアンを脅かす脅威がしょっちゅう襲ってくることを象徴しているようですね。ユダヤ人たちは、帝国へのノスタルジアに突き動かされているけれど、結局、逃走線を歩むこと＝ディアスポラから逃れられず、ポスト・シニフィアン的な記号体制の中にあるわけです。

> 顔貌性は一つの深い変形をこうむる。神は誰も見てはならない自分の顔を背けるのだ。しかし逆に、主体は神への真の恐怖にとらえられ、自分の顔を背ける。向きを変え、横に向いた顔が、正面から見た放射的な顔にとって代わる。まさにこのような二重の方向転換において、肯定的な逃走線がしるされる。預言者とは、このようなアレンジメントをもつ人物である。彼は、自分に神の言葉を保証する記号を必要とするのであり、彼が属している特別な体制を示す記号に自分自身撃たれるのである。スピノザこそ、このような固有の記号を考察しながら、最も深い預言主義の理論を作った人である。すでにカインは、彼から顔を背ける神に対して顔を背け、彼を死から遠ざける記号に守られて脱領土化線をたどる。カインの記号《しるし》。それは帝国的な死よりも悪い罰だろうか。ユダヤの神は猶予を、猶予における実存を、無限の期限延長を発明する。

『旧約聖書』には、神の顔を直接見たら命がなくなるので、顔を伏せるという話がよく出てきます。ここでは、神の側が自らが神聖不可侵の存在であることを示すために顔を隠すのに対して、人間の方は懼れで顔を背けるわけですね。そこで、「横に向いた顔 les visages qui ... ... se mettent de profil」、神から背けた「顔」が、「預言者」の「顔」だとすると、この場合の「横 prophète」というのは、半分は神の方に、半分は民衆の方に向いている、という意味合いと、民衆の前に姿を現すのだけれど、神の代理であるがゆえに、神秘のヴェールに包まれているような演出をしているというような意味合いが合わさっているのでしょう。イエスとかモーセ等、聖書の預言者の絵は横向きのものが多いですね。その顔によって「肯定的な逃走線がしるされる」というのは、モーセのような横向きの預言者の権威によって、イスラエルの民のプロセスが始まるわけです。「自分に神の言葉を保証する記号 un signe lui garantissant la parole divine」あるいは「彼が属している特別な体制を示す記号 un signe marquant le régime spécial auquel il appartient」というのが何を指しているのか気になりますが、いろいろ思い当たるものはありますね。モーセが十戒を書き留めた石板、あるいは、割礼の印。スピノザが、そうした固有の記号を研究したというのは、恐らく、『神学・政治論』（一六七〇）で聖書を批判的に読解して、ユダヤ教に特有の解釈を批判して、聖書を自由主義的に読む可能性を示したことを言っているのでしょう。「カインの記号」というのは、嫉妬で弟アベルを殺してしまったカインがエデンの園から追い出された時の話です。カインは、神がアベルの供え物を受け取って、自分の供え物を受け取ってくれなかったので、神の前で顔を伏せます。そしてアベルを殺した後、神に問いただされた時も、私はあなたから顔を背けますと言って、出ていこうとしますが、同時に、園での保護を失った自分はすぐに殺されるだろうと不安を述べます。そこで神は、お前を殺す者は私が罰するであろう、その記しをお前に与えると言います。それでカインはエデンの東へと放浪していくのですが、それを「逃走線」と見ているわけですね。それに対する、「帝国的な死 la mort impériale」というのがどういうことか説明がありませんが、カインは、記号によって「死から遠ざけ qui le fait échapper à la mort」られるわけですから、それとの対比で考えると、本当に死刑にされるということでしょう。「帝国」というのは、イエスを十字架にかけたローマ帝国のようなイメージでしょう。歴史的な「帝国」というより、秩序を保つためにパラノイア的に拘り、乱すものは処刑するしかない、ということでしょう。「無限の期限延長 l'atermoiement illimité」というのは、いつまで経っても時効が成立せず、どこまでも先へ先へと延長され、罪の重荷から解放されない、ということでしょう。注（15）が付いていて、『審判』に登場する画家ティトレーリが「無限の期限延長」について語っていると説明されています。この画家は法廷によく出入りしていて、訴訟の仕組みを知っているということで、Kが相談に行くと、一度訴訟が始まると正式に取り下げさせることはほぼ不可能だけれど、二つのやり方で訴訟の過程を遅らせることができると説明します。

二五六頁ではヨナの話が引き合いに出されています。ヨナは、神から、ニネベの町の住民が悪を行ったので、その罰として禍を与えるので、そのことを町の者たちに告げるように命じられます。ニネベは異民族の土地で危険なので、ヨナは私にはとてもできませんと言って逃げることを試みるのだけど、逃がしてもらえないという話です。最後は大きな魚に飲み込まれ、そこで諦めて、ニネベに行って神の言葉を伝えます。ニネベの王が住民に悔い改めと断食を呼び掛けたおかげでニネベの町自体は救われますが、ヨナは、神が彼らを勝手に許したことに腹を立てます。そこで神は、ヨナに彼の考え違いを正す教訓を与えます。

> 神はヨナに、ニネベに行って住民に改心をすすめる使命を与える。彼らは神を裏切り続けていたからである。しかし、ヨナが最初にしたのは、逆に振る舞うことであった。今度は彼が神を裏切り「アドナイの顔から遠くに」逃れるので

ある。彼はタルシシに向かう船に乗り、正義の人としてそこで眠る。神の巻き起こした嵐は、彼を海に投げこみ、大きな魚が彼を呑みこみ、地と水の果てに、分離の限界に、あるいはすでに箱舟の鳩の線であった逃走線に彼を吐き出す（ヨナはまさに鳩の名前である）。しかし、神の顔を逃れながら、ヨナはまさに神の望むことをしたのである。ニネベの悪を身に引き受けることである。それを彼は、神が望むよりさらによく果たし、神を追い越してしまった。

この話は通常、神の御心を人間が測り知ることはできないことを示す寓話として理解されますが、ドゥルーズたちは、神の顔から眼をそらせて闘争する話として捉え直したわけです。普通は、ヨナはお釈迦様の手の平の上の孫悟空のように、神に踊らされ、ニネベの町を救済させるという神の隠された意図を実行することになるということで理解されますが、ドゥルーズたちは、最後の教訓話的なものを恐らく後付けと見なして、ヨナが逃げ続けたことで、ニネベを滅亡させるという神の当初の意図を超えてしまった、と見ているわけです。

放浪と裏切り

二五八頁では、オイディプスの放浪の物語について論じられていますね。この物語は扱いが厄介だということですね。

それはオイディプスの物語である。なぜなら、ギリシア世界においてオイディプスはほとんど孤立しているからである。最初の部分はすべて、帝国的、専制的、パラノイア的、解釈的であり、占い的である。しかし、第二の部分は、すべてオイディプスの放浪であり、彼自身の顔と神の顔が二重に背けられることによって逃走線を示す。秩序にしたがって超えられる実に厳密な限界の代わりに、または逆に超えてはならない限界の代わりに（神を前にしての傲慢）、限界そのものが逃れ、そこにオイディプスは吸い込まれる。解釈的なシニフィアン的放射ではなく、主体的線形的プロセスは、まさにオイディプスが、新しい線形的プロセスを開始しうる残滓として秘密を保持することを可能にする。

最初の部分というのは、ソフォクレス（前四九七／六頃—四〇六／五頃）の悲劇で言うと、『オイディプス王』で、彼が母と交わって子をもうけたと分かるまで、結末の直前までで、第二の部分とは、結末の自分の目をえぐって放浪の旅に出るところから、その続編に当たり、彼が娘のアンティゴネーと共にアテネの近郊のコロノスまでやって来た時を描いた『コロノスのオイディプス』で語られる物語を指しているのでしょう。第一部では、エディプスは「占い」——日本語で「占い」というと、手相とか御神籤とか私的なものを連想するので、「予言」と訳した方がいいと思います——を自分の都合のいいように解釈し、王国を獲得し、罪による呪いと思えるような現象が起きても、自分が父殺しという罪を犯した張本人であるという認識を回避して、テーベの町の秩序を守ろうとします。

自分が神々の定めた運命に翻弄され、母と交わって子供までなしてしまったので、もはや救われようがなく、預言などの形での神からの導きも伝わってこない状態に置かれたオイディプスが神から顔を背けられた状態にある、というのは比較的自然に読み取れることですが、ドゥルーズたちは、彼が自分の目を潰したこと、恐らくそれによって自分の罪の帰結や様々な運命の兆しを見ないですむようにしたことを、オイディプス自身が神から顔を背けたのだと理解しているようですね。そうやって、彼がパラノイア的な拘りから解き放たれて放浪の旅に出たことを、「逃走線」に見立てているわけですね。

「超えてはならない限界（＝傲慢）des limites...qu'on n'a pas le droit de franchir」というのは、近親相姦のことだと分かりますが、「限界」そのものが「逃れ」るというのがどういうことか分かりにくいですね。原語では、〈un dérobement de la limite〉で、〈dérobement〉の元になった動詞〈dérober〉は、「こっそり盗む」「かすめ取る」が元の意味で、そこから「免れさせる」とか「かくまう」とか「遠ざける」といった意味が派生しています。恐らく、闘牛士の持っている布のような感じで、そこにあると思って向かっていったら、さっとかわされて、別のところに「限界」あるいは「境界線」が現れる、という感じでしょう。『コロノスのオイディプス』で、放浪を続けたオイディプスたちはコロノスの地の復讐の女神エウメニデスの神域に辿り着き、そこで生涯を終えるつもりになりますが、地元の住民は立ちのきを要求するし、テーベの新しい領主クレオンは、オイディプスが死ぬと、その地の守護神になるという新しい神託を受けたので、彼を取り戻し、テーベの領土の片隅に住まわせてそこで息を引き取らせようとします。いろいろすったもんだの末、彼と娘たちは神域に入っていきます。そういう最後の地に着いたと思ったら、周囲の状況に翻弄されて、なかなか最後を迎えられない状態を、限界が逃げていく、と表現しているのではないでしょうか。

フリードリヒ・ヘルダリン

神をもたぬもの *atheos* と名づけられるオイディプス。彼は死よりも追放よりも酷いものを発明する。彼は、奇妙に肯定的な分離の線あるいは脱領土化の線を獲得し、さまよい生きのびるのである。ヘルダーリンとハイデッガーは、まさに二重の方向転換の発生、顔の変化、そして近代的悲劇の誕生を発見し、それによって奇妙にもギリシア人を優遇したのである。

ヘルダリン（一七七〇－一八四三）は、学生時代ヘーゲルやシェリング（一七七五－一八五四）と友人で、古典主義とロマン主義の間くらいに位置する詩人で、ソフォクレスの『オイディプス』と『アンティゴネー』をドイツ語訳し、それぞれに注

釈を付けています。ヘルダリンの後期の詩はソフォクレスやピンダロス（前五一八頃－四三八頃）をモデルにして、ドイツ語の詩のモデルを作ろうとしているので、かなり読みにくいですが、彼は詩作についての独自の哲学的な考察をしていて、それが二〇世紀になってからハイデガーやポストモダンの思想家たちから注目されることになります。特に『アンティゴネーへの注解』（一八〇四）では、昂揚して神に向かって上昇していき、もう少しで遭遇というところで向きを変えて、つまり顔を背けて、祖国の大地へ方向転換する「祖国的転回 vaterländische Umkehr」が意味するところをめぐって、ハイデガーやフランクフルト学派のアドルノ（一九〇三－六九）などが論争を繰り広げました。ややこしい話ですが、ポイントは、ヘルダリンは、真に創造的な芸術を生み出すには祖国的な神話・表象に回帰する必要があると言いたかったのか、それとも、限界に達して没落していくしかない状況を暗示しているのか、ということです――詳しくは拙著『危機の詩学』（作品社）をご覧下さい。ドゥルーズも『差異と反復』（一九六八）でこの注解についてコメントしています。

そして、専制的パラノイア的な体制に対する「裏切り trahison」の系譜について論じられていますね。「裏切り」とは、神の顔から顔を背け、シニフィアンの循環運動から外れて、線形運動を始めることです。

―― イギリス。クロムウェル。裏切り者はいたるところにいる。

> 情念的主体化のまっすぐな線は、意味性の王政的中心に、媒介的な円環に対立する。独裁者は、専制君主に対立する。［…］リチャード三世は別のところからやってくる。彼の事業、彼の女たちは、国家装置からではなく、戦争機械からやってくるのだ。彼は、偉大な遊牧民から、そしてその秘密からやってきた裏切り者である。彼はそのことを最初から公言する。権力の征服をかぎりなく逸脱してしまう秘密の計画について話しながら。彼は戦争機械をもろい国家に、穏健なカップルの中に侵入させようとする。ただしレディ・アンヌだけは、魅惑され、恐れ戦き、承知しながら、そのことを見抜くのである。エリザベス朝のあらゆる演劇は、絶対であろうとし、宮廷人や国家的人物のペテンとさえ対立する裏切り者の人物で満ちている。

クロムウェル（一五九九－一六五八）は王政を打倒した後、独裁的な権力をふるったので、「専制君主 le despote」と同類でパラノイア的な人物に分類されるかと思ったら、どうも彼は「独裁者 le dictateur」という別の類型に属し、円環から離脱する一方向的な運動を示していると見ているようですね。どこが違うのかと言うと、クロムウェルの軍が単に、

オリバー・クロムウェル

王家から権力を奪っただけでなく、戦争機械的な国家の枠に収まらない動きを示しているということでしょう。具体的には、新しいモデルの機動的な軍隊を作り、国王軍に勝利した後も、反議会派の拠点だということで、完全なイングランド領ではなかったアイルランドやスコットランドに侵攻し、海外では、植民地をめぐってスペインと争うなど、戦争機械のために国家を動員したような感じがあったので、そう言っているのでしょう。クロムウェルの肩書きは、「護国卿 Lord Protector」ですが、古代ローマの共和政で、国家の危機の時に半年の任期で任命され、超法規的な行動を許された「独裁官 dictator」という役職に近い振る舞いをしたということでしょう。カール・シュミット（一八八八－一九八五）は、通常の法治主義の範囲を超えて行動する独裁官の存在に注目しています——拙著『カール・シュミット入門講義』（作品社）をご覧下さい。

　リチャード三世（一四五二－八五）は、中世から近代への移行期、世界史の教科書に出てくる薔薇戦争の最後の段階に登場する王ですが、ここでは、シェイクスピア（一五六四－一六一六）の『リチャード三世』を念頭に置いているのでしょう。リチャードは、ヘンリー六世（一四二一－七一）から王位を奪った、ヨーク家のエドワード四世（一四四二－八三）の弟ですが、ランカスター家との闘いやヨーク派内部での権力闘争で頭角を現し、兄であったエドワードの死後、即位した甥とその弟をロンドン塔に幽閉して亡き者にして即位し、その後も、側近たちに疑いをかけて反逆に追い込んだり、ランカスター家と最後の闘いを繰り広げます。レディ・アンは、アン・ネヴィル（一四五六－八五）というリチャード三世の王妃で、元はランカスター家の皇太子の婚約者だった人です。『リチャード三世』では、リチャード三世の外見と内面の醜さをきらったけれど、彼の悪人としての資質に魅せられて共犯化していく、という設定になっています。『マクベス』のマクベス夫人と似たところがあります。

　続いて、二六一頁でドイツのヴェルナー・ヘルツォーク監督（一九四二－　）の映画『アギーレ』（一九七二）のシェイクスピア的性格に言及していますね。恐らく、『リチャード三世』的ということでしょう。アギーレ（一五一〇－六一）は実在の人物で、バスク系スペイン人のコンキスタドールで、エルドラドを求めてアマゾン川を探検しましたが、それが実は問題ばかり起こす兵士を厄介払いするためのフェイクのプロジェクトだと分かって、上司を殺害し、自分はペルーの王だと宣言して、本国に反逆し、最後は敗れて殺されています。コンラッド（一八五七－一九二四）の『闇の奥』（一八九九）の反逆をもっと本格化したことが、現実の出来事として一六世紀に起こっていたわけですね。

アギーレは問いかける。どうすれば、どこでも、何につけても裏切り者であることができるか。ここでは私だけが裏切り者である。ペテンは終わり、裏切りのときがくる。何

という偉大な夢だろう。私は最後の裏切り者、完全な裏切り者、それゆえ最後の人間である。そして宗教改革がある。あらゆるもの、あらゆる人を裏切る者であるルターという驚異的な人物像。彼が悪魔と結ぶ親密な関係からは、善良な行為においても、悪辣な行為においても、同じように普遍的な裏切りが発生する。

映画『アギーレ』では、これと同じ台詞ではありませんが、自分は「偉大な裏切者」だと発言する部分はあります。「ペテン」――原語は〈tricher〉で、動詞になっています――というのは、先ほど、ホピ族の話で出てきたように、帝国的シニフィアン体制に属する行為です。「ペテン」が体制内で誤魔化しているのに対し、「裏切り」は顔を背けて外に飛び出していくわけです。「最後の人間 le dernier homme」というのは、恐らくニーチェが『ツァラトゥストラはかく語りき』（一八八三―八五）で、超人が現れる前の、滅びていく寸前の人間の状態として描いているもののことを暗示しているのでしょうが、ここではむしろ、「人間」の「限界」を超えたところへ逃走していくというポジティヴなイメージですね。ルター（一四八三―一五四六）が、カトリックを裏切ったのはいいとして、それ以外のことにも含みを持たせている感じですね。恐らく彼が法律家になってほしいという両親の期待を裏切って修道士になったことや、最初は対カトリックということで民衆を煽っておきながら途中で、領主側に寝返って農民戦争の討伐を奨励したことや、ツヴィングリ（一四八四―一五三一）と決裂したことなども指しているのでしょう。ペトルス・シルヴィウス（一四七〇頃―一五四七）という反プロテスタントの急先鋒になった神学者は、『ルターとルツィフェルの仲睦まじい結合 Luthers und Luzifers einträchtige Vereinigung』というパンフレットを出していますが、その挿絵では文字通り、ルターとルツィフェルが握手しています。

二六四頁で、記号と記号の間で円環的な運動を繰り返すのではなく、主体が逃走線を走っていく運動が起こる三つの領域について述べられていますね：「（1） 帝国に対立するユダヤ人」「（2） いわゆる近代哲学あるいはキリスト教哲学」「（3） 十九世紀の精神医学」。（1）は先ほどの、モーセとイスラエル民族を考えればいいでしょう。（2）は、古代哲学に対するデカルト（一五九六―一六五〇）が例として挙げられていますね。自我哲学の創始者であるデカルトは、パラノイアに位置付けられそうな感じがしますが、ドゥルーズたちは、デカルトが古代・中世の円環的に運動する観念の体系からはみ出し、単独の歩みを進め、コギトが自分自身を裏切っている可能性と向き合いながら、自分なりの記号体系を作り出し続けた、という点から見れば、脱領土化しながら逃走線上を走っているということになるのでしょう。（3）は、先ほどの「モノマニー」の話です。「モノマニー」はパラノイア型と違って、線形的に一つの方向に集中して進んでいき、いったん限界に達するまで、他のプロセスを始めることはない、ということですね。

主体化

二六六頁を見ると、ポスト・シニフィアン的な体制の情念的な線が、「主体化の点」にその起源を見出す、と述べられていますね。

> 情念的な線が出発する際の主体化の点。その上、一つの個人、与えられた一つの集団についていくつかの点が共存し、いつも必ずしも相いれない異なった、いくつかの線形的プロセスに入る。個人に強いられるさまざまな教育の、あるいは「正常化」の形態は、たえずもっと高く、たえずもっと貴く、もっと仮定された理想に一致するように、個人に主体化の点を変えさせることを本質とする。そして主体化の点からは、この点によって定められた心的現実にしたがって言表行為の主体が生じる。そして言表行為の主体からは、今度は言表の主体が、つまり支配的現実に合致する言表にとらえられた主体が生じる（たとえ、支配的現実に対立しているように見えても、先ほどの心的現実は、この現実の一部分にすぎない）。大切なのは、こうして、ポスト・シニフィアン的情念的な線を、主体化あるいは隷属化の線に変えるのは、二つの主体の創出、あるいは二重化、そして、一方から他方への、つまり言表行為の主体から言表の主体への下降だ、ということである。

ここでの言い方からすると、ポスト・シニフィアン的体制が、「主体化 subjectivation」あるいは「隷属化 assujetissement」から始まるということになりそうですね。どうもこの文脈で「主体化」というのは、単に見かけのうえで自律しているかのように振る舞っているだけでなく、既定の円環運動から離脱して、独自の運動を開始し、一定の方向に向かっているという意味合いが強いようです。そうした「主体化」のいくつかの点が同じ個人に存在するというのがどういうことか具体例がないとピンと来ないですね。先ほどの三領域で考えてもいいかもしれません。新しい共同体的アイデンティティを立ち上げて元の共同体から逃走する、新しい思考様式を開発して従来の枠組みから逃走する、モノマニー的にある特定の動作にだけ固執する形で逃走する、という三つの線形的プロセスが進行しているとすれば、それらがきれいに重なった一つの運動になっているとは限らないでしょう。

話の繋がりとして分かりにくいのは、「主体化」が円環からの逃走として始まるらしいのに、それが「仮定された理想 un idéal supposé」に向けての「教育 éducation」とか、「正常化 normalisation」作用を受けるようになるという点ですが、恐らく、逃走線を走っていても、その運動を何らかの安定した記号体制に回収して、安定化させようとする作用が生じる、ということでしょう。元の円環運動の体制と全く同じ運動ではなくても、似たような体制を形成して、そこにはめ込もうとする力が働く

「主体化 subjectivation」
見かけのうえで自律しているかのように振る舞っているだけでなく、既定の円環運動から離脱して、独自の運動を開始し、一定の方向に向かっているという意味合い。
はっきり設定されている「規範」への同調というより、逃走しているうちに、いつのまにかルートが決まってきて「標準化 normalisation」への傾向、圧力が生じてくるという感じ。

ということはあるでしょう。ルター派は、普遍的秩序を誇るカトリックから離脱した後、似たような教会体制を作り出しましたし、デカルト哲学も、新しい形而上学的な体系の核になっていきました。

その意味で、「主体化」が「隷属化」になるわけです。〈subjectivation〉も〈assujetissement〉も、〈sujet〉あるいは〈subject〉という語根を共有していることが分かりますね。〈subject〉あるいは〈sujet〉の語源であるラテン語の〈subjectum〉は、「下に sub-」「投げ出されたもの jectum」という意味で、「土台（にあるもの）」あるいは「臣民」というのが本来の意味で、ライプニッツやカント（一七二四―一八〇四）が、魂の根底にあるものというような意味合いで使い始めてから、「主体」という新しい意味が与えられるようになりました。フーコー等は、こうした経緯を意識して、ある社会の中で「主体化」することが、ある一定のフォーマット、規範（norme）に従って正常（normal）に行為するようになることで、一人前と認められることであり、その意味で「隷属化」でもあることを強調します。ただ、ここでドゥルーズたちが言っているのは、予めはっきり設定されている「規範」への同調というより、逃走しているうちに、いつのまにかルートが決まってきて「標準化 normalisation」への傾向、圧力が生じてくるという感じでしょう。「仮定された理想」という訳だと、何だか「理想」が確定しているように聞こえるので、「想定される理想」くらいがいいのではないかと思います。

「心的現実 la réalité mentale」に対応する「言表行為の主体 le sujet d'énonciation」と、「支配的現実 une réalité dominante」に対応する「言表の主体 un sujet d'énoncé」についてですが、前回もお話ししたように、「言表行為の主体」と「言表の主体」を区別したのはラカンです。簡単に言うと、前者は、自分を主語にして、「私は●●だ」と言表する主体で、後者は「　」の中の主語＝主体です。逃走線を走っているうちに、自分がどういう線の上をどこに向かって走っているか把握し、言語化しようとする主体と、その主体の自己をめぐる語りの中に現れてくる主体です。自分のことを語るのだから、一致するはずではないかという気もしますが、ここで言われているように、他者や環境の影響で「標準化」される傾向があるとすれば、二つの主体の間に相違が出てくるでしょう。「支配的現実」の中で標準化＝従属化された主体となっている私と、その私を見つめている私。

二七〇頁を見ると、このように、意識のうえで「言表行為の主体／言表の主体」へと二重化していくのが第一の主体化で、それとは異なる第二の主体化、情念＝愛における二重化を伴う主体化があるという話をしています。第一の主体化が「連辞的 syntagmatique」であるのに対し、第二の主体化は「範例的 paradigmatique」だということですね。第一の方は、言表の主語としての私と、それを言表する自己意識を持った主体としての私が、いわゆる対象－主体的な関係になっているので、これが一定の規則性をもって繋がっているというのは納得できますね。第二の方は相互に入れ替わる可能性があるということですね。ここで、先ほどから出てきた互いに顔を背け合う、ということが関係してきます。愛によって引かれ合いながら、顔を背けることになる両者が「範例的」な関係にあるわけです。「アダムとイヴ」、「カインの妻」、「裏切り者リチャード三世」と「レディ・アンヌとの奇妙な対面」に言及しています。それから「トリスタン…イゾルデ…トリスタン…イゾルデ」。中世の騎士物語の『トリスタンとイゾルデ』では、コーンウォールの王である叔父のマルク王の妃として、アイルランドから連れ帰ったはずのイゾルデとトリスタンが恋に落ちて苦悩し、イゾルデがマルク王の嫉妬を買う、というところに主眼があって、あまり顔を背け合うという感じがしないのですが、ワーグナー（一八一八－八三）の楽劇『トリスタンとイゾルデ』（一八六五）では、トリスタンが殺したアイルランドの騎士モーロルトがイゾルデのいいなずけだったので、二人は憎み合うことになったのですが、惚れ薬を飲んだことで愛し合うことになるが、王にその関係を知られることになって、トリスタンは王の側近に斬られて瀕死の重傷になり、従僕によって自分の居城まで強制的に連れ戻されます。二人の間の反発し合う要素、引き裂かれる要素が強調され、情念が引き起こす相互作用によって正常な回路から逸脱していく運動を引き返せない形で走っていることが印象付けられるわけですね。

ポスト・シニフィアン的体制における、思考－意識と、愛－情念という二つの形態。混成的な転落や結合における官僚的意識と、婚姻関係という二つの契機。しかし混成においてさえ、独特の線が、記号系の分析という条件において容易に抽出されるのだ。

「思考－意識」及び「愛－情念」の二つの軸に即して生じる、二つの形態の「主体化」は逃走を引き起こすのだけど、それが他の要素との「混成 la combinaison mixtes」状態になって転落して、「官僚的意識 la conscience bureaucratique」や「婚姻関係 la relation conjugale」といった、むしろ、体制順応的・保守的な状態に陥っていくというわけです。恐らく、実際にはほとんどの場合、逃走線は混成状態にあるので、主体化というのはむしろ隷属化に見えてしまうわけだけど、ちゃんと記号分析をすれば、逃走の痕跡を見つけることは不可能ではない、ということでしょう。

二七四頁に、トリスタンとイゾルデを「共振」させるようなブラック・ホールがあるという話が出てきます。禁じられた愛の情念で結び付けられている二人は顔を背け合いながら、お互いの顔を見たいという欲望を抑え切れず、互いの顔貌に見入ってしまう。顔貌が、「意識のブラック・ホール」というより、影響を与え合って、互いの軌道を更に逸脱させる力の発信源になる、ということでしょう。「言表行為の主体」と「言表の主体」が干渉し合いながら、逸脱して逃走線を進んでいくように、トリスタンとイゾルデのように、顔を背け合うと同時に引き合う〝二人〟も、あたかも一人の主体が自分の中で二つの重心があって相互に干渉し合っているように、どんどん逸脱していくわけです。

二八〇頁の図の1には、〈中心〉あるいは〈シニフィアン〉があり、それが「神」あるいは「専制君主」の顔貌性を示しています。この1を中心に、2の官僚組織や、その更に周囲に何重もの円環がありますね。これらの円環を横断する組織があり（3）、シニフィアンを現実に合うよういろいろ解釈する仕組み（4）があるわけです。そこから、5－6の身代わりの山羊の逃走線が出ていて、5が封鎖、6が逃走線の否定的記号となっているのは、先ほども見たように、犠牲の山羊はある程度までは、円環の中に溜まった負のエネルギーを放出して安定化する役割を果たすけれど、ある限度を超えると、完全に円環の外に飛び出してしまうわけです。

二八二頁の図は、先ほどは、既存の円環上を回るだけだった運動が、逃走線が伸びていくにしたがって、元の多重円環との

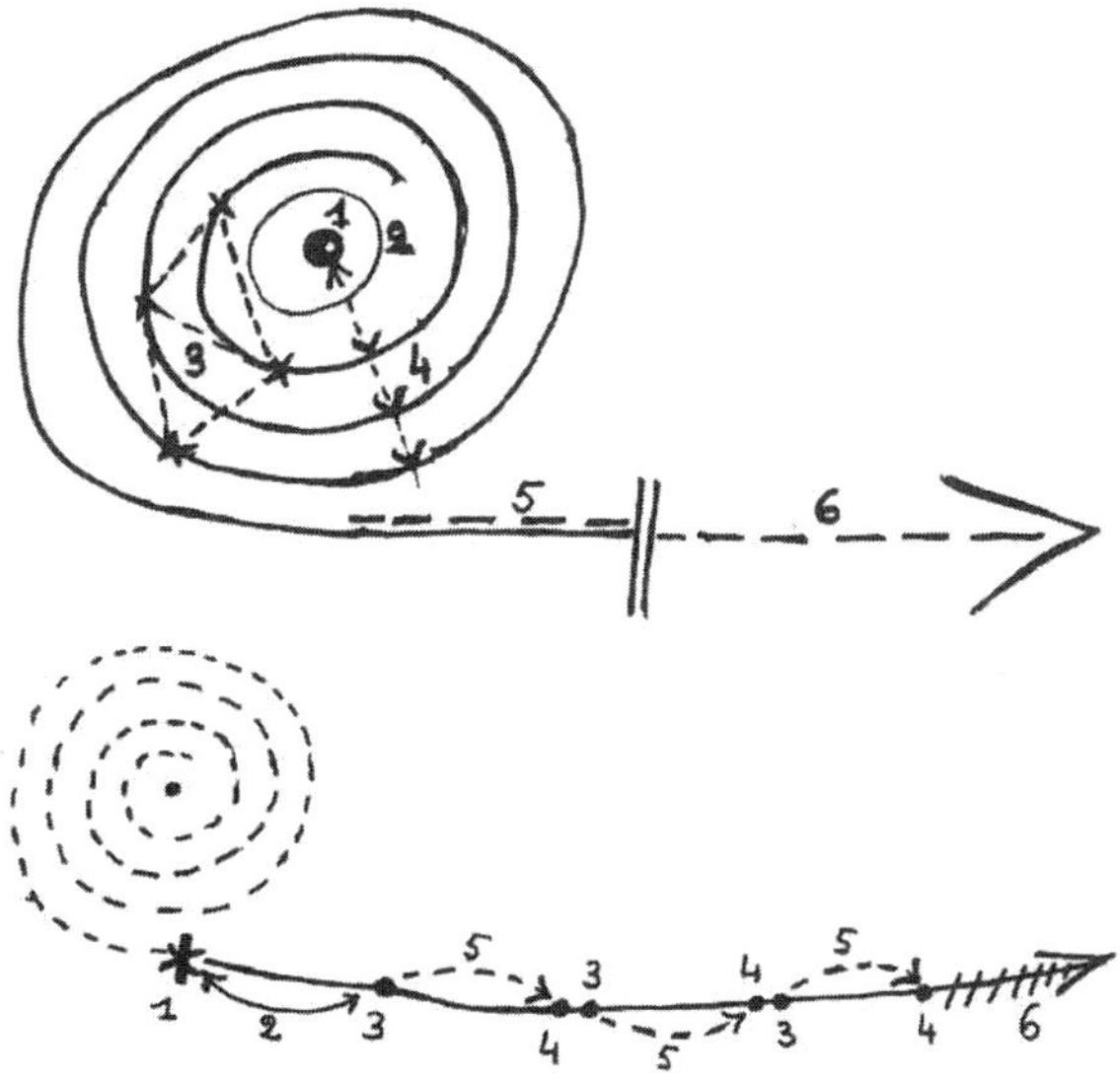

翻訳書上巻 p.280（上）、p.282（下）より

繋がりが薄くなり、主体化が進んでいきます。先ほどの主体化の二つの軸に即して進んでいるようですね。3に位置するのが言表行為の主体で、4が言表の主体。1と3を結ぶ弧が、「互いに背け合う二つの顔 les deux visages qui se détournent」だということですね。恐らく、1の向こうに、ここで表示されている主体と顔を背け合う相手がいるという設定なのでしょう。この図では、情念－愛の主体化の軸と、思考－意識の軸が重なるように描かれているわけですね。しかし5で、「新しい僧職」や「官僚制」が現れて、主体化に伴う逃走線がどこまでも進んでいかないように抑止されてしまうわけです。6で、切片化されたままだと否定的なままにとどまると述べられていますが、これはもっぱら元の円環を否定しているだけで、新しい円環を形成するに至っていないということでしょう。

変形、アレンジメント

少し戻って二七九～二八六頁にかけて、一つの記号系から別の記号系への「変形 transformations」について述べられていますね。恐らく、チョムスキーの変形生成文法で言う「変形」は本当の〝変形〟とは言えないという皮肉を込めているのでしょう。最初に「プレ・シニフィアン的体制」に導く、「類似的変形 transformations analogiques」についてですが、睡眠、ドラッグ、愛の熱情によって強いられてそうなることがあると述べられていて、例として、キリスト教の現地人による創造的翻訳、貨幣的な記号がアフリカで被る変形、アメリカの黒人の歌やダンスが挙げられています。睡眠やドラッグの話が説明抜きに出てくるので分かりにくくなるのですが、要は、睡眠やドラッグ吸引の時に、その記号の〝本来の意味〟ではなく、外形的な形の一部が誇張され、他の要素と混ぜ合わされて再現される時と同じように、意味ではなく、受容者の身体的な感覚や儀礼的習慣に合うような形で再現が成されたことによって生じる変形ということでしょう。キリスト教とか貨幣が、それらと縁のなかった現地の人によって再現される際、彼らは、それらの記号の意味、シニフィエを受容しているのではなく、それを自らの身体感覚に合う形で再現する。その際に、彼らがもともと使っていたプレ・シニフィアン的記号も変形される、ということでしょう。

次にシニフィアン的体制に導く「象徴的変形 transformations symboliques」ですが、これは、先ほどの逆で、身体や儀礼に密着し、それ以外の何も意味しないような、「プレ・シニフィアン的記号系」に属する要素が、主体＝従属化が浸透している白人の文化に吸収されて、意味付けされるということでしょう。アフリカの現地人のダンスが、野蛮とか野生、動物性、無意識などを「象徴」するシニフィアンとして使われるようになる、という形で。「意味性と主体性による権力の奪取 prise de pouvoir opérée par la signifiance et la subjectivation」という言い方をしていますね。

「逆シニフィアン的体制」に導く「論争的あるいは戦略的変形 transformations polémiques ou stratégiques」については、固有の例がなくて、先ほどの、奴隷たちが英語の歌を再現する時に、これが生じている可能性があることが示唆されているだけですが、先ほど見たように、「逆シニフィアン的体制」というのが「数」に従ってのみ機能するのだとすると、黒人が白人の歌やダンスから、リズムとかリフレインとか数的・機能的要素だけ取り出して利用するというようなことでしょう。「ポスト・シニフィアン的体制」に導く「意識的あるいは模倣的変形 conscientielles ou mimétiques」というのは、先ほどの「類似的変形」が、ほぼ無自覚的に身体の自然なリズムに従って起こるのに対し、それを意識的な模倣としてやることで、「シニフィアン的体制」を攪乱する、ということでしょう。これも固有の例は挙げられておらず、黒人の歌が白人によって奪取されることに伴って生じてくる可能性がある、という形で述べられていますね。「野蛮」とか「野生」とかの意味を一方的に押し付けて終わりにするのではなく、パロディのような形で利用することで、複数の記号系が併存するようにする、というようなことでしょう。

最後に、「一つの絶対的肯定的脱領土化の平面上で、記号系あるいは記号の体制を爆発させてしまうような変形」として、「図表的変形 transformations diagrammatiques」というのが言及されていますね。これは「ポスト・シニフィアン的体制」を生み出す先ほどの「意識的あるいは模倣的変形」をどんどん進めていけば、最後は、いろんな記号らしきものが飛び交うが、どういう風に繋がっているのか、繋がっていたのか、繋がっていくのか全く読めない状態になるということでしょう。何故「図表的 diagrammatique」なのかという話ですが、前回見たように、「図表（ディアグラム）」というのは、通常は地層の中に潜んでいる「抽象機械」が姿を現したものだということでしたね。二八九〜二九〇頁にかけて、「抽象機械」と「図表」の関係が改めて説明されていますね。やはり、「抽象機械」というのは、様々なアレンジメントを動かして、脱領土化や再領土化を引き起こすけれど、それ自体には形式／実質、内容／表現の区別はないし、物理的・身体的でもなければ、記号的でもない、ということですね。○○でない、▼▼でない、というのが続いて、よく分からないけれど、とにかく脱領土化を引き起こし、それに伴って再領土化を引き起こすもの、ということしか分かりません。脱領土化／再領土化に繋がるあらゆる運動を引き起こしている機械ではあるけれど、形を持たない。それが存立平面上に出てきて、各種の区分を引き起こすようになると、「図表」になる。といっても、いろんな運動の間のどういう論理によるのか分からないけど、まさに、黒板に描かれた簡単な――文字による説明抜きの――図表のように、単にどことどこに線が引かれていることが分かるだけの連鎖、という感じのもののようです。

二八六頁以降、こうした四つの記号体制やその根底にある図表－抽象機械の性格を踏まえて、語用論かつ実践論としての

「プラグマティック」が取り組むべき課題について述べられていますね。二九九頁を見ると、「あるいは分裂分析」と言い換えられていますね。ということは、分裂分析は記号体制の変動に関する語用論＝実践論的な分析を通して、分裂－脱領土化が進んでいく様子を明らかにする試みということになるでしょう。まず、「プラグマティック」の二つの構成要素を挙げています。

　第一のものは、発生的と呼んでいいものである。それは、さまざまな抽象的体制が、どんな変数をともなって、どんなふうに具体的かつ混成的な記号系を形成するか、これらはどのように、何を優先させながら結びつくかを示すからである。第二は、変形的構成要素であって、どんなふうにして、これらの記号の体制が、相互に翻訳しあい、とりわけそれによって新しい体制を創造するかを示すものである。

　これは分かりやすいですね。「変形的」は先ほど見たように、一つの記号体制から別の記号体制への変形。「発生的 générative」は文字通り、記号系自体が発生してくる局面に関わるものですね。ただ、この場合の「発生」とは抽象的な記号系がどのように形成されるかではなくて、抽象的記号系がどのように交じり合って、具体的な記号系を形成するか、ということです
　二八七～二八九頁にかけて「記号の体制」とはそもそも何かという話をしていて、二八八頁では、「言表行為のアレンジメントであり、どんな言語学的カテゴリーも、これをよく把握しえない」とあります。言表行為と言いながら、言語学的カテゴリーで把握できないのは矛盾しているように思えますが、この場合の「言表行為のアレンジメント des agencements d'énonciation」というのは、単に言語として表明された部分だけではなく、それを発した時のトーンとか身体的な意味での体制、言葉を向けた相手との関係性、そういう言葉が発せられるように彼を仕向けた状況といったことが含まれていると考えられます。
二八九頁を見ると、

　アレンジメントは、そのただ一つの側面においてのみ言表行為のアレンジメントであり、表現を形式化する。それと切り離すことのできないもう一つの側面においては、アレンジメントは内容を形式化するのであって、機械状の、あるいは身体のアレンジメントなのである。

「アレンジメント」にはもともといろんな側面、特に身体に関わる側面があるし、この本の冒頭から述べられているように、機械的運動を引き起こす諸事物、状況の配置、というような意味合いもあるわけですね。この「アレンジメント」は、「表現の形式」＝「記号の体制」（記号的体系）と、「内容の形式」＝「身体の体制」（物理的体系）の両側面を含んでいるわけです。この「アレンジメント」を動かしているのが「抽象機械」です。「抽象機械は、アレンジメントの脱領土化のあらゆる点を構成し結合する」。「抽象機械」が、「アレンジメント」が脱領土化ベースの運動をするよう仕向けているわけですね。
　二九三頁を見ると、

［…］図表的な水準において、あるいは、存立平面においては、厳密には記号の体制さえも存在しない。内容の形式と現実に区別されるような表現の形式はもはや存在しないからである。図表はもはや、特徴や点をもつだけである。

「図表」は、いくつかの特徴と点を示すだけで、内容と表現の区別がないので、「記号」とは言いにくい、そういう抽象的な存在であるわけですね。二九八頁では、こうしたことを踏まえて、改めて「プラグマティック」の四つの対象を呈示していますね。（1）と（2）は先ほどと同じ「発生的構成要素」と「変形的構成要素」。（3）は、先ほどの意味での「図表的構成要素」、（4）は、抽象機械の次元に及ぶという意味で、「機械状」の構成要素です。三〇〇頁を見ると、（1）→（2）→（3）→（4）→（1）→（2）→……と円を描くように循環していますね。記号やそれに対応する身体的な要素の分析を通して、より基礎的なものへと遡っていく方向ですが、記号によって人間の行動、人間の周囲の環境に対する働きかけが変化するので、それが何らかの形で抽象機械にまでフィードバックしている可能性がある。そういう可能性を視野に入れて、「プラグマティクス」の逆向きの分析が循環することになる、ということでしょう。

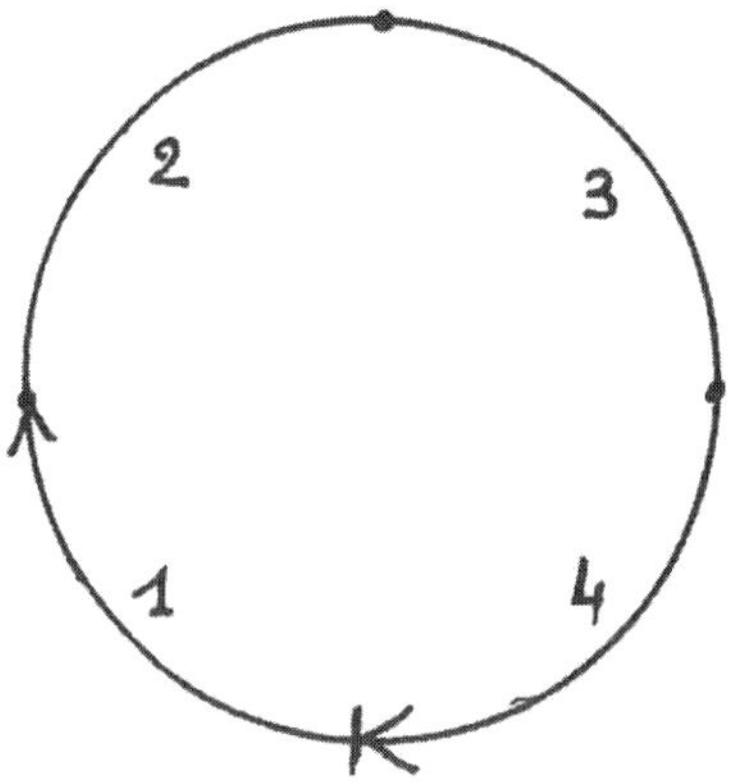

翻訳書上巻 p.300 より

第6プラトー「一九四七年十一月二八日——いかにして器官なき身体を獲得するか」

第6プラトーにも入っておきましょう。タイトルの「一九四七年十一月二八日——いかにして器官なき身体を獲得するか」の日付は、アントナン・アルトーが『神の裁きから訣別するため』をラジオ番組のために収録した日付です。「器官なき身体」とは、機能によって分節化されていない身体のことです。シニフィアン的体系によって固定された意味をまだ与えられていない身体とも言えます。

器官なき身体 CsO

〈器官なき身体〉〔Corps sans Organes 以下 CsO と略される〕に人は到達することがない、到達はもともと不可能であり、ただ、いつまでも接近し続けるだけ、それは一つの極限なのだ。

当然と言えば当然ですが、〈器官なき身体〉は理論上存在する仮想の存在で、純粋な状態としては存在しないわけです。現実の人間の発生では、受精卵が細胞分裂し始めた時点から既に機能分化しているので、器官がない状態の身体はどこかの時点で存在しているというわけにはいかないですが、各機能が発現する前の、まっさらな状態の身体が、個体発生の前にヴァーチャルに存在する、と仮定することはできるでしょう。ここでドゥルーズ＋ガタリが問題にしているのは、そうしたCsOを想定して、そこへの〝回帰〟を目指す芸術や思想などの営みです。

人は問う、CsOとはいったい何なのかと——だが、虫けらのように地を匍《は》い、盲人のように手探りし、砂漠の旅人や大草原《ステップ》の遊牧民や、狂人のようにさまようとき、人はもうCsOの上にいる。その上でこそわれわれは眠り、夜を明かし、戦い、戦いに勝ち、戦いに敗れる。自分たちの場所を求め、未開の幸福や、途方もない没落を経験し、侵入しかつ侵入され、そして愛する。一九四七年十一月二八日、アルトーは器官に対して宣戦布告を行なう。神の裁きと訣別するために。「私を縛りたければそうするがいい、だが器官ほど無用なものはないのだ。」これは、単にラジオ放送上の実験にはとどまらない生物学的、政治学的実験であり、検閲と抑圧を招き寄せることになる。〈身体〉Corpus—と〈社会体〉Socius、政治学と実験。

CsOを人間の身体だけでなくて、社会的な集合体にまで拡張しているわけですね。〈Corpus〉というラテン語やそれに対応するフランス語の〈corps〉、ドイツ語の〈Körper〉、英語の〈body〉には、人間などの肉体という意味の他に、団体という意味もあります。砂漠の旅人とか大草原のノマドのような、人間たちと特定の場所の関わりもCsOと見ているわけですね。ごく常識的に考えると、地球全体ではなくて、特定の土地で、しかもその都度離合集散する不特定の人たちではなくて、そこに暮らしている、多少の出入りはあるにしても、一定のまとまりのある集団、当然何らかの役割分担をしている人たちのことをCsO扱いするのはこじつけのような気がしますが、恐らく、現代社会に生きる市民の生活から見て、ノマドとか、さ迷う狂人のような状態に近付ければ、CsOにかなり接近できたことになるのかもしれません。挿絵でドゴン族の「卵と強度の分配」を示す絵、前回話題になった、グリオールとジェルメーヌ・ディテルラン（一九〇三－九九）の共著『青い狐』に出ている「アンマの卵」が載せられているのは、これが、まだ器官的に未分化であるはずの「卵」であり、『アンチ・オイディプス』での議論によると、原始大地機械の原型に相当するので、社会的なCsOのイメージとして適していると考えたのでしょう。

アルトーの「神の裁きと訣別するため」のパフォーマンスは、動画サイトにアップされています。男女の、喉から絞り出すような声や叫び声、何か打ち鳴らす音が続きます。「神の裁き」というのは恐らく、神によって予め定められた人間の身体の機能分化、終末＝世界の終わりに向けての定まった生の方向性、という意味合いでしょう。

CsO。それは身体が器官にうんざりし、器官を放棄したがっているか、それとも失ってしまうときに、もう始動している。

短いのでアフォリズムっぽく聞こえますが、文字通りに理解した方がいいでしょう。身体の様々な箇所が、「器官である」ことに疲れて、逸脱し始める、というのは私たちの身体で既に起こっている現象だ、ということです。医学的・生理学的に正しいかは別として、言いたいことは分かりますね。前衛的な作家とか芸術家には、そういう感覚の人多そうですね。そういうCsO化の五つのパターンが例示されていますね。

CsO 化の五つのパターン

――まずヒポコンデリーの身体、その器官は破壊されてしまい、破壊はすでに終わって、もう何事も起こらない。「X嬢は、自分にはもう脳も神経も胸も胃も腸もなく、組織を解体された《デゾルガニゼ》身体には皮膚と骨しか残っていない、と断言する。これはまったくこの症状に特有の表現である。」

「ヒポコンデリー」というのは一般的には、病気不安症とか心気症とか訳されています。ここで「　」で引用されているのは、ジュール・コタール（一八四〇―八九）というフランスの神経科・精神科医の「不安メランコリーの心気妄想について Du délire hypocondriaque dans une forme grave de la mélancolie anxieuse」（一八八〇）という論文からです。これはコタール症候群と呼ばれるものについて論じている論文です。彼は、精神障碍者、売春婦、貧民などを収容していた有名なサルペトリエール病院で、精神分析にも影響を与えたシャルコー（一八二五―九三）の下で働いたこと、プルーストの父のアドリアン・プルースト（一八三四―一九〇三）と、パリ大学医学部で一緒に学んで、『失われた時を求めて』の登場人物コタール医師のモデルになったことなどで有名です。

――そしてパラノイアの身体。そこでは、器官は外部からの作用によってたえまなく攻撃されると同時に、外部からのエネルギーによって回復してもいる（「彼は長いあいだ、胃も、腸も、ほとんど肺もなしで生きてきた。食道は裂け、膀胱はなくなり、肋骨は砕け、ときには自分の咽頭の一部分を食べてしまったこともある、という具合。しかしいつも神の奇蹟が、破壊されたものを再びよみがえらせるのだった……」）。

ここの「　」の中身はシュレーバー判事の回想録『ある神経病患者の体験記』（一九〇三）です。器官がなくなるという感じはヒポコンデリーと共通しているけれど、シュレーバーの場合、神が外から介入して、光線が彼の体に入り込んで改造しているので、器官が解体した後、新しい器官が生まれてくる、ということが起こるわけです。

――そして分裂症の身体。緊張症にかかることと引き換えに、器官に抗ってみずから積極的な内的闘争にいたるもの。これは短いけど分かりますね。器官の支配に抗する「積極的な内的闘争 une lutte intérieure active」があるというのが前の二つと違う特徴だと考えているようですね。

――また実験的分裂症とでもいうべき麻薬中毒の身体。「人間の有機体は恥ずべき役立たずなものである。いつ調子を狂わせてしまうかわからない口や肛門の代わりに、飲食にも排便にも役立ち、多くの機能をもつ一つの口がないのはどうしてなのか。口と鼻をふさいでしまい、胃腸を充満させ、肺の中に直接通気孔をあけてしまうことだってできるだろうに。人間は生まれたときからこうあるべきだった。」

麻薬中毒になることを、分裂症の状態になる実験と見ているわけですね。ここでは「　」に注が付いていて、ウィリアム・バロウズの小説『裸のランチ』(一九五九)からの引用だということが分かりますね。これは、シェーファーという解剖医らしい人物の台詞です。ドゥルーズたちが引用しているフランス語訳では、「人間の有機体 l'organisme humain」といういかにもそれらしい言い回しになっていますが、原語は〈the human body（人間の身体）〉です。バロウズは自分の麻薬体験を作品にしたことで知られていますね。アルトーも生涯にわたって麻薬を吸引し続けたこと、メキシコのタラウマラ族の人々の下に滞在した時にはペヨーテ体験をしたことで知られています。

――さらにはマゾヒストの身体。苦痛の観点からだけ見ると、マゾヒスムは決してよく理解できない。それは何よりもまずCsOにかかわる事柄なのだ。サディストや娼婦によって、眼や肛門や尿道や胸、鼻を縫い合わせてもらう。器官の活動を停止させるため自分を宙づり状態におき、器官があたかも皮膚にへばりついているかのように皮を剝がされ、犯され、息たえだえになる。すべてぴったり閉じ、封印されてしまうように、というわけだ。

サディストでなくてマゾヒストであるのは、実際に彼らの身体がどうなるのか考えれば、理解できますね。

――針で縫われ、ガラス状になり、緊張症になり、吸いこまれてしまう身体のこの陰惨な行列は、何ゆえなのだろうか。CsOは、快活さ、恍惚、舞踏にも満ちているはずではないか。なぜこのような例ばかり見、なぜこうした例を通過しなければならないのか。満ちたりているのではなく、空っぽになった身体たち。いったい何が起きてしまったのか。

アルトーのパフォーマンスも、普通の人間の感覚からすると楽しそうな、解放されたような感じはなく、むしろ身体、特に発声器官を虐めているようにしか聞こえません。ではCsOに至ろうとする試みはどうしてそんな、きつそうな例ばかりになるのか。

きみたちは十分慎重だっただろうか。賢明であることなどではなく、服用量を守ること、実験に内在する規律として慎重さが必要なのだ。慎重に注入すること。この闘いにおいては、多くのものが敗北する。見るための眼、呼吸するための肺、飲みこむための口、話すための舌、考えるための脳、肛門、喉頭、頭、足を、もはや耐えがたいものと感ずることは、なぜそんなに悲惨で危険なことなのか。なぜ、さか立ちで歩き、骨のくぼみで歌い、皮膚で見、腹で呼吸しないのか。〈単純なもの〉、〈抽象的実体〉、〈満ちた身体〉、〈動かずにする旅〉、〈拒食症〉、〈皮膚的視覚〉、〈ヨガ〉、〈クリシュナ〉、〈愛《ラヴ》〉、〈実験〉。精神分析が、立ちどまれ、きみの自我を再発見せよ、というところで、われわれはこう言おう。もっと遠くへ行こう。われわれはまだCsOを見つけていない。われわれの自我を解体していない、と。回想よりは忘却を、解釈よりも実験を。きみ自身の器官なき身体を見つけたまえ。これを作り出すことを学びたまえ。それこそ生死にかかわる問題、青年と老年、悲しみと喜びの問題なのだ。すべてはここにかかっている。

答えは意外とありがちですね。麻薬の服用量をちゃんと計算に入れて慎重にやらなかったせいではないのか、というわけです。修業のようにちゃんと手順を守って、着実に次の段階に進んでいかないといけない、ということのようですね。ただ、それはほどほどにということでもなくて、精神分析であれば、その辺で自分の「自我」をもう一度しっかり把握しなさい、自分というものを知りなさい、と言い出すところで、自我をシニフィアン的体制に回収し始めるところで、彼らは分裂分析を支持し、CsOへ、もっと先に進め、と言います。服用量をきちんと守りながら、行くところまで行くのだという話です。とにかくたくさん摂取すればいいのではなくて、「器官」の分節化と連動して、きっちり意味付けされた「有機的な身体」を段階的にCsOへ接近していくということでしょう。

マゾヒズム

三一〇～三一一頁に、「女主人様、（1）ぼくをテーブルにしっかりと縛りつけ……」で始まる、SMのM側の人物から女王様に宛てた手紙が引用されていて、プレイにおける九つのステップらしきものが列挙されていますが、これはSMで危険がないようにエクスタシーに至るための手順があるのを例として示すことで、ドラッグを使う場合にも、同じような手順があるはずで、手順を守ることが到達できる快楽の減少に繋がるわけではないと示唆したいのでしょう。

これは幻想〔ファンタスム〕ではなく、プログラムである。幻想の精神分析学的な解釈と、プログラムの反精神分析学的実験とは、本質的に異なるものだ。幻想は、それ自身再解釈しなければならないような解釈であり、プログラムの方は実験の促しなのである。CsOとは、あらゆるものを

> 取りはらってしまった後に、まだ残っているもののことだ。そしてわれわれが取りはらってしまうのは、まさにこの幻想、つまり意味性と主体化の集合なのだ。精神分析はまったく逆の道を歩む。すべてを幻想に翻訳し、すべてを幻想で勘定し、幻想を厳守し、とどのつまりは現実をとらえそこなう。CsOをとらえそこなうからだ。

「幻想」ではなくて、「プログラム」だというのは、第一の意味としては、どうせ幻想を見るだけだから、思いっきりハイになればいいじゃないかというのではなくて、プログラムとして手順を踏んで実行する、ということでしょう。もう一つのより深い意味として、ドゥルーズたちが「幻想」と見なしているもの、特に精神分析の前提になっている、「意味性 signifiance」や「主体化 subjectivation」を目指すことはないし、むしろ、そういうものを「幻想」として解体することを通して、CsOへ迫っていく、という意味を込めているのでしょう。彼らの理解では、精神分析は、人々が抱く「幻想」を解釈して、その「幻想」の元にある、「主体化」や「意味性」の不調の原因を突き止め、「主体」がもう一度しっかり「意味」を把握できるようにするのを目標にしますが、ドゥルーズたちはそれもまた幻想だと言いたいわけです。そうやって、幻想を幻想で解釈するのではなく、実験のプロトコールをちゃんと守って、CsOに到達する実験を遂行するのが自分たちのやっていることだ、というわけです。

ここでもう少し詳しい注意書きのようなものがあります。

> しかし、CsOの上に起きる事柄と、CsOを獲得する仕方とを混同しないようにしよう。一方が他方に含まれていることは確かだが、前に引用した手紙で確かめられている二つの段階は、この区別にかかわるものなのだ。二つの場合とも、縫うこと、鞭で打つこと、という点では同じなのに、なぜ二つの位相は、はっきり区別されるのだろうか。一方はCsOを作りあげるため、もう一方は、CsOに何かが循環し、流通するためなのだ。二つの位相を支配しているのは同じ作業なのだが、それは二度繰り返されなくてはならない。このマゾヒストは、一つのCsOを獲得したが、そのCsOは、苦痛の強度、責苦的な波動によってしか満たされないような状態にあることは確かだ。マゾが苦痛を求めているというのはまちがっている。かといって、マゾが宙吊りの歪んだやり方で快楽を求めている、というのも正しくない。マゾヒストは一つのCsOを求めているのだ。ただこのCsOは、まさにそれが成立した際の条件によって、苦痛に満たされ、貫かれるという性質をおびている。苦痛は、マゾ王が砂漠の中に産み出し、成長させる民であり、群れであり、様態《モード》である。麻薬中毒の身体、寒冷の強度、凍てつくような波についても同じことがいえる。

「手紙」というのは、先ほどのMの人物による手紙らしきもののことで、第三の手順で、「胸を縫い、両方の乳首に、四つの穴のあるボタンを固く縫いつけ、ボタン穴のついたゴムバンドの両方の胸を結びつけ」た後、強調して、「次に第二の段階に移っておくれ」と言って、第四として「テーブルの上に腹を縛りつけ……」とあるところを指しているのでしょう。まずは、CsOを「獲得 s'en faire」して、それから、その上に何かが「循環 circuler」し「流通 passer」するようにする。先ほどの「手紙」では、（1）～（3）と、（4）～（6）はほぼ同じことのようですが、獲得するためのプロセスと、その後のプロセスだと言っているわけですね。

私たちはマゾの人は、痛みを喜んでいると考えがちですが、ドゥルーズたちは、彼らは痛みそれ自体を求めているのでも、宙吊り状態、いわゆる放置プレー的な状態を求めているのでもなく、CsOを求めているのだと主張しているわけです。自然と手に入るわけではないCsOを成立させるために、「苦痛 la douleur」が必要だというわけです。砂漠の放浪というのも、そういう意味があるということのようですね。

この実験はたいへんデリケートなものだ。様態が緩慢になってもいけないし、タイプの横すべりが起こってもならない。マゾヒストや麻薬中毒者は、CsOを満たすどころか空っぽにしてしまう危険といつも背中合わせなのだ。［…］一つの良いCsOを獲得したと思いこみ、〈場所〉、〈力能〉、〈集団〉（たとえ一人きりのときでもつねに集団があるものだ）を選びとっても、やはり何一つとして流通せず、何一つ循環しないことがあり、あるいは何かのせいで何も流通しない。パラノイア的な点、閉塞点、あるいは錯乱的な激発といったもの、バロウズ・ジュニアの本『スピード』にはそれがよく見てとれる。この危険な点を標定できるだろうか。

先ほどのCsOを獲得し、維持するための手順を前提にすると、彼らがこう言うのは当然ですね。獲得したと思い込んで、かえって閉塞状態にはまってしまう人が多いわけですね。『スピード』（一九七〇）は、ウィリアム・バロウズの息子で父親と同名のウィリアム・バロウズ・ジュニア（一九四七－八一）の、様々なドラッグを試して、アンフェタミン中毒になった体験を振り返る自伝的な小説です。彼の両親は両方とも麻薬中毒です。母親はアンフェタミン中毒で、彼の妊娠中既に中毒状態でした。父親はモルヒネ中毒。彼が四歳の時に、父親のバロウズは酩酊状態中にやったゲームで母親を射殺してしまいます。そのため彼は、父方の祖父母と一緒にフロリダのパーム・ビーチに引っ越して、そこで育てられますが、一三歳の時に友人の首筋を銃で撃ち、あやうく殺しかけ、サナトリウムに入れられます。『スピード』は、一五歳の時に父が死んで、祖母と二人きりの生活になったところから始まります。彼自身次第に、麻薬中毒になって引き返せなくなり、犯罪にも手を染めるようになります。〈speed〉というのは、アンフェタミン中毒を指すようです。

CsOは強度にしか占有されないし、群生されることもないように出来ている。強度だけが流通し循環するのだ。

> CsOはまだ舞台でも場所でもなく、何かが起きるための支えでもない。幻想とは何の関係もなく、何も解釈すべきものはない。CsOは強度を流通させ生産し、それ自身、強度であり非延長である内包的空間 *spatium* の中に強度を配分する。CsOは空間ではなく、空間の中に存在するものでもなく、一定の度合をもって空間を占める物質なのだ。

「強度にしか占有されない ne peut être occupé, (…) par des intensités」という言い方が抽象的で取っ付きにくいですが、要は、CsOを構成する固有の実体とか素材があるわけではなく、力の「強度」が一定の空間内で特殊な分布をしながら流通している、恐らく、器官が形成されるように局所に「強度」が集中してそこに固定化しないように流通している状態、という感じでしょう。雲とか台風とかも、物質の密度や気圧の配置によって存在しているかどうかが決まることを考えれば、それほど無理な設定でもないでしょう。どんな物質も、ミクロに分解していけば、いずれにしても「強度」の分布によって存在しているかどうかが決まってきますね。

> それは強力な、形をもたない、地層化されることのない物質、強度の母体、ゼロに等しい強度であり、しかもこのゼロに少しも否定的なものは含まれていない。[…] 物質はエネルギーに等しい。ゼロから出発する強度の大きさとして現実が生産される。それゆえ、われわれはCsOを有機体《オルガニスム》の成長以前、器官《オルガヌ》の組織《オルガニザシオン》以前、また地層の形成以前の充実した卵、強度の卵として扱う。

「ゼロに等しい強度」というのが何だか曖昧な感じがしますが、台風の目とか、周りの物質が全て何らかの電荷を帯びている中での電荷ゼロ点とか、ビッグバンとかを想像すればいいと思います。+にも−にも傾かないで、ゼロ周辺で均衡が保たれている状態であるCsOから、個々の器官が分化し組織化されるに伴って、強度が分散化してくる、という感じでしょうか。

内在野と存立平面

> 結局、CsOに関する偉大な書物は、『エチカ』ではないだろうか。属性 attribut とはCsOのタイプ、あるいは種類であり、実体にして力、生産的な母体としての強度ゼロである。様態 mode とは、生起するすべての事柄、つまり波と振動、移動、閾と勾配、一定の実体的なタイプのもとで、ある母体から産み出される強度である。属性または実体の種類としてマゾヒストの身体があり、身体を縫うことから、つまり零度から始まって、強度が、つまり責苦的な様態が産み出される。麻薬中毒者の身体はさらに他の属性であり、〈絶対寒冷〉=0から始まって、特異な強度を生産する。

ドゥルーズは、『スピノザと表現の問題』(一九六八)をはじめ、いくつかの著作でスピノザを取り上げ、重要な哲学者と見ています。『エチカ』(一六七七)はタイトルからすると、倫理

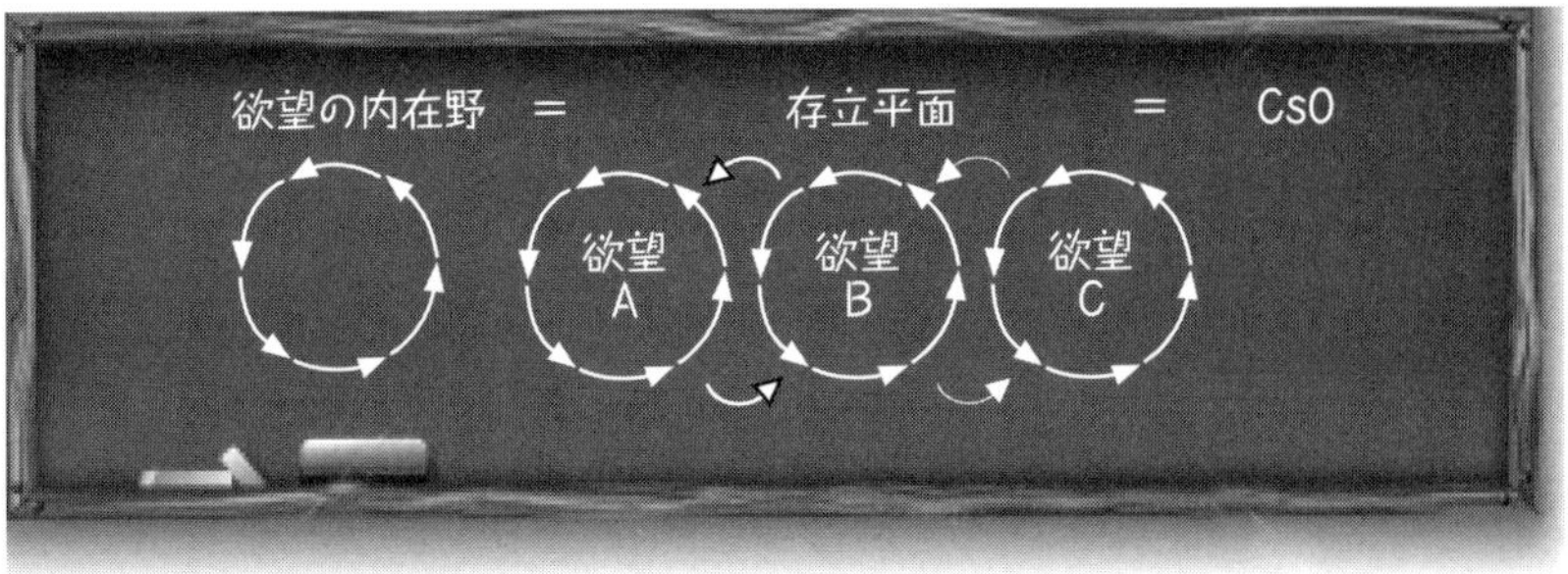

の本ですが、実際には、神の定義から始まって、疑似幾何学的な体系で、世界の全構造を説明し、人間の感情とは何であり、感情などの情動に動かされがちの人間が自由で幸福になるにはどうすればいいか、というところに話を持っていきます。神と世界は一つの「実体 substantia」で、物質の本性としての「延長」や、精神的なものの本性としての「知性」は神の「属性 attribut = attributus」です。「属性」の様々な「様態 mode=modus」として、人間や動植物とか、個々の運動とか観念など、私たちが通常存在していると言っているものがあります。

そうしたスピノザの実体論からすると、宇宙全体が一つの大きなCsOとなっており、そこから様々な存在者がこの巨大なCsOの器官＝様態として分化してきて、私たちの身体を中心に強度、情動の運動の偏りが生じます。ドゥルーズたちは、『エチカ』で目指されている自由を、私たちの個体としての活動に伴って生じる情動の偏りを限りなくゼロに近付け、CsOである神＝実体に再び同化あるいは同調することだと解しているのでしょう。それが、マゾヒストが自分の体を縫い付けて、責め苦の中で零度に近付くことと同じだと言っているわけですね。普通の人間の常識的な感覚では、真逆に思えることが同じだと言っているので、ある意味、説得力がありそうですね。実際に可能かは別にして、身体を縫い付けるのに耐えて、自分の身体内の情動をコントロールできるとすれば、確かに、彼らの言うCsOに近付いているようにも思えます。

彼らは、各人が自分の身体をベースに到達できるCsOは、スピノザの神＝実体という最もマクロなCsOに通じていると見ているようですね。

> 麻薬中毒者、マゾヒスト、分裂症者、恋人たちなど、すべてのCsOはスピノザをたたえる。CsOは、欲望の内在野 *champ d'immanence* であり、欲望に固有の存立平面 plan de consistance である（そこで欲望はあくまで生産の過程として定義されるのであって、それに空虚をうがつ欠如、これを満たしにくる快楽などの、どんな外的契機とも無縁である）。

欲望の「内在野」というのは、外部からの刺激とは独立に欲望が生じ、持続する場ということでしょう。CsOの中だけで欲望が完結していて、全体としての強度が常にゼロになるように、欲望が循環しているということでしょう。「存立平面」というのは、いくつかの出来事あるいは事物が共に存在していると言える平面のことですね——私たちは、身近にいる犬や猫とは同じ存立平面にいると言えるでしょうが、古代ギリシアの神話に登場する神々や英雄とは普通の意味では、同じ存立平面にいるとは言えないでしょう。この場合、ある欲望Aと欲望B、欲望C……が共に存在し得る平面ということでしょう。神＝実体であれば、外部からの刺激なしにそれ自体の中で様々な欲望——スピノザの用語で言うと、「コナトゥス（衝動）conatus」に相当するでしょう——が生じるけど、何かの障害が生じない限り、局所化することなく、唯一の実体の中で自由に運動し続ける、ということなので、ドゥルーズたちの言う、CsO（強度ゼロ）＝欲望の内在野＝存立平面のモデルになりそうですね。

欲望を、生産の過程に「空虚をうがつ creuser」「欠如 manque」と捉えるのは、ラカン派の精神分析の発想ですが、近代の理性中心主義の哲学には、欲望を単に欠如（＝ニーズ）を埋める作用と見なす傾向が強いとされています。この後、三一六〜三二〇頁にかけて、こうしたポジティヴなイメージの、CsO内での欲望の流れが遮断されると、そこに僧侶が介入してくる、という話がありますね。これは先ほどの第5プラトーで出てきた話ですね。僧侶は、内在野から逸脱し、局所化して固定化してしまった欲望に、「否定的な法則の呪い」「外在的な規則の呪い」「超越的な理想の呪い」という三重の呪いをかける、と言います。この三重の呪いによって、欲望は余計にCsOから遠ざけられ、「器官」に割り振られ、合理的なシニフィアンの体制に合うように加工されてしまうわけですね。逃走線というのは、そうした呪いによって分断・局所化された様々な欲望が、CsOに回帰しようとする傾向から生じてきた、ということになるのでしょう。そうした欲望の管理者としての地位を、現代において僧侶から継承した者として精神分析家を挙げていますね。精神分析医は、マゾヒストの欲望を、満たされない欲望の代替のように解釈してしまうけど、そうではなくて、CsOに合流する、欲望の内在野を形成しようとしているのだ、ということが念押しされていますね。

三二〇〜三二二頁にかけて、「宮廷愛 l'amour courtois」を「欠如の法則」とか「超越的な理想」と捉える見方が批判されています。「宮廷愛」が、地上では成就できない、理想の愛の対象を求める物語だとイメージされるのはいいとして、ドゥルーズたちが「宮廷愛」をポジティヴに捉え直そうとするのは意外ですね。

外的な快楽を放棄すること、または遅延すること、快楽から無限に遠ざかることは、反対に、もはや欲望が何も欠いてはいず、それ自身で満ちたりて、内在野を作り上げてい

るという勝ちとられた状態なのだ。

ＳＭの話をしていたので、何だか肉体的な快楽を思いっきり肯定しそうですが、どうもそういうことではなく、自分では制御できない「外的な快楽 le plaisir externe」を放棄したり、その充足を遅延させたりすることで、「欲望の内在野」＝CsOを形成することを、マゾヒズムと同じような効果をもたらすと見ているわけですね。肉体的な刺激があるかどうかはあまり関係ないわけです。こういう風に言うと、主観的な感情のコントロールを重視しているように聞こえますが、そうでもないようです。

> 快楽は、ある人格、または、ある主体の感情である。快楽は、自分自身をはみ出してしまうような欲望の過程において、「自己をとりもどす」ための唯一の方法なのだ。快楽は、最も人工的なものでも再領土化である。しかし自分自身にもどることは本当に必要なのだろうか。宮廷愛は自我を好まない。天使的、宗教的な全宇宙も好まない。強度に満たされ、もはや自我と他者を区別しない器官なき身体を作ることが問題なのだ。

「外」とか「内」とかいう言葉の意味をちゃんと説明していないので、混乱させられますが、「自我」という枠をはみ出していくような欲望の流れを無理にせき止め、落ち着かせることで、〝欲望〟が〝充足〟したことにする、「外」から来た刺激によって喚起された〝欲望〟が、何かを食べるとかセックスの相手を求めるとかの外的処理によって〝充足〟されたことにすれば、欲望は「快楽」、という外在的なものに変容する。この場合の「外」とは自我にとっての「外」ですね。それに対して、「欲望」が自我という狭い枠を超えて流れていき、外部を持たない、CsO＝内在野を形成するようになることを肯定的に評価しているわけですね。「内在野」形成という意味での「内」ですね。

宮廷愛が実際に、自我と他我を区別しなかったのかというのは疑問がありますが、第5プラトーのトリスタンとイゾルデの関係のように、お互いに顔を背け合い、直接接触しない状態にあっても、欲望がどんどん高まっていき、双方の自我のコントロールを超えていけば、CsOを形成しつつある、と見ることができなくもない。

> 『ヘリオガバルス』と『タラウマラ』を読みなおさなくてはならない。ヘリオガバルスはスピノザであり、スピノザは甦ったヘリオガバルスだから。そしてタラウマラ族とは実験であり、ペヨートルなのだ。スピノザも、ヘリオガバルスも、この実験もみな同じ定式をもっている。アナーキーと統一性とは同じことなのだ。それは一からなる統一性ではなく、多についてのみ言える奇妙な統一性である。これこそが、二つの書物でアルトーが明らかにしたことだ。融合的多様体、無限ゼロとしての融合性、存立平面、神々を内部に存在させることのない物質。力、本質、実体、要素、減衰、生産としての原理。産み出された強度、振動、呼吸、〈数〉としての存在のあり方、または様相。われわ

れが器官に、つまり「皮膚を黄色くする肝臓、梅毒を病む脳、汚物を排出する腸」にしがみついているなら、われわれが有機体の中に、あるいは、さまざまな流れをせきとめ、この世界にわれわれを縛りつける地層の中に閉じこもったままでいるなら、〈戴冠せるアナーキー〉の世界にたどりつくことは難しい。

『ヘリオガバルス』（一九三四）も『タラウマラ』（一九四五）も、アルトーの著作です。『タラウマラ』は、先ほどお話しした、メキシコの先住民で、アルトーは彼らの元に滞在して、ペヨーテを使って超越的な体験をしたことを報告しています――「幻想」ではなくて、欲望の内在野を形成する試みだったわけですね。『ヘリオガバルス』は、実在のローマ皇帝ヘリオガバルス（二〇三―二二二）に関する史実に基づく小説です。母方は、シリアの都市エメサで、太陽神エル・ガバル（ヘリオガバルス）の大祭司の家系で、ヘリオガバルスという通称は、そこから来ています。異教の大祭司でもあった彼は、元老院の承認を得ないで皇帝への即位を宣言しました。当初はシリアや小アジアを拠点にしていましたが、各地の軍の支持を得てローマに入場すると、ローマの宗教をエル・ガバル崇拝に替えようとしました。エル・ガバルの名の下で、男の奴隷と結婚したり、全裸で男たち相手に売春し、男根崇拝のような儀式を行いましたが、正気を疑われ、反乱軍によって惨殺されます。ドゥルーズたちは、この二つの著作を、アナーキーを通してCsOに至る試みであり、先ほど見たような意味でのスピノザに通じていると見ているわけです。普通、スピノザは、情念に囚われることのない、静寂の思想家のようなイメージがありますが、ドゥルーズ＋ガタリはむしろ、彼らは器官から解放されるためのアナーキーを目指した人と見ているわけです。

三二七頁を見ると、私たちを最も直接的に拘束しているものとして、「有機体」「意味性」「主体化」を挙げています。これらから解放されることを目指すわけですが、その際に、「虚偽」「幻影」「幻覚」「心理的な死」をかすめることになるので、慎重なテクニックが求められると念を押していますね。

三三一頁に、ペルー出身の文化人類学者で作家のカルロス・カスタネダ（一九二五―九八）の著作に出てくる、メキシコ呪術師「ドン・ファン」の実在性に言及されてますね。ドン・ファンの秘儀伝授によって、カスタネダはペヨーテに宿る霊と出会ったり、鳥に姿を変えるなど、不思議な現象を体験しますが、その話ができすぎているので、ドン・ファンの実在は疑われてきました。ドゥルーズたちは、カスタネダの本が民族誌ではなく、CsOに至るための実験の手順だとしたら、「まったくどうでもよいことだ」と述べていますね。これもまた有機体、意味性、自我、「個人的、社会的、または歴史的な人格」から離脱し、「生成変化 devenir」に身を委ねる試みだということですね。

われわれはまだ次の質問に答えてはいない。なぜ、そんなになにも危険にみちているのか。なぜ、そのため、そんなに慎重でなければならないのか。地層とCsOを抽象的に対立させるだけでは十分ではない。なぜならCsOは、さまざまな地層の中にも、地層を脱した存立平面の上にも、まったく異なる仕方であるがすでに存在するのだ。地層としての有機体を考えてみよう。有機体と呼ばれる器官の組織に対立するCsOがあるのは確かだが、この地層そのものに属する有機体のCsOも存在する。癌組織がそれだ。刻一刻、細胞は癌となり、狂気となり、増殖し、形態を失い、すべてを食いつくしてしまう。有機体はこの細胞を元にもどし、再び地層化しなければならない。それは、自分が生きのびるためだけでなく、有機体の外へと逃走するため、存立平面の上に「別の」CsOを作るためにも必要なのだ。意味性という地層をとってみると、ここにもまた意味性の癌組織があり、記号の流通を妨げる専制者の身体が芽生え、この身体は、「別の」CsOの上に、非意味的な記号が誕生することを不可能にするのだ。

錯綜としている感じですが、要は、いろんなレベルのCsOがあり、地層の中で成立しているCsO、有機体として存在するCsOなどもあり、場合によっては、別のレベルでCsOに至る運動を阻害することもあるので、全てのCsOを肯定的に捉えることはできない、ということです。癌は有機体の中にできるCsOで、確かに癌化した部分自体では機能分化しておらず、生命体の他の部分の機能分化を破壊する形で増殖するので、CsO的な存在と言えますが、癌が広がりすぎると、個々の人間が、SMとかドラッグによって手順を経て身体的なレベルでのCsOに到達することが不可能になります。意味性のレベルでそういう両義的な存在が、「専制者の身体」という特殊なシニフィアンです。細かいことを言うと、「記号の流通を妨げる専制者の身体が芽生え」の原語は、〈un corps bourgeonnant du despote qui bloque toute circulation des signes〉となっていて、直訳すると、「記号の流通を妨げる専制者の芽生えつつある身体」となります。〈bourgeonner〉という動詞は、元の意味は、「芽bourgeon」が出る、発芽するということですが、吹き出物ができて、広がっていくことを表すのにも使われます。癌のイメージですね。第5プラトーで見たように、「専制君主の身体」は、自分をあらゆる事物に押し付け、法、軍事、儀礼、芸術、父の役割などをその分身のように意味付けし、支配しようとします。そのため、専制君主の支配が社会体全体に浸透していくと、人々の生が画一化され、変化が妨げられます。オーウェルの『一九八四』のビッグ・ブラザーのような感じで。ある程度の限定された支配だったら、個々の共同体の独自の円環を維持しながら上から組織化するという形でバランスを保てるかもしれないけれど、広がりすぎると、自分自身を破壊してしまう。そういう意味で、癌、しかも社会体の中核に位置する癌なのでしょう。

―― 一定の社会的編成をとってみても、また、ある編成における地層の装置をとってみても、暴力や対立の関係、または同盟や共犯の関係に入りながら、社会的な場の総体を食いつくし、増殖し、おおってしまい、侵してしまうCsOがいたるところにあるといえる。また、貨幣のCsO(インフレーション)があり、国家、軍隊、工場、都市、党のCsOがある。地層が凝固や沈殿の作用だとすれば、一つの地層内で、沈殿が加速されただけで、この地層は形態と分節を失い、自分の内部に、またその編成や装置のうちに、腫瘍を育ててしまう。地層は全体主義的ファシスト的なCsOを、つまり存立平面のおそるべきカリカチュアを産み出す。それゆえに、存立平面上の充実したCsOと、あまりにも暴力的な脱地層化によって、地層の残骸の上で空虚になってしまったCsOとを区別するだけでは不十分なのだ。増殖しはじめた地層の中の、癌のようなCsOにも注意を向けなければならない。三つの身体の問題。

CsO同士の間にも緊張関係があり、ある局面では、他のCsOや組織とうまくバランスを取っているように見えても、どこかで急増殖し始めて、露骨に癌化するものがある。「国家、軍隊、工場、都市、党」というのは、いかにもそうですが、面白いのは、貨幣の増殖=インフレーションもそれと同じように、癌的なものと見ている点ですね。前回見た、第4プラトーで、インフレを扱っていた理由がこれで分かりましたね。ナチスとかイタリアのファシスト政権もある意味CsOで、自分を強化しているつもりで、実際には自らが癌化して、自分が宿っている身体を崩壊させてしまう、というわけです。

そういう悪性腫瘍のように自己膨張するCsOは、いつか崩壊するはずなので、マルクス主義のように人為的な革命を起こさなくても、いつか崩壊するので、それを待っていればいい、ということになりそうですが、そういうことでもないということを、「三つの身体」ということで言っているわけです。「存立平面上の充実したCsO」というのが、彼らが肯定的に描いている、ちゃんとしたSMや薬物使用、宮廷恋愛などで到達できるCsO。

そうしたCsOの形成を阻害してしまう、出しゃばりなCsOもあるわけですが、それには、「あまりにも暴力的な脱地層化によって、地層の残骸の上で空虚になってしまったCsO」、つまり、もう自己崩壊のカウントダウンが始まっているので放っておいていいような状態になっているCsOと、「増殖しはじめた地層の中の、癌のようなCsO」、つまり、まだこれから暴力を発揮して、充実したCsOの形成を妨害し、破壊し尽くしてしまうような危険なCsOがあるわけですね。『神の裁きと決別するため』でアルトーが、「アメリカという癌の身体」「戦争の身体」「貨幣の身体」を呪詛していたということに言及していますね。これらは放っておくと、危ない癌であるわけです。

三三六頁を見ると、「CsOは卵である」としたうえで、この卵が有機体と隣接していて、有機体と関わりながら自己を生み出す、と述べられています。卵としてのCsOは、ドゴンの卵のように、母親の胎盤から一定の組織を奪い取って、自己増殖していく可能性を秘めているということですね。それで、挿絵にドゴンの卵を出していたわけですね。CsOの増殖する細胞のような性格を理解したうえで、どのCsOが現にどういう傾向を帯びているのか、ちゃんと把握しないとダメだということのようですね。

精神分析の誤謬は、器官なき身体を、身体の一つのイメージにしたがって、退行、投影、幻想などとして理解したことだ。そのため、精神分析は裏側をのぞくだけで、強度の世界地図の代わりに、あらかじめ家族写真、幼時記憶、部分対象をもちだしていた。卵についても、不定冠詞についても、生成をやめない環境の同時性についても、精神分析は何一つ理解しなかったのだ。

個々の人間の身体上のCsOも含めて、CsOはいろんな形に生成変化していくものなのに、精神分析は、家族を中心とした決まった身体像しか持っていなくて、何が起こっても家族的なイメージに還元しようとするので、ダメだと言っているわけです。「部分対象」は、初回にも出てきたメラニー・クラインの用語で、主に、乳幼児の欲望の対象になる母親の乳房を指します。不定冠詞というのは、誰のどういう状態、どういう機能の身体であるかを規定されて、定冠詞付きになっていない、ということです。英語で言うと、〈the〉が付かなくて、〈a, an〉しか付いていない、不特定多数の一つでしかない匿名の状態にある、ということです。精神分析は、「器官なき身体」の生成変化する性質も、環境との相互作用で、増殖したり、空洞化したり、あるいは充実したりすることを分かっていない、というわけです。

それゆえに、分裂分析《スキゾアナリーズ》の具体的な問題は、われわれが選択の手段をもっているか、CsOを、その分身たちである空虚なガラス状身体、全体主義や、ファシストの癌にかかった身体から区別する手段をもっているかということだ。欲望の試練。偽りの欲望を告発することではなく、欲望の中にあって地層の増殖にかかわるもの、あまりに暴力的な脱地層化にかかわるもの、存立平面の構築にかかわるものを区別すること（われわれ自身のうちにさえ、ファシスト的なもの、自殺的なもの、錯乱的なものを監視すること）。存立平面は単にあらゆるCsOによって構成されるものではない。存立平面が拒絶するCsOもあって、この平面は、これを実現する抽象機械とともに選択を行なうのだ。そしてまた、一つのCsOにおいてさえ（マゾヒストの身体、麻薬中毒者の身体など）、存立平面の上に構成することの可能なものと不可能なものを区別しなければならない。麻薬に関して、ファシスト的な使用法、あるいは自殺的な使用法がある一方、存立平面に適合する使用法も可能なのではないか。

「空虚なガラス状身体 corps vitreux vides」というのは、全体主義やファシストの癌が増殖して、欲望が外から一元的に分かりやすくコントロールされていて、ロボットみたいになっている身体ということでしょう。「欲望の中にあって地層の増殖（la prolifération de strate）にかかわるもの」というのは、既成の組織、支配機構を拡大することに寄与する要素ということでしょう。「あまりに暴力的な脱地層化（la déstratification trop violente）にかかわるもの」というのは、手順を踏まない無理な麻薬の吸引や手軽なSM、ということでしょう。欲望が新たな形で編成される新しい「存立平面」の構築に寄与する欲望だけを肯定的に捉えているわけです。先ほど、第5プラトーの終わりの方で見たように、「存立平面」では、様々な「機械」や「アレンジメント」を動かす「抽象機械」が働いているわけですが、そうした「抽象機械」を備えた「存立平面」とは相容れないCsOもあるわけです。「空虚なガラス状の身体」のままでは、入っていけない「存立平面」というのもあるかもしれない。マゾヒズムや麻薬吸引で得られるCsOも、部分的にはオーケーだけど、一部は拒絶される、ということもあり得る。拒絶された部分に拘っていたら、結局、目指すCsOに到達できない。

　三三九頁の終わりの方で、「麻薬を使わないでトリップすること、ヘンリー・ミラーの実験のように、ただの水で酔っぱらうこと」とありますが、『セクサス』（一九四五）という自伝的小説の終わりの方、第二一章で、主人公である私は、自分は「水で酔う get drunk on water」ことができると主張して、やってみせます。流石に、アルコール等で中毒になり、徹底的に体を壊したら、CsOに到達するのは難しいと思っているようですね。

> 効果の同一性、種類の連続性、あらゆるCsOの総体が、存立平面の上に得られるためには、この平面を満たし、また実現する抽象機械が必要であり、欲望と合体され、欲望をまさに引き受け、欲望の連続的結合や、横断的な連関を確かにするさまざまなアレンジメントが必要である。さもなければ、平面をなすCsOたちは、その種類によって分離されたまま周辺に追いやられ、自前の手段にだけ頼る破目になり、一方「別の平面」では、癌にかかり、空っぽになった分身たちが勝利をおさめるばかりなのだ。

　様々なCsOが共存できる存立平面ができればいいけど、そう簡単ではない。先ほど見たように抽象機械が拒否してしまうかもしれない。抽象機械というのは、PCで言うと、一番基本的なOSのようなものでしょう。ヘンなアプリ（CsO）は拒否されてしまうし、機能不全でバグになってしまうアプリもあるかもしれない。だから、いろんなCsOを両立させられる抽象機械が必要になる。抽象機械は、直接的に可視化できないけれど、恐らく、私たち人間の立場からすれば、CsOを目指して活動する、様々な人々の思想と実践、言語活動を含んだ実践の総体ということになるでしょう。だから、自分たちがどういう実践をしているか評価するための、「プラグマティクス」が重要になる。

■質疑応答

Q　「存立平面」と「内在野」についてなのですが、凸凹のあるところということでしょうか。

A　凸が様々なプラトーだとすると、その底に当たる平面、まだ地層化して固まっておらず、いろんな機械やアレンジメント、欲望の生成変化が同時に行われているのが「存立平面」です。現実の大地の表面は、結構硬いですが、「存立平面」はそれ自体が生きていて、生成変化し、凸を生み出しているという感じでしょうか。

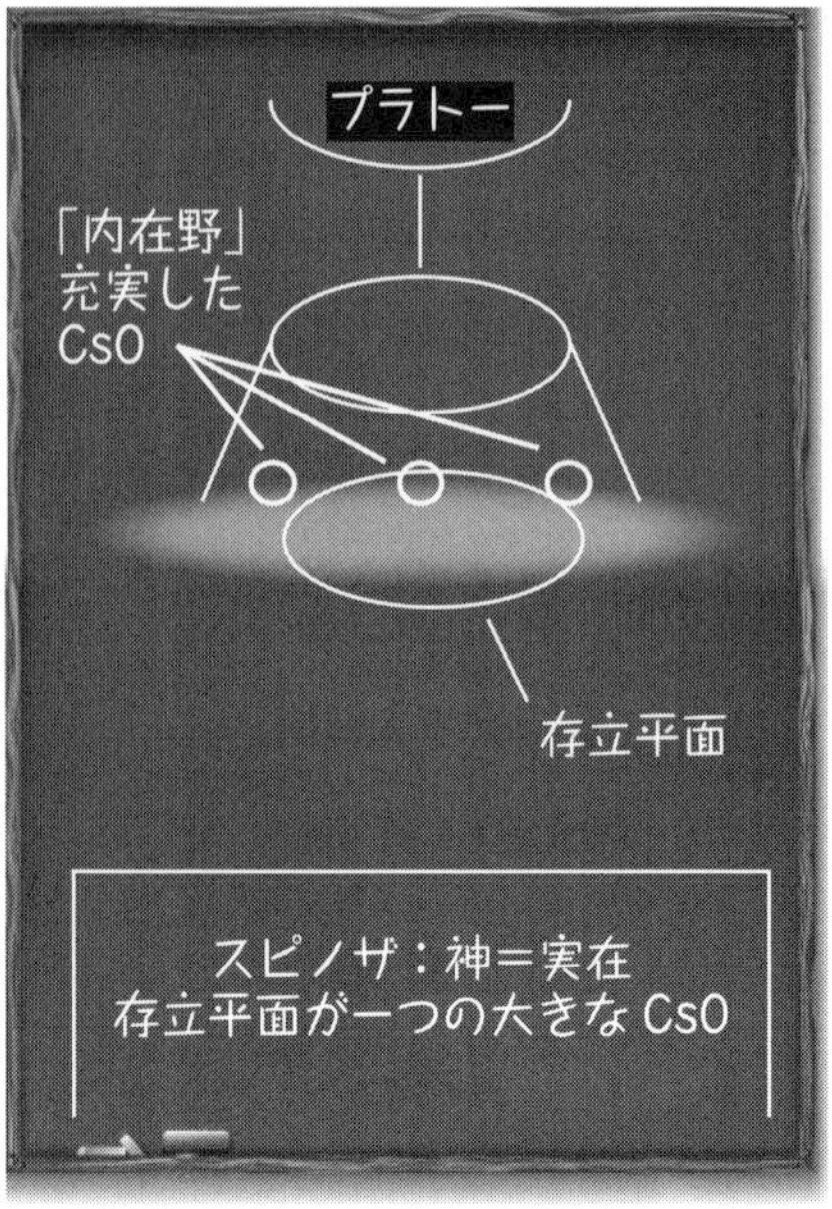

「内在野」というのは、存立平面上で成立し、活動している、充実したCsOの状態、外からの働きかけに依存せず、欲望が自己完結的に循環している状態です。「存立平面」自体が、一つの大きなCsOになると、内在野＝存立平面になります。それが、スピノザの言う神＝実体です。

幾何学的、トポロジー的なイメージに厳密に当てはめようとすると、かえって分からなくなります。ドゥルーズ＋ガタリが分からないとか、いいかげんな数学を使っていると怒っている人は、大抵、幾何学とか物理学のメタファーを厳密に当てはめようとしているのだと思います。そういう紛らわしい書き方をする、不親切な彼らが悪いのですが、この本の中で、著者たちによって実際に挿入されている図式以外の図式を独自に思い浮かべて、それに独自に解釈を加えようとすると、どんどん分からなくなるので、注意が必要です。

Q2　逆シニフィアン的体制についてですが、「遊牧し、戦闘する放浪民のそれ」「戦争機械の記号系に属する」（二四五－二四六頁）とあります。これが最もシニフィアン的体制と対立するものと考えていいのでしょうか。

A2　「最も」というのがどういう意味かによります。「逃走線」を生じさせるという点と、この記号体制と親和性のある遊牧民的な在り方が、専制君主を冠するシニフィアン的体制に捕らわれない、という意味では確かにそうでしょう。しかし、戦争機械が軍隊として再編されるように、数列的な性質を持った逆シニフィアン的体制が、シニフィアン的体制と混合し、取り込まれてしまうこともあるでしょう。様々な記号体制が併存しているポスト・シニフィアン的体制の方が、シニフィアン的体制の自己完結的な性格を乗り越えている、と言えるでしょう。

Q2　二四七頁では、ポスト・シニフィアン的要素は、すでにシニフィアン的体制の中に存在している、と言っているので、「ポスト」は内側から壊していくもの、「逆」は正面切って対抗するもの、という戦術の違いになるのでしょうか？

A2　戦術というのは、それらの記号体制を意識的に利用する人間、あるいは、記号体制同士の対立を外から観察しようとしている人間から見ての話ですね。記号体制自体は、別に自分が何かと対抗している、といった意識は持っていません。第三者的に見ると、戦争機械が相対的に、国家というシニフィアン的体制の「外」から働きかけるように見え、ポスト・シニフィアン的体制は、シニフィアン的体制をよく観察していると、その「内」に既に他の記号体制があるのが見つかる。それらの作用を増幅しようとする人間にとっては、確かに、「外」あるいは「内」から攻めるということになるでしょうが、当然、「外」の反対が「内」という単純な関係ではありません。

Q2　ポスト・シニフィアン的なものとしてリチャード三世を説明している二六〇頁で、「彼の事業、彼の女たちは、国家装置からではなく、戦争機械からやってくる」「彼は、偉大な遊牧民から、そしてその秘密からやってきた」とありますが、逆シニフィアン的体制からやってきたということになるのでしょうか。

A2　「戦争機械」が、主に「逆シニフィアン的体制」によって成り立っているという意味で、そう言っていいと思います。

Q2　「秘密」というのはどういうことを指すのでしょうか。

A2　その少し前に、「秘密（le secret）、諜報（l'espionnage）は、戦争機械におけるこのような〈数〉の記号系の重要な要素である」という箇所がありましたね。恐らく暗号のようなものによる情報伝達を念頭に置いていたのだと思います。遊牧民にそういう暗号技術のようなものがあったかどうか分かりませんが、本格的な戦争に諜報（インテリジェンス）はつきものですね。遊牧民は、国家の支配者には理解できない仕方で、情報網を駆使して、離れたところにいる人々を集め、戦争機械を編成し、機動性を発揮し、国家に効果的にダメージを与えるので脅威になる、ということはできるでしょう。少なくとも、動員するのに時間をかけていたら、国家の軍隊に各個撃破されてしまうでしょう。シェイクスピアの『リチャード三世』の場合、国家の正当性を維持するという表向きの政治的目標の他に、醜い姿で自分を誕生させた神、そうした自分を気味悪がっている世間に復讐するという秘密の願望も抱いていて、そのため、ある意味、二重の計画を立てて実行します。そういう反国家的な願望を心に秘めながら、国家権力を奪取したことに、ドゥルーズたちは彼の遊牧民性を見たのでしょう。

［講義］第4回

7「零年――顔貌性」、8「一八七四年――ヌーヴェル三篇、あるいは『何が起きたのか？』」、9「一九三三年――ミクロ政治学と切片性」を読む

第7プラトー「零年――顔貌性」

本日は中巻の、第7プラトー「零年――顔貌性」からです。「零年」は西暦ゼロ年ということで、当然イエスを念頭に置いています。章扉裏に、イタリアのシエナのゴシック期の画家ドゥッチオ（一二五五／六〇頃－一三一九）の画『聖ペトロと聖アンデレへの呼びかけ』が挿絵として掲載されています。イエスがペテロに、人間をとる漁師になりなさいと言い、そのためキリスト教の教団は魚を象徴にするようになったのは有名な話ですね。イエスが、後に使徒になる二人の漁師ペトロとアンドレに呼び掛けている構図ですが、一見してやはり顔が目立ちますね。顔を見合うことで、互いに引き寄せられてるように。前回見たように、「顔貌 visage」をめぐる彼らの理論では、「顔貌」は記号の運動を一つの点に引き込む、重力の中心のような役割を果たします。

「ホワイト・ウォール」と「ブラック・ホール」

意味性と主体化という二つの軸が存在するのをわれわれは見たが、この二つはまったく異なる記号系、二つの地層とさえいえるものだった。ところで、意味性は、みずからの記号と冗長性を記入できるホワイト・ウォール〔白い壁〕なしでは実現されない。主体化の方も、みずからの意識、情念、冗長性を受けいれるブラック・ホール〔黒い穴〕なしではうまくいかない。

「意味性」と「主体化」は、上巻の第6プラトー「一九四七年十一月二八日――いかにして器官なき身体を獲得するか」で、論じられていましたね。「主体化」は、シニフィアン的体制からの離脱、逃走の過程で起こることですが、そうやって辛うじて自立化した「主体」が、シニフィアン的体制を構成する「意味性」に再び捕らえられることで、「主体化」は「隷属化」に

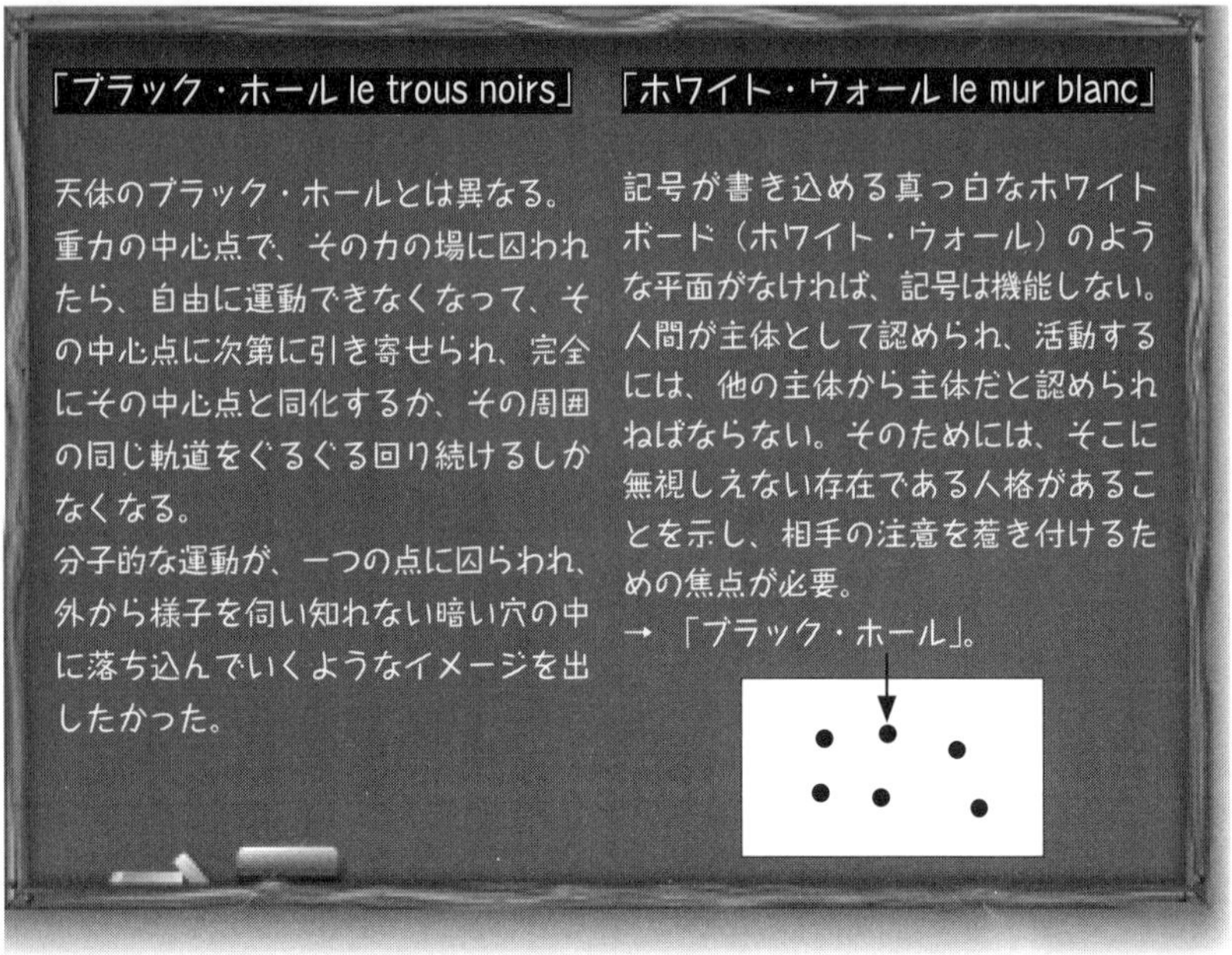
「ブラック・ホール le trous noirs」

天体のブラック・ホールとは異なる。

重力の中心点で、その力の場に囚われたら、自由に運動できなくなって、その中心点に次第に引き寄せられ、完全にその中心点と同化するか、その周囲の同じ軌道をぐるぐる回り続けるしかなくなる。

分子的な運動が、一つの点に囚われ、外から様子を伺い知れない暗い穴の中に落ち込んでいくようなイメージを出したかった。

「ホワイト・ウォール le mur blanc」

記号が書き込める真っ白なホワイトボード（ホワイト・ウォール）のような平面がなければ、記号は機能しない。

人間が主体として認められ、活動するには、他の主体から主体だと認められねばならない。そのためには、そこに無視しえない存在である人格があることを示し、相手の注意を惹き付けるための焦点が必要。
→「ブラック・ホール」。

転じます。「冗長性」とは、あまり情報性がない記号パターンが何度か繰り返されることです。人間の身体が傷ついても、すぐに復元されるのは「冗長性」のおかげだし、紙の文書の一部が破れたり、汚れて何の字か読めないところがあっても、再現して読めるのも冗長性のおかげです。「ホワイト・ウォール le mur blanc」と「ブラック・ホール le trou noir」という比喩は、ドゥルーズ＋ガタリにしては、分かりやすくサービスした表現だと思います。記号が書き込める真っ白なホワイトボードのような平面がなければ、記号は機能できません。人間が主体として認められ、活動するには、他の主体から主体だと認められねばなりません。そのためには、そこに無視しえない存在である人格があることを示し、相手の注意を引き付けるための焦点が必要です。それが「ブラック・ホール」です。人の顔をイラスト的に簡単に描く際、目と口を黒い点のように描きますね。曖昧なぼやっとした形が、霊に見える説明として、よく聞く話ですが、私たちは、「顔」らしく見える点の配置を目にすると、そこに引き付けられてしまいます。人間でない、動物でも、顔らしきものがある場合は、〝顔〟を見て、動物の意識状態がどうなっているのかとかいちいち考えず、その思惑を読み取ろうとしていますね。そうやって、私たちの意識を引き付けてしまう引力の出所が「ブラック・ホール」です。ただ、相手の注意を引き付けて離さなくなるという点は、辛うじて天文学の「ブラック・ホール」と似ていますが、力の圏内に補足したものを、離さずに穴の奥へとずっと引きずり込んでいき、二度と外へは出さないというような、本当の天文学の「ブラック・ホール」のような働きがあるかというと、疑問なので、あまりいい比喩とは思えません。ドゥルーズたちは、いや暗黒に引きずり込まれて、出てこれないと言うかもしれませんが。トリノの聖骸布の顔とかだと、いかにもブラック・ホールっぽい感じがしますが。

レヴィナスの場合、他者の顔を見ると、そこに人格があるということが否定しがたくなり、相手に人格的に応答せざるを得なく、そこに倫理性が生まれるという議論をします。二つの顔の間に、人格的な反応が成立するだけの距離があるという前提ですが、ドゥルーズたちの場合、距離を取りようもなく、相手の顔の引力にどんどん引き込まれていく、という感じですね。

そうした顔を中心とした「主体化」の焦点であるブラック・ホールと、様々な記号を書き込まれる意味性のためのホワイト・ウォールとは、本来別々のシステムですが、相互作用を起こすことがあるということですね。

顔貌性抽象機械

> 話したり考えたり感じたりする人間を、外側から包んでいるのが顔というわけではない。聞き手が話し手の顔について、「おや、怒ってるようだな……」、「そんなこと言ったようには見えないけど……」、「おまえに喋ってるんだ、こっちを見ろよ……」、「わたしをよく見て……」といった選択をしないかぎり、言語学でいう言語活動《ランガージュ》におけるシニフィアンの形式も、またその単位さえも決定できないのだ。子供、女性、主婦、男性、父親、リーダー、教師、警官といった人々が、みんなで一つの言語を話しているのではなく、シニフィアンの特徴が固有の顔貌性の特徴を指標とするような一つの言語を話しているのだ。顔は、個別的である前に、頻度や確率のゾーンを定めるもの、相応《ふさわ》しい意味作用に従わない表現や連結をあらかじめ不可能にする領野を決定するものだ。同じように、主体性の形態、つまり意味または情念も、共振の場を形成する顔なしでは、まったくうつろなものでしかない。この共振の場が心的あるいは感覚的現実を選択するのであり、これを支配的な現実に相応《ふさわ》しいものとする顔はそれ自体、冗長性なのである。さらに顔は、意味性つまり頻度の冗長性とも、共鳴つまり主体性の冗長性とも、冗長性の関係を持つ。顔は壁を構成し、その壁なしにはシニフィアンは活性化されない。顔はシニフィアンの壁、枠組み、スクリーンを構成するのだ。顔は穴を穿ち、その穴なしには主体化は出現しえない。顔は意識または情念としての主体性のブラック・ホール、カメラ、第三の目を構成する。

「言語活動におけるシニフィアンの形式 la forme du signifiant dans le langage」というのが抽象的でとっつきにくいですが、ここで問題になっているのは、通常の言語学が問題にしているレベルの暗黙の前提、物質的な枠組みになっているようなレベルです。私たちが、他人の発言から、音素を読み取って「意味」を再構成するという前に、それが人間の声、それも自分に理解できるはずの言語を語る人間の声で、単に咳とかしゃっくりのようなものではなくて、誰かに向かって何かの意味を伝える意図に基づいて発せられた、ということを知る必要があります。対面の場合は、相手の「顔」がどういう状態になっているかが、ポイントになりますね。顔を持った存在が、どっちを向いてどういう表情で、どういう声色で言ったかということが分からないと、「言語活動」の抽象的な形式も定まらないわけです。

「子供、女性、主婦、男性、父親、リーダー、教師、警官といった人々が、みんなで一つの言語を話しているのではなく、シニフィアンの特徴が固有の顔貌性の特徴を指標とするような一つの言語を話しているのだ」という文が分かりにくいですが、これは、若干訳がまずいです。「みんなで一つの言語を話しているのではなく」という部分は、〈ne parlent pas une langue en général〉となっていて、〈en général〉は「みんなで」という副詞的な意味ではなく、〈une langue〉にかかっていると見るべきでしょう。つまり、「言語一般」、説明的に意訳すれば、「一つの言語という一般的なもの」を話しているのではなく、顔貌性によってその特徴が決まってくる「一つの言語」を話しているわけです。言語学がほとんど意識しない顔貌性という要素が、前提条件として重要だということです。

これは外国語を習うと分かりますね。対面だと何とか通じるような気がするけれど、電話だと不安になりますし、実際、伝わりにくいですね。外国語を話している人はそもそも表情を読み取りにくいのですが、声色だけだとなお更、読みとりにくいので、顔を見て話したくなるわけです。逆に言うと、顔を持った存在から発せられた音声には、何か意味があるのではないかと予測するわけです。「あああ……」というような出鱈目な叫び声を発しても、顔から、特に同国人らしい顔から発せられていたら、自動的に関心が向かい、意味を読み取ろうとする。書かれたものに関しても、単なるインクをたらした痕でも、それが顔を持った存在がその痕を付けた瞬間を目にすると、そこに何か意味作用があるような気がする。

「頻度や確率のゾーンを定める」というのは一見難しそうですが、これは意味がある言語作用が働いていると判断できる「頻度や確率」の話をしていると考えればいいでしょう。つまり、顔らしきものが認知できると、こういう表情でこういう音声で発せられた音については、これくらいの頻度や確率で、○○語の▼▼的な表現だと判断できる、というようなことを指しているのでしょう。

「共振の場を形成する顔 les visages ne formaient des lieux de résonance」というのは、「顔」において、「主体」であると想定されるもの同士が、お互いを鏡像のようにして、それぞれの情動や、意味を探査し構成する意識の作用が同調する、ということでしょう。「意味性＝頻度の冗長性」は先ほど述べた通りの意味ですが、「主体性の冗長性」というのは、相手の様子がよく観察できないとか、意識を失っているとかで、〝主体性〟を直接確認できない時でも、どういう意志を持っているか推測できるということでしょう。「顔」が「意味性」と「主体化」が行われる外枠を形成しているわけです。

> 正確に言うと、顔は、シニフィアンの壁を構成するものでも主体性のブラック・ホールを構成するものでもない。顔は、少なくとも具体的な顔は、ホワイト・ウォールの上にぼんやりと描かれ始める。ブラック・ホールの中にぼんやりと現われ始める。映画が顔のクローズ・アップをするときには、まるで二つの極があるようだ。顔の上に光を反射させるか、反対に、顔の陰影を強調して「容赦なく暗がりの中に」沈めてしまうかするのだ。ある心理学者は、顔とは、「形も大きさもないぼんやりとした明るさのさまざまな変化」に始まって結晶化する知覚対象だと言っていた。暗示的な白さ、捕獲する穴、顔。大きさのないブラック・ホールと形のないホワイト・ウォールが、まず最初にあるようだ。

先ほどは、「顔」は「シニフィアンの壁 le mur du signifiant」であり、「主体性のブラック・ホール」だと言いながら、そのすぐ後でそれを否定しているので、混乱させられますね。これは、「顔」それ自体が単独あるいは単体で、壁やブラック・ホールの役割を担っているわけではない、ということでしょう。最初は、「ホワイト・ウォール」の「上 sur」と、「ブラック・ホール」の「中 dans」に、「ぼんやりと vaguement」現れてくるというのがミソでしょう。「ぼんやりと」浮かんでくるということは、最初ははっきりした輪郭がなく、引力の中心かどうかはっきりしない、ということでしょう。映画のクローズ・アップの際の「二つの極 deux pôles」というのは、ホワイト・ウォール上に大写しになった「顔」に、カメラ自体のライトを含む光が反射されることによる、輝きの効果と、顔の陰影、特に影の部分が強調されて、底なしの闇があるように見える、ブラ

「顔」
ドゥルーズ＋ガタリ
人格ではなく、抽象機械の作用。
働きかけ
機械
＝
「顔貌性抽象機械」
「顔貌化」＝体の各部位を「顔」と関係付けて「超コード化」することであって、外見上、人間の標準的な“顔”に似ているかどうかは関係ない。

ック・ホール効果の両極の作用、ということでしょう。そうした二重の効果のおかげで、「顔」が「壁」や「ブラック・ホール」として機能するようになる、というわけです。

> もろもろの具体的な顔は、一つの顔貌性抽象機械から生まれるのだ。この抽象機械は、シニフィアンにホワイト・ウォールを、主体性にブラック・ホールを与えつつ、具体的な顔の一つ一つを生産する。だから、ブラック・ホール−ホワイト・ウォールのシステムがすでに顔なのではなく、要素の変形可能な組み合わせによってまさに抽象機械が顔を生産するといえよう。ただし抽象機械は、それが生産するもの、生産しようとするものに似ているなどと考えてはならない。

「抽象機械」は前の「プラトー」に出てきましたが、それ自体としては姿を現さず、存立平面の中に潜んで、様々な「機械」や「アレンジメント」を動かしている、大本の「機械」です。「顔貌性抽象機械」と言う以上、それ自体は顔貌には見えないし、具体的な形を持っているわけではないけれど、「顔貌」が生み出されるように働きかける機械ということになるでしょう。この場合、「ホワイト・ウォール」と「ブラック・ホール」になりうる平面に働きかけて、そこに顔のように見える、主体性と意味性の〝中心〟を出現させる「機械」ということでしょう。こういう風に言うと、人間がいないところでも一定の条件が揃うと、顔貌的な作用が生じるように聞こえるので違和感があるでしょうが、ドゥルーズたちはそういう違和感を抱かせるつもりで、こういう書き方をしているのでしょう。私たちはどうしても、一人の人格を備えている〝人間〟がそこにいるからこそ、「顔」の効果が生じる、人間がいるからこそ、そこに主体性が働いており、意味性があると思えるのだ、というレヴィナス的な見方をしてしまいがちですが、ドゥルーズたちは、顔貌の効果が生じる記号的過程あるいはイメージ形成過程に注目し、そこに人格というより、抽象機械の作用を見ようとしているわけですね。確かに、自分の正面に別の人間が物理的に存在していたとしても、知覚的情報が遮断されていたり、記号を解読する私たちの情報処理システムが壊れていたら、「顔」は現れてこないでしょうし、人間に似た顔に見える動物や、人形、ロボット、絵画、漫画、彫刻などの「顔」でも、ついつい意味や主体性を読み取ろうとしてしまいますね。そして「顔」を見たら、〝私たち〟自身の行動や注意も変化する。私たちは通常、人格同士の関係、ブーバー風に言うと「我−汝」の人格的関係を特別なものと見なしがちですが、ドゥルーズたちは、人格という実体を想定しないで、機械同士が接近することで発動する、知覚的かつ記号的な相互作用によって、「顔貌」の効果が生じてくる、と言いたいわけです。

> 抽象機械は思いがけないときに出現する。入眠、朦朧状態、幻覚、物理の面白い実験といった機会に応じて。カフカの短編『ブルムフェルト』。独身者《ひとりもの》が夕方家に帰ると、

> 二つのピンポン玉が床から「壁」へと跳びはね、いたるところでバウンドし、顔にまで届こうとし、中に小さな電気のボールが入っているかのようだ。ブルムフェルトはやっとのことでピンポン玉を物置きのブラック・ホールの中に押し込める。翌日、ブルムフェルトが間の抜けた男の子に、次にはしかめっ面をする二人の女の子にピンポン玉をやろうとするときも、この光景は繰り返され、さらには会社でも、彼についている二人の見習いが、無能さをさらけ出し、しかめっ面をしながら帚を奪い合っているのに出くわす。

『ブルムフェルト』（一九一五）の主人公の、独身の会社員ブルムフェルトは、文字通り、勝手に飛び跳ね、行く先々についてくる二つのピンポン玉に翻弄されます。ようやく、ピンポン玉から解放されたと思って勤め先に行くと、自分の仕事の重要性や構造的問題を理解してくれない上司、ちゃんと仕事をしない部下、特に見習いの二人にイライラさせられます。カフカの他の作品以上に、ピンポン玉が何の寓意なのか、普通に読んだだけでは分かりません。恐らく、ピンポン玉自体が顔に見えるということと、二つ並ぶと目玉のように見える、という二重の顔貌効果が生じているのでしょう。彼がピンポン玉をあげようとした二人の女の子、二人の見習いが、二つ繋がりになっているのでしょう。ピンポン玉自体に主体性も意味もないはずですが、「入眠、朦朧状態、幻覚、物理の面白い実験といった機会に応じて」、顔のように見えるということは確かにあり得ますね。普通の人なら、一瞬そう見えるだけで、すぐにただのピンポン玉と気付きますが、その状態が長く続く人もいるかもしれません。そのつもりで読むと、ブルムフェルトにとって二つのピンポン玉のイメージが定着して、自分が遭遇するいろんな人物にそのイメージを重ね合わせている、というより、自分が普段遭遇している〝同じような顔〟のイメージが、ピンポン玉に反映しているのかもしれません。彼はピンポン玉の追求を振り切るために彼らを、「物置 un cagibi」――小説の原文では〈Kleiderkasten（衣装戸棚）〉です――に閉じ込めるのですが、それが「ブラック・ホール」の効果を出している、というわけです。この場合、「戸棚」の中に閉じ込めて見えなくしたけど、それが動き回る存在だということは〝分かっている〟ので、中でどうしているのか気になってしまいます。恐らく、人間の顔も、その裏に何かがありそうなのだけど、それが見えないので気になる、というところがありますね。ブルムフェルトにとってピンポン玉にしろ、子供や見習いにしろ、表情＝表面の背後に読み取れないものを隠しているように見えるのでしょう。因みに、「しかめっ面をしている grimaçant」という表現は元の小説にはないのですが、ドゥルーズたちは、この表現で、理解を拒むようなものが、これらの「顔」にあると言いたかったのでしょう。

　こうした顔貌効果が生じる原因について、ドゥルーズ＋ガタリには珍しく、アメリカの心理学を参照していますね。「母と子の関係、アイ・トゥ・アイ・コンタクト」（一七頁）において生じる「四つの目をもつ機械」に注目しているようですね。

> （1）入眠についてのイザコウアーの研究。入眠中には、手、口腔、皮膚、さらにはぼんやりとした視覚をも含めた自己受容的と呼ばれる感覚が、幼児における乳房と口の関係にかかわっている。（2）ルーウィンによる夢のホワイト・スクリーンの発見。通常は視覚内容によって覆われているが、夢が自己受容的感覚だけを内容とする場合は白いままで現われるスクリーン（このスクリーンまたは壁は、やはり、近づき大きくなり平べったくなる乳房かもしれない）。（3）スピッツの解釈。それによればホワイト・スクリーンは、触感や接触の対象としての乳房を表わしているというより、すでに最小限の距離からの視覚的知覚であり、このような像として母親の顔を出現させ、幼児は乳房を求めてこの顔の方へと向かう。だから二種類のまったく異なった要素の組み合わせがあるようだ。一方で、手、口腔、皮膚による自己受容的感覚、他方に、ホワイト・ウォールの上に描かれ、ブラック・ホールとしての目を持つ、正面から見られた顔の視覚。栄養摂取行為にとって、触覚的に得られる立体としての乳房と体腔としての口にとって、この視覚がすぐに決定的に重要なものとなる。

オットー・イザコウアー（一八九九―一九七二）は、ウィーン生まれの精神医学者で、ウィーン精神分析協会（Wiener Psychoanalytische Vereinigung（WPV））のメンバーで、フロイト父娘と共に英国に亡命して、アンナ・フロイト（一八九五―一九八二）と共に、フロイト全集の編集に当たった後、ニューヨークに移住して、精神分析の教育や実践に従事します。入眠の前に、重たい対象が自分の体にのしかかってきたり、身体の中に侵入したり、音が聞こえたりするように感じられる、日本語で金縛りと言っている、「イサコワー現象 Isakower Phänomen」を、「入眠現象の病態心理学への寄与 Beitrag zur Pathopsychologie der Einschlafphänomen」（一九三六）という論文で、報告したことで知られています。「自己受容的 proprioceptif」というのは、自分の身体の状態や動きを感知しやすいということでしょう。寝ている間に、自己受容性の強い器官が、乳児の時の母の乳房と自分の口との関係を再現するような作用をする、ということでしょう。それと、先ほどのピンポンの話は繋がっていそうな感じがしますね。

ベルトラム・D・ルウィン（一八九六―一九七一）は、アメリカの精神分析家で、論文「睡眠、口、夢のスクリーン Sleep, the Mouth, and the Dream Screen」（一九四六）で、夢で様々な映像が出てくるバックグラウンドが、母親の乳房の原初的イメージを投影したものではないかと示唆しました。細かいことですが、ルウィン自身は「ホワイト・スクリーン」ではなく、〈blank background〉あるいは〈dream screen〉という言い方をしています。この場合も自己受容的な感覚器官が関わっているようです。

ルネ・スピッツ（一八八七－一九八二）は、オーストリア生まれで、パリの高等師範学校で精神分析を教えた後、アメリカに移住して、精神分析の治療や教育に従事した人です。児童の発達の観察を通して精神分析の研究を進めることを始めた人だとされています。『人生の最初の年 The first year of life』（一九六五）で、イサコワー現象について、イザコウアーやルウィンの解釈を批判的に継承して、独自の解釈を示しています。スピッツの解釈では、「ホワイト・スクリーン」は乳房というより、母親の顔が現れてくる背景となる知覚的対象一般である、ということのようですね。

この三人の精神分析家の言っていることを総合すると、自己受容的な感覚器官と、それに対峙する、母親の身体を素材にしたホワイト・スクリーンとそこに浮かび上がってくる、恐らくは母親の顔を原型とするブラック・ホールのセットとの相互作用によって、金縛りを伴うような「顔」の効果が生まれてくる、と言いたいのでしょう。つまり感覚器官と母の身体と目の原初的遭遇の経験・記憶が記号化されたものが、機械的に「顔」の引力を生み出しているのであって、「人格」の神秘のようなものがあるわけではない、ということでしょう。

顔とは一つの表面である——特徴、線、顔の皺、長かったり四角や三角だったりする顔、たとえ一定の体積を覆い、包み込んでいても、たとえもはや穴でしかない体腔を囲み、縁取っていても、やはり顔とは一枚の地図である。人間の場合であっても、頭部は必ずしも顔であるとはかぎらない。顔が生産されるのは、もはや頭部が身体に属さない時、身体によってコード化されないとき、頭部自身が、多次元的多義的な身体のコードをもたないときにかぎられる——これは、頭部も含めて身体が何かによって脱コード化され、超コード化されねばならないときであり、この何かが「顔」と呼ばれるのだ。つまり頭部は、あるいは頭部のあらゆる立体－体腔の要素すべては、顔貌化されなければならないのだ。

「顔」を、体の表面に現れている様々な図形から成る「地図 carte」と見ているわけですね。「頭部 la tête」が「身体に属さない cesser de faire partie du corp」——正確に訳すと、「身体の一部であるのをやめる」——時、「身体」によって「コード化 coder」されない時に、「顔」が「生産 se produire」されるというのは、文学的で分かりにくい表現ですが、ここで問題になっているのは当然、身体の生物学・生理学的組成のことではなくて、その身体を知覚し、解釈する他の〝主体〟から見てどうか、どうコード化されているか、という話です。この場合の〝主体〟というのが最初からはっきりした形で存在しているわけではなく、相手の〝顔〟に見入るうちに形成されてくるものであるので、少し複雑になります。つまり、お互いの〝顔〟を、身体本体とは別のコードで出来上がっているものとして、認知するようになるということでしょう。単に、別のコードで出来上がっ

ているだけでなく、「顔」を中心に「超コード化 surcoder」されているというわけですが、これは、身体の各部位が対等・並列的な関係で繋がっているのではなく、「頭部」を中心として再組織される、頭部に従属化されるようになる、つまり、頭部の目的・指令に対してどのような役割を担うかに応じて位置付けされるようになる、ということでしょう。対等な関係にある人々から成る「原始大地機械」が、「大地」から飛び出した「専制君主」を頂点とする「専制君主機械」に再編されるのと同じような感じで。「顔貌化 visagéifier」というのは、身体の各部位が、主体性と意味性の源泉である「顔」との関係で位置付けられるということでしょう。

ここでいきなり、H・G・ウェルズ（一八六六－一九四六）の『モロー博士の島』（一八九六）のモロー博士が出てきますね。これは、モロー博士が行った「獣人 Beast Folk」を作り出す「手術 opération」を通して、どういう身体的な特徴によって人間が人間らしく見えるのか、という問いが提起されているように見えるからでしょう。

> 手、胸、腹、ペニスとヴァギナ、腿、脚、足先、これらすべてが顔貌化されるのだ。フェティシズム、色情狂等は、こうした顔貌化のプロセスと切り離せない。身体の一部を取り上げて顔に似せたり、たわむれに夢の顔を雲の中に見つけたりすることが問題ではない。問題は擬人化ではないのだ。顔貌化は相似によってではなく、ある根拠秩序によって行なわれる。それは穴のあいた表面を身体全体にいきわたらせるはるかに無意識的な機械状のオペレーションであり、顔の役割はこの場合モデルとかイメージになることではなく、脱コード化されたすべての部分を超コード化することにある。

「顔貌化」というのは、体の各部位を「顔」と関係付けて「超コード化」することであって、外見上、人間の標準的な〝顔〟に似ているかどうかは関係ない、ということですね。私たちは、「フェティシズム」というのは、顔ではないところに欲望を抱くこと、顔貌性と関係のない欲望を抱くことだと考えそうですが、そうではなくて、「フェティシズム」も、顔貌化の効果によって生じてきたのだ、と言っているわけです。どういうことか？

> 顔はまさに抽象機械に依存しているからこそ、頭部を覆うことにはとどまらず、身体の他の部分や、必要に応じて、いかなる相似点もない事物にまでも働きかける。こうして、顔や顔貌化を産み出すこの機械が作動するのはどんな状況においてであるかということが問題となるのだ。頭部は、たとえそれが人間のものであっても、必ずしも顔でないことはすでに見たが、顔は人類において産み出されるのだ。だがこれを産み出す必要性は人間「一般」に属するものではない。顔は動物的ではないが、一般的な意味で人間的というわけでもなく、何か絶対的に非人間的なものさえそこ

にはある。ある閾を超えたときはじめて顔は非人間的なものになるかのように考えてはいけない。クローズ・アップ、誇張された拡大、突飛な表現、等々。人間の中にある非人間的なものとして、顔とは最初から非人間的で、生気のない白い表面と輝くブラック・ホール、虚ろさと倦怠をともない、そもそもクローズ・アップなのだ。

　先ほど出てきた「顔貌性抽象機械」の働きを想定していて、〝顔〟の形をしたものより、この機械が作動して、「頭部」が(ホワイト・ウォールを背景として)ブラック・ホール化することが肝心なわけです。ということは、幼児において「顔」が出現するのと同じような条件が揃えば、他の部位も顔貌効果の中心点、あるいはサブ中心点になり得るということになるでしょう。恐らく、ドゥルーズたちは、顔貌作用の波及効果が別の部位や身体外の対象に及ぶのが、単なる部位とかオブジェではなく、何かの意味や主体性を隠し持ったブラック・ホールに見える現象が、フェティシズムだと見ているのでしょう。「顔」がそもそも「非人間的 inhumain」だというのは、普通の印象とは逆ですが、文学的な逆説的表現としてはありそうな気がしますね。顔貌作用は、〝顔〟が、それに向かい合っているもう一つの〝顔〟に対して、「クローズ・アップ」される形で働く、ということはいいですね。恐らく、「クローズ・アップ」されすぎると、非人間的な様相を呈するということなのでしょう。確かに、ある人の〝顔〟をぼんやり見ていると、いかにも人格が宿っている感じがしますが、ぐっと見入っていると、ヘンなパーツの寄せ集めのように見えてきます。普通の人は、たとえ身内であっても、他人の顔のパーツが奇妙なオブジェの集合体に見えるほど凝視することはありませんが、芸術家とかフェチ的な体質の人、ドゥルーズたちが注目する分裂症的な人は、〝顔〟を見ているとそれが次第に「クローズ・アップ」され、〝顔〟として認識できる限界にまで拡大されたように見えてしまうのでしょう。

　二一頁で、「視線 regard」をめぐるサルトルと「鏡 miroir」をめぐるラカンの議論が参照されています。

顔について書かれたもののうち、サルトルの視線についてのテクストとラカンの鏡についてのテクストは、現象学的領野で思考されたり、構造的領野で引き裂かれた主体性や人間性の一形態に依拠したりする点で誤る。視線は、視線ない目、顔貌性のブラック・ホールに対しては二義的なものでしかない。鏡は、顔貌性のブラック・ホールに対しては二義的なものでしかないのである。

サルトルは、自分を見つめている他者の視線に気付くことを通して、反射的に自己の存在を知る、つまり、相手の目に映る自己を認める、という形で、「対自存在 l'être pour-soi」としての自己の成立を説明します。「現象学的領野 un champ phénoménologique」で「思考される」——原語は〈réfléchi〉なので正確に訳すと、「反省される」もしくは「反射される」で、恐らく

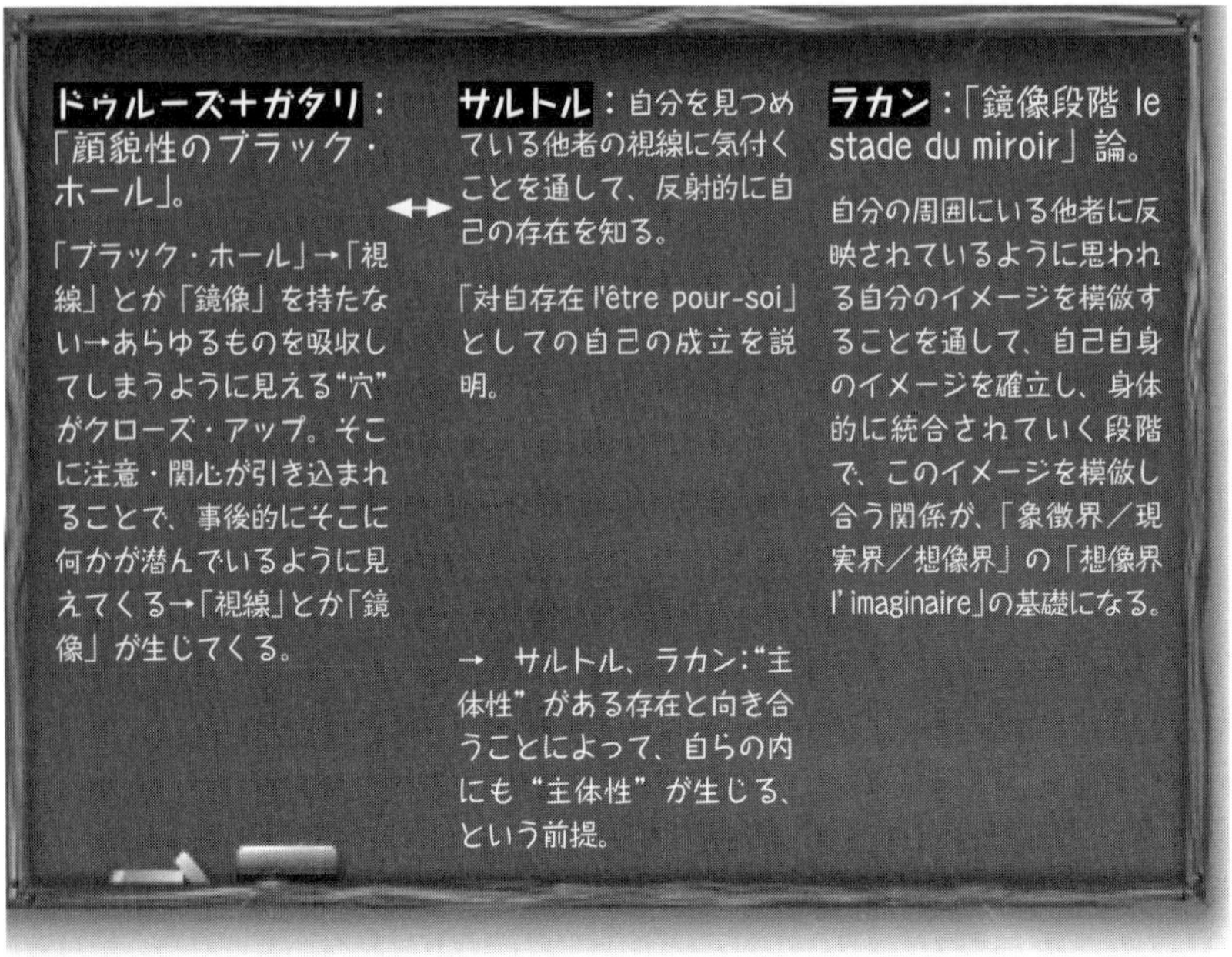
ドゥルーズ＋ガタリ：「顔貌性のブラック・ホール」。

「ブラック・ホール」→「視線」とか「鏡像」を持たない→あらゆるものを吸収してしまうように見える“穴”がクローズ・アップ。そこに注意・関心が引き込まれることで、事後的にそこに何かが潜んでいるように見えてくる→「視線」とか「鏡像」が生じてくる。

↔

サルトル：自分を見つめている他者の視線に気付くことを通して、反射的に自己の存在を知る。

「対自存在 l'être pour-soi」としての自己の成立を説明。

ラカン：「鏡像段階 le stade du miroir」論。

自分の周囲にいる他者に反映されているように思われる自分のイメージを模倣することを通して、自己自身のイメージを確立し、身体的に統合されていく段階で、このイメージを模倣し合う関係が、「象徴界／現実界／想像界」の「想像界 l'imaginaire」の基礎になる。
→　サルトル、ラカン：“主体性”がある存在と向き合うことによって、自らの内にも“主体性”が生じる、という前提。

その両方の意味をかけているのでしょう――というのは、自己意識の発生をめぐる現象学的考察を、ヘーゲルの弁証法に引き付けて理解したサルトルのことです。「構造的領野 un champ structural」で「引き裂かれる」――原語の〈clivé〉は、引き裂くというより鉱石などが「割られている」とか「亀裂が入っている」という意味で、「分割されている」とか「区分されている」という意味でも使われます――というのは、精神分析を構造主義的に再構成したラカンのことです。念頭に置かれているのは、「鏡像段階 le stade du miroir」論ですね。「鏡像段階」というのは、自分の周囲にいる他者に反映されているように思われる自分のイメージを模倣することを通して、自己自身のイメージを確立し、身体的に統合されていく段階で、このイメージを模倣し合う関係が、「象徴界／現実界／想像界」の「想像界 l'imaginaire」の基礎になります。

要するに、サルトルもラカンも、〝主体性〟がある存在と向き合うことによって、自らの内にも〝主体性〟が生じる、という前提に立っていて、それを説明するために現象学や構造主義を援用しているけれど、それらは、「顔貌性のブラック・ホール」に比べると、第二義的だと言っているわけです。「視線」とか「鏡像」を持たない、「ブラック・ホール」、つまり、あらゆるものを吸収してしまうように見える〝穴〟がクローズ・アップされ、そこに注意・関心が引き込まれることで、事後的にそこに何かが潜んでいるように見えてくるところから、「視線」とか「鏡像」が生じてくる、ということでしょう。「二義的」の原語は、〈second〉ですが、これは文字通り、「二番目」という意味、つまり、「ブラック・ホール」の「次に」「後で」という意味に取った方がいいかもしれません。

さらにまた、発生論的な軸や部分対象の統合について語るべきでもない。個体発生における段階という考えはまるで場あたりな考え方だ。いちばん速いものを最初のものと思い込んで、それを次に来るものの土台やトランポリンに仕立て上げる。部分対象について言えば、これはもっとまずい考え方、あらゆる方向に切り分け、切り離し、解剖する錯乱的な実験者の考え方で、その縫い合わせ方はでたらめなのだ。

「部分対象 objets partiels」というのは、精神分析では口唇、肛門、ペニスなど、リビドーが一人の人間全体ではなく特定の部位に集中することを示す用語です。メラニー・クラインが乳児と母親の乳房との関係を中心に対象関係論を展開したのは有名です。「部分対象の統合 intégration d'objets partiels」というのは、幼児が成長するのに伴って、それまでバラバラだった部分対象が、次第に一人の人間の像へと「統合」されていき、部分ではなく、他人を一人の人格として認識し、欲望の対象にするようになるということです。ドゥルーズ＋ガタリが言いたいのは恐らく、ホワイト・ウォール／ブラック・ホールのようなものはルウィン等の言うように〝部分対象〟であって、個体発生の過程でどっちみち〝一人の人間〟になるのであれば、そうした壁とか穴として一時的に現れるものではなく、やはり、完成形態である一人の人格を基準に考えればいいのではないか、というような見方をすべきでない、ということでしょう。何故なら、個体発生が段階的、段階Aが完成したらそれを土台に段階Bが進行し始め、Bが完成したら……という具合に進んでいくという、フロイトの想定にあまり根拠はなく、単に各部位の発達の速度が異なるということにすぎないし、「部分対象」というのは、分析家が勝手に、この〝段階〟の幼児は、母親のこの部位に欲望を抱いていると勝手に割り当てているだけだから、というわけです。

こういった運動は脱領土化の運動である。動物の場合でも人間の場合でも、身体を有機体として「作り上げる」のは脱領土化の運動なのだ。例えば、物をつかむ手は、前肢だけでなく、運動する手に相対的な脱領土化が起こったことを意味している。物をつかむ手は使用される物とか道具といった相関物をもつ。脱領土化された枝としての棒。直立した女性の乳房は哺乳類の乳腺の脱領土化を示し、子供の口は、粘膜が外側にめくれた唇をそなえることで、動物の口に対する脱領土化を示している。そして唇–乳房は互いに他方の相関物となっている。人間の頭部は、動物に対する脱領土化を意味するが、同時にこれに対応して、脱領土化された環境そのものとして一世界が組織される（森林

> という環境に対し、ステップは最初の「世界」となる)。ところが顔の方は、よりゆるやかであるとはいえ、はるかに強度な脱領土化を表わしている。これは絶対的な脱領土化の一つと言える。この脱領土化は、動物的でもあれば人間的でもある有機体の地層から頭部を引き離し、意味性や主体化といった別の地層と連結するのだから、もはや相対的ではない。

「身体 corps」を「有機体 un organisme」として「作り上げる faire」のが「脱領土化」だというのは、逆説的に聞こえますね。「脱領土化」というのは、ある事物がある領域を占めている状態が解除されて、どこに位置するのか場所的に不確定になることだからです。「身体」が「有機体」になるというのは、「組織化 organiser」されること、各部位の位置と役割が確定することではないのか。ただ、先ほどの「頭」と「顔」の話の延長だと考えると、分からないことはないですね。それぞれの部位がそれにもともと割り当てられている役割だけ果たしているのであれば、「頭」という部位はあっても、身体全体の行動に意味を与える「顔」はない。ここでは、それのいわば〝前段階〟として、人間の身体の各部位は、既に動物のそれと比較して「脱領土化」している、と言っているわけです。「前肢 la patte antérieure」と「手 la main」の対比は分かりやすいですね。完全に四つ足の動物の「前肢」と比べると、猫や猿の「前肢」あるいは、人間の「運動する手 la main locomotrice」はある特定の対象を叩いたり、木の枝にぶらさがったりするのに使えますが、「物をつかむ手 la main préhensive」になると、指を操作して、いろんな形で物を摑むことができますし、もともと身体の一部ではなかった道具を自らの領分に入れることができます。脱領土化によって、より広く複雑な活動領域を獲得することになると言えるわけです。子供の口が、「粘膜が外にめくれた唇 lèvres par retroussement de la muqueuse à l'extérieur」を備えることによって「脱領土化する」というのは、恐らく、単に物を食べたり、嚙みついたり、咥えたりするだけでなく、子供の口と母の乳房の間で性的欲望を喚起するということでしょう。「唇―乳房 lèvres-sein」が互いの相関物であるということについては、他の哺乳動物でも同じではないかという気がしますが、ここに付いている注(5)で、人間とチンパンジーの唇と乳房の違いを強調するドイツの生理学者・解剖学者ヘルマン・クラーチュ(一八六三―一九一六)のコメントと、子供の唇と母親の乳房が相互形成し合うことを示唆するエミール・ドゥヴォーのコメントを参照しています。ドゥヴォーは人間のネオテニー(幼形成熟)説を最初に提起した人の一人です。

人間の「頭部」が「脱領土化」しているというのは分かりますが、分かりにくいのが、「脱領土化された環境そのものとして一世界(un monde comme milieu lui-même déterritorialisé)が組織される」という言い方です。ここでポイントになるのは、単なる「環境」、その生き物を「取り巻く場 milieu」ではなく、人間が自らの欲望を効果的に追求できるように「組織化」されたものが「世界」だということでしょう。このように言うと、「頭」が相対的に発達した人間が「世界」を自分の都合に合わせて表象するという主観的な話に聞こえますが、それだけではなく、実際に自分の手や道具で「環境」を、現実に自分が住める「世界」に作り変えている、ということもあるでしょう。この意味での「世界」は、この講義の第2回でもお話しした、ユクスキュルの「環世界＝環境 Umwelt」概念に影響を受けたハイデガーの「世界 Welt」に近いでしょう。動物の場合、外界を知覚する固有の感覚器官によって「環境」の中にべったり入り込んでいる、つまりその身体が環境によって属領化されているけれど、「現存在」としての人間は「世界」の中での自分の位置を捉え、自分の在り方について決断できるという意味で異なっている、という議論をしましたが、ドゥルーズたちはそれを、人間の実存的決断とか存在論的な使命とかではなく、機械やアレンジメントの変化による脱領土化作用の帰結として説明しようとしているわけです。森林が「環境」で、ステップが「最初の『世界』le premier « monde »」だという理屈が、説明がないのでよく分かりませんが、恐らく、「ノマド」を念頭に置いているのでしょう。「ノマド」は自分の置かれている「環境」にそのままずっと居続けるわけではなく、新たな欲望に突き動かされて領域を離れ、数的な論理、前回見た箇所の言い方では、逆シニフィアンの論理に従って戦争機械を構成し、必要に応じてその都度再構成するので、そうした運動を繰り広げる場となる「ステップ」全体を、自らの「世界」として組織化していると言えるかもしれません。

二三〜二六頁にかけて、映画、絵画、小説などにおける「ホワイト・ウォール／ブラック・ホール」の上に顔貌が現れる時の効果について論じられています。映画のクローズ・アップに関して、ゴダールの「ところできみの母親は、風景なのか顔なのか、顔なのか工場なのか」という言葉が引用されていますね。これは恐らく、『パート2 Numéro deux』（一九七五）という実験的ドキュメンタリー映画の台詞を改変したものでしょう。この映画の第一部では、二つの映像とそれを映し出している映写機、ゴダール本人が登場し、ゴダールが二つの映像を見ながら、自らと映画の関わりについてコメントしていきます。映写しながらコメントしている様子が、映像になっているわけですね。ずっと二つの映像が出ているわけではなく、時々、一つの映像になり、それがゴダール自身の映像と入れ替わったりします。その後、第二部では、グルノーブルに住む中間層的な一家についての、やはり二つの並行する映像が映し出され、その一家の父親と母親らしい人物が、経済生活と性生活の関係について語り合います。ただし、夫婦として親しげに語り合うのではなく、それぞれが淡々と自分の意見を述べる感じで。その中で、母親の台詞として、「君は自問したことはないの。パパは、工場か風景か？　それで、ママは、風景か工場か？　私の意見では工場ね」というのがあって、それをドゥルーズ＋ガタリが、顔の話と理解して、手を加えて参照したのでしょう。「顔」を意味する〈visage〉と「風景」を意味する〈paysage〉は韻を踏んでいます。ルウィンたちの議論に見られる、「顔」と「乳房」の遭遇をめぐる原初の体験を示唆していることが分かりますね。ルネサンス期のイタリアの画家ティツィアーノ（一四九〇頃－一五七六）が、「来たるべきすべての色の母胎 matrice de chaque couleur à venir」とするため、「白と黒」から描き始めたと述べられていますが、これも、原初における「ホワイト・ウォール／ブラック・ホール」の中から顔貌が現れてくる現象を再現しようとしていた、と解釈することができますね。

二四頁の「小説――」というところで、少し長目に引用されています。「ペルスヴァルはそれまでの雪の眩しさに隠されていた雁の群れを見つけた。（…）」。「小説」という表題で始まっているので、現代の小説のような気がしますが、これは、一二世紀後半の騎士道物語を謳った吟遊詩人として有名なクレティアン・ド・トロワの『ペルスヴァルまたは聖杯の物語 Perceval ou le conte du Graal』の四一八〇行目前後からの引用です。原文は当然古いフランス語ですが、ドゥルーズ＋ガタリは、ジャン＝ピエール・フシェ（一九二〇－九〇）とアンドレ・オルテによる、ガリマールから出ている現代フランス語訳から引用しています。第6プラトーで、意外なことにCsO的な性格を持っていると指摘された「宮廷愛」がテーマになっている作品ですね。ここでも、「ホワイト・ウォール／ブラック・ホール」から「顔貌」が現れる構図が見て取れます。

> 「［…］ペルスヴァルは足下に、横たわった雁のいまだ鮮やかな血にそまった雪を見ている。そして、血と雪が一緒になっている様を見つめようと、槍で自分を支える。その鮮やかな色は、愛しい女《ひと》の顔の色のように見えた。その顔に思いをはせ彼はすべてを忘れている。それもそのはず、雪の上に三滴の血が見えるので、彼は愛しい女の顔に、白にまじった朱を見ていたのであった。［…］」

ここでは「雪」と「血」が「ホワイト・ウォール／ブラック・ホール」の働きをして、「顔」が現れてきたわけですね。「愛しい女 son amie」がいれば、何でもその顔に見えるのは当然ではないか、錯視だろう、と思ってしまいますが、ドゥルーズ＋ガタリに言わせれば、その女性に夢中になっているとしても、どうして他のものではなくて、「雪」と三滴の「血」が「顔」が現れるきっかけになるのか、そもそも何故（他の部位ではなくて）「顔」なのか、そういう根本的な問いがこのテクストによって投げかけられているのではないか、ということでしょう。私たちは、恋すると、いろんなところに好きな人の顔を見出してしまう、というのをそんなに不思議とは思わなくなっていますが、よく考えてみると、そんなに普通の現象ではありませんね。遠目に見て、その人ではないかと思ってしまうことなら割とあると思いますが、似顔絵や写真、動物の〝顔〟で

さえないものが、自然と、好きな人の顔に見えてくるというのはそんなにありませんね（笑）。文学的な先入観全くなしに、本当にそう見えるとしたら、結構すごい芸術的想像力でしょう。ドゥルーズたちは、宮廷愛の騎士たちが、愛において原初の経験をはっきり反復する体質の人たちで、それを「小説」にしたクレティアン・ド・トロワの仕事、彼の作り出した文学機械によって、こうした形での顔貌化作用が増幅することになった、と言いたいのでしょう。

「脱領土化の定理、もしくは機械状の命題」

二六頁に「脱領土化の定理、もしくは機械状の命題」という小見出しがありますね。ここでも、人間の身体部位をめぐる脱領土化が論じられています。

> 第一定理。脱領土化は決して単独では行なわれず、少なくとも二つの項、手－使用対象、口－乳房、顔－風景をともなう。この二項の一方は他方において再領土化する。したがって、この再領土化は、原始的あるいは古代的領土性への回帰とは区別されねばならない。脱領土化とは巧妙なプロセスの総体であり、これによって、それ自体脱領土化されている要素が、同じく領土性を失っているもう一方の要素に対して、新たな領土性として作用する。こうして手と道具、口と乳房、顔と風景のあいだに、水平的かつ補完的再領土化のシステムが成立する。

脱領土化が単独で行われないというのは、身体の各部位ごとに単独で脱領土化する、元の持ち場を離れて相対的にフリーになるということはまずなくて、「手－使用対象」「口－乳房」「顔－風景」というように、何か別のものとペアになって新しい機械を形成することで、脱領土化するわけです。「風景 le paysage」というのは、「ホワイト・ウォール／ブラック・ホール」のことでしょう。二項の一方が他方によって「再領土化」するというのは、新たにペアになったものに縛られて連動することになる、自由になった前肢＝手は、道具と一体になって動くようになるので、このセットによって属領化されるわけです。

> ――第二定理。脱領土化の二つの要素もしくは二つの運動のうち、必ずしも速いものがより強度であり、より脱領土化されているとは言えない。脱領土化の強度は、運動または発展の速度と区別されねばならない。したがって、最も速い運動の強度が最も遅い運動の強度に連結されるとき、遅い方の強度は、強度として速い方の強度に対して遅れているのではなく、同時に異なる地層または異なる平面で作用するのである。こうして乳房－口の関係はすでに顔貌性の平面に向かっているのだ。

これは先ほど出てきた、段階的発展の否定を詳しく説明しているわけですね。乳房－口の関係は、生まれてすぐ形成され、機械として運動し始めるのに対し、意味性や主体性を伴う顔貌性は生まれた時は作用しているようには見えない、そもそも生まれたばかりの乳児は、はっきり対象を捉えることができない、時たま光に反応するだけなので、乳房－口における強度の分布が、顔貌性に向かっていくと言われもピンと来ません。そこで、フロイトのように、身体の成長に伴って、最も速く成長しているところに、リビドーの中心がシフトしていき、最終的に自我が形成されるに至る、そういう風に自我の発達は、赤ん坊自身の中に予めプログラミングされている、と考えたくなるところだけど、ドゥルーズたちに言わせれば、外的に見た発展の速度が遅い部位でも、強度の分布の変化は既に起こっているわけです。乳児が母親の乳房にしゃぶりついている間に、他の部位でも強度の分布が変異していて、顔貌性の平面がで出来上がりつつあるということです。こういう風に言うと、通常想定されているのとは異なる段階的な成長の話をしているように聞こえるかもしれませんが、ポイントは、そうした強度の分布の変化が、一個体の中で自動的に進行するのではなく、母など身近な他者や事物との接触で、ホワイト・ウォール／ブラック・ホールの原型が生じ、顔貌性の平面が形成されつつある、というわけです。

――第三定理。これによって、脱領土化の度合の最も低いものが、その度合の最も高いものにおいて再領土化するという帰結さえ生じる。再領土化の第二のシステム、下から上への、垂直的な再領土化システムがここに現われる。だからこそ口だけでなく、乳房、手、身体全体、道具さえもが「顔貌化」されるのである。一般的規則として、相対的脱領土化（コード変換）は、何らかの観点から絶対的脱領土化により再び領土化される（超コード化）。

「脱領土化の度合の最も低いもの」というのは、具体的には「乳房、手、身体全体、道具」ということでしょう。「乳房」はまだ分かるとして、言葉を発したり、性的な行為にも使うなど、かなり自由度が高そうな「口」、更には、「身体全体」とか「道具」が脱領土化が低いというのは不可解ですが、恐らく、主体性や意味性の源泉になる「顔」に比べると、脱領土化の度合いはそれほど高くないでしょう。それらの部位が、顔とセットになり、顔によってその所作が意味付けられるようになるわけです。例えば、顔の向きや表情とセットになることで、手はいろんな意味のジェスチャーに使えるようになりますし、乳房も顔とセットになることで様々な性的な刺激や興奮状態を表現したり、身体全体の姿勢や動きが「顔」に表れた〝意志〟や〝性格〟と連動して、様々な表現性を帯びる、ということはあるでしょう。

――第四定理。だから、抽象機械は単にそれが産出する顔において現実化するだけでなく、ある根拠秩序にしたがって（類似による組織化ではなく）それが顔貌化する身体、衣服、事物のさまざまな部分において、さまざまな度合で現実化されるのだ。

先ほどもあったように、顔貌は、物理的な部位としての顔だ

けで成り立っているわけではなく、個人の身体を超えて他者の身体や道具などにも、顔貌性抽象機械の働きが現れてきているというわけです。

> 顔貌性抽象機械が作動するのはいつか、それが始動するのはいつなのか。単純な例をいくつか取り上げよう。授乳の最中に顔を通じて作用する母親の権力、愛撫のときさえ、愛されるものの顔を通じて作用する情念的権力、大衆運動においてさえ、リーダーの顔、旗、イコン、写真を通じて作用する政治的権力、スターの顔やクローズ・アップを通じて作用する映画の権力、テレビの権力……。顔はここで個的なものとして作用するのではない。個体化は、まさに顔がなくてはならぬという要請の結果として現われるのだ。ここで肝心なのは顔の個体性ではなく、顔が可能にする数的操作の有効性であり、それがどんな場合に可能かということである。これはイデオロギーにかかわる問題ではなく、権力の経済と組織化の問題なのだ。はっきり言っておくが、顔や顔の力能が権力を生み、権力を説明するのではない。反対に一定の権力のアレンジメントが顔の生産を必要とするのであり、それを必要としない場合もあるのだ。原始社会を考えてみれば、顔を通して作用するものはわずかである。そこにある記号系は、意味的、主体的なものではなく、本質的に集団的、多義的、身体的であり、きわめて多様な表現の形式と実質を動員するものだ。多義性は、身体、その容積、その内部の体腔、それらと外部との可変的な連結と組み合わせを通じて作用する（領土性）。

母親の愛撫とか、大衆運動のリーダーの顔とかイコン、スターのクローズ・アップ写真や映像というのは、顔貌性の作用として分かりやすいですね。「母親の権力 le pouvoir maternel」とか「情念的権力 le pouvoir passionnel」と、「権力」という言葉が使われていますが、フランス語の〈pouvoir〉は、英語の〈power〉のように、社会的な「権力」というより、物理的な「力」に近い意味合いもあります。いわゆる〝自我〟が芽生える以前から、顔貌性抽象機械が働いているとすると、最初はむしろ「力」で、次第に「権力」になっていくという感じでしょう。

分からないのは、イデオロギーではなく、「数的操作」だという点ですね。ここは誤訳かもしれません。「顔が可能にする数的操作の有効性」の原語は、〈l'efficacité du chiffrage qu'il permet d'opérer〉で、〈chiffrage〉は「数で表すこと」とか「算定すること」といった意味もありますが、「暗号化」という意味もあります。「数」だという連想から〈opérer〉を操作と訳したのでしょうが、この前後に数字や計算に関係することはあまり出てこないし、むしろ「顔」を生み出す隠れた力の働きが話題になっているので、〈chiffrage〉は「暗号」というか、解釈の余地がある記号的なものを指しているのでしょう。厳密に訳すと、「顔によって作用する可能性が生じる記号化の有効性」となります。つまり、何らかのアイコンや指導者を中心とする大衆運動的なものは、何らかのイデオロギーに動かされているというより、各人の原初的な経験、乳房－口の間で既に働き始めている「顔」の作用、顔貌性抽象機械に起因するもので、イデオロギーは後から取って付けられたにすぎない、というわけです。

ただ、「顔」をめぐる記号系だといっても、意味や主体性のセンターでもある、物理的に「顔」から「権力」が生じるというわけではなく、その逆に、「顔」がはっきりした形を取って現れてくる以前に、既に形成されている「権力」というか「力」、〈pouvoir〉のアレンジメント、配置に従って、「顔」に相当するものが生じてくるわけです。「集団的、多義的、身体的」というのは、「力」は、酋長とか預言者とか王とかの「顔」に最初から集中しているのではなく、特に原初の社会では、多くの人の身体や事物のリゾーム的な繋がりによって成り立っている、ということです。

顔とキリスト

> そして、まったく単純な理由で、顔とは普遍的なものではない。それは白人の顔でさえなく、大きな白い頬と目のブラック・ホールをもった〈白人〉そのものなのだ。顔、それはキリストだ。顔、それは典型的な〈ヨーロッパ人〉であり、エズラ・パウンドがありふれた官能的人間と呼んでいたもの、要するに凡庸な〈色情狂〉なのだ（女性の色情狂とちがって、男性の色情狂はしばしば純潔で童貞のままである、と言った十九世紀の精神病理学者は正しかった。つまり男の色情狂は、顔と顔貌化を通じて作用するのだ）。顔は普遍的ではなく、全宇宙の一面 facies totius universi なのだ。ジーザス・クライスト・スーパースター。キリストは身体全体の顔貌化を発明し、いたるところにそれを伝達する（クローズ・アップの〈ジャンヌ・ダルクの受難〉）。だから顔は本性上まったく特殊な一観念なのだが、この特殊性にもかかわらず、最も一般的な機能を獲得し行使している。この機能とは一対一の対応関係、二項化作用の機能である。

文学的に省略した表現が続くので、分かりにくいですが、「白人」というのが一つのカギですね。この場合の「白人」というのは、私たちが、人格的なものを感じさせる「顔」の典型、絵画とかアニメとかに描かれる、〝典型的な顔〟ということでしょう。「白人 l'homme blanc」と「〈白人〉l'Homme blanc」を区別していますね。つまり、現実の白人の標準的な顔ではなく、文化的な表象として「白い」ことが強調される〈白人〉、いわば、それとの対比でその他様々な類型の人間が映し出されるスクリーン、「ホワイト・スクリーン」としての〈白人〉です。

エズラ・パウンド（一八八五－一九七二）は、アメリカのモダニズムの詩人です。日本の俳句の形から影響を受けたことが知られていますね。「ありふれた官能的人間 l'homme sensuel quelconque」というのは、パウンドの《L'Homme Moyen Sensuel(平均的に官能的な男)》(一九一七)というフランス語のタイトルが付いた詩から来ています。この詩では、平均的な感性しかない主人公ラドウェイが芸術的な創造の源泉を求めてさ迷い、地獄に向かっていこうとします。それは当時のアメリカの芸術の現状の風刺で、同時代の英国文学の現状を風刺したバイロン(一七八八―一八二四)の『イングランドの吟遊詩人とスコットランドの批評家 English Bards and Scotch Reviewers』(一八〇九)をもじったものです。この場合の、「ありふれた官能的人間」というのは、パウンドの詩の通り、平均的な感性しか持っていない、特に創造性や感化力が強いわけではない、個性のない人間ということでしょう。「色情狂」と訳されている〈l'Erotomane〉というのは、恋愛妄想の人ということです。大文字にしているのは、人間、特にそのモデルとしての男性は、恋愛妄想にかかっているように、恋愛のような人格的関係を求めている、ということでしょう。〈érotomanie〉というのは、他人が自分を愛しているという妄想を抱く、妄想性障害の一種で、ストーカーの原因になるとされています。「男性の色情狂」と訳されていますが、原語には「男性」という言葉はなく、単に〈érotomanie〉です。「女性の色情狂」の方も、原語に「女性」は入ってなくて、単に〈nymphomanie〉です。〈nymphomanie〉が、ギリシア神話の下級の女神ニンフに由来する言葉であることから分かるように、女性の異常性欲亢進を意味する言葉で、訳者もそのつもりで訳していますが、今では、男女で現れ方に差があるけれど、男性には男性の異常性欲亢進があるとされているようです。いずれにしても、〈nymphomanie〉が対象が特に指定されることなく、性欲が高まっていくのに対し、〈érotomanie〉では、特定の相手の顔が強烈に作用するわけです。この話の流れでドゥルーズたちが言いたいのは、「顔」、人格的なものの表れとしての「顔」に欲情するというのは、人間にとって普遍的な現象ではなく、西欧的、白人的な「顔」の特権化の帰結ではないか、ということでしょう。

エズラ・パウンド

〈facies totius universi〉というのは、スピノザが友人であるゲオルク・シュラー(一六五一―一七九)に宛てた書簡で使った表現で、専門家の間でいろいろ解釈があるようです。シュラーはアムステルダムで開業していたドイツ系の医師で、ライプニッツとの間にも往復書簡があります。〈totius universi〉の部分を「全宇宙の〜」と訳すのはいいとして、問題は〈facies〉です。〈facies〉はラテン語で、「姿」「形」「顔」「外観」といった意味です。どの意味かで大分ニュアンスが異なるわけですが、ドゥルーズたちは恐らく単なる外的な形という意味にとったのでしょう。しかし、書簡ではこの〈facies totius universi〉に、〈quae quamvis infinitis modis variet, manet tamen semper eadem（無限の様式で変化するが、常に同一に留まる）〉――〈quae〉というのは複数形ですが、動詞は単数形になっているので、文法的に辻褄があいませんが、そのせいでいろいろな解釈が生まれているようです――という関係文が続いているので、スピノザの意図としてはむしろ〈facies〉という言葉に「全貌」のような意味を込めているとも取れます。

「ジーザス・クライスト・スーパースター」というのは、イエスの最後の七日間を題材にしたロック・オペラで、一九七一年が初演です。七三年には映画にもなっています。「スーパースター」の映画なので当然、顔が強調されます。キリスト教は、オーウェルの『一九八四』のビッグ・ブラザーのように、イエスの顔が至るところにあるように思わせることで人々を支配してきたと言えるのでしょう。〈ジャンヌ・ダルクの受難（la Passion de Jeanne d'Arc）〉も映画タイトルです。異端審問にあって処刑されるジャンヌの最後の七日間を描いた作品です。一九二八年のフランス映画で、日本語のタイトルは、『裁かるるジャンヌ』です。サイレントだということもあって、ジャンヌの苦悩の表情や髪を切られる場面、彼女を裁く聖職者たちの冷酷だと思いきや、自分たちの判断に不安を覚えている表情の変化がクローズ・アップで映し出されます。「受難 Passion」という原題から分かるように、イエスの受難に重ね合わせて、ジャンヌをイエスの女性版にしている感じです。まるで、彼女を処刑した者たち、全フランス、延いては、全世界が、イエス＝ジャンヌの顔に取りつかれているかのように。ジャンヌを演じたルネ・ファルコネッティ（一八九二―一九四六）が南欧系で、男性っぽい顔立ちなので、イエスのような雰囲気が出ています。

「一対一の対応関係 bi-univocisation」あるいは「二項化作用 bi-narisation」の「機能 fonction」というのは、記号的な諸関係を、顔を持った主体同士の一対一の関係を中心に再組織化する機能ということでしょう。人間の社会である以上、そうならざるを得ないような気がしますが、それは西欧近代人の思い込みだということを明らかにするために、顔貌化が必ずしも顔それ自体が関与していない、原初的なレベルで既に作用していることや、原始大地機械では、人間の身体や諸事物が、儀礼や慣習を通してリゾーム的に複合的な関わり方をしており、必ずしも一対一の人格的関係がコミュニケーションの中心ではなかったことを明らかにしようとしているわけです。

この顔貌性抽象機械による二項化作用には、二つの側面があるということですね。一つは単位もしくは要素に関わり、もう一つはそれらの選択に関わるということです。

> 第一の側面において、ブラック・ホールは中央コンピュータ、キリスト、第三の目として活動し、全般的な参照表面としてのホワイト・ウォールあるいは白いスクリーンの上を移動する。このとき与えられる内容が何であれ、機械は顔の単位の確立、別の顔と一対一対応関係にある基本的な

顔の確立に向かって働く。男か女か、金持ちか貧乏人か、大人か子供か、主人か臣下か、「xかyか」。スクリーン上のブラック・ホールの移動、参照表面上の第三の目の軌跡は、二対二で結ばれた四つの目をもつ機械のような数々の二分法、樹木状組織を構成する。教師と生徒の、父親と息子の、労働者と経営者の、警官と市民の、被告と判事の顔（「判事は険しい表情をしていて、その目はあらぬところを見据えていた」）。一人一人の具体的な顔はこれらの単位と単位のコンビネーションをめぐって産出され変形されるのであり、ある金持ちの子の顔にはすでに軍人という天職、サン・シール陸軍士官学校の詰襟が見えているといった具合である。人は、一つの顔をもつというよりも、一つの顔の中で鋳造されるのだ。

「キリスト」「第三の目 troisième œil」とか「中央コンピュータ un ordinateur central」といった言い方は、ビッグ・ブラザーを連想させますが、私たちの社会は特に全体主義的な体制ではなくても、根底において、ビッグ・ブラザー的あるいはキリスト=ジャンヌ的な「顔」によって支配されているのかもしれません。これら三つは、何か人格的なものによって見つめられているという感じが共通していますが、それを「ブラック・ホール」という物理的なイメージで形容しているので、分かりにくくなっているわけですが、ドゥルーズたちは、「顔」を、「ホワイト・ウォール」上のある一点に「ブラック・ホール」が生じ、その周辺にいくつかのパーツが集合して、あたかも自律した意思を持っているように動作している状態と捉えているわけです。

現代の私たちにとっては、ホワイト・スクリーン上の「中央コンピュータ」とか「第三の目」と言うより、PCの画面（スクリーン）に現れる、内臓されているアプリに対応した、顔とか鳥とか動物とか幾何学図形の形をしたアイコンと言った方が分かりやすいでしょう。少し複雑なのは、そうやって形成されたアイコンが、別の対象に対してブラック・ホールとして作用するということですが、強いてPCの譬えを続ければ、スクリーン上のアイコン（ブラック・ホール）が別のアプリのアイコンを起動する、例えば、Zoomのアイコンを起動すると、カメラとかオーディオ装置のアイコンもそれに呼応して動きますし、共有機能を使うと、Windowsに開いていた他の画面のアイコンもZoomに関係付けられます。映画『マトリックス』（一九九九）シリーズで言うと、マトリックスの空間全体を監視しているエージェント・スミスは、いかにもブラック・ホールという感じですが、〝彼〟は単なるプログラムであって、「顔」を持っている必然性はありませんし、彼が異常を感知して、取り締まる対象も、オリジナルが生身の人間であれプログラムであれ、マトリックス空間では、単なる情報の配列にすぎないので、「顔」を持った存在として表象される必然性はありません。ブラック・ホールとしての監視プログラムが、逸脱した配列を見つけて訂正しようとする時、両者が「顔」を持ったアイコンと化し、ネオとスミスの戦いのような表象が生じる。

いろんな情報やイメージが漂っている空間で、二つの「顔」が現れて、互いに対して力を及ぼすようになり、それぞれに対応する身体がセットになり、まるで四つの目を持っているかのような機械が生じると、「顔」と「顔」の関係は、「教師－生徒」「父親－息子」「労働者－経営者」「警官－市民」「被告－判事」のような形で、力関係を伴って、ツリー状に組織化されていくわけです。レヴィナスの「顔」は、それ自体が他者の人格への呼びかけになっていて、顔と顔が対峙する時、責任＝応答可能性（responsabilité）という形の倫理が生まれると考えたわけですが、ドゥルーズ＋ガタリは、むしろ顔が顔を呼び出すことで、権力関係が生じると見るわけですね。エージェント・スミスが、バグを起こしている情報複合体を特定することで、それに「顔」が付与され、追いかけられ、管理されるべき対象になるように。

「判事は険しい表情をしていて、その目はあらぬところを見据えていた le juge avait un air sévère, ses yeux n'avaient pas d'horizon...」というのは、エディット・ピアフ（一九一八－六三）の「あなたの瞳のせい C'est d'la faute a tes yeux」というシャンソンの一節です。サン・シール士官学校は、ナポレオン（一七六九－一八二一）が創設した、パリ郊外にある士官学校ですが、ここでは、「詰襟 la nuque」が重要なのでしょう。「詰襟」は、顔あるいは頭部を他の身体のパーツから隔てますし、軍人や警官など、権力を直接行使する役人のヒエラルキー上の地位を示します。

> このように第一の側面で、顔は力の作用の出発点、あるいはそのターゲットとして規定され、権力の構成要素になるのに対し、

> もう一つの側面では、顔貌性の抽象機械は選択的応答もしくは選択の役割を果たす。具体的な顔が一つ与えられると、機械はそれがパスするかしないか、適合するかしないかを、基本的な顔の単位にもとづいて判断する。二項関係はこのとき「イエス／ノー」というタイプのものになる。ブラック・ホールの虚ろな目は吸収するか吐き出すかであり、半ば耄碌した専制君主が、それでも承諾か拒否かの合図をするのに似ている。

これは、現代の顔認証システムを念頭に置くと、ピンと来やすいですね。私たちは、「顔」によって男性か女性か、大人か子供か、白人か黒人か黄色人種か、日本人かそうでないか、身内かそうでないかを判断していますね。ぼうっとしていても、そうした判断は自動的に実行していますね。

> こいつは男でも女でもない、ゲイだ。最初のカテゴリーでの「ノー」という判断と、次のカテゴリーでの「イエス」という判断のあいだに二項関係が樹立されるが、このイエスという判断は一定の条件のもとで寛容であっても、反面では、何が何でも打ち倒さなければならない敵を指し示すことにもなっている。いずれにしても、きみはすでに識別

されている、きみは抽象機械によって基盤割りになった集合の中に登録されている。

「顔」で弁別することによって、カール・シュミットの言う「友－敵」対立や、人種問題のようなことが起こるわけですね。普通の良識的なリベラルなら、「顔」が差別の根拠になるのはおかしいと非難するところでしょうが、ドゥルーズたちは、抽象的顔貌性機械が働き始めた時点で、私たちは「ブラック・ホール」の引力の射程に入り、「顔」によって分類される存在になり始めていると見ているわけです。

顔貌性の抽象機械は、へだたりの検出という新しい役割においても個々の事例で満足するのでなく、規範性のデータ処理という第一の役割を果たすときと同様にすべてを対象にして作用するのがわかる。顔がキリストであり、つまりありふれた平均的〈白人〉だとすれば、第一のへだたり、第一の標準偏差は人種にかかわるものとなる。黄色人種、黒人、第二、第三カテゴリーの人間。彼らも壁の上に登録され、穴によって配分されるだろう。彼らはキリスト教化、つまり顔貌化されなければならない。白人の主張するものとしてのヨーロッパ的人種差別は、排除によって、特定の誰かを〈他者〉と見なすことによって成立したのではなかった。異邦人を「他者」として捉えるのはむしろ原始社会であろう。人種差別は〈白人〉の顔とのへだたりの幅を決定することによって成立する。〈白人〉の顔は、自分に適合しない特徴を、遠心的な遅延した波の中に統合しようとし、一定の場所、一定の条件のもと、つまりゲットーの中でならそれを受け入れたり、いかなる他者性も受けつけない壁の上にそれを押しつぶしてしまったりする（こいつはユダヤ人、こいつはアラブ人、こいつは黒ん坊、こいつは気狂い……等）。

ここは比較的分かりやすいですね。「標準」からの「へだたり＝逸脱 déviance」で、その個体のアイデンティティが決まるというのは、ポストコロニアル・スタディーズとかカルチュラル・スタディーズでよく聞く話ですね。「規範性」の原語は、〈normalité〉で、これは「正常性」とも訳せます。フーコーの「生権力」論では、「普通さ＝正常性」と、それからの逸脱としての「異常」の関係を強調することで、人々に「正常性」に従うよう誘導するのが近代的な「生権力」の特徴だということが、監獄や狂気などの問題に即して主張されます。ドゥルーズたちもその図式に従っているのでしょうが、彼らは近代的な権力装置よりもずっと前の段階で、顔貌性抽象機械が働き始めた時点で既に、規範化と差別が進行していると見ているわけです。『ジーザス・クライスト・スーパースター』など、イエスの生涯を扱う映画のほとんどで、イエスは典型的な白人顔です。ひ弱な感じに描くので、普通の白人以上に青白っぽい感じが強調される。地理的に考えると、むしろ、アラブ系に近い顔だと想像すべきでしょうが、イエスをヨーロッパ人と考えたいとしても、今の北欧系の白人ではなく、古代ローマ人やギリシア人のような、南欧系の顔立ちで考えることもできたでしょうが、北欧系の典型的な白人顔だと現在思われているものにすることが多いですね。というより、イエスの表象を通して、白人≒人間のイメージが出来上がったのかもしれません。

三五〜三七頁で、絵画やコンピュータを例に、顔貌の働きが述べられています。三七頁の終わりの行から四〇頁の最初の行にかけて、顔貌性抽象機械はいつどの社会でも作動しているわけではないこと、少なくとも原始的記号系が破壊され、意味性と主体化を強制する「専制的アレンジメント un agencement despotique」が生まれてきた後で、その持続性を保証するものとして顔貌性抽象機械が働くようになった、ということですね。「ホワイト・ウォール－ブラック・ホール」のシステムによって、身体全体が顔貌化され、つまり顔を中心に意味付けされ、役割を与えられること、制服や衣服、仮面が顔貌化を補強することなどが述べられていますね。四一頁では、第5プラトーで見たように、意味性と主体化はそれぞれ別の作用であり、両者のいずれも「普遍的キリスト者としての〈白人〉l'Homme blanc comme universel chrétien」と共に始まったわけではない、と述べられています。アジア人、黒人、インディアンそれぞれに「意味性による専制形態 des formations despotiques」があり、「主体化からなる権威のプロセス le processus autoritaire de subjectivation」は、ユダヤ人の運命にはっきりと現れていた、ということですね。無論、どちらか一方だけということはなく、この二つは「ホワイト・ウォール－ブラック・ホール」という分解不可能の機械を土台として、それぞれの記号体制ごとに異なった形で混合しているわけです。

［…］二つの記号系は、「ヘブライ人とファラオン」のように、たがいの交錯、合致、結合によってたえず混合しあう。ただしこれにとどまらず、これらの混合の性質は相当に変化しうるのだ。われわれが顔貌性機械にキリスト暦零年という年号を与え、そこに〈白人〉の歴史的展開を見るとすれば、それはこの時点で、両者の混合が単なる合致や交錯ではなくなり、白い水に赤黒い葡萄酒の滴が溶け入るように、一つ一つの要素がたがいに溶け合う完全な浸透状態を作ったからである。われわれ現代の〈白人〉の記号系、これは資本主義の記号系そのものだが、これは意味性と主体化がたがいに相手を通じて拡張しあうという混合状態に到達したのである。

意味性と主体化が完全に混合したところで、顔貌が生じる。その混合が完成したのが、〈白人〉の記号としてのキリストだ、というわけです。

顔貌化の大きく分けて二つのパターン

四一〜四八頁にかけて、顔貌化の大きく分けて二つのパターンと、それらがどのような形状になるかが、それぞれ四四頁と四六頁に出ています。Ｉは、基本的形状としては、ホワイト・ウォールの上にブラック・ホールがのっているもので、ブラック・ホールやそれを縁どる円という楕円の数と相互の位置によって、形が変わります。黒い穴が縁で覆われたものが二つペアになると、「目」のように見えるおかげで、人間の現実の顔からかけ離れた、単純な図柄、目が四つ以上あるものでも、顔っぽく見えますね。ドイツのダダイズムあるいはシュルレアリスムのマックス・エルンスト（一八九一－一九七六）の絵や、スイスのアウトサイダー・アーティストであるアロイズ・コルバス（一八八六－一九六四）やアドルフ・ヴェルフリー（一八六四－一九三〇）のデッサンがこういった顔の例として言及されていますね。アウトサイダー・アートは、フランス語で「アール・ブリュ art brut（生の芸術）」と言い、従来の芸術の型に囚われない、精神障碍者や強迫的な幻視者たちによる作品を積極的に意味付けする運動です。これらは、エチオピアの民俗絵巻などに現れる、「大地のシニフィアン的専制的な顔 Visage despotique signifiant terrestre」だということですね。

目の倍増。専制君主またはその代表者がいたるところにいる。これは正面から見られた顔、臣下から見られた顔である、だが臣下にしてみれば、見ているというよりもブラック・ホールによって不意にとらえられるのだ。これは運命の形象、大地の運命、客体的なシニフィアンの運命なのだ。映画のクローズ・アップはこの形象を熟知している。顔の

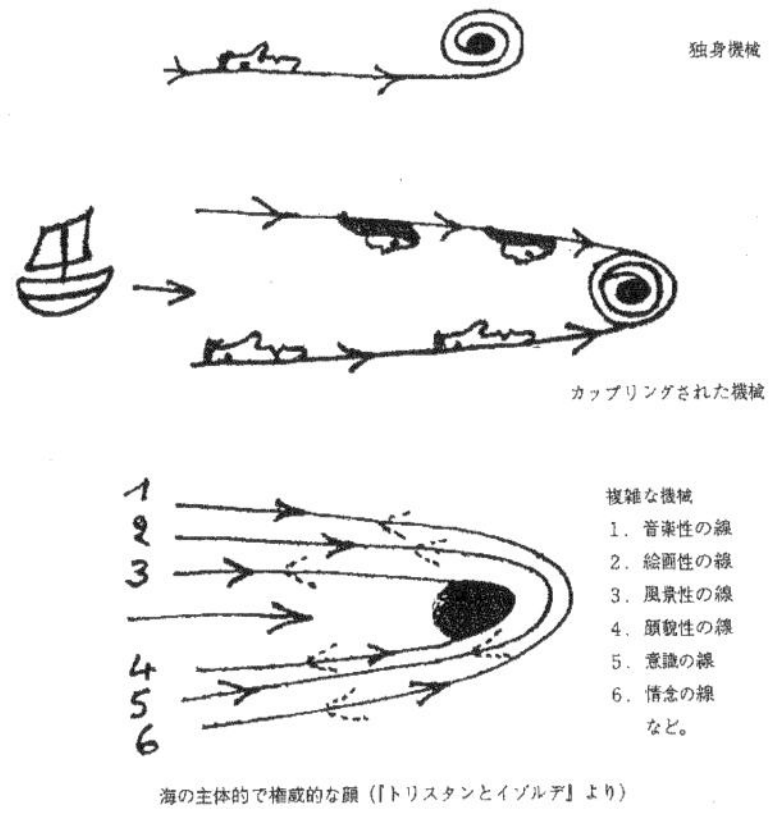

「Ⅱ」

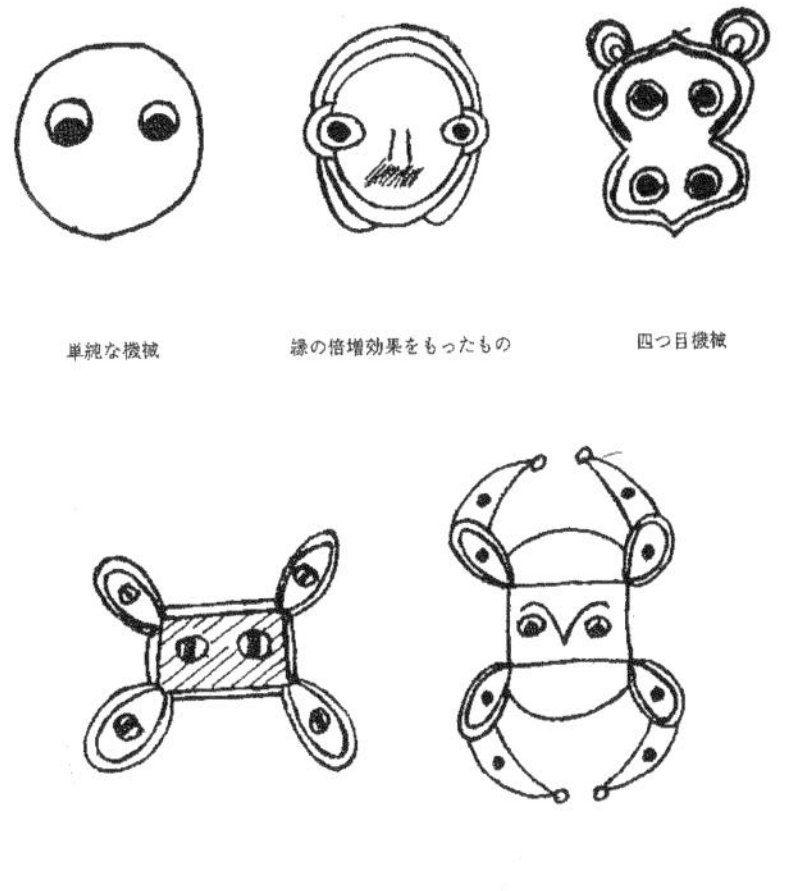

「Ｉ」

翻訳書中巻 p.44（Ｉ）、p.46（Ⅱ）より

上、顔の一要素の上、顔貌化されたオブジェの上になされるグリフィスのクローズ・アップは、未来を予見する時間的な価値をもっている（大時計の針は何かを予告する）。

これはイメージとして分かりますね。ちょっと顔を上げたら、自分を見つめている、神のごとき君主の目に捉えられるように感じる。これは、学校で怖い先生と目があった時、会社の廊下でずっと上の上司が自分を見たように感じた時を思い起こして下さい。状況によっては、運命的なもの、自分がどういう立場にあり、この状況であれば何をしないといけないか予め決まっているように思えてくる。そうした全てを支配する者としての君主の顔を表象した絵が始まったばかりの専制君主社会で描かれ、ダダイズムやアウトサイダー・アートで、そうした君主的な顔が描かれるわけです。クローズ・アップが、そういう専制君主的、ビッグ・ブラザー的効果を出すというのも分かりますね。デヴィッド・ウォーク・グリフィス（一八七五－一九四八）はモンタージュ、カットバック、クローズ・アップなどの手法を確立したアメリカの映画監督で、最初にハリウッドで映画撮影を行った監督でもあるようです。「大時計の針」が、グリフィスのどの作品を指しているのかはっきりしませんが、彼がいろんな新しい手法を詰め込んだとされる『復讐する良心 The Avenging Conscience』（一九一四）という作品の一場面のことではないかと思います。これはポー（一八〇九－四九）の短編小説『告げ口心臓 The Tell-Tale Heart』（一八四三）と、詩『アナベル・リー』（一八四九）に基づいた作品で、年老いた学者に後継者として育てられた、その甥の若者が、美しい娘に恋をするけど、学問の邪魔だと言って伯父に邪魔され続け、思いあまって伯父を殺すのだけれど、良心の呵責に苦しめられ、小さな物音にも怯えるようになります。伯父の幻影を見て、彼が実は生きていたのではないかと恐れたり、夢で、まさに壁に絵として掛っていた、〈白人〉のイエスのリアルな姿や、「汝殺すなかれ」と書かれた石板を持ったモーセを見たりします。その後、刑事が訪ねてきて、彼に質問するのですが、刑事がいらいらしてペンで机をかたかた叩いたり、貧乏ゆすりで床を蹴るリズムが、伯父の心臓の音に聞こえてきます。彼の後ろに振り子時計らしいものがあるのですが、一瞬、その振り子がクローズ・アップされ、ペンや足の振動に同期しているかのように見えます。本来、違うリズムで、それぞれ独立に運動しているはずのものがシンクロしているように見せる手法がありますが、それをやっているわけですね。ほんの一瞬だけですが。その後、探偵と彼の顔が交替でクローズ・アップされます。「大時計」の原語は、〈la pendule〉、正確に訳すと、「振り子時計」なので、グリフィスの作品だとすると、これが一番、「時計」と「顔」に関係あるのではないかと思います。「時計」を若干変形して、「顔」っぽいイラストにしているのよく見かけますね。

IIは、ホワイト・ウォールの先が線のように細くなって、ブラック・ホールの周りにまとわりついたような形になっているタイプです。これのどこが顔かよく分かりませんが、よく見ると、線の上にいくつか横顔のようなものが浮き上がっていますね。つまり、Ｉの真正面からの顔貌とは対照的に、横向きの顔、何かの運動とか活動とかをしている時に見せる、ある側面からの見え方ということですね。つまり、ドゥルーズ＋ガタリは、横向きの顔は、先ほどの大地に根ざした専制の正面からの顔とは違う意味合いを持っている、と考えているわけですね。図の説明として、「海の主体的で権威的な顔 Visage autoritaire subjectif maritime」という言い方をしていますね。先ほどが「シニフィアン的」、つまり「意味性」に関わっていたのに対し、今度は「主体化」に関わっているわけですね。本文中では、「主体的、情念的、内省的な運命の形象 le destin subjectif, passionnel; réfléchi」と言っていますね。先ほどの専制君主的な顔が、「大地」を基盤として、意味性の円環に支えられているのに対し、情念に襲われ、内省しながら変容し、移動する「主体」の見せる横顔の不安定さ、はっきりと捉えられない様子を「海」と表現しているのでしょう。これの例として、前回の第6プラトーで出てきた、互いに顔を背け合う「トリスタンとイゾルデ」を引き合いに出していますね。この物語では、トリスタンがイゾルデをアイルランドからコーンウォールのマルク王の元へ連れて行く船の旅が実際に重要な意味を持ちます。こうした宮廷愛だと、君主は正面から顔を見せるのに対し、愛し合う二人は真正面から顔を見つめ合える時間はそんなに長くなさそうですね。

四六頁の絵で、一つの線しかない「独身機械 Machine célibataire」に対し、二本の線からなる「カップリングされた機械 Machine célibataire」が対置されていますが、後者の場合、トリスタンとイゾルデのように、二人の主体が、顔を背け合いながらも情念によって相互に影響を与え合いながら、無自覚的に、「ブラック・ホール」に向かって進んでいるわけです。この場合、「ブラック・ホール」は、単に主体を引き付ける引力の中心であるというだけでなく、破局であることを含意しているわけです。三つ目に「複雑な機械 Machine complexe」として、「音楽性の線」「絵画性の線」「風景性の線」など複数の線から成る機械が描かれていますが、これは「トリスタンとイゾルデ」で、二人を含む様々な主体たちがいろんなレベルで影響を与え合いながら、「ブラック・ホール」へと向かっているので、そのことを表現したのでしょう。

グリフィスのクローズ・アップに対するエイゼンシュテインのクローズ・アップ（『戦艦ポチョムキン』のクローズ・アップに見られる苦悩や怒りの強度の上昇）。こうした顔の二つの限界ー形象のあいだには、ありとあらゆるコンビネーションが可能であることは、ここでも容易に見てとれる。パプストの『ルル』の中で、失望したルルの専制的な顔はパン切りナイフの映像と接合されるが、この映像は殺人を予告する予見的価値を持たされている。しかし同時に、切り裂きジャックの権威的な顔は、強度の階梯の全

体を通過することにより、ナイフへ、ルルの殺害へと導かれる。

一九〇五年に起こった、黒海艦隊に属する戦艦での水兵たちの反乱を描いた、ソ連のエイゼンシュタイン（一八九八―一九四八）の『戦艦ポチョムキン』（一九二五）も、モンタージュの手法を確立した映画として有名ですが、グリフィスとはクローズ・アップの使い方が違うと言ってるわけですね。『戦艦ポチョムキン』は、まさに海の上という設定で、多くの水兵が作業をしたり、言い争いをしたりして荒々しく行きかっている場面が多いので、必然的に、話をしながら移動中の横や斜めを向いた顔がクローズ・アップされることになります。作品の後半部に有名な「オデッサの階段」という場面があります。ポチョムキンの反乱を知ったオデッサ市の市民たちが、その行動に共感して、海岸と市内を結ぶ「オデッサの階段」と呼ばれる巨大な階段に集まったところ、政府側のコサック兵によって銃殺される場面です。そこで銃を撃たれて逃げ惑う市民たちの顔が、水兵たちの顔よりも更にクローズ・アップされますが、当然、逃げ惑う混乱の中でのクローズ・アップなので、同じ表情で真正面を向くということはなく、身を隠しながら、あるいは撃たれた苦痛を浮かべながら、斜めや横を向いてる顔が強調されます。

オデッサの階段の虐殺。映画『戦艦ポチョムキン』（1925年）から

ゲオルク・ヴィルヘルム・パープスト（一八八五―一九六七）は、オーストリア領だったボヘミアに生まれて、俳優・監督として活動した後、第一次大戦後、ドイツで映画監督として活動した人です。ここで『ルル』と言っているのは、実際には『パンドラの箱 Die Büchse der Pandora』（一九二九）というタイトルのサイレントの作品で、奔放な女性ルルを描いたドイツの表現主義の劇作家フランク・ヴェデーキント（一八六四―一九一八）の二部作『地霊 Erdgeist』（一八九七）と『パンドラの箱』（一九〇四）を映像化したものです。原作でも、ルルは最後に「切り裂きジャック」によって殺されます。ルルはいろんな男を翻弄し、いわゆる女王様風に振る舞う女性なので、「専制的な顔」をしているのは別におかしなことではありません。ジャックが登場するのは、映画の最後の方ですが、ロンドンで売春を始めたルルはジャックに話しかけますが、彼は最初金がないと言って躊躇しますが、ルルは私はあんたが気に入ったのよ、といって誘いかけます。ルルは階段の上に立ち、ジャックの腕を引きながら、彼を正面から見すえます。女王様然としたルルに見つめられたジャックはおどおどした様子で、背中に隠したナイフをこっそり落とします。ルルは彼を階段の上の部屋

まで引っ張っていきます。部屋の中でルルと抱き合いながら、ジャックはふと横を向いた時、テーブルの上にナイフがあるのを見つけ、その輝きに魅せられます。その時のジャックの歓喜した顔はクローズ・アップになりますが、カメラの方を正面から見ているけれど、抱かれて薄目を開けて上を向いているルルとは当然視線が合っていません。視線を外したまま、ルルを殺したようです。ようです、というのは、殺した瞬間は暗転して何も見えないからです。

> より一般的に言って、二つの極限―形象に共通するいくつかの性格が指摘される。まずホワイト・ウォール、白く大きな頬がシニフィアンの実質的要素であり、ブラック・ホール、目が主体性を反映する要素であるとしても、これら二つはいつも一緒に進行するということである。ただしこれにも二つの様相があって、ホワイト・ウォールの上にブラック・ホールが分配され倍増することもあれば、反対に、壁が水平な稜線や糸にまで縮小され、すべてを稜線にみちびく一つのブラック・ホールの方へ雪崩れ込むこともある。ブラック・ホールをもたない壁は存在しないし、ホワイト・ウォールをもたない穴は存在しない。次に指摘できるのは、この二つの様相のいずれにおいても、本質的にブラック・ホールは縁取られるもの、幾重にも縁取られるものであることである。

これは四四頁と四六頁に出ている顔のパターンがどのように出来上がっているかの説明ですね。大事なのは、顔の頬になる「ホワイト・ウォール」が「意味性」の実質的要素になっているのに対し、目＝ブラック・ホールに主体性が反映される、ということですね。「白い頬」と「意味性」が対応しているというのがピンと来にくいですが、勿論、スクリーンになりそうな白い物質があれば、それがそのまま「意味性」を担っているわけではありません。ホワイト・ウォールあるいは、頬それ自体が意味を生み出しているわけではなく、むしろ、そこに意味のある情報が書き込まれていく黒板あるいはスクリーンと見た方がいいでしょう。ドゥルーズたちは、人間は生まれた時点で、意味を生み出す主体になる可能性を秘めており、成長するに従って、次第に意味作用の主体として自立するようになるという想定を疑問に付し、ホワイト・ウォールとブラック・ホールという二つのユニットの様々な組み合わせ、両者の相互作用によって顔貌、顔的なものが生まれる、という発想に転換したいわけですが、そうは言っても、意味を読み取る主体の目が現れる前に、ホワイト・ウォールに意味がきっちり書き込まれているというのも、意味を伝える記号的体制を伴わずに、純粋なブラック・ホール、ただの黒い点が、自律的に判断・行動するというのもヘンです。意味の元になるようなものがホワイト・ウォール上にあり、主体性の元になるようなものがブラック・ホール上にあって、両者が接近し、ペアになることによって、はっきりとした意味作用と主体化が始まるという感じなのでしょうが、どういう風にそうした微妙な相互作用が生じるのか、その生理学的＋社会学的なメカニズムのようなものを具体的に説明する代わりに、「顔」や「顔」的なイメージの芸術的表象の様々な形態を例示しているだけなので、余計に混乱してしまいますが、ドゥルーズたちにしてみれば、「顔貌」についての芸術的・民俗的表象は、乳幼児に生じるイサコワー現象的な過程とか、専制的権力関係や、主体化における情念とかを反映しているはずなので、単なる比喩ではないはずです。

四七～四八頁にかけて、評論家ジャン・パリス（一九二一－二〇〇三）の『空間とまなざし L'Espace et le Regard』（一九六五）の議論を参照しながら、ビザンチンのモザイク画に代表される、「正面から見たキリスト Christ vu de face」のような「専制的キリスト Christ despotique」から、一五世紀イタリアの、挿絵のドゥッチオの〈使徒への呼びかけ〉のような、真横あるは斜めから見た「情念的キリスト Christ passionnel」への移行が論じられていますね。四八～五〇頁にかけて、『失われた時を求めて』の『スワンの恋』で顔、風景、絵画、音楽がどのように結び付いているか論じられています。それに続く箇所でも、文学作品を中心に顔貌性の諸側面について論じられます。

五七頁を見ますと、顔貌というのは人間だけに特有な現象というより、その都度の存立平面の中で作用する抽象機械の働きによって、平面上に、あたかも力と意味の源泉であるように見えるブラック・ホールが出現することを言うのであって、完成形態である〈白人〉としてのキリストの顔に至るまでに、様々なレベルでのホワイト・ウォールとブラック・ホールの組み合わせがある、ということのようです。

五八頁に、彼らが「顔」について言いたいことがまとめられている感じなので、見ておきましょう。

> 顔、何とおぞましいものだろう。それは本来的に月面の風景に似ており、数々の毛孔、面と面、くすんだ部分、輝く部分、白い広がりと穴をともなう。クローズ・アップにするまでもなく顔は本来的に非人間的である。もともと顔はクローズ・アップであり、もともと非人間的でグロテスクな頭巾なのだ。仕方のないことだ。顔とは一つの機械によって生産され、この機械を発動し、脱領土化を否定的なものの内にとどめながら絶対にもたらす特殊な権力装置の要求に応ずるものだからである。ところが、人間的、精神的、原始的な頭部を非人間的な顔に対立させていたとき、われわれは回帰または後退のノスタルジーに陥っていたのだ。本当は、いくつかの非人間性があるだけなのだ。人間はただ非人間性でのみ作られている。ただしこれらの非人間性は非常に異なったものであり、それぞれ性格を異にし、まったく異なる速度をもっている。

確かに、どんな美女、イケメンでも、「顔」の一部だけをじっと見つめると、気持ち悪いですね。「クローズ・アップ」するまでもなく、分かっていることですね。私が関わっている演劇でも、しゃべっている役者の顔や腕をクローズ・アップの映像で映し出すということを試みたのですが、動いている口をクローズ・アップにすると、芋虫が動いているように見えます。しかも、言葉が聞こえるタイミングと唇の動きが若干ズレているように見えます。別にそういう操作をしなくても、ズレがあるように見えます。多分、喉の振動と直接連動しない唇の動きがあるので、ズレがあるように見えるのでしょう。

因みに私は、湿疹が出やすいのですが、顔に湿疹が出た時、目と鼻の上の方に強く出ると、集中できなくなるだけでなく、痛いので寝てやりすごすこともできません。そこが中心部だとすると、そこから離れたところに出る湿疹はさほどでもなく、離れるほど、我慢しやすくなります。耳や顎の周辺だと、腕や足に出た時とさほど違いはありません。痛くなるのも、治るのも顔全体ではなくて、パーツごとに。そういう時、顔っていろんなパーツの寄せ集めだと感じます。

「もともと顔はクローズ・アップであり、もともと非人間的でグロテスクな頭巾（monstrueuse cagoule）なのだ」というのが分かりにくいですが、これは当然厳密な意味での「頭巾」ではなくて、人間の身体の首から上の部分のうち、目、鼻、口のある部分をカバーするように一つのまとまった領域を形成している、ように見えるということでしょう。「頭巾」というのは、深いところに根ざしているわけではなく、表面を覆っているだけ、という意味合いの譬えでしょう。人間の身体を生み出した地層のごく表面的な層。ただし、ごく表面的だけど、同じ存立平面上にある人間の行為、振る舞い、権力関係、美的表象、生活上のインフラ等に対して支配的影響を及ぼす。ドゥルーズたちは、「顔」の頂点にある〈白人〉としてのイエスの顔が生まれたことに必然性はなく、様々な要因、異なったタイプの顔貌機械が複雑に組み合わさった帰結であることを示したいわけです。

第8プラトー「一八七四年――ヌーヴェル三篇、あるいは『何が起きたのか？』」

第8プラトー「一八七四年――ヌーヴェル三篇、あるいは『何が起きたのか？』」に入りましょう。「文学機械」の話が前面に出てくる点で共通しています。ドゥルーズ＋ガタリの言う「文学機械」というのは、各種の「機械」の働きが文学に表現されているというわけではなく、文学は文学で、他の「機械」と影響を与え合う別個の機械であるわけです。これまで見てきたように、ドゥルーズ＋ガタリの枠組みでは、金属的な部品や生体を構成する物質が機械の実体ではなく、自立的な運動を続けるユニットがあれば、「機械」と呼ぶことができます。文学のテクスト、あるいはそれを産出する行為という意味でのエクリチュールが、機械であってもおかしくはありません。プルーストの作品に見られる顔貌性について論じていましたが、プルーストの作品自体、あるいは、プルーストに作品を書くよう仕向けた社会的な関係性や、彼の家族の来歴のようなものが、顔貌性を生み出す機械なわけです。

ヌーヴェルとコント

一八七四年という年ですが、ごく普通に考えると、ここで取り上げられている「ヌーヴェル三篇」の書かれた年なのではないかと思ってしまいますが、本文を見ればすぐ分かるように、これらの作品はいずれもそのずっと後に刊行されています。一八七四年は、六四頁に出てくるバルベー・ドールヴィイ（一八〇八－一八九）の『深紅のカーテン Le rideau cramoisi』が刊行された年です。

「ヌーヴェル nouvelle」は、「中短編小説」という意味で、長編小説である「ロマン roman」と対置されることが多いですが、ここでは、「ヌーヴェル」と、「コント comte」の違いを強調しています。

「ロマン」と「ヌーヴェル」の違いについては教科書的な定番の説明があります。「ロマン」が文学ジャンルとして確立されたのは、近代に入ってからのことです。近代以前にも、長編の物語はありましたが、散文でした。「ロマン」は、分量的に長いし、形式が自由なので、物語内の物語とか、長々しい会話、論文の内容の紹介とか時事ネタとか、いろんな要素を詰め込むことができます。しかし、詰め込んだら詰め込んだで、統一性を与えないといけません。そこで、全体を見通した語り手である超越論的主体が問題になります。無論、現実的には作者は、麻薬とかでハイになった状態で自動筆記でもしない限り、自分が何を書いたか知っているわけですが、それだとまるで、作者＝創造主、万能で、あらゆるところに偏在する存在みたいですね。〈author〉の語源であるラテン語の〈auctor〉は、「生み出す者」という意味です。無論、作者は神のように、自分の作品の世界を作り出せるわけですが、それが露骨になって、作者の意向次第で何でもありということになったら、興ざめですね。作者も何らかの法則に縛られているように見せないと、面白くない。それをできるだけ自然に見せるべきか、それともそのことを語り手として自嘲的に語った方がいいのか。いろんなやり方がありますし、文学理論上いろんな議論があります。

ヌーヴェル〔中短編小説〕を文学上の一ジャンルと見るなら、その本質を定義するのはさして困難ではない。「何が起きたの？　いったい何が起きたのだろう？」という問いを中心にすえて全体が構成されるとき、ヌーヴェルは生まれるのである。コント〔小話〕はヌーヴェルの対極に位置する。〈これから何が起きるのだろう〉という、まったく異質な問いによって読者に緊張を強いるからだ。いつも、これから何かが起こり、何かが行なわれるのである。ロマン〔長編小説〕の場合は、生の恒久的現在（持続）が変移していく中にヌーヴェルとコントの要素を取りこんでいながら、常に現在の時点で何かが起きるようになっている。
この点で、推理小説はとりわけ折衷的なジャンルである。なぜなら、たいていの場合、殺人や窃盗の部類に属する〈何か＝未知数〉がすでに起きてしまっているのに、起きたことは、模範となる探偵が規定する現在時の中で、これから発見されるように仕組まれているからだ。かといって、これらさまざまな局面を時間の三つの次元に還元するのでは誤りになるだろう。

意外なことに作品の長さはあまり関係ないようですね。既に何かが起こったという前提で、それが何か解明するように話を進めるのか、それとも、読者と一緒にこれから何が起こるのか見ていこうとするのかで、「ヌーヴェル」と「コント」が分かれるようですね。フランスの文学理論でも、厳密にどう区別するかについては議論があるようですが、一般的には、「コント」というのは、千夜一夜物語とかペロー童話、グリム童話のように、主要登場人物の輪郭がはっきりした行動とそのオチに焦点を当てたもので、比較的短く、子供向けの童話扱いされる場合が多いようです。これから何が起こるか分からない方が、子供やそれほど文学通ではない読者はわくわくしますね。『ペロー童話集』（一六九七）の正式タイトルは『すぎた昔の物語ならびに小話 Histoires ou Contes du temps passé』で、子供向けに書かれてはいるけれど、タイトルには「童」という要素は入っていません。『グリム童話集（子供・家庭向けメルヘン）Kinder-

「ヌーヴェル」：「中短編小説」。過去の解明を続けているうちに話が現在に及んだとしても、そのまま「現在」の話として進行していくことはなく、その“現在”も、既に過去になったこととして位置付けなおされて、語り続けられる。

「ロマン」：分量的に長い、形式が自由。物語内の物語とか、長々しい会話、論文の内容の紹介とか時事ネタとか、いろんな要素を詰め込むことができる。全体を見通した語り手である超越論的主体が問題。「コント」的要素と、既に起こったことの意味を解明しようとする「ヌーヴェル」的な要素が常に交差している。

「コント」：千夜一夜物語とかペロー童話、グリム童話のように、主要登場人物の輪郭がはっきりした行動とそのオチに焦点。比較的短く、子供向けの童話扱いされる場合が多い。「ヌーヴェル」と逆。

und Hausmärchen』のフランス語訳は、《Contes de l'enfance et du foyer》です。因みに、この第8プラトーの挿絵として、アメリカの漫画家リチャード・フェルトン・アウトコールト(一八六三―一九二八)――訳では、〈Outcault〉を「ウトー」と表記していますが、これはフランス語風の発音でしょう――のコミック・ストリップ『バスター・ブラウン Buster Brown』の一こまが引用されていますね。普通だと、漫画は、この定義だと「コント」寄りのイメージがありますが、このコマの登場人物たちは、「何が起こったの? Qu'est-ce qui s'est passé?」「どうも理解できない Je n'arrive pas à comprendre」「確かに! Ma foi!」と、「ヌーヴェル」的なリアクションをしています。そういうことを、この本の読者に考えさせるために挿入したのでしょう。

この区別を前提にすると、「ロマン」では、これから何が起こるのか見極めようとする「コント」的要素と、既に起こったことの意味を解明しようとする「ヌーヴェル」的な要素が常に交差している、というのはある意味当然のことですね。既に起こったことを、語り手が確定事実として最初から長々と語るという形の「ヌーヴェル」型の「ロマン」も考えられないわけではないですが、そんなに長い話を、一人の語り手が休まずに延々と語るというのは、不自然ですね。それはここでの定義からすると、むしろ、やたらと長い「ヌーヴェル」ということになるでしょう。現在において何かが現に起こっていて、それに押されるように、既に起こった出来事の意味を解明しようとする、というパターンは、ファンタジーとか謎解き系のものに多いですね。村上春樹(一九四九―)の主要な作品も、そのパターンが多いですね。「推理小説 le roman policier」だと、既に起こったこと=事件と、これから起こること=推理という分業がはっきりしていますね。

「生の恒久的現在(持続)」というのが少し意味ありげですが、これは原語では、〈son perpétuel présent vivant (durée)〉となっています。「持続 durée」というベルクソン(一八五九―一九四一)の用語で、分割可能な空間に対して、分割不可能な意識の流れとしての「時間」の本質を表す概念です。〈présent vivant〉というのは、フッサール用語の「生き生きした現在(現前) lebendige Gegenwart」のことです。「生き生きした現在」というのは、私たちの時間意識の根源にある原体験のようなものです。何か、もはや今・此処には(そのままの形では)ないもの、過ぎ去ったものの再現=表象(représentation)ではなく、今まさにその場に居合わせている=現前している(présent)、という感覚を与える経験です。この「生き生きした現在(現前)」から、「過去→現在→未来」という方向性を持った時間意識や、主体/対象関係、私たちの日常経験が立ち上がってくる、というわけです。無論、ドゥルーズたちはここで厳密な意味でのフッサール批判をしたいわけではなく、フッサール現象学をもじる形で、「現在」進行中の生き生きとした出来事を起点として、過去にも未来にも延びていく、「ロマン」の時間構造を示唆しているわけです。

> それでもなお、現在時を突き動かすさまざまな運動があり、それが現在時と同時点に位置することに変わりはないのだから、これらの運動の名において区別を設けるのは正当なことだと思われる。一つは現在時と連動するもの。もう一つは現在時に達するとただちに現在時を過去に追いやるもの（ヌーヴェルの場合）。現在時に達すると同時に現在時を未来へと引きずっていくもの（コントの場合）。

難しそうな言い方ですが、恐らく、以下のようなことでしょう。「ヌーヴェル」の場合、過去の解明を続けているうちに話が現在に及んだとしても、そのまま「現在」の話として進行していくことはなく、その〝現在〟も、既に過去になったこととして位置付けなおされて、語り続けられる。ある時点で、「とうとう、Xだということが分かった」としても、そこから現在進行中の話に移行するのではなく、もっと先の時点に語り手を移動させて、「それが分かったので、私たちはYという行動を取ることにした」、という感じで、あくまで過去の話にする。「コント」は逆に、「Pの時点でXしよう」と決めて、実際、Pの時点になると、そのまま「現在」進行の話になるのではなく、今度はもっと先のQの時点でどうなるかに視点を移して話を進める。

> さいわい、われわれの手元には、同一の主題を、コントの作家とヌーヴェルの作家が別々に処理した実例がある。恋する男女のどちらか一人が相手の部屋で急死するというのがその主題である。モーパッサンのコント『策略』は、全編が次のような問いに向けられる。「これから何が起きるのか、生き残った男はどうやってその状況を切り抜けるだろうか、救い主となる第三者——この場合は医師——はいったいどんな手を思いつくのだろうか。」バルベー・ドールヴィイのヌーヴェル『深紅のカーテン』は、全編が、何かがもう起きてしまった、だがそれはいったい何なのだろう、という点に向かう。冷淡な娘がどうして死んだのかわからないだけではなく、彼女はなぜ子供同然の一士官に身をまかせたのか、最後までわからないし、次に救い主としての第三者——ここでは連隊長——がいったいどのようにして事態を収拾したのかもわからないのだ。

モーパッサン（一八五〇－九三）は、ゾラ（一八四〇－一九〇二）やドーデ（一八四〇－九七）と同じ時期に活躍したフランスの自然主義の作家で、『女の一生』（一八八三）や『ベラミ』（一八八五）のような「ロマン」も知られていますが、『脂肪の塊』（一八八〇）のような短編の名手として知られていますね。ドールヴィイは、モーパッサンより二世代くらい上の作家で、ロマン主義、象徴主義、デカダン主義などを併せもった作風で知られます。ダンディズムを定義して擁護する「ダンディズムについて、そしてジョルジュ・ブランメルについて」（一八四五）という評論があります——ブランメル（一七七八

―一八四〇）は、平民出身だったけど、近衛騎士隊に入って、社交界に出入りするようになった有名なダンディです。二人は世代が結構離れていますが、『策略』は、『深紅のカーテン』の八年後の一八八二年に刊行されています。モーパッサンの最初の「コント」が刊行されたのは一八七五年なので、作品の年代は結構近いです。両方とも、恋人が突然死ぬということを題材にしているわけですね。

ここでは『策略』と訳されていますが、新潮文庫の『モーパッサン短編集Ⅰ』に入っている青柳瑞穂（一八九九―一九七一）訳では、『奇策』というタイトルになっています。ある医者が自分の女性患者にかつての自分の経験を話すという設定です。真夜中に、彼のところに女性が駆け込んできて、不倫の相手が自分の部屋で心停止したので診てほしいと言われて駆けつけたところ、実際死んでいるのを確認します。そこへ女性の亭主が帰ってきたので、医者はその死体は、自分の病気の友人だと言って亭主を騙し、一緒に部屋から運び出させます。何でそんな話を私にするのか、と聞く女性患者に対し、必要な時にはサービスする用意があるとお伝えするためです、と言いました。医師は女性患者に当然過去のこととして話しますが、そこに解明すべき要素なんてないし、基本的に過去形、「単純過去 passé simple」という時制で書かれていますが、出来事の叙述としては、医師と不倫の女性がどうなっていくことかとハラハラしながら、行動している様子を描いています。話のオチが分かって、「現在」に戻ってきても、現在の話にはならず、未来に起こるだろう何かを予期する形で終わるわけですね。

『深紅のカーテン』では、語り手の私はフランスの西部の沼沢地に向かっている馬車の中で、ダンディで有名なド・ブラッサール子爵も乗り合わせていることに気付きます。ある宿場で、車輪の付け替えをしている間に、外を見ていて、深紅のカーテンから灯りが漏れている家に気付きます。すると、寝ていたと思った子爵が、妙なものだ、相変わらずあのカーテンとは！とつぶやきます。そこで私は興味をもって子爵に語りかけ、彼がその閉じられた深紅のカーテンの向こうにあるものとどう関係あるのか尋ねます。子爵は、その窓を三五年間ずっと避けてきた、ということです。中編というだけあってそれなりに分量があります。子爵は、若い時の自分の行状について少しずつかなり詳しく語っていきます。その家はあるブルジョワの夫婦のもので、当時若い少尉だった彼はそこに下宿していて、最近まで寄宿舎で生活していた夫婦の娘に紹介されます。彼はアルベルティーヌというその娘と密かに接触するようになりました。やがて彼女は、彼のいつも深紅のカーテンをおろしている部屋を訪れるようになります。ある晩、セックスの最中、子爵は彼女の身体が既に冷たくなっていることに気づきます。慌てた子爵は、娘の体を本人の部屋に運ぶとか窓から落とすとかいろいろ考えますが、結局、どうしようもなく、連隊長である大佐のもとに報告に行きます。大佐は連隊自体がこの町を引き払うしかないと言い、その前に子爵自身は一刻も早く町を去るよう命じます。彼はそれから三五年間、その後どうなったのか怖くて聞けないで過ごしてきました。話し終えた子爵は私に、ほらあのカーテンを見て下さい、と言います。その瞬間、娘の影がくっきり浮き上がり、通り過ぎていきました。子爵が知っていることを全て語り終えて、「現在」に戻ってきても、まだ解明しないといけない、過去に起こったことについての謎が残るわけですね。

> ヌーヴェルでは、何かが起きることが期待されるのではなく、すでに何かが起きてしまったことが予測される。コントが最初の物語《コント》なら、ヌーヴェルは最新の情報《ヌーヴェル》なのである。コントの作家の「ありよう」とヌーヴェルの作家のそれとはまったく別のものだ（そして長編作家のありようもまた別のものだ）。だから、時間の次元だけに偏った説明はひかえることにしよう。ヌーヴェルは、過去の記憶とも、反省の行為ともほとんど関係がないため、逆に根源的忘却をもとに作動する。ヌーヴェルは「すでに起きたこと」という要素の範囲内で展開するが、それはヌーヴェルがわれわれを不可知のものや知覚しえぬものに関与させるからだ。

「コントが最初の物語」であるというのが何のことか分かりませんが、これは原文で、その後のヌーヴェルの部分とセットになった言葉遊びになっているからです。《La nouvelle est une dernière nouvelle, tandis que le conte est un premier conte.》。〈nouvelle〉はもともと、「新しい」という意味の形容詞〈nouvel〉から来た言葉で、「お知らせ」というような意味合いから、「興味深いお話」を意味する言葉になりました。〈dernier〉は英語の〈last〉に当たる言葉で、〈last〉と同じようにいろんな意味がありますが、ここでは文脈からして、「一番最後に入ってきた（お知らせ）」という意味合いでしょう。〈premier〉は〈first〉に当たる言葉で、〈last = dernier〉に対応させているのでしょう。「ヌーヴェル」がいろんな経緯を経て得られた、アップデートされた「お知らせ」であるのに対し、「コント」は、今体験したばかりで全然加工されていない、情報と言えるかどうか分からない「お話」という感じでしょう。「ありよう」というのは、あまりいい訳ではありません。原語は〈présence〉、つまり「現前」あるいは「現在」です。それから、「語り手」の原語は〈conteur〉で、これは〈conte〉と同じ系統の言葉です。「コント conte」を「語る conter」語り手と、「ヌーヴェル」を「語る」語り手は、位置している時制、場所が違うというわけです。「ヌーヴェル」の語り手が常に出来事が終わった後に位置しているのに対し、「コント」の語り手は、これから起ころうとしている出来事を前にしているわけです。ただし、だからといって、「ヌーヴェル」は「過去の記憶」とか「過去」に対する「反省の行為」というわけではない、と言っているわけです。それだと、「独白」か「省察」になってしまいますね。むしろ、「すでに起きたこと ce qui s'est passé」であるとは分かっているけれど、「不可知のもの un inconnaissable」あるいは「知覚しえぬもの imperceptible」がそこに秘められていると感じ、それを明らかにしようとしているのが、「ヌーヴェル」の「語り手」です。

> ヌーヴェルは根本的に一つの秘密と関連をもつ（発見されるべき秘密の事物や対象ではなく、いつまでも理解できないままにとどまる秘密の形態と関連をもつ）。一方コントは発見（発見できるものから独立した、発見の形態）と関連をもつ。さらに、ヌーヴェルは身体と精神の姿勢を前面に出し、それがいわば襞や包みをなすかと思えば、コントのほうは態度や立場をあつかい、それが展開や発展の形をとって、まったく思いがけない様相を呈するのだ。バルベーの作品には、身体の姿勢、つまり何かが起きたばかりの時点で身体が陥るさまざまな状態に対する嗜好を見ることができる。

「ヌーヴェル」が「秘密 secret」と関連を持つのはいいとして、「コント」が「発見できるものから独立した、発見の形態 la forme de la découverte, indépendamment de ce qu'on peut découvrir」を持つというのが難しそうですね。これは恐らく、発見の対象となる出来事の本質とは関係なく、とりあえず、外的な事実として発見する、ということでしょう。例えば、「●●が死んでいた」「○○は▼▼とセックスした」というような、単純な事実です。コントが「態度 attitude」や「立場 position」を扱うというのは、対象に対する好奇心や関心、それがどうなっていくかを突き止めようとする探偵役とか、とにかく興味があるので首を突っ込んでいる野次馬とか、頼まれてその場に立ち会う当事者の友人などとしての立場ということでしょう。「ヌーヴェル」における身体や精神の「姿勢 postures」というのは、そういう選択可能な立場や態度と違って、起こったことによって語り手の心身に不可避的に生じてくる生理的反応、恐怖とか魅力とか、この後に出てくるポルノとかスカトロジーのようなものまで含めた反応、その反応ゆえに取ってしまう行動ということでしょう。そういう生理的なものによって、無理やり起こったことの謎に引き寄せられてしまう感じでしょう。村上春樹の小説は、そういう「姿勢」の不可避性を強調するパターンが多いですね。

> ヌーヴェルの連鎖は次のようになっている。〈何が起きたのか？〉（様相ないしは表現）、それから〈秘密〉（形式）、そして〈身体の姿勢〉（内容）。

〈秘密〉が「ヌーヴェル」の形式であるというのは、恐らく、どういう種類の秘密が潜んでいそうかによって、推理小説型か、ホラー型か、ファンタジー型か、というように形が決まってくるということでしょう。〈身体の姿勢〉が「内容」だというのは、「秘密」を明らかにすることよりも、その語り手が陥っている状態、正体不明のものから受けている影響を解明していくことの方に重点がある、ということでしょう。これも、村上春樹の小説で強調される点ですね。実際、謎解きそれ自体に焦点が当たっていて、語り手あるいは登場人物たちの「姿勢」が関係なくなったら、文学作品という形を取る必要のないエンタメになってしまうでしょう。

「ヌーヴェル」を取り上げる理由

六八頁に、彼らが「ヌーヴェル」を取り上げる理由が述べられていますね。

> そしてヌーヴェルにはヌーヴェルの特殊性があるだけでなく、ヌーヴェルが普遍的素材を処理する際の特殊な方法もある。われわれ人間はさまざまな線から成り立っているからだ。エクリチュールの線だけを問題にしようとは思わない。エクリチュールの線は、生命の線、運・不運の線など、他のさまざまな線と結び合わされ、これらの線がエクリチュールの線を変化させ、書かれた線のあいだ〔行間〕の線になるのである。ヌーヴェルには、誰にでも、またどんなジャンルにでも帰属するこれらの線を出現させ、組み合わせるための、ヌーヴェル固有の方法があるのかもしれない。〔…〕われわれとしては、ヌーヴェルは複数の生きた線、肉体の線との関連で定義されるものであり、これらの線についてきわめて特殊な啓示をおこなうのだということを証明してみたい。

人間がいろんな「線」から構成されているというのは、文学的な言い方ですが、言わんとしていることは分かりますね。普段は別々の経路を辿っているように見える線が、結び合わされ、変化する上で、「エクリチュール」の線が一定の役割を果たしているということですね。「エクリチュール」と言うと、抽象的な話のように聞こえますが、実際、文章に書くという行為、それを自分や他者が読むという行為によって、いろんな線に変化が起こるでしょう。先ほど見たドゥルーズ+ガタリの定義に従って考えると、「ヌーヴェル」というエクリチュールの中で、いくつかの線が交差して何か奇妙なことが起こった、何か起こったことは分かっているけれど、そこにはどうも理解できないことがあり、それに語り手の身体が反応し、その謎に、恐らく、その謎の原因であろう、複数の線の交わり方を解明することに着手することになるわけです。そうした人間を構成する様々な線の交差と、その交わり方を変化させたり、部分的に可視化させたりするエクリチュールの役割が、まさに、そうした線の交差によって物語が進行する「ヌーヴェル」というジャンルを通して見えてくる、というわけです。彼らは明確に述べていませんが、「ヌーヴェル」、あるいは「ヌーヴェル」的な性質のエクリチュール、あるいは「ヌーヴェル」の登場人物に見られるような謎に引き寄せられていくような行動によって、それぞれの線に対応する生の領域の脱属領化が起こる、あるいは、通常のツリー状の組織化とは異なる、リゾーム状の繋がりが生じる、ということかもしれません。

ヘンリー・ジェイムズ

最初の例として取り上げられているヘンリー・ジェイムズ（一八四三－一九一六）は、プラグマティズム哲学のウィリアム・ジェイムズ（一八四二－一九一〇）の弟で、登場人物の意識の変化を克明に追っていくのが特徴で、「意識の流れ stream-of-consciousness」と呼ばれる潮流の先駆者とされています。

ヌーヴェルその一、

ヘンリー・ジェイムズ作『檻の中』、一八九八年

ヒロインは若い電報局員。きちんと分割され、実に几帳面で、限定された切片にしたがう生活を送っている。来る日も来る日も、次から次へと受け付ける電報の数々。電報を送る人々。それぞれ自己流に電報を利用する人たちの社会階層。単語の数を数えなければならない。そのうえ、電報局員の小部屋は、彼女の婚約者が働く食料品店に隣接した切片のようなものになっている。領土の隣接性。そして婚約者の男は、いつも二人の将来や仕事、休暇や住居について計画をたて、そこに境界線を引いている。

『檻の中 In the Cage』というタイトルから、監獄とか囚人の話を連想しますが、電報局、正確に言うと、「郵便電報局 post-and-telegraph-office」で働く若い女性が主人公で、局の中の「柵と金網」の「檻」に閉じ込められている、ということです。郵便局の隣に彼女の婚約者マッジ氏の働く食料品店があって、その境も木と金網の仕切りで隔てられています。このドゥルーズ＋ガタリによる紹介だけだと、いろんな仕切りによって区切られた彼女――この女性の名前は最後まで明らかになりません――の退屈で、非人間的な日常とそれについての内省が延々と続きそうですが、そういうわけではなく、ちゃんと事件が起こります。

婚約者のマッジ氏は、別の同じような店に転勤になり、彼女にも、その新しい店と同じ建物に入っている郵便局に転属させてもらうよう、配置転換願いを出したらどうかと勧めます。しかし、改めて考えてみると、今の局にやってくる厄介な人たちとの付き合いは苦痛であるけど、同時に、その苦痛を楽しむような気持ちが自分の内にあることに気づきます――電報・郵便局は、いろんな人が自分の経験している「新しいこと nouvel」を遠くの他人に伝えるためにやってくる場所、いろんな人の「線」が、電報や手紙というエクリチュールを介して交差する場所で、彼女はその「知らせ」をいち早く目にすることができる立場にいるわけです。

お客を観察していた彼女はいずれも局のお客であるエヴェラード大尉とレディ・ブラディーンの間に秘密の関係があることに気付きます。それだけにとどまらず彼女は、エヴェラード

大尉と個人的に親しくなり、その秘密の電報を預かり、しっかり秘密を守ってやりながら、彼のことを気遣っている彼女自身の間に、特別な関係があるかのように妄想するようになります。彼女は大尉と個人的に会い、彼の秘密はちゃんと守られていることを、意味ありげに知らせてやります。やがて彼女は、ブラディーン卿が亡くなっており、レディ・ブラディーンは、多額の借金を抱えて切羽詰まっている彼を救ってやるため、彼に自分と結婚するよう説得したということを知ります。ブラディーン卿とレディ・ブラディーンの関係は、夫婦なのか、あるいは親子なのか最後まではっきりしないのですが、多くの批評家は年配のブラディーン卿の若い妻と取っているのですが、国書刊行会から出ている『ヘンリー・ジェイムズ作品集2』の訳者青木次生さん（一九三二－　）は、親子の可能性もあると見ているようです。いずれにしても、レディ・ブラディーンと大尉の関係はもはや不倫ではないわけです。あっけない結末が分かった彼女はマッジ氏と結婚して、「檻」から出ることを決意します。この妄想の〝三角関係〟と、並行するように、彼女の年上の友人のジョーダン夫人の再婚のための活動と思い込みも進行します。夫人は、ライ卿という貴族と自分がいい仲になっていると思い込んでいたのですが、結局、ライ卿の執事であったドレイクという男と婚約することになり、そのドレイクが、外で家を持つためにライ卿のもとを離れて、レディ・ブラディーンに雇ってもらうことになります。それでジョーダン夫人は、レディ・ブラディーンと大尉の関係を知って、主人公の彼女に真相を告げることができたわけです。

ブラディーン卿とかライ卿というのが出てくることから分かるように、舞台は英国、ロンドンです。ジェイムズは長いことヨーロッパで暮らしていて、ヨーロッパを舞台にしたもの、ヨーロッパとアメリカのメンタリティを比較するものが多いです。

ジョーダン夫人の話を加えても、実際に起こっている〝事件〟は大したことがないのですが、主人公の女性の妄想混じりの大げさな意識の流れを追っていくので、かなり長大な話になっています。『ヘンリー・ジェイムズ作品集2』では、本文が百二十数ページに及んでいます。

この話の特徴として、ドゥルーズ＋ガタリは「切片 segment」に注目しているわけです。彼女の職場を形成する「檻」の切片性ということがまずありますが、この「郵便電報局」を利用する人たちは、階級や職業、ジェンダーなどで「切片化」されていて、お互いのことをよく知らない。また、少なくとも三組のカップルは、家族や職場などとの関係をいったん切って、二人だけの家庭を持つことに決めたわけです。「電報」を通じて、そうした様々な「切片」が互いに影響を与え合うわけです。

> ここには、誰にでもあてはまる切片の起点と終点、切片から切片への移行など、すべてが数量化でき、すべてが予測できるような、硬い切片性の線が見られる。それがわれわ

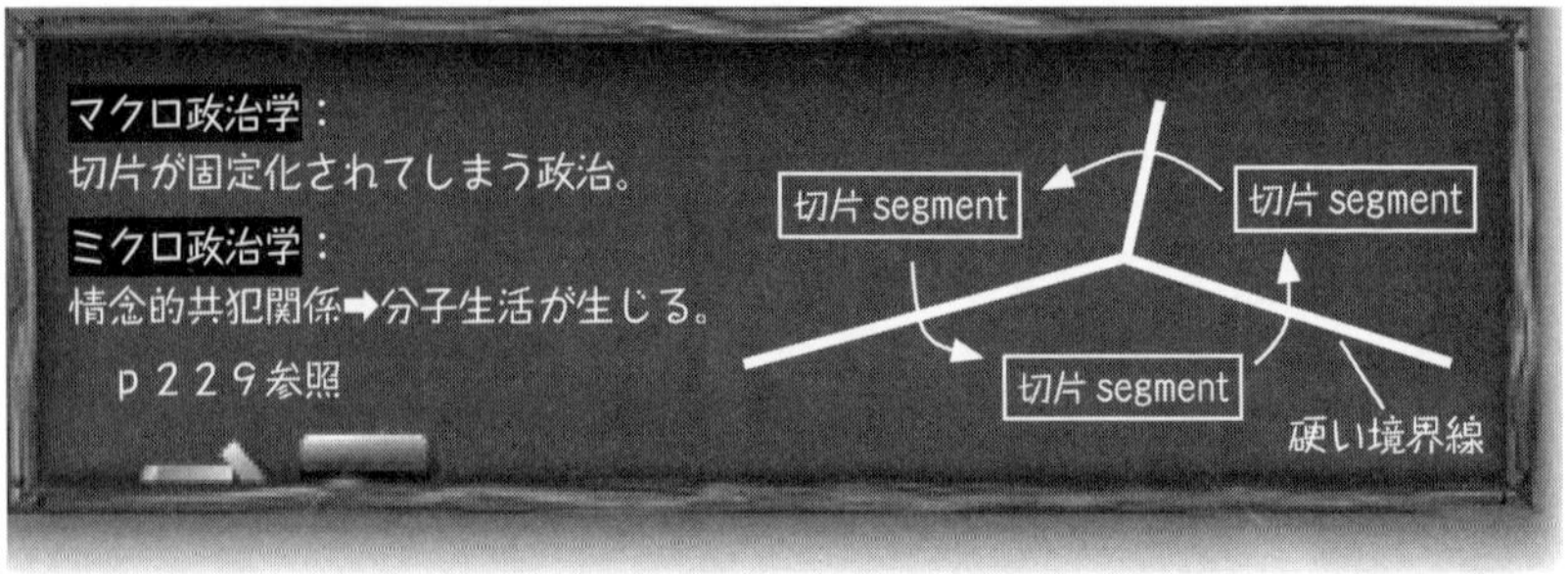

れ人間の生活なのだ。モル状の大集合（国家、制度、階級）だけでなく、集合の構成要素としての個人や、個人相互の関係としての感情まで、すべて切片化されている。しかもそれは混乱させたり、散乱させたりするためではなく、個人の同一性も含めて、あらゆる審級の同一性を保証し、制御するような形をとるのだ。婚約者の男は女にこう語る。ぼくらの切片の違いはあっても、ぼくらは同じ趣味嗜好をもっているし、ぼくら二人は同じなんだよ、と。ぼくは男で、きみは女だ。きみは電報局員でぼくは乾物屋だ。きみは単語の数を数え、ぼくは品物の重さを計る。だからぼくたちの切片は一致して、結び合っているんだ。結合、すなわち夫婦になること。しっかり規定され、計画された領土間の駆け引き。将来はあっても、生成変化はない。こんなふうに、生命の線としてまず最初に、硬質な、あるいはモル状の切片性の線が出てくるが、それは決して死んだものではなく、むしろ、人間の生活を占拠し横断したうえで、最後にはいつも勝利者になるらしいのである。

「数量化できる comptable」というのがやや唐突ですが、これは「数量化できる」ではなく、「計算可能な」と訳せば、意味するところははっきりするでしょう。どれくらいの収入を得られるか、どういう相手と結婚できるか、どこに住むか大体分かるということでしょう。「切片」というのは単に切れ目がある塊というだけでなく、その切れ目のところが硬い境界線になっていて、個人的な生活からマクロな集合体まで、どの「切片」に属すかで、生き方のパターンが決まってくるわけです。ドゥルーズ＋ガタリは、彼女とマッジ氏の双方が物を数える仕事をしていることと、家を持つことについて、彼女の方が妄想的に、彼の方が現実的に計算していたことに注目しているわけです。「モル」というのは、第2、第3プラトーに出てきたように、いくつかの分子が組織的に固まってしまって、動かせなくなった状態です。モル状の塊はいつか解体するというのがドゥルーズたちの立場ですが、ここでは、ジェイムズの作品に即して、実は、モル状の切片が勝利者になる可能性が高いことを示唆し

ているわけです。この場合は、主人公やジョーダン夫人の妄想が破綻し、三つのカップルが収まるべきところに収まったわけです。

> 金持ちのカップルが電報局にやってくる。そしてヒロインに、別の生活の啓示ではないまでも、少なくともそういうものがあるという確証をもたらす。暗号で記され、署名には偽名を使ったたくさんの電報がそれだ。誰が誰なのか、何が何を意味するのかも、よくわからなくなってしまう。電信機は、はっきり規定された切片からなる硬い線の代わりに、今度は量子を刻まれた柔軟な流れを形成する。その量子は、いわば運動状態の微細な切片化に等しく、発生する瞬間に、まるで月の光に照らされたかのように、数量で示せない強度のスケールによってとらえられるようになる。「非凡な解釈技術」を身につけているので、電報局の女は、男には秘密がある、しかもそれは男の身を危うくし、次第に危険の度を増し、危険な姿勢をとらせるような秘密だということを見抜く。相手の女との恋愛関係だけが問題なのではない。

「別の生活 une autre vie」というのは、自分の属する切片の中での生活とは違う、もっとすごい生活ということですが、これは多分に彼女の想像によって誇張されたものです。暗号で記された、というのは、スパイが使うような暗号ではなくて、当事者にしか分からないようなキーワードだけの電文ということです。普通は互いに接点のない社会的切片に属する人たちが、「電報」で情報をやりとりする時だけは、匿名化され、彼らが彼女に発信を依頼する電文は、「量子を刻まれた柔軟な流れ un flux souple, marqué de quanta」になっている。電報の文章が柔軟な流れになっているというのはいいとして、「量子」という譬えがよく分かりませんね。恐らく、「量子」のように、物質化したり、固定した形を持たない波動になったりし、観察者との位置関係で性質を変えるというようなニュアンスなのでしょう。「非凡な解釈技術 son art prodigieux de l'interprétation」というのは、彼女の妄想によって誇張されたものでしょう。プロの電報係なので、それなりに短い情報から他人の秘密を読み取る能力はそれなりにあったのでしょうが、一番肝心なところは見当外れだったので、非凡というほどではありません。ここでドゥルーズ＋ガタリは、彼女の視点で語っているのでしょう。

> ここで重要性をもつのは、その内実を発見する必要すらなくなった秘密の形式である（答えは見つからないだろう。答えはいくつも出てくるだろうし、客観的非決定が、あるいは秘密の分子化が起きるからだ）。ところが、ほかでもないこの男との関係で、それもこの男とじかに接触することによって、電報局の女は奇妙な情念的共犯関係を展開させ、自分の婚約者とともに送る生活と競合することすらない、強度の分子的生活を営むようになる。何が起きたのか。いったいどんなことが起きたというのか。分子的生活は女

―の頭の中にあるわけではない。空想の産物ではないのだ。お話ししたように、レディ・ブラディーンが〝未亡人〟になったので、エヴェラード大尉が実際に何についてこそこそしていたのか、秘密の「内実 la matière」はどうでもよくなった、もしくは、細かい分子的な——彼女にとってはもはやあまり関心のない——秘密の寄せ集めであることが判明したわけです。しかし、「形式」はそうではない。この「形式」のおかげで、彼女と大尉との「情念的共犯関係 une étrange complicité passionnelle」あるいは「強度の分子的生活 une vie moléculaire intense」が展開すると言っているわけですね。ここで「秘密の形式」と言っているのは、彼女が仕事のおかげで秘密を知り得た、という純粋に第三者的な関係ではもはやなく、大尉に、自分は秘密を知っているけど、大丈夫ですよ、と請け合ったことで、二人の間の秘密になった、ということでしょう。この作品に対する標準的な批評であれば、この〝秘密〟は、疑似恋愛に憧れる彼女の「空想の産物 imaginaire」であると断言して終わりにするところでしょうが、ドゥルーズたちは、妄想が混じっていようと、〝秘密〟を知っているということを相手に告げ、直接の関係を持てば、それまで接点のなかった、モル的な切片、この場合は階級的・社交界的な切片の間に、双方の切片から相対的に独立した分子的な繋がりが生じる、ということに注目しているわけです。主人公がどういう人間かということより、彼女が「電報」に込められた量子的な刻みを起点にして、従来の切片とは異質な関係性、「分子的生活」を構築することに注目するわけです。たとえその「分子的生活」で、彼女の片思い的な体質がより露わになったとしても。

> 階級や性、個人や感情を考慮するにあたって、決して同じ見方をすることのないマクロ政治学とミクロ政治学。あるいは、関係のタイプが二つ、はっきり区別されるとでもいおうか。まず、はっきり規定された集合や要素（社会階層、男性と女性、これこれの人物など）をあやつるような、対の内的関係。それから、位置決定が困難で、常に自己の外にあるような関係。こちらはむしろ、階級、性、個人を逃れる流れや微粒子とかかわりをもつ。後者の関係が、対ではなく分身の関係になっているのはなぜか。「自分のことを外で待っているはずのもう一人の自分を、彼女は恐れた。彼女を待っていたのは彼だったのかもしれない。もう一人の自分であり、彼女にとって恐ろしい彼だったのかもしれない。」ともかく、ここに見られるのは、先ほどの線とはまったく異質な線、つまり柔軟な、あるいは分子状の切片化の線であり、この線の上では、切片が脱領土化の量子の様相をおびる。この線の上でこそ、その形式が、起きてしまった〈何か〉の、いくら間近にあっても起きてしまったことに変わりのない〈何か〉の形式と一致するような現在時が定義されるのだ。この〈何か〉の、とらえがたい内実は完全に分子化され、正常な知覚閾を超える速度をもつか

——らである。もっとも、この線のほうが絶対に優れているとは、必ずしもいえない。

「マクロ政治学 une macro-politique」というのは、この場合、階級や性によって個人の在り方や感情が規定されてしまう、つまり切片が固定化されてしまう政治で、「ミクロ政治学 une micro-politique」は、先ほどの情念的共犯関係によって分子生活が生じるようなことを言うのでしょう。話の流れからして、「対の内的関係 des rapports intrinsèques de couples」は「マクロ政治学」に対応しているはずですが、どういう意味で「内的 intrinsèque」なのか分からないですね。〈intrinsèque〉は「内的」というより、「～に固有な」という意味合いの形容詞です。あと、「対」を恋人同士のカップルの意味に取ると、ミクロ政治学みたいに見えてしまいますが、これはいわゆるカップル限定ではなく、二人の人間の結び付き一般を指していて、お互いの階層、ジェンダーなどの社会的アイデンティティの組み合わせで自動的に決まってくるような、「対」の形成の仕方を〈intrinsèque〉と言っているのだと思います。それに対して、「位置決定が困難で、常に自己の外にあるような関係 des rapports moins localisables, toujours extérieurs à eux-mêmes」というのは、そうではない、固有の結び付きのはっきりしない関係ということになるでしょう。「自己の外にある」というのは、最初に設定した関係の枠を常に外れる、ということでしょう。主人公と大尉の関係がまさにそうですね。この関係が「分身 double」だというのは、その後の「 」——この「 」は、第二一章からの引用です——の中で述べられているように、相手との「間」に一定の関係があるのではなく、相手が自分を映し出す鏡像のようになっている関係です。つまり、こういうことが起こってほしいという自分の無意識の欲望を現実化した存在として「彼 HE」＝エヴェラード大尉がそこにいるかもしれないということです。「 」の前後の文脈を補って説明しますと、この女性は就業時間が終わってもまだ後片付けをするふりをしています。「外」に出ると、「彼」が自分を待っているのに出くわすかもしれないので、「檻の中 in the cage」にいた方が安全だという風に思い込んでいるわけです。無論、第三者的に見れば、「彼」が彼女に気があるわけでもありませんし、用事があるわけでもありません。「あの方が待っていたらどうしよう」、と勝手にドキドキして、心配しているだけです。恋愛コメディにありそうな妄想ですね。「自分のことを外で待っているはずのもう一人の自分 the alternate self who might be waiting outside」とか、「もう一人の自分であり、彼女にとって恐ろしい彼 he who was her alternate self, and of him she was afraid」といった表現は、彼女の内の冷静な自分の思いを反映しているのか、それとも、語り手の、哲学っぽく誇張した皮肉な言い回しにすぎないのか判然としませんが、そこをわざと曖昧にするのがジェイムズ流なのでしょう。

主人公の女性は、〝相手〟、特に大尉に自分の願望を投影して、その前提で付き合っているので、自分の「分身」を相手にしているようなものです。「分身」というと、モノローグっぽいですが、単純に自己内対話をしているわけではなく、現実に存在する誰かを自分の分身にしているわけですね。そういう自己と分身の間に生じる関係は、階級とかジェンダーとか職位とかに強く拘束されていなくて、「柔軟な、あるいは分子状の切片化の線」は、「脱領土化」の様相を呈している、従来の組織を解体する可能性を秘めているわけです。

分からないのは、そういう線の上でこそ、「起きてしまった〈何か〉quelque chose qui s'est passé」「いくら間近にあっても起きてしまったことに変わりのない〈何か〉quelque chose qui s'est déjà passé, si proche qu'on en soit」の「形式」と一致するような形で、「現在時 un présent」の「形式 forme」が定義される、というややこしい言い回しですね。この場合の「形式」というのは、人物AとBの間でPという時点でQという場所で、Xというやりとりがあり、Yという帰結が生じた、というような物語の設定と、語られ方の基本的なフレームのことでしょう。「ヌーヴェル」の中核にあるような「何か」は、普通だと知覚できないような不可思議な様相を呈しているわけです。主人公の女性が、他人の恋バナらしきものに関心を持ったりせず、淡々と自分の業務だけやっていたら、「何か」が「起こった」ことになっていたかどうかさえ怪しいし、何かあったと感じても、どういう話なのか一応納得がいくようにオチを付けることはできなかったでしょう。彼女が自分の分子との間にヘンな、分子的な性質の線を引いたおかげで、少なくとも、これまで見えなかったいくつかの線同士のもつれ合いが、現在の主人公の視点から可視化された、ということでしょう。「現在時」というのは、単に物理的な意味での時間の経過によって到達した、一つの時点というのではなく、「ヌーヴェル」の語り手が、様々な線の間のもつれ合った関係を暫定的に確定して描き出すための地点ということになるでしょう。単に、語り手が、「今……」と口に出しただけでは、「現在時」ではありません。いくつかの関係性の中での——分子的な——やりとりのあと、様々な線の繋がりが、ある切片上から見とおすことが可能になる時、「形式」を与えることができる時点が「現在時」です。

切断、亀裂、断絶

やがて、ジェイムズの描くヒロインは、その柔軟な切片性や流れの線の中で、いわば量子の最大値に到達し、それ以上先に進むことができなくなる（たとえ先に進みたいと思っても、先に進む余地がないのだ）。私たちを貫くこうした波動を、私たちが耐えうる以上に刺激するのは危険だ。〈何が起きたのか〉という秘密の形式のなかに、電報局の女と電報の依頼人との分子的関係が溶け込んでしまう。何も起きなかったからである。二人とも、それぞれの硬い切片性のほうに投げ返され、男は寡婦になった婦人と結婚す

> るし、女も婚約者と結ばれるだろう。しかし、いまや状況が一変している。電報局の女が新たな線に達したからだ。第三の線、その場を動かないとはいえ、他の線と同様にリアルな一種の逃走線。それは、もはや切片をまったく受けつけず、むしろ切片性の二系列が破裂したような線である。女は壁を突き抜け、ブラック・ホールの外に出たのだ。一種の絶対的脱領土化に達したのだ。「彼女はあまりにも多くのことを知ってしまったので、もはや何一つ解釈することができない。視覚を研ぎ澄ましてくれる闇は、彼女にとってはもはや存在しなかった。残っていたのはどぎつい光だけだったのである。」人生では、このジェイムズの文で述べられている以上に遠くまで行くことはできない。

「先に進む余地がない」と言ってしまうと、何かすごい行き詰まりみたいに聞こえますが、実際には二人の間には「何も起きなかった」わけですね。二人とも、それぞれが属していた「硬い切片 sa segmentarité dure」に投げ返されてしまうわけです。「〈何が起きたのか〉という秘密の形式のなかに、電報局の女と電報の依頼人との分子的関係が溶け込んでしまう」というのが分かりにくいですが、恐らく、主人公の女性と大尉の間の分子的関係は、それまで彼女が想像する〈何が起きたのか qu'est-ce qui s'est passé?〉を軸に展開していたが、結局、その〈何が起きたのか〉がしょぼかったので、そのお話の限界を超えて拡大していく余地はなかったわけです。逆に言うと、ものすごい破壊的な大事件でも訪れない限り、主人公と大尉の関係は発展しようがなかったわけです。

ただ、元の鞘に収まったように見えて、〝真相〟が判明した後、彼女が進んでいた線が変化した、「逃走線 ligne de fuite」であり、「壁を突き抜け、ブラック・ホールの外に出た」、とさえ言っているわけですね。つまり、もはや階級の壁や顔貌効果に支配されなくなった。どうしてそう言えるのかというと、彼女にとって、解釈すべき秘密がないので、もはや「檻の中」にいる理由がなくなった、ということでしょう。本末転倒している感じですが、彼女はマッジ氏から別の檻へと移動するように誘われていたのに、自分は大尉を含む多くの人の秘密に関わる重要な仕事に従事していると思っていたがゆえに、今の檻の中にとどまることに拘ったわけです。身も蓋もない経験を通して、彼女はこれから新たな「硬い切片」＝檻の中に入ろうとしているように見えるけど、実際にはそこに囚われ続けることの意義をもはや見出していないのでしょう。

問題なのが、「　」に入っている、「彼女はあまりにも多くのことを知ってしまったので、もはや何一つ解釈することができない。視覚を研ぎ澄ましてくれる闇は、彼女にとってはもはや存在しなかった。残っていたのはどぎつい光だけだったのである。」という部分です。『檻の中』を素朴に読む限り、こういう哲学っぽい言い回しは見当たりません。ジェイムズの文と書かれているので、この作品のニューヨーク版（一九〇八）の序文

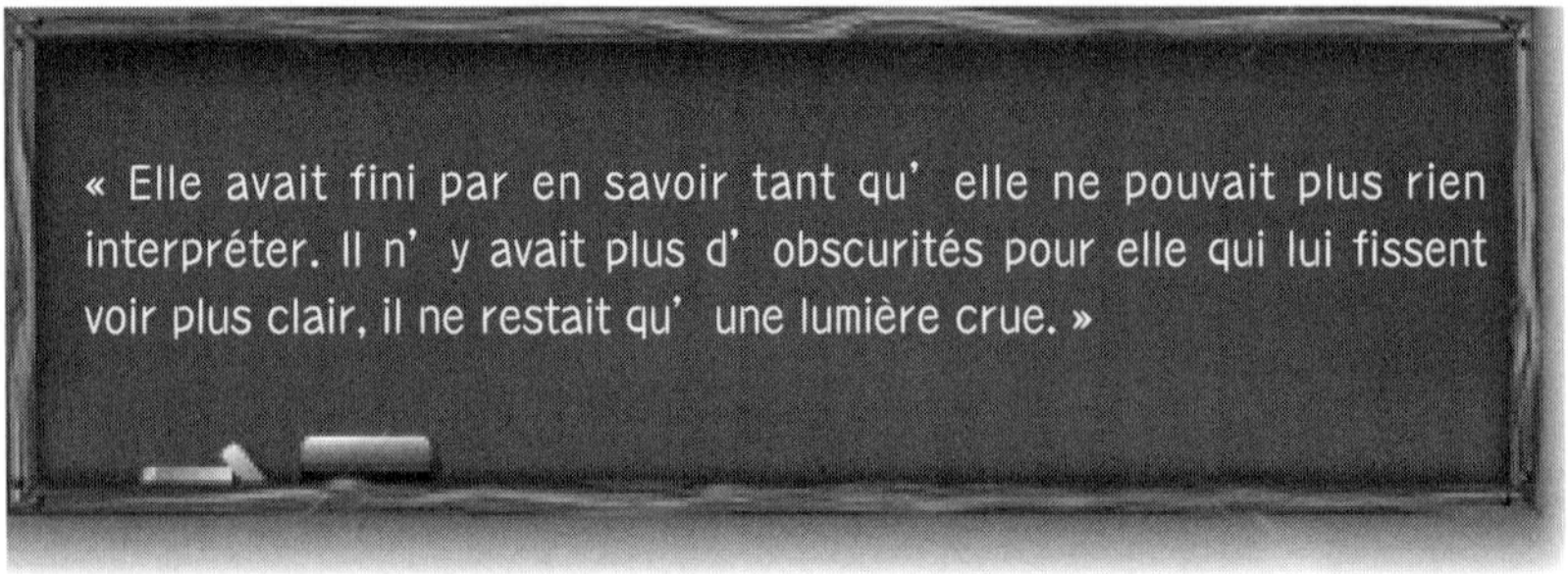
« Elle avait fini par en savoir tant qu' elle ne pouvait plus rien
interpréter. Il n' y avait plus d' obscurités pour elle qui lui fissent
voir plus clair, il ne restait qu' une lumière crue. »

を見ましたが、このフレーズらしきものはありませんでした。創作ノートや書簡にも当たってみましたが、そもそもこの作品への言及自体ほとんどありません。いろいろ調べてみると、『千のプラトー』の英訳《A Thousand Plateaus》（一九八七）で、訳者であるカナダの哲学者ブライアン・マッスミ（一九五六ー　）が、この箇所について、ドゥルーズたちが使っているフランス語訳が、この箇所について間違った解釈をしていて、つまり誤訳していて、それを彼らがそのまま引き写しているので、ジェイムズのオリジナルな表現からかけ離れているということが分かりました。ただ、そのマッスミが示しているジェイムズのオリジナルな表現にも若干間違いがあって、それをショーナ・ロスという研究者が指摘しています。

ドゥルーズたちが引用しているフランス語訳は、次のようになっています。黒板を見て下さい。

これだと先ほどの河出の訳の通りにしか訳せません。こういう表現は、作品の末尾、第二七章の最後に出てきそうですが、これに相当する表現が実際に出てくるのは、先ほども出てきた第二一章の最後です。主人公の女性が、間違った相手に電報を送ってしまったのではないかと慌てるエヴェラード大尉と話をして、力になってやろうとする前の話、彼とまだそれほど〝深く〟関わっていない段階、つまり、これから本格的に妄想が始まろうとする以前の段階の話です。後から読み返すと、辛辣な皮肉になっています。オリジナルの原文は次のようになっています。黒板を見て下さい。

「解釈」という高尚な言葉ではなくて、単に〈guess〉ですし、〈shade（影）〉と言っているけれど、「どぎつい光 une lumière crue」とか「闇 obscurités」「視線を研ぎ澄ましてくれる faire voir plus clair」――「視線を研ぎ澄ます」は、『千のプラトー』の日本語訳者の文学的な拘りが入っていて、素朴に訳せば、「はっきり見えるようにしてくれる」――といった意味ありげな言葉もありません。「彼女にとって存在する」という言い方にもなっていませんね。マッスミは〈distinctness〉を間違って、〈distinctions〉としています。〈distinctions〉だと「区別」とか「差別」という意味ですが、〈distinctness〉だと、「明白さ」とか

《She knew at last so much that she had quite lost her earlier sense of merely guessing. There were no different shades of distinctness--it all bounced out.》

「知覚可能であること」「くっきりしていること」といった意味になります。青木訳は以下のようになっています。

とうとう何もかも知り尽くした彼女は、以前のようなただ推測しているのだという気持ちをすっかり忘れてしまった。さまざまな程度の把握というようなものはなかった——全てはさらけ出されていたのだ。

この訳だとクリアですね。つまり、彼女は自分がとうとう肝心なことを知ってしまった、少なくとも、そういうつもりになった、以前は単なる自分の勘（guess）かもしれないと控えめだったのに、もはや知るべきことを十分知ったので、自分の推測がどの程度当たっているのだろうと、やきもきする必要がなくなり、確信を持ってしまったわけですね。作品の最後の方で、それこそが思い込みだと判明するわけです。「どぎつい光」に晒される前に、「闇」の中で見るための訓練をするというような、ハイデガーっぽい存在＝認識論を暗示しているわけではありません。

〈distinctness〉を〈distinctions〉と読み違えたマッスミは、「さまざまな程度の把握というようなものはなかった」ではなくて、恐らく、「（認識主体と対象の間の）隔たり（distinctions）となるさまざまな影はなかった」というような意味にとってしまったのかもしれません。ロスは、マッスミはもう一点〈bounced〉を〈bounded〉と間違えていると書いていますが、これは多分手柄を焦ったロスの勘違いで、マッスミはちゃんと〈bounces〉と書いていますし、〈bounce〉と〈bound〉はほぼ同義なので、ここは間違っていたとしても大差なかったでしょう。

ジェイムズ自身は光と闇の対比のような話をしているわけではないし、どちらかというと、〝自分は真実を知ってしまった〟という主人公の思い込みをからかう文脈に出てくる表現ですが、それでも、自分が遭遇した未知の出来事にどのようにしてアクセスし、解釈するかが、「ヌーヴェル」の肝だという、ドゥルーズ＋ガタリの主張の例証になっているとは言えそうです。フランス語訳者の深読みにひっぱられたドゥルーズ＋ガタリの深読みの拡大と、それに対するマッスミの突っ込みもまた、マッスミ自身の思い入れによる誤読を含んでいて、更に解釈の可能性を広げていく、という展開が面白いですね。

取り上げられているヌーヴェルの「その二」が、『グレート・ギャツビー』（一九二五）で有名なスコット・フィッツジェラルド（一八九六―一九四〇）の作品『崩壊 Crack-Up』（一九三六）です。実はこれは、小説ではなく、自伝的エッセイで、かなり短いです。荒地出版社から出ている作品集だと、二段組みの六頁しかありません。これはもともと『エスクァイア』誌に掲載された記事で、これに続けて掲載された他の二つの自伝的記事「取扱い注意 Handle with Care」「貼り合せ Pasting it Together」とセットで、『崩壊』と呼ぶこともあります。引用している箇所からすると、ドゥルーズ＋ガタリは、この三つセットの『崩壊』を論じています。

最初に人生は「一つの崩壊の過程 a process of breaking down」であると述べたあと、崩壊には、外からやってくる気づきやすいものと、内側から起こってくる気付きにくいものがあるという話をします。若い頃、自分のような人間は四九歳まで生きられればいいと思っていると言っていたが、その一〇年前に既に崩壊してしまった、ということです。第一の意味での崩壊として、神経組織の衰弱が原因となったアルコール中毒を経験しました。それが治ったと思ったら、自分が第二の意味で「壊れていた cracked」ことを発見します。具体的には、いろんな人からできるだけ遠ざかって生きるようになり、経済的に他人の世話になるようになった、ということです。

――何が起きたのか？――「もちろん、人生全部が一つの崩壊の過程である」と断じてから、晩年のフィッツジェラルドが思案しつづけた問いがこれである。だが、この「もちろん」を、どのように理解したらいいのだろう。まずいえるのは、人生は次第に硬さを増し、ひからびていく切片性に取り込まれるということだ。作家としてのフィッツジェラルドには、旅による衰弱が確実に存在し、そこにはっきり分割された切片が生まれる。そして切片から切片へとたどるうちに、経済危機、富の消失、疲労と老化、アルコール中毒、夫婦生活の破綻、映画の勃興、ファシズムやスターリニズムの到来、名声と才能の喪失といった事態が続く。ここでこそ、フィッツジェラルドはその天分を見出すのである。「外からやってくる、あるいは外からやってくるように見える不意の大打撃」。それは意味性が強すぎる切断を重ね、〈富裕―貧困〉など、次々と繰り出される二項間の「選択」によって、われわれを一つの項から別の項へと移行させる。

自伝的エッセイだけど、「何が起きたのか？」を事後的に探っているという意味で、「ヌーヴェル」と見なしているわけですね。フィッツジェラルド自身が、「崩壊」を必ずしもネガティヴな経験ではなく、新しいものが見えてくる経験として捉え直そうとしているわけですが、ドゥルーズ＋ガタリは、それをより大胆に読み替えて、「崩壊」というのを、「次第に硬さを増し、ひからびていく切片性 une segmentarité de plus en plus dure et desséché」に「ひび crack」が入って、壊れていき、そのおかげで、硬くて大きいモル状の切片の間に挟まって身動きが取れなかった主体が、押し出されるようにそこからこぼれ落ち、分子的に自由になっていく過程と捉えているわけですね。〈crack〉という言葉が、ドゥルーズたちの拘る「切片」の解体という文脈にぴったり収まるわけですね。これまで見てきたように、普通の人が神経症とか倒錯、狂気と捉えるようなことでも、ドゥルーズたちは、分子的生成と見るわけです。「外からやってくる、あるいは外からやってくるように見える不意の大打撃」として、フィッツジェラルド自身は、アル中関連のことしか語っていませんが、ドゥルーズたちは前後の文脈から、彼の築き上げてきたものにひびが入って壊れていく出来事が続いたと見ているわけです。

> しかしフィッツジェラルドは、これとは別のタイプの崩壊があり、それはまったく異質な切片性にしたがうものだと主張する。それは大規模な切断ではなく、皿がひびわれるような、いわばミクロの亀裂だ。はるかに微細ではるかに柔軟な、むしろもう一つの局面では物事が良好な状態にあるときに生まれるミクロの亀裂だ。この線の上に、やはり老化の現象があるとしても、その現れ方は先ほどと同じではない。ここで人が老化するのは、もう一つの線上ではそれを感じないときにかぎられるし、もう一つの線上で人が老化に気づくのは、こちらの線上で「それ」がすでに起きてしまった場合にかぎられる。

フィッツジェラルド自身は「外側／内側」の対比で考えているような書き方をしていますが、ドゥルーズたちはそれを「マクロ／ミクロ」で考えているようですね。「マクロ」の場合が先ほど見たように、自分の意志と関係なく、モル状の大切片が崩壊してしまって、否応なく、「壊れ」てしまうのに対し、ミクロの方は、別の線から見て、「何かが起こった」と気付いた時に、生じる。いわば、「ヌーヴェル」的な状況で生じるわけですね。自分自身に関して起こったことであれば、少なくとも、既にそれまで自分が進んでいた線とは別の線の上にいないといけないわけですね。どうも、「ヌーヴェル」における「何が起きたのか？」というのは、無理やり巻き込まれるというより、少し離れた線上にいて、気付くという感じのもののようですね。

> この、柔軟性に勝る分子状の線は、不気味という点では第一の線に劣るところがない。いや、それどころかはるかに不気味なのだ。単に内的な、あるいは個人的な線ではないのだ。この線もまた、あらゆるものを巻き添えにする。ただし、別の尺度にしたがい、別の形態のもとでそうするのであり、そこに樹木状の切片化にかわって、異質なリゾーム状の切片化が生まれる。ミクロ政治学、である。

「ヌーヴェル」の中で生じる線は、語り手の人生の個人的な変化を示すだけでなく、他の主体たちが属する切片を壊し、ミクロな切片同士のリゾーム的な繋がりを新たに生み出す、ミクロ政治的な効果を及ぼすわけです。

さらに第三の線がある。断絶の線となり、先ほどまでの二つの線が破裂し、衝突するのを印づけている……。他のものに加勢するのだろうか? 「ぼくは、生き残ったのはどこかで真の断絶をなしえた人たちだと考えるようになった。断絶を生きるのは並大抵のことではない。鎖を断ち切ったくらいでは決して断絶にはならないのだ。いずれ新たな鎖につながれ、元の鎖に戻るに決まっているからである。」フィッツジェラルドは断絶を、いわゆるシニフィアンの連鎖における構造的擬似切断に対立させている。だがもう一方で、柔軟性に勝り、地下深くに潜行する「旅行」タイプの、さらには分子的交通タイプの連絡や軸からも、断絶を区別しているのだ。「よくいわれる〈逃避〉とか、すべてからの脱出にしても、檻の中の遠足にすぎない。たとえ船旅を楽しみ、絵を描く者には願ってもない南の海があったとしても、そこが檻であることに変わりはないのだ。完全な断絶とは、二度と帰れないものを意味している。もはや過去が存在しないのだから、断絶はなおさら取り返しのつかぬものとなるのだ。」

引用は、「貼り合せ」からです。三つ目のエッセイでフィッツジェラルドが「真の断絶 une vraie rupture = clear break」について述べているのを、最初のエッセイで述べられている、「内／外」の二つの「崩壊」、ドゥルーズ＋ガタリ的に言うと、ミクロ政治的崩壊とマクロ政治的崩壊に続く、第三の崩壊＝断絶への言及と見ているわけです。この「真の断絶」というのは、分子的交通によるリゾーム的な繋がりさえもなく、もはや過去の状態に戻るのは不可能になる、ということですね。リゾーム的な繋がりだと、また「檻」に囚われてしまう可能性もあるからです。細かいことですが、「檻」と訳されているので、先ほどの『檻の中』との繋がりを意識しやすいですが、ドゥルーズたちのフランス語訳では、〈un piège〉、原文は〈a trap〉で、いずれも「罠」という意味です。八〇頁に、広義の崩壊から生じる三種類の線を、「切断の線 ligne de coupure = 硬い切片性のあるいはモル的切断の線 la ligne de segmentarité dure, ou de coupure molaire」「亀裂の線 ligne de fêlure = 柔軟な切片性の、あるいは分子的亀裂の線 ligne de segmentation souple, ou de fêlure moléculaire」「断絶の線 ligne de rupture = 生死にかかわり、もはや切片的でない、抽象的な逃走の線 la ligne de fuite, abstraite, mortelle et vivante, non segmentaire」と呼んでいます。

三つ目のヌーヴェルとして取り上げられているピエレット・フルーティオー（一九四一－二〇一九）の作品『深淵と望遠鏡 Histoire du gouffre et de la lunette』（一九七六）は、『千のプラトー』が出版される四年前に出たばかりですね。フルーティオーは、ペロー（一六二八－一七〇三）の「コント」のいくつかをフェミニスト・現代風に改作した『女王の変身』（一九八五）で知られています。『深淵と望遠鏡』では、疲れた若い母親、セックスでのめまいに直面する若いカップル、恋人同士の関係や母－娘関係の複雑さなど、私たちの現実の世界で起こっていることを、二種類の監視人、〈近くを見る者 les courts-voyeurs〉と〈遠くを見る者 les longs-voyeur〉が架空の世界から望遠鏡で監視しているという設定です。「深淵 gouffre」というのは、その架空の世界から見た現実の世界、あるいはそこで生きる私たちの生活の、日常的な付き合いからは見えてこない奥底、という二重の意味を持っているようです。

望遠鏡

〈近くを見る者〉の「望遠鏡」について以下のように述べられています。

彼らは深淵をのぞきこんで、巨大な独房や二項的に分割された建物の輪郭を、あるいは一般に二分状態の輪郭を見てとり、「教室や兵舎や公団住宅、さらに飛行機から見下ろした国土」など、はっきり境界の定まった切片の輪郭をながめている。彼らの目に映るのは、枝分かれの状態、鎖、列、柱の列、並んだドミノ札、縞模様など、いずれも輪郭のくっきりしたものばかりである。ときおり、周縁部に出来そこないの形を、震える輪郭を発見することがある。すると彼らは、あの恐ろしい光線望遠鏡を取りにいくのだ。この望遠鏡は見るために使われるのではなく、切断し、切り取るために使われる。幾何学の道具となって、レーザー光線を放射し、いたるところにシニフィアンによる大規模な切断を存続させ、一時おびやかされたモル状の秩序を復活させるのだ。切り取るための望遠鏡は、あらゆるものを、、、、、、超コード化する。それは生身の体を切り刻むとはいえ、純粋な幾何学以外の何ものでもない。

この作品をそういう風に読むのが正当化されるかは一応棚上げして、ジェイムズ－フィッツジェラルドの流れで読むと、この箇所の主旨はよく分かりますね。「切り取るための望遠鏡 la lunette à découper」――小説の原文では、「光線を装備した望遠鏡 la Lunette à Rayon」と呼ばれています――は、モル状の切片間の境界線をはっきりさせ、シニフィアンの連鎖がうまく機能するようにするための、マクロ政治的装置のようです。〈近くを見る者〉は、遠く離れたところにいる者というより、何だか現実世界の管理に寄与している者、古典的な作家とか、正統派の社会学者のような感じですね。〈遠くを見る者〉はごく少数だけいて、彼らの使う望遠鏡は先ほどのものとはかなり異質です。

彼らの目に映るのは、細部のまた細部、「可能性の立体交差」、いつのまにか周縁部分に起こる微小な運動、輪郭の定まる以前にあらかた姿を現わす線や波動、そして「不規則な動きを見せる切片」など、いずれもミクロな切片性である。それはまさに一個のリゾームであり、切り取る機械としてのシニフィアンによって超コード化されることもな

> く、特定の形象や集合や要素に割り当てられることすらないような、分子状の切片性である。

先ほどのマクロ政治によってモル状に切り取られた切片に対し、リゾーム的に繋がっているだけの、ミクロな不規則な切片性が対置されているわけです。これまでの流れから、十分予想される展開ですね。

こういう対置を見ていると、ドゥルーズ＋ガタリは〈遠くを見る者〉を一方的に持ち上げているように見えますが、どうもそうではないようです。彼らは、〈遠くを見る者〉たちの立場の両義性を強調します。

> つまり、彼らは深淵の中に、〈近くを見る者〉には見えない、軽微このうえないミクロの違反行為を見破ることができる。しかし彼らは、切り取るための望遠鏡が、一見したところ幾何学的正義のようでありながら、実は痛ましい被害をもたらすということも認めているのだ。彼らは、自分たちが何かを予見し、他人に先んじていると感じる。どれほど些細なことでも、彼らの目にはすでに起きたものとして映るからだ。しかし彼らには、自分たちが警告を発したところで何の役にも立たないということもわかっている。切り取る望遠鏡が、予告することもなく、予見の必要も可能性もないまま、あっさり決着をつけてしまうからだ。

「切り取る望遠鏡」は〈近くを見る者〉の道具です。「切り取る望遠鏡」がモル状の切片を作り出し、人々を閉じ込めてしまうこと、しかし、その切片もよく見ると穴が開いていることを、〈遠くを見る者〉は見抜いてしまうわけです。見抜いて予言のようなことをしたからといって、人々を幸せにするとは限らないということですね。例えば、これから人々のアイデンティティが次第に崩壊し、普通の人から見ると、狂人とか〇〇中毒患者、社会不適合者と見られる存在になり、いつまでもノマド的に放浪し続けることになるかもしれない。逆に、自分が何を言おうと、その人は硬い切片の中にとどまり続けるかもしれない。「ヌーヴェル」というのは、二つの種類の望遠鏡の組み合わせでできていて、特に、分子状の動きを見るための望遠鏡が重要ということのようです。

第9プラトー「一九三三年――ミクロ政治学と切片性」

次のプラトーは「一九三三年――ミクロ政治学と切片性」というタイトルです。一九三三年は、明らかにナチスの登場のことを指しています。ここでも「切片性 segmentarité」という言葉が出てきますね。マクロ政治的な切片としては、第4プラトーのテーマだったインフレだとか、国際情勢とかでしょうが、ミクロ政治的にはどんな要因が関係していたのか。

切片性

われわれは、あらゆる角度から、あらゆる方向に切片化されている。人間は切片的な動物なのだ。切片性 segmentarité は、われわれ人間を構成するすべての地層に含まれる。住まいと往来、労働と遊びなど、経験の世界は空間的に、また社会的に切片化されている。住居は各部屋の用途にしたがって切片化され、街路は都市の秩序にしたがって、工場は労働や作業の性質にしたがって切片化される。われわれは、大規模な二元的対立関係にしたがって、二項的に切片化される。たとえば社会階層、そして男性と女性、あるいは大人と子供など。われわれは、しだいに範囲を広げていく円に、しだいに広がっていく円盤や環状組織に組み込まれ、円環状に切片化される。

「切片化」というのは、ソシュールの構造主義言語学で言われているように、いろんな事物に切れ目を入れ、差異化することで、意味の体系を生み出す営みであるわけですね。この場合は、単に言語的に差異化するだけでなく、それに基づいて社会的に組織化するわけですね。それは、第5プラトーで見たように円環状に広がっているわけですね。九八頁で、未開人の社会の「構造」をめぐるレヴィ＝ストロースの議論に言及し、彼らの組織は円環状に形成される、ということが述べられていますね。未開社会は、主として血統と領土性に基づいて、切片が構築されるということですね。九九頁を見ると、中央集権化された国家機構を持つ社会は、未開社会とは異なるタイプの切片を持っているということですね。「未開」で柔軟な（souple）ものと「近代的 moderne」で硬質な（dur）もの。

（1）二項対立（男性と女性、上層と下層など）は未開社会にとりわけ顕著な現象だが、その発生源となる機械やアレンジメントは決して二項的ではないと思われる。[…]逆に近代社会、というよりもむしろ国家機構をもつ社会に特徴的なのは、二元的機械がきわだっているということだ。

二項対立は未開社会にもあるが、その発生源の機械やアレンジメントが二項対立的でないというのは、恐らく、差別とか支配と結び付いた機械やアレンジメントが予め機能していて、それを反映しているというわけではない、ということでしょう。例えば、儀礼と不可分に結び付いた神話に男性の神と女性の神が現れたり、半族に分かれていて、双方で役割分担したり、結婚相手を交換したりするようなことがあったとしても、それは男性と女性をジェンダーとして厳格に分離したり、部族の中に境界線のはっきりした階級を設定するとかいったこととは必ずしも結び付いてはいない。

（2）同様にして、未開社会における円環状の切片性では、円環が同心円状に配置されるとはかぎらず、単一の中心をもつとはかぎらないということに注目しよう。柔軟な体制では、複数の中心が、すでに複数の結節点、目、ある

> いはブラック・ホールとなって活動している。だが、それらがいっせいに共振することもなければ、同一の地点にあらわれることも、中央に位置する単一のブラック・ホールに集中することもない。アニミズム的な目がいくつも集まって多様体をなすため、一つ一つの目に特別な動物霊が割り当てられる（蛇の精霊、キツツキの精霊、鰐の精霊など）。

第7プラトーで、未開社会ではまだ本来の顔貌効果が生じていないという主旨のことが言われていた意味が分かってきましたね。首長という一つの「顔」に集中していなくて、動物の精霊のように見える、いろんなブラック・ホールがあったわけですね。ドゥルーズ＋ガタリが参照しているピエール・クラストル（一九三四－七七）などの文化人類学の研究の多くで、未開社会における首長にはほとんど権力がない、むしろ調整役とか世話役のようなものにすぎないことが指摘されています。

そこに中央集権的な国家が登場すると、

> 切片性は硬質なものに変わる。すべての中心が共振し、単一の集積地点にすべてのブラック・ホールが集中して、それがあらゆる目の背後に、いわば一個の交差点をつくってしまうからだ。父親の顔、教師の顔、連隊長の顔、雇い主の顔など、あらゆる顔が冗長性をもちはじめ、さまざまな円環を横切り、すべての切片上に回帰する意味性の中心につながる。

あらゆる顔が「冗長性」を持つというのは、例えば、学校の外でも、場合によっては卒業してからも、先生に見られているような感じがずっとしている、というようなことでしょう。一応、その顔の力の支配の領域は決まっているけれど、よその領域でも、同じような顔がちらつくし、父とか教師とか隊長とかが同じような「顔」をしているので、その一部が欠如しても、他の顔で十分補完されるから、様々な同心円の共通の中心から発する「意味性」の体系は揺るがない。

> （3）最後に、線形的な切片性の観点から見ると、一つ一つの切片がそれ自体として、また他のすべての切片との関係において強調され、修正され、等質化されるように思われる。一つ一つの切片に独自の計量単位があるだけでなく、すべての計量単位のあいだに等価性と翻訳可能性が成り立つからである。つまり中心となる目と相関する形で、そこをいくら移動しても目自体は変化しないような、一つの空間があるということだ。古代ギリシアの都市国家とクレイステネスの改革の時代から、すでに血統の切片を超コード化する均質で同位的な政治空間が出現していたし、それと同時にさまざまな焦点が、共通分母の働きをもつ単一の中心で共振するようになっていた。

これは分かりますね。国家は、いろんなユニットから成るが、それらのユニットに共通する要素があって、一つのユニット内での決まりごとを他のユニットのそれに翻訳することができる。

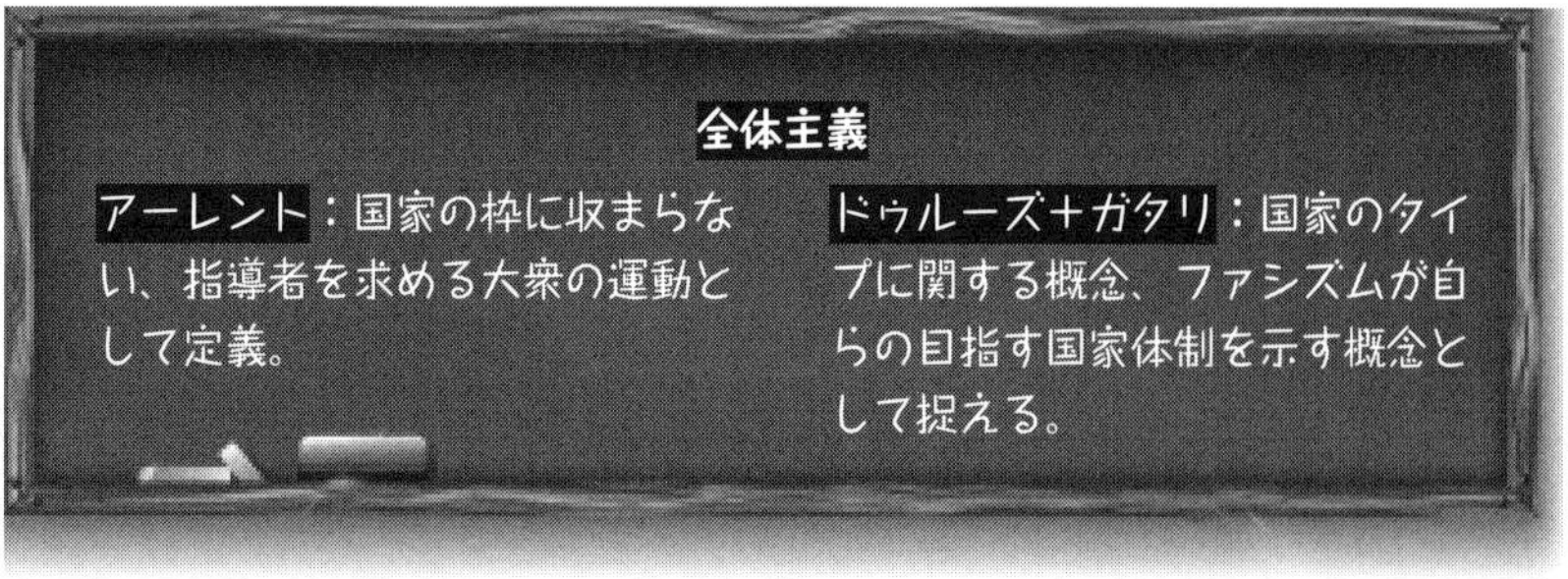
全体主義
アーレント：国家の枠に収まらない、指導者を求める大衆の運動として定義。
ドゥルーズ＋ガタリ：国家のタイプに関する概念、ファシズムが自らの目指す国家体制を示す概念として捉える。

貨幣とか法律、国語などがそういう役割を果たしているわけですね。クレイステネス（前五七〇頃－五〇八頃）は、古代アテネで、血縁による四部族制を地縁による十部族制に再編し、地縁代表に基づいて民主主義を確立した政治家です。

ファシズムと全体主義

一〇六頁を見ると、国家の特徴である、硬いマクロな切片を形作るマクロな政治学と、未開社会を特徴付ける、柔らかいミクロな切片は相互に排除し合うわけではなく、両者が相互に干渉し、浸透し合っていて、同じ場に同時に存在することも可能だと述べられています。一〇八頁で、それを前提に、「ファシズムは、モル状の切片とも、切片の中央集権化とも混同されえない分子状の体制をともなうものだと考えていい」、と述べられています。つまり、ファシズムは中央集権的な権力のマクロな構造だけでなく、ミクロな切片における力関係の問題でもある、というわけです。

全体主義国家の概念は、確かにファシズムの創意にはちがいない。しかしファシズムを、ファシズム自身が創造した概念によって規定する必要はないのだ。スターリン主義タイプ、あるいは軍事独裁タイプの、ファシズムなき全体主義国家がいくつも存在するからである。全体主義国家の概念が有効なのは、マクロ政治学の尺度に照らして、硬質な切片性と、統合および中央集権化の特殊な様態を考えるときにかぎられる。ところがファシズムは、繁殖し、点から点へ跳び移り、相互に作用し合う分子状の焦点と不可分の関係にある。これは、国家社会主義の国家で分子状の焦点がいっせいに共振を起こす以前の状態である。農村のファシズムと都市、あるいは地域のファシズム、若者のファシズムと退役軍人のファシズム、左翼のファシズムと右翼のファシズム、カップルの、家族のファシズム、学校や役所のファシズム。いずれのファシズムもミクロのブラック・ホールによって規定されるし、ミクロのブラック・ホールはそれ自体で効力をもち、他のすべてのブラック・ホールと疎通し合う。

アーレント（一九〇六－七五）は、全体主義を、国家の枠に収まらない、指導者を求める大衆の運動として定義したのです

が、ドゥルーズたちは、まず「全体主義」を国家のタイプに関する概念、ファシズムが自らの目指す国家体制を示す概念として捉えています。実際、「全体主義国家」という概念が最初に使い始められたのは、イタリアのファシズムをめぐる論議からです。最初は反ファシストの方が、「全体主義的システム il sistema totalitario」とか「ファシズムの全体主義 il totalitarismo fascista」という言い方をしていたのですが、新ヘーゲル主義の哲学者でファシスト党のシンパだったジョヴァンニ・ジェンティーレ（一八七七－一九四四）が、ファシストにとって、国家の外には人間の精神に関わるいかなるものもなく、国家は全体であるという言い方をして以降、ファシストが自分たちの国家観を積極的に表現するために使われるようになりました。ドゥルーズたちは、ファシズムは国家権力を掌握した後は、そうしたモル的な様相を呈するようになったが、それ以前はむしろ、先ほど見た意味での、ミクロな目をたくさん持っていて、それらが互いに共鳴していた、と言っているわけです。つまり、ヒトラー（一八八九－一九四五）やムッソリーニ（一八八三－一九四五）の顔貌に統一される以前から、ミクロ・ファシズム的な政治が働いていたと言っているわけです。現代の歴史学の研究動向からすると、これはフーコーやドゥルーズ＋ガタリを持ち出すまでもなく、普通の見方ですね。

一一一～一一二頁にかけて、マクロな政治とミクロな政治の間の両義的な関係について述べられていますね。

実際、まず最初に考えられるのは、モル状の組織が強力であればあるほど、その組織はみずからの要素を、そして要素間の関係と要素からなる装置を、みずから進んで分子化するということだ。機械が地球規模に、あるいは宇宙規模に達すると、すべてのアレンジメントはしだいにミニチュア化し、ミクロのアレンジメントに変わっていく。［…］大規模な、モル状に組織された治安管理と相関するのは小さな恐怖のミクロ管理、不断の分子的な非安全だ。

これは、監視社会論とか、フーコーの生権力等の形でよく聞く話ですね。こういうマクロ権力とミクロ権力の相関というのとは別の側面もあります。

ジスカール・デスタン大統領が、政治・軍事地理学の講演で主張したのも、このことにほかならない。つまり超コード化をおこなう軍備過剰の二元的機械の範囲内で、東西間のバランスがとれると、北から南に向かうもう一つの線上で、それだけ余計に「非安定化」が起こるというのである。パレスチナ人が存在することに変わりはなく、そのほかにもバスク人やコルシカ人が、「治安の地域的非安定化」を実現してしまうのだ。その結果、東西両陣営の大規模なモル状集合は、ジグザグに亀裂が走った分子状の切片化に悩まされ、みずからの切片をつなぎとめることすら困難になる。

これは国際政治における民族紛争や地域紛争に関してよく聞

く話を、ドゥルーズ＋ガタリ用語で置き換えたものですね。当時のジスカール・デスタン大統領（一九二六－二〇二〇）のような、西側の指導者はそうしたことをよく理解していたというわけです。

一一七～一一八頁にかけて、ミクロな運動の連鎖がマクロな政治に影響を与えるという視点を示していたという点で、デュルケーム（一八五八－一九一七）の「大規模な集団表象 les grandes représentations collectives」の理論の影に隠れてしまった、群衆に見られる諸個人が相互に「模倣 imitation」し合う関係に注目したタルド（一八四三－一九〇四）が再評価されるべきだということを言っていますね。タルドの再評価というのは、最近、いろんなところで聞きます。科学社会学者のラトゥール（一九四七－二〇二二）もタルドを重視していますね。タルドは「ミクロ社会学 micro-sociologie」の創始者だったとも言っていますね。

ガブリエル・タルド

無論、マクロ政治／ミクロ政治といっても、当事者自身が意図的にマクロに組織化したり、ミクロで抵抗したりするとは限りません。一二六～一二七頁では、超コード化を行い、国家装置と結び付く「抽象機械」と、脱コード化、脱領土化を引き起こす、突然変異の「抽象機械」が対置されています。

権力の中心

一二八～一二九頁にかけて、モル状の切片には、「権力の中心 centre de pouvoir」が複数ある、軍部の権力、教会の権力、学校の権力、公的権力、私的権力など。そして、それらの権力の一つ一つは、分子状のミクロ組織体に属している、ということが述べられています。しかも、そのミクロ組織体自体にも、更にミクロな構造が含まれているようです。

> その場合、権力の中心が存在するには、拡散や散乱の状態で、減速し、ミニチュア化し、絶えず位置を変えては微細な切片化をくりかえしつつ、細部の世界で、それも細部のそのまた細部で活動するしかない。フーコーのいう「規律」、あるいは微視的権力（学校、軍隊、工場、病院など）の分析が、こうした「不安定の中心」の存在を立証している。そこでは再編成や集積、逃避や逃走が衝突し合い、さらに立場の逆転すら起こるのだ。学校教師が「絶対」ではなく、舎監が、優等生や劣等生が、それに門番が幅をきかせる世界。将軍が絶対ではなく、下級将校や下士官が、「私の内なる兵士」が幅をきかせ、さらには頑固者がのさばり、各人がその性癖や極を、その葛藤や力の関係をかかえた世界。

これは直感的に分かりますね。細部にまで権力が及ぶと、上の者と下の者は密接に関係し、下の者が与えられた「規律」通りに動いてくれないと、上の者は職務が執行できなくなります。細かく管理しようとすればするほど、下の者の協力に依存しなければならなくなります。下の者が日常的に何をしているのか自発的に報告してくれるよう仕向けないといけない。そのために、ベンサムのパノプティコンのようなシステムが考案されたわけですが、設計通りにうまく機能しないと、与えられた任務遂行の義務がある看守の方が、囚人に振り回されることになる。

一三三頁を見ると、「権力の中心」には、三つの局面、三つのゾーンがあると述べられていますね。

> （1）硬質な安定した線の切片に対応する力能のゾーン、（2）権力の中心がミクロ物理学的組織に拡散していることに対応する識別不可能性のゾーン、（3）権力の中心が制御することも限定することもできず、ただ変換するしかない流れや量子に対応する不能のゾーン。

先ほどの上下逆転は（2）のレベルですが、ドゥルーズ＋ガタリは（3）のレベルもあると思っているわけですね。だからこそ、モル状切片を解体する分子革命の可能性を信じているわけです。その反面、ここに逃走線があると思って進んでいったら、そこには罠があるという話が、一三四頁以降出てきますね。まず、〈恐怖 la Peur〉、これは、単純に、自分がそれまで属していた大きな組織を失うことに対して、いざとなった時、恐怖感を抱いてしまって、しがみついてしまう、ということですね。二番目は、〈明晰さ la Clarté〉。これは、自分は分かっているという思い込みですね。分子状の切片をかろやかに進んでいるつもりで、ミクロ・ファシズム集団を作っていた——これは例を出すまでもありませんね。三番目は〈権力 le Pouvoir〉。

> 権力は、硬質な切片、その超コード化と共振から、微細な切片化へ、その拡散と相互作用へと向かうし、逆の道筋をたどることもある。権力者ともあろう者なら、必ず一方の線からもう一方の線へと飛び移り、卑俗な言葉と大仰な言葉、悪童風とボシュエ風、煙草屋に似合った煽動的言辞と官僚に似合った帝国主義的言辞とを、交互に使い分けている。ところが、こうした権力の連鎖や網の目は、それを逃れる世界、つまり変異の流れからなる世界に浸っているのだ。そして権力をあれほどまでに危険な存在にするのは、まさに権力の不能にほかならない。権力者は、常に逃走線を阻止することを欲し、その目的をとげるために、突然変異の機械を超コード化の機械につなぎとめる。だが、そうするためには空白を作るしかない。つまり超コード化の機械そのものをまず固定し、これを実現する任を負った局所的アレンジメントの中に、超コード化の機械を収容しなければならない。要するに、アレンジメントに機械なみの規模を与えようというわけだが、この操作は全体主義、あるいは「閉塞状態」の人為的条件のもとで実現する。

難しい言い方をしていますが、これはトランプ大統領（一九四六―　）を念頭に置けばすごく分かりやすいでしょう。最大の権力者でありながら、権力の基礎を破壊しかねないことを言う。帝国主義的な野心のようなことを言ったと思ったら、次は、庶民感情に受ける、悪童風（canaille）、アメリカっぽく言うと、ヴィラン風な口をきく。ボシュエ（一六二七―一七〇四）というのは、ルイ一三世（一六〇一―四三）、ルイ一四世（一六三八―一七一五）の時代のフランスの聖職者で、世界史の教科書に、ロバート・フィルマー（一五八八―一六五三）と並ぶ王権神授論者として登場します。説教や演説の名手として知られています。トランプ大統領を演説の名手と言っていいか分かりませんが、〈Make America Great Again!〉には、妙に荘厳な雰囲気がありますし、ヒトラーとかだったらもっとボシュエっぽいかなと思います。こういう人は、「突然変異の機械 la machine de mutation」が暴走して、手がつけられなくならないよう、それを超コード化してしまう。簡単に言うと、民衆の暴走しようとする力を、帝国の高揚という方向へと誘導する。「超コード化の機械 la machine de surcodage」を、「局所的アレンジメント l'agencement local」に「収容する contenir」というのが分かりにくいですが、「局所的アレンジメント」というのを、扇動的・暴力的な言説やメディアでの報道が人々を動かし、大衆行動を起こさせるような、トランプ的な環境と考えるといいでしょう。あるいは、ナチスが大衆を密かに扇動して、反ユダヤ的行動を取るように仕向けた、一九三八年一一月の「水晶の夜」のようなことを念頭に置いた方がいいかもしれません。「機械」ではないので、働きかけ次第で、思っていなかった方向に行きかねない不確定さがあり、それを「空白 le vide」と呼んでいるのでしょう。「局所的」というのは、本来、国民の行動パターンや情動の一部しかカバーしていないはず、ということでしょう。この「アレンジメント」に「機械なみの規模」を与えるというのが、また分かりにくいのですが、これは「規模」と訳したのがまずいのだと思いますが、原語は〈les dimensions〉なので、「次元」と訳した方がいいでしょう。「アレンジメント」なので、本来は、いろんな方向に動く可能性があるのに、いくつかの仕掛けで、特定の方向にしか動かないように操作が施されている、というようなことでしょう。そういうプロパガンダ的、ミクロ権力的な操作が「全体主義、あるいは『閉塞状態』の人為的条件 les conditions artificielles du totalitarisme ou du « vase clos »」ということでしょう。

　第四の「激しい〈嫌悪〉le grand Dégoût」というのは、一三九頁を見ると、それは逃走線そのものに内在する危険だということです。それは逃走線自体が「戦争」だからです。

> 逃走線が一つの戦争であるのはなぜか。壊せるものは手当たりしだい破壊した後でこの戦争から抜け出してみると、私たち自身も解体され、破壊しつくされている恐れがあるのはなぜか。これこそまさに第四の危険だ。つまり逃走線

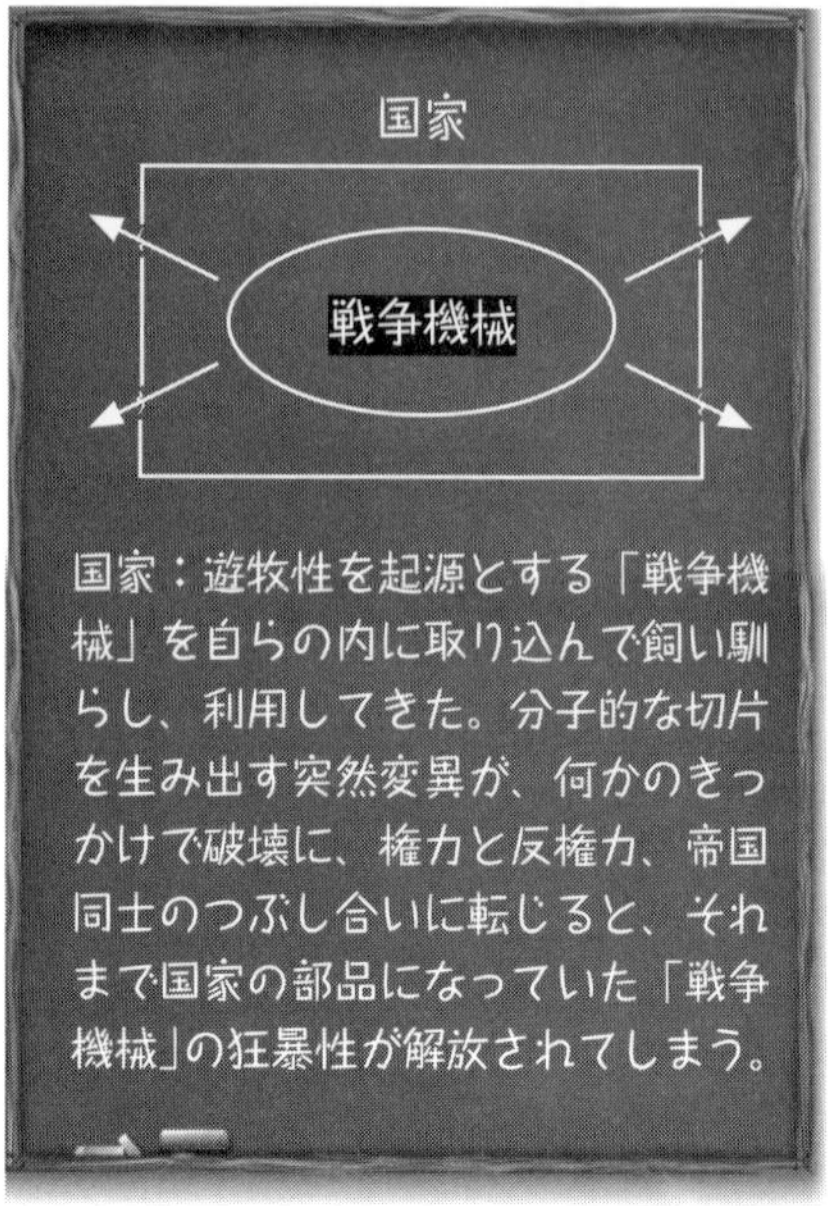
国家
戦争機械
国家：遊牧性を起源とする「戦争機械」を自らの内に取り込んで飼い馴らし、利用してきた。分子的な切片を生み出す突然変異が、何かのきっかけで破壊に、権力と反権力、帝国同士のつぶし合いに転じると、それまで国家の部品になっていた「戦争機械」の狂暴性が解放されてしまう。

は、障壁を乗り越え、ブラック・ホールから抜け出しはしても、他の線に連結され、一回ごとに原子価を増す代わりに、破壊、純然たる滅亡、滅亡の情念に変わるということ。クライストの逃走線もこの例にもれない。彼がおこなう不可思議な戦争、そして自殺、逃走線を死の線に変える出口としての二重の自殺行為。

モル状の切片、既存の社会組織を破壊するということを極限まで突き詰めると、戦争になりますが、それを比喩的・誇張的に戦争と言っているのかもしれませんが、先ほどの〈権力〉の話の延長で、権力者が帝国的言説で煽っているうちに本当の戦争になるかもしれないし、権力者の弾圧から逃げるだけでなく、実力で対抗する人がいたら内戦になります。そういう現実的な危険が至るところにあるわけです。クライストは、自ら軍人となっただけでなく、『ペンテジレーア』などの作品で様々な「戦争機械」を描きましたし、最後は実際に自殺します。

ここで第10プラトーで論じられる「戦争機械」との関わりが見えてきましたね。

突然変異は戦争機械にかかわるものだが、戦争機械は戦争を目的とするのではなく、脱領土化の量子の放出と変異する流れの伝達を目的とする（その意味では、あらゆる創造が戦争機械を経由する）。さまざまな理由から、戦争機械が国家装置とは異なる起源をもち、国家装置とは異なるアレンジメントであるということは明らかだ。戦争機械は遊牧性をその起源とし、国家装置に敵対する。国家の重要課題の一つは、自分には無縁な戦争機械を手に入れ、固定した軍事機構の形で、これを国家装置の部品に作りかえることだろう。そしてこの点で、国家はいつも多大な困難に遭遇するだろう。ところが、戦争機械が最も破滅的な電荷を放出するのは、まさに目的が戦争に限定され、突然変異が破壊に置き換えられたときなのだ。突然変異は決して戦争の変形ではなかった。逆に戦争のほうが、突然変異の残滓、あるいは突然変異の廃棄物のようなものである。

国家は遊牧性を起源とする「戦争機械」を自らの内に取り込んで飼い馴らし、利用してきたわけですが、分子的な切片を生み出す突然変異が、何かのきっかけで破壊に、権力と反権力、帝国同士のつぶし合いに転じると、それまで国家の部品になっていた「戦争機械」の狂暴性が解放されてしまうわけです。

そこで先ほどのファシズムの話に戻ります。ファシズムと戦争機械の関係です。

> 軍部独裁の場合ですら、権力を掌握し、国家を全体主義の段階に導くのは国家の軍隊であって、決して戦争機械ではない。全体主義はすぐれて保守的なものである。だがファシズムには、明らかに戦争機械が関係している。そしてファシズムが全体主義国家を築きあげるのは、国家の軍隊が権力を掌握するという意味ではなく、逆に戦争機械が国家を奪取するという意味なのだ。［…］つまりファシズムの場合、国家は全体主義的というよりも、はるかに自滅的だということ。ファシズムには現実と化したニヒリズムがある。全体主義国家が可能なかぎりあらゆる逃走線をふさごうとするのに対して、ファシズムのほうは強度の逃走線上で成立し、この逃走線を純然たる破壊と破滅の線に変えてしまうからである。

ややこしい言い方をしていますが、要は軍部独裁から全体主義国家になるのと、ファシズムが全体主義国家になるのとでは全然違っていて、前者は、国家が戦争機械を利用しているという従来の範疇で理解できるけれど、後者の場合は、戦争機械の方が国家を乗っ取ったと見ることができるということです。ドゥルーズたちは、ミクロな次元で働き、多くのブラック・ホールを持つファシズムを、戦争機械に近い、本当に危ない存在だと見ているわけです。自己保身的な国家に対して、戦争機械はどこまでも破壊を続ける、自滅的な傾向を持っているというわけです。

ファシズムというと、どうしてもイタリアのファシズムを念頭に置いているように聞こえますが、一四一頁を見ると、ナチスは自分の死、国民の死を知っていて、そのことを知っていたと述べられていますね。彼らはどうも、分子的な運動を活性化させるファシズムに戦争機械としての危うさと同時に、モル状の切片をこなごなにしてしまうポテンシャルがあると認めている感じですね。

今日読んだところをまとめると、まず、第7プラトーで、西欧における「顔貌」の支配の成り立ちが論じられ、第8プラトーで、「ヌーヴェル」に暗示されているそこからの逃走線筋、第9プラトーで、逃走線上に現れてくる危険が論じられる、という繋がりになっているわけですね。

■質疑応答

Q1　今のコロナ禍について、よく戦争の比喩が使われています。先生も毎日新聞（二〇二〇年六月九日東京朝刊）でマックス・ウェーバー（一八六四－一九二〇）と関連させてコロナ禍について論じていらっしゃいました。ドゥルーズ＋ガタリ的には今のコロナ禍について、どのような議論ができるでしょうか。

A1　戦争そのものと対比されているというより、「緊急事態」に関連した言葉が、国境での戦いとか、防衛線とか、敵を探り出すとか、戦争と共通しているのだと思います。「緊急事態」というのは国家による権力行使が露骨になり、その力が強くなるように見える反面、国家の危機でもあります。それは、先ほど見た、国家が「戦争機械」を抑え切れなくなっている状況だと言えるでしょう。国家が十分に安全保障機能を果たしていれば、露骨に「権力」をふるう必要はありません。

日本の左派は、緊急事態宣言を安倍ファシズムとか安倍全体主義という形で批判しようとしていたのでしょうが、実際には左派と思われる方が、緊急事態宣言を出せ、出せと迫っていた感じですね。自民党や維新の会などの右派と、立憲民主党や共産党などの左派では、どっちが、ドゥルーズたちの言っている、第三の危険に近付いているのか。

また、リアルやネット上の自粛警察の話をよく聞きますが、彼らは、政党とは別個に、社会の中に目を光らせ、他人に秩序を押し付けようとしているという意味で、ミクロ・ファシズム的な存在かもしれません。

Q1　ある意味今日読んだ内容に近い状況ということでしょうか。

A1　どうでしょう。自粛警察は、今のところ、ストレス解消に自粛を他人に押し付けようとするちっぽけな集団で、いろんな領域に、変異ウイルスのように広がっていく感じはありません。また、自粛ムードを利用して自分に権力を集めている小池知事とかも、トランプ大統領のように、国家を破壊しかねないような無茶なことは言っていません。「緊急事態宣言」とか「ロックダウン」とか言っている割には、本格的な戦争の言説を展開するつもりはないようです。みんな本当に危ないことはいやなのかもしれません。日本的な「切片」は柔らかいようで、なかなか崩れにくいのかもしれません。

Q2　前回（3回目）の講義で見た第5プラトーでは、「主体化」はポスト・シニフィアン的体制と結び付けて論じられ、そのポスト・シニフィアン的体制は、リチャード三世やカインなど、パラノイア的体制から逃れる人たち、逃走線を見つけて突っ走ってしまうような人たちと結び付けて、肯定的に扱われていました。今回見た第7プラトーでは、それが「主体化」を、「ブラック・ホール」に引き寄せられ、モル状組織に取り込まれるという否定的イメージで語られているので、混乱します。どのように解釈すればよろしいのでしょうか。

A2　前回読んだところでも、「主体化」の負の側面、官僚制とか規範に囚われる可能性にも言及していましたね。自分がもといた領域から逃走しようとする「主体」を捕えて、専制的体制にしっかり組み込むのが、「ブラック・ホール」を伴った「顔貌」です。逃走しているつもりで、中心＝顔のある大きな円環に囚われてしまう。いろんな種類の記号系が混じり合ったポスト・シニフィアン的体制だからといって、一元化する顔が生まれてこないとは限りません。いろんな記号系が交差している場でこそ、先ほど話題になった、ミクロ・ファシズムが作用するのでしょう。

Q2　今回も「トリスタンとイゾルデ」の話が出てきましたが、顔を背け合いながら、ブラック・ホールに向かって進んでいく、というのはどういうことでしょうか。何となく分かったようで、いまいちすっきりしません。

A2　比喩的表現なので、あまりきっちり説明できないのですが、まず、二人はお互いの顔に引き付けられているわけですね。そのままストレートに引き寄せられたら、性的に一つになってしまったら、もはや互いの間に距離はないので、顔貌効果もなくなってしまいます。その状態だと、主体的に振る舞う余地もありません。また、それは社会的に許されない状態であり、社会から排除されるし、王による報復を受けて無事ではすまない、だからこそ、顔を背け合う。強く引き付けられながら、それぞれの主体性を保つために、顔を背け合う。それが宮廷愛の本質だと見ているわけです。顔貌効果の引力を享受しながら、接近しすぎて、ブラック・ホールに取り込まれ、自滅しないようにバランスを取ろうとする、というところが、宮廷愛の面白いところです。

ドゥルーズたちは、キリストとかビッグ・ブラザーズのような社会の中心にある「顔」の作用と共に、もっとミクロで働く「顔」、危険な愛やミクロ・ファシズムの目になる「顔」の作用にも注目し、両者の相互作用について語っているのですが、あまり体系的に整理しないで、芸術作品に即して語っているので、「顔」の作用とはこうだ、という定義を彼らの文から引き出そうとすると、混乱させられてしまうわけです。

［講義］第5回

10「一七三〇年――強度になること、動物になること、知覚しえぬものになること……」を読む

第10プラトー「一七三〇年――強度になること、動物になること、知覚しえぬものになること……」

第10プラトー「一七三〇年――強度になること、動物になること、知覚しえぬものになること……」は、『千のプラトー』の中で最も長いところです。ドゥルーズ＋ガタリが最も言いたいことはこの章に集約されていると思います。毎回、各プラトーのタイトルに当たるものに西暦を基準とした年号が付けられており、その年から類推される特異な出来事が主題に関わってきますが、この一七三〇年については、世界史の教科書を見回しても意味がありそうな出来事はなかなか見当たりません。

一七三〇年の由来

章扉の裏に「エトルリアの壺と皿に描かれた狼男」という図版が掲載されているので、狼男に関連する年号なのかと思いますが、実は違います。歴史を調べてみると、狼男系列の話は遡りようによっては古代ギリシアや北欧神話にまで及び、それ以降も中世に至るまで見出せます。そういうわけで、狼男を一七三〇年に結び付けるのは無理があります。では一体何を指し示す年なのでしょうか。頁をめくっていくと、一〇頁ほど進んだ一五六頁にようやく一七三〇年の由来が示されています。

> あるベルクソン主義者の思い出。――以上の論点には、われわれがよって立つ厳密な観点からすると、満足のいくものが一つもない。われわれは、人間を突き抜け、引きさらっていくような、そして動物にも人間にも等しく作用をおよぼすような、きわめて特殊な〈動物への生成変化〉〈動物になること〉が存在すると信じている。「一七三〇年から一七三五年にかけて、世間は吸血鬼の話でもちきりだった……。」だが、構造主義ではこうした生成変化を説明できないのは明らかだろう。

「動物への生成変化」がこの章のテーマになっています。ここ

で「ベルクソン主義者」と言っているのは、おそらくベルクソンの「創造的進化」や「エラン・ヴィタール」等の概念に従って考えれば、ということでしょう。ドゥルーズ＋ガタリ、特にドゥルーズはベルクソンを批判的に読み直し、自らの理論に生かそうとしている人なので、ドゥルーズ自身のことかもしれません。構造主義というのは、人間の言語や社会生活の様式は無意識のレベルで「構造」によって規定されているという立場なので、構造主義自体では生成変化が説明できないのは当然です。

「一七三〇年から一七三五年」という数字は、ヴァンパイアの歴史において意味があるようです。「吸血鬼」と思われる妖怪についての伝説は古代からありますが、一七二〇年から三〇年くらいにかけて、私たちが小説やテレビで知っている「吸血鬼」の定番イメージが定着するようになります。一七二五年に、ペーター・プラゴヨーヴィッチという農民、そして一七三二年に、アルノルト・パオーレという無法者が一度死んで蘇ったヴァンパイアと見なされ、全ヨーロッパ的に話題になります。この二人の蘇った死者については、詳細な記録が残されているようです。この時にセルビア語の〈vampir〉という言葉がドイツ語経由で、英語（〈vampyre〉→〈vampire〉）に入り、それからヨーロッパの各国語で、この言葉が「吸血鬼」を指すものとして定着するようになったそうです。

因みにブラム・ストーカー（一八四七－一九一二）の小説『吸血鬼ドラキュラ』（一八九七）が刊行されたのは、一九世紀末、ヴィクトリア朝時代のことなので、一世紀半以上後のことになります。ドラキュラは現在はルーマニアになっているトランシルヴァニアの古城に住んでいたという設定なので、セルビアから見るとかなり北ですが、いずれにしても、ハプスブルク朝の周辺地域です。いずれも、ドイツ民族ではない人々が主要な住民になっている地域です。

その後、ロートリンゲンのベネディクト修道会士で神学者のオーギュスタン・カルメ（一六七二－一七五七）という人が『ハンガリー、ボヘミア、モラヴィア、シレジアにおける天使、悪魔、霊、蘇り、吸血鬼についての諸論考 Dissertations sur les apparitions des anges, des démons et des esprits. Et sur les revenans et vampires. De Hongrie, de Boheme, de Moravie et de Silesie』（一七四六）という著作で、吸血鬼について詳細に紹介し、それがヨーロッパの主要言語に翻訳されて、ヴァンパイアのイメージの定番が出来上がったようです。

「戦争機械」をテーマにしている第12プラトー（下巻）では、クライストの『ペンテジレーア』で、ペンテジレーアの身体がカタレプシーの様相を呈するという話が出てきます――今私はクライストの『ペンテジレーア』の翻訳を手掛けており、九月に論創社から、長い解説を付けて出す予定です（二〇二〇年に刊行）。アマゾンの女王であるペンテジレーアは、アキレスを見て、身体が硬直する場面が何度か出てきます。第三者的に見ると、恋に落ちているのだけれど、戦士として育てられた彼女は、愛欲と戦闘意欲の高まりの区別が付きません。この戯曲では、アマゾンは、自分が交わりたい相手と闘って、勝利しないといけません。アキレスを見たペンテジレーアは、リアルな弓と、キューピッドの弓の区別が付かなくなったわけです。最後は、自分がつれてきた犬たちと一緒になって、アキレスの心臓に実際に噛みつきます。ある意味、動物化し、吸血鬼化するわけです。ドゥルーズ＋ガタリは、アキレスを前にしてペンテジレーアの心身の状態を、精神疾患や激しい抑うつに伴って、体が動かなくなったり、異常な動作をするカタトニー（緊張病）として捉えています。これの症状の一つとして、ある不自然な姿勢をとったまま身体が硬直するカタレプシーというのがあるそうです――カタトニーとカタレプシーをはっきり区別する立場もあるようですが、厳密な精神医学上の分類ではなくて、文学的描写、あるいは、第三者的にどう見えるかという話なので、あまり違いに拘らなくてもいいと思います。カタレプシーで動かなくなった人を死んだと見なして埋葬しようとしたら、本当に死んでいるわけではないので動き出す事例があるようで、ヴァンパイアの正体は、誤って埋葬されてしまったカタレプシーの人だという説もあるようです。

冒頭の図版にある「狼男 loup garou」ではなく、「ヴァンパイア」に年号を合わせたのは、「動物への生成変化」の最初の段階として、蝙蝠などに変身する「ヴァンパイア」、あるいは、ペンテジレーアのような状態、犬と共に愛する人の心臓に食らいついてしまうような状態を位置付けているからでしょう。ついでに言っておきますと、第2プラトーで、フロイトの症例の「狼男」は〈Wolfsman〉ですが、映画等になっている伝説の「狼男」は、ドイツ語では古いゲルマン語で〈Werwolf〉と呼ばれ、英語でもこれを少し変形した〈werewolf〉と言います。〈wer-〉というのは、人間あるいは男を意味するラテン語〈vir〉から来た言葉で、もともとは「人（男）・狼」だったわけです。

なお、この時期には野生児の発見も報告されています。一七七八年にドイツのクラーネンブルクで「クラーネンブルクの少女」が、一七二四年にハーメルン付近の森で「野生児ピーター」が発見されています。後者はイギリスにつれてこられ、『ガリバー旅行記』（一七二六）のジョナサン・スウィフト（一六六七－一七四五）や、『ロビンソン・クルーソー』（一七一九）のダニエル・デフォー（一六六〇頃－一七三一）のネタにされています。一七三一年にはフランスで「ソグニーの少女」と呼ばれる子供が見つかりました。ルソーの『人間不平等起源論』（一七五五）の「野生人」観は、こうした「野生児」についての報告を反映しているとされています。

また、「戦争機械」の話と絡んできますが、この時代は、プロイセンが軍事国家化を進めていた時期です。クライストはプロイセンの元軍人で、彼の作品は、『ペンテジレーア』をはじめ、『ヘルマンの闘い』（一八二一）『ホンブルクの公子フリードリヒ』（一八二一）など戦争をテーマにしたものが多いです。

プロイセン公国から王国になったプロイセンは、第二代の国王で、フリードリヒ大王（一七一二―八六）の父であるフリードリヒ・ヴィルヘルム一世（一六八八―一七四〇）の下で、地域別に連隊を編成し、常備軍を倍化するなど、中央集権的な軍制改革を進めました。これ以降プロイセンは軍事国家化していきます。軍事国家化の過程で、戦争機械が解き放たれ、それに参与した人たちが、狼男や吸血鬼になる可能性が生じてくる、ということかもしれません。

冒頭一四七頁に挙げられている『ウィラード』（一九七一）という映画は、私は子供の頃にテレビのロードショーで観た覚えがあり、結構印象に残っています。ウィラードは亡くなった父親が経営していた会社に勤めていましたが、新しい社長のアルはウィラードを役立たず扱いしていました。ウィラードは家に住み着いたネズミ（rat）の群れと仲良くなります。特にリーダーのベンと、白ネズミのソクラテスの二匹と。群れは次第に大きくなっていきます。彼は母と二人暮らしをしていましたが、母が亡くなった後、家が借金の抵当に入っていたことを知ります。母の知人たちはお金を貸してくれません。その間にも、ネズミの群れは大きくなっていきます。ウィラードはアルに給料を上げてくれるように頼みますが、拒否され、逆に家を自分に売るように迫られます。ウィラードが言うことを聞かないので、アルは彼をクビにして、家を売らざるを得ないように仕向けます。自分に意地悪をしているアルや知人たちに復讐するためにネズミたちを利用するようになりました。最初はパーティーを荒らさせる程度ですが、泥棒のために家の住人を脅すのに使うようになります。最後はネズミたちをけしかけ、アルを襲わせて殺してしまいます。ネズミたちはアルの死骸を食い荒らします。それに恐怖したウィラードは、ネズミたちを溺れ死にさせて始末しようとしますが、ネズミたちは生きのび、恋人と食事をしているウィラードをベンは睨みつけます。そこで今度は、毒でネズミたちを始末しようとしますが、ベンに見抜かれてしまいます。最後は、ウィラードはベンと一対一で対決しますが、そこにネズミの大群が押し寄せ、ウィラードを食い殺してしまいます。この作品には、ウィラードを殺した後のベンが、彼を殺人ネズミとして追跡する人間の追手と戦いながら、ダニーという少年と次の友情を育んでいくという設定の『ベン』（一九七二）という続編もあります。

> ある観客の思い出——『ウィラード』（一九七二年、ダニエル・マン監督）という美しい映画を思い出した。B級かもしれない。しかし、ねずみが主役ということもあって一般受けがしなかったものの、これが秀作であることに変わりはないのだ。私の記憶は必ずしも正確とはいえないが、大体こんなストーリーだった。

「ある観客の思い出」とか言うと、意味ありげですが、要するに、ドゥルーズ＋ガタリのどっちかがこの映画を観て面白いと思ったということですね。彼らは前衛的な映画ばかり批評して

いるというイメージがあるので、B級映画と分かっていて、しかも記憶にたよって語るというのは意外ですね――この本の引用・参照には、結構適当な箇所が多く、ちゃんと確認しようとすると、苦労します。

> ウィラードは横柄な母親と二人で、父祖伝来の館に暮らしている。おぞましいオイディプス的雰囲気だ。母親が、一腹分のねずみの子を始末しろと命じる。ウィラードはそのうちの一匹を見逃してやる（あるいは二匹か数匹……）。ある激しい口論の末、犬に「似た」母親は息をひきとる。ある実業家が館に目をつけ、ウィラードはあやうく住まいを失いかける。ウィラードは、助けてやった主人公のねずみ、ベンを可愛がっている。ベンは驚くべき知恵者ぶりを発揮する。もう一匹、ベンの連れ合いで、白の雌ねずみがいる。勤めから帰ると、ウィラードは、いつもこの二匹と遊んで時間を過ごすのだった。ねずみはあっという間に繁殖した。ウィラードはねずみの群れを連れて実業家のもとにおもむく。そして実業家は、ベンが率いるねずみたちに襲われて無残な最期をとげる。しかし、お気に入りの二匹を連れて出勤したウィラードは、まったくの不注意から、職場の同僚に白ねずみを殺されてしまう。あやうく難を逃れたベンは、険しい目でウィラードをにらみつけてから、その場を去っていく。

ウィラードは、がみがみ言うお母さんに頭があがらない感じなので、素朴に見るとマザコンですが、それを不在の父親のモデルへの同化圧力が、未だに父親のものである母を通して働いていると見るわけですね。彼を認めようとせず、家を奪おうとする社長のアルは、殺すべき父の代理のように見えます。また、ネズミの群れが、自分の思い通りにならないと、ウィラードは、「ここでは僕がボスだ I am the boss here!」と言って怒ります。こういうところも、父の位置への拘りと見ることができます。父殺しがちゃんとできないで、主体化されない存在が、動物の群れに関わり、その仲間になっていくわけです。

白ネズミ殺しの話は前後関係が間違っています。ベンとコンビの白ネズミ、ソクラテスが殺されるのは、ネズミの群れが実業家＝アルを襲う前の話で、会社に忍び込んで騒ぎになって、アルがモップの先で叩き殺します。

> ここで、ねずみになるという、ウィラードの運命が休止する。ウィラードは必死で人間の世界に踏みとどまろうとする。同じ職場に勤める娘の求愛を受け入れさえする。その娘はねずみによく「似ている」のだが、しかしそれはただ似ているというにすぎない。そしてある日、ウィラードが自宅に娘を招き、夫婦となり、再オイディプス化をとげようというまさにそのとき、憎悪をむきだしにしたベンが姿をあらわす。ウィラードはベンを追い払おうとするものの、実際には娘を追い出し、ベンに誘われるまま地下室に下りていく。そこには数かぎりないねずみの群れが待ちか

まえていて、ウィラードを八つ裂きにする……。これはいわば一編のコント〔奇譚〕であり、不安をおぼえさせるようなところは微塵もない。

「ねずみになる devenir rat」という言い方がこのままだと謎めいていますが、この映画ではネズミとコミュニケーションし、彼らの群れの一員になろうとします。しかし、それまでオイディプス化の機会を元々欠いていたウィラードが、職場の女性と恋愛関係になり、「再オイディプス化 ré-œdipianiser」の機会を得る。といっても、もともとオイディプス化ができていなかったので、「再」というのはどうかという気もします。それに、「ねずみになる」と言っても、自分が主体になれず、常に従属している代償として、ネズミの大将になろうとしているのだから、本当に「ねずみ」になろうとしたのか怪しい感じがします。もともと中途半端な状態にあって、ネズミたちに社長を殺させることに成功したおかげで、改めてオイディプス化する気になった、というのが正確でしょう。

ここでのドゥルーズたちの説明の仕方だと、ベンはウィラードが女性と付き合って再びエディプス化を試みるつもりになったことに怒ったような感じになっていますが、それ以前に、アルによるソクラテス殺しを見て見ぬふりをしたこと、アルを殺した後、自分たちを始末しようとしたことに怒り、更に言えば、群れのボスとして振る舞い、自分たちに人間的価値観を押し付けようとしたことに対する不信感があったのかもしれません。

同じ職場の娘＝ジョーンが、ネズミに「よく『似ている』«ressemble» beaucoup」というのはどういう意味かはっきりしません。ジョーンは割とあからさまに、甘える感じでウィラードにアプローチしますし、猫を飼っていて、ウィラードも猫好きと思って、二人でのドライブに連れていこうとします――猫は、ネズミたちが入っているウィラードのカバンをひっかいて開けようとします。そうしたシーンを見る限り、あまりネズミには見えません。「似ている」の根拠になりそうなのは、アルを殺して、ネズミたちを水攻めにした後、ジョーンと一緒に食事をしている場面です。ウィラードは「分かるかな、僕の人生は変わったんだ。二つのことのおかげだ。その一つは、ソクラテスという名の僕の友人、もう一つは君だ。You know, my life has changed now. Two things did it. It was a friend I had, named Socrates and you.」と言います。ソクラテスとジョーンを似たものとして扱っているわけです。ジョーンは、ソクラテスが何者かについてあまり詮索しようとはしませんでした。

前回読んだ、第8プラトーでの「コント」と「ヌーヴェル」の違いの話を前提にしていますね。「ヌーヴェル」が既に起こった出来事に関して、その出来事にまつわる謎を、主人公の視点から明らかにしていくのに対し、「コント」はまだ起こっていない未知の話として展開していきます。「ヌーヴェル」が、分子的切片を切り出す作用があると言って評価していたのに対して、「コント」についてはただ、対比のために引き合いに出したというだけの感じでしたね。この場合は、ハリウッド映画的な意味での〝怖ろしい顚末〟には至るけど、謎は全然残りません。恐らく、ホラー・ミステリー好きなら半分も読めば、結末はほぼ読めるでしょう。その意味で不安は感じさせない。では、何故そんなB級作品を論評したのか。

> この映画には必要なものがすべて出揃っている――まず、相似を経由するだけでは満たされず、それどころか相似によって妨害され、阻止されるような動物への生成変化〔動物になること〕。――ねずみの繁殖と群れの存在から浮きあがってくる分子状態への生成変化。これは、家族や職業や夫婦関係など、大規模なモル状の力をことごとく突き崩していく動きだ。群れの中に「お気に入り」がいるという意味で、呪われた選択と、このお気に入りとのいわば同盟関係、あるいはおぞましい契約。――戦争機械や犯罪機械など、自己破壊にいたりかねないアレンジメントの成立。――非人称的な情動が循環し、選択的な流れがあらわれ、これが意味の企画や主体の感情をゆるがし、人間的でない性愛を作りあげるということ。――オイディプス型、夫婦型、あるいは職業型の再領土化の試みをあらかじめ無効にする抗しがたい脱領土化［…］」。

「必要なもの」というのは、動物など他なるものへの生成変化、分子的切片化、といったドゥルーズ＋ガタリの観点から見て、重要な変化の前提になるものということでしょう。「相似 la ressemblance」というのは、ウィラードやジョーンの容貌や振る舞いが何となくネズミっぽいとか、ウィラード自身がネズミと一緒に行動して、仲間であるかのように振る舞っている、ということでしょう。ジョーンと付き合い始める前のウィラードは狭い場所を好んでいたように見えます。仲間のつもりになって、彼らのボスを演じたことが破綻を招いたわけですね。

「群れ la meute」の話は、第2プラトーで、「狼男」の夢に出てくる狼の「群れ」に関連して出てきましたね。ドゥルーズたちが『ウィラード』に注目したのは、まさに動物の「群れ」としての振る舞いを描いているからでしょう。「群れ」というのは、モル状に集合して均一化しているのではなく、狼の「群れ」やノマドのように、その都度の必要に応じて集まり、再編を繰り返す集まりです。家族、夫婦関係、職場などには小規模なものもありますが、分子／モルの違いで重要なのは、人数、個体数ではなくて、組織化され、メンバーが画一化されているかです。ウィラードに飼われ、命令を実行するようしつけられたネズミの群れが本当に分子的な性質のものなのか疑問ですが、ここでのポイントは、家族、親戚、会社といったウィラードを縛る、エディプス的なモル状組織を解体するうえで、少なくとも、映画のストーリー上は、ネズミの「群れ」が決定的な役割を果たしたということでしょう。「お気に入り」がまずいというのは分かりにくいですが、原語は「un «préféré»」です。〈préférér〉つまりある者を他より選好する、ひいきする、わけですね。人間のひいきを持ち込むこと、それに基づいて人間と「群れ」との間に、契約というモル的要素を持ちこもうとしたことが、おぞましいということでしょう。

仮に、映画の中の何百匹、何千匹ものネズミの「群れ」が、ドゥルーズ＋ガタリ的な意味での「群れ」になったとしたら、つまり中途半端にエディプス的な主人に従うことなく、生き残るために主人をも食い殺し、どこに向かって行くのか分からない「群れ」になったとしたら、それは「国家」に一時的に飼われているけれど、いつかその軛を離れて、主人を破壊するかもしれない、「戦争機械」と同じような性格を持っていることになります。「犯罪機械 machine criminelle」という言い方は、この箇所にしか出てきませんが、意味合いは分かりますね。犯罪というか、モル状の巨大な切片を破壊しかねない規範に反する行為を実行する集団で、その都度の状況や都合によってメンバーや攻撃目標が入れ替わる、という感じでしょう。そうした「戦争機械」や「犯罪機械」がいつ生じてもおかしくないような危ない「アレンジメント」、分かりやすく言うと状況が、母と会社、ネズミたちとの間で不安定なウィラードの周辺に出来上がっているわけです。

「非人称的な情動 affects impersonnels」とか「人間的でない性愛 une sexualité non humaine」というのは分かりますね。「非人称的」というのは、不特定の者たちのリゾーム的繋がりからなる「群れ」から生じる、というような意味でしょう。「人間的でない性愛」というのは、ネズミ同士、あるいは、ウィラードとソクラテスの関係、あるいは、ウィラード－ソクラテス－ベン、ウィラード－ジョーン－ベンの二つの三角関係などを指しているのでしょう。B級映画なので仕方ありませんが、映画自体の中では、人間が非人称化・非人間化するというより、無理やり、動物を人間に似せる編集が行われているわけですが。

「オイディプス型、夫婦型、あるいは職業型の再領土化」というのも、映画のストーリーに即して理解できますね。いずれも、ウィラードをネズミたちとの交流から引き離して、全うな人間に戻そうとする要素です。母の願いに従って主体になる、ジョーンと夫婦になる、会社でのそれなりのポジションと収入を得られるようにする、といったことでしょう。ネズミの「群れ」はそうした再領土化を無効にするほどの強い力を持っていたと見ることができるわけです。

生成変化

一四九頁で、話題ががらっと変わります。

ある博物学者の思い出――博物学がかかえる最重要問題の一つは、動物相互間の関係を考えることだった。後に進化論が系譜や類縁、血統や系統などのタームで規定されるのとは似ても似つかないのである。やがて進化論も、進化は系統にしたがっておこなわれるとはかぎらないという考えに達することは周知の事実だ。しかし、系譜的モチーフを抜きにして、初期の進化論は語れないということも、やはりまぎれもない事実なのである。逆に博物学の方は、系統のモチーフを度外視してきたとまではいえないにしても、系統のモチーフがもつ決定的な重要性を知らなかったということだけは確かだ。ダーウィン自身、類縁という進化論的主題と、差異や相似の総和および程度という博物学的主題とは、まったく別個のものだとして、この両者を峻別している。

博物学と進化論の関係は、第3プラトーに出てきましたね。動物相互の関係を差異や相似の総和及び程度と考えたということ、進化論と対立していたということからすると、キュヴィエを念頭に置いているのではないかと思います。通常の進化論では、動物は一連の「系統 généalogie」に即して生物が進化するという見方をするので、同じ系統に属していると見られるもの同士についてはその差異や相似をよく調べますが、系譜がとっくの昔に分かれていて、関係ないと見られるものが似ていても、そこに意味があるとは考えません。進化が系統に従って進むと限らないと考える新しい進化論というのは、恐らく、『アンチ・オイディプス』で例として出されている、赤いクローバーとマルハナバチ（le trèfle rouge et le bourdon）、蘭とすずめ蜂（l'orchidée et la guêpe）のように、共生関係にある生物が、お互いを自分の一部に見立てるようにして、共進化するような場合を想定しているのでしょう。それに対して、博物学者たちは、フーコーが『言葉と物』（一九六六）で論じているように、宇宙には神の創造の法則に従って、万物の間にはあるべき秩序があり、各事物には、収まるべき位置がある、逆に言えば、収まるべき位置があるとすれば、そこに収まるはずの事物が実在するはず、という考え方をしていました。元素の周期表のような感じで、存在する万物の表があると想定して、その穴埋めをするのが博物学だったわけです。

博物学はAとBのあいだの関係というタームでしか考察をおこなうことができず、Aからxへと移行する生産のタームで思考することができなかったのだ。

難しい言い方をしていますが、要は、進化論のようにAがこれから何か別のものへとどう変化していくかを考察するのに対し、AとBを、宇宙の普遍的秩序の中でそれぞれ独立に存在していると見なしたうえで、両者がここが似ている、ここが異なっているといった比較をして、それぞれが秩序の中でどんな位置を占めているか決めるわけです。

だが、ほかでもないこの関係というレベルで、きわめて重大なことが起こっている。なにしろ博物学は、動物相互の関係を二通りに考えているのである。そのうちの一つは系列であり、もう一つは構造だ。系列にしたがうなら、aはbに相似し、bはcに相似する、などと言いあらわすことができるが、その場合の項はすべて、完全性の面でも質の面でも、卓越した唯一の項に関連づけられ、こ

の優越項が系列を動機づけるのである。これは神学者が「比率にもとづく類似」と呼んだものにほかならない。構造にしたがうなら、aのbに対する関係は、cのdに対する関係に等しく、これらの関係性の一つ一つが、それなりに完全性を実現しているのだと言いあらわすことができる。たとえば、鰓と水中呼吸の関係は肺と大気中呼吸の関係に等しく、心臓と鰓の関係は心臓がない場合と気管の関係に等しい、といった具合に……。これは「比例関係にもとづく類似」である。

「関係」の原語は〈rapports〉で、これは「報告」や「関係」「交際」といった意味もありますが、「共通点」や「類似点」という意味もあります。数学用語として「比例」や「割合」という意味もあります。日本語で「系列」と言うと、「系譜」とそんなに違う感じがしませんが、原語は〈série〉で、これは英語の〈series〉とか〈succession〉に当たる言葉で、一連とか続き、連なっていること、というような意味合いです。bはaに似て、cはbに似て、dはcに似て、eはdに似て……という具合に、a-b-c-d-e-……と連なっているというような関係です。「完全性の面でも、質の面でも、卓越した唯一の項 un terme unique éminent, perfection ou qualité」というのは勿論、神のことです――「優越項」というのは訳者による言い換えで、原文中に別の表現があるわけではありません。大雑把に言うと、神との近さ、遠さで、全てのものは同じ線上のどこかに位置付けられるわけですね。それが「比率にもとづく類似 une analogie de proportion」、つまり、神を基準にして、どれだけ似ているかによる類似の関係です。実際に、中世の神学では様々な種類の「類似」というか、「類比（アナロジー）」をめぐる議論があって、その一つに「比率に基づく類比」があるようです。

「構造 structure」というと、構造主義を連想しますが、それとは基本的に関係ありません――少なくとも、この段階では。先ほどの量的に表現した類比ではなく、鰓と水中呼吸の関係が、肺と空気呼吸の関係と類比できるというような、自己維持・再生産のための仕組みを備えた構造同士の間の類比ですね。トマスなどの神学者たちの論争では、これを「比例関係の類比 une analogie de proportionnalité」と呼ぶわけです。この「系列」と「構造」という言い方は、注（1）にある、アンリ・ドダン（一八八一―一九四七）というフランスの哲学者・生物学者の『キュヴィエとラマルク』（一九二六）に出てきます。

こうした類似の二大形象は、神学者の思想でも、さまざまな形で平衡を保ちつつ、やはり共存し続けていた。なぜなら、系列の観点に立とうと、構造の観点に立とうと、大自然そのものが巨大な「ミメーシス」と見なされているからだ。系列の観点からすると、大自然は全存在の連鎖としてとらえられる。そこでは進歩の方向で、あるいは退行の方向で、存在相互が模倣しあい、やがては段階的相似にもとづいて全存在が模倣の対象とする最高位の項、つまり系列

> のモデル〔模範〕にも存在理由にもなる神の項に向かっていくのである。

「系列」でも「構造」でも、「ミメーシス（模倣）」という点で共通しているというわけですね。万物は、多かれ少なかれ、「最高位の項」である神を模倣しているからです。一五三頁を見ると、「集団的無意識 inconscient collectif」としての「元型 l'Archétype」をめぐるユング（一八七五－一九六一）の議論も、「系列」をめぐる議論の延長線上にあるということのようですね。ご存知のように、ユングは当初フロイトの影響を受けていましたが、やがて各個人ごとの自我形成を超えた、人類全体に共通する無意識の存在を指摘し、その根底にあって、人々の生を規定しているものを「元型」と呼びました。「元型」には、女性の無意識の内にある理性的要素の元型で、男性の形を取ることが多いアニムス（animus）、男性の無意識の内にあるエロス的要素の元型で、女性の形を取ることが多いアニマ（anima）、全ての生命原理の源泉である太母、知恵の原理を表す賢者、英雄などいろいろあります。ドゥルーズ＋ガタリによると、これらの「元型」が、「系列」の起点としての優越項になっているわけですが、それらは必ずしも人間の姿をしているわけではなく、動物や植物、四大元素などがその位置を占めることもあるわけです。

> 系列に沿った相似を成り立たせ、模倣によって系列全体を横切り、系列を究極の項にまで導き、ついにはこの最終項への同一化をおこなう――こうした想像力の魅惑を、構造主義があれほどまでに厳しく告発したのは、はたして偶然だろうか。この点に関して、トーテミスムをめぐるレヴィ＝ストロースの有名な論文ほど、明確な記述を提供してくれるものはない。レヴィ＝ストロースの主張は、外的な相似を乗り越えて内的相同性に向かうべきだ、という点に集約されるからだ。そこで求められているのは、もはや想像力の世界を系列的に組織化することではなく、悟性の象徴的・構造的秩序を作りあげることである。もはや相似を段階的に配置し、最終的に〈人間〉と〈動物〉とが神秘的な融即のうちに同一化するところに導くのではない。差異を秩序づけ、関係相互の照応性に達することが求められているのだ。なぜなら、動物は種の示差的関係や、弁別的対立関係にしたがって分類されるのだし、また同様にして、人間も所属する集団にしたがって分類されるからだ。トーテム制度では、ある人間集団がある動物の極に同一化するという言い方はされない。集団Aの集団Bに対する関係は、種A'の種B'に対する関係に等しいと言いあらわされるのである。

たまたま同じ言い方になっただけかもしれないけれど、「系列」による相似の関係を、現代の「構造主義」が否定しているというわけです。構造主義からしてみれば、相似－ミメーシスによる「系列」というのは、単に想像力を働かせて、外的に形が似ているように見えるものを並べているにすぎません。「神秘的な融即 une participation mystique」というのは、未開社会について文化人類学的な考察をしたフランスの哲学者レヴィ＝ブリュール（一八五七－一九三九）の用語で、未開社会に生きる「原始的心性 mentalité primitive」の人たちは、物事を分析的に、つまり客観的な属性に即して区分けして把握するのではなく、いろんな物が見えない力によって根底で繋がっているように見ている、ということです。トーテムもそういう風に説明します。「神秘的な融即」の一つの側面として、諸事物が相互に模倣し合っているという見方があります。このように、〝未開人〟が分析的思考ができないという見方は、その後、「贈与論」で有名なモース（一八七二－一九五〇）や、トロブリアンド諸島の島々の間で行われるクラと呼ばれる象徴的な交換の体系を研究したマリノフスキー（一八八四－一九四二）によって批判されることになりますが、最も激しい批判をしたのが、レヴィ＝ストロースです。

「内的相同性 les homologies internes」というのは、その事物かアレンジメントに客観的に備わっている性質の比較に基づいて、Xの中での a-b の関係は、Yの中での c-d の関係と相同である、と判断するということでしょう。構造主義は、未開の社会の人たちであっても、「内的相同性」という意味での「構造」を見出し、それに基づいて、言語、家族、集落における家の配置など、社会の基本的インフラを形成している、と主張し、「構造」を発見しようとします。未文字社会の人々は、諸事物が神秘的な力でくっついていると漠然と信じているわけではなく、諸事物の間に見出される「構造」に基づいて、論理的に判別し、分類の体系を形成しているわけです。トーテムに関しても、その部族の中のある氏族が自分たちを山猫だとか狼だとか呼んでいたとしても、それは彼らが自分たちとそれらの動物が神秘的に繋がっていると感じているからではなく、それらの動物の相互の関係、あるいは、彼らが登場する神話を通じて、氏族間の序列や協力関係、お互いの間のしきたりを表象している、と見るわけです。

このような構造主義の方法は大人と子供、男性と女性など、他のさまざまな関係にも適用される。たとえば戦士と少女が驚くべき結びつきを示す場合、両者をつなぎあわせるような想像力の系列を作ることはひかえるべきであって、むしろ関係の等価性を有効にするような項を求めようというわけだ。たとえばヴェルナンは、結婚と女性との関係は、戦争と男性との関係に等しく、そこから結婚を拒む処女と少女に変装する戦士とのあいだに相同性が成り立つ、と述べることができた。

構造主義は、その社会にどんなに意外で、意味がなさそうな関係や結び付きがあっても、神話的な想像力のような曖昧なものではなく、そこには何らかの「構造」に基づく繋がりがある、と見るわけです。ジャン＝ポール・ヴェルナン（一九一四－二

〇〇七）は、古代ギリシア神話研究を専門にするフランスの歴史学者・人類学者で、自分が編者になっている『古代ギリシアにおける戦争の諸問題』（一九六八）という著作で、この問題を論じています。結婚を拒む処女と戦士の結び付きというと、アテネとアルテミスがまさにそうですが、アキレスが若い女性に化けた話は有名ですね。トロイ戦争に出征したら死ぬことになるという予言を受けていた彼の母テティスは、スキュロス島の王リュコメデスに頼んで、彼を女装させて、王女たちの間に紛れ込ませるけれど、オデュッセウスによって見破られる、という有名な話があります。そのアキレスは、戦争中に、アルテミスの巫女で、クライストの作品の設定では、まだ男を知らないペンテジレーアと対峙することになります。北欧神話では、トールが、花嫁として所望されていた女神フレイヤに化けて巨人の元に赴き、殺害するという話があります。凡人には、女装する戦士と、処女の取り合わせというのは、ヘンな趣味にしか思えませんが、それを構造主義は、「戦争－男性」と、「女性－結婚」の間の相同性の間の交差というような形で捉えることができるわけです。

> 構造主義は重大な革命だった。構造主義があってはじめて、全世界が従来よりもはるかに理性的になったのだから。系列および構造という二つのモデルを検討したとき、レヴィ＝ストロースは後者を称揚し、これを真の分類と認めてあらゆる栄誉を与えるだけでなく、前者の方は蒙昧な供犠の世界に追いやり、さらに供犠は幻想の産物で、そこには良識のかけらもないと断定するのだった。供犠という系列的主題は、正しく理解されたトーテム制度という構造的主題に席を明けわたすべきだというのである。

比例的な類比を意味する「系列／構造」の「構造1」と、構造主義で言うところの「構造2」はもともとは別概念ですが、レヴィ＝ストロースが、「系列」に対応する外的な相似や模倣に見えるものを基準にした分類・秩序化を、想像力による曖昧なものとして退けた一方、「構造1」は必ずしも否定しなかったし、比例関係を問題にする「構造1」は、事物の間に諸関係に客観的に内在する「構造2」の一種と見なすこともできるかもしれません。

「供犠」というのは、人間から神や精霊的なものに何かを捧げて、繋がりを回復あるいは強化するということで、デュルケームやモースはこの方面に力を入れていますが、レヴィ＝ストロースは、女性や物の交換については詳しい研究を行っている一方、供犠それ自体にはさほど力を入れておらず、儀礼的なものは、氏族相互、あるいは他の部族との何かの事物のやりとりに置き換えた、とされています。供犠そのものに注目すると、どうしても神に対する人の距離感・一体感のような、構造化しにくい話が出てくるからです。

先ほどのベルクソン主義者の観点から見ると、「動物になる」ということも見えてくる、と論を進めます。吸血鬼が一八世紀

構造主義

人間の言語や社会生活の様式は無意識のレベルで「構造」によって規定されているという立場。構造主義自体では生成変化が説明できない。

半ばに話題になったことを構造主義ではどのように説明できるか、という話をしています。

そこで、先ほどのベルクソン主義者の思い出が出てきます。構造主義の立場だと、生成変化が説明しにくいということでしたね。

> なぜなら、生成変化の存在を否定しないまでも、少なくともその価値を貶めるところに構造主義の本領があるのだ。諸関係の照応では生成変化は成り立たないのだから、それも当然だろう。したがって、一社会をあらゆる方向に突き抜ける生成変化に遭遇したとき、構造主義はそこに、真の秩序から逸脱した、通時態の偶発時に属する劣化の現象を見ることになる。

構造主義は、自然界に見出される客観的な構造をモデルにして、社会も構成されているという理論なので、生成変化とは相性が悪くて当然ですね。一般的に、ポストモダン系の思想で、構造主義とポスト構造主義が分かれるのは、このポイントをめぐってだとされています。『アンチ・オイディプス』は、フロイト＝ラカンの家族をめぐる構造主義を軸に、構造の硬直性と、それが分子的に解体する可能性を論じたわけですが、『千のプラトー』、特にこの箇所では、文化人類学的な視点からそれが問題になっているわけです。ごちゃごちゃした分かりにくい書き方になっていますが、その意味で、この本の最も肝心なところだとも言えます。

> しかし、レヴィ＝ストロースの場合も、その神話研究の過程では、人間が動物に〈なる〉のと同時に動物も何かに〈なる〉というすばやい行為にたえず遭遇していたはずだ。

確かに、レヴィ＝ストロースが研究した神話では、人間が動物になったり、動物が別のものになる、皮を脱ぐなどして人間の姿になる、といったことがしょっちゅう起こります。レヴィ＝ストロースはそこはスルーして、動物のやることを、現実の人間集団が社会を創設したり、維持したりするためにやっている交換行為に読み替えるわけです。

> 分類の枠組となる神話は、生成変化を受けとめる能力をほぼ全面的に欠いているということを認め、生成変化はむしろコント〔奇譚〕の断片だと考えるべきではないのか？　デュヴィニョーの仮説を認めるべきではないのか？　彼の

> 主張するところでは、いわゆる「アノミー〔無秩序〕」の現象があらゆる社会を貫いている。そしてこれは神話的秩序の劣化ではなく、さまざまな逃走線を引き、神話の表現形式とは異なって、別種の表現形式をそなえた還元不可能なダイナミズムなのだ。たとえ神話によって新たな表現が回収されるにしても事情は変わらない。一方には供犠と系列、もう一方にはトーテム制度と構造――この二つのモデルとは別に、秘密に包まれ、地下深く隠されていたものがあるようだ。それこそがつまり神話や儀礼を離れ、コント〔奇譚〕にみずからの表現を見出す魔術師とその生成変化ではないのか？

第8プラトーでは、「一体何が起きたのだろう」という問いを中心とするヌーヴェルと対比するために、〈これから何が起こるのだろう〉をめぐるコントが引き合いに出されただけで、コントについて掘り下げて論じられていなかったですが、ここでは、「コント」を、その社会に根本的な「生成変化」、アノミーをもたらすものとしての「魔術師」と結び付け、その「魔術師」の行為を儀礼的なものとは別に捉えているわけです。伝統的な「供犠－系列」モデルでも、構造主義的な「トーテム制度－構造」モデルでも説明できない、もっと深い、社会の底に地下茎のように根を張っていて、時として存在の地平を一気に解体させる、生成変化をもたらすものの現れと見るわけです。通常の「神話」が二つのモデルのいずれかのレベルに対応しているのに対し、「コント」の主役は、首長でも祭司でもなく、周縁的な存在である「魔術師（魔法使い）le sorcier」であるわけです。ジャン・ドゥヴィニョー（一九二一－二〇〇七）は、フランスの作家・文化人類学者で、参照しているのは『アノミー』（一九七三）という著作です。

博物学と進化論の対比から話が始まっているので、「生成変化」も「進化」の一種のような気がしますが、「生成変化は進化ではない」と言っていますね。

> 最後に、生成変化は進化ではないということ、少なくとも血統や系統にもとづく進化ではないということだけは明確にしておかなければならない。生成変化は系統によっては何ひとつ産み出さない。あらゆる系統は想像力の世界に属するからである。生成変化は常に系統とは別の序列に属している。

進化論的な意味での「系統 filiation」も、「想像力の世界に属する imaginaire」というのは理解しにくいですが、恐らく、「進化」とか「系統」が想像力によって進行するということを言っているのではなく、そうした「系統」は、人間が相似や模倣に関する想像力を働かせて再構成されたものにすぎず、「生成変化」はそうした人間の想像力の範疇を超えたところで生じる、ということでしょう。

> 生成変化の序列は〈同盟〔縁組〕〉なのである。進化にも真の生成変化が含まれるとしたら、それは等級と界を異に

> し、いかなる系統的つながりももたないさまざまな存在を巻き込む広大な共生の領域での話である。たとえば、雀蜂と蘭をとらえる生成変化のブロックがある。しかし、両者の結合から混血の〈雀蜂－蘭〉が生まれることはありえないのだ。猫と狒狒をとらえる生成変化のブロックがあって、その同盟にはC型ウイルスが関与している。若い根と特定の微生物のあいだに生成変化のブロックがあらわれることもあるが、その同盟には葉の中で合成される有機物質が関与している（リゾーム圏）。

異なる系統に属するもの同士が「共生 symbioses」することを通して、それぞれが相手を前提にして生成変化するわけですね。共進化ですね。雀蜂と蘭のように、違う系統に属するものが環境の中で隣り合うことで、共生が始まるわけですが、それぞれの種に、ここまで進化したら、この種と共生するというようにプログラムされているわけではなく、ここまで進化したから、ここでこの種と共生し始めるというように想像力で予測することもできないでしょう。

　面白いのは共進化にウイルスが関与しているという点ですね。ここで「C型ウイルス」と呼ばれているのは、一九七一年にヒトで初めて発見されたレトロウイルス、当時、「C型レトロウイルス」、現在「RD－114ウイルス」と呼ばれているもののことでしょう。レトロウイルスというのは、自らのRNAからDNAへの逆転写を行うことで、自らのDNAを宿主のDNAに安定的に組み込むことのできるウイルスのことです。すぐに、このウイルスはもともと猫のレトロウイルスであったこと、更には、アフリカに棲息する狒々も同種のウイルスを持っていることが分かり、最終的に、地中海沿岸でネコ属と狒狒属が同じ地域に棲息していた一〇〇〇万年から六〇〇万年前くらいの間に、狒狒からネコに感染したウイルスが、人間に感染するRD－114になったということが七〇年代に明らかになりました。ドゥルーズたちは、当時としては比較的新しかったウイルス学の成果に注目して、狒狒－猫－ヒトのDNAの変化が、このウイルスを介して連動していた可能性があると考えたのでしょう。

　ウイルス、特にレトロウイルスによって私たちの内に、他の動物由来のDNA配列が多く入り込んでいて、それが進化にも影響を与えているかもしれない、というのは今では比較的よく聞く話ですね。コロナ・ウイルスの関係で、感染症に関連した本や論文で一般に読めるものが量産されていますが、感染症の媒体になるウイルスや細菌は、少なくとも、しばらくの間は宿主と共棲します。あまりにも強烈に増殖して、宿主の体内バランスを破壊して一気に殺してしまうと、自分たちも繁殖できないで死んでしまうので、変異が続くうちに、すぐに殺さないで、共生し続けるようなタイプのものだけが残されます。人間の側も、彼らと共棲できるような体質の人が生き残ることになります。私たちの体にはもともと、ものすごく多くの細菌やウイルスが住んでいて、中には、DNAの塩基配列やミトコンドリアのような形で完全に私たちの一部になっているものもあります。体内の細菌やウイルスには、悪玉やほとんど影響を及ぼしていないものもありますが、ヒトという生命体が生きるうえで不可欠の役割を担っているものもあります。

コロナの影響で読まれている本は、ペストとかコレラとかスペイン風邪とか、過去に大流行した感染症に対する社会的影響を扱かったものが多いですが、マクロな歴史に関する著書の多い、カナダの歴史家ウィリアム・マクニール（一九一七－二〇一六）の『疫病と世界史 Plagues and Peoples』（一九七六）では、人間がどこそこの土地に進出し、そこを開拓して農地や都市にしたり、交通の要衝にすることで、生態系が変化し、そこの動物に寄生していた細菌やウイルスが、人間に感染して、感染症を引き起こすものに変化し、それが、脅威を感じた人間の側の生活・居住形態、経済活動、貿易・医療体制の変化、住民の体質自体の変化、それに伴う周辺地域の更なる生態系の変化をもたらし、その変化が拡大する時間差が、文明間の関係を変更する。そうした複合的でダイナミックな関係がシルクロードや新大陸の征服、帝国主義等に即して論じられていきます。ドゥルーズ＋ガタリがこれを読んでいたか分かりませんが、原書の出版は一九七六年なので、直接読んではいなくとも、この類の話や議論を意識していてもおかしくはありません。C型レトロウイルスとネオ・ダーウィニズムの関係を意識していたくらいですから。

群れ

> ある魔術師の思い出、その一。——動物への生成変化には、いつも群れが、徒党が、個体群が、群生が、つまり一言でいうなら多数多様体が関係している。われわれ魔術師は、昔からそれを熟知している。われわれとは別の、しかもそれぞれに大きく異なる立場からは、動物についてまた違った考え方ができるかもしれない。種と属、形態と機能など、動物にそなわったある種の類別的特徴をとりあげたり、それを抽出したりすることが可能だからである。〔…〕系列的思考や構造主義の場合でも、やはり類別的特徴をとりあげて、あるときは類似にもとづいてこれを段階づけ、またあるときは差異にもとづいてこれを秩序だてる。動物の類別的特徴は神話的にも、科学的にもなりうるのだ。しかし、われわれはそのような特徴には興味がない。われわれは、普及、伝播、占拠、伝染、群生の様態に興味をもつのである。われは無数なり。フロイトの狼男は、彼を見つめる狼の群れに魅入られている。

「魔術師」が出てくるのは、先ほど見たように、動物などへの「生成変化」は、共同体にとって周縁的な存在である魔術師の領分だからでしょう。第2プラトーの「狼男」が見た狼の複数性、群れ性の話ですね。狼が父親の象徴なら一匹のはずだけど、夢の狼は常に複数、フロイトは何故狼が複数だということに注目しないのか、と疑問を呈していましたね。系列的思考や構造主義が、動物の「類別的特徴」に注目するという話と、この群れ＝複数の話は別次元のような気がしますが、恐らく言いたいのは、動物への「生成変化」において重要なのは、厳密にどういう種類の動物になるのかではなくて、「群れ」的な在り方をすることだ、ということでしょう――率直に言うと、こういう話にすると、「動物に成る」ことのハードルがかなり下がりますね。

ベルゼブルは悪魔だが、無数の蝿たちの王であればこそ悪魔なのだ。狼は最初から一個の類別的特徴なのでも、いくつかの類別的特徴をとりまとめたものでもなく、狼の群れなのである。シラミもまた、シラミの群れであるように……。

要するに、群れとして存在することを本質とする動物がいるということですね。蝿魔王ベルゼブルは悪魔関係の本でよく出てきますね。蝿というのは、群れとして存在するものとしてイメージされますね。ベルゼブルは旧約聖書に異教の神として、新約聖書では、悪霊の頭として登場しますが、新約聖書には、ラテン語で「群れ」あるいは「軍団」という意味の〈legion〉と名乗る悪霊が登場します。「レギオン」と名乗るのは、「たくさん」いるからだと説明します。イエスが、「レギオン」にこの人の体から出ていけと命じると、「レギオン」は、代わりに、豚の群れに取り憑かせてくれと頼み、二〇〇〇匹の豚の腹に入って断崖に向かって暴走します。

一六三頁にラヴクラフトのクトゥルフ神話に属する『銀の鍵の門を越えて』が言及されていますね。「群れ」というテーマの延長で、「多様体 une multiplicité」は自分の外にあるのか内にあるのか、と論じる文脈で言及されているわけです。

ラヴクラフトはランドルフ・カーターの身の上を語っているが、カーターはおのれの「自我」がゆらぐのを感じとり、消滅の恐怖よりもさらに大いなる恐怖を経験している。「カーターの姿形は人間であり、また非人間であり、脊椎動物であり無脊椎動物であり、動物であり植物であり、意識をもつこともあれば、意識をもたないこともあった。さらには地球上の生命と共通するところなど微塵もなく、惑星や銀河の彼方、別の宇宙的連続体に属する惑星系の彼方を疾走するカーターたちがいた。（……）虚無に沈んでいくなら安らかな忘却が訪れるだろうが、自分の存在を意識しながら、自分はもはや他の存在と区別される明確な存在ではないことを知り」、われわれを貫くすべての生成変化と区別しがたいということを知るのは「筆舌に尽くしがたい恐怖と苦悶の極致である」。

銀の鍵で門を開けたカーターは、時空を超えて、いろんな場にいる多数の自己を感じ、その自己の範囲が、かつての人間としての自己の範囲を超えて、非人間の存在たちも、自分の一部と感じるようになります。「自我 moi」の統合性が解体して、宇宙的連続体と一体になっていくというよくありがちなイメージのようですが、ポイントは梵我一如のような感じで一体になるということではなくて、自分と他者との境界線があやふやになり、自分の本体があるとして、それが本当はどこにあるのか分からない、そのため、「私」は一人であると数えることができなくなった、ということでしょう。例えば、現時点で私の身体に組み込まれているウイルスも私と遺伝子を共有しているので、私の一部と考えるのであれば、私は地球全体に、何十億年も存在してきたし、これからも存在し続けることになるでしょうし、私を構成している原子や電子の単位で考えれば、宇宙全体に広がっていることになります。東宝のホラー映画『マタンゴ』（一九六三）は、無人島に漂着した人たちがキノコを食べると、次第に全身がキノコ化して、キノコ人間になっていくという設定ですが、マタンゴになりかけの人間も、単独の菌の状態で点在するマタンゴも、菌糸と遺伝子で生命体として繋がっていると考えれば、一体いくつ存在するのか分からなくなりますね。あるいは、最近のSFでよくあるように、意識をAIにアップロードして、AI内の情報ユニットとして存在することが可能だとしたら、私はどこに存在するのか、コピーされた分だけ存在するのか、あるいは、「私」の名によるコマンドが実行できる端末があるところ全てに存在することになるのか。ドゥルーズたちは、そういう風に、私が多様体化、複数化している状態を想定しているのでしょう。

次に、オーストリアの作家のホフマンスタール（一八七四―一九二九）の『チャンドス卿の手紙』（一九〇二）という書簡形式の作品に言及していますね。これはチャンドスという名の架空の文人が、フランシス・ベーコン（一五六一―一六二六）に宛てて書いたという想定になっていて、自分が事物を表現するための言葉の虚しさ、言葉が事物をちゃんと捉えておらず、書かれるべき言葉が文字から逃げ去っていくような感じがして、私はもう書けないとしつこく告白します。これは、言語の限界をめぐる哲学的議論と文学理論の境界領域のテクストとしてよく参照されます。その中でネズミの群れの話が出てきます。

> ホフマンスタールは、というよりもむしろチャンドス卿は、断末魔の苦悶に喘ぐ「ねずみの群れ」を前にして、何かに魅入られたような状態に陥る。そして彼の内面で、彼を貫き、ぐらついた自我の間隙をすりぬけて「ねずみの魂が非情な運命に牙をむく」のだ。これは憐憫の情ではなく、自然に反する融即である。

これは、チャンドスが自分の酪農場で、牛乳の保管場所で、ネズミを殺すための毒薬を撒いておくように命じた後、馬で出かけた時の話です。彼は、ネズミたちが苦しむ様子を思い浮かべます。その情景、自分の子供たちが死んでいくのを見つめる母ネズミの様子などを思い浮かべます。普通に考えれば、ネズミの断末魔をちょっと想像したのをきっかけに、それを自我が崩壊しかけている自分の危うさと重ね合わせてしまって、想像力が悪い方に暴走したということになるでしょうが、ドゥルーズたちは「何かに魅入られたような状態 fascination」と見ているわけです。自我が次第に解体して、群れに「成る」という言い方をすると、大自然と融合していくような、梵我一如的なイメージを抱きがちですが、チャンドス卿のネズミの群れはむしろその逆で、運命への反逆が、「群れ」的なものを生み出している感じですね。「憐憫の情 pitié」というのは、この場合は、自分の仕掛けた毒に苦しむことになるネズミの運命への憐憫ということでしょうが、チャンドスが、想像上のネズミに対して抱いているのは、そういうものではなく、むしろ、「自然に反する融即 participation contre nature」、つまり、自分自身が崩れていくことの寓意であるように見えるので、本当なら見たくない、拒絶したいのだけど、ついつい引き寄せられ、それと一体であるかのように感じるようになる対象ということでしょう。嫌悪感を覚えるものほど、自分自身を映し出しているように見え、不快だけど、それに関心が引き寄せられてしまい、目が離せない。

> そのとき彼の心に奇妙な命令が生まれる。書くのをやめるか、それともねずみのように書くのか、そのどちらかを選べというのだ。作家がれっきとした魔術師たりうるのは、書くことが一個の生成変化であり、ねずみへの生成変化、昆虫への生成変化、狼への生成変化など、作家への生成変化とは異なる不可思議な生成変化が書く行為を貫いているからだ。

「作家」を「魔術師」の一種と見ているわけです。本当の意味で「書く」ことは、自我を解体させて、群れ的な存在、多様体にしようとする力と、それに抗いながら、魅せられてしまう自分の闘いの帰結であるということでしょう。カフカの作品には、『変身』のように、自分が虫などの動物になるという話がありますが、ネズミやジャッカル等の動物の群れが出てくるものもいくつかあります。「群れ」というのは、もはや自己完結した意識を持った個であり続けることはできない、ということの裏返しでしょう。

　フランス系の現代思想でよく名前が出てくるアルゼンチンの作家・批評家のボルヘス（一八九九－一九八六）も言及されています。

> 過剰なまでの教養をもって知られるJ・L・ボルヘスでも、少なくとも二冊の書物は不首尾に終わっている。美しいのは題名だけだ。一冊目は『汚辱の世界史』。魔術師は〈まやかし〉と〈裏切り〉を峻別していたのに、ボルヘスにはこの初歩的な違いが見えていなかった（そこにはすでに動物への生成変化があり、それが裏切りの側に属しているということは当然だったにもかかわらず）。それから第二の失敗作は『幻獣辞典』だ。ボルヘスは神話についてちぐはぐで生ぬるい考え方をしているばかりか、群れの問題

> をことごとく排除し、人間に関しては、群れの問題に対応する動物への生成変化を度外視している。「われわれはこの辞典から、ロビンソンや狼人間など、人間存在の変形にかかわる伝説を意図的に除外する。」ボルヘスは性格にしか関心をもたない。それが最も幻想的な性格であったとしても同じことだ。これに対して魔術師は、狼人間は集団であり、吸血鬼も集団であるということ、またそうした複数の集団がたがいに相手の中に入り込んで変形していくということを知っている。

〈まやかし la tricherie〉と〈裏切り la trahison〉の違いは、第5プラトーにも出てきましたね。第5では、〈tricherie〉は「欺瞞」と訳されていました。簡単に言うと、前者がシニフィアン的支配体制に縛り付けようとする専制君主の働きをサポートするのに対し、後者は、神＝君主から顔を背け、シニフィアン的連鎖から離脱していくように作用するわけです。『汚辱の世界史』（一九三五、五四）は、世界の悪党やアウトローについての興味深い話を集めた短編（cuento）集で、悪役としての吉良上野介（一六四一―一七〇三）をめぐる話も収められています。ドゥルーズたちが特に注目したのは、「魔術師 el brujo」が登場する「待たされた魔術師」という話でしょう。サンティアゴに住んでいたある「司祭長 deán」は、「魔法 el aret de la magia」を習いたいと常々考えていて、高名な魔法使いであるドン・イリャンに会いに行き、教えを請います。イリャンは、あなたはこれからどんどん出世なさるのを知っていますが、出世したら、私の恩に報いるのを忘れることでしょうと言います。司祭長はそんなことはないと誓います。二人が魔術の本をめくって研究していると、司祭長のもとを使いが訪れ、彼の伯父の司教が亡くなったので、後任に選出されたことを告げます。イリャンはその出世を喜び、あなたの昇進で空いたポストを自分の息子に譲ってほしいと言いますが、司祭長は、このポストは自分の弟に与えることを既に決めており、あなたの息子にはしかるべき地位を用意すると約束しますが、いつまで経っても実行しません。彼は出世を重ね、最後は、法王に選出されます。イリャンは今度こそということで、約束の履行を求めにローマに行きますが、新法王は開き直って、おまえは魔法を教える「魔術師」にすぎないではないか、これ以上しつこくすると、痛い目に遭わせるぞと脅します。そこでイリャンは諦めてスペインに帰るので、帰途の食べ物を恵んでほしいと最後の願いをしますが、法王はそれさえも拒否します。その瞬間、司祭長は目を覚まし、イリャンと一緒に魔術の書をめくっていた場面に戻ります。これは、よく聞くタイプの教訓話ですね。ドゥルーズたちにしてみれば、こんなのは魔術の本質である、シニフィアンを逸脱していく「裏切り」とは正反対のもので、むしろ「欺瞞」の方ではないか、ということでしょう。

『幻獣辞典』（一九五七、六七）は、文字通り、世界中の様々な幻獣を紹介する辞典です。神話や伝説だけでなく、カフカやルイス・キャロル、ウェルズなどからも取っています。その序文で引用にあるように、「人間の変身 transformaciones del ser humano」である「ロビソン el lobisón」や「狼人間 el werewolf」は意図的に排除すると述べられています。「ロビソン」というのは、パラグアイ、アルゼンチンと、ブラジルやボリヴィアに居住するグアラニー族の神話に由来する、半狼・半人間の存在です。植民地化以降、ヨーロッパ産の狼男と次第に混じったイメージになったようです。『幻獣辞典』では、人間が変身するものは載っていないだけでなく、記述において「群れ」という要素も重視されていません。それでは、全然ダメだと言っているわけです。

> 自然に反しての融即、自然に反しての婚礼こそ、あらゆる界を横断する真の大自然である。疫病による、あるいは伝染による伝播は、遺伝による系統関係とはいかなる関係ももたない。たとえ二つの主題が混ざりあい、たがいに相手を必要としあうとしても、両者にはいかなる関係もないのだ。吸血鬼は系統的に発生するのではなく、伝染していくのである。ここに認められる違いは、伝染や疫病が完全に異質な複数の項を動員するという点にある。たとえば一人の人間、一匹の動物と一個の細菌、一個のウイルス、一個の分子、一個の微生物など、たがいに異質な要素を動員するのだ。トリュフのように、一本の樹木と一匹の蝿と一頭の豚が組み合わさる場合もそうだ。発生的でも構造的でもない組み合わせ、界と界のあいだ、そして反自然の融即。ところが大自然というものは、こうして自己に反する形をとるしかないのである。

先ほどのチャンドス卿とネズミの群れの取り合わせのように、系統的に見て全く関係のないもの同士が、反発を感じながらも引き寄せられてしまう場面で、種の違いを超えた共変化が起こるわけですね。こういう言い方をすると、文学的な幻想のように聞こえてしまいますが、ウイルスによる伝染病、遺伝子変異がそうした共生成の端的な現れだというわけです。吸血鬼は確かに疫病と同じように伝染するものですね。B級映画では吸血鬼ファミリーが登場するものもありますが、本来、吸血鬼は生殖ではなく、血を吸って仲間を増やします。吸血鬼が増えるのも、ウイルスのようなものが媒介していると想像することはできます。トリュフそれ自体は地下で育つ菌類ですが、ここで言われている組み合わせは、トリュフが木の根っこの周辺で育つこと、蝿が胞子をくっつけて分散すること、そして、豚の雄がトリュフと同じ匂いを出すので、雌の豚がトリュフ採取に使われること、そのため、トリュフをうまく見つけられるように、森で放牧されながら飼育されるトリュフ豚と呼ばれる豚がいることを指しているのでしょう。

一六九頁で、フランスの神話学者で、「戦争機械」をめぐる第12プラトーでの議論で重要になるデュメジル（一八八九―一九八六）が出てきます。

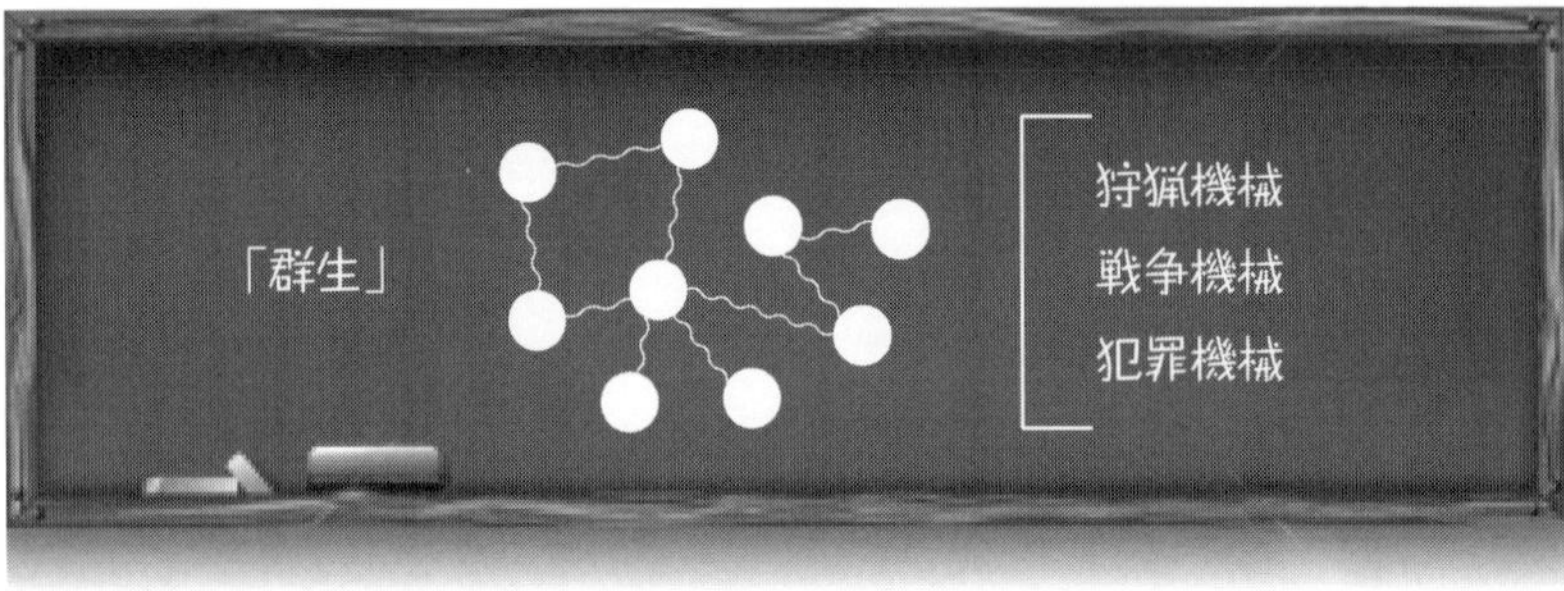

伝染は動物の群生でもあれば、人間の動物的群生が伝播していくことでもある。狩猟機械や戦争機械や犯罪機械は、決して神話では表現されず、ましてトーテミスムではとうてい表現されえない種々雑多な動物への生成変化をもたらす。デュメジルは、そうした生成変化がもともと戦士に帰属するということ、ただしそれは戦士があらゆる家族、あらゆる国家の外部に身を置き、あらゆる系統、あらゆる分類をかきみだすかぎりにおいての話だということを明らかにした。戦争機械は常に国家の外部に位置する。たとえ国家によって利用され、横領されたとしても、戦争機械は国家の外部にあるのだ。戦士には、多様体、迅速、遍在、変容と裏切り、情動の力能を内に含む一貫した生成変化がある。狼ー人間、熊ー人間、野獣ー人間など、考えうるかぎりの動物性を身につけた人間が、さらには秘密の同業結社が、戦場を活気づけるのだ。

「狩猟機械」「戦争機械」「犯罪機械」は、いずれも荒々しいという意味で動物的な感じがしますが、ドゥルーズたちは、ポイントは「群生 peuplement animal」、単独の個でも、固定した組織の一部としてでもなく、あくまでも不確定な「群れ」として生き、行動することだと見ているわけです。これらの機械の特徴である「群生」は、機械に関わってしまった人たちに感染します。ならず者、反逆者のグループに関わると、自分も巻き込まれる可能性がありますね。「群生」が、「神話」では表現されないという時の「神話」というのは、国家や共同体の創設に関わる神話、魔術師や群れと敵対する秩序の神話ということでしょう。「トーテミスム」というのは、先ほど見たレヴィ＝ストロースの議論のように、トーテムとして想定される動物相互の関係、あるいは、彼らが登場する神話を通じて、氏族間の序列や協力関係、お互いの間のしきたりを表象する合理的思考体系としてのトーテミズム、供犠に伴う情念のようなもの抜きの冷たいトーテミズムということでしょう。デュメジルは、インド・ヨーロッパ語族の神話には、祭司階級、戦士階級、生産者集団にそれぞれ対応する三人の神が登場するという説で有名ですが、その内の「戦士階級」の話ですね。戦士は単に勇猛なだけでなく、国家の外部に出て、群れ＝戦争機械を形成する傾向を持っている。

「狼－人間 homme-loup」、「熊－人間 homme-ours」、「野獣－人間 homme-fauve」というのは、具体的には、戦士が狼とか熊などの獣の毛皮をかぶって、その獣になり切ることです。よくアニメとかホラーに出てくるバーサーカー（berserker）、ベルセルク（berserk）はまさにそういう存在ですね。〈berserker〉は古代北欧ノルド語で、一説では、熊の毛皮をかぶった者という意味です。〈berserk〉は、その英語形です。そうした熊や狼に変身する戦士たちの秘密結社＝戦争機械が、戦場を活気付けるわけです。

ある魔術師の思い出、その二。――われわれの第一原理は、群れと伝染によって、また群れの伝染によってこそ動物への生成変化が起こる、というものだった。しかし第二の原理は、これと正反対のことを述べているようにみえる。つまり多様体があるところには必ず例外的な個体が見つかるし、動物に〈なる〉ために同盟を結ぶべき相手はそうした例外的個体にほかならないということ。一頭だけで狼はありえないとはいえ、集団の指導者や群れの統率者も、確かに存在する。あるいは、かつて指導者でありながら、やがて権勢を失い、いまや孤独に生きるもの、つまり隠者が存在する。

動物への生成変化には、例外的な個体と出会って、同盟を結ばないといけない。「群れ」と、今はまだ個としての自分しか意識できない「私」との仲介になってくれるような動物が必要ということです。例として、ウィラードにとってのベン、『白鯨』（一八五一）での、エイハブ船長にとってのモービィ・ディック。

もう一人、動物への生成変化を体現した大作家にカフカがいる。カフカはねずみの集団を描いているわけだが、ねずみの歌姫ヨゼフィーネは、徒党の内部に特権的な位置を占めることもあれば、徒党の外に身を落ち着けたり、徒党の集団的言表に滑り込み、そこに紛れて姿をくらますこともある。これは要するに、あらゆる〈動物《アニマル》〉が〈変則者《アノマル》〉をもつということだ。群れや多様体に組み込まれた動物は必ず変則者をもつということだ。

カフカの『歌姫ヨゼフィーネ』（一九二三）では、ネズミの集団と、ちゅうちゅうと、かすかな声で歌うことで仲間を魅了するヨゼフィーネという歌姫が主人公になります。ヨゼフィーネは、彼女に歌うことに専念してほしい者たちの要望で、労働の義務からほとんど解放されますが、それをヘンに思うものもいて、次第にプレッシャーになっていき、歌えなくなり、やがてみんなの前から姿を消してしまいます。映画・文学作品ばかり引き合いに出しているのは、ずるい感じもしますが、これらの作品における、人間性を失いつつある人物と、標準からはみ出した、例外的な動物が出会うという設定が私たちを惹きつけ

るのは、そこに何か否定しがたいものがあるからでしょう。ドゥルーズたちは「変則的 anomal」であることに焦点を当てます。

「変則的《アノマル》」anomal は廃語となった形容詞で、その起源は「異常《アノルマル》」anormal とは大きく異なるということが指摘されている。「異常《アノルマル》」は名詞形を欠いたラテン語起源の形容詞で、規則をもたないもの、あるいは規則に反するものを指す。それに対して「変則性《アノマリー》」のほうは形容詞形を失ったギリシア語起源の名詞で、不均等なものやごつごつしたものを、さらにはざらつきや脱領土化の先端を指し示す。異常は種や属にかかわる特性との関係において規定されるしかない。しかし変則は、一個の多様体との関係における一つの位置や、位置の総体である。だから魔術師は、群れにおける例外的個体の位置を定めるために、「変則的」という古い形容詞を用いるのだ。動物に〈なる〉ためには、モービィ・ディックやヨゼフィーネのような〈変則者〉と同盟するしかない。

〈anormal〉の方が、「規範」を意味する〈norme〉の形容詞形である〈normal〉の否定形で、「規範＝正常性」から逸脱していることが強調されるのに対し、〈anomal〉は〈ἀνώμαλος (anṓmalos)〉というギリシア語の形容詞に由来します。このギリシア語は、「平らな」とは「滑らかな」という意味の〈ὁμαλός (homalós)〉の否定形なので、「ごつごつしている」とか「ざらざらしている」といったニュアンスがあるわけです。〈anormal〉で示される、「標準／逸脱」という二項対立図式ではなく、〈anomal〉で示される、存在平面自体をざらざらとした、不安定なものにしていくこと、どこに境界線があるか分からないようにしていくことが肝要だということでしょう。

ペンテジレーアにも触れていますね。先ほどお話ししたように、クライストが設定した世界では、アマゾンは女たちだけの王国なので、彼女たちは子供を産むために、戦場で男たちと戦い倒して捕虜にして連れ帰ることになっています。どの戦場で、どこの国と戦うかは、アルテミスのお告げで指定されます。女王ペンテジレーアは二三歳の時に、トロイと戦っているギリシアの男たちの中から、つがいになる男を捕らえよ、という軍神マルスのお告げを与えられます。それでギリシア勢と戦いに行くのですが、アキレスと向き合った時、いきなり身体が硬直します。アキレスに魅せられてしまったわけです。アキレスの方もペンテジレーアに魅せられてしまいます。普通の感覚だと、戦場での一目ぼれ、ラブコメディですが、それによって双方の陣営の戦略に狂いが生じてきます。クライストの描くアマゾンの世界では、戦士もある特定の男に固執してはならないという掟があるようです。ペンテジレーアがアキレスとの戦いに固執し、負けたことを認められず、戦いを挑み続けることで、アマゾンの軍＝群れ自体が、今の言い方だと、anomal になっていきます。自分がどういう状態か分からなくなっているペンテジ

レーアをかばうために、アマゾン軍は窮地に陥り、アキレスとの妥協を強いられます、
　アキレスを擁するギリシアも、anomalなものを抱えることになります。ホメロスの『イリアス』を読めば分かりますが、ギリシア勢は一つの統一国家の軍隊ではなく、連合体です。アガメムノンが総大将ですが、各地の領主が自発的に集結した連合体なので、命令系統が確立されてはいません。アキレスは、戦利品の分け前をめぐってアガメムノンと対立し、一時、陣営を離れます。クライストが描くギリシア勢は、少し違っていて、部分的に、軍事法制が整った近代的な軍事国家のような感じで描かれていますが、圧倒的に強いアキレスは比較的自由に振る舞っている感じです。アキレスがペンテジレーアとの戦いにのめり込んでしまうと、全体の戦略に影響があるので、オデュッセウス等は止めようとしますが、聞きません。アキレスは〝国家〟の論理ではなく、自分を捕えようとする強い女を、逆に自分の獲物にしたいという、戦士としての論理に動かされています。
　アマゾン族はギリシア勢から見ると「群れ」のようなものです。そもそも領土を取り合っている戦場に男狩りに来ること自体がおかしいのですが、その中でも特にペンテジレーアは一人の男アキレスに固執し、どんなことがあっても勝負に勝って自分のものにしようとする、anomalな存在です。
　クライストの『ペンテジレーア』では、一騎打ちでアキレスが勝ち、ペンテジレーアは倒れて脳震盪のようなものを起こしているので、捕虜にして連れ帰ろうとするのですが、ペンテジレーアの側近が「それを知らせたら彼女は死を選ぶので、あなたが負けたことにして下さい」と請うので、アキレスも最初は芝居をして負けたことにしたのですが、ギリシア勢が押し寄せてきて、芝居を続けられなくなり、アキレスは、「お前は俺の捕虜だ」とばらして連れ帰ろうとします。そこでアキレスはペンテジレーアに再度果たし合いを挑み、わざと負けてやって、アマゾンの土地に連れていかれてやろうとしました。それが、最終的悲劇のきっかけになります。アマゾンの国は黒海の沿岸にあります。ちなみにその一四世紀にヨーロッパで大流行した黒死病の発祥の地は、クリミア半島だと言われています。途中で本当は自分が負けたことを知って錯乱気味になったペンテジレーアは、復讐するといきり立ち、狂暴な犬の群れや象を従え、当時の「戦車」は馬に引かせる簡単なものですが、その車輪に鎌を付けた、鎌付きの戦車でアキレスを襲います。普通に考えると、鎌付きの戦車も犬も、軍隊同士が本気でぶつかった時には邪魔になるだけです。それに、普通の戦争をする時に犬を連れていても意味がありませんが、ペンテジレーアは犬と象と鎌付きの戦車で武装します。アキレスは自分たちの間には「愛」があるので、本気で向かってこないだろうとたかを括っていたら、ペンテジレーアがそのような武装で来たのでびっくりします。そうこうしているうちに、ペンテジレーアがいきなり弓を

射ったのでアキレスは喉をやられます。喉に矢が刺さったまま逃げ回っている間にペンテジレーアが犬と一緒にアキレスに噛み付いてきて、最後には心臓をえぐる。

冗談のようですが、ドイツ語でキスのことをküssenと言います。噛み付くことはbeißenなので韻が合います。戯曲の中でそのことが言及されています。更に言えば、ü(U-Umlaut)は方言によってはほとんどiと同じ発音になる場合があります。南西方言だとその傾向が強いです。枕のことをKissenと言いますが、古い綴りではキスと同じ綴りKüssenになります。クライストはわざと枕を古い綴りにしています。それで、［küssen ― bissen ― Kissen］の間の関係を強く示唆している

ペンテジレーアも死ぬのですが、最後のシーンがまさに犬と一緒に生成変化を遂げているわけです。それが、「ペンテジレーアは群れの掟を破り、女の群れ、牝犬の群れを離れることになる」の意味です。自分がアキレスを殺したことを知ったペンテジレーアは、最後は犬たちとも別れて、一人で死にます。ペンテジレーアがその意味で犬に〈なり〉、エイハブ船長は「鯨」になります。『白鯨』のラストでは、エイハブ船長はロープでモービィ・ディックに縛り付けられたまま海底に引きずり込まれていきます。モービィ・ディックを倒すことが目的なのか、それとも一体になりたいのか分からない。そのようなアノマルなセットが出来上がり、お互いに生成変化していく。一七四頁を見ると、「モービィ・ディックは個体でも類でもなく、ボーダーだ la bordure」と言っていますね。

魔術師は、野原や森の境界で、常に変則者の位置を占めてきた。魔術師は境目に出没するのだ。魔術師は村のボーダーに、あるいはまた村と村のあいだにいる。重要なのは、魔術師が同盟や契約と親近性をもち、これによって系統関係とは逆のあり方を得ているということだ。変則者との関係は同盟の関係なのである。魔術師は、変則者の力能を体現する悪魔と同盟の関係にある。

「魔術師」が召喚する「悪魔 le démon」を、ボーダーに位置し、ボーダーを変動させる anomal の力の化身と見ているわけです。メフィストフェレスは、ファウストの前に、最初はむく犬の姿で現れます。

一七九頁で、「戦争機械」とは、「動物への生成変化」の機械を持つと述べています。

まず、戦争機械に組み込まれた動物への生成変化。ここにはあらゆる種類の野獣―人間がいる。しかしほかでもない。戦争機械は〈外〉からやってくるものであり、戦士を変則的力能としてあつかう国家の外部にとどまるのだ。次に犯罪結社における動物への生成変化。つまり国家が局地戦や部族間の戦争を禁じたとき、豹―人間や鰐―人間があらわれる。それから、暴徒の集団における動物への生成変化。これは、教会権力や国家権力が、魔術の成分を含む農民運動に直面し、これを鎮圧すべく、悪魔との契約を告発する

ための法廷と法規のシステムをうちたてる場合に顕著な現象だ。

戦士たちと犯罪結社の共通点として、「群れ」に加えて、動物に変装するという点を指摘していますね。教会や国家に反逆する暴徒の集団が、悪魔と契約を結んでいると告発されると、悪魔と同じように、動物的な本性を持っている存在としてイメージされることになります。

一八一頁で、「ある魔術師の思い出、その三」が始まります。そこで、「動物への生成変化」は中間地帯にすぎず、過大評価してはならない、と述べられていますね。「その手前には女性への生成変化や子供への生成変化が見られる」。そして、中間地帯を越えた先には、細胞、分子状態、「知覚しえぬものへの生成変化 des devenirs-imperceptibles」があるということですね。これは、ラヴクラフトの小説のテーマです。生成変化によって生じる群れや多様体は、相互に移行し合うことがあるようです。一八二頁で「狼人間は死んでしまうと吸血鬼に変わる」と述べていますが、ブライアン・J・フロストというオカルトの研究家が、『狼男の書』（一九七三）というアンソロジーの序文で東欧にそういう言い伝えがあると述べています。

［…］個々の多様体が、共生するたがいに異質な項によって構成されていると考えても、あるいは個々の多様体はその閾と戸口に応じて他の一連の多様体に入り込んで休みなく変化していると考えても、結局は同じことなのだ。

これは分かりますね。いくつもの多様体があって、それらがウイルスのようなもので媒介されていると考えても、複数の多様体に見えるものが実は繋がっていると考えても同じことだというわけです。リゾームですね。一八八頁で、「存立平面」は全体として「リゾーム圏 Rhizosphère」をなしている、あるいは、直接見えない抽象機械によって様々な機械やアレンジメントが繋がっている「機械圏 Mécanosphère」であると述べています。

スピノザ主義者の思い出

一九〇頁で、ヴァージニア・ウルフ（一八八二―一九四一）の小説『波』（一九三一）に言及していますね。

『波』の中で、みずからの人生と作品を一つの移行に、一つの生成変化に仕立てあげ、しかもさまざまな年齢や性別、四大元素や界のあいだにありとあらゆる生成変化を作りだしたヴァージニア・ウルフは、バーナード、ネーヴィル、ルイス、ジニー、ローダ、スザンヌ、そしてパーシヴァルという七人の人物を混ぜ合わせている。ところが、これらの人物がみな、それぞれの名とそれぞれの個性をもちながらも、一つの多様体を指し示しているのである。

この七人のうち、不在のパーシヴァルを除く、六人による独り言か会話になっているのかよく分からない「 」に入った台詞が、ト書き的な接合部を時々短く挟むだけで、連なっていきます。六人が人生の節目節目で遭遇した共通の思い出に言及しているのは分かるけど、前の人物の言ったことに直接応答せず、異なった角度から話をしているので、嚙み合っていません。ただ、共通の思い出を軸に共鳴し合っている感じは出ています。場を共有している複数の登場人物が、それぞれ勝手にしゃべっているように見えながら、身体的に影響を与え合っている、前衛劇のような感じです。ト書きのような部分は、岸辺に打ち寄せる波の様子と、太陽の動きを中心に、この人たちの声が、一つの多様体の異なる局面を表している、あるいは、緩いリゾーム的な連結を形成しているような様相を呈します。

このプラトーで、「あるベルクソン主義者の思い出」とか「魔術師の思い出」など、異なった立場の人の「思い出」が次々と出てくるのは、『波』のように、一繋がりの多様体から発する複数の声のような雰囲気を出したかったからでしょう。

「ある神学者の思い出」では、最初に、神学は人間が狼になる、「狼人間 loups-garous」の存在を否定する一方で、悪魔と魔女の契約はリアルなものだと認める、ということが述べられていますね。キリスト教的秩序を守ろうとする神学的思考は、生成変化を認めないように見えて、実は大きな抜け道を作っているわけです。悪魔が動物の体に「のりうつる assumer」ことはあるわけですね。そういう現象に対する異端審問が行われたわけですから。これらとは別の問題として、錬金術をめぐる問題も言及されていますね。事物には、その類に属するものである限り、必ず決まった仕方で備わっている「本質的形相 less formes essentielles」と、状況や環境によって、多かったり少なかったりする「偶然的形相 les formes accidentelles」があり、どのような度合いや強さの「偶然的形相」が集まるかによって、個々の事物の「此性 Heccéité」が形成される。これはスコラ哲学・神学の議論ですが、ドゥルーズたちは、「偶然的形相」の様々な結合によって「此性」が形成されると認めるのは、悪魔が取りつくことによって、奇形が生じる余地を認めることは、大差ないと示唆しているわけです。

一九二頁に、「スピノザ主義者の思い出、その一」がありますね。この講義の三回目にお話ししたように、ドゥルーズがスピノザに強い関心を持って、研究していたのはよく知られています。スピノザは、万物は神のすべての様相である、全ては、神という一つの実体であり、我々も他の様々な事物も、神の現れである、という見方をしました。

——本質的形相、あるいは実体的形相の考え方については、実にさまざまな批判が加えられてきた。だが、スピノザによる批判は徹底をきわめている。つまり、もはや形相も機能ももたない、したがってその意味では抽象的な、しかし完璧な現実性をそなえた要素群にたどりつこうというのである。要素群は、運動と静止、遅さと速さによってのみ相互に区別される。これは原子ではない。いいかえるなら、いまだに形相をそなえた有限の要素ではないのだ。際限なく分割されうるものとも違う。スピノザの考えた要素群と

> は、一個の現実的無限を構成する究極の、無限小の部分であり、これが同一の平面上に（存立、または構成の平面上に）広げられているのだ。こうした無限小の部分は数によって規定されるものではない。あくまでも無限個を基準にしているからだ。無限小の部分は、それが関与する速さの度合や、運動と静止の関係に応じて、なんらかの〈個体〉に帰属し、この〈個体〉自身もさらに複雑な関係のもとで別の〈個体〉の部分となりうる。そしてこれが無限に続いていくわけだ。

「要素群 des éléments」というあまりスピノザっぽくない用語が出てきますが、これは神の「属性 attributus」が変容したものである「様態 modus」、つまり普通の言い方をすれば、個別に存在する事物のことを言っているのでしょう。それらが展開している、「同一の平面 un même plan」「存立、または構成の平面 un plan de consistance ou de composition」、あるいは、それらの要素群によって構成される「一個の現実的無限 un infini actuel」が、「神＝実体」に相当するのでしょう。「要素群」＋「無限」という言い方は、スピノザというより、微積分法の発見者であるライプニッツの「モナド」論のような感じがしますが、「モナド」とは違って、分割されてはっきりとした輪郭を与えられるのではなく、その都度の運動の状態によって存在することになったり、ならなかったり、どの要素がどこの〈個体 Individu〉に属するかも変動します。全ての要素が波として繋がっていて、それが神＝実体という感じですね。あるいは、単なる波ではなく、〈個体〉的な性質を示すことからすれば、量子が宇宙全体に広がっていて、その広がりが神である、というイメージで考えればいいかもしれません。

一九四頁で再び生物学者キュヴィエとジョフロワ・サンティレールに触れています。

> キュヴィエとジョフロワ・サンティレールの果てしない論争。感覚的・想像的な相似や類似を告発する点では、少なくとも二人の意見が一致している。だがキュヴィエの場合、科学的な決定は、器官相互の関係と、器官と機能の関係とに重点を置くものだった。つまりキュヴィエは類似を科学の段階に移行させ、これを「比例関係にもとづく類似」にまで高めたわけである。キュヴィエによると、平面の統一性は類似によるもの、したがって超越的なものでしかありえず、しかもこの統一性を実現するには、異質で超えがたく、また還元不可能な構成にしたがって、それを別々の分枝に細分化するしかないという。ベーアがこれを補足している。平面の統一性は通じあうことのない発展と分化のタイプにしたがって実現されるのだ、と。そのような平面は、それが構造であれ、発生であれ、あくまでも隠された組織の平面である。ジョフロワの観点はこれとまったく違う。器官と機能を超えて、彼みずから「解剖学的」と形容する抽象的要素に向かい、さらには種々雑多な組み

> 合わせに入り、速さと遅さの度合に応じて一定の器官を形成したり、一定の機能をになったりする純粋な素材としての微粒子にまで達しているからだ。構造の形態ばかりか、発展のタイプまでが、ここでは速さと遅さ、運動と静止、遅れと早さに従属させられたものとしてある。

キュヴィエは、感覚的な類似に基づいて諸事物を世界の秩序の中に位置付けることは否定し、「比例関係に基づく類似＝構造」という観点から、諸事物の間の相関関係を考え、構造の法則に従って出来上がっている世界＝存立平面をイメージしたわけです。このキュヴィエの平面が「超越的 transcendant」でしかありえないのは、全然異なる種の体の作りが比例関係にある理由に説明が付かず、神によって予めそう定められているとしか言いようがない、ということでしょう。しかも、外見や生きる環境がかなり違う、異質な生物の間の、比例関係を抽出することになるので、存立平面上に、どういう風に繋がっているのかよく分からない、様々なタイプの構造が並ぶ感じになります。ベーアの補足というのが分かりにくいですが、これは少なくとも脊椎動物は、種が異なっていても、胚の段階ではよく似ていて相互に区別が難しいが、個体の発展と共に次第に、外見上の違いがはっきりしてくる、というベーアの法則のことを言っているのでしょう。

　そうした「構造」を重視するキュヴィエやベーアに対して、ジョフロワは、生物を構成している、抽象的な機能や微小な部分、先ほどのスピノザに関する記述で言えば、「要素群」に注目した、ドゥルーズ＋ガタリ自身の用語では、分子レベルの生成変化に目配せしていた、ということになりそうです。

> すべてが動き、すべてが遅れたり、早まったりする生の固定平面。唯一の抽象的動物があり、それを個別の動物として実現するあらゆるアレンジメントがある。頭足目の動物にも脊椎動物にも等しく通用する同じ一つの存立平面、あるいは構成平面。脊椎動物が十分に早く体を折り曲げれば、それだけで背中の両半分の要素が接合され、骨盤と首の後部が接近して手足がすべて体の一方の端に集まり、こうして〈タコ〉や〈イカ〉になるだろうからだ。たとえていうなら、それは「軽業師が両肩と頭部を後にそりかえし、頭と手で歩いてみせる」ようなものである。折り畳み。もはや器官や機能の問題ではないし、器官や機能の組織化をとりしきるにあたって、ただひたすら類似的関係と相異なる発展タイプにしたがう超越的な平面が問題となるのでもない。ここで問われているのは組織化ではなく、構成なのである。

「生の固定平面 Plan fixe de la vie」という言い方をしているので、生物の位置が決まっていて、あまり変化しないような印象を受けますが、これはむしろ、様々な速度で変化してやまない諸要素を、暫定的に、特定の種の動物の特定の個体として固定する平面、ということでしょう。「唯一の抽象的動物 seul Animal abstrait」というのは、スピノザの神が、狭義の生命の領域に現れたもの、あるいは、機械としての各動物を動かしている「抽象機械」と考えられます。この「唯一の抽象的動物」を構成する諸動物、というより動物的諸要素は、いろんな方向に、いろんな速度で運動していますが、そのうちの特定の種に関わるものがある期間、一定の方向にまとまって変化していくと、進化に見える、ということでしょう。「折り畳み Plicature」というのは、ライプニッツの「襞 pli」に通じる概念ですね。ジョフロワは、全ての動物の身体は同じ設計図（plan）からできていて、器官とその相互の関係は基本的に同じであるという「結合の原理 principe de connexion」を主張しました。新しい種が生まれたからといって、新しい器官が生まれるわけではなく、以前のものと大きさが違ったり、変形したりするので、全然違うように見えるにすぎない、というわけです。ドゥルーズ＋ガタリは、そうした「変形」のうち、特に「折り畳み」というライプニッツ的な側面に注目しているわけですね。ここで、「組織化 organisation」というのは、各パーツに全体の中での機能を割り振って、位置付け、上から結び付ける働きであるのに対し、「構成 composition」は原初における器官同士の「結合」ということでしょう。最初に、各要素＝器官が結び付いて「構成」が決まった後で、要素同士の関係が変わっていく中で、事後的に「組織化」がなされるのであって、効率的な組織にするために、「構成」が成されるのではない、ということでしょう。どうも「組織化」をモル化と捉えていて、「構成」をそれとは別物で、分子の運動を許与すると考えたいようですね。

> 子供たちはスピノザ主義者である。ハンス坊やが「おちんちん（＝おしっこをするもの）」を話題にするとき、それは一個の器官でも、特定の器官的機能でもなく、何よりもまず一つの素材なのだ。素材とはつまり、連結の仕方によって、また運動と静止の関係、さらには素材を取り込む個体化した種々雑多なアレンジメントに応じて、さまざまに変化する要素の集合である。

これは強引な感じもしますが、先ほどのドゥルーズ流のスピノザ理解を、ジョフロワの「結合」と「折り畳み」の原理に結び付けて、ジョフロワ的な発想をする人はスピノザ主義者だとすると、自分の身体の各部位がどういう機能を担っているのかよく分かっていない、既成観念を持っていない子供、自分の体の部位をおもちゃのように扱う子供は、スピノザ主義者であり、自分の体でいろんなことを試みるので、大人より生成変化の可能性が高いということになるでしょう。ハンスというのは、第1プラトーで見た、馬に噛まれるのを怖がる、「幼いハンス」を想定しているようです。

一九八頁からの「スピノザ主義者の思い出、その二」では、スピノザ主義の、先ほどの要素間の多様な結合と変容というのとは異なる側面について述べられています。

——［…］一つの個体を構成し、またその解体や変容をうなが

> すさまざまな関係には、個体を触発する〔情動をおよぼす〕強度が対応するわけだが、そうした強度は、個体の外の部分からも、個体自体の部分からも到来し、個体が行動を起こす能力を増大させたり減少させたりするのだ。情動とは生成変化のことである。

「強度 intensité」という用語はたびたび出てきますが、これは「力能 puissance」の強さのことです。事物を動かす力あるいはエネルギーが、その場、あるいは個体にどれだけ集中しているかということです。「個体」に運動を起こさせるのは、その内外の「強度」の働きだと言っているわけです。無機物であれば、当たり前の話のような気がしますが、生命体、特に人間に関して、外からの作用と、内から触発してくる作用を、同じ「強度」という言葉で表すことには違和感がありますね。人間には、精神的な主体性、自発性があるような気がするからです。ドゥルーズたちは、スピノザ的な「情動」論を引き合いに出すことで、そうした心身二元論的な発想に抵抗しているわけです。スピノザの『エチカ』では、「情動 affectus」は、他の身体との接触を通して身体の内に生じる、「活動力 potentia agendi」として定義されています。

「能動的情動 les affects actifs／受動的情動 les affects actifs et passifs」をめぐって、環世界論のユクスキュルの議論が参照されていますね。ハイデガーも参照しているダニの話です。ダニにとっては、「（1）光に誘われるままに木の枝の先端までよじ登り、（2）哺乳動物の臭いを感じとると、哺乳動物が枝の下を通りかかったときに落下し、（3）できるだけ毛の薄いところを選んで皮膚の下に食い込んでいく」という三つの「情動」が全てで、それ以外はずっと眠り続ける。自分の身体と他の身体の相互作用で、「情動」が発動するわけですね。

幼いハンスで言うと、彼は馬を何か恐ろしいものの「表象＝代理 représentation」にしているのではなく、馬の身体と接近することで、彼の身体に「情動」が引き起こされたと見るわけですね。実際、ハンスは、馬に嚙みつかれることを怖がるだけでなく、馬車が倒れて馬がもがいているシーンを見て、馬が死んでしまうのではないか、と不安になります。馬へと「生成変化」しているわけです。

> ハンス自身、ママのベッド、パパの領分、お家《うち》、向かいの喫茶店、隣の倉庫、街路、街路に出ていく権利、この権利の獲得と誇り、しかしまた権利獲得にともなう危険、つまり転んだり恥をかいたりすることなど、さまざまな要素からなるアレンジメントに組み込まれている。これは幻想や主観的な夢想などではない。ここで問題となっているのは馬を真似たり、「お馬ごっこ」をしたり、馬に同一化したりすることではないし、馬に対して同情や共感を覚えることですらないのだ。それはまた複数のアレンジメント相互間に客観的な類似を設定することでもない。問題は、ハンス坊やが、形相や主体とは無縁なまま、みずからを馬に

〈ならせる〉ような運動と静止の関係や情動群を見出して、それをみずからの構成要素に結びつけることができるかどうかということなのである。

これは『アンチ・オイディプス』からの一貫した主張ですね。〝私たち〟を構成している欲望機械は、狭い意味での性的欲動だけで動いているわけでなく、私たちの身体が組み込まれているアレンジメントの中で、身体と、馬や喫茶店、倉庫、街路、父親や母親のそれぞれの役割行動など、他の事物との相互作用で、「情動」が生じ、それがいろんな自動運動する機械のユニットを生み出しているわけです。主体中心主義的な見方に慣れている〝私たち〟は、どうしても主体であるハンスが馬や馬車に興味を持って、同情したり、共感したりすることによって、いろんな関係なさそうなものが結び付くと考えてしまう。あるいは、人間関係のアレンジメントと、動物界のアレンジメント、あるいは交通や都市のアレンジメントの間に、構造的な相似性があるので、共鳴が生じるというようなことでもない。一定のアレンジメントの中に、身体が置かれると、動物に「なる de-venir／ならせる faire」生成変化が、受動的かつ能動的な仕方で生じてくるわけです。二〇五頁を見ると、「精神分析が頻繁に、しかもその初期段階から、人間が動物に〈なる〉という問題に遭遇してきた」と述べていますね。ハンスとか狼男のような例には頻繁に遭遇し、症例として記録しているのに、すぐに、主体になるための障害になる去勢コンプレックスの問題にすり変えてしまうわけです。

此性

ある〈此性〉の思い出。―― 一つの身体は、それを規定する形態によって定義されるのでもなければ、規定された実体や主体として定義されるわけでもないし、それが所有する器官やそれが果たす機能によって定義されるのでもない。存立平面の上では、一つの身体はもっぱら経度と緯度によって定義されるのだ。つまりなんらかの運動と静止の、あるいは速さと遅さの関係のもとで、身体に所属する物質的要素（これが経度だ）と、なんらかの力、あるいは力能

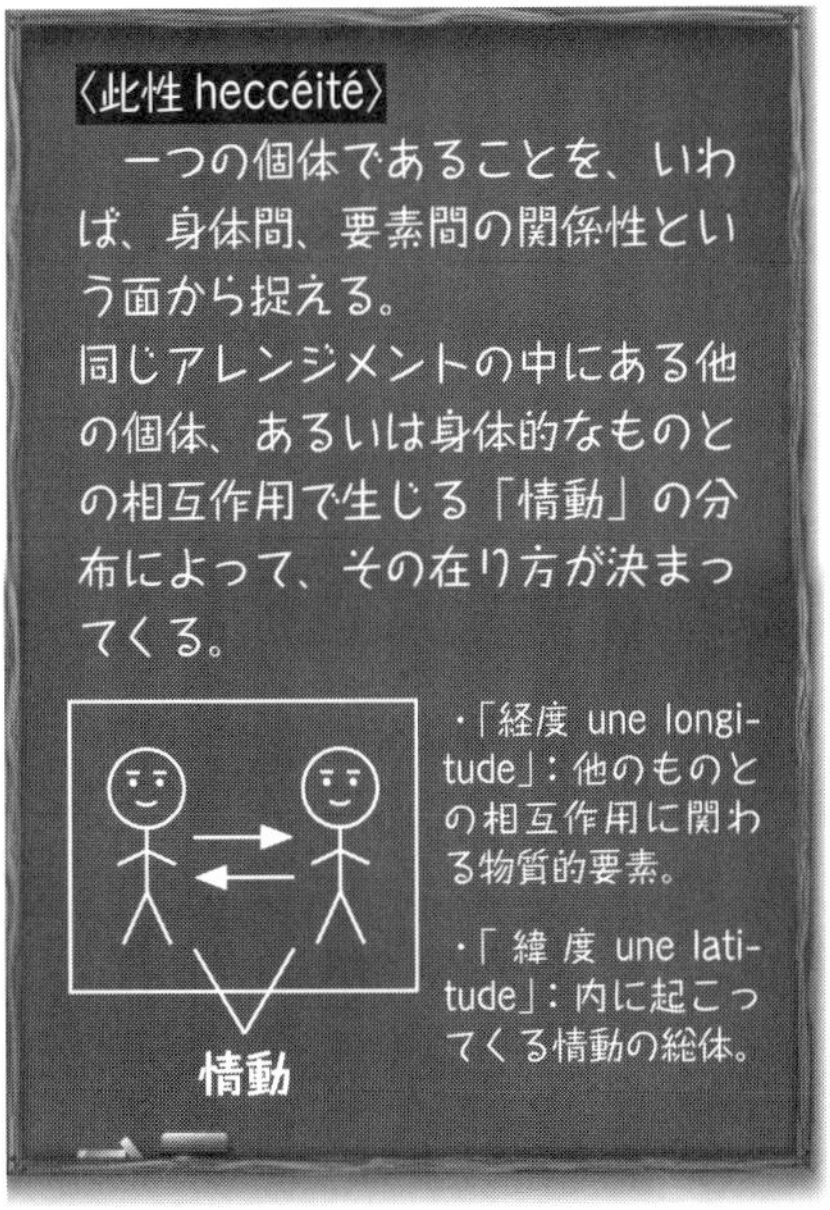
〈此性 heccéité〉
一つの個体であることを、いわば、身体間、要素間の関係性という面から捉える。
同じアレンジメントの中にある他の個体、あるいは身体的なものとの相互作用で生じる「情動」の分布によって、その在り方が決まってくる。
・「経度 une longi-tude」：他のものとの相互作用に関わる物質的要素。
・「緯度 une lati-tude」：内に起こってくる情動の総体。
情動

> の度合のもとで、その身体が受けいれることのできる強度的な情動の総体（これが緯度だ）によって定義されるのである。

これまで、～主義者とか魔術師とか、個性を持った人格のようなものが出てきたのに、いきなり〈此性 heccéité〉という抽象的なものが「思い出」を語るというので、調子がくるってしまいます。少し後で、「人称や主体、あるいは事物や実体の個体化とはまったくちがう個体化の様態がある。われわれはこれを指して〈此性〉*heccéité* と呼ぶことにする」と述べていますね。これだけだと、主体性のような抽象的な観念や、何かの機能に基づくのとは異なる「個体化」であることだけは分かるけど、具体的にどういうイメージなのかよく分かりませんが、先ほどの話の延長で考えると、同じアレンジメントの中にある他の〝個体〟、あるいは身体的なものとの相互作用で生じる「情動」の分布によって、その在り方が決まってくる、ということでしょう。〈此性〉というのは、一つの個体であることを、いわば、身体間、要素間の関係性という面から捉えようとしているのでしょう。

他のものとの相互作用に関わる物質的要素を「経度 une longitude」、その内に起こってくる情動の総体を「緯度 une latitude」と呼んでいますが、少し不自然な言い方ですね。恐らく、〈此性〉を構成する縦糸と横糸のようなイメージなのでしょう。

> ――コント〔奇譚〕は、単なる状況設定にとどまらず、それ自体で意味をもち、事物や主体の変容をつかさどる〈此性〉を含むものでなければならない。さまざまなタイプの文明のうち、特に東洋は主体性や実体性にもとづく個体化よりも、〈此性〉にもとづく個体化をはるかに多く含みもっている。たとえば俳句は、複雑な個体を構成する流動的な線として、数多くの指標をもっているのでなければ成り立たない。

具体的に、物質的な塊として存在しているものばかりでなく、コントで語られるユニークな事件・出来事や、俳句で詠まれる場面、シーンのように、いくつかの指標から構成されていて、周囲のものと相互作用しながら運動・変化する単位であれば、此性を備えていると見なすということのようですね。雲とか風、あるいは、それらに寓意される人々の振る舞いのようなもの、もしくは、両者のセットも〈此性〉を備えるようですね。「ある季節」「ある時刻」「ある日付」のような、時間的に表示されるユニットでも、その時の（ある地域の）大気や動・植物の状態、ある人々の動向のような具体的な指標と結び付けば、〈此性〉を備えられるようです。

こうやって、相互作用という観点から個体性を拡張するドゥルーズたちの発想は、近年、「思弁的実在論」と呼ばれている新しい哲学的潮流の中の「対象指向の存在論 Object-Oriented Ontology（OOO）」と呼ばれるものの発想に近いように思えます。OOOでは、他と区別されるはっきりした性質を示し、他

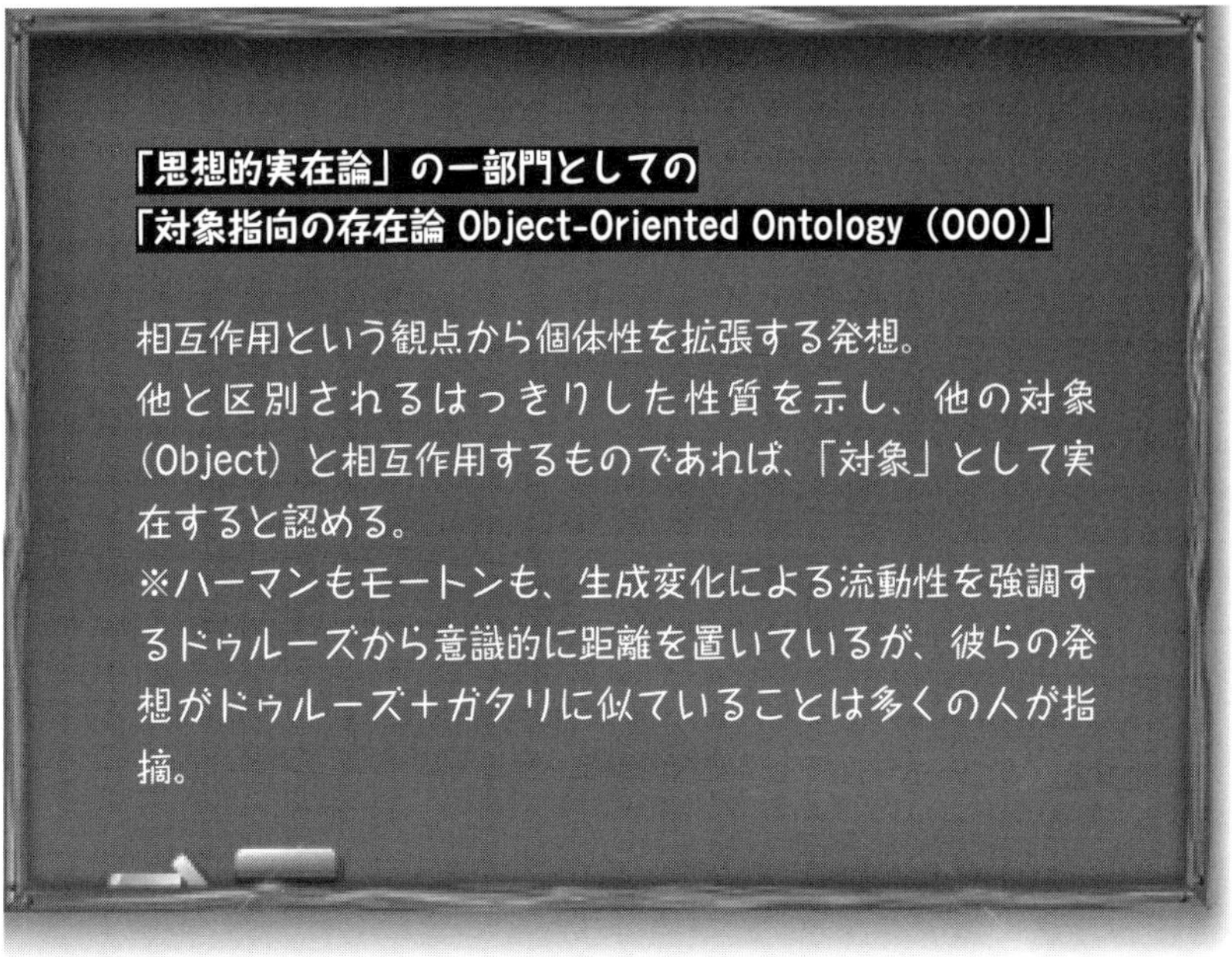
「思想的実在論」の一部門としての
「対象指向の存在論 Object-Oriented Ontology（OOO）」
相互作用という観点から個体性を拡張する発想。
他と区別されるはっきりした性質を示し、他の対象（Object）と相互作用するものであれば、「対象」として実在すると認める。
※ハーマンもモートンも、生成変化による流動性を強調するドゥルーズから意識的に距離を置いているが、彼らの発想がドゥルーズ＋ガタリに似ていることは多くの人が指摘。

の対象（Object）と相互作用するものであれば、「対象」として実在すると認めます。この理論の提唱者であるグレアム・ハーマン（一九六八－　）は、東インド会社とか前衛芸術作品などが実在していると言えることを示そうとしていますし、ＯＯＯを環境哲学に応用し、地球環境の美しくない部分も生態系の一部として直視するダーク・エコロジーを提唱するティモシー・モートン（一九六八－　）は、地球温暖化やプラスチック廃棄物（の集合体）、核物質（の集合体）、進化など、地球環境全体を見通すことで初めて見えてくるような対象を、ハイパー・オブジェクト（hyper-object）と呼んでいます。ハーマンもモートンも、生成変化による流動性を強調するドゥルーズから意識的に距離を置いていますが、彼らの発想がドゥルーズ＋ガタリに似ていることは多くの人が指摘しています。

> 実際、一方には事物や人間タイプの、形相的主体があり、もう一方には〈此性〉タイプの、時空間の座標があるかのように考えるといった、あまりにも安易な妥協は避けてしかるべきだろう。なぜなら、自分も〈此性〉に属し、したがって自分は〈此性〉以外の何ものでもないということに気づかないならば、人は〈此性〉に何も与えることができないからだ。［…］きみたちは経度と緯度であり、形なき微粒子間の速さと遅さの集合であり、また主体化されざる情動の集合なのだ。きみたちにはある一日、ある季節、ある一年、ある人生などの個体化がある（それは持続とは無

> 縁である）。また、なんらかの気候、一陣の風、霧、蜂や動物の群れなどの個体化がある（それは規則性とは無縁である）。というか、少なくともきみたちには、そうした個体化を手に入れる可能性があるし、また実際に手に入れることができるはずなのだ。夕べの五時、風に乗って到来したイナゴの大群。夜になると出歩く吸血鬼。満月の晩にさまよう狼人間。〈此性〉は主体を位置づける書き割りや、背景のどこかにあると考えてはならないし、事物や人間を地面につなぎとめる付属物の中にあると考えてもならない。

〝私たち〟は、どうしても主体である自分が個体として存在していることは極めてはっきりしていて、内外の相互作用のバランスで辛うじて〝存在〟していると言える〈此性〉などとは全然違うと思いがちですが、ドゥルーズたちに言わせれば、〝私〟という意識自体、その時々の身体を構成する分子群と外の分子群、身体を構成する細胞と外の生態的環境の間の相互作用の暫定的産物にすぎないわけです。群れを成している時の〈此性〉や、ある時間に狼人間化して、人間としての我を失っている状態の〈此性〉と決定的な違いはないわけです。

> ヴァージニア・ウルフは群衆のただなか、行きかうタクシーのあいだをぬって散歩する。だがほかでもない、散歩もまた一個の〈此性〉なのだ。ダロウェー夫人が「私はかくかくしかじかのもの、彼はあれであり、これである」などと口走ることはもうありえないだろう。ヴァージニア・ウルフはこうも書いている――「彼女は自分がとても若いと感じると同時に、信じられないほど年をとっているとも感じていた。」敏捷であると同時に、緩慢で、すでに目の前にいたかと思えばまだそこに来ていないといった具合で、「彼女は剃刀の刃のようにあらゆるものに分け入っていった。それと同時に、彼女は外に身を置いて眺めていた（……）生きるということは、たとえ一日だけだとしても、とても危険なことなのだ――彼女は常日頃からそう思っていた。」〈此性〉、霧、そしてまばゆい光。〈此性〉には始まりも終わりもないし、起源も目的もない。〈此性〉は常に〈ただなか〉にあるのだ。〈此性〉は点ではなく、線のみで成り立つ。〈此性〉はリゾームなのである。

ダロウェイ夫人というのは、ウルフの小説『ダロウェイ夫人』（一九二五）の主人公で、この作品は、第一次大戦の傷痕が残るロンドンでの彼女の一日の意識の流れを追っていくという形式になっています。夫人は夜会を開く当日の夜、一人で外出し、歩きながら、少女時代のことを思い出したり、自分の結婚は正しかったのかと自問します。夜会にやって来た人の多くは彼女がその日出会った人たちです。出席者の一人である医師から、彼女は、戦争のトラウマで苦しんでいた、元軍人のセプティムス・ウォレン・スミス――小説のもう一人の主要人物ですが、街を歩くダロウェイ夫人とは常にすれちがって、直接の接点はありません――が自殺を遂げたことを知らされます。ドゥルーズたちは、ダロウェイ夫人が、自分を持続的に存在する自己としてではなく、その都度その都度、状況の中で成立する〈此性〉の連鎖のように感じていることに注目しているわけです。

ここから予想されることですが、二二四頁を見ると、「存立平面は〈此性〉だけをその内容とする」とありますね。逆に言うと、個体として持続的に存在する主体や、物質的実体は本来、存立平面の構成要素ではない、ということです。この「存立平面」における基本的な表現は、不定冠詞＋固有名＋不定法の動詞の三つ、ということです。これらは、形式化される度合いが低いわけです。不定冠詞はどういう種類のものであるか暫定的に名指しますが、個体として完全に固定化することはありません。不定法（不定詞）は、時系列に縛られない。固有名詞は何か持続的な性格を持っているような感じがしますが、

固有名は何よりもまず〈事件〉や生成変化や〈此性〉の序列に属する事柄を指し示している。そして固有名の真実をつかんでいるのは、戦略行為や台風に名前をつけるときの軍人や気象学者だ。固有名は時間〔時制〕をつかさどる主体ではなく、不定法の動作主なのである。

アメリカが軍事作戦に「コブラ」とか「砂漠の嵐」「イラクの自由」のような名前を、ハリケーンや台風に「カトリーナ」「イルマ」「キティ」といった名前を付けるのは、よく知られていますね、最初から実体があるというより、ある時点で、どういう範囲、どういう性格で、今後どう展開しそうか、〈此性〉が見えてきたところで命名する。人間の固有名も、実際には、ある場面・環境で起こっていることを表示するために用いられることが多いということでしょう。名前の付いている本人にとっては、それによって自分のアイデンティティが固定化されているという気になっているでしょうが、他の人々は、その人物がある場面や行動に関して、あるいはあるグループとの関係で〈此性〉を帯びた時に、たまたま判明した固有名を使うだけだし、本人も四六時中自分の名前を意識して行動しているわけではなく、署名するとか、点呼されるとか、特定の場面でだけ、その固有名らしくなる、と言うことはできるでしょう。

現代の分析哲学では、特定の指示対象（referent）にどのようにして「固有名 proper name」が付与されるか、どのように結合するかをめぐって、ラッセル（一八七二―一九七〇）やソール・クリプキ（一九四〇―二〇二二）が難しい議論を繰り広げていて、ポピュラーなテーマの一つになっていますが、ドゥルーズたちは、そもそも、その結び付きがそんなに強いもの、実体的アイデンティティを表示するものだとは思っていなくて、どういう場面で、状況で「固有名」が使われることで、〈此性〉が生じるか、あるいは認知されるかに関心を向けているようですね。

二一六頁を見ると、幼児は、自分自身を実体的・主体的に捉えていないので、物心ついた年齢の子が、「僕の～ my」と言う

ところで、〈a（n）～〉と言う、ということですね。動作や観察の主体としての不動の「僕」を想定していないわけです。

だから、不定辞の背後には規定された品詞が隠され、所有詞や人称性の品詞がある、なんとしてもそうあらねばならぬ、と考える精神分析の努力には、ただ驚くばかりである。子供が「あるおなか」、「あるお馬」、「みんなどうやって大きくなるの?」、あるいは「誰かがある子供をぶってる」と述べるとき、精神分析家はそこに「ぼくのおなか」、「ぼくのお父さん」「ぼくも、ぼくのパパみたいに大きくなるの?」といった具合に、必ず所有詞を聞きとってしまうのだ。精神分析家は問う。誰が、誰によってぶたれるのか、と。ところが言語学もまた、一つの人称体系と不可分な関係を保っているかぎり、精神分析と同じ先入観をまぬかれることができない。不定冠詞と不定代名詞のみならず、人称代名詞の三人称ですら、一人称と二人称に特有の、そしてあらゆる言表行為の必須条件ともいえる主体性の規定を欠いているというのが言語学の観点なのである。

「あるおなか」とか「あるお馬」というようなヘンな言い方になっていますが、原文では、英語の〈a〉に相当する〈un〉が使われています。精神分析は、主体を前提に考えるので、誰が誰に何をしたのか確定しないと気が済まないわけですね。これは、一人称や二人称に見られる〝主体性〟を基準に考える、主流派の言語学についても言えることです。

二一八頁から、「あるプラン作成者の思い出」が始まりますね。「プラン」というのは、当然、「存立平面」のことです。ただ、「存立平面」について語り出す前に、「プラン（平面）」に二つの意味合いがあるということを言っています。一つは、所与のものが相互にどういう関係にあるのか、その構造を明らかにするものという意味での「平面」です。この平面のおかげで、私たちはその事物をどう組織化し、発展させるべきかの見通し＝プランを得られます。それは主体の形成とも関係します。それに対して第二の意味での「プラン」は、発展や主体性を伴わず、もっぱら、速度と〈此性〉しか知らない「プラン（平面）」です。このプランには、事物相互の関係を予め規定するいかなる超越的審級も、意味のヒエラルキーもありません。

そうした第二の意味での「プラン」、「存立平面」に対応するエクリチュールとして、ヘルダリン、クライスト、ニーチェを挙げていますね。ヘルダリンの書簡体小説『ヒュペーリオン』（一七九七、九九）では、ヘルダリンと同時代と思われるギリシアに生きる若者ヒュペーリオンが、祖国解放戦争への参加や恋人ディオティーマとの死別を経て、祖国ギリシアの自然と共に生きていく決意をするまでを描いていますが、ドゥルーズたちは、「物語の枠組み」（プラン）と、そこに生じる出来事のディティールを同時に構成する「季節」の〈此性〉、分かりやすく言うと、様々な一連の出来事を生じさせる「季節」のユニークな性格、及び、話が進行するにつれて、形式と人称が溶融して、運動や速度、遅延や速度が実感できるようになっていくことを指摘していますね。登場人物たちははっきり言って、大したことはしていなくて、個性が乏しい感じがしますが、その分、時の流れと自然の情景が自動的に相互作用して、独自の運動をしているように感じられる構成になっているわけです。

クライストに関しては、またカタトニーが話題になっています。

――クライストで重要なのは、彼のエクリチュールにおいても、また人生においても、すべてが速さと遅さになっているのはどうしてなのかということだ。カタトニー、極限的な速度、意識の消失、矢のような速さが次々交替する。馬にまたがったまま眠り、しかもギャロップで突き進む。意識の消失を利用して空白を跳び越え、一つのアレンジメントから別のアレンジメントへと移る。

これは『ペンテジレーア』に即して考えると分かりやすいですね。ペンテジレーアは馬に乗ってものすごい速度で走りながらアキレスを追いかけ、崖を飛び越えて、戦います。そして転倒して、混沌とする。そこにアマゾンやギリシアの軍勢が駆けつけ、ペンテジレーアとアキレスの意志とは関係なく、事態は動いていく。馬と一体化して激しく運動していたと思ったら、身体がカタトニーに陥る。他の作品でも、地震とか疫病とか破局的な事態が生じて、人々の振る舞いが一変し、身体が勝手に反応し、自意識がついていけないというような状況が連続します。そういう身体的な反応の連鎖、ここで〈此性〉と言われるものをうまく生かした作品を作るのが、クライストは得意です。「アキレスの女性への生成変化とペンテジレーアの牝犬への生成変化」とあります。牝犬の方は、先程お話ししたように、犬と一緒にアキレスの心臓に嚙みつくことです。アキレスの女性化というのは、ペンテジレーアの捕虜になったふりをして、アマゾンの国につれていかれるふりをすることです。アマゾンは、捕えた男を、通常男性が女性にするように、目一杯おめかしさせて、見せびらかしながら、凱旋します。また、アキレスがトロイア戦争に参加する前に、女性の恰好をして隠れていた話も、アキレスの潜在的な女性性と見ることができます。

ニーチェのエクリチュールも〈此性〉をうまく生かしている例えとして、自伝的著作『この人を見よ』(一八八八)を引き合いに出していますね。自伝といっても、自分という人間の生い立ちを順を追って語っていくのではなく、幼い時に感じたらしいことや本を書いた時の心境をネタのようにして、何が「私」という人物を形作っているのか、アフォリズム的な考察を連ねていくので、まるで「ニーチェ」という固有名と合致する個体などどこにもなく、〝ニーチェ〟自身がアフォリズムの連鎖であるかのような印象を受けます。

二三〇頁を見ると、『失われた時を求めて』を素材にして、「少女の個体化は、それが集団的なものであれ、個別的なものであれ、決して主体性にもとづいて実現するのではなく、あくまで〈此性〉によって、純粋な〈此性〉によって実現すること」をプルーストは明らかにした、と述べていますね。「少女」と訳されていますが、原語は〈une jeune fille〉で、これは、『失われた時を求めて』の第二編の「花咲く乙女のかげに À l'ombre des jeunes filles en fleurs」の「乙女たち」を連想させます。第二編第二部で、画家エルスチールのもとを訪れた「私」は、アルベルチーヌ、アンドレ、ジゼル、ロズモンドといった少女たちに出会います。「私」がアルベルチーヌには以前に出会っていますし、興味を惹かれているようですが、彼女のイメージは「私」の中で一定していないようです。岩波文庫から出ている吉川一義訳の『失われた時を求めて』第四巻の四四〇〜四四一頁に、以下のような記述があります。

> エルスチールにあの娘たちはバルベックに住んでいるのかと訊ねると、何人かはそうだという答えが返ってきた。そのうちのひとりの別荘は、ちょうど浜辺のはずれの、カナプヴィルの断崖がはじまる辺りにあるという。その娘はアルベルチーヌの親友だというので、私が祖母といっしょにいたときに出会ったのはこのアルベルチーヌだと信じる根拠がもうひとつあらわれた。ただし浜辺に直角に出てくる小さな通りで、そこが同じようになっている通りはたしかにいくつもあり、それが正確にどの通りだったかを特定することはできなかった。なんとか正確に思い出そうとしても、そのとたんに光景はぼやけてしまうのだ。とはいえアルベルチーヌと、友人の家に入っていくあの娘とか、ひとりの同一人物であるのは、実際に間違いのないことだった。それにもかかわらず、褐色の髪のゴルフ娘がこのあと私に示した数えきれないイメージがどれほど相異なるものであろうと互いに重なりあうのにたいして（そんなイメージのすべてがこの娘のものであることを私が知っているからである）、また記憶の糸をたどると、それが同一人物であるという理由で、その人の外に出ることなく内部の連絡路を通るように再びこのさまざまなイメージがよみがえるのにたいして、祖母といっしょにいた日に出くわした娘にまでさかのぼろうとすると、私はふたたび自分の外の自由な空気のなかに出なければならない。私は、自分が見出すのはアルベルチーヌであり、それは散歩の途中、友人たちに囲まれて立ち止まって上半身を水平線の情報に飛び出させていたあの娘と同一人物であると確信している。ところがこうしたすべてのイメージは、あの娘の別のイメージとは画然と切り離されている。なぜならその娘が目にとまったときの私には存在していなかったその娘の同一性を、あとからその娘に付与することはできないからである。

かなり長いですし、「同一性 une identité」とまで言い出すので大げさですが、知っているつもりの人のイメージがうまく繋がらないということはよくありますね。プルーストはそういう微妙な齟齬に敏感で、かつよく記憶して、文学的な描写に生かせるわけです。「私」にとっては、此のアルベルチーヌと、あのアルベルチーヌは必ずしも同一ではないわけですね。アルベルチーヌたちだけでなく、『失われた時を求めて』の〝人物〟描写、特に女性の描写には、こういう感じでの〈此性〉がつきまといます。

再び生成変化について

二三三頁からの「ある分子の思い出」では、最初に「生成変化」は動物への生成変化だけでなく、女性への生成変化、子供への生成変化、動物、植物、鉱物への生成変化があって、最後は、微粒子への生成変化がある、という話をしていますね。

今更の話ですが、「生成変化」といっても、私の身体が物理的に、犬とか植物に変化するわけではありません。また、それは模倣とか隠喩的な関係でもない、と言います。二三七頁で、多少分かりやすい話をしています。

> 犬を模倣するのではなく、みずからの有機体を別のものと組み合わせ、こうして得られた全体から微粒子が流れ出す、そして流れ出した微粒子が運動と静止の関係に応じて、あるいはみずからそこに入っていく分子状の近傍にしたがって犬めいたものと化す……。むろん、ここでいう別のものには、さまざまな事象が該当するだろうし、別のものが当の動物にある程度まで直接かかわることもあるだろう。それは当の動物にとってはごくあたりまえの食糧（土や蛆虫）でもいいし、その動物を他の動物に結びつける外的関係でもいい（たとえば複数の猫との関係において人間が犬になったり、一頭の馬との関係において猿になったりする場合）。それは人間が動物に強制する器具や装具でもいいし（口籠や手綱など）、当の動物との「局限可能な」関係を完全に欠いた〈何か〉でもいいのだ。

要するに、その動物と関係のあるオブジェと自分の身体が相互作用する状態を作り出し、そこで、それまでにはなかったような運動や状態が生じ、その生成変化が、〝私〟の意識的な操作がなくても継続することを、「微粒子 parricule」が流れ出す、と言っているのでしょう。

> そう、あらゆる生成変化は分子状なのだ。われわれは動物や花や岩石になるが、こういった事象は分子状の集合体であり、〈此性〉であって、われわれ人間の外部で認識され、経験や知識や習慣を動員してはじめてそれと知れるようなモル状の主体や客体ではないのだ。

「生成変化」が「分子状 moléculaire」であるというのは、モル的に固まった状態から離脱するということですね。だから「犬になる」とか「女性になる」とかいっても、身体全体がモル的に固まったまま、別のものに変換するわけではありません。だから目立った変化がなく、従来のモル的な振る舞いや状態から、部分的、局所的にでも、何か別の性質のものに向かう方向で変化が現れ、それが意識的で模倣でなかったら、生成変化と言えるわけです。例えば、意識しなくても、声が犬の鳴き声に近くなるとか、犬のように鼻や口を動かすようになるとか。「犬」「狼」「植物」などは、生成変化の方向であって、最終ゴールとなるべき実体ではないわけです。何か曖昧な感じがしますが、そういう変化だったらありそうですね。

> 女性独自のエクリチュールについて意見を求められたとき、ヴァージニア・ウルフは「女性として」書くと考えただけで身の毛のよだつ思いだと答えている。それよりもむしろ、エクリチュールが女性への生成変化を産み出すこと、一つの社会的領野を隈なく貫いて浸透し、男性にも伝染して、男性を女性への生成変化に取り込むに足るだけの力をもった女性性の原子を産み出すことが必要なのだ。

これは分かりますね。「女性」という実体が最初からあるわけではなく、その都度の社会的文脈や状況で、まさに〈此性〉としてしか「女性」は存在しない。その意味での「女性」に、男性も生成変化しつつあると見るわけですね。少し後で、言及される『オーランドー』（一九二八）は、エリザベス朝時代の英国の貴族オーランドーが、船旅の途中で女性に生まれ変わった後、女性としての自覚を持ち直し、一八世紀、一九世紀の英国の社会で生きていき、文学者として成功を収めるに至る物語を描いた、半幻想的かつ半寓意的な小説です。

二四六～二四七頁にかけて、アキレスの女性への生成変化とペンテジレーアの牝犬への生成変化が、未開社会の儀礼と関係付けて論じられています。

> 未開社会では、男性が女性に〈なる〉服装倒錯や仮装の儀礼が観察されるが、これらの儀礼は与えられた諸関係を照応させる社会的編成によっても、男性が女性になり、女性が男性になることを欲望するよう働きかける心的編成によっても説明されえない。社会構造と心的同一化からは、あまりにも多くの特殊要因が抜け落ちてしまうからだ。特殊要因とは、たとえば女装者が引き起こすさまざまな生成変化の連鎖と解放、生成変化相互の伝達、そこに由来する動物への生成変化の力能だ。そして特に重要なのは、これら生成変化が特定の戦争機械に帰属するということだ。性愛の場合も同様である。つまり性愛は、男女両性の二進法的組織では説明がつかないし、男女それぞれの性に認められる両性具有的組織をもってしても、うまく説明できないのだ。性愛はあまりにも多様な生成変化を結びつける。

抽象的に書いているので少し分かりにくいですが、要は、通常の文化人類学で想定されているように、組織や制度によって慣らされているから、動物や別の性に「成る」のではなく、もともと人間の内に、モル的組織に安住し続けられず、「生成変化」に向かう力能があり、何かと何かを組み合わせると、それが始動するわけです。動物への生成変化が戦争機械の解き放ちに繋がる運動と、性愛（la sexualité）による多様な生成変化が交差するというのが、『ペンテジレーア』のテーマですね。

では、こうした「生成変化」の行き着く先はどうなるのか。その例として、二四九頁で、アメリカのSF・ホラー作家リチャード・マシスン（一九二六―二〇一三）の『縮む男』（一九五六）――扶桑社から出ている邦訳のタイトルは『縮みゆく男』です――が言及されていますね。主人公のスコット・ケアリーは、放射能汚染と殺虫剤の相互作用で身長が、一日に七分の一インチずつ縮んでいき、あと六日で消滅するはずの状態になっています。その恐怖と屈辱の一年半の体験を描いた作品です。どんどんミクロになって、消滅するわけです。フランスの外交官で作家のポール・モラン（一八八八―一九七六）の『ムッシュー・ゼロ』（一九三六）では、アメリカの銀行家のサイラス・カーシター（Silas Cursitor）は、アメリカでの仕事が破綻し、妻と娘たちを残してアメリカを去りますが、アメリカの国務省が彼の行方を追ってくるので、フランスやエジプト、チュニジアなどを逃げ回り、ルクセンブルクを経由して、ヨーロッパで一番小さいリヒテンシュタインに辿り着き、そこで自分自身を法人として登記することを思いつきます。自分は人類の新しいカテゴリーである「人間―会社 l'homme-société」になるとか、オデュッセウスが一つ目の巨人に対して、nobody に相当する〈Οὖτις（Ouris）〉と名乗ったように、〈Personne〉と名乗ろうとか妄想します――〈personne〉は代名詞としては〈nobody〉ですが、名詞としては〈person〉という意味です。また、字面通りに取ると、「道徳的人格」という意味になるはずの〈personne morale〉は、法人という意味です。彼は、その時、彼を診察していたドクターに、ミスター・ゼロ（Mr Zéro）となったサイラス・カーシターが、「株式会社ゼロ société anonyme Zéro」――「株式会社」を意味する〈société anonyme〉は字面通りに取ると、「匿名の社会（会社）」です――を設立すると、公証人役場で登記してほしいと依頼します。最後に、勝利に酔いしれ、親指と人差し指でゼロを描いてみせます。こっちは、寓意的ですが、だんだん社会的に縮んでいって、ゼロになってしまう話です。

こういうだんだん分解してゼロに近付くという話を引き合いに出したうえで、生成変化が行き着く先に〝ある〟だろうものとして、「知覚しえぬもの（非有機的なもの）l'imperceptible（anorganique）」「識別不可能なもの（非意味的なもの）l'indiscernable（asignifiant）」「非人称性（非主体的なもの）l'impersonnel（asubjectif）」の三つ特徴を挙げていますね。二五一～二五二頁を見ると、この三つの特徴を示すまで分子化していくことと、その「瞬間 le moment」にだけ成り立つ純粋な〈此性〉を見出すことが不可分の関係にあることが示唆されています。〈此性〉と、「知覚不可能」「識別不可能」というのは、字面的には対立しているように見えますが、「知覚不可能」「識別不可能」になるのは、それまで「主体」あるいは「実体」と見なされていた私たちの〝自我〟ですが、それが生成変化の結果、次第に緩んでいって、同じアレンジメントの中の他のものとの相関関係に左右されながら瞬間ごとに成立する〈此性〉が純粋な形で見えてくるわけです。〝主体〟に囚われていると、〈此性〉が見えにくいわけです。〈此性〉同士は、基本的に〝主体〟によって分断されていないので、透明性があり、互いの内に滑り込み（se glisser）やすいわけです。〝私〟という存在自体を、生成変化する「一本の抽象線」に切りつめ、他の〝私たち〟に由来する線との識別を不可能なところまでもっていく。どれが誰の行為だか分からないところまで切りつめる。あるアレンジメントの中での、私たちの身体の動きをミクロなレベルで記録・観察すると、自発的に行動しているつもりでも、他人の視線や声、周囲のざわめきや匂い、光の加減などで左右されて、動かされているように見えることがあります。手足の動きだって、細かなところで、自分が思っていたのと違う動きをしているかもしれない。それが何の影響かよく分からない。そういう意味での非人称性、〈此性〉に分け入っていくわけです。そうなると、「われわれは、いわばひともとの草 Alors on est comme l'herbe」（二五二頁）だということになるわけです。小さく分解していけば、リゾーム的な繋がりが見えてくるわけです。

二五六頁を見ると、そうした生成変化のための麻薬の使用について述べていますね。第6プラトーのCsOをめぐる議論でも麻薬の話が出てきましたが、ここでは、生成変化のための知覚の変化という観点から論じられています。

> ――個々の麻薬にどのような違いがあろうとも、麻薬というアレンジメントの説明を可能にするのは、知覚的因果関係の線である。この線によって、（1）知覚しえぬものが知覚され、（2）知覚自体が分子状になり、（3）欲望が知覚行為と知覚された現実に直接的な備給をおこなうにいたる。

（3）が少し分かりにくいですが、これは平たく言うと、欲望に即して知覚の速度、鋭敏さ、持続性などが直接左右されるようになる、ということでしょう。知覚を速くしたり、遅くしたりして、モル的な〝自我〟に動揺を与えて、分子的動きを引き出そうとするわけです。第6プラトーで麻薬の負の作用について述べていましたが、ここでも、二六〇頁で、依存症、服用量の問題、ディーラーとの関係があって、「硬直しきった切片化 segmentarisée sous la forme la plus dure」に陥る可能性がある、ということですね。

秘密

二六四頁から今度は「秘密の思い出」というのが出てきます。最初は抽象的に秘密の定義をめぐる話なので、何でいきなり「秘密」が出てきたのかピンと来ませんが、二六六～二六七頁で、「戦争機械」と関係があることが指摘されています。

> 秘密の起源は戦争機械に求められる。女性への生成変化、子供への生成変化、動物への生成変化とともに秘密をもたらすのは戦争機械なのである。秘密結社は、社会の内部で常に戦争機械として作動する。

「秘密 secret」というと、何となく国家の機密情報のようなものを連想してしまいますが、国家を内側から崩す「秘密結社 une société secrète」も、「戦争機械」の一つの側面と見るわけです。因みに、ドイツ文学では、古典主義からロマン主義の移行期にかけて、「結社小説 Geheimbundroman」と呼ばれる一連の作品があったとされています。シラーの『視霊者』（一七九七、九八）やE・T・A・ホフマンの『セラピオンの同志たち』（一八一九―二一）などが有名ですが、ゲーテの『ヴィルヘルム・マイスターの修業時代』（一七九六）や『遍歴時代』（一八二九）にも、主人公を陰でじっと見守ってきた「塔の結社 Turmgesellschft」というのが出てくるので、「結社文学」と言えないことはありません。「結社小説」が流行ったのは、革命のための様々な結社が結成されたことと、啓蒙主義が進む中、世界には理性によっては解明できないものが隠されているのではないか、という想像がこうした文学の流行を生み出したとされています。クライストの時代は、結社文学の時代です。

秘密結社は、社会全体に隈なく浸透し、その階層性と切片化を突き崩しながら、すべての社会形態に忍び込むという普遍的計画がなければ命脈を保つことができないのだ。秘密の階層性は対等の者同士の結託に結びつく。秘密結社がその構成員に、水中を泳ぐ魚のようになって社会に浸透していくことを命じる一方、秘密結社自体も魚を泳がせる水のようになる必要がある。秘密結社には周囲を取りまく社会全体の共謀が必要なのである。

これは分かりやすいですね。モル的に固まった大きな社会を本当に転倒するには、単純に反権力の戦闘行動を起こすだけでなく、秘密結社のような形で社会の中に深く浸透し、人々に、期待を抱かせるにせよ、脅かすにせよ陰謀論的な妄想を抱かせ、動揺させないといけない。

二六八頁を見ると、そこで矛盾が生じることを指摘します。そんなに広がったら、もう「秘密」とは言えなくなるからです。秘密が独自の形式を獲得しなければならなくなる。そこで、パラノイア的な反応が生じてくる。

パラノイア患者は、まず一方で秘密や、心の奥底を盗もうとする者の国際的陰謀を告発し、自分には他人の秘密が形を整える以前にそれを知覚する才能があると自負する（嫉妬に苦しむパラノイア患者は、自分の理解を超えるものとして他人をとらえるのではなく、逆に、他人がどれだけ微細な意図をいだいていても、必ずそれを見抜き、予測するのだ）。またもう一方で、パラノイア患者は自分が発する、あるいは受けとる光の放射によって、能動的になったり、受動的になったりする（レーモン・ルーセルの光線からシュレーバー控訴院議長の光線まで、その例は多い）。

国際的陰謀の話は説明いりませんね。シュレーバー控訴院判事――議長ではありません――の話は、第5プラトーにも出てきましたが、彼は、神の「光線 Strahlen」が自分の身体に入り

込んでいるといって苦しみました。レイモン・ルーセル（一八七七－一九三三）は、ある言葉を、音や意味が似ている言葉で置き換える形で、次の挿話を作り、それを繰り返して、どんどん予期しない方向に展開させていくという変わった手法で小説を書いた人で、フーコーが高く評価しています。「光線 rayon」というのは、『ロクス・ソルス Locus Solus』（一九一四）という作品で実際にしばしば、「光線」が使われていることを言っているのでしょう。これはパリの郊外に住む発明家のもとを訪れ、その発明品を見せてもらうという初期設定だけして、先ほどの手法を使って、いろんな奇想天外な発明品、体毛のない猫とか歯を並べてモザイク画を作る機械水槽の中で演説するダントンの首などを登場させます。これらの発明品の多くは、「光線」と関係しています。

> 秘密は、組織化と構造化の形式に変わるにつれて、ますます微細なものとなり、いたるところに波及していく。内容が分子状になると同時に、形式は溶解していく。［…］それにシュレーバー控訴院議長のパラノイア的秘密には、女性的生成変化、女性への生成変化以外に、いったい何が隠されていたというのか？　女性が秘密をもてあそぶ手つきは、男性のものとはまったく違う［…］。男性は女性に対して、あるときは不謹慎と無駄話を、またあるときは連帯の欠如と背信をとがめる。しかし、一人の女性が何も隠すことなく、透明性と無垢と速度によって秘密になりうる

——というのは、なかなか興味深いことだ。

「秘密」が、「組織化と構造化の形式に変わる」というのは、秘密の中身、どういう情報を共有するかはあまり重要ではなくて、外からは分かりにくい組織や内部ルールを作って、外の人間から遮断するということです。ここで言われているように、シュレーバーは、光線に入り込まれたことで自分の体が変化し、女性になったと言っています。これについて、フロイトは予想通りオイディプス・コンプレックスを克服するための父殺しの失敗としか言わないのですが。『アンチ・オイディプス』でドゥルーズたちはそれをむしろ、女性への生成変化として、分裂分析の視点から積極的に評価していました。ここでポイントになるのは、フェミニストが怒りそうですが、女性は何を秘密扱いするかが男性と違うという話です。女性的と言えるかどうかは別として、シュレーバーは、光線たちを通して伝えられる神の秘密、自分の身体に起きていることをぺらぺらしゃべります。

> 逆にある種の女性は何でも洗いざらい話すし、語るにあたって高度の技巧をこらす。にもかかわらず、話が終わった時点で、話が始まる前よりも多くのことがわかるわけではないのだ。彼女たちは迅速さと透明性によってすべてを隠したのである。女性には秘密がない。自身が一個の秘密と化したからだ。このような女性は私たちよりも政治的だろうか？

自身が「一個の秘密と化す devenir un secret」というのは、自

分自身が他者によって理解できない存在になる、ということでしょう。無論、それではクーデターや武力革命は難しいでしょうが、その分からなさによって、モル的組織を内側から機能不全に陥れられるかもしれない。「政治的だろうか?」、という問いは、そういう意味での「政治」性を問題にしているのでしょう。

二七一頁で、「秘密」に関わる作家としてヘンリー・ジェイムズを挙げていますね。前回見た、『檻の中』でも、秘密が問題になっていましたね。ドゥルーズたちによると、ジェイムズは当初、秘密の中身に力を入れていたけれど、次第に、秘密の「形式」に関心を移していった、と述べられていますね。「女性への生成変化」は、自らの存在自体が「秘密」になっていくこと、理性の言語では把握できない存在になることを含意しているようですね。

「思い出と生成、点とブロック」

二七三頁に、「思い出と生成、点とブロック」という小見出しが出ていますね。「思い出」だけでなくなったのは、過去の例を引き合いに出すだけではすまない領域に入っているということでしょう。

——人間（男性）が何かに〈なる〉という生成変化はいくらでも見出すことができるのに、人間（男性）への生成変化が存在しないのはなぜか？　それはまず人間（男性）がメジャー性そのものである一方、生成変化のほうはマイナー性であり、あらゆる生成変化がマイナー性への生成変化であるからにほかならない。われわれにとってマジョリティとは、相対的により大きい量のことではなく、それに照らすなら、より大きい量も、より小さい量も同じくマイナー性だといえるような一つの状態、または尺度の限定である。たとえば人間―白人―大人―男性がそうだ。マジョリティは支配の状態を前提にしているのであって、支配の状態がマジョリティを前提にするのではない。

常識的に考えれば、そもそも生成変化なんて想像上の話だろう、ということになりそうですが、ドゥルーズたちは、「生成変化」をモル的状態を脱して、分子的になっていく運動として捉えていて、定義上、よりメジャーな側への生成変化はない、ということにしてしまうわけです。英語の「メジャー major／マイナー minor」を考えれば、分かりますが、数の問題ではなく、「支配 domination」を行っている側と、受けている側の違いと見ているわけです。

二七四頁で、「マイナー性への生成変化 un devenir-minoritaire」の例として、劇作家として知られるアーサー・ミラー（一九一五―二〇〇五）の小説『フォーカス』（一九四五）——邦訳のタイトルは『焦点』——が言及されていますね。『フォーカス』の舞台は、第二次大戦末期に近い頃ニューヨークで、主人公で大きな会社の重役であるニューマンは、ユダヤ人に対して偏見を抱いていて、近所にユダヤ人の居住者が増えていることが不快です。しかし最近眼鏡をかけるようになったせいで、自分の容貌がユダヤ風に見えるようになったことを気にしています。現在の会社で仕事ができないとレッテルを貼られて、左遷されることに腹を立てたニューマンは、会社を辞めてしまいますが、新しく見つけた職場は、オーナーをはじめ同僚の多くがユダヤ系でした。彼は反ユダヤ主義の女性と結婚し、反ユダヤ主義の運動に関わりますが、夫婦ともユダヤ人に間違えられて、襲われます。物語の終盤で、彼はユダヤ人と間違えられて襲撃されたところを、ユダヤ人の隣人フィンケルシュタインに助けられます。被害届を警察に出しに行った時、警官にも勘違いされて、あなたたちのような人はその通りにどれくらい住んでいるのですかと聞かれ、フィンケルシュタイン一家と自分だけです、と答えます。

　もう一つ引き合いに出されている、アメリカ出身でヨーロッパで活動したジョセフ・ロージー監督（一九〇九－八四）の映画『パリの灯は遠く』（一九七六）――原題、『クライン氏 Monsieur Klein』――は、ナチス占領下のパリを描いた作品で、主演はアラン・ドロン（一九三五－　）です。美術商のロベール・クラインは、ユダヤ人がやむなく手放した先祖伝来の美術品を安く買い叩いて儲けていましたが、ある日、彼のもとに、ユダヤ人たちが情報交換のために密かに使用している「ユダヤ通信 Informations juives」と呼ばれるものが郵便物として届けられました。「フランス人」である自分のもとにどうしてそんなものが届いたのか、ロベールは不安になり、潔白を証明するために奔走しているうち、自分と同姓同名のユダヤ人がいることを知りますが、本人を突き止められません。そんな中、パリで「ヴェロドローム・ディヴェール大量検挙事件」（一九四二年七月一六～一七日）があり、ユダヤ人の大量検挙が行われ、彼も検挙されます。カトリック証明の書類が来れば、助かりますが、間に合いません。彼は、当局側のアナウンスで、自分と同名の、もう一人のロベール・クラインも、収容所に連行されることを知りますが、二人が直接遭遇することはありません。観客にはそれが冒頭の場面で彼にアドリアン・ファン・オスターデ（一六一〇－八五）の絵を安値で売った男だということが分かります。

> マイナー性への生成変化は政治の問題であり、終始一貫して力能の作用に訴え、活発なミクロ政治学に訴えかける。そしてこれはマクロ政治学の対極、歴史の対極でもある。歴史では、むしろ人がいかにしてマジョリティを征服し、手中に収めるのか、その方法を見極めることが問題となるからだ。フォークナーが言ったように、ファシストになることを避けるには黒人に〈なる〉以外に選択肢がなかった……。過去と未来のタームで思考されることがない点で、生成変化は歴史の対極にある。

これは、「歴史」は強者の歴史である、というよく聞く話ですね。普通の左派は、マイノリティたちが集まって闘いを挑むという話をするのですが、彼らはマジョリティ／マイノリティを固定的に捉えるのではなく、排除されている者たちが、積極的にマイノリティに「なる」ことで、そのネットワークを広げ、生成変化に〝マジョリティ〟も巻き込んで、支配の基盤を掘り崩していくことを推奨しているわけです。

ウィリアム・フォークナー（一八九七－一九六二）は、アメリカの南部を舞台にした、「意識の流れ」の手法による作品を描いたことで知られています。ここで言及されているのは、『墓地への侵入者 Intruder in the Dust』（一九四八）というのは、白人を殺したと疑われる黒人の冤罪をめぐる小説です。「ファシストになることを避けるには黒人に〈なる〉以外に選択肢がなかった」というのは、ドゥルーズたちの意訳で、注（65）の原文を見ると、実際には南部の白人たちが、一九三三年以降のドイツにいるようなもので、ナチスであるかユダヤ人であるかの選択肢がなかった、という主旨のことを言っています。

ウィリアム・フォークナー

二八一頁にあるように、「マジョリティへの生成変化」はないとすれば、「男性への生成変化」はないことになります。訳で「人間（男性）」という表記になっていることで示されているように、フランス語の〈homme〉や英語の〈man〉は、「人間」であり、「男性」ですね。「男性」は「人間」の「標準」として固定しているわけです。ここでウルフの『オーランドー』が言及されていますね。

（すでに『オーランドー』からして、思い出によるのではなく、年齢のブロック、時代のブロック、界域のブロック、性別のブロックなど、さまざまなブロックにもとづいて書かれ、そうしたブロックの数に見合うだけ、事物相互間の生成変化や脱領土化の線を形成していた）。

オーランドーのテクストの構成を見れば分かりますが、形式的には一応、「オーランドー」という一人の人の生涯を追っているように見えて、実際には、いろんな時代の、いろんな国の、職業や身分、性別さえ違う諸人格を並べた感じになっています。ただ、移行のさせ方が微妙で、AとBなら同じ人間のやったことだと分かるけど、次のCになるとどうか、やや長生きか、非常に能力があれば可能かもしれない……という感じがして、ここで別人に切り替わったと、はっきり断定できません。自然と性別転換が起こるような世界なので、何が可能で何が不可能なのか、よく分からないということがあります。そうやって何となく繋がっている感じで、続いていきます。

二九〇頁からが最後の節で、ここは完全に「思い出」が消えて、「音楽への生成変化」となっていますね。「音楽への」と言っていることから分かるように、「音楽」が既にメジャーなものとして固定化しているとは考えないで、いろんな音的な要素が音楽のコードに取り込まれ得ると考えているわけですね。二二二頁で言及されているピエール・ブーレーズ（一九二五－二〇〇四）とかジョン・ケージ（一九一二－九二）のように、「偶然性」を取り込むような手法が、これに当たるのでしょう。

　この箇所で重要なのは、音楽の基本であると共に、他の全ての芸術、人間をはじめ、ほとんどの動物の行動を規定している「リトルネロ（反復）la ritournelle」です。楽曲の中での反復としての「リトルネロ」には音楽の専門的な意味もありますが、当然、彼らはこれを拡大した意味で使っています。ニーチェが『悲劇の誕生』（一八七二）で、「音楽」を人間の内なる根源的な情動による身体の運動のようなものとして拡大しているのと同じような感じで。それについて詳しくは、次のプラトーで論じられるので、今日は最後に、そのさわりにあたる、二九一～二九二頁のイントロ的な記述だけ見ておきましょう。

> 一人の子供が暗闇で心を落ち着けようとしたり、両手を打ち鳴らしたりする。あるいは歩き方を考え出し、それを歩道の特徴に適合させたり、「いないいない、ばあ」（Fort-Da）の呪文を唱えたりする（精神分析家は《Fort-Da》を適切に語ることができない。《Fort-Da》は一個のリトルネロだというのに、彼らはそこに音楽の対立関係や、言語としての無意識を代理する象徴的構成要素を読みとろうとするからだ）。タララ、ラララ。一人の女が歌を口ずさむ。「小声で、やさしく一つの節を口ずさむのが聞こえた。」小鳥が、独自のリトルネロを歌いはじめる。

　要するに、幼児が最初の一歩を踏み出すとか、鳥が一定のリズムで歌う場面のように、自立した運動をする「機械」へと生成する前段階で、周囲の環境に合わせて自分固有のリズムを、音に合わせて作っていく時に出てくる、反復のパターンを「リトルネロ」と呼び、それが音楽の「リトルネロ」の原型にもなっていると考えているようですね。《Fort-Da》については、フロイトが「いない fort」（＝母の不在）を死の代理表現と捉え、それを死を恐れながら、いなくなった母のもとにいきたいという「死への欲動」の現れとして解釈したことが有名ですが、ドゥルーズたちは、そんな意味を勝手に読み込むな、まず、「リトルネロ」として機能していることを直視しろ、と言っているわけです。

　複雑に見える行動を「リトルネロ」へと再分解していくことが、「脱領土化」や「分子状の生成変化」になる。それを狭義の音楽における脱領土化の試みとパラレルに論じているのが、三〇八頁以降の、多くの音楽家の名前が出てくる箇所です。

■質疑応答

Q1　今日は生成変化の話でした。生成変化が歴史の対極にあるというのが、どういうことか分かりにくかったのですが。

A1　リオタール風に言うと、「歴史 history」は大きな「物語 story」を形成し、多くのことを一つにまとめていきます。それは、一つのメジャーな集団を、モル的に固定化し、支配権を与える物語ということです。彼らの言っている「生成変化」は、常に「分子的生成変化」なので、モル的集合体を強化する「歴史」とは逆の作用をします。ただ、「マイナー性への生成変化」というように、マイノリティの集団がはっきりした形で実在するということでもありません。左派のアイデンティティ・ポリティクスでは、マイノリティが自分のアイデンティティを打ち立てるのはいいことだという話になりがちですが、それはそれで、モル的な集合体だし、そのための物語も、それを共有するメンバーの数が少ないだけの「大きな物語」でしょう。祖先とか出自とか信仰とか国籍法とかいろんな理由で、「ユダヤ系」と呼ばれている人たちが、「ユダヤ人」というはっきりしたアイデンティティを持ってしまうと、「マイナー性への生成変化」と無縁になるのを通り越して、むしろファシズムに近いものになってしまうでしょう。

Q2　アイデンティティは一人一つずつということでしょうか。

A2　一人一つということでもありません。それだと、固定して、しかも他者と切り離されてしまう。先ほどの小説や映画にあったように、いろんなユダヤ性があって、それが時期や場面ごとに変化していく。〝ユダヤ性〟が、此性を帯びるということですね。

例えばカフカはユダヤ的かというと、普通の意味でユダヤ的ではまったくありませんね。ユダヤ教の信仰に基づいた特別な実践をやっているわけではないし、シオニスト運動などの民族意識に基づく運動にも関わっていない。マルクスのように、「ユダヤ性」と闘っているわけでもない。けれど、だったら、カフカはユダヤ的ではない、と言ってしまうのも何かヘンです。だから、カフカとユダヤ的なものについていろんな論文が書かれてきましたが、どう書いても今いち説得力にかける。

つまり、このユダヤ性の問題に限らず、カフカは、個人的アイデンティティを極めて捉えにくい作家です。いろんな人格が、カフカという作家の身体を共有しているような気さえする。というか、〈此性〉という視点に徹すれば、どんな作家のどの作品も、いろんな〈此性〉の連鎖であるはずです。彼らが「マイナー文学」と言っているのは、そういうものでしょう。少数派の文化を代表する作家の文学ということではありません。ただ、いわゆる〝少数派〟と見られている人の方が、その社会の中での立場が不安定なので、エクリチュールの中で、あるいはエクリチュールを通しての、「マイナー性への生成」が起こりやすいということはあるでしょう。分子への生成変化が起こっているけれど、単なるデタラメな書きなぐりではなく、作家とか作品についての従来の概念を解体して、何かに生成しつつある様子、新しい存立平面を作り出しつつあるように見えたら、それが「マイナー文学」でしょう。

Q2　一つの個体ではアイデンティティを持つことになるから、という理由のみで「群れ」になる、と彼らは言っているのでしょうか？「群れ」に込められた彼らの意図がいま一つよく分かりません。

A2　単に、孤立した一つの個体であることを否定するだけでなく、「群れ」であれば必然的に、身体的に近接し、相互に影響を与え合うことになりますね。「群れ」として生きていくには、一つの自律した個体――そういう〝個体〟があるとすれば、ですが――である時とは違う行動パターン、リトルネロが必要になる。必ずしも、組織的・効率的な運動になるとは限らない。ある意味、「群れ」の最強の形である「戦争機械」は、数理的に組織化されている反面、ペンテジレーアの身体に起こったような、測定不能な情念の噴出をもたらす。単に「複数いる」ということだけでなく、複数の仲間がいることが前提になる、行動様式が問題です。

[講義] 第6回

11「一八三七年──リトルネロについて」、12「一二二七年──遊牧論あるいは戦争機械」を読む

第11プラトー「一八三七年──リトルネロについて」

本日は第11プラトー「一八三七年──リトルネロについて」

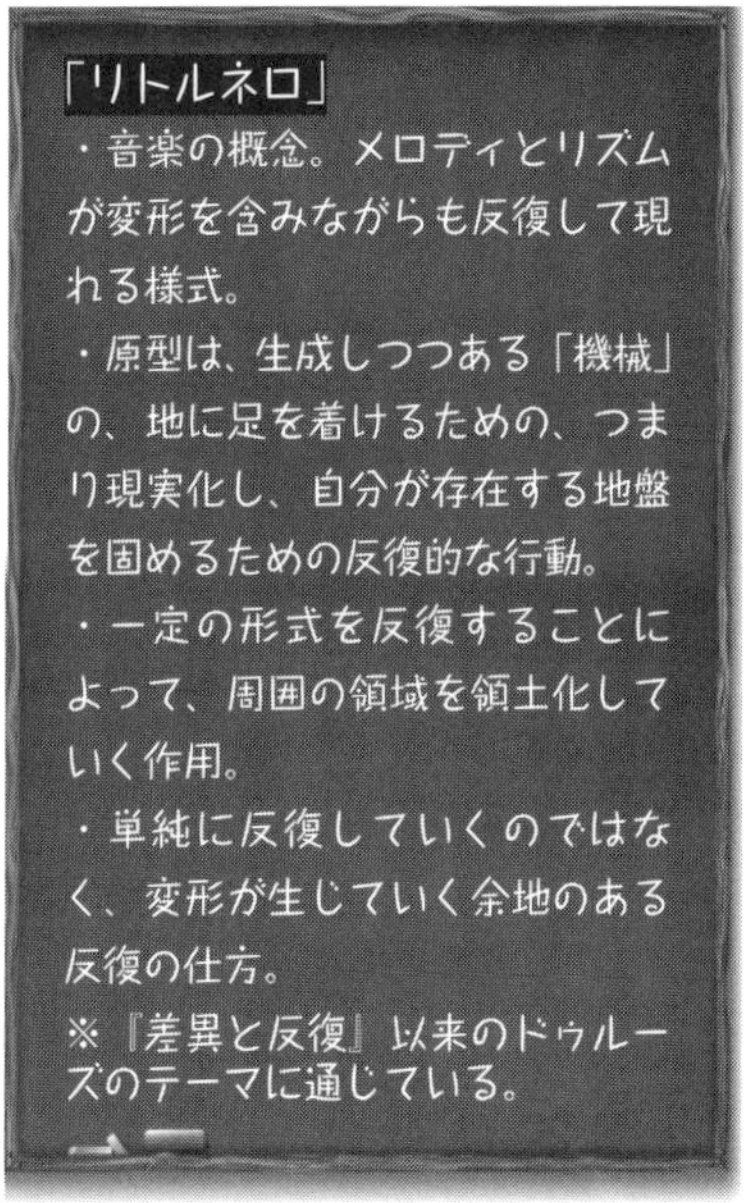
「リトルネロ」
・音楽の概念。メロディとリズムが変形を含みながらも反復して現れる様式。
・原型は、生成しつつある「機械」の、地に足を着けるための、つまり現実化し、自分が存在する地盤を固めるための反復的な行動。
・一定の形式を反復することによって、周囲の領域を領土化していく作用。
・単純に反復していくのではなく、変形が生じていく余地のある反復の仕方。
※『差異と反復』以来のドゥルーズのテーマに通じている。

からです。「リトルネロ」はもともと音楽の概念で、メロディとリズムが変形を含みながらも反復して現れる様式を指していました。音楽の話も出てきますが、その原型は、生成しつつある機械の、地に足を着けるための、つまり現実化し、自分が存在する地盤を固めるための反復的な行動です。一定の形式を反復することによって、周囲の領域を領土化していく作用です。単純に反復していくのではなく、変形が生じていく余地のある反復の仕方です。それは、『差異と反復』以来のドゥルーズのテーマに通じています。

一八三七年

一八三七年という年は、本文の途中で言及されますが、ゲオルク・ビュヒナー（一八一三－三七）というドイツの作家が亡くなった年です。ビュヒナーは、ドイツ語圏では、ヘルダリンやクライストと並んで、二〇世紀に先駆けて、近代的理性の矛盾を描き出した、あるいは狂気それ自体を描いた作家として知

「さえずる機械」。翻訳書中巻 p.316 より

られています。ドイツ語圏だけでなく、フランスや英米のポストモダン系の文芸批評では、この三人が注目されることが多いです。ビュヒナーの作品の中で、特に、彼の死後かなり経ってから遺稿として発表された戯曲『ヴォイツェク』（一八七五）が典型的ですが、「狂気」について、シェイクスピアの『リア王』とか『マクベス』の場合のように、そこに至るまでの物語として描かれるのではなく、「狂気」そのものを描くというか、最初から、自己と外界の境界線が曖昧になっていて、普通の人の感覚だと、狂気としか思えない状態にある人の感覚、身体が意志と関係なく動き出し、そのまま機械として運動し続ける。

リトルネロ形式

章扉裏に「さえずる機械 La machine à gazouiller」と題された絵画が掲載されています。鳥のさえずりを運動している一つの機械と見なし、それと音楽におけるリトルネロ形式が繋がっていることを示唆しています。

—— I　暗闇に幼な児がひとり。恐くても、小声で歌をうたえば安心だ。子供は歌に導かれて歩き、立ちどまる。道に迷っても、なんとか自分で隠れ家を見つけ、おぼつかない歌をたよりにして、どうにか先に進んでいく。歌とは、いわば静かで安定した中心の前ぶれであり、カオスのただなかに安定感や静けさをもたらすものだ。子供は歌うと同時に跳躍するかもしれないし、歩く速度を速めたり、緩めたりするかもしれない。だが、歌それ自体がすでに跳躍なのだ。歌はカオスから跳び出してカオスの中に秩序を作りはじめる。しかし、歌には、いつ分解してしまうかもしれぬという危険もあるのだ。アリアドネの糸はいつも一つの音《ね》色《いろ》を響かせている。オルペウスの歌も同じだ。

この随想的な文章にほぼ尽きていると思いますが、子供、そして大人も時として、どこに進んでいくのか分からない運動をしている時、一つの安定性を与えるべく、無自覚的に鼻歌のようなものを歌うことがありますね。これは原初的な機械の運動の現れです。歌を歌うことで自分の動きに一つのリズムやメロディを与え、自分の動きを規則付ける。「カオス chaos」から「秩序 ordre」が生じてくる契機にしていくわけです。鼻歌の歌の速度やトーンを変えることにより、歩いている速度をコントロールすることもできる。そうすると、自分の動作に意味があり、ゴールがあるような気にもなってくる。ただし、そうやって、歌の規則性に依存するようになると、今度は、歌がうまく出てこなくなると、それと共に「秩序」が崩壊する恐れもあるわけです。

　ギリシア神話で、クレタ島のミノス王の娘アリアドネは、ミノタウロスの閉じ込められている迷宮に侵入したテセウスが退治した後、戻ってこられるよう、糸巻を与えたわけですが、「音色 une sonorité」というのは、アリアドネのことがオペラのモチーフとしてしばしば取り上げられたことや、ニーチェがコジマ・ワーグナー（一八三七―一九三〇）をアリアドネと呼んだことなどを暗示しているのでしょう。オルフェウスは、死んだ妻を冥府に連れ戻しに行く時に、その竪琴の音色で、冥府の渡し守やケルベロス、プルートーなどをてなずけて道を切り開きます。

＝　逆に、今度はわが家にいる。もっとも、あらかじめわが家が存在するわけではない。わが家を得るには、もろくて不確実な中心を囲んで輪を描き、境界のはっきりした空間を整えなければならないからである。あらゆる種類の目印や符号など、きわめて多様な成分が介入してくる。これは第一の場合についても当てはまることだ。けれども、ここで問題になる成分は、一つの空間を整えることを目指しているのであり、もはや一時的に中心を定めることを目指しているのではない。こうして、カオスの諸力ができるかぎり外部に引きとめられ、内側の空間が、果たすべき務めの、あるいはなすべき事業の胚種となる諸力を保護するにいたる。ここでは選別、排除、抽出の活動がくりひろげられ、それによって大地の内密な諸力、大地の内部にある諸力が、埋没することなく抵抗し、さらに、成立した空間のフィルターやふるいでカオスを選別して、カオスから何かを取り入れることもできるようになる。声と音の成分は特に重要だ。それは音の壁であり、少なくとも壁の一部は音響的なものである。一人の子供が、学校の宿題をこなすため、力を集中しようとして小声で歌う。一人の主婦が鼻歌を口ずさんだり、ラジオをつけたりする。そうすることで自分の仕事に、カオスに対抗する力をもたせているのだ。ラジオやテレビは、個々の家庭にとっていわば音の壁であり、テリトリーを標示している（だから、音が大きすぎると近所から苦情が来るのだ）。

　これは、家を中心に具体的なテリトリーを作る、属領化するという段階の話ですね。動物だったら、巣を中心になわばりを作る。音色によって自分の運動を秩序化した後、今度は、土地の上に、自分にとって十分に意味付けされた「内側の空間 l'espace intérieur」（＝秩序）を作り、その「外部 l'extérieur」（＝カオス）との境界線をはっきりさせようとするわけです。そうした地上の境界線と音色は無関係ではなく、自分のテリトリー、特に「家」の中は自分独特のリズムとメロディを響かせる空間、自分で音響を支配できている空間です。確かに、家の中だと、他人に介入されないので、鼻歌のようなものを歌って、動作のリズムを取ること多いですね。ラジオやテレビが音の壁だとい

うのは、面白いですね。確かに、テレビやラジオ、今だとネットの番組を観ていると、自分に関心があり、自分がコントロールする音に集中して、外から遮断されているような気分になりますね。

都市の建造とか、ゴーレムの製造といった崇高な事業を起こすときにも、やはり輪が描かれる。だが、とりわけ重要なのは、子供が輪になって踊るのと同じように、輪の周囲を歩き、子音や母音を組み合わせてリズムをとり、それを内に秘められた創造の力や、有機体の分化した部分に対応させるということである。速度やリズムやハーモニーに関する過失は破局をもたらすはずだ。それはカオスの諸力を回復させ、創造者も被造物も破壊することになるからである。

「ゴーレム」というと、額に「真理」という意味の文字を書く話が有名ですが、命の息吹を吹き込む時には、輪を描いてゴーレムの周りを回る儀式が必要なようです。子供の遊びに、リズムをとりながら輪を描くのはよく見る光景ですね。日本の子供の遊びにありますね。ああいうのを、魔法円を描くのと同様に、秩序のあるテリトリーを作り出す行為であったわけですね、

Ⅲ　さて、今度は輪を半開きにして開放し、誰かを中に入れ、誰かに呼びかける。あるいは、自分が外に出ていき、駆け出す。輪を開く場所は、カオス本来の力が押し寄せてくる側にではなく、輪そのものによって作られたもう一つの領域にある。それはあたかも輪そのものが、みずからの内部に収容した活動状態の力と連動して、未来に向けて自分を開こうとしているかのようだ。そして、いま目的となっているのは未来の力や宇宙的な力に合流することなのである。身を投げ出し、あえて即興を試みる。だが、即興することは、世界に合流し、世界と渾然一体になることなのだ。ささやかな歌に身をまかせて、わが家の外に出てみる。ふだん子供がたどっている道筋をあらわした運動や動作や音響の線に、「放浪の線」が接ぎ木され、芽をふきはじめ、それまでと違う輪と結び目が、速度と運動が、動作と音響があらわれる。

「輪 le cercle」を半開きにして、仲間を引き入れるというのは、人間としては当然のことですね。そうでないと、孤立して、コミュニケーションができなくなり、〝人間〟でいられなくなるかもしれません。第5プラトーで見た、地域的な円環はそうやって出来上がっていくのでしょう。動物だと、作った輪を自発的に開くということはしないでしょう。ハイデガーによると、動物は自らと環世界（Umwelt）の関係を問い直すことなく、その内側にとどまるけれど、人間は、自らが世界の中に投げ込まれて「ある」ことに気付き、その意味について問い直し、自己を外に向かって「企投 entwerfen」し直す。それによって、自己にとっての「目的」を見出します。本文で「放浪の線」、注（1）で「流浪の線」と訳されている〈ligne d'erre〉――英

語では〈wander line〉と訳されています――は、フランスのリベラルな教育者フェルナン・ドゥリニー（一九一三－九六）の概念です。彼は、ワロン（一八七九－一九六二）などの心理学に基づいて、自閉症等の精神医学的な問題を抱えた子の学習について、実践的な研究をしています。自閉症の子供たちと一緒に広いキャンプ地のような場所に行って生活し、彼らの一日の動きをそのまま追って、彼らがどういう道を辿ったか、及び、それを記録した地図のようにしたものが「放浪の線」です。「放浪の線」は、アウトサイダー・アート（アール・ブリュット）のように芸術作品としても評価されています。

この三つのエピソードは、「リトルネロ」の三つの局面だということですね。

三つの局面は、ホラーにも、おとぎ話にも出てくるし、リートにもあらわれる。リトルネロは三つの局面をもち、それを同時に示すこともあれば、混合することもある。さまざまな場合が考えられる。あるときは、カオスが巨大なブラック・ホールとなり、人はカオスの内側に中心となるもろい一点を設けようとする。あるときは、一つの点のまわりに静かで安定した「外観」を作り上げる（形式ではなく）。これによって、ブラック・ホールはわが家に変化したのである。またあるときは、この外観に逃げ道を接ぎ木して、ブラック・ホールの外に出る。

ホラーやおとぎ話というのは、森が怪物の棲む場で、家だけが暫定的に安全な場になっているような設定でしょう。ここで「巨大なブラック・ホール」と言っているのは、カオスの中に境界線を引いて、所有地とか支配地のような形で、自分の領分にしたものということでしょう。一応、属領化はしたものの、支配しきることができず、何が潜んでいるか分からない。家の中に、魔女が潜んでいるかもしれない。「静かで安定 calme et stable」しているように見えるのは、「外観 «allure»」だけで、主体として安定するということはありません。

こうした三つの局面と、局面同士の関係に深い洞察を示したのはパウル・クレーである。クレーは、絵画にかかわるさまざまな理由から、ブラック・ホールとは言わず、「灰色の点」と言っている。しかし、灰色の点とは、まず次元をもたず、位置決定が不可能なカオス以外の何ものでもなく、異様な線がもつれ、束となったカオスの力のことにほかならない。次に、点は「みずからの上に跳躍」し、次元をもつ空間を輝かせ、その水平方向の成層を、垂直方向の断面を、そして書かれざる日常の線をきわだたせ、大地が内に秘めた大いなる力を輝かせる（同じ力は、より解き放たれた形で、大気中にも水中にもあらわれる）。したがって灰色の点（ブラック・ホール）は平常の状態からずれて、もはやカオスをあらわすのではなく、住居あるいはわが家をあらわすことになるのだ。最後に灰色の点は、宇宙の領域にまで拡大してさまよう遠心的な力の作用を受け、勢い

パウル・クレー

を得て、みずからの外部に出ていく。

パウル・クレー（一八七九－一九四〇）は、スイスの画家・美術評論家で、表現主義、シュルレアリスム、キュビスムの

いずれとも解釈できる多面的な作品を残しています。現代思想では、ベンヤミン（一八九二－一九四〇）が個人的に購入し、歴史哲学的な解釈を加えた『新しい天使 Angelus Novus』（一九二〇）で知られています。挿絵の『さえずる機械 Die Zwitscher-Maschine』を描いた人です。『さえずる機械』というのは、クレー自身の命名で、クレー研究のオンライン雑誌のタイトルにもなっています。「灰色の点 point gris = Graupunkt」というのは、「灰色」というのが、黒と白、緑と赤、青とオレンジというように、対極に位置する色の中間地帯に位置することから来る着想です。クレーは、灰色がそこからいろんな色の極が分化してくるカオスと見なします。クレーは更に、人間の眼は、最初、黒や原色に引き付けられ、その次に、黒の対極としての白や、原色の補色へとジャンプすることを指摘します。画家は意識してそうするにせよ無自覚でするにせよ、そうした色の効果を出すように色を配置します。実際に「灰色」をつかっていなくても、カオスを象徴する、ヴァーチャルな「灰色の点」を軸に色彩が展開しているような効果が得られるわけです。こうした「灰色の点」が、色彩の配置のどこかに現れることによって、ある色から別の色への運動が引き起こされるわけです。それと「リトルネロ」がどう関係しているのか分かりにくいですが、恐らく、ブラック・ホールに相当するものを軸にして基本的な運動を繰り返すことで、属領化が進行し、ブラック・ホールに対応する〝主体〟らしきものが見えてくる、ということをクレーも理解していた、と言いたいのでしょう。更に言えば、リトルネロは、音楽だけでなく、視覚芸術の原点にもなっていると言いたいのでしょう。『さえずる機械』の作者なので、「灰色の点」の話も強引に結び付けてしまったということかもしれませんが。

> リトルネロの役割については、これまでにもたびたび強調してきた。つまりリトルネロとはテリトリーを示すものであり、領土性のアレンジメントだということ。たとえば鳥の歌。鳥は歌をうたうことによって自分のテリトリーを示す……。

これは、分かりやすい例ですね。鳥が歌を歌うことで、自らの縄張りを示し、雌を引き寄せるわけです。別に計画するわけでも、意図するわけでもなく、ある時期に環境が整うと、さえずり始めるわけです。まさに「さえずる機械」です。鳥に音楽を奏でているつもりはないでしょうし、ましてや、創作しようと思っているわけでもありませんが、さえずることによって、声だけでなく、羽ばたきや足の動きが一定の安定性を示すようになり、さえずりながら動き回る場所に巣を作り、更には声が届く範囲がテリトリーになっていく。音響空間が属領になるわけです。

> ギリシア音楽の旋法も、インド音楽のリズムも、それ自体領土的で、地方、地域を示す。リトルネロはこれ以外にもさまざまな機能をもつことがある。だが、恋愛の機能、職業的な、あるいは社会的な機能、さらに典礼や宇宙に関する機能など、どれをとってみても、リトルネロは必ず大地の一部をともない、たとえそれが精神的な意味の大地であったとしても、常に一つの大地を相伴物としてもつ。リトルネロは、本質的に、〈生まれ故郷〉や〈生来のもの〉に関係しているのだ。

音楽が共同体を結束させ、日常生活にリズムを生み出す、儀礼とか踊りと結び付いていると考えると、まさに鳥のさえずりによる属領化の延長のように考えられます。「恋愛」と「音楽」も、鳥のさえずりにまで遡るわけですが、それは当然、「家」を作り、職業活動することにも繋がってきますね。第6プラトーで、大地機械における前シニフィアン的体制から、帝国的なシニフィアン的体制への移行という文脈で、「宮廷愛」の話が出てきたのは、場違い感がありましたが、鳥のさえずりというところでまで遡って考えると、「大地 la terre」と「恋愛」は深いところで繋がっていたわけです。『アンチ・オイディプス』でも、ドゴン族などをめぐる文化人類学の議論を引き合いに出して、オイディプスの起源として、「原始大地機械」からの離脱という問題が論じられていましたが、「大地」と、性的欲望にどのような繋がりがあるのか、神話を参照していたけれど、では、どうして大地を属領化することと、性的欲望が神話の中で繋がったのか、今いちピンと来にくかったですが、鳥のさえずりのリトルネロによる属領化というところで、繋がってくるわけですね。〈生まれ故郷 un Natal〉とか〈生来のもの un Natif〉というのは、恐らく、ハイデガーの「故郷 Heimat」とか「本来性 Eigentlichkeit」、あるいは、もっと素朴なナショナリズム的、ナチズム的な言説を暗示しているのでしょうが、そういうものへの拘りも、もとは「さえずる機械」から生じたものであることをアイロニカルに示唆しているのでしょう。

ニーチェは『悲劇の誕生』で、音楽を、アポロン的な形象を破壊するディオニュソス的な衝動、根源的なカオスが身体に現れ、突き動かすものとして描いていますが、ここでドゥルーズ+ガタリが描き出す、音楽の原点としての「リトルネロ」は、むしろ、カオスに一応の秩序を与える作用として性格付けられますね。

> 音楽の「ノモス」はささやかな旋律である。たえず確認され、ポリフォニーの土台ないしは土壌であり続けるメロディの定式なのだ（これが定旋律である）。成文化される慣習法としてのノモスは空間の配分、および空間における配

分と不可分の関係にある。それゆえこのノモスはエートスなのだ。しかし、エートスは〈住居〉でもあるのだ。そして、あるとき人はカオスから領土的アレンジメントの閾に向かう。そこにあるのは方向にかかわる成分と下位レベルのアレンジメントである。またあるとき人はアレンジメントを組織する。ここには次元にかかわる成分と内部的アレンジメントがある。さらにまた、領土性のアレンジメントから外に出て他のアレンジメントに向かったり、別の場所を目指したりすることもある。ここには相互的アレンジメントが、そして移行の、あるいは逃走の成分すら含まれている。

ギリシア語の「ノモス νόμος（*nómos*）」は「法」という意味ですが、語源的には、「分割する」とか「分配する」、あるいは、家畜の群れに草を「食べさせる」という意味の〈νέμω (némō)〉という動詞の名詞形です。土地を区分けして、農地や牧草地として活用する行為が原点になっているわけですね。また、古代ギリシアの音楽でキタラやアウロスという笛の伴奏を伴って謳われるメロディのことを、「ノモス」と言っていたようです。音楽の「ノモス」が時間配分であるのに対し、本来の意味での「ノモス」は、土地の分割であったわけです。土地を属領化する「リトルネロ」的動作で繋がっている感じですね。「倫理」を意味する英語の〈ethics〉の語源になったギリシア語の「エートス ἦθος（êthos）」は、もともとは「慣れ親しんだ場所」という意味です。「リトルネロ」は、属領化した土地を、「エートス」にする活動だということができます。

「方向にかかわる成分と下位レベルのアレンジメント」というのが抽象的でピンと来ませんが、「方向」の方は、単純に、属領化していく地理的・物理的方向のことでしょう。「下位レベルのアレンジメント」というのは、地形とか地質、生態系など、人間による属領化が直接及ばない、むしろそれを条件付けるアレンジメントということでしょう。アレンジメントを組織する場合の、「次元にかかわる成分」というのは、例えば、各社員↓課↓部↓局↓組織全体というように組み立てていく方向性とか方針ということで、その各単位ごとに「内部的アレンジメント」が形成される、ということでしょう。領土性のアレンジメント相互で移行し合う関係の中で、「逃走」、つまり脱属領化の可能性も生じてくるわけです。

環境／リズム／カオス

カオスからは〈環境〉と〈リズム〉が生まれる。［…］たとえば生体には素材にかかわる外部環境があり、構成要素に、そして構成された実質にかかわる内部環境がある。さらに膜や境界にかかわる媒介的環境と、エネルギー源や知覚－行為にかかわる付加的環境がある。それぞれの環境がコード化され、コードそのものは周期的反復によって規定される。しかし、個々のコードは、いつもコード変換ないしは形質導入の状態におかれている。コード変換あるいは形質導入とは、ある環境が別の環境の基盤になるときのなり方、あるいは逆に、ある環境が別の環境の上に確立され、別の環境の中で消失したり成立したりするときのあり方なのだ。実際、環境という概念は統一的なものではない。

ここで言う「環境 milieu」は、漠然と何かを取り巻いているものということではなく、一定の「コード」を持っていて、その「コード」の周期的反復によって維持されている、ということですね。ただし、「コード」は不変ではなく、環境の変化に伴って変容する。

環境はカオスの中で開かれている。そしてカオスは環境を衰弱させたり、環境に侵入しようとおびやかす。だが、環境はカオスに対して反撃に出る。それがリズムなのだ。カオスとリズムに共通しているのは、〈中間状態〉、つまり二つの環境のあいだである。〈リズム－カオス〉あるいはカオスモス（カオス－宇宙）。［…］カオスがリズムになる場所はこの〈中間状態〉にあるのだ。カオスは必然的にリズムになるわけではないが、リズムになる可能性をもっている。カオスはリズムと対立するものではなく、環境〔中間〕の中の環境〔中間〕と考えたほうがいいだろう。コード変換によって環境から環境への移行が起こり、いくつもの環境が通じ合い、たがいに異質な時－空が連動すれば、たちまちリズムが生まれるのだ。枯渇も死も侵入も、リズムを得ることがありうる。

「環境／リズム／カオス」の三者関係が今いち分かりにくいですが、「リズム」も「カオス」も、「環境」と「環境」の間の隙間、〈中間状態 entre-deux〉――正確に訳すと、〈二つのものの間〉――にあるということは分かりますね。ただ、「環境」が「カオス」によってそのまま崩されることに抵抗する時、「リズム」が生じるということなので、「リズム」の方が、「環境」を構成している「コード」と親和性がありそうですね。「カオス」だと、「コード」と相容れないでしょう。

「カオスモス chaosmos」は、ドゥルーズ＋ガタリの用語として有名です。「カオス」ではあるのだけれど、「リズム」が生じて

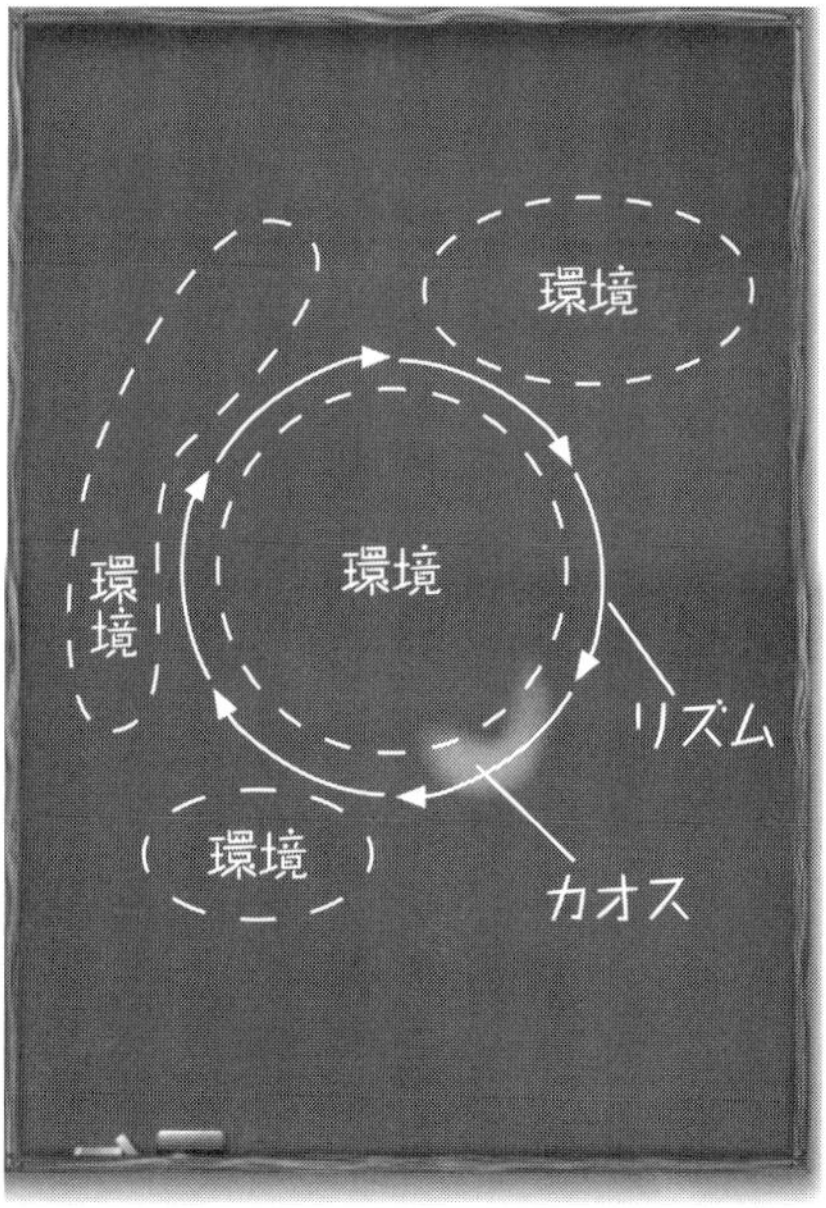

いて、新しい秩序＝コスモス形成に向かっていく可能性がある状態ということですね。無論、「秩序」は生じないで、そのまま端的な「カオス」であり続けるかもしれない。「カオスはリズムと対立するものではなく、環境〔中間〕の中の環境〔中間〕（le milieu de tous les milieux）……」というのが何か文学的な感じで分かりにくいですが、これは訳に「中の」を入れてしまったのと、〈tous（全て）〉を省いたのがまずいのだと思います。環境の最上級というような意味ではなくて、全ての環境を包摂する環境になっている、ということなので、素朴に、「全ての環境の環境」と訳すべきでしょう。つまり、全ての環境を含む全体のようなものがあるとすれば、それ固有のコードはなく、カオスになっているはずで、「環境」と「環境」の間に、その全体としての「カオス」、原初のカオスを代表するミニ・カオスが現れている、ということでしょう。では、「環境」と「カオス」の間のリズムとはどのようなものか。

　リズムとはもちろん拍子やテンポのことではない。たとえ拍子やテンポが不規則でも、リズムは拍子やテンポとは違うのだ。軍隊の行進ほどリズムとかけはなれたものはない。タムタムは一、二の二拍ではないし、ワルツも一、二、三の三拍ではないように、音楽は二拍子でも三拍子でもなく、むしろ、トルコ音楽に見られる最初の四十七拍に近いのだ。なぜなら、拍子とは規則的、不規則的の別を問わず、必ずコード化された形式を前提とするものであり、この形式の測定単位もまた、仮に変化することがあるとしても、結局は疎通性のない環境内にとどまるのに対し、リズムのほうは常にコード変換の状態に置かれた〈不等なもの〉、あるいは〈共通尺度をもたないもの〉だからである。拍子は断定的だが、リズムは批判的《クリティカル》であり、臨界的《クリティカル》な瞬間を結びつけたり、環境から環境への移行にみずから結びついたりする。リズムは等質的な時－空の中で作用するのではなく、異質性のブロックを重ねながら作用するのである。

音楽の基礎理論では、周期的にアクセントがある拍が繰り返されるという意味での「拍子 mesure」や、速さという意味での「テンポ cadence」、次の音までの間隔の変化が一定のパターンで繰り返されているように聞こえる「リズム」は、区別されているようです。ここでは、その話を拡大して、「拍子」はコード化されてきっちり決まっているが、それを繰り返すだけでは、大型打楽器タムタムの演奏やワルツが成立するわけではないという話へ持っていって、そこから更に、音楽の根源にある「リズム」は、「環境」や「コード」の境界線を越えて作用する、という話に持っていっているわけです。「リトルネロ」を単なる拍子ではなく、こうした「カオス」に内在する「リズム」と関係付けようとしているのでしょう。

　コード変換には、一つ、特に重要なケースがある。それは、あるコードが、別のコードによって規定された成分を取り入れたり、受け入れたりするだけではあきたらず、別

のコードそのものの断片を取り入れ、受け入れる場合だ。前者は葉と水の関係にかかわり、後者はクモと蝿の関係にかかわる。クモの巣が、クモのコードに蝿のコード自体の諸系列を取り入れているということは、これまでにもたびたび指摘されてきた。クモはまるで蝿のことを念頭に置いているかのようだ。蝿の「主題」を、蝿の「リトルネロ」を考慮しているかのようだ。取り込みの関係が相互的になることもある。雀蜂と蘭の花、あるいは金魚草とマルハナバチの場合がそれだ。J・フォン・ユクスキュルはこうしたコード変換を見事な理論にまとめ、すべての成分のなかに対位法を形作るメロディが含まれ、あるメロディが別のメロディの主題となり、しかもこの関係は相互的になっているということを発見した。自然は音楽に似ている。

葉と水のケースというのは、葉がその植物の生育環境ごとに最適な割合で水を吸収したり、逆に、水蒸気として放出しやすいように組織化されている、ということを言うのでしょう。金魚草とマルハナバチの話は『アンチ・オイディプス』にも出てきましたが、ここでは、共生関係ではなく、捕食関係の場合も、あたかも、主要なターゲットにしている獲物の行動のパターンを最初から読み込んでいるように巣を作る、というわけです。

　けれども、われわれはまだ〈領土〉をとらえてはいない。領土は特定の環境ではないし、余分な環境ですらない。特定のリズムでもなければ、環境相互の移行でもない。領土とはまさに一つの行為であり、この行為がすべての環境とリズムを触発して「領土化」をおこなうのだ。領土は、すべての環境とリズムを領土化したとき生まれてくるものだ。環境とリズムはいつ領土化するのか、という問いと、テリトリーをもたない動物とテリトリーをもつ動物はどこが違うかという問いは同じである。領土はあらゆる環境から何かを借りうけ、あらゆる環境に食い込み、すべての環境をしっかりと抱きとめる（もっとも、領土は外から侵入してくるものに対しては脆い）。領土は、複数の環境のさまざまな局面や部分によって構成される。領土そのものに、外部環境と内部環境、媒介的環境と付加的環境が含まれている。住居や避難のための内なる帯域と、領地にとって外なる帯域、程度の差こそあれ収縮性をもった境界や膜があり、さらに媒介的な帯域、あるいは中性化した帯域もあり、さらにエネルギーの備蓄や付属物もあるのだ。

「環境」がそのまま「領土」になるわけではなく、「領土」とは「行為 acte」だと言っているわけですね。いきなり「行為」だと言い出すと、抽象的すぎて分からないという感じを受けますが、私が気が付いた時には投げ込まれている「環境」、自然環境あるいは社会的環境が、そのまま私の「領土」でないのは当たり前ですね。親や他人から相続するという場合は一応除外して考えると、何か行動を起こして自分のものにしない限り、「環境」は自分の支配圏外にあって、「領土」とは言えません。

ただ、この話は、主体による自然支配という従来の図式に回収されがちなので、ドゥルーズたちは、動物と人間に共通する、必ずしも自覚的とは言えない「リトルネロ」という行為との共通性を予め強調し、「領土」がカオスの侵入に常に晒されていること、「領土」は様々の、その一つ一つは必ずしもその領有者の思い通りに支配できない、諸「環境」から構成されていることを示唆しているわけです。

> 厳密にいえば、環境の成分が方向を指示するのをやめて、次元を指示するようになったとき、また機能的ではなく表現的になったとき、領土が生まれるのだ。リズムが表現性をもつようになると、それだけで領土が生まれるわけだ。領土は表現の質料（質）が出現することによって規定される。その一例として、鳥や魚の色をとりあげよう。この場合、色は膜の状態であり、膜自体は体内のホルモンの状態にかかわっている。けれども、特定の行動タイプ（性行動、攻撃、逃走など）に結びつけられているかぎり、色は機能的、過渡的状態にとどまる。逆に、色が表現性をもつようになるのは、時間的恒常性と空間的射程を獲得し、それによって、色が領土を示す符号に変わるとき、あるいはむしろ領土化の符号に変わるときなのだ。つまり、署名がほどこされるときである。

抽象的な言い回しから始まっているので、とっつきにくいですが、「色」の話は分かりやすいですね。領土化されていない状態だと、その動物の体表の色は、その動物がどんな行動を取るか、どういう方向を取るかによって変化する付随的な指標にすぎません。色の変化を見て、他の動物の行動が変わったとしても、それは機能的な役割を果たしているにすぎない。しかし、ある一定の領土に対して自分の支配を示すために、色を変えるとなると、行動のパターンが変わったという以上のことが、その変化によって「表現」されるようになります。直接見えない次元での、環境との関わりが表現されるための「質 matières」――「素材」とも訳せます――が現れることがカギになるわけです。動物の体と周囲の環境の接触面になっている「膜 membrane」が、そうした領土性を表現する素材になるわけです。人間がやるような意図的な表現だけが、「領土」を表示するわけではないということですね。

> 同一種の鳥が、色のついた個体と色のない個体に分かれることもある。色のついた個体はテリトリーを構えるが、白っぽい個体は群れをなす。符号化をおこなうにあたって、尿や糞便が役割を演じることはよく知られている。けれども、ほかならぬ領土性の糞便は、たとえばウサギの場合、特有の肛門分泌腺から出てくる特別な臭いをともなうのだ。猿の多くは、見張り番をするとき、色あざやかな性器を露出する。ペニスが表現力とリズムをもつ色彩のにない手となり、領土の境界を標示するのだ。環境の成分は、同時に

質と所有物、quale と proprium になる。数多くの実例で、こうした生成変化の速さが確認されているし、また領土が形成され、それと同時に表現の質料が選別、あるいは生産されるときの速度はどれほど大きいかということも確認されている。スキノピーティス・デンティロストリス〔…〕という鳥は毎朝、あらかじめ切り取っておいた木の葉を下に落とし、それを裏返して色の薄い裏側を地面と対照させることで、目印を作り上げる。つまり反転によって表現の質料が生まれるわけだ……。

猿のような、人間に近い哺乳類でも色を利用して領土化するわけですね。匂いというのは犬に関してよく聞く話ですが、多くの動物にとって、領土の表現になっているわけですね。鳥が葉を逆さにするのは、意識的にやっているわけではないでしょうが、記号的な操作という感じがしますね。〈quale〉は英語の〈quality〉の語源になったラテン語ですが、これ自体は、〈what kind of ～〉に当たる疑問詞、あるいは〈such kind as ～〉に当たる関係代名詞です。〈quality〉の直接の語源で、既に「質」という哲学的な意味で使われていた〈qaulitas〉という言葉もあるのですが、その更に元にある〈quale〉を出しているのは、「環境」を構成する諸要素、例えば色を、○○色は▽▽、◇◇色は●●というように選別することから「質」が生まれてきたことを示唆するためでしょう。〈property〉の語源となった形容詞〈proprium〉は、もともと「自分の」とか「特有の」という意味です。「領土」にするというのは、環境の一部を、自分に固有の性質を刻印した性質のものとして表示することであるわけです。ジョン・ロック（一六三二－一七〇四）は、『統治二論』（一六九〇）で、人間は「労働 labour」を通して自分の固有の性質（property）を、自然界のモノに投入することによって、その事物を自らの所有物（property）にするという労働＝所有論を展開しますが、他の動物も、労働と言えるかどうか分かりませんが、リトルネロを通して、自分の固有性を「領土」に表示するということをやっているわけですね。

領土化

三二八頁で、「刷り込み imprinting ＝ Prägung」をめぐる議論で有名なオーストリアの動物行動学者コンラート・ローレンツ（一九〇三－八九）による「攻撃性」という観点から、「領土化」を説明する議論を批判していますね。

ローレンツによると、攻撃本能が同一種の内部に生まれ、同種の動物に向けられた瞬間から、攻撃本能の系統発生的進化によって領土が作られる。領土をもつ動物とは、同一種に属する他の個体に攻撃性を向ける動物のことである。それによって種は、一つの空間内に分配されるという選択的優位性を与えられ、この空間では一つ一つの個体、あるいは一つ一つの集団が自分の場を所有することになるのだ。危険な政治的響きをもつこの曖昧な主張は、正当な根拠を

> 欠いていると思う。同一種の内部に生まれるとき、攻撃機能が新たな様相を呈するということは明白だ。しかし、このような機能の再組織化は、領土を前提とするのであって、決して領土を説明するものではない。領土の内側では、たとえば性行動にも、狩りにもかかわるさまざまな再組織化がおこなわれるばかりか、たとえば住居を築くなど、まったく新しい機能すら生まれてくるのだ。だが、そのような機能が組織され、創造されるのは、機能が領土化される場合にかぎられるのであって、その逆ではない。

攻撃本能（un instinct d'agression）の系統発生的進化によって各個体の領土形成が起動するというのでは、領土化に伴って、性行動とか住居建築など、攻撃性とは矛盾するような新しい機能が形成されることが説明できないというわけですね。領土形成が攻撃本能に起因すると主張することと、機能が領土形成の過程で変化することは矛盾しないと思いますが、ローレンツはナチスの人種政策に積極的に寄与したことで悪名が高かったので、距離を置いておきたかったのかもしれません。

> こうした生成変化、こうした出現を、〈芸術〉と名づけることができるだろうか。それが可能なら、領土は芸術がもたらす効果だということになるだろう。芸術家は境界標を建て、指標をつくる最初の人間ということになるだろう……。集団あるいは個人の所有はそこに由来する。たとえ戦争や圧制が目的だったとしても。所有とは何よりもまず芸術的なものなのだ。芸術は何よりもまずポスター、あるいは立札だからである。ローレンツが言うように、珊瑚礁の魚はポスターなのだ。表現的なものは、所有的なものに先行し、表現の質、あるいは表現の質料は、必然的に所有に向かい、〈あること〉よりも深いところに根ざした〈もつこと〉を形作る。

「芸術」の起源は、「領土」の境界性を示す「指標 une marque」、「ポスター affiche」とか「立札 pancarte」にある、というわけです。「表現的なもの」が「所有的なもの」に潜行するというのは、これが自分のものであると表示する行為があり、それを他の同類に認めさせることで、自分のものになる、ということでしょう。当たり前の話のようですが、私たちは、「所有」という観念に慣れすぎているので、まず自分の「所有物」にしてから、それを表現すると考えがちですが、そうではなくて、環境の上に自分を表示する、動物とも共通する芸術的な行為があり、それが事後的に、特定の対象の「所有」の概念として固定化するわけです。〈あること〉と〈もつこと〉に訳では傍点がふられていますが、原文では単に〈l'être〉と〈un avoir〉で、特に強調されてはいません。ここでのポイントは、「表現」の帰結として、「固有なもの＝所有」が形成されると、今度は、それを基準に、「存在」の地平が形成されてくる、ということです。「存在」の地平が先に形成されて、そこに「ある」ものに欲望を抱いて「所有」して、それを表示するという常識的な順序の逆になっているわけです。

> ある事物に自分の名前を署名するのと、ある土地に自分の旗を立てるのとは同じことなのだ。リセの校庭に散りしいた木の葉を一枚残らず拾い上げ、検印を押してからもとに戻す学監がいた。この男は署名をしたのである。領土を示す指標はレディーメイドである。さらに、いわゆる素朴芸術（アール・ブリュット）には、病的なところも素朴なところも全然ありはしない。素朴芸術は、領土性の運動の中で表現の質料を形成し、解放しているだけである。それは芸術の土台、あるいは土壌なのだ。どんなものでも表現の質料に変えてしまうこと。スキノピーティスは素朴芸術を実践しているのだ。芸術家はスキノピーティスである。違うのは、芸術家なら自分のポスターを破り捨てるということだけだ。この点からすれば、芸術が人間だけの特権ではないことは明白だろう。

エクリチュールに「署名 signature」をすることによって、それを書いた主体が自分だと宣言することの意味をめぐってはデリダが拘った議論をしていますが、スキノピーティスが既に署名をしているわけですね。「レディー・メイド」を領土の指標にすることを強調しているのは、自然を自在に加工する〝主体性〟のようなものが最初からあるわけではなく、領土化という行為の過程で、そこにあるものを利用することになり、それが次第に「署名」として通用するようになる。

「アール・ブリュット（アウトサイダー・アート）」は、一般的には、精神障害を持っているような人たちが作る、既成の概念に囚われない芸術とされています。『アンチ・オイディプス』でも、普通の創作芸術とは違って、最初に決まった秩序の観念を持たず、素材との自由な関わり、自分にとってどう知覚されるかに従って、形を生み出していく営みとして捉えています。ここではそれを、スキノピーティスと同じレベルの、環境の中で自分のポスターを貼っていく活動と捉えているわけですね。プロの芸術家というのは、社会の中で、あるいは伝統的に確立された「美」の観念に従って、表現行為を調整して、他者からも評価されるものにする技巧を行使する人たち、ということになるのでしょう。

三三一～三三二頁にかけて、「表現」には様々なモチーフがあり、「領土」のモチーフもあれば、性的衝動とか攻撃衝動、食欲などの様々な内的な衝動を反映したモチーフもある、ということが述べられていますね。意識するとしないとに関わらず、私たちが身体を使って〝何か〟を表現する時、表現される内容として、縄張りとか、食欲、疲れ、愛情……など、いろんなモチーフがあります。「領土」のモチーフは、自らの身体に由来する内的衝動を支配したり、重ね合わせたりする、ということです。

> 「イヌが、空腹でもないのに獲物を仮想すること、嗅ぎつけ、狩り出し、追いかけ、追い詰め、口にくわえ、振り回

して殺す動作を熱心におこなうことを、われわれは知っている。」あるいはトゲウオのダンス。トゲウオのジグザグ運動は一つのモチーフである。トゲウオの体が片方に振れるときは相手に向けられた攻撃衝動と合致し、もう一方に振れるときは巣に向かう性的衝動と合致するとはいえ、二つの場合でアクセントは異なり、その方向もまちまちである。また、すべての表現的質が別の内的関係を結び合い、その内的関係が領土の対位法になることもある。

この場合の「対位法 contre-points」は、当然、複数の旋律（メロディ）を調和させながら重ね合わせるという意味の、音楽用語そのものではなく、様々な表現の質料あるいはモチーフを重ね合わせるということです。「領土」には、性的衝動、食欲、攻撃衝動、防衛衝動など、いろんな衝動に由来する様々なモチーフが関係してきますが、それらが「対位法」のように組み合わさって、「領土のモチーフ」を形成しているわけです。

人間の音楽も、これと同じ過程をたどる。芸術愛好家のスワンにとって、ヴァントゥイユのフレーズはブーローニュの森の風景に、あるいはオデットの顔に結びつく立札として機能することが多い。あたかもそれが、ブーローニュの森は自分の領土だった、そしてオデットも自分のものだった、という確信をもたらすかのように。こうした音楽の聞き方には、もう多分に芸術的なものが含まれている。ドビュッシーはワグナーを批判して、ライトモチーフは、あるシチュエーションの隠された状況や、ある人物の秘められた衝動を指示する標識のようなものだと述べた。そして、あるレベル、ある時点でみると、確かにそれは正しいのだ。しかし、作品が展開して複数のモチーフが連携するようになると、モチーフはおのれに固有の平面を獲得し、ドラマの筋、衝動、シチュエーションからの自立性を高めていく。こうしてモチーフは、人物や風景からは独立し、それ自体で〈メロディの風景〉や〈リズムの人物〉となり、モチーフ相互の内的関係を豊かなものにしていく。

森といういかにも土地、領土に関係しそうなモチーフと、オデットの顔という性衝動に由来すると思われるモチーフが並べられているので分かりにくくなっていますが、自然界に実在する森は、それ自体としてはスワンのものではありません。即物的に言えば、スワンは森の一部を見て記憶していただけです。しかし、ヴァントゥイユの曲の一つのフレーズと共に思い出したことで、それがまるで自分のものだという立札を立てるような感じになっているわけです。ヴァントゥイユの曲自体は当然、ヴァントゥイユという音楽家に由来するもので、スワンにとっては「レディー・メイド」ですが、森に対するある欲望を伴った思い出とそのフレーズを連結することで、スワン独自の「表現」になるわけです。そうやって、スワンの曲を「表現」の媒質にすることで、森の風景やオデットの顔が自分のもののような感じになるわけです。これだと強引すぎるというのであれば、好きな対象の絵を描いたり、写真を撮ったり、ネット情報を集めたりすることで、〝自分のもの〟にしたような気になる人を思い浮かべて下さい。

そうした衝動を表示するモチーフが「連携する entrer en conjonction」ようになると、それぞれの元になった衝動とかモチーフから独立して、「固有の平面 leur propre plan」を形成するようになるということですが、この「固有の平面」というのは、新しい「存立平面」の基礎になる、芸術表現の平面ということでしょう。〈メロディの風景 paysages mélodiques〉や〈リズムの人物 personnages rythmiques〉というのは、あたかも、連携によって生じたモチーフが、何か特定の対象、あるいは領土と結び付いていない、独自のリズムをもった存在、それ固有の〝主体性〟があるかのように運動するリズムと、その背景としてやはり独自の存在感を持つメロディになったような様相を呈するということでしょう。つまり、領土化のために芸術性を帯びた表現が、脱属領化されて、リズムそれ自体、メロディそれ自体になっていく可能性があるわけですね。芸術表現は最初、領土化を助けるわけですが、次第に自立化していくわけです。

芸術は人間を待たずに始まる。それどころか、芸術はずっと新しい時代になって、しかも人工的な条件がととのって始めて、人間の世界に生まれるものかどうか疑わしい。人間の芸術は、長きにわたって、芸術自体とは性質の異なる労働や儀式にとらわれてきた。これはたびたび指摘されたことだ。しかし、そのような指摘が、芸術は人間とともに始まるとする指摘よりも重要であるとは思えない。むしろ、領土内にあらわれる二つの効果に注目すべきなのだ。二つの効果とは、諸機能の再組織と、諸力の再結集のことである。

「芸術は人間を待たずに始まる」というのは、従来の「芸術観のように、人間の知能が発達して、「美」というものを意識し、道具ではなく、芸術作品を作るようになってから始まるわけではなく、これまで述べてきたように、領土化に伴う表現行為と共に始まるということです。社会科学的には、労働とか宗教儀礼と共に始まるという見方がポピュラーですが、ドゥルーズたちはむしろその逆であることを、根源的な表現行為としての芸術の付随的効果として、労働や宗教が生まれることを示唆しているわけです。

「諸機能の再組織化 une réorganisation des fonctions」というのは、具体的には、「領土的リトルネロ la ritournelle territoriale」が「職業的リトルネロ les ritournelles professionnelles」に変化することです。「労働」をするには、ここは自分の場所だと周りに示す必要があります。その意味で、表現が先行することになるわけです。「諸力の再結集」というのは、儀式や宗教に関わります。

つまり、領土が、さまざまな環境に含まれたすべての力を結集し、大地の諸力をまとめた一つの束を作り上げるということ。散乱していたすべての力が、容器あるいは土台と

> しての大地に帰属するのは、個々の領土が最も深まった場合にかぎられる。[…] 大気や水の力、そして鳥や魚は、こうして大地の力に変貌する。

自らの表現行為によって形成した「領土」の中に見出される様々な自然の力を一つに結集させるに際して、それらの力の帰属先として「大地」がイメージされるようになるわけです。「大地の諸力」をまとめるのは、カオスへと向かっていくかもしれないそれらの力を自分の味方につけたいから、というのが名目的な理由ですが、現実的には、諸力の根源としての「大地」という表象の下で、同じ領域に住み、一緒に農作業や住居建設などに従事する人たちを結束させるのでしょう。そういう営みによって原始大地機械が形成されるのでしょう。

そして、「リトルネロ」とはどのようなものか改めて説明しています。

領土化とリトルネロ

> リトルネロは領土的アレンジメントに向かい、そこに落ち着き、そこから外に出る。一般に表現の質料が集まり、それが領土を成立させ、領土的モチーフや領土的風景に発展していくときこれをリトルネロと呼ぶ（運動、動作、視覚などのリトルネロが存在する）。

「リトルネロ」が領土的アレンジメントに「向かう aller vers」というのは、「リトルネロ」という反復的行為を通して、ある生き物を取り巻く領土的アレンジメントが形成される、ということでしょう。表現の質料が集まるというのは、その生き物自身の身体的運動や、色や出す音など、そこが領土であることを示す様々な素材が領土の中で集約される、ということでしょう。「領土的風景 paysages territoriaux」はいいとして、「領土的モチーフ motifs territoriaux」というのがピンと来にくいですが、恐らく、曲とかダンス、儀式、神話などのモチーフになるということでしょう。

三四五頁を見ると、「領土的アレンジメント」の内部で形成された機能が、別のアレンジメントを構成するようになる例として、「色彩 couleur」が「領土」を指示することをやめ、「求愛 cour」のアレンジメントに変わるというのが挙げられていますね。「宮廷恋愛 l'amour courtois」についてもそうだということですね。「求愛」というのがどういう愛の形態のことなのか分かりにくいですが、〈cour〉はもともと「庭」「宮廷」「(王侯の) 取り巻き」の意味で、〈faire la cour à ～〉という熟語になると、女性を口説くという意味になるのですが、もともと、宮廷で王侯貴族に伺候する、憧れの貴婦人に身を捧げるというニュアンスがあるわけです。その意味で、宮廷恋愛の派生形態と見れなくもない。要は、宮廷恋愛のように一定の儀礼的手順を踏んで、女性にアプローチするということでしょう。鳥のリトルネロでは、縄張りの誇示と雌へのアプローチが一体となって「領土化」を推進していて、そこで鳴き声と並んで、羽の色が重要だったのですが、宮廷恋愛や一般化された「求愛」の関係では、それを領土・身分の話とは直接関係なしに、女性の関心を引き、高揚した気分にするために使うわけですね。

　これまで見てきたように、ドゥルーズ＋ガタリの見方では、領土化を進めていくと、どこかで、領土化を進めてきたいくつかの契機の方向が逆転し、脱領土化に繋がります。

　ここで、よく知られた、人を混乱させるケースをいくつか挙げることができる。それらは、多かれ少なかれ不可解なケースで、領土の驚異的な解離を例証し、あらゆる領土にじかに働きかけ、領土を隈なく貫いていく大規模な脱領土化の運動を見せてくれる。（1）サケのように水源への旅をおこなうケース、（2）バッタやアトリ科の鳥などのように定数以上の個体が集合するケース（一九五〇年から一九五一年にかけて、スイスのトゥーナー湖畔に一千万羽ほどのアトリが集合した）、（3）太陽や磁極の方向を追う渡りの現象、（4）ロブスターのように長い距離を歩くケース。

　これらは、動物がわざわざ領土化を難しくするような行動を取っている例ですね。ただ、自分の本来の居場所、〈生まれ故郷 le Natal〉を求める行動と見ることもできますね。特に（1）と（3）の場合。居場所を求めすぎる結果、脱領土化してしまうわけです。

　こうしたことを踏まえて、三五一頁にリトルネロの分類が示されていますね。

（1）領土を求め、領土を標示し、領土をアレンジする領土的リトルネロ。（2）アレンジメントの中で特別の機能をになう、領土化した機能のリトルネロ（眠りや子供を領土化する子守歌、性愛と恋人を領土化する恋歌、職業と労働を領土化する仕事の歌、製品とその分配を領土化する商いの歌……）。（3）同じリトルネロが新たなアレンジメントを標示し、脱領土化と再領土化によって新たなアレンジメントに移行する場合（はやし歌はきわめて複雑な事例といえるだろう。領土的リトルネロでありながら、その歌い方は街によって違い、ときには通りごとに違ってくる。はやし歌は遊戯上の役割と機能を領土的アレンジメントの中に分配するだけでなく、領土を遊戯のアレンジメントに移行させる。このときの遊戯のアレンジメント自体は自立性に向かう）。（4）領土の内部で、あるいは外に出るために力を寄せ集め、結集させるリトルネロ（これは対決、ないしは出発のリトルネロであり、絶対的脱領土化の運動を誘発することがある。［…］）。

（1）で大雑把に境界線を引いて領土化し、（2）で領土内で、個別の対象を領土化するわけです。三四四頁で、「内部的アレンジメント l'intra-agencement」と呼ばれているのはこれですね。（3）で、遊戯的なアレンジメントが次第に領土の縛りから離脱していく。民衆の芸能が、独自のリズムやメロディを持つ芸術になっていくわけですね。そうした離脱の契機が集まって強化され、(4)で完全に脱領土化される。「大地を離れ、宇宙的になる」とか、「宗教的な領土区分が開花し、分子的な汎神論的宇宙に溶け込む」とか、かなり抽象的な言い方をしていますが、要は、リズムが完全に領土性なしに運動し続ける状態があると想定しているわけですね。

> スキノピーティスは鮮やかな色をもたない(まるで抑制が働いたかのように)。ところがその歌、つまりリトルネロは、遠く離れたところにも届くのである(補償作用だろうか、それとも歌のほうが第一の因子だろうか)。スキノピーティスは蔓や小枝を歌の棒(シンギング・スティック)にして、そこにとまって歌う。そして歌の棒は、あらかじめ準備した舞台(ディスプレイ・グラウンド)の真上に置かれ、この舞台は、切りとられ、裏返されることで地面と対照をなす木の葉によって示される。スキノピーティスは、歌うのと同時に、嘴の下に生えた羽毛を開き、その黄色いつけ根の部分を露出する。音を出すと同時に自分を目立たせるのだ。スキノピーティスの歌は複雑で変化に富んだモチーフを形成する。このモチーフはスキノピーティスに固有の音と、歌の合間でスキノピーティスが模倣してみせる他の鳥の音によって織りなされているのだ。こうして種固有の音と別の種の音、そして木の葉の色合いと喉の色によって「存立する」凝集体が形成されるのである。これこそ、スキノピーティスの機械状言表、あるいは言表行為のアレンジメントである。他の鳥の歌を「模倣する」鳥はたくさんいる。しかし、アレンジメントに組み込まれ、そのアレンジメントに応じて変化するような現象を考えるにあたって、「模倣」が有効な概念であるかどうか定かではない。サブ・ソングに含まれた要素は、当の種のものとは異なるリズムやメロディの組織に組み込まれ、それによってフル・ソングの中にまさに未知の音や、付加的な音をもたらすのだ。

スキノピーティスは、自分の身体に直接備わっていないいろんな要素を、葉っぱとか小枝、地面、更には、別の鳥の歌まで動員して、リズムやメロディを組織化するわけです。そうやって、様々な要素を取り集めて、そうしたリズムやメロディを「存立」させるわけです。これが、スキノピーティスの活動によって新たに生み出された「機械」あるいは「アレンジメント」であるのは、これまでの彼らの議論からすると理解できますが、「機械状言表 l'énoncé machinique」あるいは「言表行為のアレンジメント l'agencement d'énonciation」だというのが少しひっかかりますね。これは、歌を人間の言表と同じようなものだと捉えているということですが、「機械状」と付くのは、人間の言表のように、他の個体との関係も含めて複合的な機械の連鎖として生み出されるものではなく、「囀る機械」としてのスキノピーティス自体の行動からストレートに導き出されるとい

機械とアレンジメントの違い

「領土的アレンジメント」で脱領土化の運動がはっきりしてきた時、その脱領土化の先端に位置する、脱領土化を一定の方向に誘導するのが「機械」。

「領土的アレンジメント」が安定している間は、少なくとも、新しい「機械」は生まれてこず、「機械」は脱領土化しつつあるアレンジメントなしには始動しない。

脱領土化がどこかで進展していることが、この世界に「機械」が存在しうる条件。


うことでしょう。「アレンジメント」だというのは、鳥が歌うように、言表行為へと仕向ける、木とか大地とか他の鳥とかの諸要素から構成される能動的な環境だからでしょう。

ブラック・ホール

> 領土的アレンジメントが、これを脱領土化する運動に組み込まれると（いわゆる自然の生活条件のもとでも、逆に人為的生活条件のもとでもかまわないが）、必ず一つの機械が始動するものらしい。これこそ、われわれが提案したいと思っている機械とアレンジメントの違いなのだ。機械とは、脱領土化の途上にあるアレンジメントに組み込まれ、アレンジメントの変化と異変を描き出す先端の集合のこと―とである。

ここで、「機械」と「アレンジメント」の違いがはっきり述べられましたね。「領土的アレンジメント」で脱領土化の運動がはっきりしてきた時、その脱領土化の先端に位置する、脱領土化を一定の方向に誘導するのが「機械」だということですね。逆に言うと、「領土的アレンジメント」が安定している間は、少なくとも、新しい「機械」は生まれてこず、「機械」は脱領土化しつつあるアレンジメントなしには始動しない、ということになります。脱領土化がどこかで進展していることが、この世界に「機械」が存在できる前提になっているわけです。「ブラック・ホール」も、こうしたアレンジメントの脱領土化作用と深く関係しているようです。

> ここで「ブラック・ホール」の機能に遭遇するのは重要なことだ。ブラック・ホールの機能には、抑制の現象のより正確な理解を可能にし、抑制因子―始動因子という窮屈な二元論とたもとを分かつ可能性があるからだ。実際、アレンジメントの一部をなすという点で、ブラック・ホールは脱領土化の線にひけをとらない。先にわれわれは相互的アレンジメントにも退化や固着の線が含まれることを見ておいたが、それらはブラック・ホールにつながるとはいえ、やがてより豊かでより肯定的な脱領土化の線に引き継がれるのである（たとえば、オーストラリアのアトリにおける「草の切れ端」という成分はいったんブラック・ホールに

落ちてから「リトルネロ」の成分に引き継がれる）。だから、ブラック・ホールは複数のアレンジメントにおける機械の効果であり、それが他の効果と複雑な関係を結ぶのである。

「ブラック・ホール」は自らの周囲に運動している諸要素を引き付け、その引力の圏内から出られないようにするので、脱領土化を抑制しているように見えますが、そうした性質を持つ「ブラック・ホール」も、様々な領土に領土化／脱領土化の運動と無関係にいきなり現れてくるわけではなく、むしろ、先ほどの（1）～（4）のリトルネロの性格を持つ複数のアレンジメントが相互に干渉し合うことで、どこかで動きが止まっているように見える箇所が生じ、それが結果的に「ブラック・ホール」として現れている、ということです。従って、より俯瞰的な視点を取れば、脱領土化は進んでおり、「ブラック・ホール」はその副次的効果ということになるでしょう。

ところで、このような区別における「生命の場」は何かと考えるなら、生命の場にはどうやら存立性の利得が、つまり剰余価値（脱地層化の剰余価値）が含まれているらしいということがわかるだろう。たとえば、生命の場は自己存立性の集合や強化のプロセスをはるかに多く含みもち、これらにモル状の射程を与える。生命の場は、それだけですでに脱地層的なのだ。生命の場のコードは地層全体に配分されるのではなく、きわめて特殊化した発生論的な線を占めるからである。［…］そして生命の場とは、まさに二つのものを同時に兼ねている。一方ではきわめて複雑な地層化のシステム。もう一方では順位と形式と実質をくつがえす存立性の集合。たとえば、すでにわれわれが見たように、生物が環境のコード変換をおこなうとき、それは一つの地層をなすこともあるし、裏返しの因果関係によって、また脱地層化の横断線によって作用することもある。

先ほどの「機械」と「ブラック・ホール」の話から十分想像できますが、「生命の場 la «place de la vie»」も、現に生きている生物が自己保存しやすいように生態系というモル状の塊を作り出し、地層化しますが、その一方で、新しい生物、生物相互の共棲関係を作り出して、環境のコードを変換し、地層のでき方を根本的に変えてしまうこともある。

古典主義とロマン主義

三七四～三八一頁にかけて、芸術の様々な形式と結び付けて議論が進められます。三七四頁を見ると、古典主義は、「形相－質料 forme-matière」あるいは「形式－実質 forme-substance」の関係を意味する言葉であり、「仕切られた形態が、いくつも連なり、それが中心化され、相互に階層化される。そのような形態が質料を組織するのだ」とありますね。要するに、「形式」を操作することによって、階層的な秩序を作っていくわけです。――だが、このような操作の背後で、古典主義の芸術家は危険で極限的な冒険を敢行しているのだ。彼は環境を振り分け、区分し、調和が成り立つように環境を組み合わせ、そして混合した環境を調節し、一つの環境から別の環境に移行する。こうして古典主義の芸術家が立ち向かう相手はカオスであり、カオスの諸力であり、制御しがたい原材料にそなわった諸力である。こうした力には、実質を産み出すために形態を押しつけなければならないし、環境を産み出すためにコードを押しつけなければならない。

ここは分かりやすいですね。素材には、領土化に抵抗するカオス的な諸力が宿っているので、それらに対して強引に型、フォルムを押し付けて、自らの目指す美の理想、調和の取れた状態へと近付けねばならない。しかし、それはある意味、〝自然〟に逆らって、新しい対象、それを取り巻く環境を作り出すということなので、カオスの力の反撃を受けて、自分の方が潰されるかもしれない。

三七五頁の半ばより少し後に、「だからこそ、バロックと古典主義のあいだに明白な境界線を引くことができなかったのである。古典主義的なものの底辺でバロック的なものが蠢いている」とありますが、「バロック」は美術や建築を基準に考えると、一六世紀末から一八世紀半ばくらいまで、古典主義の前に優勢だったとされる芸術様式で、ごくざっくり言うと、人物の描写では、まっすぐな姿勢で前を見つめる、ミケランジェロ（一四七五－一五六四）の「ダビデ像」（一五〇四）のような感じに対して、ベルニーニ（一五九八－一六八〇）の「プロセルピナの略奪」（一六二二）のような、体を思いっきり斜めにひねったような構図が多いのが特徴です。壁画だと、騙し絵（Trompe-l'œil）のようなトリッキーなものが目立ちます。フーコーが『言葉と物』の冒頭で分析したので現代思想界隈で有名なベラスケス（一五九九－一六六〇）の『侍女たち Las Meninas』（一六五六）も、複雑に登場人物と画家自身の視線を交差させるバロック的な作品と見なされます。つまり、バロックの作品は、アプリオリな形式をストレートに作品に押し付けるというより、素材のカオス化するダイナミズムに翻弄されているように見えるわけですが、それは古典主義的な、美しく調和の取れた形態化を目指す試行錯誤と解することができますし、逆に、古典主義的作品の根底に、バロックに通じる潜在的な脱領土化的な契機が潜んでいると見ることもできます。

ベラスケスの絵画『侍女たち』

これと同じくらい簡潔にロマン主義を定義すれば、古典主義とは似ても似つかない世界を見てとることができるだろう。新しい叫びが響く。「大地だ、領土と大地だ」。ロマン主義の到来とともに、芸術家は権利上の普遍性への野心を放棄し、造物主の地位も放棄する。彼はみずからを領土化し、領土的アレンジメントに組み込まれる。今度は季節も領土化される。それに、大地と領土は同じものではないはずだ。大地とは、領土の奥底に位置する強度の点、あるいは領土の外に投げ出された焦点のような点であり、そこにすべての力が集結して白兵戦を演じるのだ。大地は、もはや数ある力のうちの一つではない。形を与えられた実質として、あるいはコード化した環境として一定の位置と役割を占めるものでもない。大地はすべての力がぶつかり合う白兵戦と化し、そこには大地の諸力も、他の実質の諸力もすべて集まってくる。だから芸術家は、カオスと対決することをやめ、地獄と地下の世界に、底無しの世界に直面することになるのだ。芸術家をおびやかす危険は、もはやあらゆる環境に拡散することではなく、大地の奥底に沈みこむことである。

「普遍性への権利の野心を放棄する」というのはいいとして、「みずからを領土化する」というのが文学的で分かりにくいですが、これは自分の内面、空想とか夢、情念の世界を掘り下げていくということでしょう。ここで「領土」と区別されている「大地」というのは、無意識の領域の根底にあるもの、あるいは、神話とか芸術的想像力の源泉としての現実の大地、その現実の大地に居住してきた共同体、といったことでしょう。ロマン主義の芸術家は、無意識のカオスと闘って形を作り出そうとするのではなく、そのカオスの中に突っ込んで、底無しの闇の中に入っていくわけですね。ニーチェの『悲劇の誕生』の図式で言うと、古典主義がアポロン的な造形化を目指すのに対し、ロマン主義はディオニュソス的混沌を目指す、という感じになるでしょう。

エンペドクレス。芸術家は天地創造への自己同一化をやめた代わりに、今度は土台との、あるいは創立の行為との自己同一化をおこなう。創造の力をもつようになった創立の行為。彼はもはや神ではなく、神に挑戦状を突きつける英雄である。「創造しよう」ではなく、「創立しよう、創立だ」と叫ぶ挑戦状。ファウスト、それも特に『ファウスト第二部』がこの傾向に支えられている。

エンペドクレス（前四九〇頃－四三〇頃）は、シチリアに生まれた古代ギリシアの哲学者・詩人で、物質は、火、水、土、空気の四元素からなると唱えました。最後は、エトナ山の火口に投身自殺したことが知られています。彼をロマン主義で取り上げたのは、ヘルダリンがこの自殺を、自然界の諸元素と一体化するための自殺と解釈し、『エンペドクレスの死』という戯曲を書こうとしました。未完に終わりましたが、哲学的な劇の構想が残っており、ヘルダリン研究では結構重視されているテクストです。ゲーテ（一七四九－一八三二）の戯曲『ファウスト』（一八〇八、三二）は、ご存じのように、悪魔メフィストフェレスと契約を結んで若返ったファウストが、人生の様々な欲望を成就しようとする物語ですが、メフィストは、神の作り出した秩序を破壊しようとする霊、新しい秩序を生み出そうとする霊です。第二部では、トロイ戦争の原因になったヘレネに恋したファウストが、メフィストにとっても管轄外なので、あまり介入したくはない、形を持たない、影のようなものが漂う「母たち Mütter」の領域へと降りていきます──詳しくは拙著『ゲーテ「ファウスト」を深読みする』（明月堂書店）をご覧下さい。

このように「領土」と「大地」の違いが強調される一方で、三七七頁の終わりでは、「リトルネロ」は、「領土の歌 la chanson territoriale」と「領土の歌を覆って高揚する大地の歌（chant de la terre）」が「密接に結びつくことによって形成される」と述べられています。どういうことか。

たとえば『大地の歌』の末尾では、二つのモチーフが共存しているではないか。メロディによる第一のモチーフが鳥のアレンジメントを喚起し、リズムによる第二のモチーフが永遠に続く大地の深い息づかいをなぞっているではないか。マーラーは言う。鳥の歌、花の色、森の香りだけでは自然は作れない、ディオニュソスか、偉大なるパンの神が必要なのだ、と。大地の原－リトルネロは、領土的なものであれそれ以外のものであれ、すべてのリトルネロをとらえる。さまざまな環境のあらゆるリトルネロをとらえる。

『大地の歌 *Das Lied von der Erde*』（一九〇八）は、マーラー（一八六〇－一九一一）が作曲した声楽部分を含む交響曲です。マーラーは新ロマン主義の作曲家と言われることもありますが、ポイントはそこではなくて、この曲の最終楽章「別れ Der Abschied」で、原初的な「大地の歌」と、鳥や花、木々、あるいはそれらを見つめる人間という様々な「領土の歌」の二層構造で曲を構成したということでしょう。後者が、前者から派生しているような印象を与えることで、「原－リトルネロ Ur-ritournell」の存在を示唆しているように見えることにポイントがあるのでしょう。この曲の歌詞は、ドイツの詩人ハンス・ベートゲ（一八七六－一九四六）が編訳した漢詩集から取られていることが知られていますね。「パン Πάν(Pan)」というのは、下半身が山羊の姿をしたギリシア神話の神で、笛の名手ですが、彼が取りつくと、人間や家畜の集団が突然恐慌状態に陥って逃げ回ることから、「パニック」の語源になりました。また、「パン」という名前が、万物や宇宙を意味する〈παν (pan)〉と音が似ているので、宇宙や万物の根源に位置する、大いなる神と解されることがあります。

三七八頁に『ヴォツェック Wozzeck』が出てきますが、ここで直接話題になっているのは、ビュヒナーの未完の作品それ自体ではなく、それを元にしたアルバン・ベルク（一八八五－一九三五）のオペラ作品（一九二二）です。正しい綴りは、〈Woyzeck〉なのですが、ビュヒナーの遺稿が悪筆なのと、スラブ系の名前なので発音の仕方がよく分からないということもあって、遺稿集に誤った綴りのまま表記されて、それをベルクがそのまま採用してしまったわけです。ビュヒナーは文学史的にはロマン主義が終わって、詩的リアリズムが始まるまでの中間期、市民的文化が開花し始めたビーダーマイヤー期――「ビーダーマイヤー Biedermeier」というのは、ルートヴィッヒ・アイヒロット（一八二七－九〇）という作家の小説に出てくる愚直で、小市民的な学校教師の名前に由来します――と呼ばれる時期に属する作家ですし、ベルクが音楽上の新ロマン主義に属するとされることはあまりないようですが、ポイントはやはりテクストのモチーフや音楽の構成が、ここでのロマン主義の定義に合致するからでしょう。

> 『ヴォツェック』では、子守歌のリトルネロ、軍隊のリトルネロ、酒飲みのリトルネロ、狩りのリトルネロ、そして最後にあらわれる子供時代のリトルネロなど、すべてのリトルネロがそれぞれ見事なアレンジメントを織りなし、アレンジメントは強力な大地の機械とその突出点によって押し流される。ヴォツェックの声によって大地は音を放ち、マリーの死の叫びが池の水面を駆け抜ける。そして大地がうめいたとき、ロ音が反復されるのだ……。こうしたずれ、こうした脱コード化の動きがあるからこそ、ロマン主義の芸術家は領土を生きるわけだが、領土は必然的に失われたものとして生きられ、芸術家自身も、さまよえるオランダ人やヴォルドマル王のように、追放され、旅の途上にある者として脱領土化され、諸環境の中に押し戻された者として自己を生きる（逆に、古典主義者は諸環境に住まっている）。

子守歌、軍隊、酒飲みなどのモチーフは、戯曲『ヴォイツェック』に実際に出てきますが、脈絡がありません。ヴォイツェックという壊れかかった〝主体〟を構成していた、諸要素が、その元になったリトルネロを再現しているような感じになって、次第に彼の身体が、「大地」、自然の振動に共振するような感じになっていくわけです。「マリーの死の叫び le cri de mort de Marie」というのは、ヴォイツェックが、「殺せ」という内なる声に誘導されて、自分の情婦マリーをめった刺しにした時、彼女があげる叫び声です。「ずれ décalage」――原文には特に強調はありません――というのはこの場合、ヴォイツェックの言葉・意識と動作がいちいちズレて、彼の身体的統合性が解体し、身体の動きが脱コード化されていくということでしょう。ロマン主義は、現実の世界に基盤を持たず、空想の世界に浮遊するというイメージがあるのですが、ドゥルーズたちは、それは固有の「領土」を失って、大地の混沌に突っ込んでいったせいだと見ているわけですね。そういう見方をすると、ドイツ文学史では、ロマン派に入れられていないヘルダリンやクライストこそ、最もロマン主義的ということになりそうです。無論、ゲーテは、ドイツのオーソドックスな文学史では、古典主義の代表で、ロマン派に数えられることはまずありません。

「さまよえるオランダ人」は具体的には、神を呪った罰によってこの世と煉獄の間をさまよい続ける、オランダ人の幽霊船をテーマにしたワーグナーの楽曲『さまよえるオランダ人』で描かれたオランダ人のことで、ヴォルデマール王というのは、シェーンベルク（一八七四－一九五一）のオラトリオ『グレの歌 Gurre-Lieder』（一九一三）のモチーフになった恋愛物語の登場人物です。デンマークの作家イエンス・ペーター・ヤコブセン（一八四七－八五）の未完の小説『サボテンの花開く En Cactus springer ud』を、オーストリアの文学研究者ローベルト・フランツ・アーノルト（一八七二－一九三八）が訳したテクストが元のテクストです。この小説の中で、登場人物が、中世のデンマークの伝説に基づく『グレの歌』という詩を朗読するという設定になっています。ヴァルデマール王というのは、デンマーク王ヴァルデマール四世（一三二〇－七五）のことで、彼とトーヴェの間の恋愛と、トーヴェが王妃によって暗殺されたたことで、狂ったヴァルデマールが神を呪い、亡霊の従者たちを呼び出し、進撃を命じている様子が描かれています。

「情動」が重要になってきます。彷徨えるオランダ人やヴァルデマール王は領土を失ったものの、完全なカオスの中で消滅することもできず、自分のものでなくなった諸環境の中に「押し戻され repoussé」てしまったわけです。

ロマン主義にいちばん欠けているものは民衆である。領土には孤独な声がつきまとう。大地の声は、それに応えるというよりも、むしろそれに共鳴して鳴りひびく。たとえ民衆がいたとしても、それは大地によって媒介され、地の底からあらわれ、またいつ地の底に帰ってしまうかわからないような民衆である。それは地上の民衆というよりも、むしろ地下の民衆なのだ。英雄とは大地の英雄であり、神話に属する。民衆の英雄として歴史に所属するのではない。

これはロマン主義の一般的なイメージからすると意外です。ドイツ・ロマン派は、グリム兄弟（ヤーコプ（一七八五－一八六三）、ヴィルヘルム（一七八六－一八五九））の童話収集やアルニム（一七八一－一八三一）とブレンターノ（一七七八－一八四二）の民衆歌謡収集に代表されるように、民衆に伝承されてきた素朴な伝承から、ドイツの本来の文化を復興しようとした、と言われています。それが、後期ロマン派とされるワーグナーの、ドイツの大地に根ざしたニーベルンゲン神話への拘り、強い英雄の憧れへと繋がり、ナチスの「血と大地」の神話の土壌となった、というように、戦後啓蒙主義的な歴史観では言われてきました。しかし、ドゥルーズたちは、ロマン主義の英雄は、「大地の英雄 un héros de la terre」であり、「神話」に属するけれど、「民衆の英雄 un héros du peuple」として「歴史 histoire」に所属するわけではない、と言っているわけです。ドゥルーズたちのように、脱属領化の極致に「大地」を見るという視点から、ロマン主義を捉えると当然、そういうことになるでしょう。ドイツ・ロマン派は、「生まれ故郷 le territoire natal」を「無人の地 désert」として生きるわけではないが、彼らにとって「人口 population」は「大地」からの「派生物 émanation」――

〈émanation〉は、新プラトン主義で、一者からの「流出」による創造を指す時に使う言葉です——にすぎない、ということですね。彼らは、本当のところ「民衆」など見ておらず、単に「大地」から生えてくる農作物のようなものにすぎないわけです。

しかもラテン系やスラブ系の諸国の〝ロマン主義〟では、「民衆」が前面に出てくるということですね。

> これらの国々ではすべてが民衆の主題を、そして民衆の力という主題を経由するからである。そこでは、むしろ大地のほうが民衆によって媒介されるし、民衆なくして大地は存在しえない。そこでは、大地は「無人」の地であるかもしれない。不毛の大草原、あるいは分断され荒廃した領土であるかもしれない。だが、大地は決して孤独ではなく、遊牧する民に満たされているのだ。遊牧する民は離散してはまた結集し、要求しては涙にくれ、攻撃に出てはまた攻撃にさらされる。そこでは、英雄は民衆の英雄であり、もはや大地の英雄ではない。彼は〈一なる群衆〉と結びつくのであって、〈一なる全体〉と結びつくことをやめたのだ。

「大地」が「無人」の地であるかもしれないが、「孤独」ではなく、遊牧する民に満たされているというのは、「民」が特定の領土に固執することなく、遊牧するので、個々の土地は見捨てられて荒廃しているかもしれない、ということです。〈désert〉には見捨てられて、荒廃しているというニュアンスもあります。私たちがロシアとかイタリアについて抱いている通俗的なイメージだと、もっと民衆が〝大地〟に固執していそうですが、ドゥルーズたちに言わせれば、それは「民衆」によって媒介された、つまり「民衆」の目から見た〝大地〟ということになるでしょう。

ナショナリズムとかファシズムを批判する哲学的議論では、宇宙的な〝全体〟の表象と、〝群衆〟の表象をイコールで結んで、危険視することが多いですが、ここでは両者をはっきり区別しているわけですね。遊牧性を帯びた〈一なる群衆 l'Un-Foule〉と結び付いた「英雄」というのは微妙な感じがしますね。一面的に〝表象〟された〝大地〟をめぐる形而上学から解放され、脱属領化を進めていきそうに思える反面、〝民衆〟のイメージを固定化してしまい、モル的な政治体制を作ってしまいかねない、危うさがあるような気もしますね。ドゥルーズたちも、その両義性は意識しているようです。

> 群衆と全体のいずれか一方にナショナリズムが多く、もう一方はそれが少ないなどと考えてはならない。なぜなら、ナショナリズムはロマン主義的形象のいたるところに浸透し、それがあるときは積極的な推進力として、またあるときはブラック・ホールとして作用するからだ。

このどっちがどう危険か問題についてははっきり答えを出していません。というか、出してしまうと、かえって危ないのでしょう。どっちの肩をもって、こっちは健全なロマン主義で、あっちは不健全なロマン主義……と短絡する人が出てきます。彼らはただ、音楽の様式によって、どっちよりか変わってくると指摘しているだけです。ただ、いずれの場合も、「情動 les affects」が肝要なことだけは強調しています。

ドビュッシーは、群衆や民衆を「作る」ことができないという点でワグナーを批判したとき、まさに〈一なる群衆〉の問題を提起していたのだった。群衆は十全に個体化されていなければならない、ただしそれは群衆を構成する主体の個人性には還元されない集団的個体化にしたがうものでなければならない、というのだ。民衆は個体化をとげなければならない。ただしそれは人格にしたがうのではなく、民衆自身が同時的に、また継続的に体験する情動群にしたがうような個体化でなければならない。

ドビュッシー（一八六二―一九一八）が最初ワーグナーの強い影響を受けて、次第に距離を取るようになったことはよく知られていますね。彼には「パン」をモチーフにしたいくつかの曲がありますね。ここでのポイントは、「群衆 une foule」というのは単なる個人の寄せ集めではなく、情動によって結び付く「集団的個体化 les individuations de groupe」ですね。これがノマド的に流動性が高いものなのか、ファシズムにとって都合のよい、モル的な塊になっていくのか気になりますが、一概に答えを出すことはできないでしょう。

近代芸術

三八六頁を見ると、ニーチェの「永劫回帰」を「リトルネロ」として捉えていることが分かりますね。人間が通常身を置いているアレンジメントの外に出て、宇宙の「原リトルネロ」を聴くわけです。

そうやって楽観的そうなことを言ったすぐ後で、三八七頁で、既存のアレンジメントを乱すため、現代音楽における、シンセサイザーなどを使っての「不調和な要素の総合 synthèse des disparates」には危険も伴うことを指摘しています。

たぶん、これは現代になってから子供の図画や狂人の文章が過大評価され、雑音によるコンサートが重視されるときに見られるのと同じ両義性なのだろう。度を超す、余分なものを付け加える、そして線と音とを雑然と積み重ねる。だが、そうなってしまうと、「音楽にする」力をもった宇宙的な機械を産み出す代わりに再生産の機械に逆戻りしてしまうだろうし、再生産の機械は、結局あらゆる線を消し去るなぐり書きを再生させ、あらゆる音を消し去る混信を再生させてしまうだろう。

脱属領化が不十分なままに、宇宙的な機械を作ったつもりになると、それが既存のアレンジメントを再生する機械になってしまうわけですね。それだけではありません。三九〇頁を見ると、分子化した民衆に代わって、既存の権力が、大地を占拠し、自分たちのための「民衆の組織 des organisations de peuple」を作り上げます。彼らは、マスメディアやコンピュータを駆使して、「民衆」を動員する。そこで、現代音楽的なものも動員される——これは、割とありそうな展開ですね。

古典主義、ロマン主義、そして近代（ほかに名前がないので近代と呼んでおく）という三つの「時代」を進化の過程と解釈してはならないし、意味上の断絶をともなう構造群と解釈してもならない。三つの時代はアレンジメントなのであり、その一つ一つが異なる〈機械〉を、あるいは〈機械〉に対する異なる関係を包み込んでいるのだ。ある意味で、われわれが特定の時代に属すると見なすものはすべて、すでに一つ前の時代に存在していたのである。力についても同じことがいえる。問題になるのは常に力だったのであり、それがカオスの力として、あるいは大地の力としてとらえられたのである。

主旨は分かりますね。進化的に捉えると、「近代」はロマン主義的な脱領土化を徹底的に進めて、全てが分子化する時代になるか、再領土化が起こる時代になるか二者択一の運命みたいな話になってしまいそうですが、そういうことではなくて、その時代の芸術の総体が一つの〈機械〉をなしていて、その時点ではあまり目立たない他のタイプの〈機械〉とせめぎ合っていて、「力 forces」のバランスが変わると、表に出る〈機械〉が入れ替わるわけです。そういう〈機械〉の交替が、「カオスの力」あるいは「大地の力」によって現実化するとすれば、領土化も、その源泉は「カオスの力」による、ということになるでしょう。それが「永劫回帰」なのかもしれません。

ところで、結局のところリトルネロとはいったい何なのだろう？　グラス・ハーモニカである。リトルネロはプリズムであり、時-空の結晶体である。リトルネロは、音や光など、自分を取り巻くものに作用をおよぼし、そこから多彩な波動、分光、射影、そして変形を引き出そうとする。リトルネロには触媒の機能もある。自分を取り巻くものにおける交換と反応の速度を増大させるだけでなく、いわゆる自然の親和力を欠いた要素間に間接的相互作用を保証し、それによって組織的質量を作り出すのだ。

これでもまだ抽象的で分かりにくいですが、「リトルネロ」はこの宇宙の至るところに潜在的に働いている波動のようなもので、何か機会があれば、周囲の事物を強く共振させて、絶えず、新しい「機械」やその「領土」を生み出しては、脱領土化しているわけです。〝私たち〟自身も、リトルネロのカオス的な力に動かされているわけですが、ドゥルーズたちは、古いアレンジメントや機械に固執せず、「脱領土化したリトルネロを産み出し」（四〇一頁）、宇宙に（再び）「解き放つこと」を、音楽の課題だと言っているわけです。

第12プラトー「一二二七年——遊牧論あるいは戦争機械」

では下巻の「12　一二二七年——遊牧論あるいは戦争機械」に入りましょう。一二二七年は、チンギス・ハーン（一一六二－一二二七）が亡くなった年です。チンギス・ハーンと遊牧や戦争機械の関係は説明するまでもないですね。ここは一番具体的で分かりやすい章（プラトー）です。章扉裏には「木だけでできた遊牧民の戦車」の絵が掲載されています。この戦車は、我々がイメージする「機械」に比較的近そうな気がしますが、ここで「戦争機械」と呼ばれているのは、遊牧民の在り方、運動の仕方それ自体です。

「木だけできた遊牧民の戦車」翻訳書下巻 p.12より

公理一、命題一

公理一——戦争機械は国家装置の外部に存在する。

命題一——この外部性は、まず、神話、叙事詩、演劇、そしてゲームによって確証される。

戦争機械は本来は国家の軍隊のような、飼いならされ、組織化されたものではなく、国家の外部、遊牧民たちのもとで生まれるもので、そのことは古代の神話や叙事詩などで確かめられる。

ジョルジュ・デュメジルは、インド・ヨーロッパ神話の決定的に重要な分析において、政治的主権（至高権力）ないし支配権は〈王－魔術師〉と〈司祭－法学者〉という二つの頭を持つことを明らかにした。レークスとフラーメン、ラーイとブラフマン、ロムルスとヌーマ、ヴァルナとミトラ、専制君主と立法者、結ぶ者と組織する者。そしてこれらの二極が、暗黒と光明、激烈と静穏、迅速と荘重、恐怖と規律、「結び」と「契約」、等々のように、一つ一つ対立するのは確かである。しかし、この対立は相対的なものでしかないのであって、両極はあたかも〈一なるもの〉の分割を表現するかのように、あるいはそれら自身が至高の統一を構成するかのように、対になって交互に機能するのである。

前回も少し出てきましたが、デュメジルはレヴィ＝ストロースに影響を与えた比較神話学者で、インド＝ヨーロッパ語族の神話を研究したので知られています。彼は、神話には、「主権」、「戦闘」、「生産・再生産」の三つの機能があるとしましたが、そのうち、「主権 la souveraineté」に関して、〈王－魔術師

roi-magicien〉と〈司祭－法学者 prêtre-juriste〉の分業があると言っているわけです。「魔術師」と「司祭」を分けることにまず違和感があるかもしれませんが、「司祭」が決まった様式に従って儀礼を執行する役目であるのに対し、「魔術師」は、第10プラトーで見たように、獣に生成変化して荒れ狂う、バーサーカーのような存在です――第10プラトーでは、「魔法使い」と訳されることが多い〈sorcier〉という言葉が使われていましたが、どちらもデュメジルを援用した議論なので、〈sorcier〉≒〈magicien〉と考えていいでしょう。暴力と結び付いた魔術です。

「レークス rex」は「王」を意味するラテン語で、「フラーメン flamen」はユピテルやマルス、クウィリヌスなどローマの主要な神に仕える神官のことです。「ラーイ raj」は、古代インドのヴェーダ語で「王」を意味する言葉で、「ブラフマン Brahman」は元は宇宙の根本原理の意味で、そこから、それに仕える者としての「バラモン」という意味が派生したわけですね。ロムルス（前七七一－七一七）は、双子の弟レムスと共に狼の乳によって育てられたという伝説のローマの建国者で、祖父から王位を奪った大叔父であるアルバ・ロンガの王を討ち取り、その後、新しい国造りをめぐって対立したレムスを決闘で殺し、近隣の国から娘たちを強奪して、滅ぼしていきました。ヌマ（前七五三－六七三）はその後を継いだ第二代の王で、戦争は抑制して、人々を職能別集団に組織化し、暦を定め、統治のための法と慣習を確立しました。最大の功績は、平和を祈願するヤヌスの神殿を築いたことだとされています。「ヴァルナ Varuna／ミトラ Mithra」は、『ヴェーダ』でバラモン教の教典が確立する以前の古代インドの最高神のペアで、ヴァルナが攻撃的、暴力的で、しばしば狂乱するのに対し、ミトラは理性的で寛容、司祭のように冷静だとされています。このペアによって、国家装置が二分節化されて機能するわけです。

注意すべきことは、この国家装置の内部には、戦争が取り込まれていないということである。したがって次の二つの場合が考えられる。国家が戦争とは異なる暴力をそなえている場合、――この場合、国家は戦士ではなく警吏と獄吏を用いるのであり、武器はもたないし必要ともしない。国家は、直接に、魔術的に、捕獲する。戦闘を妨げながら「とらえ」、「結び付ける」のである。あるいは国家が戦争の法律的統合と軍事機能の組織化を前提にする軍隊を獲得している場合。いずれにしても、戦争機械それ自身は国家装置に還元不可能であり、国家の主権の外部にあり、国家の法に先行するように思われる。

「戦争」あるいは「戦争機械」が国家装置の内部に取り込まれていないというのは、これまで何度か出てきましたが、ここではその理由を二つ挙げていますね。一つは、これまで見てきたように、軍隊という形で、戦争機械に相当するものを法的に組織化している場合、もう一つは、警吏や獄吏を使い、魔術的に、つまり催眠術にかけるようにして、人々を支配している場合。
これは、ビッグブラザーですね。

> 戦争機械は他の場所からやってくる。戦の神インドラはヴァルナにもミトラにも同様に対立するのである。インドラは後者の二神のどちらかに還元されることはないし、三番目の神を形成するわけでもない。インドラとは、むしろ、尺度を持たない純粋な多様体、または群れのようなものであり、突然出現してすぐに消え去る変身の力能であると言えよう。インドラは結びをほどくと同時に契約を裏切るのである。それは、尺度には狂乱 *furor* を、重厚には迅速を、公に対しては秘密を、主権に対しては力能を、装置には機械を優先させる。インドラが示すのは、別の正義であり、ときには理解しがたい残酷さであり、またときには未知の憐憫である（なぜならそれは結びをほどくのだから……）。とりわけインドラは女性や動物との別の関係がありうることを立証している。なぜならインドラはあらゆるものを生成変化の関係によって生きるのであって、もろもろの「状態」état の間に二項対立を分配するのではないからだ。戦士が〈動物になること〉、〈女性になること〉、これらの生成変化は、対立項の二元性も諸関係の照応も踏み越える。

暴力で支配するヴァルナでも祭祀を司るミトラでもなく、戦の神、軍人の神であるインドラが「戦争機械」に対応しているということですね。雷の神で、強大な暴力をふるい、神々の王とも呼ばれるインドラは、ヴァルナと被っているような感じがしますし、専門的な研究でも、ヴェーダ神話の発展の中でインドラが次第にヴァルナの役割を奪っていったとされますが、デュメジルの三分類だと、主権ではなく、軍人の機能に属します。デュメジルの分類だと、インドラは、ヴァルナ－ミトラと役割分担しているはずですが、ドゥルーズ＋ガタリはやや強引に、インドラをそういう決まった役回りの神、組織化された軍隊の神としてではなく、主権的秩序に収まらない神、むしろ秩序を乱す神、「戦争機械」と繋がる神としてイメージしようとしているわけです。神話では、インドラは常にソーマ酒を求め、酔ってハイになった状態で活動しているようです。彼らにとって、インドラは、決まった姿、アイデンティティを持たず、生成変化する存在です。「状態 état」を強調しているのは、〈état〉が「国家」を意味する言葉でもあるからでしょう。特定の「状態」にとどまらないインドラは、「国家」の軍の指揮官という位置に収まることはなく、「主権」を脅かす。〝彼〟は、しばしば女性としても表象される両性具有的な存在です。ヒンドゥー教には、聖仙ガウタマに化けて彼の妻と交わったため、ガウタマによって一〇〇〇個の女性器を付けられたり、男性器を奪われたという伝説があります。動物との関係というのは、恐らく、インドラが白い象や七つの頭の宙を飛ぶ馬を乗り物にして、一体化して動いていることを念頭に置いているのでしょう。正体を持たないで、生成変化するインドラは、二項対立に収まらないわけです。

> 戦争機械と国家装置を比較するために、ゲーム理論の立場から、将棋〔チェス〕と碁という具体例を取り上げて、それぞれの駒、駒同士の関係、そして空間のあり方を検討してみよう。将棋は国家のゲームあるいは宮廷のゲームであって、それに打ち興じるのは中国の皇帝である。将棋の駒の総体はコード化されていて、おのおのの駒は、駒の動きや位置、そして駒同士の敵対関係を規定する内的本性つまり内的諸特性をそなえ、名前と資格を与えられている。したがって、桂馬は桂馬、歩兵は歩兵、飛車は飛車のままである。一つ一つの駒は、いわば相対的権能を付与された言表の主体であって、このような相対的権能のすべては、言表行為の主体、将棋を指す人自身あるいはゲームの内部性形式において組み合わされる。これに対して、碁石は、米粒というか錠剤というか、要するに数的単位にすぎず、無名の機能、集団的ないし三人称的機能しかもたない。「それ」はひたすら進むのであって、一人の男でも女でも、一匹の蚤であっても象であっても差し支えないのである。碁石は主体化されていない機械状アレンジメントの要素であって、内的特性などもたず、状況的な特性しかもたない。それゆえ駒同士の関係も将棋と碁では非常に異なっている。将棋の駒は、内部性の環境において、自陣の駒同士のあいだに、また敵陣の駒とのあいだに、一対一対応関係を取り結び、構造的に機能する。碁石の方は、外部性の環境だけを、すなわち星雲状、星座状布置とのあいだに外部的関係だけを構成し、これらの関係にしたがって、縁取る、囲む、破る、など、挿入あるいは配置から生じる機能を果たすのである。〔…〕将棋は戦争ではあるが、制度化され、規則化された戦争、一つの前線といくつかの後方と戦闘を含むコード化された戦争である。これに対して戦線なき戦争、衝突も後方もない、極端な場合は戦闘なしの戦争、これこそ碁の本領であって、将棋が記号学なら、碁は純粋な戦略である。

「碁」の捉え方が強引な感じはしますが、決まった役割を与えられ、組織的に動く将棋の「駒」と、一つ一つは何の特性もなく、主体化されようがない、それゆえ、一手ごとに変化する機械状アレンジメントを構成する分子にすぎない碁の「石」を対比して、国家と戦争機械の基本的な動きの違いを説明しているわけです。「戦争機械」とは、このような意味での、碁の石で構成されているので、どういう動きをするか読めない、というわけです。無論、「碁」というゲームには碁盤の目とルールがあるので、本当にカオスな動きをするわけではありませんが。

> 最後に、空間のあり方もまったく異なっている。将棋の場合、問題は、閉じられた空間を配分すること、したがって、一点から他の一点へと移動して、最小限の駒で最大限の場所を占拠することである。碁においては、開かれた空間の

「条里空間 espace strié」vs.「平滑空間 espace lisse」

国家が支配する「条里空間」には、いろんな分割線が入る。しかし、戦争機械が進んでいく「平滑空間」は、はっきりと機能文化しておらず、移動に伴って違った姿を見せる。

> なかに石を配分して空間を保持し、いかなる地点にも出現しうる可能性を維持することが問題である。石の動きは、一点から一点への移動ではなく、目的も目的地もない、出発点も到着点もない、たえまない運動と化すのである。碁の「平滑」（滑らかな）空間対将棋の「条里」（線条のある）空間。碁のノモス対将棋の国家、ノモス対ポリス。要するに、空間のコード化と脱コード化によって進行する将棋に対して、碁のやり方はまったく別であって、空間の領土化と脱領土化によって進行するのである［…］。

ここも将棋と碁の対比が強引ですが、言わんとしていることは分かりますね。将棋が閉じられた空間を占拠し、防衛するために駒を配置していくゲームだとすれば、碁はゲリラ戦のように、至るところに出現できる余地を確保することを目指します。その意味で、碁には、出発点も目的地もない——勿論、常識的に言えば、碁盤全体を支配下に置くことが、碁というゲームの目的です。「条里空間 espace strié」vs.「平滑空間 espace lisse」がここでのポイントです。国家が支配する「条里空間」は、いろんな線が入っていて、組織的に管理され、ここは王宮、裁判所、ここが都市の城壁、ここからここまでが●●村で、▽▽川から水を引いてくる……というようになっているわけです。平安京のような計画的に作られた都市は、碁盤の目のように、という譬え方をしますが、この流れでは、この譬えは使いにくいですね。それに対して、戦争機械が進んでいく「平滑空間」は、はっきりと機能分化しておらず、移動に伴って違った姿を見せるということでしょう。国家が、それぞれの地域に意味・機能を割り振るコードを持っていて、コード化／脱コード化をしながら、自らが支配する固定した空間と関わっているのに対し、戦争機械はコードを持たず、領土の範囲をその都度変化させているので、領土の中に境目の線のようなものは入っていないというのは分かりますね。ただ、「滑らか」という言葉を使うと、どうしても、地質的にでこぼこがなく、森林や沼もなくてスムーズに移動できる平原をイメージしますが、この場合の「滑らか」はそれとはあまり関係なくて、国家によって設定された社会的障壁、及び、それに伴うインフラです。遊牧民が移動する広大な空間の方が、人の手が入ってない分、物理的にでこぼこしていて、効率的に移動しにくい可能性は高いかもしれません。「ノモス nomos」というのは、「法」を意味するギリシア語なので、「ポリス polis」に対立させている理由がよく分かりませんが、ここでの「ノモス」は、国家なしにも、人々を結び付ける機能を果たす、慣習的な掟のようなものとしてイメージされているのでしょう。

戦士

　戦士の独自性・奇矯性は国家の観点からは必然的に否定的形態のもとに現われる――愚鈍、奇形、狂気、非合法、横領、罪悪……。デュメジルはインド・ヨーロッパ語族の伝統における戦士の三つの「罪」を分析している。すなわち、王と、司祭と、国家に由来する法に反する罪である（例えば、男と女の分配を危うくする性的侵犯、さらに、国家によって制度化された戦争に関する法を裏切る罪などがあげられる）。戦士とは、軍務さえも含めたすべてを裏切りうる人間、さもなければ、何も理解しない人間なのである。

「戦士 l'homme de guerre」＝「軍人 soldat」と等値してしまうと、混乱しますが、これは、神話に描かれた古代の話です。ホメロスの『イリアス』を読めば、アガメムノンとアキレスの対立と、アキレスの戦線離脱、ギリシア陣営内の戦士同士の意地の張り合いとか騙し合いの連続です。そもそも、ヘレナを奪うという勝手な行動を、トロイの王子パリスが取ったせいで、双方とももともと望んでいなかった戦争が始まったわけですね。『ニーベルンゲンの歌』とかも、戦士のモラルなんて感じられないですね。古代ローマのリアルな歴史とかを考えてもいいかもしれません。

　政治的主権の二つの極に挟まれて、戦士は、時代後れで未来をもたない人間、追い詰められてみずからの狂乱を自分自身に向けるほかない断罪された人間であるように思われる。ヘラクレスの子孫であるアキレスとアイアースは、古代国家の政治家であるアガメムノンに対しては、自分たちの独立を主張するだけの力をまだもっていたが、当時生まれつつあった近代国家の政治家、最初の近代国家の政治家であるユリシーズに対してはなす術がなかった。そして、アキレスの武器を継承するのはユリシーズであって、女神に挑戦した罪によって断罪されたアイアースではない。ユリシーズは継承した武器の用法を変更し、国家の法の管理下に置くのである。

二つの極というのは、〈王－魔術師〉と〈司祭－法学者〉のことですね。この二つの極の連携で秩序が出来上がってくると、本来の意味での「戦士」には居場所がなくなるわけです。『イリアス』の記述では、ミケーネ王であるアガメムノンは、ギリシアの領主の連合体の盟主で、頭一つ抜きん出ていたけれど、

統一的な国家の王ではありませんでしたが、ドゥルーズたちは、生成しつつあった初期国家の王と見ているわけですね。アキレスは、人質の扱いをめぐってアガメムノンと対立し、一時期戦闘を放棄します。『イリアス』には、アイアースと呼ばれるギリシアの戦士は二人いますが、話の流れからして、アキレスの従弟で、大アイアースと呼ばれる方でしょう。大アイアースは、アキレスに次ぐ、ギリシア勢第二の勇者でしたが、アキレスの戦死後、彼の遺品の鎧を賭けた競技の最終戦でオデュッセウス＝ユリシーズと争い、負けてしまいます。その屈辱でおかしくなった彼は、オデュッセウスや味方の諸将を殺していきますが、それは女神アテナが見せた幻で、実際には羊の群れだったことが明らかになります。それを恥じたアイアースは自害します。ただ、いずれも系図上のヘラクレスの子孫ではありません。ヘラクレスのイメージを引き継いでいるという比喩的意味で言っているのでしょう。オデュッセウスも、独立の領主ですが、知恵者として知られ、ギリシア勢を取りまとめて秩序立った戦い方をさせようとするので、近代的な国家統治の先駆者と見なしているのでしょう。因みにフランクフルト学派のホルクハイマー（一八九五－一九七三）とアドルノは、『啓蒙の弁証法』（一九四七）で、オデュッセウスの帰還を物語る『オデュッセイア』を読解して、彼の歩みを、交換行為における主体性と結び付いた啓蒙的理性の自己確立の過程として分析していきます――拙著『現代ドイツ思想講義』（作品社）をご覧下さい。

奇矯であり、かつまた断罪されている戦士のこうした境遇を、クライストほど見事に描いた人はいない。というのも、『ペンテジレア』において、アキレスはすでに自分自身の力能から引き離されており、戦争機械は国家なき女性の民であるアマゾネス族の方に移動し、彼女らの正義も宗教も愛欲も、もっぱら戦士的様態で組織されているからである。スキタイ族の子孫であるアマゾネス族は、ギリシアとトロイの二つの国家の「間」に稲妻のように出現し、あらゆるものを掃討しながら通り過ぎていく。

ここでまた、クライストの『ペンテジレーア』ですね。この作品は、アキレスがようやく戦線復帰してきたあたりから始まっています。しかし、依然としてアガメムノン－オデュッセウスの指示に素直に従わず、単独行動しがちです。ギリシアは既に戦士的ではなくなっておりアキレスが一人だけ浮いているという状態です。そうした彼の前に、戦士的な彼よりも更に戦士的な女性の戦闘集団アマゾンが登場するわけです。弓を射るために、片方の乳房を切り取り、女の子しか育てないというアマゾンは基本的には神話的存在ですが、どこを根拠にしていたと想定されているかについては、神話の記述に基づいていろいろな説がありますが、クライストは、彼女たちはもともとスキタイ系で、黒海沿岸のコーカサス山の麓に彼女たちの国家があったということにしています。従って、クライストのテクストに基づく限り、「国家なき」というのは嘘です。相続による王政

があり、儀礼を取り仕切り、神託を解釈する祭司がいます。恐らく、繁殖するための男を求めて常に様々な戦地に出かけるアマゾンには条理空間はないと言いたかったのでしょうが、テクストの読みとしては勇み足です。
「ギリシアとトロイの二つの国家の『間』に稲妻のように出現し」というのは、『ペンテジレーア』の冒頭に近い部分で、戦争というのは敵／味方に分かれて戦うものなので、新たに参戦してくる者はどちらかの味方になるしかないのに、どちらに対しても暴力的に対峙するアマゾンの振る舞いは不可解だ、とギリシア人たちが語っていることに対応しています。クライストは、アマゾンの振る舞いを、近代国家の友／敵の論理、二項対立思考と対比しているわけです。「稲妻」というのは、「稲妻」はゼウスの武器で、象徴です――クライストは意識していなかったでしょうが、インドラも稲妻を武器にしています。クライストは、人の思考とは予め定まっているわけではなく、語っているうちに、周囲の環境とか身体のコンディションに左右されながら徐々に形成されていくものだという前提に立ちながら、何かの急な変化で、一気に特定の方向へと言語＝思考が固まっていくことを、「雷神の矢 Donnerkeil」と表現しています。『ペンテジレーア』でも三回は使っています。もともと、ギリシア軍の国家的規律から逸脱しがちなアキレスでしたが、通常の国家の軍隊とは全く異質なアマゾンの集団に出会ったことで、「稲妻の矢」に撃たれたように、一気に自分にはコントロールできない、カオス的な情念に取りつかれて、国家的な条里から決定的に離れていきます。

アキレスはペンテジレアという自分自身の分身に直面し、愛憎の入り交った闘争のなかで、戦争機械と結合し、ペンテジレアを愛さざるをえなくなる。つまりアガメムノンとユリシーズを共に裏切らざるをえない羽目になる。しかしアキレスはすでに十分にギリシア国家に所属していたから、ペンテジレアの方もアキレスと熱情的な戦争関係に入っていくときには、彼女の属する民の集団的掟を裏切らざるをえない。

国家的目的のためではなく、純粋に、自分自身の情念ゆえに戦おうとするペンテジレーアに直面して、アキレスは、自分の本来の姿、分身を見たような気になったわけです。そのペンテジレーアを愛し、愛のための戦いに応じる、ギリシアに対する裏切りです。現実問題として、最強の部隊を率いるアキレスがアマゾンとの戦いにかかりっきりになると、オデュッセウスの対トロイ戦略が狂ってしまいます。一方、ペンテジレーアも味方を裏切ることになります。アマゾンの掟では一人の男に固執してはいけないことになっています。神託によって、戦場で遭遇した一人の男を獲物として連れ帰り、セックスして妊娠する。事が済んだら、男は返す。女の子が生まれたら戦士として育てることになっています。ペンテジレーアは、掟よりも、アキレスと戦って勝ち自分のものにしたいという欲望に囚われ、戦いの矢かキューピッドの矢か分からない矢を、アキレスに射かけ続ける。女王にそんなことを続けられたら、アマゾン軍は、必要な数の捕虜を獲得した後も、余計な戦闘を強いられ、危機に陥る可能性大です。『千のプラトー』の用語を使うと、ペンテジレーアもまた、脱領土化の運動に巻き込まれていくわけです。

因みに、アキレスの戦線復帰までを描いた『イリアス』の物語の直後の状況を描いた、『アイティオピス』という紀元前七世紀頃に作られた作者不明の叙事詩では、アマゾンはトロイ側で参戦し、ペンテジレーアはアキレスと戦って敗れて死にます――クライストの『ペンテジレーア』とは「殺す／殺される」が逆です。アキレスは殺した後に、自分がペンテジレーアを愛していたことを知ります。

> クライストは、彼の全作品を通じて、戦争機械の賛歌を歌い、たとえそれがすでに負けるに決まった闘争であるとしても、戦争機械を国家装置に対立させている。おそらくアルミニウスは、同盟と軍隊という帝国的秩序と断絶し、ローマ国家と永く対峙することになるゲルマン的戦争機械を予告している。しかしホンブルクの王子はもはや夢の中でしか生きておらず、国家の法に背いて勝利を得たために断罪される。コールハースはといえば、彼の戦争機械はもはや盗賊でしかありえない。国家が凱歌を揚げるとき、次のような二者択一に追い込まれるのは戦争機械の運命なのだろうか。つまり、国家装置の規律にしたがう軍事機関にしか過ぎなくなるのか、それとも、自分自身に攻撃を向け、孤独な一対の男女の自殺機械になってしまうか、という二者択一である。

アルミニウス（前一六―後二一）は、トイトブルクの森の戦い（後九年）を勝利に導き、ローマの対ゲルマン征服を阻止した、ケルスキ族の族長ですが、クライストは彼を主人公にした『ヘルマンの戦い』（一八二一）という戯曲を書いています。〈Hermann〉というのは、「軍団長」を意味するドイツ語から作られた、アルミニウスの通称です。「ホンブルクの王子」とは、戯曲『ホンブルクの公子フリードリヒ』（一八二一）の主人公のことです――〈le prince de Hombourg〉の〈prince〉を「王子」と訳していますが、〈prince〉は、フランス以外の国の最高位の貴族を表す言葉としても使われます。プロイセンが軍事大国化するきっかけになった、プロイセンとスウェーデンが衝突したフェールベリンの戦い（一六七五年）を舞台にした時代劇で、モデルになったのは、ヘッセン＝ホンブルク方伯フリードリヒ二世（一六三三―一七〇八）とされていますが、史実とはかなり違った設定になっています。ホンブルクの公子は、選帝侯であったプロイセンの君主に将軍として仕えていましたが、長い戦いで疲れ夢遊病状態になり、命令に背いた行動をし、選帝侯から死刑判決を受けてしまいます。コールハースは、クライストの小説『ミヒャエル・コールハース』（一八一〇）の主人公で、馬商人でしたが、領主に大事な馬を取り上げられた挙げ句、妻を殺されてしまったため、仲間を集めて反乱を起こします。逃げた領主をあぶり出すため、ヴィッテンベルクを焼き討ちにします。モデルになったのは、ハンス・コールハーゼ（一五〇〇頃－四〇）という、やはり領主に対する不満から各地での反逆を煽った商人です。

　近代国家が出来上がると、反逆者の軍隊は、ならず者の集合体にしかならないわけです。だから、国家に取り込まれて、軍隊になるか、自滅するしかない。クライストは、ナポレオン戦争を機に、プロイセンの軍事国家化が完成しつつある時期を生き、自らも軍人としての経験もある、小説家です。究極の自滅の形態として自殺するというのは、極端な感じがしますが、近代の小説とか、シェイクスピアの作品とかではよくありますね。『ペンテジレーア』も見方によってはそうですし、クライスト自身、癌を患った人妻と一緒に自殺します。男女として自殺するというのは、群れ的な繋がりを維持することが困難になり、恋愛による繋がりさえも危うくなっていく、ということかもしれません。

国家の思想家であるゲーテとヘーゲルは、クライストの中には怪物が住んでいると考えていたが、クライストは前もって戦いに敗れていたのだ。しかし、なぜ、クライストの方にこそ最も奇矯な現代性があるのだろうか？　その理由は、彼の作品の構成要素が秘密と速度と情動であるからだ。秘密は、クライストにおいてもはや内部性の形式のうちに取り込まれた内容ではなく、反対に、それ自体形式となり、常にそれ自身の外にある外部性の形式に一致する。同様に、感情は「主体」の内部性から引きはがされて純粋な外部性の環境に投射されるのであり、この外部性の環境によって思いがけぬ速度と発進力を与えられるのである。愛情にせよ憎悪にせよ、それはもはや感情ではなく情動なのだ。

　もともと大学で法学を専攻したゲーテはワイマール公国の宰相になり、文字通り国家を運営する立場にありました。クライストは、ゲーテに『ペンテジレーア』の原稿を送って、それをワイマールで上演できるようにしてほしいと願いますが、ゲーテはこの劇は公衆に見せるには適してないと判断し、事実上拒否します。それもあって、ペンテジレーアの初演は、クライストもゲーテも死んだずっと後、一八七六年になりました。ヘーゲルが、ベルリン大学の教授に就任して（一八一八年）、『法哲学要綱』（一八二一）を出して以降、プロイセンの国家公認の国家哲学者になったことはよく知られていますね。ヘーゲルは『美学講義』（一八三五－三八）で、『ホンブルクの公子』について、夢と現実の間で引き裂かれた人物を描くことで、シェイクスピアの後を追っているつもりなのだろうが、登場人物の人格に一貫性がなくて、全然ダメというような酷評というか、現代の演劇批評にある程度慣れた人からすると、むしろ芸術を分かっていない、見当外れっぽいコメントをしています。

　クライストの現代性として、「秘密 le secret」「速度 la vitesse」

「情動 l'affect」が重要だということですが、三つともこれまでる感じですね。生成変化を伴いながら移動する「戦争機械」として出てきましたね。ここで、まとめ直している感じですね。生成変化を伴いながら移動する、情動によって結合構成する人たちは、理性的な指令ではなく、情動によって結合する。特定の領土に囚われ、アイデンティティが固定化しないよう、かなりの速度で移動していかねばならない。「秘密」についてては、前回見た第10プラトーで話題になっていましたね。その社会を転覆するには、秘密結社化して社会の隅々にまで浸透しないといけないわけです。ここでの「秘密」というのが、「内部性の形式のうちに取り込まれた内容 un contenu pris dans une forme d'intériorité」ではなくて、「外部性の形式 la forme d'extériorité」であるというのは、言い方は難しくなっていますが、要は前回と同じで、仲間内でどういう秘密を保持しているかではなく、どういう仲間同士の関係を作るかが問題だということです。これは、コールハースの下に結集した兵団（Heerhaufen）を考えるといいでしょう。彼らが何かの秘密を共有しているかどうかはあまり重要ではありません。封建領主に対してダメージを与えるのを目的に集まっていることははっきりしているのだから。不気味なのは、いつのまにか連絡を取り合って仲間になり、領主や市民に効果的に恐怖を与えられる場にまとまった集団で出現し、思いっきり破壊活動を繰り広げると、またどこかに行ってしまうこと。どうやって〝結社〟として機能しているか分からないところに秘密があるわけです。

「感情 les sentiments」と「情動」の違いも重要そうですね。「感情」は本来、「『主体』の内部性 l'intériorité d'un «sujet»」に属する、要するに、〝主体〟のコントロール下に一応あるのに対し、それが「外」にあふれ出してしまい、個々の〝主体〟の管轄外であるというだけでなく、不特定の数の人たちに「秘密」の経路で伝染し、至るところで戦闘機械を出現させる。身体から身体へと、メルロ＝ポンティ風に言うと、間身体的に、運動を通して伝わっていくところがミソなのでしょう。

情動と原始社会

しかもこうした情動は戦士が〈女性になること〉、〈動物になること〉（熊、牝犬）でもある。情動は矢のように身体を貫く。情動は戦争の武器なのだ。情動の脱領土化の速度。（ホンブルクの王子やペンテジレアの）夢でさえ、戦争機械に属する中継と連接、すなわち外的連結のシステムによって、千切れた鎖の輪のように、外部化されているのである。

前回、第10プラトーで見たように、アキレスは、戦争に参加するのを回避するために女装しましたし、ペンテジレーアは最後に雌犬と一緒になってアキレスの心臓に噛み付きます。先ほどもお話ししたように、古代の戦士はしばしば熊や狼の皮をかぶって狂戦士として戦いました。「矢のように身体を貫く traverser le corps comme des flèches」は、キューピッドの矢かリアルな武器の矢か、という話や、片方の乳を切り取ったアマゾンのアイデンティティとしての弓、ゼウスの「雷神の矢」など、『ペンテジレーア』における「矢」のメタファー系を反映した言い方ですね。

戦争機械を中心とした戦争で、〝主体〟の意志を超えて身体を突き動かす「情動」が、重要な武器になるのは分かりますね。これは、ギリシア語で〈πάθος (páthos)〉と呼ばれるものに相当するでしょう。「パトス」は「〜を被る」とか「〜を経験する」という意味の〈πάσχω (páskhō)〉という動詞から派生した言葉で、自分の意志とは関係なく、受けとめるしかないもの、という意味合いがあります。

「夢」でさえ、戦争機械に属する「中継 relais」と「連接 branchements」、「外的連結 enchaînements extrinsèques」のシステムによって「外部化 extérioriser」されるというのは、「夢」の世界が「外部」と独立で自己完結しているなどということはなく、絶えず、「外部」で生じる出来事によって影響を受ける、ということです。夢遊病の状態になっているホンブルクの公子は、自分の〝内なる願望〟によって見たい夢をずっと見ているわけではなく、夢さえも、戦争や陣営内の人間関係に左右されます。彼が月桂冠を被って歩き回っているのを見た選帝侯は、彼から月桂冠を奪って、それを自分の姪であるナターリエ公女に渡します。それに誘導されて、公子はナターリエに恋をし、彼女の手袋を摑み取り、目を覚ましますが、何をやったか覚えていません。催眠状態で、ナターリエに恋してしまったことから、彼の行動は更におかしくなります。

> クライストの全作品を支配するこの外部性という環境は、彼が文学の領域で最初に発明したものであり、時間に新しいリズムを、すなわち緊張または失神、閃光または加速の果てしない継起を与えることになる。緊張とは、「この情動は私には強烈すぎる」ということであり、閃光とは、「この情動の力が私を運び去る」ということである。いずれの場合にも、〈自我〉は、一人の登場人物にすぎないのであり、その身ぶりや感動が脱主体化されているために〈自我〉が死ぬことになってもやむをえないのだ。いかなる主体的内部性も残存させない、死に物狂いの疾走と凝固した緊張の継起、――これがクライスト独自の方式である。

この場合の「外部性 l'extériorité」というのは、主体の外部の影響、「情動」という形で、〝主体〟の意志と関係なく身体を動かす、環境的な諸要素です。そんなこと当たり前じゃないか、どこが発明なんだと思うかもしれませんが、情動によって勝手に動いていることを直接描き、中心的なテーマにしているものは、現代になるまでほとんどありません。劇の場合、ソフォクレスやシェイクスピアの悲劇のように、登場人物自身が自分の口で、私は狂気に憑かれている、私の身体がいうことを聞かない、というようなパターンが多いですが、それでは、主役は〝主体〟のままです。身体の方が勝手に動いていることを、物語の進行過程を通して、あるいは、演出を通して表現しないといけない。前衛演劇だと、台詞よりも、身体間の共鳴作用のようなもので、身体が勝手に動くという演出はよくありますが、それをクライストは先駆的に試みていたのではないか、ということです。登場人物の誰かの〈自我 le Moi〉、特定のキャラクターではなく、彼らの身体を操り動かしている「情動」を主人公にしようとする、斬新な試みと見たわけです。そのうち、ＡＩとかウイルスを主人公にした劇ができるかもしれません。あと、「緊張」の原語は、ペンテジレーアを襲ったという〈catatonie（カタトニー）〉です――訳語に一貫性がないので、繋がりが見えにくい箇所が時々あります。「情動」が人物たちの動きを加速したり、逆に、「カタトニー」状態に追い込んだりするわけです。

クライストには多くの東洋的なものがある。果てしもなく長いあいだ動かずにいたあとで知覚できないほど素早い動作をやってのける相撲の力士。そしてまた碁の棋士。現代芸術の多くのものがクライストに由来する。クライストに比べればゲーテとヘーゲルは古めかしい人間である。戦争機械が、国家に打ち負かされ、もはや現実には存在していないときになって、国家に還元されないみずからの独自性を最高度に証言するということ、勝ち誇る国家のあり方を問い直すような活力あるいは革新力をそなえた思考機械、恋愛機械、死の機械、創造機械などの諸機械の中に、戦争機械が増殖するということはありうることだろうか？

相撲が実際に観客にとってこのように見えるかは別にして、言いたいことは分かりますね。静止している時間と、激しく動いている時のコントラストをうまく活用している、ということですね。歌舞伎の方がもっとコントラストが出てそうな気がしますが、戦闘ということで言うと、やはり、相撲の方がいいかもしれません。クライストの作品に見られる国家機械に無事組み込まれそうにない諸機械の複合的な動きから、国家機械にとって最大の脅威である「戦争機械」の復活があるかもしれない、と示唆しているわけですね。「思考機械 machines à penser」というのは、彼の作品の登場人物たちのように、秩序や命令に従うことなく、自発的に思考し続ける機械、「創造機械 machines à créer」というのは、文学を含む、芸術的創造をする機械ということでしょう。

問題一、命題二

問題一――国家装置（および集団におけるその等価物）の形成を妨げる手段はありうるか？

命題二――戦争機械の外部性は同様に民族学によって確証される（今は亡きピエール・クラストルを讃えて）。

「問題一」は、アナーキズム的な未来は可能かという話でもありますね。どんなに頑張っても、人類が一定の数集まって生活すると、必ず国家が形成されるとすると、アナーキズムを目指していくら頑張っても意味がないことになります。『アンチ・オイディプス』での議論に即して、もう少し細かく言うと、原始大地機械には、既に「原国家 Urstaat」が胚胎しているのか。そこで、アナーキズム的な期待から、「戦争機械」が国家装置を妨げることができるのか、という問いが出てくるわけですが、「戦争機械」もまた、実は国家からの派生物であったら意味がない。そこで、「命題二」が意味を持ってくるわけです。ピエール・クラストルはレヴィ＝ストロースの影響を受け、パラグアイのグアラキ族のもとでフィールドワークをしたフランスの文化人類学者で、ドゥルーズ＋ガタリと相互には影響を与えあっています。水声社から訳が出ている『国家に抗する社会』（一九七四）のほか、何冊か邦訳があります。狭い意味での文化人類学にとどまらず、一六世紀の人文主義者ラ・ボエシー（一五三〇－六三）の『自発的隷従論』（一五七六）を再評価するなど、政治哲学的な仕事もしています。『国家に抗する社会』では、いわゆる「原始社会 sociétés primitives」には、権力を一人の人物に集中させないようにする仕組み、まるで国家の出現に抵抗しているように見える、という論を展開しています。

クラストルは、国家が特定の経済発展の産物であることを疑っているだけでなく、原始社会は国家を理解しえないと目されているが、実は国家という怪物を妨げ予防する配慮を潜在的にそなえているのではないかと、つまり、原始社会の有するいくつかのメカニズムは、たとえはっきりと意識されてはいないにしても、国家装置の形成を妨げ不可能にすることを目的にしているのではないかと考えているのだ。なるほど原始社会には首長が存在している。しかし国家は首長の存在によってではなく、権力諸機関の永続ないし保存によって定義される。国家の関心事は保存することなのだ。したがって首長が国家の政治家になりうるためには特別な制度が必要である。しかしまた首長が国家の政治家になることを妨げるためには、社会全域に拡散した集団的なメカニズムが必要なのである。国家形成を妨げ予防するメカニズムは首長制の一部をなしていて、首長制が社会体自身から区別された装置として結晶することを防止している。クラストルの記述によれば、自分の威信以外の制度的武器をもたず、説得以外の政治的手段をもたず、集団の欲求を予知すること以外の規則をもたないのが、首長の置かれた状態なのだ。つまり、首長とは権力者よりもリーダーやスターに似た存在であって、支持者に否認され捨てられるという危険に常に脅かされているのである。

国家が「特定の経済発展の産物」であるというのは、マルクス主義の唯物史観とか、自由主義系の進歩史観のことです。こうした見方は、ある程度経済が発展すると、更なる発展のために、例えば、灌漑事業などを組織化する必要性から国家が生まれてくる、ということになるのですが、クラストルは、それは必然ではなく、「原始社会」には「国家装置」の形成を妨げる

仕組みが備わっていると主張します。そこでカギになるのが、「原始社会」での「首長 chef」の役割です。「首長」は、その集団を強制的に動かす権力機関は持っておらず、常日頃から人々に奉仕し、説得し、彼らが自発的に協力してくれるように仕向けないといけない。

さらに、クラストルは、国家形成を妨げる最も確実なメカニズムとして原始社会における戦争を規定している。というのも、戦争は諸集団の分散性と切片性を維持するからであり、また、戦士は戦功を蓄積する過程に引きずり込まれる結果、威信に満ちた、しかし権力には無縁な孤独あるいは死に導かれるからである。それゆえクラストルは自然法を引き合いに出すことができるが、ホッブズが看破した主要命題「国家は戦争に反対する」は、クラストルによれば、「戦争は国家に反対する、そして国家を不可能にする」というように逆転されなければならないのである。だからといって戦争は一つの自然状態であると結論すべきではない。反対に、戦争は一つの社会状態が、国家を退け妨げる様相であると考えるべきである。原始社会の戦争は、国家から派生したものでも国家を産み出すものでもなく、また、国家によっても交易によっても説明されるものではない。

普通は戦争を避けるために国家が形成されると考えられがちですが、ここで言われているのは「原始社会」は、戦争を利用して国家形成を阻止する、ということです。クラストルによると、通常の首長は、先ほど見たように、部族全体を戦争へと誘導するような権力はありません。戦争が起こった場合だけ、首長に例外的に強い権限を与えられることがありましたが、戦争が終わると元に戻ります。当面の戦争が終わった後も権限を保持し、ずっと戦える体制を維持しようとしたら、権限を奪われて孤立していきます。戦争に出向いても、人々は付いてこず、敗れて殺されることになります。その一方で、『政治人類学研究』（一九八〇）という論集に収められている「暴力の考古学」では、「原始社会」は自らを単一体として認識していて、その単一性を侵す他者に対して敵対的な態度を取るので、「戦争」は「原始社会」の一つの構造であると述べています。この意味で、クラストルは「原始社会」を「戦争機械 machine guerrière」――『千のプラトー』で使われている〈machine de guerre〉とは若干違う表現です――と呼んでいます。ただし社会の全てをかけて、あらゆる他者と絶えず戦争し、最終的に勝つか負けるか決まるまで戦い続けると、支配者／被支配者の二つの階層に分かれた社会を形成することになり、単一性を失うことになるので、そうなることも回避します。戦争に最終的に勝つために、巨大な同盟関係を築いていくと、共同体としての独立性が失われると共に、勝負が付いた後、先ほどのような支配／被支配の関係を、〝一つの社会〟の中に抱え込むことになるので、彼らは同盟相手をしょっちゅう変えると言います。この論集に収められている「未開人戦士の不幸」という論考では、そうはいっ

ても、戦争をしょっちゅうやっていると、戦いで手柄をあげてやろうとして、戦いの技術を磨く戦士（guerrier）の集団が共同体内に形成され、社会内社会になっていく可能性があることを暗示しています。クラストルの言っている、「原始社会」それ自体が「戦争機械」であるという話と、ドゥルーズたちの言っている「戦争機械」は明らかに意味がズレていますし、「戦士」についても、ドゥルーズたちが念頭に置く、古代の「戦士」が国家的統制に服すのに適さない存在であるのに対し、クラストルの言っているアメリカの先住民の「戦士」は、「原始社会」の単一性を乱し、国家装置の形成への端緒を作る存在なので、基本的性格の捉え方が正反対です。それでも、ドゥルーズたちは強引に、クラストルの「原始社会」のイメージを、自分たちの「戦争機械」に引き付けようとしているのでしょう。

二六～二七頁にかけて、クラストルから少し離れて、「徒党 bande」や「群れ meute」と「国家」の関係について論じられています。フランスの民族学者ジャック・ムーニエ（一九四一－二〇〇四）による、ボゴダの少年たちの徒党が窃盗をするために結成され、終わると解散する傾向があることや、小さいグループに分裂しがちであることなどが述べられていますね。

群れや徒党はリゾーム型の集団であり、権力諸機関に権力を集中させる樹木状集団に対立する。したがって、一般的に言って、徒党集団は、盗賊や社交界の場合でさえも、戦争機械の変身した姿であると言うことができる。戦争機械は、中心化された社会を構造化する国家装置ないしその等価物とは形式が異なっているからである。

先ほどお話ししたように、「原始社会（＝戦争機械）⇕国家」の対立関係で考えているクラストルと、「戦争機械（＝徒党的集団）⇕国家」の対立関係で考えているドゥルーズ＋ガタリは基本概念がズレているのですが、ドゥルーズたちは、両者が同じことについて語っていることを前提に、原始社会が国家の出現を妨げているというクラストルの議論に疑問を呈します。

国家は、経済力や政治力の進歩によって説明できないように、戦争の結果としても説明できない。ここからピエール・クラストルは、反国家的社会すなわち原始社会と、彼が怪物的と呼ぶ国家的社会のあいだの裂け目を深く掘り下げていくことになるのだが、その結果、なぜ国家的社会が形成されえたのか理解しがたくなってしまったのだ。クラストルはラ・ボエシー流の「意志的奴隷」の問題に取り憑かれている、――意志せざる戦争の不幸な結果として生まれたものではないはずの隷属を、人々はどうして意志ないし欲望したのか？　彼らは国家の形成を妨げるメカニズムをもっていたのに、いったいなぜ、いかにして国家は形成されたのか？　なぜ国家は勝利したのか？　ピエール・クラストルはこの問題を掘り下げすぎて、解決する手だてを失ってしまったように思われる。

ラ・ボエシーの『自発的隷従論』は今でも時々話題になる、

古典的名著ですね。モンテーニュ（一五三三―九二）の同時代人だけあって、精神分析とか文化人類学とかを踏まえた難しい議論ではなくて、自発的に隷従する人がいるとシンプルに主張しているところがアピールするのでしょう。クラストルは、彼らの時代には既にアメリカへの侵略・植民地化が始まったことを指摘しています。

　ドゥルーズたちがここで問題にしているのは、「原始社会」が国家の発生を抑えるメカニズムを持っているとすれば、どうしてそもそも「国家」が生まれたのか、という難問が生じてくるという点です。確かにクラストル自身、どう考えるべきか迷っています。

　そこでドゥルーズたちは発想の転換を促します。『アンチ・オイディプス』での議論の反復です。

　それゆえ、次のように言うべきである、国家は常に存在してきた、しかも完全に形成された状態で常に存在してきたのだ、と。考古学者の発見が増えるにつれて、ますます多くの帝国が発見されつつあり、原国家 Urstaat の仮説は実証されたように思われる、――「よく考えてみると、国家というものは、人類の最も遠い時代にまで遡るものである。」周辺部や十分に支配が及ばない地域において帝国と接触をもたなかったような原始社会は、ほとんど想像することができない。しかし、最も重要なのはその逆の仮説、すなわち国家自身が常に外との関係において存在してきたのであり、この関係を抜きにして国家を考えることはできない、という仮説である。国家を想定しているのは、すべて無か（国家的社会かさもなければ反国家的社会か）の法則ではなく、内部と外部の法則である。国家は何よりもまず主権であるが、主権が君臨しうるのは、主権が内部化することができるもの、また局所的に自己の所有となしうるものに対してだけである。あまねく存在する国家などありえないだけでなく、国家の外部も「外交政策」すなわち国家間の関係の総体に還元されはしないのである。外部は同時に二つの方向に現われる。まず第一の方向には、諸国家に対して相当な自立性を保持し、一定の時点で世界全体に枝を広げる巨大な世界機械（たとえば、「大企業」タイプの商業組織、あるいは産業コンビナート、あるいはさらにキリスト教、イスラム教、ある種の預言主義ないしメシア思想の運動のような宗教団体）。第二の方向は、国家の権力機関に対して切片的社会の諸権力を主張し続ける徒党集団、周辺の集団、少数派集団のもつ局所的メカニズムである。現代社会は今日、これら二つの方向で、つまり世界的機械の方向だけでなく、新原始主義、マクルーハンが描いたような新部族社会のような方向においても、他の時代に比べてとりわけ発達した光景を見せてくれるといえる。とはいえ、これらの方向はいかなる時代のいかなる社会領野にも現存している。

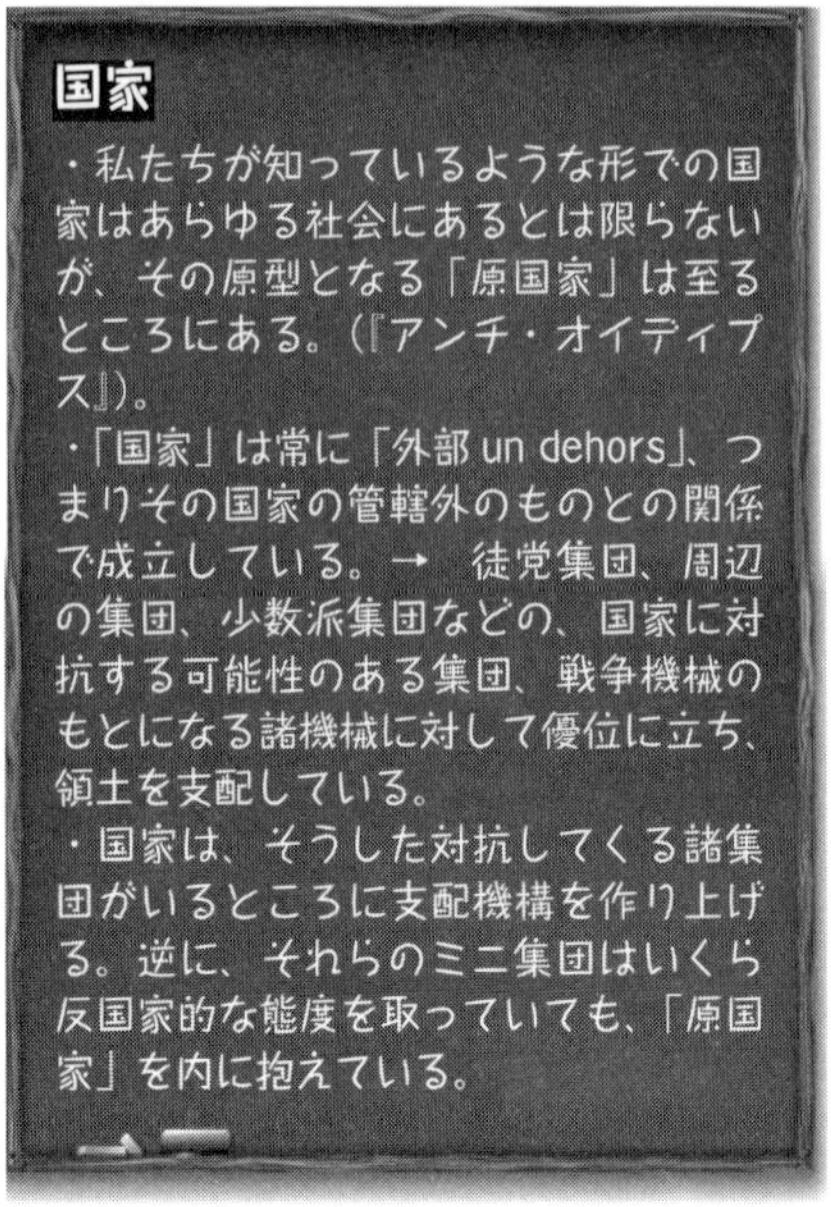
国家
・私たちが知っているような形での国家はあらゆる社会にあるとは限らないが、その原型となる「原国家」は至るところにある。（『アンチ・オイディプス』）。
・「国家」は常に「外部 un dehors」、つまりその国家の管轄外のものとの関係で成立している。→ 徒党集団、周辺の集団、少数派集団などの、国家に対抗する可能性のある集団、戦争機械のもとになる諸機械に対して優位に立ち、領土を支配している。
・国家は、そうした対抗してくる諸集団がいるところに支配機構を作り上げる。逆に、それらのミニ集団はいくら反国家的な態度を取っていても、「原国家」を内に抱えている。

私たちが知っているような形での国家はあらゆる社会にあるとは限らないが、その原型となる「原国家」は至るところにある、というのが『アンチ・オイディプス』での主張でした。この仮説は、クラストルの「国家に抗する社会」と矛盾しません。むしろ、「原国家」を抱えているからこそ、それが固定化した身分組織を持つ「国家」に成長することへの恐れが原始社会にある、と説明できます。

ここで重要なのは、彼らがその逆の仮説だと言っている、「国家」が常に「外部 un dehors」、つまりその国家の管轄外のものとの関係で成立している、という仮説ですね。これは、「国家」には「主権 la souveraineté」があるとすると、当然のことですね。他の国との関係での独立性と、国家の「内部」での他の集団に対する優位ですね。教科書的には、領土内の国民一般に対する排他的支配権ですが、ドゥルーズたちは、それを個々の市民ではなく、徒党集団、周辺の集団、少数派集団などの、国家に対抗する可能性のある集団、戦争機械のもとになる諸機械に対して優位に立ち、領土を支配できている状態として捉えているわけです。国家は、そうした対抗してくる諸集団がいるところに支配機構を作り上げ、逆に、それらのミニ集団はいくら反国家的な態度を取っていても、「原国家」を内に抱えているわけです。因みに、政治学者のジェイムズ・スコット（一九三六－　）は、『ゾミア』（二〇〇九）等の著作で、国家に完全に取り込まれないように周辺部に逃げながら、国家と交易するなど、微妙な関係を保ってきた人たちの歴史や生活形態を、国家が推進する穀物栽培の拒否という面から描いています。

マクルーハン（一九一一－八〇）は、活字の導入による西欧文化の根本的な変化を描いた『グーテンベルクの銀河系』（一九六二）で有名なカナダのメディア批評家で、新しいメディアの助けによって、民族的マイノリティなど、文化的同調圧力に反発する人たちが仲間同士のアイデンティティを強化していくことを、「再部族化 retribalization」と呼んでいます。

命題三

――命題三――戦争機械の外部性は《マイナー科学》ないし

《遊牧的科学》の存在と継続をかいま見させる認識論によっても確証される。

「マイナー科学 science mineure」あるいは「遊牧的科学 science nomade」というのは、社会科学や人文科学の方法論としてならどういうことかイメージできますが、自然科学では、ちょっとイメージできないですね。ところが、どうも自然科学の意味で「科学」と言っているようです。

分類することが非常に困難で、その歴史をたどることさえ難しいある種の科学、あるいは科学のある種の扱い方が存在する。それは通常の意味での「技術」ではないが、さりとて歴史的に確立された王道的ないし合法的意味での「科学」でもない。ミシェル・セールの近著のおかげで、デモクリトスからルクレティウスにいたる原子物理学のうちに、また同時にアルキメデスの幾何学のうちに、その痕跡を見出すことができる。こうした奇抜な〔中心から逸脱した〕科学の諸特徴には次のようなものがある。（1）まず、流体を特殊な場合と見なす固体理論ではなく、水力学をモデルにしていること。実際、古代原子論は流れと切り離せないのであり、流れを現実そのもの、存立性そのものと見なすのである。（2）安定したもの、永遠なもの、自己同一なもの、一定不変なものに対立する生成変化と異質性をモデルにしていること。

メインストリームの「科学」の傍ら、「科学」か「技術」か微妙なところで形成・継承されていた、王道とは見なされない、「科学」の系譜という感じですね。ミシェル・セール（一九三〇－二〇一九）はフランスの科学哲学者で、ポストモダン系の思想家と割と相性のいい議論をする人です。デモクリトス（前四六〇頃－三七〇頃）の原子論は有名ですが、ルクレティウス（前九九－五五）は、デモクリトスの原子論を継承して独自の感覚論に結び付けたエピクロス（前三四一－二七〇）の思想を、『事物の本性について De rerum natura』という詩で表現した、ローマの詩人です。ポイントは、固体をモデルにした静的な存在論ではなく、流体、水力学をモデルにした存在論を考えたということですね。灌漑のような水利技術と結び付いていたわけですね。中沢新一さんが『雪片曲線論』（一九八五）などで、空海（七七四－八三五）による満濃池の改修を、流体とか水力学の話として解釈するのも、こうした「マイナー科学」の系譜に注目しているからでしょう。

三三頁を見ると、（3）では、原子の集団あるいは群れではなく、渦巻状組織を基準に考える、ということが述べられていますね。

これは渦巻モデルであって、閉鎖空間を区分してそこに直線的かつ固体的事物を配分するのではなく、流れとしての事物が開放空間のなかに配分されるモデルなのである。

この渦巻モデルが先ほどの「平滑空間」に対応し、固体・直線モデルが「条里空間」に対応するということですね。ここで

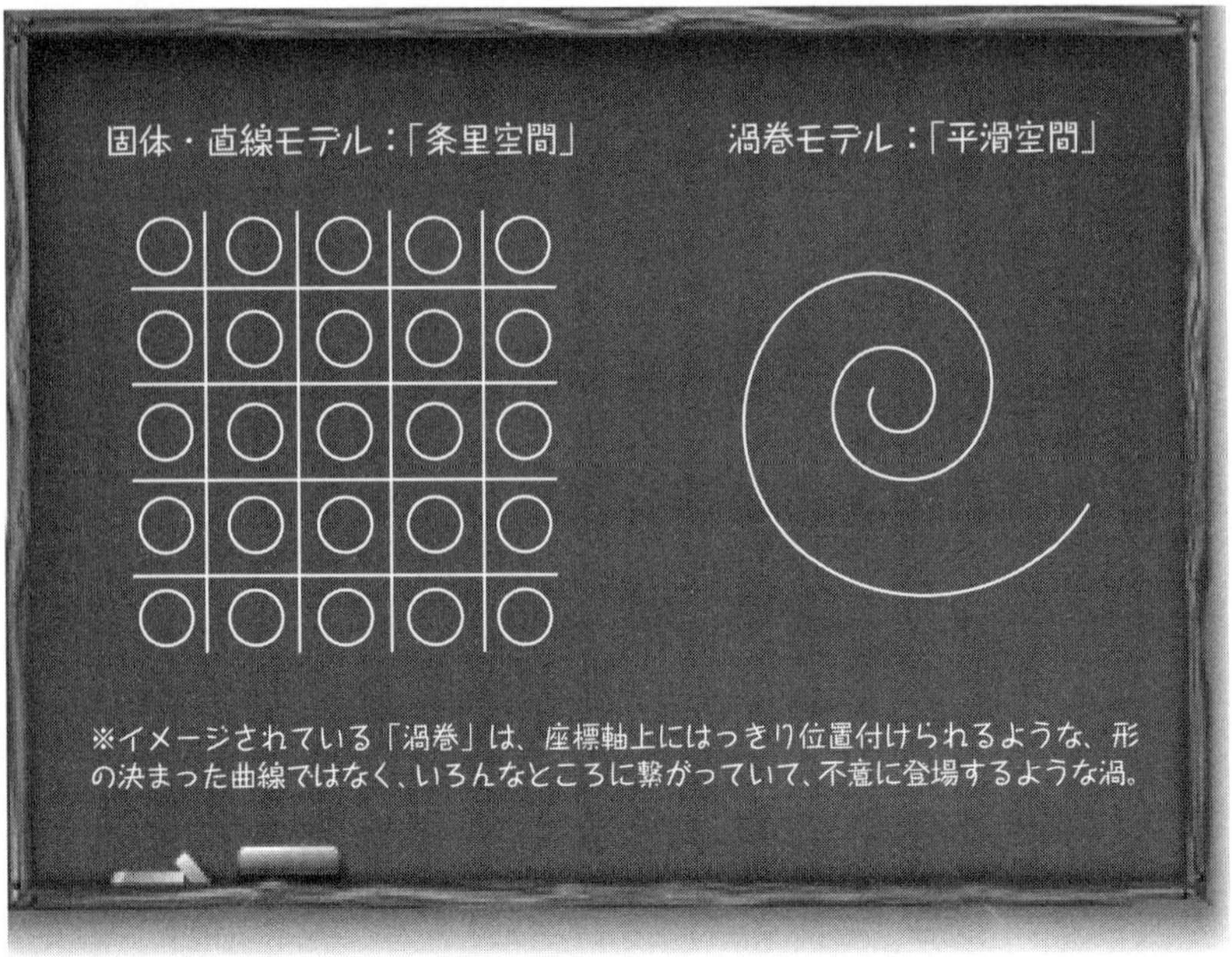
固体・直線モデル：「条里空間」
渦巻モデル：「平滑空間」
※イメージされている「渦巻」は、座標軸上にはっきり位置付けられるような、形の決まった曲線ではなく、いろんなところに繋がっていて、不意に登場するような渦。

イメージされている「渦巻」は、座標軸上にはっきり位置付けられるような、形の決まった曲線ではなく、いろんなところに繋がっていて、不意に登場するような渦なのでしょう。

（4）では、「定理的モデル」ではなく、「問題的モデル」だと述べられていますね。

> 類から、そのさまざまな種へと種差によって進んで行くのでもなく、安定した本質から出発してそこから導き出される諸特性へと演繹によって進んで行くのでもなく、ある問題から、それを条件づけ、それを解決するさまざまな出来事へと進んで行く。それらの出来事とは、変形、変換、極限化などのさまざまな種類の操作なのであって、そのつど産み出されるおのおのの図形は本質ではなく一つの「出来事」を示す、［…］。

要するに、数式やアルゴリズムのようなもので自動的に答えが出るような仕組みにはなっていなくて、その対象をいろいろ捏ねくり回し、変形して、穴を通したり、ほどいたりするような感じを、「出来事 événement」と言っているのでしょう。決まった解法がないので、状況、他の対象との関係で〝答え〟が決まります。

先ほどアルキメデス（前二八七頃―二一二頃）の名前が出てきました。幾何学者で、いろんな発見・発明をした人、特に浮力の原理を発見した人なので、その辺から名前が出てきたのではないかという感じがしましたが、三四頁を見ると、「アルキメデス的科学」あるいは「科学のアルキメデス的扱い方」は「戦争機械」と結び付いていると述べられていますね。確かに、アルキメデスが祖国防衛のために様々な兵器を発明したエピソードを学校で習いますね。彼はシチリアのシラクサの市民で、第二次ポエニ戦争で、カルタゴの側についた祖国をローマから防衛するため、梃の原理を応用した投石器や、船を鉤でひっかけてひっくり返す巨大なクレーンのようなものを発明しています。

アルキメデス

> 戦争機械は、国家装置を裏打ちする知とは形式の異なる抽象的知へ投射〔投影〕される、と言えよう。また、遊牧科学は、王道科学あるいは帝国的科学とはまったく異なった、奇抜な仕方で展開する、とも言えるであろう。さらに、この遊牧的科学は、国家的科学の要請と条件によって、「道を阻まれ」、禁止ないし抑制され続けている。ローマ国家に打ち負かされたアルキメデスは一つの象徴になる。というのも、これら二つの科学は形式化の様態が相違するにもかかわらず、国家的科学はみずからの主権の形式を遊牧的科学の発明にたえず押しつけるからである。国家的科学は遊牧的科学から専有できるものだけを採用し、それ以外の残りは、真の科学的資格をもたない、応用範囲の狭くかぎられた便法としてしまうか、あるいは単に抑圧し禁止してしまうのである。

アルキメデスはシチリアの市民なので、彼を「遊牧科学」の側に置くのは無理があるような気がしますが、敗れた側にいた彼の発明の多くがローマを経てヨーロッパ諸国に採用されたのは確かですし、騎馬民族は、馬術やそれに関係した道具、武器、冶金術を発展させた、という話はよく聞きますね。ただ、ここで「遊牧科学」と言っているのは、遊牧民のような移動生活をしている人々の生活をしている人たちの科学ということではなく、国家の周辺とか、国家と微妙な距離を取っている技師のような人たちが持っている科学というような緩い意味で言っているようです。三五～三六頁にかけて、国家科学・王道科学が遊牧的科学の成果を自分のものにしてしまった例として、「投影や斜面を昔から駆使してきた陣営技術」＝「布陣法」と、微分法、水力学の三つを挙げていますね。

> 微分法は長いあいだ疑似科学的資格しか認められず、「ゴシック風仮説」として扱われてきた。王道科学は、微分法に対して、便利な約束事、あるいはうまく作り上げられた虚構という価値しか認めなかった。国家的数学者たちがより堅固な資格を与えようと努力するときも、代償として、生成変化、異質性、無限小、極限化、連続変化などの動態的かつ遊牧的諸観念のすべてを微分法から排除することが

> 条件で、あくまでも静態的かつ序数的な文民的諸規則を押しつけるのだ。

恐らく、創始者であるライプニッツは、襞になって隠れていて、なかなか数量化しにくい周辺部分とか、モナドのレベルで生じている生成変化など、体系化しにくいものを視野に入れていたが、後代の国家公認の数学者たちは、計算方法としての微積分だけを受容して、ライプニッツ的な発想の豊かさを切り捨ててしまった、と言いたいのでしょう。

> そして最後に水力学についても同じことが言える。国家自身が水力学を必要とすることは確かであるが（帝国における大灌漑工事の重要性に関するヴィットフォーゲルの説を蒸し返すには及ばない）、それは水力を水路や導管や岸に従属させて渦の発生を妨げ、水の動きをある一点から他の一点へ導き、空間それ自身を区切り計量するためであり、また液体が個体に従属し、流れが平行した層流となって流れるようにするためなのだから、遊牧的科学とはまったく異なる形の水力学なのだ。それに対し、遊牧的科学と戦争機械の水力学的モデルでは、水は渦巻となって平滑空間の中に広がり、空間をとらえ、すべての地点に作用する運動を産み出す。

ヴィットフォーゲルは第1プラトーにも出てきましたが、中国史を研究したマルクス主義者で、灌漑、つまり水力学によってアジア的な専制支配が生まれてきたという説を唱えた人です。ごく普通に考えると、大灌漑事業は、少なくとも東アジアでは、帝国主導で実行されたのだから、国家科学ということになるわけです――実は空海も、朝廷の役人として満濃池の改修を指揮していました。それは認めたうえで、それとは違う、平滑空間にあった遊牧的水力学があった、と言っているわけです。

平滑空間の水力学については具体的な話はしていませんが、平滑空間に適合した遊牧科学の例として、フランスの建築家・数学者で射影幾何学の先駆になったデザルグ（一五九一―一六六一）の構想、川の流れをせき止めないオリエント型の柔軟な構造の橋を導入しようとしたジャン＝ロドルフ・ペロネ（一七〇八―九四）が体制に取り込まれたといったことが述べられていますね。

四三頁に、フッサール（一八五九―一九三八）がこの王道科学／遊牧的科学の文脈で出てきます。フッサールには、現象学の観点から幾何学の起源について論じた『幾何学の起源』（一九三六）という論文があり、それに対して初期のデリダが、本文の何倍もの長い「序論」（一九六二）を付けて翻訳刊行しています。

> フッサールは、漠然とした、つまり放浪的あるいは遊牧的な形態的本質を対象とする原幾何学について語っている。この本質は、感覚的事物と区別されるだけでなく、理想的な、つまり王道的ないし帝国的本質からも区別されるような本質である。そうした漠然とした本質を扱う科学として

の原幾何学は、それ自身も放浪的であるという意味で漠然とした科学であると言えよう――つまり、感覚的事物のように不正確ではなく、また理想的本質のように正確でもないが、非正確でしかも厳密（「偶然ではなく本質的に非正確」）な科学であると言えよう。

フッサールは測量術のような営みから、ユークリッド幾何学のように理念化・形式化されるものが生じてくる原光景について考察したわけですが、彼は、人間の知覚作用にはもともと、曖昧な輪郭をした〝もの〟に注意を向け、点、線、角度、面などに当たるものを直観によって見出し、対象として（再）構成するような働きが備わっている、だからこそ、ユークリッド幾何学の抽象的な証明を視覚的にイメージできるし、理解できるのだという立場を取りました。それに対してデリダは、そうした認識は常に記号によって支えられ、エクリチュールによって媒介されている、仮に、フッサールの示唆する原初的な直観のようなものがあったとしても、それを記号の媒介なしに、直接的に再現することはできない、ということを示唆しました。ドゥルーズ＋ガタリの関心はそこではなくて、「直観→ユークリッド幾何学」と、直進したわけではなくて、感覚で直接的に捉えた事物と、理想化された本質の間、完全に感覚的でなく、ある程度形式化・抽象化されてイメージされているけれど、完全に理念化されている状態のものを扱う「原幾何学 proto-géométrie」があったことをフッサールは認めていたのではないかと示唆したうえで、そういう「非正確 anexact」な知であることが、遊牧科学の性質だと言っているわけです。因みに（　）内の「偶然ではなく本質的に非正確 inexact par essence et non par hasard」は、フッサールの『イデーン（純粋現象学および現象学的哲学のための諸考案）I』（一九一三）で使われている〈wesentlich und nicht zufällig inexakt〉という表現のフランス語訳で、デリダの「フッサールの『幾何学の起源』への序論」で使われています。〈anexact〉という綴りは、序論のデリダ自身の表現として使われています。恐らくデリダの訳を参照して、〈inexact〉よりも〈anexact〉の方が、「非」であることを積極的に強調している感じがするので、こちらを採用したのでしょう。

四五～四八頁にかけて、王道科学と違って遊牧的科学では、労働の分業が機械的・階級的に固定化されることはなく、「職人組合」的なものによって担われる、という主旨のことが述べられていますね。五四～五六頁にかけて、遊牧民に随行する鍛治師のように、流れに随行し、移動しながら探究する「巡行的科学 les sciences ambulantes」というものがある、と述べられていますね。王道空間が等質的空間を想定し、定量的な計算によって答えを出そうとし、社会の安定を図ります。それに対し、「巡行的科学」は、抽象化された概念体系から出発するのではないため、科学として自立した体系を持つことがない、現場での技術的操作で解決策を見出すこともあるが、もろもろの問題を発明することで満足することが多い。

問題二、命題四

問題二――思考を国家モデルから引き離す方策はありうるか？

命題四――戦争機械の外部性は最後に思考学 noologie によって確証される。

国家モデルというのは、国家科学的な思考ということですね。我々は、大地に根ざした柔軟性のある「ノモス」ではなく、〝不変〟的な「ロゴス」に従って、演繹的・形式的・定量的に、答えが出るような形で思考することに慣れすぎているので、素材の間の等質性を見出すのではなく、差異を際立たせ、問題を発見する「異分 Dispars」だとか言われてもピンと来ません。これまでの議論から、国家モデルによらない「思考 la pensée」の可能性があるとしたら、「戦争機械」と関係がありそうです。命題三は、戦争機械が国家装置の補完物ではなく、確かに「外部」にあることが民族学によって実証できるということでしたが、命題四は、それが「思考」とは何かについて考える「思考学」というものによって証明できるというものですね。

最初に、国家モデルの思考には二つの頭がある、ということを言っていますね。一つは、「真理を思考することの帝国 un imperium du penser-vrai」「魔術的捕獲（capture magique）」、把握（saisie）ないし結び（lien）によって作用し、定礎（une fondation）を成し遂げるもの」であり、「神話 muthos」としての性格を持っているということですね。簡単に言うと、これが真理だ、これが思考の基礎だと断定して、それを人々が信じるように呪縛するということです。最初は魔術のように呪縛しないといけないわけです。もう一つの頭が、「自由な精神たちの共和国」「盟約ないし契約によって進行し、立法的かつ法律的な組織を作り出して、根拠による正当化をもたらすもの」であり、「理法 logos」としての性質を持っているということですね。こちらは、学会や研究会でイメージされる、忌憚のない議論と実験・観察の積み重ねで知を発展させていくスタイルですね。最初の頭だけだと、本当に魔術になってしまいますが、もう一つ頭があることで、合理性を主張することができます。国家が、〝自由な精神による研究〟にお墨付きを与えることは双方にとって利益があるわけです。王道科学を味方に付けることで国家は、自らの方針・政策が科学的に合理的だと主張できます。

哲学者がカントの時代から公の教授すなわち国家公務員になったことは驚くにあたらない。思考も国家形式に普遍性を与えるという条件で、国家形式が思考像を思考に吹き込んだとたんすべてが決定される。

ここで「思考像 une image de la pensée」というのは、合理的な思考のパターンのお手本のようなもので、古代は詩人が、カントやヘーゲルの時代には哲学者が、その後はデュルケームのような社会学者が、その中心的な役割を担ってきたということですね。現代では、精神分析が「再び魔術的機能に回帰して、

〈法〉の思考として普遍的思考 *Cogitatio Universalis* の役割を演じようとしている」ということですが、これは、父の「名＝否 nom」による禁止が、象徴界の起源であると同時に、各人の行為を規制する「法」の起源でもあるというフロイト＝ラカンの精神分析の中心的なテーゼと、人々の逸脱行動をリビドーの抑圧の失敗という観点から説明するやり方を言っているのでしょう。

こうした意味での「思考」なんて大したことはない、現実にほとんど影響ない、と言う人が多そうですが、ドゥルーズたちに言わせると、

> しかし、それこそ思考の思うつぼであって、思考は真剣に受け取られることを望んでいないのである。なぜなら、そうであればあるだけ、思考は私たちの代わりに思考することができ、新しい思考の公務員を常に産み出すことができるからだ。さらにまた、人々が思考を真剣に考えることがなければないだけ、人々は国家の欲することに順応して思考するからだ。

まあ、これは左翼の人が言いそうなことなので、それほど目新しい感じがしませんが、普通の左翼的な物言いだったら、思考をすぐに実体化して、特定の政治家とか役人、資本家の思惑にしてしまいますが、ドゥルーズたちは、「思考」と王道科学の発想が深いところで結び付いているので、特定の人たちが陰謀を企まなくても、様々な余計な要素を排除して、等質的な解答を生み出す「思考」が常に働いていると考えているのでしょう。

> しかし思考学はさまざまな〈反思考〉に逢着する。それは、公的教授に対する「私的思想家」の激烈な思想行為であり、歴史には断続的にしか登場しないとはいえ、歴史を貫いて動的に存在しているものである、――キルケゴール、ニーチェ、あるいはシェストフさえも〈反思考〉の系譜に属する思想家である。彼らが住まうのは常に草原か砂漠であり、彼らは思考像を破壊する思想家なのだ。おそらくニーチェの『教育者としてのショーペンハウアー』は思考像とその国家との関係に対してかつて試みられた最も偉大な批判であろう。とはいえ「私的思想家」という表現は内部性を強調するようで適切とはいえない。問題になっているのは外の思考だからだ。思考を外と、外のもろもろの力と直接に関係させること、つまり思考を戦争機械たらしめること、――それは一つの奇妙な企てであって、その精密な手法をニーチェによって研究することができる［…］。

シェストフ（一八六六―一九三八）は、十月革命後フランスに亡命した、ユダヤ系ロシア人の思想家で、合理主義に対抗して、生の意味、確実性、自由などを喪失した「絶望」の状態を起点に思考し、実存主義の先駆になったとされる思想家です。『ドストエフスキーとニーチェ（悲劇の哲学）』（一九〇三）という著作が知られています。一九八〇年代までは日本の現代思

想界隈でもよく名前を聞いていましたが、こういうところに名前が出てくるのは意外ですね。キルケゴール（一八一三－五五）とかシェストフのように、宗教的な傾向が強く、文学的な文体を駆使し、不安とか絶望をテーマにする思想家は、内面に閉じこもっていて、その意味で、「私的 privé」であるというイメージがつきまとうのですが、ドゥルーズたちはむしろ「外の思考 pensée du dehors」だと言っているわけですね。この場合の「外」というのは、王道科学的な合理主義の「思考」の枠をはみ出して、差異を強調し、「戦争機械」を生み出す、というような意味合いでしょう。

六四頁以降、アルトーやクライストの文章を例にして、「こうした『外の思考』の特徴として、思考がパトスと化している」とか「情動的」「中心の崩壊から出発」しているといったことを述べていますね。

> 心的空間を条里化する古典的思考像は自分の普遍性を主張する。実際それは二つの「普遍概念」を用いて条里化を行なうのである。すなわち、存在の究極の根拠としての、あるいはすべてを包括する地平としての〈全体〉と、存在をわれわれにとっての存在に変換する原理としての〈主体〉であり、要するに帝国と共和国である。「普遍的方法」の指揮下で〈存在〉と〈主体〉という二重の観点から、条里化された心的空間にあらゆる種類の実在と真理が位置づけられるのである。とすれば、そのような思考像を拒絶して別なやり方で思考しようとする遊牧的思考を特徴づけるのは容易であろう。つまり遊牧的思考は、普遍的思考主体を要請する代わりに特異な人種を要請するのであり、また、包括的全体性に根拠を置く代わりに草原、砂漠、海といった平滑空間としての地平なき環境に展開するのである。ここで、「部族」として定義される人種と「環境」として定義される平滑空間とのあいだに成り立つ関係は、「主体」と「存在」のあいだのそれとはまったく別な型の適合性である。

「帝国」と「共和国」というのは、先ほどの二つの頭に対応すると考えたらいいでしょう。魔術的に設定された「条里空間」の〈全体〉、その中での事物の「在り方（存在）」は等質的になっていて、等質化された「主体＝臣民 sujet」になることで、その空間に「存在」するものを認識し、そこで自由に行為できるようになる。ゲーテのような古典的思考は、そうした国家的な平滑空間を管理するのに適していたわけです。

このプラトーで、公理、定理、命題とか、数学の証明のような感じで書いているのは、ユークリッド幾何学のように空間をきれいに割り切って、答えを出していく王道科学的思考のパロディ、あるいは、そうした幾何学っぽいスタイルで、情動の問題を論じたスピノザの『エチカ』へのオマージュなのでしょう。

こういう風に、国家的な普遍主義の思考は定義され、図式的にイメージ化しやすいのですが、「遊牧的思考」はどうしても、それからの逸脱という形でないと表現しにくいですね。「砂漠」とか「草原」「海」というのは、条里化されておらず、どこに何があるか確定しにくい「平滑空間」の寓意ですね。「部族 tribu」というのは、恐らく、これまで出てきた動物的な「群れ」とか、不良少年の「徒党」に近い性格のもので、血統とか出自でがちがちに固まったものとしてはイメージされていないでしょう。でも、「部族」を分子的に捉えようとしても、これまで見てきたように、従来のモル的な捉え方に引っ張られて、ファシズムに寄与してしまうかもしれない。六七頁〜六八頁にかけて、少数派の人種的アイデンティティに依拠しようとする戦略が、ミクロ・ファシズムに堕してしまう恐れが指摘されていますね。そこで、ドゥルーズたちは「雑種（bâtard）と混血（sang-mêlé）」こそ、「人種の真の名」だと言っていますね。こうした「雑種と混血」の発想の例として、ランボー（一八五四―九一）の『地獄の季節』（一八七三）の有名な箇所が引用されていますね。

「俺は常に劣等人種に属していた、（……）俺は永遠の昔から劣等人種の一員だ、（……）俺は今アルモリカの砂浜にいる、（……）俺は獣であり黒ん坊なのだ、（……）俺は遠い昔の人種に属している、俺の祖先はスカンジナヴィア人であった。」

これはあくまで詩的イメージの中での生成変化で、こうしたイメージの操作が実際の政治にそのまま使えるとドゥルーズたちも思ってはいないでしょうが、こうした詩的イメージや思考法を身に付けるとが、アイデンティティ・ポリティクスを偏狭なものにせず、遊牧性のカギになると考えているのでしょう。こういう意味で「人種」になることを提唱しているわけですね。

公理二、命題五

公理二——戦争機械は遊牧民の発明である（それが国家装置の外部にあり軍事制度と区別されるかぎりにおいて）。この意味では遊牧的戦争機械は空間的・地理学的側面、算術的ないし代数的側面、情動的側面、以上の三側面をもつ。

命題五——遊牧民の現実存在は戦争機械の諸条件を空間に現実化する。

「公理二」は、これまでの議論の確認ですが、気になるのは命題五の方です。「戦争機械の諸条件を空間的に現実化する」というのはどういうことか。

遊牧民は自分の領土をもち、習慣化した行程を通って一点から他の一点へと移動するのであり、給水地点、居住地点、集合地点などの地点を知らないわけではない。しかし問題は、遊牧生活において原則であるものと単なる結果にすぎないものを区別することである。まず第一に、これらの地点が行程を規定しているにしても、定住民の場合とは逆に、地点はそれが規定する行程にまったく従属しているということである。給水地点はすぐに立ち去るべきもので

> あって、すべての地点は中継点であり、中継点としてしか存在しない。［…］遊牧民の生活は間奏曲 intermezzo なのだ。遊牧民の住居を構成する要素さえも行程との関連で考案されていて、行程にしたがって絶えず動く。遊牧民は移民とはまったく異なっている。

「地点 point」が「行程に従属している subordonné aux trajets」というのは、抽象的な言い方ですが、要は、ある特定の決まった「地点」がそれ自体として重要なのではなく、どういう「行程」をどのように進むかによって、「地点」の重要性が決まってくる、ということです。「定住民 le sédentaire」は決まった「地点」に住み、決まった「地点」で給水したり、集合したりするので、「遊牧民」には決まった生き方はないわけです。「移民 le migrant」は、定住するために移動しているだけであって、常に「行程」の中にある、「遊牧民」とは異なります。

> 　第二に、遊牧民の行程は、習慣化した行程ないし道路をたどるにしても、定住民の道路の機能を果たしてはいないということである。その機能とは、人間たちに閉ざされた空間を配分し、各人にそれぞれの持ち分として部分的空間を指定し、かつそれらの部分間の交通を規制するというものだ。遊牧民の行程は逆に、人間たち（あるいは獣たち）を開かれた空間に配分するのであり、開かれた空間は無限定であり、部分間の交通も存在しない。ノモスは現在では法を意味するようになってしまったが、本来それは配分であり、配分の様態を示すものだった。しかしそれは境界線も囲いもない空間における分割なき配分というきわめて特殊な配分なのである。ノモスはファジー集合の存立性である。この意味でノモスは後背地や山腹や都市のまわりの漠然とした広がりとして、法すなわちポリスに対立するのである（「ノモスかそれともポリスか」）。したがって、第三に、壁や塀、そして塀同士をつなぐ道路によって条里化された定住民的空間とはまったく異なり、遊牧民的空間は平滑空間であって、行程をたどるにつれて移動し消滅していく「特徴線」によってのみ見分けられるということである。砂漠の風紋でさえも、真似のできない音をたてて次々と横滑りしていくのである。遊牧民は平滑空間のなかにみずからを配分し、その空間に住み、その空間を占拠しつつ保持するのであり、これこそが彼らの領土に関する原則なのだ。

　ここは分かりやすいですね。遊牧民はその行程を進んでいく中で、様々な地点を利用するので、確かに空間を「配分」することにはなるけれど、彼らの空間自体が開かれており、かつ、どこにどの部族がいるかは刻々変化するので、定住民の場合のように、「条里空間」を形成することにはならない。遊牧民にとっての「ノモス」は、あくまでその都度の「配分」であって、ポリスの土地所有制度のように、確定したものではないと考えているようですね。「平滑空間」の中にも、各部族が行程を進んでいくと共に「特徴線 traits」は引かれるが、それはすぐに変化する。七一頁の半ばで、かなり意外なことに、「創造的個人 creative individuals」による自己を取り巻く環境への挑戦と、そうした創造力の枯渇という視点から文明の興亡を論じる、文明史観――ドゥルーズたちなら、モル的歴史とか英雄中心史観だといって批判しそうな感じがしますね――で知られるトインビー（一八八九－一九七五）を引用しながら、どんなことがあっても、「条里空間」に取り込まれるのを拒否し、「平滑空間」にしがみつく「遊牧民」はむしろ動かないものだ、という逆説的な性格規定をしていますね。

七五～七七頁にかけて、「遊牧民」と宗教の関係について述べられていますね。

> ［…］遊牧民は宗教にとってふさわしい土壌ではないことが確認されるのであり、戦士には常に司祭ないし神に対する不敬が存在するのである。遊牧民には、漠然 vague とした、文字通り放浪的 vagabund な一神教があり、彼らはそれに満足し、移動する火とともに生きている。遊牧民は絶対なるものの感覚を持っているが、それは奇妙にも無神論的な絶対の感覚なのである。

遊牧民が、こういう意味で、いわゆる「普遍的宗教」と相性が悪いので、なかなか布教に成功せず、イスラム教でも遊牧民を帰順させることができたのは特殊な分派だったということですね。その一方、七六頁の半ばで、実は、普遍主義的な一神教自体に、「国家の理念的限界」を逸脱して、諸国家の「外」を志向する傾向があり、その意味で「戦争機械」的な要素を持っており、「聖戦 la guerre sainte」という形で「戦争機械」を起動させるということですね。

> 国家的人物としての王と宗教的人物としての司祭に対して、預言者は宗教が戦争機械になる、あるいは戦争機械の側に移行する運動を描くのである。イスラム教と預言者マホメットは、宗教の戦争機械へのこの転回を成し遂げ、真の団体精神を作り上げたとしばしば言われてきた［…］。一般に宗教は世界の中心としての聖地を聖戦によって征服するという形で、脱領土化を再領土化によって補償しようとした。にもかかわらず戦争機械として構成された宗教は、恐るべき規模の遊牧性すなわち絶対的脱領土化を動員し、かつ解放するのである。

ここでの「預言者 prophète」は、秩序を維持する「司祭 prêtre」よりも、動物に生成変化する「魔術師」に近い、秩序への挑戦者的な役割を担うキャラクターとしてイメージされているわけですね。恐らく、ここでの「預言者」の捉え方と少し違いますが、クラストルは、「原始社会」に出現する「預言者」は、部族に言説的影響力を及ぼし、救いを求める人々を率いて、新たな土地へと進んでいくような存在で、その影響力の拡大は、国家的権力を生み出す可能性を秘めていることを示唆しています。

意外なことに、宗教が、遊牧性による「絶対的脱領土化」を進める例として「十字軍」を引き合いに出していますね。

> 十字軍の歴史は驚くべき一連の方向変化によって貫かれている。つまり到達すべき中心としての聖地への方向づけはもはや口実にすぎないように思われる。しかし、私利私欲や経済的・商業的・政治的要因を引き合いに出して、十字軍は本来の道筋から逸脱したのだと主張するのは誤りであろう。なぜなら、ほかならぬ十字軍という観念のなかには変わりやすく非連続的な方向の変化性が含まれているからであり、十字軍が宗教を戦争機械と化し、これに対応する遊牧性を誘発しかつ利用すると、たちまちそうしたすべての要因ないし変数が十字軍という観念に内在的に所属することになるからである。

十字軍は本来、聖地〝エルサレム〟をイスラムから奪還するのを目標にしていたはずですが、途中からエジプトとかシリアを主要なターゲットにしたり、キリスト教の領域であるコンスタンティノープルやハンガリーを攻めたりします。しかも、指揮系統は統一されておらず、各地の君主がそれぞれ独立に部隊を指揮していました。説教師に煽られた民衆もかなりの数含まれていました。北方十字軍とかアルビジョワ十字軍、スペインのユダヤ人をターゲットにした十字軍など、方向も敵も全然違うものもあります。

命題六

> 命題六――遊牧生活は必然的に戦争機械の数的要素をともなう。

遊牧生活が数的要素によって構成されるという話は、第5プラトーで出てきましたね。

> 十、百、千、万――あらゆる軍隊がこうした十進法による編成を採用したために、それさえ見つければ軍隊組織に相違ないと判断できるほどである。それは軍隊が兵士たちを脱領土化させるやり方ではないだろうか？　軍隊は小隊、中隊、大隊からなっていて、〈数〉は機能や組み合わせを変えてまったく異なったさまざまな戦略に参加することができる。〈数〉と戦争機械のこうしたつながりは常に存在している。それは量ではなくて組織あるいは編成の問題である。国家もこうした数的組織原理を用いずには軍隊を編成することができない。だが国家は戦争機械を自己に所属させると同時にこの原理を継承したにすぎない。なぜなら人間を数によって組織するという奇妙な考えはまず最初に遊牧民のものであったからである。

数的に組織化するのは、いかにも近代国家の軍隊の特徴のように思えますが、実はもともと遊牧民が先にやっていた。「それをエジプトにもたらしたのは、エジプトを征服した遊牧民ヒクソス人であった。モーゼはそれをエジプトから脱出するユダヤの民に適用したのである」とありますね。旧約聖書のイスラエル民族に関する記述では、○○種族は何人を数えたとか、何処そこに何日滞在した等、やたら数について記述がありますし、『民数記』という民の数を数える記まであります。

因みに、クライストの『ペンテジレーア』では、アマゾン族に大尉や大佐の軍人の階級の女性形の名称が出てきます。「大尉 Hauptmann」の女性形が〈Hauptmännin〉、「大佐 Oberst」の女性形が〈Oberste〉。アマゾン族の中に大尉や大佐がいるのはアナクロニズムですが、近代で軍人の階級制が発達したのは、部隊編成をはっきりさせる必要があるからです。クライストは、戦争機械であるアマゾンを、数的に厳格な組織を形成しそうな集団として見ていたのかもしれません。

八五頁を見ると、人間の組織の主要な類型には、「血統的 lignagère」、「領土的 territoriale」、「数的 numérique」の三種類があるとしたうえで、「血統的組織」とはいわゆる「原始社会」に、「領土的組織」は主に国家に対応するということですね。国家には、人口調査、国税調査や租税調査等、算術的要素を使う場合もあるけれど、「数が自立する、あるいは、独立するための諸条件が見出されるとは思えない」（八六頁）とありますが、「数 nombre」の「自立 autonomie」とか「独立 indépendance」とはどういうことか。

> 数える数〔能数〕すなわち自立した算術的組織は、より高い抽象度や極度に大きい量をともなうものではない。ただそれは、遊牧生活という可能性の条件と戦争機械という現実化の条件に関連するものなのだ。大きな量を他のさまざまな原料とともにいかに処理するかということは、国家の軍隊においてこそ問題になるのであって、戦争機械は少ない量を用いて活動するのであり、少ない量を〈数える数〉によって処理するのである。というのも、〈数える数〉は、空間を分割する代わりに、あるいは空間それ自身を分配する代わりに、何かを空間に分配するとたちまち出現してくるものだからである。数が主体になるのだ。空間に対する数の独立は、数の抽象性によるものではなく、数えられることなく占められるという平滑空間の具体的性質から由来するのである。数はもはや数えたり計算したりするための手段ではなく、移動するための手段となる――数はそれ自体が平滑空間を移動するものとなる。

「数」の「独立」とか「自立」というと、どうしても抽象性が高くて、何を表示しているか分からない数式とか、ものすごく大きな数とかを連想しますが、むしろ遊牧生活に即して、「少ない量 de petites quantités」が問題になる、ということですね。「数が主体になる」とか言うと、ものすごく形而上学的な話に聞こえますが、要は、○○の距離にある、人口□□の都市を襲撃して、▼▼を獲得するには、戦の経験がある男■■人、馬◆◆四、矢●●本……が必要になる、というような話です。血縁、地縁は関係なく、必要とされる数字を埋めないといけない。国家の場合、まず、領土内の全体的ストックの中でやりくりし、足りなかったら、特定の外国から……ということになるので、「数字」が、領土上・既成組織上の現実から完全に自立・独立することはないわけです。遊牧民は、平滑空間の中から、原理的には何の制約もなく、「数」を調達しては移動し、目的を達成すると、新しい「数」の編成が始まるわけです。

「数える数」あるいは「能数」と訳されている〈Nombre nombrant〉は、抽象的な感じがしますが、これは哲学を少しやっている人ならすぐに気付くと思いますが、通常、「能動的自然」と訳されるスピノザの〈natura naturans〉のもじりです。通常は、「神」と「神によって創造された自然」と言うところを、スピノザは、神とその被造物を区別しないで、一つの実体と見るわけですが、それだと、神を含む大文字の「自然」の中の、創造作用を及ぼしている能動的力と、それによって形成される、狭い意味での「自然」とを区別できないので、〈natura naturans/natura naturata〉という区別を導入したわけです。「数字」の中に、能動的部分と受動的部分があると考えると、余計に分からなくなってしまいますが、ここで言っているのは、国土や人民を支配する必要がまずあって、そのために数字を利用する国家とは違って、遊牧民は、まず「数字」が先行する、という程度のことでしょう。

八八頁を見ると、〈数える数〉はリズム的だと言っていますね。自分で目的を設定して、様々な物を動員する「数」の運動が、次第にリズムを備えて、自動的に展開するようになるというイメージでしょう。PC上のプログラムが、人間による入力がなくても、同じリズムで、データ処理を続けているようなイメージで考えるといいかもしれません。

> 以上のことから、戦争機械は、可動的、自立的、方向的、リズム的、暗号的な〈数える数〉として規定される遊牧民的組織の必然的な帰結であると言えよう。

戦争に「暗号 chiffre」はつきものです。かなり素朴な、決闘に近いものでも、味方同士でタイミングを合わせて攻めるには、合図を決めておかないといけないし、ある程度の人数がいると、敵味方を瞬時に見分けられる標識が必要になります。これは、戦争機械の結社的な性格と密接に関係しています。

九一～九二頁にかけて、〈数える数〉は、血統組織や氏族を数的組織に置き換える、ということが述べられていますね。

> チンギス・ハーンは、あの大規模な編成を草原で実行したとき、血統を数的に組織するとともに、各血統から出された戦士たちを数字と隊長（十と十戸長、百と百戸長、千と千戸長）に従わせた。しかしまた彼は、こうして算術化された各血統から少数の者たちを選抜して、彼自身のための親衛隊すなわち参謀や監督官や伝令そして外交官などからなる力動的な形成体（「盟友団」）を構成したのである。[…] モーゼは、必然的にヤハウェよりも遊牧民の影響を受けて、あの大規模な編成を砂漠で実施したとき、各氏族

──を調査して数的に組織した。

命題七

──命題七──遊牧生活の《情動》は戦争機械の武器である。

これまでも生成変化における「情動」の重要性については述べられてきましたが、それが「武器 les armes」だとはどういうことか。

というのも、確かに戦争は狩猟から派生するわけではなく、また狩猟そのものも特に武器を発達させるわけではないからである。狩猟は、武器と道具が未分化で相互転換が可能な次元で行なわれるか、それともすでに道具から区別され武器として構成されたものを自分流に使用するかのどちらかである。ヴィリリオが言うように、戦争が出現するのは、人間が人間に対して狩猟者と動物の関係を適用するときではなく、逆に、人間が狩猟される動物の力を捕捉して、まったく別の対人関係つまり戦争の機械（もはや獲物ではなく敵）に入るときなのである。したがって戦争機械を発明したのが放浪する牧畜民すなわち遊牧民であることは驚くにあたらない──牧畜と調教は、原始的狩猟とも定住的牧畜とも異なるものであり、まさしく投射するものとされるものが作るシステムの発見なのである。一撃の暴力で倒す、言い換えれば「一度だけ」の暴力を構成する代わりに、戦争機械は牧畜と調教によって暴力の経済を、つまり暴力を──持続させ無制限にさえする手段を樹立したのである。

ポール・ヴィリリオ（一九三二－二〇一八）はテクノロジーやメディアの分析で有名なフランスの批評家で、速度の存在論的な意味をめぐる議論で、『アンチ・オイディプス』でもこの本でもたびたび引用されていますね。狩猟で武器と道具が未分化だというのは、少し前の箇所にあるように、武器というのは、投射することで威力を発揮するのに対し、道具がそれを抑える働きをするものだけれど、その違いがまだはっきりしていない、ということです。例えば、斧とかナイフとかは未分化だけど、槍や矢は明らかに武器ですね。戦争の場合、騎馬とか戦車のような形で、動物の力を使って、敵を攻めることになるわけですね。狩猟の対象だった馬の走る力を、敵である人間に向かって突進し、槍や弓などによって投射する武器へと転用したわけです。遊牧民の「牧畜と調教」が、「原始的狩猟」とは、動物とその力に対する関わりが違うのは当然として、「定住的牧畜」とも異なるというのは分かりにくいですが、実は原語が違って、「牧畜と調教」の方は、〈l'élevage et le dressage〉、「定住的牧畜」は〈la domestication sédentaire〉です。〈l'élevage〉というのは、単に「育てること」という意味ですが、〈domestication〉は「家畜化」です。

馬を、家に属する獣にするのではなく、戦争機械と共に移動する獣として育て、その力を敵に打撃を与えるために使うわけです。「牧畜と調教」によって、「暴力」が一度きりのものではなく、持続的（durable）で無制限（illimitée）のものにするというのは、矢のような武器なら一回投射したらそれっきりだけど、騎馬とか戦車で走ることを投射と見れば、遊牧生活が続く限り、投射し続けられるということになるわけです。ここに「戦争機械における〈動物になること〉」が由来するようですね。アマゾンは騎馬にすぐれていて、ギリシア軍とトロイ軍が対峙しているところにものすごい勢いで襲来し、ペンテジレーアはアキレスに騎馬で戦いを挑み、ギリシア人たちから「女ケンタウロス die Kenthaurinn」と呼ばれます。

一〇五頁を見ると、「武器と道具」は「アレンジメント」の帰結だと述べられていますね。つまり、ステップ地帯で、一定の数の遊牧民が群れを作り、動物をつれ、水や草のあるところで野営し、地元の民に攻撃をしかけ、獲物を獲得すると適当なところで引き上げるなど、一定のパターンで遊牧生活を続ける中で、その生活に適した武器や道具、その使い方、それに合わせた戦闘様式などが形成されてくるわけです。

アレンジメントは情念的であり、欲望の編成である。欲望は、自然的あるいは自然発生的に決定されるものではなく、もっぱらアレンジし、アレンジされ、組み立てられて存在する。アレンジメントの合理性や能率性も、それが活動させるさまざまな情念や、アレンジメントを構成するとともにアレンジメントによって構成されるさまざまな欲望なくしては存在しえない。

納得できるかどうかは別として、言わんとしていることは分かりますね。「情念」も「欲望」も個人の身体に内在しているわけではなく、ましてや天から降って湧いてくるわけでもなく、動物や道具・武器を伴った集合的アレンジメントの中で形成される、というわけです。「情念的」の原語は〈passionnel〉です。この後の話の流れからすると、「情念 passion」には、外に向かって激しく運動する「情動 affect」と、むしろ変化に抵抗し、形に拘る「感情 sentiment」の二つの成分があると考えているようです。ペンテジレーアを動かした「情念」は、自分たちをマルスに仕える戦士集団だと信じるアマゾンの部族のアレンジメントと、トロイ戦争の戦場というアレンジメント、自分とアキレスがある距離と角度で遭遇することになった地形的アレンジメントがなければ、考えられません。アキレスを狩りあるいは恋の獲物として獲得したいという「情念」は、戦場のアレンジメントの中で生成変化し続け、攻撃的な「情動」になっていくわけです。

一〇七頁で、「情動」は、「感動の素早い放出 la décharge rapide de l'émotion」であり、「武器と同様に投射されるもの des projectiles autant que les armes」であると述べられていますね。これは、武器を投げる時の情念であれば、分かりますね。アキレスとペンテジレーアの愛も同じように理解できます。そうした何かのターゲットに向かって投射されるのが「情動」で、一方向的ではなく、あちこち彷徨い、遅延し、「内向的 introceptif」なのが「感情」だといって、区別していますね。

この流れで、前回も出てきた、「カタトニー」の状態も、そうしたアレンジメントの中にある「戦争機械」の「速度ベクトルの一部分 partie du vecteur-vitesse」だと言っていますね。激しい投射の運動の合間の静止として、「カタトニー」を位置付けるわけですね。そういう見方をすると、激しい情念を伴った動きが急に変調をきたして、止まってしまったというより、次の運動を開始する前の一時休止という感じになりますね。

こうした突然のカタトニー、失神、宙吊り状態と戦争機械の最高速度を最も見事に組み合わせたのはクライストであった。そして彼はわれわれを、技術的要素の武器への生成変化と同時に、情念的要素の情動への生成変化に（ペンテジレアの等式に）立ち会わせるのである。

普通の人は、この戯曲に、戦士と乙女の間で揺れるペンテジレーアの内面の揺れを読みとるところでしょうが、ドゥルーズたちはむしろ、「戦争機械」の一部と化している、ペンテジレーアの身体に現れる、情念の構成や速度ベクトルの変化を読み取ろうとしているわけです。

問題三、命題八

問題三――いかにして遊牧民は彼らの武器を発明し発見するのか？

命題八――冶金術はそれ自身、遊牧生活と必然的に合流する一つの流れを構成する。

スキタイは、彼らのオリジナルかどうかは分かりませんが、独自の冶金術を持っており、それを諸文明に伝えたと言われています。一一〇頁でもそのことが言及されていますが、ここでは、冶金術を発達させ、武器を開発したことが単なる偶然ではなくて、戦争機械としての本質に属することを論証しようとしているわけです。

遊牧民が発明したのは、人間－動物－武器のアレンジメント、人間－馬－弓のアレンジメントなのだ。このような速度のアレンジメントを通じて、金属器の時代にはさまざまな発見が行なわれた。たとえばヒクソス人の柄穴のついた青銅器の斧やヒッタイト人の鉄剣は、小さな原子爆弾の発明にも匹敵するような革新であった。

先ほど見たように、速度を軸にした「アレンジメント」として活動し続けているうちに、打撃力のある武器や馬具を作る冶金術が生まれてくるというわけです。「アレンジメント」には、生物以外の物質も含まれているわけですね。ただ、といっても、草や木のような生物由来のものであれば、人間の生活に応じて柔軟に変化しそうですが、金属というのは一番変化しにくいものですね。一二八頁を見ると、その変化しにくい金属を激しく変化させることに、冶金術の本質があるようです。

冶金術の場合ほど形相と物質が硬く固定したものにみえることはない。しかしながらそこではさまざまな形相の継起に、連続展開する形相が、さまざまな物質の変化に、連続変化する物質がとって代わろうとする。冶金術が音楽と本質的な関係にあるのは、ただ単に鍛冶屋のたてる騒音のためではなく、両者を貫く傾向、つまりたがいに分離された形相を超えて形相の連続展開を際立たせ、変化するさまざまな物質を超えて物質の連続変化を優先させるという傾向のためである。

「形相」というのは、要は、「形」ですが、この場合は単に丸とか四角といった幾何学的な形のことでなく、むしろ物理的な形状のことです。金属は組成、純度、温度、加える圧力によって形状が変わりますね。少し前に戻って一二四頁を見ると、「形相 forme／質料 matière」の単純な二元論に反対する論者として、久しぶりにシモンドンが言及されていますね。シモンドンは鉱物にしろ生物にしろ、ナマの素材とそれが取る基本的形状という意味での「形相」がそれぞれ別個に存在しているかのように語ることを批判して、「素材」の物質的性質の変化に伴って、「形相」も変化すると主張した人です。細かいことですが、今、読み上げた箇所の「物質」の原語も、〈matière〉なので、訳語を合わせておいた方がいいでしょう。鍛冶職人は、単純に金属を熱して叩いているのではなく、自分の作業と共に、その金属素材がとりうる形状、全く違う物質になってしまう、と言えるくらい変わっていくこと計算に入れて、ちゃんとリズムを取りながら作業を進めるわけです。あるいは、そうしたリズムを伴った連続的な「形相／素材」の変化に合わせて、鍛冶職人自身の身体や作業行程全体が変化していく。

冶金術はマイナー科学そのものであり、「曖昧な」科学あるいは物質の現象学である。［…］金属は物でもなければ有機体でもなく、器官なき身体なのである。

この場合の「マイナー科学」というのは、王道科学の特徴である「形相／素材」の二元論ではどう変化していくかを一義的に導き出せないということと、それに関わる職人や、遊牧の民、動物たちの生成変化を引き起こすことを指して言っているのでしょう。「曖昧な vague」というのは、先ほどの「非正確 anexact」の積極的な言い換えですね。金属が「器官なき身体」だというのは大げさな言い方ですが、これは通常は金属の道具や武器が用途も形も決まっているという私たちの思い込みに対して、いや、冶金の過程から分かるように、金属は職人や道具、仕事場の環境などとの関係で、いろいろな方向に生成変化する可能性がある、赤ん坊の身体と同じように、「器官なき身体」と見るべきだ、と言いたいのでしょう。因みに、日本語で「身体」と訳すと違和感がありますが、何度もお話ししたように、〈un corps sans organes〉の〈corps〉は物体とか団体も指します。「組織なき物体」と訳してもいいわけです。

一二九～一三二頁にかけて、「職人 l'artisan」、特に冶金職人とはどういうものかという議論が続きますね。純粋な生産性としての金属の「物質－流れ la matière-flux」に従っていく「職人」は、「最初の根本的移住者 l'itinérant premier et primaire」だということです。彼らは生きるために帝国の貯蔵農産物に依存しているけれど、仕事に必要な木炭を得るため森林生活者とも関係し、森林の近くに作業場を設ける。

また空間においては、地下は平滑空間の土地を条里空間の大地に結合しているのだから、冶金術師は遊牧民たちと関係している——帝国の住民となった農耕民の耕す沖積平野には鉱脈は存在せず、砂漠を横断し山に入らなければならないし、鉱山の管理にはつねに遊牧民が絡んでいるからだ。あらゆる鉱脈は逃走線であり、平滑空間と通底している——現在では石油をめぐって同じ問題が見られるだろう。

地下の鉱脈を、平滑空間と呼んで、それを遊牧民の移動するステップのような場所と結び付けてしまうのは強引ですが、ジェイムズ・スコットが言うように、帝国が基本的に農耕が可能な沖積地を中心に発展し、鉱脈がしばしば砂漠を横断するように延びているとすれば、そこに遊牧民が絡んでくるのは当然ですね。中東やモンゴルを基準に考えると、確かにそういう傾向があるでしょう。鉱脈地帯が遊牧民に押さえられているとすると、そこは帝国的な支配が及ばない、帝国的なシニフィアンが浸透しきれない場所という意味で、「逃走線」になる可能性はあるでしょう。

鍛冶師は遊牧民でも定住民でもなく、巡行する者、移動する者である。この点でとりわけ重要なのは鍛冶師の住み方であって、彼の住む空間は定住民の条里空間ではなく、遊牧民の平滑空間でもない。彼はテントや家を所有しているかもしれないが、あたかもそれらが金属の「鉱床」であるかのように、つまり洞窟や洞穴であるかのように、半ばあるいは完全に地下に埋まった小屋としてそこに住むのである。鍛冶師たちは生まれつきではなく、必要と技術に迫られて穴居生活をしている者である。

要は、鍛冶師は、遊牧民と定住民の中間的な性格を持っているわけです。それが、金属性の武器が、遊牧民と国家の間の相互作用で発達することを可能にしたわけですね。鍛冶師の住み家が、鉱床とか洞穴に似ているというのは比喩的な言い方ですが、ローマ神話の鍛冶の神ヴゥルカヌス（Vulcanus）が火山（volcano）の地下に仕事場を持っている神話は、鍛冶師に関する一般的イメージから来たのかもしれません。その芸術的表象として、一三三頁にエイゼンシュテインの『ストライキ』（一九二四）の一シーン、並んでいる大きな穴を、ストに参加している人たちが出入りしている場面の写真が出ていますね。地下通路がある感じです。地下でリゾーム状に繋がっている穴が、帝国の条里空間のあちこちに開いている、というイメージなのでしょう。多分、穴を出入りしながら、ゲリラ的にストライキをしかけ、資本家に抵抗する労働者たちは鍛冶師の子孫だと示唆したいのでしょう。発想は面白いけれど、歴史的に無理があると思います。

	内容	表現
実質	多孔空間 （機械状系統流または「物質―流れ」）	平滑空間
形式	移動性冶金術	遊牧性戦争機械

公理三、命題九

公理三——遊牧的戦争機械は、いわば表現形式であり、それに相関する内容形式は移動性冶金術であろう。
　命題九——戦争は必ずしも戦闘を目標にしないし、とりわけ戦争機械は必ずしも戦争を目標にしない、もっとも戦闘は戦争から、戦争は戦争機械から必然的に導かれるのであるが（一定の条件の下で）。

「内容」（＝「意味されるもの」）と「表現」（＝「意味するもの」）にそれぞれ、「実質」と「形式」があるというのは、第3プラトーで見た、イェルムスレウの議論でしたね。ここでは記号学的な厳密性に拘る必要はないでしょう。公理三の要は、この四つの項が記号論的な相関関係にある、特に、「遊牧性戦争機械」は「移動性冶金術」という内容の表現だということです。多孔空間に住む職人たちが移動性冶金術として営んでいることを表現しているだけだとすると、戦争機械は必ずしも文字通りの意味での「戦争」をする機械とは言えなくなります。それが命題九です。戦争が戦闘を目標としないというのは、遊牧民の営みとか、秘密結社による作戦、あるいは冷戦とかを考えると、確かにその通りなのですが、そう言ったすぐ後で、「戦争機械」から「戦争」が導かれ、「戦争」から「戦闘」が「必然的に導かれる」と言っているので、面食らいますが、これは最初から目的にしているわけではないけれど、「一定の条件」があれば、結果的にそうなってしまう、ということなので、矛盾はありません。確かに、ペンテジレーアの率いるアマゾンの一団のようなものが国家の領域に侵入してきたら、戦争になってしまうでしょうね。
　一三九頁を見ると、平滑空間を占拠し、その中を移動することが、戦争機械の唯一の真の積極的目標だと述べられていますね。

すなわち砂漠や草原を増大させることであって、そこに人が住めなくすることではまったくない。戦争機械から戦争が必然的に導かれるのは、戦争機械はそれ自身の積極的目標に対立する（条里化の）勢力としての国家と都市に衝突するからである。いったん衝突してからは戦争機械は国家と都市、国家的都市的現象を敵と見なし、それらの撃滅を

──目標にする。まさにこのとき戦争機械は戦争となって、国家の力を撃滅させ、国家形式を破壊しようとする。

遊牧民が本当に平滑空間を拡大したがっているのか分かりませんが、理屈ははっきりしていますね。平滑空間を広げようとすれば、条里空間をしっかりと支配しようとする国家や都市とぶつからざるを得ない。

一四三〜一四四頁にかけて、国家は戦争機械をどういう風に所有化しようとするか、という問題が論じられていますね。戦士集団をカースト化するか、それとも一定のルールに従って、社会全体の中から戦士を養成するのか。その中間に、土地を授与して、見返りに奉仕を義務付けるというやり方もある。封建制ですね。

ここで以上の仮説全体と「戦争は政治以外の手段による政治交渉の継続である」というクラウゼヴィッツの表現を突き合わせてみよう。周知のように、この表現は理論的かつ実践的な、また歴史的かつ超歴史的な総体から抜粋されたものであり、この総体の構成要素は相互に緊密に関連している──（1）絶対的無条件的戦争という戦争の純粋な観念、すなわち経験には与えられない「理念」が存在する（敵であるという以外どんな規定ももたないと規定される敵を、政治的、経済的、社会的な考慮を排除して打倒すること、または「転覆する」こと）。（2）与えられているのは、国家の目的に従属する実際のさまざまな戦争であり、国家の目的は、多かれ少なかれ絶対戦争の「良き導き手」であって、いずれにせよ経験上、絶対戦争を現実化するときの条件となるものであること。（3）実際の戦争は撃滅戦と限定戦争という二つの極のあいだを振動し、両極とも国家の政治に従属していること、撃滅戦は（撃滅の目標次第では）総力戦にまで到達する可能性があり、極限に向かって上昇していけば無条件的観念としての全体戦争に近接していく傾向があるのに対し、限定戦争は、「より少なく」戦争であるという意味ではなく、制限的条件に向けて下降的に接近するので、単なる「武装監視」になってしまう可能性があるということ。

クラウゼヴィッツ（一七八〇－一八三一）は、ナポレオン戦争後のプロイセンの軍制改革期の将軍・軍事学者で、このフレーズで有名ですね。この要約でドゥルーズたちが何を示したいのか分かりますね。国家は自分の領土的な目的のために戦争機械を利用して、限定戦争をやろうとするが、戦争機械はもともと、条里空間を破壊して平滑空間を作り出そうとする性質を持っているので、使っていると、自分が戦争機械に引きずり回されて、お互いの総力をかけてつぶし合う「絶対戦争」に発展していく可能性があるということですね。それは最初はファシズム、次は、「平和」のための世界秩序構築という形を取る。カール・シュミットも、『政治的なものの概念』（一九三二）で、第一次大戦後の西欧諸国で高まった、この世界から「友／敵」

対立を消滅させようとする絶対平和主義が、人類の名において、悪を絶滅する戦いへ誘導する恐れがある、と示唆しています――拙著『カール・シュミット入門講義』をご覧下さい。

ただし、そうなるとは限らない。一四九頁を見ると。もう一つの可能性として、戦争機械が「創造的な逃走線を引くこと」と「平滑空間とその中における人間の運動の編成」になることを挙げています。

> ゲリラや少数者の戦争や民衆の革命戦争が戦争機械の本質に合致するのは、これらの戦争が、代補的であるがゆえにいっそう必然的な目標として戦争をとらえているからであり、同時に他の何かを、たとえそれが新しい非組織的〔非有機的〕な社会的関係でしかないとしても、同時に他の何かを創造するという条件でのみ戦争を行なうからである。
>
> これらの二つの極のあいだには、死の観点からさえ、いやとりわけ死の観点から、大きな差異が存在する。創造する逃走線か、それとも破壊線に転化する逃走線か。たとえ少しずつであっても構成されていく存立平面か、それとも組織と支配の平面に転化してしまう存立平面か。

「代補的 supplémentaire」であるというのは、何か別のものの代わりになっている、ということです。原文では、〈seulement《supplémentaire》〉とカッコ付きになっているうえ、「もっぱら seulement」がついています。「もっぱら『代補的』であるためにいっそう……」と訳すべきでしょう。ゲリラや民衆の革命戦争が、もっぱら「代補的」だというのは、平滑空間である新しい存立平面に「置き換える suppléer」ことを目指しているということと、それらが本格的な戦争の「代わり supplément」であるという二重の意味を込めた言い方で、何か大きな組織を作ったり、経済的利益を目指したりしているわけではないことを示唆しているのでしょう。といっても、それはあくまで当初の性格であって、ファシズム的な戦争に途中で変質する恐れはあるわけです。

■質疑応答

Q　前半のリトルネロの領土についての話ですが、先生はハイデガーの議論を出されましたが、ドゥルーズ＋ガタリはかなり意識していたのでしょうか。

A　勿論です。ユクスキュルの環世界（Umwelt）論を参照しているのだから、ハイデガーの「世界 Welt」論も念頭に置いていると見るべきでしょう。動物が生きる環世界と、人間の生きる世界の対比を通じて、ハイデガーは、人間の〝主体性〟の起源を、「精神／身体」の二項対立にはまらないようにしながら辿っていくことを試みたわけですが、彼は現存在、あるいは民族の歴史的使命のようなものを際立たせることになり、ナチスに思想的に接近することになった。ドゥルーズたちは、デリダと違ってハイデガーを直接批判して乗り越えるということは試みていませんが、彼らの時代のフランスの哲学者にとって、ハイデガーの影響は圧倒的です。『千のプラトー』で、ハイデガーに直接言及しているのは一回だけですが、ライプニッツ、ヘルダリン、ニーチェ、フッサールが、王道的な思考から外れる人たちとして取り上げられているのに、ハイデガーが出てこないというのは不自然です。直接扱いにくいのかもしれません。ドゥルーズたちは、ハイデガーを批判するのではなく、生物学や文化人類学、身体性や狂気をテーマにする文学作品を手がかりに、ハイデガーが拘った、人間と「世界」の関係をめぐる問題を、再定式化しようとしたのでしょう。また、存在が生成してくる源泉としての「大地」も、ニーチェ－ハイデガーの重要なテーマです。ドゥルーズたちは、原初的な社会の人々の欲望のサイクルを狭い枠内に抑制していた「原始大地機械」を即物的に説明するために、リトルネロという音響学的・生理学的概念や、前シニフィアン的体制といった概念を導入したわけです。

Q　一見、あまり哲学史と関係なさそうですが、そのように読んでいくと、旧来の哲学史を踏まえているのですね。

A　教科書的な記述を繰り返していないだけで、ライプニッツ、スピノザ、ニーチェ、ベルクソンといった代表的な反主流な哲学者はかなり重視していますし、これらの思想といろんな意味で縁が深い精神分析についてはしつこいぐらいに批判的に検討しているし、ヘルダリン、クライスト、ビュッヒナー、ジェイムズ、ウルフといった、哲学的に重視される作家の議論も押さえている。科学哲学については、バシュラール（一八八四－一九六二）とかカンギレーム（一九〇四－九五）に比べて無視されがちのシモンドンの議論も取り入れている。オーソドックスな思想史を再編するために、生物学や文化人類学、考古学の言説を参照していると考えてもいいでしょう。

Q　最後に先生が触れられた、戦争機械に関する記述は、アルカイダやＩＳのようなものを、ある意味、予言的に言っていたということになりますか。

A　そう思います。ああいう組織は、まさにこのプラトーでの「戦争機械」の基本的性格に対応しています。地縁・血縁より数を中心に組織されるとか、狭い意味での機械、武器との間に特殊なアレンジメントを形成している、秘密結社的に社会に浸透する、国家という枠に抵抗する、絶対戦争に持ち込もうとする……。あの二つは、既に明白にファシズム化の方向に向かっていると思いますが、当初は、逃走線をどこまでも延ばして、マイナーなものたちが自由に「生成変化」し続けられる平滑空間を広げていく可能性もあったのではないか。彼が生きていたら、そう言いそうな気がします。

〔講義〕第7回

13「BC七〇〇〇年——捕獲装置」、14「一四四〇年——平滑と条理」を読む

第13プラトー「BC七〇〇〇年——捕獲装置」

今回読む最後の第13、第14プラトーでは、前回見た第12プラトーで、前面に出てきた「戦争機械」をめぐる議論を更に展開し、ファシズムに陥る危険を回避しながら、戦争機械の平滑空間を広げていく作用をどう生かすかという戦略が模索されています。『アンチ・オイディプス』では、各人やグループがどうやって、原始大地機械の段階で既に始まっていたオイディプス化傾向から逃走できるのか、分裂分析の視点から論じていましたが、それを平滑空間の拡大というより広い視点から改めて論じようとしているわけです。

> **『アンチ・オイディプス』**
> 各人やグループがどうやって、原始大地機械の段階で既に始まっていたオイディプス化傾向から逃走できるのか、分裂分析の視点から論じた。
> → ファシズムに陥る危険を回避しながら、戦争機械の平滑空間を広げていく作用をどう生かすかという戦略を模索。

では、第13プラトー「BC七〇〇〇年——捕獲装置」から見ていきましょう。BC七〇〇〇年は初期の文明ができ始めた時期です。つまり国家の原初的な形態ができ始めた時期、デュメジルの分析の対象になる神話が生まれたあたりと見ていいでしょう。デュメジルはフランスの神話学者で、インド＝ヨーロッパ語族の神々の三機能で知られています。

命題十

命題十——国家とその二つの極

（1）政治的な至高権力は二つの極をもつ。捕獲、絆、

結び目、網を操る魔術師としての怖るべき皇帝という極と、条約、協定、契約といった手続きを行なう法律家、司祭としての王という極（多くの神話に見られる対をなす神々、ヴァルナ－ミトラ、オッドヒン－ティヴァッ、ウラノス－ゼウス、ロムルス－ヌーマ）。（2）戦争の機能は、政治的な至高権力の外部に存在し政治的至高権を構成する二つの極のいずれにも所属せず、それから区別される（インドラ、トール、ティルス・ホスティリウスといった神々がこれにあたる）。

命題番号は第12プラトーからの通しになっていますね。主権者に魔術師－皇帝の極と、法律家－司祭の二つの極面があるという話は、第12プラトーにもありましたね。その二つの主権的な機能の担い手とは別に戦争を司る神格があった。デュメジルはそれを戦士的機能を担っている神と見ていましたが、ドゥルーズ＋ガタリは、むしろ国家的枠を超えた存在と見ているようです。トールは北欧神話の雷の神ですね。ティルス・ホスティリウス（前七一〇－六四一）は、ローマの第三代の王で、創設者で、神秘的な雰囲気があり、荒っぽい行為を重ねたロムルス、法・宗教制度を整備した第二代ヌマに対し、ティルス・ホスティリウスは、前任のヌマの時代にローマが弱体化したと感じ、軍を強化し、エトルリア人の国家やそれと密かに手を結んだアルバ・ロンガを滅ぼした好戦的な王として知られています。

——（1）こうして国家装置はある奇妙なリズムで動く。ま

オーディン（18世紀のアイスランドの写本より）

ず、唯一の目によって遠くからでも結びつけ捕獲してしまう記号を発する片目の神、結びつける神、魔術を操る皇帝という大きな謎がある。法学者としての王は片腕を差し出す。片目と片腕は、技術、掟と道具の契機となる片腕の神であり、法と国家を統治する政治家の中にいつも現われる。ホラティウス・コクレスとムキウス・スカエヴォラ（さらにはドコールにポンピドーだろうか）。片方は記号だけ、もう一方は道具だけといった専有関係があるわけではない。怖るべき皇帝はすでに大土木工事の指揮者であり、賢人王とは記号の体制をいちはやく自分のものとし、変形する者のことである。いずれにせよ記号と道具の組み合せは、至高の政治権力をさまざまに区別する差異的特徴、国家における補完関係を構成する。

隻眼の神というと、西欧では、北欧神話の主神オーディンが、知恵の泉の水を飲む代償として片方の目を捧げたのが有名です。オーディンは様々な魔術に長けているとされています。ホラティウス・コクレスは、ローマ王の最後の王（第七代）でエトルリア人であったタルクィニウス・スペルブス（前五三五－五〇

九）が民衆によって追放され、エトルリア人勢力の援助を得て逆襲を仕掛けた前五〇九年のローマ包囲戦で、ローマ防衛のために奮戦した英雄です。彼は、テヴェレ川のスブリキウス橋で、大量の弓を仕掛けてくる敵の前に立ちはだかって、片方の目を失いながら、橋を守ったことが知られています。〈Cocles〉は「隻眼」という意味です。ガイウス・ムキウス・スカエヴォラも、このタルクィニウス・スペルブスとの闘いでローマを防衛した英雄です。タルクィニウス・スペルブスの盟友であるエトルリア人の王ラルス・ポルセンナを暗殺しようとして、失敗して捕えられ、拷問を受けそうになったところ、自ら松明を取って右手に押し付けました。それでローマ人の勇猛さを知った王は、ローマと和平を結びます。〈scaevola〉とは、「左手の」という意味です。隻眼は全てを補足し、国家を基礎付ける魔術、隻腕は国家を統治する道具である法と掟を象徴し、この二つは、主権者の属性の二つの極だけど、一方の属性を持つ王は他方を持たないという排他性があるわけではなく、一方の属性を強く持っている王が別の属性を持っていないわけではない、ということですね。「記号の体制をいちはやく自分のものとして、変形する」というのは、魔術的な性格を持っている建国の神話とか掟のようなものを、国家を運営するための規則にうまく変換するということでしょう。

> （2）もちろんこの二つのタイプの国家統治者は、戦争の歴史に関与し続けてきた。しかし正確には、魔術を操る皇帝は、自分に所属しない戦士たちを捕獲して自分のために戦わせるか、または戦場に突如出現し武器を取り上げ、戦士たちの頭上に網を投げかけるのである。一つ目によって身動きを封じ、緊張症《カタトニー》に陥らせる皇帝。「戦うことなく縛り付けてしまう」皇帝。魔術を操る皇帝は、戦争機械を制度的な枠の内部に組み入れるのである。

先ほどの「捕獲capturer」の重要性がはっきりしてきましたね。もともと、国家とは相容れないはずの、本来戦争機械に属しているものを捕獲するわけですね。隻眼には、そうした魔力が宿っているわけです。『ペンテジレーア』に関連して、何度か出てきた「カタトニー」は、そうした隻眼の魔力に操られている影響ではないかと暗示しているわけです。

> もう一方の極について言えば、確かに法律家としての王は、大いなる戦争の組織者である。しかし彼は戦争に掟を与え、戦場を準備する。法律を作り出し、規律を課し、戦争を政治的な目的に従属させ、戦争機械を軍事制度とすることによって、国家装置に所属させるのである。

法律家としての側面で、捕らえた戦士たちに掟を与え、戦争機械を国家の軍隊にするわけですね。

> 戦争が人を殺し、惨たらしく傷つけるものであるというのはその通りである。しかし、戦争機械が国家に所有されればされるほど、戦争は惨たらしいものになる。そして特に国家装置は、不具や死さえも、あらかじめ存在させる。国

家装置にとって、不具や死はすでにそこに存在するものであり、人間が不具やゾンビーとして誕生してくることが必要なのである。ゾンビーや生まれついての死者という神話は、労働にともなう神話であり、戦争にともなう神話ではない。不具とは、戦争においては結果であるが、国家装置や労働の組織・体制においては条件であり前提である。

不具や死が「すでにそこに存在する」とは、どういうことでしょうか。「労働にともなう神話 un mythe du travail」であって、「戦争にともなう神話 un mythe de la guerre」ではないというのが、ミソでしょう。つまり、国家のために擦り切れるまで労働することを義務付けるけど、ちゃんと奉仕すれば、国家はそれなりに面倒を見てくれる、ということでしょう。コクレスやスカエヴォラは、名誉の負傷をした後、国家から報酬としてそれなりの財産を与えられてます。また、名誉を讃える銅像を作ってもらえます。戦死者に対する追悼儀式や遺族への報酬によって、軍人を鼓舞するのは、国家の重要な行事です。

一五七頁から一五八頁にかけて引用されているのは、戦争と労働に焦点を当てながら、機械化が進む近代の問題を描き出したドイツの保守系の小説家・思想家のエルンスト・ユンガー（一八九五－一九九八）の、未来のロボット工場を描いた小説『ガラスの蜂 Gläserne Bienen』（一九五七）の一節です。主人公リヒャルトは元軍人、戦車検査技師ですが、現在失業中で、就職のため、様々なオートマトン（Automat）を開発しているツアッパローニという人物の工場に隣接する邸宅を訪れ、人工の蜂や、彼らに指図を出す正体不明のもの、ヒト型のものなど、様々なオートマトン（Automat）を見た主人公は、人間の切断された耳らしきものがあちこちに散らばっているのを見て、それは人造品ではなくて、本当の耳かもしれない、自分もこういう目に遭うかもしれない、という恐怖に囚われます。人型のオートマトンもあるので、その人口耳かもしれないが、やはり人間の耳かもしれないと考えるうち、彼には人とオートマトンの区別がだんだんあやふやになってきます。

「切断された肉片がこれ見よがしに雑然と並べられている様は私を驚愕させた。（……）これらは、ますます完璧になっていく技術とそれに対する陶酔に、不可避的にともなうものではないだろうか。人類はその曙から戦争をしてきた。しかし『イリアッド』に関する私の記憶のどこを探しても、戦士が腕や足をなくすというような例はない。神話の中では、切断による不具は、タンタロスやプロクストといった怪物や半獣神のものとされている。（……）遠近法的な倒錯によって、われわれはこうした切断による不具を事故のせいにしている。本当は、事故とはわれわれの世界が萌芽状態のときこうむった不具性によるものでしかない。ますます増加する切断手術は、解剖刀の道徳が勝利しているという兆しでしかない。目に見えて問題になる前に、喪失はすでに起きていたのである……。」

国家のような組織が出来上がって、そこに取り込まれた時点で、自然な身体を失い、〝自然〟を基準にすると、みな障碍を負っている状態に置かれる、〝自然〟のままに生きられなくなっているのだから、ということでしょう。家畜が野生の動物と比べて奇形化しているのと同じ意味で。一般的には「疎外」と言われている現象ですね。マルクス主義で「疎外」とは、近代資本主義になってから、もともと自由に労働できていた者が、資本家が組織する生産体制下で、機械の部品のように働くことを余儀なくされ、生き生きとした感覚を失うということですが、ユンガーの小説はそれが人類の歴史の原初に始まった可能性を示唆しているわけです。

タンタロスは、神々と親しく交わり、神酒ネクタルを飲み、神々の食物であるアンブロシアを食べて、不死の身体を得たけれど、自分の息子を殺してその肉を神々の食事に提供したため、神々の怒りをかって地獄に落とされ、永遠に飢えと渇きに苦しめられることになった、ギリシア神話に登場する、小アジアのリュディアの王です。プロクスト（Procuste）は、海神ポセイドンの息子の盗賊で、ベッドのサイズに合うように、そこに寝た人の体を切り刻んだり、逆に、機械で引き伸ばしたりしたので有名な人物です。「プロクスト」はフランス語綴りの読み方で、日本ではギリシア語読みに近い、「プロクルステス」で知られています。

―― 戦争機械とは、政治的至高権力の二つの極の「あいだ」にあり、一方から他方への移行を可能にするものである。神話や歴史において、事態はこのように1－2－3という順序で進んでいるように見える。デュメジルによって分析された〈片目の神〉と〈片腕の神〉に関する二つの例――（1）一つ目の神オディンは、戦の〈狼〉を繋ぎ束縛し、魔術的な関係の中に取り入れる。（2）しかし狼は警戒して、その関係に束縛されない力を保存する。（3）そこでティル神が、法的効力のある抵当として、狼の口の中に片腕を入れ、狼が綱をほどくことができないときには、その腕を噛み切ってもよいと言う。――（1）片目のホラティウス・コクレスは、顔の表情一つ、しかめつらとその魔術的な力でエトルリア軍の総大将のローマ総攻撃を妨げる。（2）総大将はそこでローマの包囲を決定する。（3）ムキウス・スカエヴォラは政治を引きつぎ、自分の腕を抵当として与え、戦士に包囲を解き和平を結ぶ方が賢明であると説得する。

話を端折っているので分かりにくくなっていますが、主権を構成している二つの極、魔術師－皇帝の極と、司祭－法律家の極の間には時間差があって、第一の極が先行してから、第二の極が顕在してくるが、その移行期に、戦争機械が、正確に言えば、戦争機械が生成しつつある初期の国家に取り込まれることが一定の役割を果たしたと思える神話や伝説のエピソードがいくつかある、ということです。

オーディンが捕縛した「戦の〈狼〉」というのは、悪戯好きの神ロキと女巨人の間に生まれたとされる、巨大な狼フェンリルのことで、オーディンはフェンリルを捕まえるために神々を派遣しますが、なかなかうまく行きません。そこで神々は、グレイプニルという魔法の紐をドワーフたちに作らせ、フェンリルに力試しにこの紐で縛られてみろ、逃げられないのであれば、お前は我々にとって大した脅威ではないのですぐに解放してやる、と持ち掛けますが、逃げ出せないと分かっても、解放してくれないかもしれないので、返事をしぶります。そこで勇気があることで知られた軍神ティルが、約束を破らない保証のため、右腕をフェンリルの口の中に入れます。そして、グレイプニルから逃げられないで怒り狂うフェンリルに右腕を噛みちぎられます。神話では、フェンリルは神々に仕えることはなく、ラグナレクまでグレイプニルに縛られたままですが、ドゥルーズたちはここに、魔術神オーディンから、法的契約の守り神としてのティルへの軸の移動に際し、戦争機械フェンリルを捕縛することが重要な意味を持つ、というストーリーを読み取ったのでしょう。コクレスとスカエヴォラの場合、あまり間があいていないのですが、コクレスの方が純粋な武功で、スカエヴォラの場合は、途中で話し合いに転換したという違いは確かにあります。コクレスが戦闘中に橋の上にとどまった際、相手を睨み付ける形になったはずなので、彼の目に眼力があるように見えたかもしれません。この場合、エトルリア軍がてなずけられる戦争機械になるでしょう。

そう言っておきながら、一五九－一六〇頁にかけて、戦争機械は国家の外部にあって対立しているか、内部にあって取り込まれているか、そのどちらかのはずだが、国家の発展過程に「戦争機械」が介入するという場合、「戦争機械」はどういう状態にあるのか、「捕獲」されたかされないかはどう区別するのか、といった問題を提起していますね。

> この困難が原因で、国家の起源についての主張はいつも同語反復となる。戦争や戦争機械にかかわる外部的な要因や、私有財産や貨幣などを産み出す内部的要因や、ついには「公的機能」を形成する特殊な要因までもが引っ張り出される。この三つは、エンゲルスが統治に達する三通りの道筋として主張したものである。だがこの考え方は、問われているものを前提にしてしまっている。戦争が国家を生むと言っても、最低どちらか一方がすでに存在するかぎりでしかない。そして戦争のための組織が国家の要因となるのは、戦争が国家に所属するときでしかない。国家は戦争機械を備えていないか（国家は兵士を持つ前に警吏や獄吏を持つ）、軍事制度または公的機能の形態によって戦争機械をそなえるか、そのどちらかである。同様に、私有制とは国家による公的所有制を前提にして、その編み目を通り抜けて出現するものであり、貨幣は税を前提にしている。国家の存在を与件とする公的機能が、どうして国家より先に

存在できるのかは、もっとわかりにくい。こうしていつも、生まれたときにはすでに成熟していて、一挙に出現する国家、どんな条件にも制約されない原国家というものを考えなければならなくなる。

「問われているものを前提にしている」というのは、どういうことか。私有財産や貨幣などの内部的要因の場合から考えてみましょう。私有財産や貨幣がどうして生まれてきたかを説明しようとする時、通常、「私有財産」を国家権力的なものによって保証される個人や家族の財産、「貨幣」を国家によって通用性を与えられた交換の媒体だということになりますが、それは徴税能力を持った「国家」の存在を前提にしているということになります。国家がまだ存在する前から、あたかも人々が〝国家〟という概念を持っていて、待望しているかのような話になってしまう。因みに、自らの意志で貨幣を発行できる国家は財政均衡を気にすることなく、積極財政をすべきとする、ＭＭＴ（現代貨幣理論）は、国家だけが貨幣の信用力を作り出せると主張しますが、どうやって、国家が信用創造能力を得たか説明しません。「私的領域」とは区別される、全てが公にされ、みんなの関心の対象になる「公的領域」から国家が発生するという議論も、どうして「公的／私的」の区別があるかというと、国家という個人を超えた存在のためにみんなが協働する領域が必要だから、ということになり、やはり循環します。戦争に対処するために国家が必要になるという論法も、戦争は戦争機械ではなく、国家がやるものという前提がないと成り立ちません。そうなると、国家が正式に存在するようになる以前から、「原国家」とでも言うべきものが、あらゆる人間社会に潜在している、と考えざるをえない。『アンチ・オイディプス』の「原国家」概念には、こういう意味があったわけですね。

命題十一

——命題十一——第一のものは何か？

命題と言いながら疑問形ですね。当初の方針がズレて、ただの小見出しに近くなってきた気もしますが、これの答えが出れば、確かに命題にはなりますね。

捕獲の第一の極を、帝国的もしくは専制的なものと呼ぼう。これはマルクスの言うアジア的形成に該当する。ありとあらゆるシステムや国家が見え隠れする水平線上、しばしば忘却のヴェールに覆われたところで、アジアだけでなく、アフリカでも、アメリカでも、ギリシアでも、ローマでも、いたるところで考古学者はこのアジア的形成を発見している。記憶の果ての原国家が、新石器時代以降、それどころかおそらくそれ以前から存在した。マルクスによると、国家が樹立されるのは、血縁による土地支配というコードをすでに持つ原始農業共同体の上にであるが、国家が行なうのは原始農業共同体のコードに対し上位コードを設置する〔超コード化する〕ことである。つまり原始農業

共同体は、専制的な皇帝の権力に服従するのである。この専制的皇帝とは、すべての上に立つ唯一の公的な所有者、余剰もしくはストックの支配者、大土木工事（余剰労働）の組織者、公共機能と官僚機構の源となる者である。これは繋ぐ、結ぶというパラダイムに属する。これが国家の記号体制なのである。超コード化または〈シニフィアン〉。

これで、このプラトーに「BC七〇〇〇年」という日付を付けたのは、「原国家」が存在し始めたと想定される時期だからだということがはっきりしましたね。新石器時代が始まるか始まらないかくらいから、つまり、人類の歴史が始まった頃から「原国家」の観念が存在したわけです。「血縁というコードを持つ農業共同体」、つまり原始大地機械を基盤にして、それに超コードを押し付ける形で、専制君主を頂点とする国家が出来上がるというのは、『アンチ・オイディプス』でも出てきた話ですね。『アンチ・オイディプス』では、精神分析批判的な視点から述べていたので、抽象的で、超コード化でどうなるのかピンと来にくかったですが、ここでは、古代帝国の経済や統治の観点も入っているので、多少分かりやすくなっています。「繋ぐ（こと）lien」とか「結ぶ（こと）nœud」というのは、各地の農村共同体や、職人集団、官僚機構、祭司団などをまとめて、一つの帝国のシステムを運営するということでしょう。「パラダイム paradigme」を強調しているのは、恐らく、言語学の統語論のパラディグマ（連合関係）を念頭に置いて、相互に置き換え可能で、水平的な関係にあるものたちの結び付き、繋がりであることを暗示したいからでしょう。ここで言う〈シニフィアン〉は、単に「意味するもの＝聴覚的イメージ」ということではなく、第5プラトーで出てきた、前シニフィアン的体制やポスト・シニフィアン的体制と対比される、シニフィアン的体制の構成要素としての「シニフィアン」、特定の農村共同体だけでなく、帝国内のどこでも通用し、効率的に使えるよう、抽象的に記号化された「シニフィアン」ということでしょう。

皇帝−専制者は王や暴君ではない。王や暴君は、私有制のもとでしか存在できない。ところが帝国という体制のもとではすべてが公共のものである。土地所有は共同体のものとして行なわれ、各自は共同体の一員としてのみ土地を所有する。専制君主の強大な所有権は、各共同体を一つにまとめたものとして存在する。そして官僚でさえ、たとえ世襲制であっても、公けのものとして土地を所有するだけである。金銭は存在するが、特に官僚が皇帝に支払うべき税として存在するのであり、土地が譲渡可能な商品として存在していない以上、売買のために使用されることはない。これはネクサム、つまり絆の体制である。ここでは物は貸したり与えたりするときも、所有権の移行や私有化はともなわず、貸与に対する見返りは、与えた者への利子とか利潤という形態ではなく、むしろ「地代」として使用貸借権や収益供与とともに返ってくる。

「皇帝」と「王」の違いは、ローマの共和制の下で生まれ、法的に統治する「皇帝 Empereur = Imperator」と、建国当初の力で支配した「王 roi = rex」の違いとして理解できますが、「専制者 despote」と「暴君 tyran」の違いは、日本語で分かりにくいのは当然として、英語やフランス語のネイティヴもそれほど明確に区別していないでしょう。〈despote〉は、語源的には、「家の主人」という意味合いの〈δεσπότης (despótēs)〉というギリシア語なので、どちらかというと、私有的なニュアンスがあるのですが、政治体制としての〈despotisme〉は、「単一の権威による支配」、あまり厳密でない意味での「独裁支配」のことを指しているので、ここでは、単独の支配者という意味で使われているのかもしれません。〈tyran〉の語源であるギリシア語の〈τύραννος(túrannos)〉は、もともとは小アジア系の「王」を意味する言葉で、古代ギリシアでは、王家の血筋ではないのに、実力で権力を獲得した支配者という意味で使われていたので、恐らく、正統性のない、個人的な権力者という意味で言っているのでしょう。

　要するに、皇帝－専制君主は、領土や人民を自分の私的財産としてではなく、帝国という大きな共同体に属する公的なものとして管理するということですね。それとパラレルに、経済も、土地は共有のものなので、貨幣を介した個人的な取引の対象になることはなく、土地によって利子とか利潤を得られることはなかったわけです。「地代 rente」に括弧が付いているのは、通常、「地代」というより、「年金」とか「金利」という意味の名詞〈rente〉の語源になったラテン語の動詞〈reddere〉が、「返す」という意味だったのを強調するためです。「地代」は、「利子」ではなく、借りたものを「返す」時のお礼だったわけです。『旧約聖書』では、同胞に利子付きで金を貸すことが禁止され、五〇年に一度のヨベルの年には、借金のカタにとった同胞の土地を返し、債務奴隷を解放することが定められていました。〈nexum〉というのは、借金を労働奉仕で返す、古代ローマの債務奴隷制のことですが、本来の意味は「繋がり」です。帝国は、貨幣による利害関係ではなく、共同体間の「繋がり」によって成り立っていたことを強調しているわけです。

　歴史学者マルクスと考古学者チャイルドは、以下の点で一致している。古代専制国家は農業共同体を超コード化するが、そのとき、農業共同体は最低限の生産力に到達しているものでなければならない。なぜなら、国家のストックとなり、専門職人（冶金術）を維持し、徐々に公共機能の発生を可能にする潜在的な余剰が必要とされるからである。マルクスが古代専制国家を一定の「生産様式」と結びつけたのは、このためである。ところが、これら新石器時代の国家の起源はさらに時間軸を遡る。そしてほとんど旧石器時代にまで帝国を想定するにいたれば、もはや時間上の量的差異に止まらず、問題の質そのものが変化する。アナトリアのサタル・フユイクは、帝国のパラダイムを例外的に

> 強化している。さまざまな領土からもたらされる野生の種子や比較的従順な動物のストックが、始めは偶然に異種交配や選択を可能にし、農業や小規模の牧畜がそこから発生する。問題の条件はここで著しく変化する。もはやストックが潜在的な余剰を前提とするのではなく、ストックによって余剰が生まれるのである。もはや国家が、発展した農業共同体や、発達した生産力を前提とするのではない。反対に、前提とされる農業も冶金業ももたない狩猟採集民の真っ只中に、国家は何の介在もなく直接的に樹立される。農業、牧畜、冶金業を創始するのは国家であり、最初は自分の領土の上に、次にはまわりの世界に、農業、牧畜、冶金業を強制していくのが国家である。農村が徐々に都市を作るのではなく、都市が農村を作るのだ。国家が一定の生産様式を前提するのではなく、逆に、国家が生産を一つの「様式」にするのだ。

ゴードン・チャイルド（一八九二－一九五七）は、ヨーロッパの先史時代を専門とする、オーストラリア出身の考古学者で、マルクス主義考古学の提唱者です。マルクス主義者でなくても、高校の世界史で学ぶ文明や国家の始まりに関する、何となくのイメージとして、農業の生産様式が発展し、余剰をストックすることが可能になって、そのおかげで職人や役人を養えるようになり、徐々に国家の輪郭が……と考えがちですが、そうではなくて、国家の起源は、農業さえ始まっていない旧石器時代に遡ることができるのではないか、と言っているわけです。恐らくは様々な偶然が重なって、農耕や牧畜が可能になる品種がある人々のもとに集まり、それが「ストック le stock」形成を可能にし、そこから「余剰 le surplus」が生まれてくると言っているわけです。つまり、結果的に余りが出たから、それを、単なるメンバーの生き残りを超えた目的のために戦略的に使うようになったのではなく、まず人々の間に、自分たちの生活パターンを変え、ある目的に向かって生産を増やそうとする、何らかのインセンティヴ、企図が生まれ、実際それに基づいて働くことで、現存のメンバーの生き残りのための必要最低限を超えるという意味での〝余剰〟が出るようになったのではないか、ということです。そうやって、ストックを形成すべく生活様式を変えるよう、人々を最初に動機付けたものを、「原国家」と呼んでいるのでしょう。

　そういう国家形成に向かわせる理念のようなものがいきなり出てきたと言われると、何か神秘主義的、神の導き的な話かと思ってしまいがちですが、狩猟採集生活をしていた人たちが、いきなり農業や牧畜を始めて生産量を増やすようになったとすれば、少なくとも、自分たちの生活の仕方を根本的に変え、「ストック」を形成しようとする新たな動機が急浮上した、と言うことはできるでしょう。私たちは、余剰はあればあったほどいいではないかと思いがちですが、マーシャル・サーリンズ（一九三〇－二〇二一）等による未開社会の経済生活の研究では、未開社会の人たちは、自分たちの生活に当面必要な分だけ働いて、それ以上のことはやるのは無駄なので、のんびりすごそうとする、ということです。そうした彼らにとっての一番合理的な生き方を放棄して、「ストック」を生み出す方向に急転換したのであれば、何かの大きな発想の転換が生じた、ということにはなるでしょう。「生産を『様式』にする」と、「様式 mode」を強調しているのは、マルクス主義が各歴史的段階に対応する社会には、それ固有の「生産様式 mode de production」があるという前提に立っているのに対して、いや、自覚的に「生産」を組織化すること自体が、一つの生活あるいは思考の「様式」なのだということを示唆するためでしょう。

〈Çatal-Hüyük〉が「サタル・フュイク」とフランス語読みで表記されていますが、トルコ語なので、「チャタル・ヒュユク」と表記した方がいいようです。アナトリア地方の南部の遺跡で、最下層は紀元前七五〇〇年くらいまで遡り、最盛期が紀元前七〇〇〇年くらいで、狩猟採集をメインとしながら、牧畜と農業を始めていた痕跡があるので、それをドゥルーズたちは強引に、いきなり牧畜や農業を中心とする社会の再編が起こったと解釈したのでしょう。

マルクス主義的、というか、経済中心主義的な国家起源論に反論する文脈で、第12プラトーでも出てきたピエール・クラストルの『国家に抵抗する社会』の議論が参照されています。

——（1）原始的と言われる社会は、一定の段階に到達していないという意味で国家を持たないのではなく、国家形態を祓いのけ、その結晶化を不可能にするメカニズムを組織している反国家的社会である。（2）生産力の漸進的な発達の結果ではない以上（「新石器革命」さえも、経済的な下部構造により決定されたのではない）、国家が出現するとき、それは還元不可能な断絶の相において現われる。とはいえ、断絶を断絶として強調しても、進化論的な考えから訣別できるわけではない。クラストルは、その最晩年の仕事において、反国家的社会の先在性と自律性という考えを曲げず、この社会のメカニズムは、この社会が祓いのけようとするいまだ存在しないものに対する予感、あまりにも神秘的な予感によると考えていた。クラストルだけでなくより一般的に言って、民俗学者が考古学に対して相変わらず示している奇妙な無関心には驚かされる。

前回も見たように、クラストルは原始社会には、権力の一極集中を排除するメカニズムが働いていることを指摘していた点で慧眼だったけれど、そこに固執しすぎたせいで、ではそういうメカニズムがあるのにどうして国家が生成してきたのか、クラストルが研究対象にしている南米にもインカ帝国があるのはどうしてか説明できなくなる、という立場をドゥルーズたちは取っています。そこで、民俗学者は考古学に対して無関心だと指摘しているわけです。どっちにもあまり関心がない人にとっては、同じようなことをやっているとしか思えないことが多いわけですが、民俗学者の関心はあくまでも現存する民族、主として未開民族であって、遺跡発掘や神話的記録に残っている太古のことには必ずしも関心ありません。マルクスやエンゲルス（一八二〇―九五）に影響を与えたルイス・ヘンリー・モーガン（一八一八―八一）や、アニミズムが宗教の起源だと説いたエドワード・タイラー（一八三二―一九一七）のような、初期の文化人類学・民俗学者は、未開民族の研究から太古の原始社会を類推するというようなことをやっていましたが、考古学が厳密な科学的な方法によって発掘・年代測定を行うようになり、民族学もフィールドワークを起点とする方法論を確立するようになると、だんだん離れていったわけです。ドゥルーズたちに言わせると、チャタル・ヒュユクの遺跡のように、初期の帝国と原始社会が共存し、その影響が広大な範囲に及んでいることが分かる以上、民族学者たちもそれを参考に、国家生成のメカニズムについて考えるべき、ということです。

> 考古学を経過しないかぎり、民俗学と歴史の関係という問題は、観念的な対立に止まり、歴史をもたない社会とか、歴史に対立する社会といった意味のない主張から抜け出すことができない。すべてが国家というわけではない、しかしそれはいつでもいたる所に国家が存在したからである。国家を前提にするのはエクリチュールだけではなく、言葉も言語も言語活動も、すべて国家を前提にしている。原始共同体の自給自足、自律性、独立、先在性などは、民俗学者の夢でしかない。原始共同体が必然的に国家に依存するというのではなく、それは複雑なネットワークの中で国家と共存しているのだ。どうやら本当らしいのは、「最初から」各原始社会が、近隣だけでなく、遠方とも互いに関係しあっていて、国家による捕獲は局地的かつ部分的なものでしかなかったとはいえ、やはりそうした原始社会間の関係は国家を経由していたことである。

「歴史をもたない社会」とか「歴史に対立する社会」というのは、文化人類学者たちの多くが自らの研究対象について暗黙の前提にしていることですが、恐らく、サルトルとレヴィ＝ストロースの論争を念頭に置いているのでしょう。常に歴史的に発展しているのが、理性がちゃんと働いている状態で、そうでない状態は、「実践的惰性態 pratico-inerte」だと言って否定的な評価しか与えませんでした。それに対して、レヴィ＝ストロースは〝未開社会〟を、開き直って「冷たい社会 sociétés froides」と呼び、そこには西欧とは異なる論理が働いていると主張しました。

「すべてが国家というわけではない」というのはいいとして、その理由が「いつでもいたる所に国家が存在した」というのが分かりにくいですが、ポイントは複雑なネットワークの中で、「国家」といくつかの「原始共同体」が共存している、ということでしょう。要するに、「国家」という実体がリアルな境界線の内側に原始共同体を取り込んでいる、ということではなく、

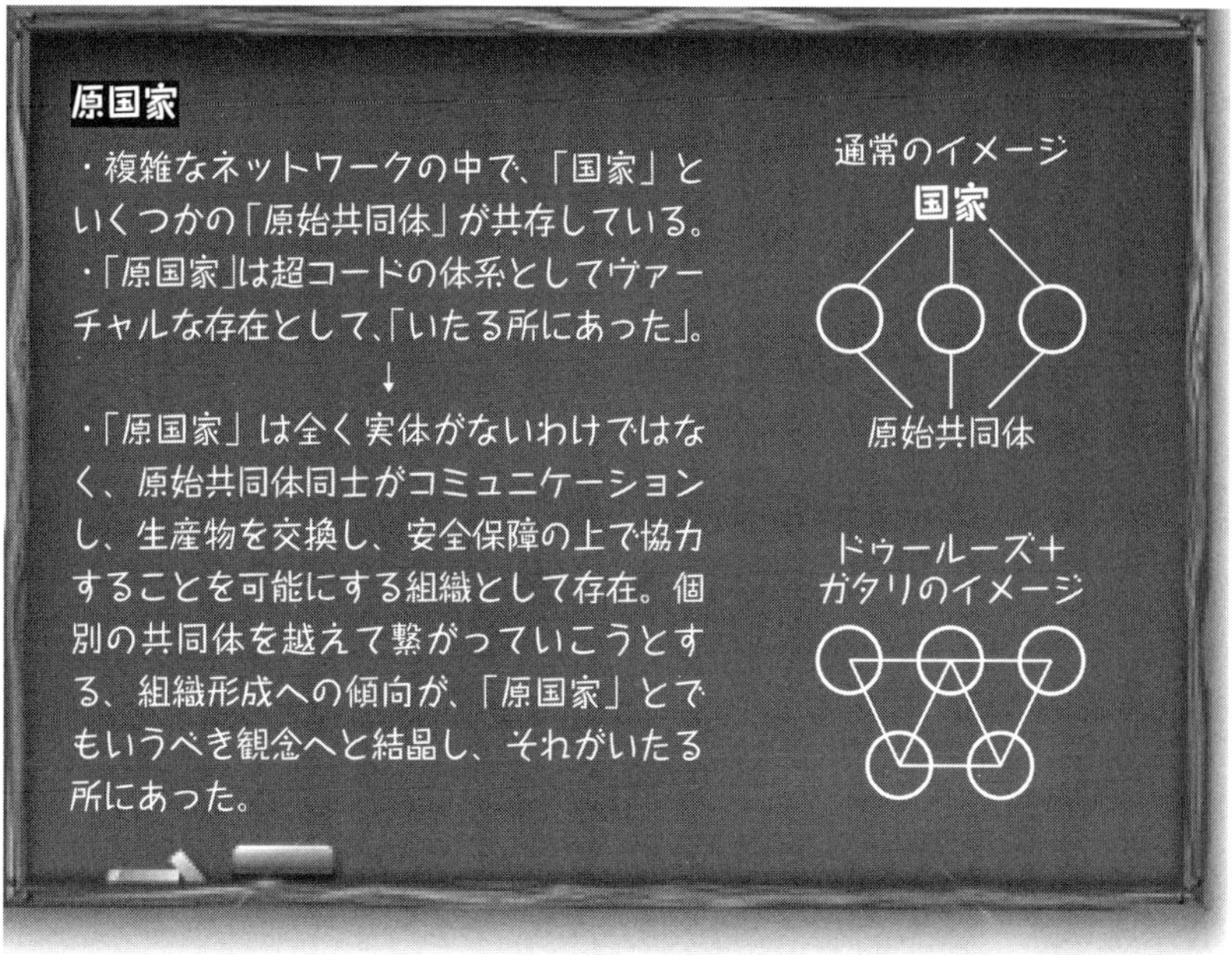
原国家
・複雑なネットワークの中で、「国家」といくつかの「原始共同体」が共存している。
・「原国家」は超コードの体系としてヴァーチャルな存在として、「いたる所にあった」。
↓
・「原国家」は全く実体がないわけではなく、原始共同体同士がコミュニケーションし、生産物を交換し、安全保障の上で協力することを可能にする組織として存在。個別の共同体を越えて繋がっていこうとする、組織形成への傾向が、「原国家」とでもいうべき観念へと結晶し、それがいたる所にあった。
通常のイメージ
国家
原始共同体
ドゥールーズ＋ガタリのイメージ

文字通り、超コードの体系としてヴァーチャルな存在として、「いたる所にあった」のでしょう。ただ、全く実体がないわけではなく、原始共同体同士がコミュニケーションし、生産物を交換し、安全保障の上で協力することを可能にする組織として存在していたわけです。そういう個別の共同体を越えて繋がっていこうとする、組織形成への傾向が、「原国家」とでも言うべき観念へと結晶し、それが至るところにあった、というわけです。

> 言葉自体や言語が文字を介在させずに決定するのは、互いに理解し合う閉じた集団ではなく、まず理解し合うことのない集団間の関係である。言語活動があるとすれば、それはまず同じ言葉を話さない者たちのあいだにおいて生まれたのだ。言語活動とはそのためのもの、翻訳のためのものであり、コミュニケーションのためのものではない。国家の中や外において、国家から遠ざかろうとしたり、国家からみずからを守ろうとしたり、国家を進展させようとしたり、廃絶してしまおうとする傾向があるのと同じだけ、原始社会においても、国家を「求め」ようとする傾向や、国家の方に向かうベクトルが存在する。すべてが絶えることのない相互作用の中で共存するのだ。

「言葉」の原語は〈les parole〉、「言語」が〈les langues〉、「文字」が〈l'écriture〉です。「エクリチュール」と対比されているので、「言葉」というのは、パロール、通常の話し言葉、「言語」は、日常的な言語活動を指していると思われます。ごく普通に考えると、日常的な話し言葉が通用する範囲は、「互いに理解し合う閉じた集団」の定義になっているので、それを否定するのは私たちの直感に反しますが、原文を見ると、「互いに理解し合う閉じた集団」に対しては〈définir〉という動詞、「まず理解し合うことのない集団間の関係」に対しては〈déterminer〉という動詞が使われています。「定義する」と「規定する」です。どういう話し言葉、言語が使われているかで、それが使われている「閉じた集団」を定義することはできない、それは、その集団の共通の属性の一つにすぎないし、同じ言語を使っている集団が他にいるかもしれないので、定義にはならないが、現に話が通じないという事実が、違う集団であるかどうか確認し、お互いにどういう態度を取るべきかの基準になる、ということを言いたいのでしょう。「言語活動」の原語は〈langage〉ですが、これが「コミュニケーション」のためのものではなく、「翻訳」のためのものである、というのがどういうことか分かりませんね。バンヴェニスト（一九〇二－七六）は〈langage〉を、思考を、狭義の言語だけでなく、様々な記号的手段で表現する能力、コミュニケーション能力と定義していますが、そういう意味でないのは明らか、というか、わざと違えているのでしょう。恐らく、話す時に各自が従っている「規範」、語法、あるいは、自覚した、体系化された語り方というような意味でしょう。他の言葉を語っていて、話が通じない集団と遭遇することで、自分たち固有の語り方、語法が自覚される。翻訳・通訳しないといけないという段になって、自分たちの文法、言語慣習を自覚するというのは、本格的に翻訳・通訳の仕事、あるいは語学教師をすれば、必ず自覚することです。

　そういう異集団との接触の中で、「原国家」が浮上してくるわけです。ドゥルーズたちは、クラストルの言う「国家」に抗する傾向が原始共同体の中にあったということは認めるけれど、それと同時に、「国家」を求めようとする傾向もあったはず、と言っているわけです。

　経済的な観点からの進化論は不可能である。「採集民－狩猟民－牧畜民－農耕民－産業人」という進化論は、たとえさまざまな分岐を含むにせよ、ほとんど信じがたい。かといって、「遊牧民－半遊牧民－定住民」という行動学的進化論の方がよいというのでもない。[…] またとえば、遊牧民は定住民に先立つのではなく、遊牧生活《ノマディズム》とは一つの運動、つまり定住者に影響を与える一つの〈生成変化〉であり、同じことを反対の側から見れば、定住とは遊牧生活を固定させる一つの停止となる。こうした観点からクリザノフは、まさに最古の遊牧生活でさえ、その起源を正確に探れば、ほとんど都市のものといえる定住生活や、最初の移動コースを放棄して遊牧し始めた民族に遡ることを示したのである。

ここは論旨が掴みにくいのですが、農耕を中心とした定住生

活と、遊牧生活とどっちが原初的かを進化論的に論じることにあまり意味はなく、定住生活と遊牧生活の相関関係に注目すべきだということでしょう。ミハイル・ペトロヴィッチ・グリャズノフ（一九〇二－八四）は、ソ連時代のロシアの考古学者・民族学者で、シベリアや中央アジアの考古学的遺跡の研究を指揮したので知られている人です。グリャズノフの説だと、定住民の方が先のように聞こえますが、ドゥルーズたちが言いたいのは、先ほど、原始共同体が「原国家」を内包していると言ったのと同じような意味で、定住生活民は最初から、「生成変化」して、マイナーなものになる可能性を内包しており、その「生成変化」が具体的な形を取ったのが、「遊牧民」だということでしょう。農耕や牧畜に伴う定住が始まった時点で、それを放棄して、「生成変化」しようとする傾向が生じるわけです。

> こうした条件のもとで遊牧民は、遊牧空間を占めたり満たすものとしての戦争機械、遊牧空間を絶滅しようとする都市や国家に対立するものとしての戦争機械を発明したのである。原始人がすでに国家の形成をこぞって妨げるような戦争のメカニズムを持っていたのは確かだが、これらのメカニズムが自立的なものになって初めて、国家に向かって反撃する遊牧生活に固有の機械に変わるのである。しかし、だからといって原始人から国家、国家から遊牧民の戦争機械へと向かう進化を、たとえジグザグの進化だとしても、考えることはできない。少なくとも、このジグザグ運動は時間上の継起ではなく、ここでは原始社会、そこでは国家、あちらでは戦争機械を作るといった、トポロジックな場を経るのである。

少しこんがらがってきましたが、整理してみましょう。「原始社会」は「国家」形成へと引き寄せられながら、同時に、「国家」に抵抗しようとしていた。その意味で、「原国家」に取りつかれていた。クラストルは、「原始社会」が国家に抗する手段として、「戦争」を使ったことを示唆していますが、戦争に拘りすぎると、かえって戦争の指導者の権力を増大させてしまう危険があります。「国家」的なものに「戦争」を仕掛けながら、自らは「国家」にならない、かつ、「国家」に負けて「捕獲」されることもないようにするには、「戦争機械」が必要で、それは「遊牧民」の発明です。しかし、こういう風に説明すると、［原始社会→原始社会 vs. 国家（戦争）→国家の勝利・定住化→遊牧民の国家からの分離→遊牧民による戦争機械の発明→国家による戦争機械の捕獲］というような、言い換えると、原始社会が国家に負けて完全に捕獲された後、遊牧民の戦争機械が台頭し、その後、もう一度国家による捕獲が起こる、というような国家中心の進化がジグザクに進んでいるような感じになってしまいます。進化論的歴史をドゥルーズたちは否定しているわけです。ここで「トポロジックな場」と言っているのは、原始社会と国家のせめぎ合いと、国家に対する遊牧民の抵抗は、厳密な意味で同時代的ではないかもしれないけれど、国家にどうしても取り込まれない人々が国家の周縁部に残っている一方で、国家から出て行って遊牧などの新しい生活形態を求める人たちもいて、双方の動きが国家に圧力をかけているというような感じで、二つの対立関係は相互に影響を与え合っているので、同じ平面上に描くことができるということでしょう。いろんな民族や共同体を横断するような仕方で広がる帝国的な国家であれば、統治の仕方も一様ではなく、様々なタイプの緊張関係が含まれていると考えられます。

> 国家は、いったん出現すれば、農業、牧畜、進化した分業などを課すことによって、採集－狩猟民に対し働きかける。つまり遠心波または放射波という形態をとる。しかし出現する前も、国家は、採集－狩猟民の収斂波または求心波、つまり記号の転倒または国家の出現をもたらす収束点においてまさに消失する波という形態のもとで作用している(原始社会に見られる内的かつ機能上の不安定さはここから来る)。こうした観点からは、国家「以前」の原始人と原始人「以降」の国家という、逆方向の二運動、時間の二つの方向における同時代性や共存を考えることが必要になる。あたかも互いに排除し合ったり継起したりするように見える二つの波が、ミクロ論理学、ミクロ政治学、「考古学」の分子的場では、同時に展開しているかのように。

国家出現後の遠心波はいいとして、出現前の求心波というのがイメージしにくいですが、これは、先ほどから言われている、原始共同体の中に国家的な組織化を求める欲望が既に生じていて、各共同体の欲望のベクトルが向かっていく先が、どこかある点で、「後」に国家の中枢になりそうなところに向かっている、ということです。「時間の二つの方向における同時代性や共存 la contemporanéité ou la coexistence des deux mouvements inverses, des deux directions du temps」というのは矛盾した表現ですが、これは「時間の二つの方向」というのが、「以前 «avant»」と「以降 «après»」に括弧が付いていることから分かるように、文字通りの歴史的順序ではなく、想定されている国家生成過程の上で先か後か、という理論上の前と後にすぎないので、その二つの状態が同時に共存することもあり得るからです。国家が具体的な形を持って出来上がる以前にも、求心力が働き、それに伴って原始共同体が徐々に変化しているので、国家が出来上がった「後」に起こると理論上想定していたことが、「前」に起こることもあり得るわけです。こうした国家の発生する以前から働いている力に即して、社会や集団の在り方を分析するミクロ論理学やミクロ政治学の対象になる分子レベルでは、進化論的な歴史観やメジャーな社会科学では起こりえないはずの現象が見られるというわけです。多分、量子力学の対象になるような素粒子レベルでは、古典物理学の常識に反することが起こるということのアナロジーになるような言い方を意識しているのでしょう。

―― 都市と国家は同じものではない。「都市の革命」と「国家の革命」は同時に起こりうるが、同じものではない。どちらの場合にも中央権力は存在するが、その形象は異なっている。帝国あるいは宮廷システム（宮廷ー寺院）と市民・都会システムとを区別した著者があった。どちらの場合にも都市はあるが、前者における都市は、宮廷や寺院が拡大したものであり、後者において宮廷や寺院は都市が具体化したものにすぎない。前者において都市は何よりも首府であるが、後者にあっては大都市である。すでにシュメール文明は、エジプトにおける帝国による解決法とは異なった都市による解決を示している。しかし、これがいっそう顕著なのは、ペラスゴイ、フェニキア、ギリシア、カルタゴの諸都市により、東方世界の帝国的な組織とは区別される都市網を作り出していた地中海世界である。これもまた進化の問題ではない。問題は同時に存在する二つの閾なのである。この両者の違いはさまざまな側面にわたる。

ここは分かりやすいですね。帝国・宮廷システムの拡大過程で生じ、国家の中に位置付けられる都市と、最初から市民・都会システムとして形成された都市は、根本的に違うものだということですね。世界史の本だと、シュメールをはじめとする、メソポタミアの都市文明が人類の最初の文明で、その影響を受けて、ナイル川流域にエジプトの帝国型の文明が発展したというような、進化史的な書き方になっていますが、「都市」と「帝国」は異なった組織原理に基づいていると、ドゥルーズたちは主張しているわけです。「ペラスゴイ」というのはギリシアの先住民族です。

都市とは道路の相関物である。循環と回路によってしか都市は存在せず、都市を作り出す、または都市が作り出す回路上の特異な点が都市なのである。入るものと出ていくものが必要であり、都市は入口と出口によって決定される。[…] 基本的に他の都市との関係において存在するものとして、都市とは横断的存立性の現象であり、ネットワークなのである。都市はまた、脱領土化の閾を表わす。というのは材料がいかなるものであれ、ネットワークの中に入り、極化作用にしたがい、都市や道による再コード化の回路をめぐっていくためには、それが十分に脱領土化されていることが必要だからである。最大の脱領土化は、後背地や田園地帯から逃れていく傾向を示す沿岸商業都市（アテネ、カルタゴ、ヴェニスなど）において見られる。都市がもつ商業的な性格はしばしば指摘されてきたが、僧院や寺院都市が作るネットワークのように、都市における交易は精神的なものともなりうる。都市とはあらゆるタイプの点ー回路の組み合わせであり、水平な線の上で対位法をなす。都市は、完全な統合を行なうが、それは局所的なものであり、都市から都市への統合である。

「都市」は単独で存在するものではなく、都市同士の「ネットワーク réseau」として存在しているわけですね。原始的な共同体の脱領土化が進行していく中で、交通の要衝で局所的な再領土化が起こったのが、「都市」だということのようです。物と人の絶えざる流れの中で生まれてくる「都市」では、自己完結的に統治や経済が営まれることはなく、他の都市との相互関係を前提に全てが進行しているわけではありません。都市という実体があるので、リゾームそのものではないけれど、リゾームのようにいろんな都市同士の多重な繋がりで成り立っているわけです。

> 国家はそれと違った原理で成り立っている。
>
> 事実、国家は別の方法を採用する。国家は内部的存立性の現象である。国家はさまざまな点の集合を、すでに極化された都市にかぎらず、地理的、人種的、言語的、道徳的、経済的、技術的といったさまざまな点を共振させる。都市を田園と共振させる。地層化によって作動し、つまり水平な線を上下に縦断する階層化された垂直体を作るのである。こうして国家が自分の要素とするものは、国家に対して外部的になった要素との関係を絶たれたものだけである。このような関係は、禁止され、抑制され、管理されるのだ。国家がみずから回路をもつことがあっても、それはまず共振のための内部回路であり、関係をできるだけ厳重に制御することはあっても、他のネットワークとの関係からは孤立した反復のゾーンでしかない。

「都市」の「横断的存立性 trans-consistance」に対する、「国家」の「内部的存立性 tra-consistance」。「共振 résonner」というメタファーが若干分かりにくいですが、相互に連携しながら、同じサイクルで運動するようにするということです。「都市」が「ネットワーク」の中で成立するのに対し、「国家」は様々な要素を、ネットワークから切り離し、独自の回路を作ったうえで、王を頂点とする階層を形成する。

> このように考えてくると、存立性の二つの閾はそれぞれ、原始社会の土地コードに対する脱領土化を意味していることがわかる。そして、都市か国家か、都市的革命か国家的革命か、どちらが先かと問う意味はなくなる。なぜなら、この二つは互いに他方の存在を前提としているからだ。空間の条里化のためには、都市による水平なメロディーラインと国家による和音の層という二つがともに必要なのである。問われるべき問いはただ一つ、この相互関係における逆転の可能性である。というのは、古代専制国家が必然的に発達した都市をもつとして、宮廷が外部との交易を独占すればするほど、これらの都市は国家に対する服従の度合を強めるのである。だが反対に、国家の超コード化そのものが脱コード化した流れを引き起こすとき、都市は自由に振る舞う傾向を見せる。脱コード化は脱領土化と一緒になり、脱領土化をいっそう強力なものにする。

原始社会の土地コード、つまりどこを誰がどのように利用するかについてのローカルな掟が緩んで、私有化や、より大きな単位の共同体による灌漑事業とか、道路とか寺院などの公共目的の利用とかが進んでいく、というのは、コードとか脱領土化といった特殊な言い回しは別として、割と普通の認識ですが、都市ができて、それらが集まって国家に……というような流れではなく、先ほど見たように、都市と国家が異なった原理によって成立している、しかも、両者は互いの存在を前提にしている、というのはドゥルーズ＋ガタリ独自の発想でしょう。「水平なメロディーライン」というのは、分業・交通によって様々なところと繋がっているということで、「和音」というのは、先ほど見たように、様々な組織が協調していろんなプロジェクトを遂行したり、共同体全体の秩序を維持し、経済的に再生産する、ということでしょう。その両面がないと、脱コード化が進行していかない。仮に、どちらかが先行していたとしても、都市が成立するには、国家に見られるような領域内の一定の共振は必要だし、国家が成立するには、何らかの形でネットワークと繋がっていないといけない、ということでしょう。問題は、「逆転の可能性」というのが、何と何の逆転か、ということですね。話の流れからすると、国家が都市を取り込んで領土化・超コード化する傾向が、脱領土化・脱コード化へと逆転する可能性でしょう。超コード化が脱コード化を引き起こすというのは、『アンチ・オイディプス』以来のドゥルーズたちの得意の論法ですが、具体的にどういうことが起こるのか。

――このとき必然的に要請される再コード化は、都市の一定の

自治権か、より直接的には、国家形態から解放された商業都市または同業組合都市をもたらす。帝国間の交易を引き受けたり、さらには、他の都市とのあいだに自分自身で、自由貿易のネットワークを作り出す都市、それゆえもはや固有の土地とは関係をもたない都市が出現するのは、このためである。脱コード化が最も激しい地帯には、都市に固有の冒険が生まれる。古代のエーゲ海世界、中世からルネサンス期にわたる西欧世界。資本主義は都市の成果であり、国家の超コード化が都市という再コード化によって置き換えられたときに出現したものと言えないだろうか。だがこれも真実とは言えない。都市が資本主義を作り出したわけではない。生産力をもたず、後背地には関心を示さない商業都市や銀行都市が再コード化するとき、コードを逸脱したもろもろの流れの広汎な接合を禁止してしまうからだ。都市が資本主義を先取りするのは真実だが、同時に資本主義を祓いのけながらしか先取りしないのである。都市は資本主義というこの新たな閾のもとにある。こうして、先取りしつつ禁止するメカニズムという仮説の適用範囲を拡大しなければならなくなる。これらのメカニズムは、原始社会においてだけでなく、都市においても、国家と資本主義に「対抗して」作用している。最終的に資本主義が勝利するのは、都市形態によってではなく国家形態によってであろう。つまり西欧国家が脱コード化したもろもろの流れに

> 対する公理系のモデルとなり、公理系として都市を再び服従させるときである。

「必然的に要請される再コード化」というのは、恐らく、商業機能を強化するため、都市に関する法整備を行うとか貨幣を発行する、あるいは、通商政策によって都市を保護するといったことを指しているのでしょう。それによって、単独の都市である場合よりも、脱コード化の傾向が更に強まる可能性があるわけです。

ただ、そうやって国家に属しながら、脱コード化していく都市が「資本主義」を生み出したのかというと、それは疑問だと言っているわけです。都市自体に生産力はないし、後背地にあまり関心を持たないので、自ら農業や工業の生産を主導できないので、自力で「資本主義」を生み出せない、というのは理解できますね。気になるのは、「祓いのけながらしか先取りしない」という言い回しですが、これは、金融とか商品流通とかの面で、「資本主義」の一部を予め実践していたけれど、「資本主義」それ自体を招き寄せることは回避しようとしていたということでしょう——「原始社会」と「国家」の関係に似ていますね。「祓う conjurer」というのはヘンな言葉遣いですが、恐らく、『共産党宣言』（一八四八）の冒頭の「ヨーロッパに妖怪＝幽霊 (Gespenst) が出る——共産主義という妖怪＝幽霊が」というフレーズをもじって、「資本主義」を妖怪か霊のような存在としてイメージしているのでしょう。デリダが『マルクスの亡霊たち』（一九九三）で、マルクスがこの箇所だけでなく、いろんなテクストの要所要所で、亡霊や妖怪に関係する語彙を使っていることを指摘していますが、それと同じような発想をしているのでしょう。

「都市」は、「国家」と「資本主義」の双方に対して、ある程度は必要としながら、それが完全な形で到来して、自分が取り込まれることには抵抗する、ということのようですね。「資本主義」をもたらす決め手は、「国家」のようですね。「公理系 axiomatique」は、『アンチ・オイディプス』にも出てきた表現で、もう少し後でまた話題になりますが、「コード」のように、人や物の動きに具体的に対応し、規制しているわけではなく、グローバルな投機資本のように、独自の数理的法則に従って運動している記号体系、ＡＩのアルゴリズムのようなものをイメージしているのではないかと思います。

> われわれは社会的形成を機械状のプロセスによって定義し、生産様式によって定義するのではない（生産様式はプロセスに依存している）。原始社会は祓いのけ、先取りするメカニズムによって、国家社会は捕獲装置によって、都市社会は極化作用という装置によって、遊牧社会は戦争機械によって、国際的というよりむしろ全世界的な組織は異質な社会形成の包括化によって、定義されるのである。ところでまさにこれらのプロセスは、共存する変数として社会的トポロジーの対象となることから、これらに対応する

「公理系 axiomatique」：『アンチ・オイディプス』にも出てきた表現。「コード」（人や物の動きに具体的に対応し、規制）ではなく、グローバルな投機資本のように、独自の数理的法則に従って運動している記号体系、AIのアルゴリズムのようなイメージ。

> さまざまな社会形成が同時に存在する。

「生産様式」の発展図式に従って社会の成り立ちを説明しようとするのは、マルクス主義の下部構造決定論です。ドゥルーズ＋ガタリは一貫して、精神でも物質でもなく、「機械状のプロセス des processus machiniques」の視点から社会や個人の成り立ちを説明しているわけですが、ここで問題になっている原始社会、国家、遊牧社会、都市などの歴史的発展に関わる話を、生産様式ではなく、「機械状のプロセス」で説明すると一体どういう違いが出るのか？「機械」は、それを構成している素材が変わっても、隣接する他の機械やアレンジメントと影響を与え合いながら、自立的な運動を続けます。ここでは、「原始社会」「国家社会」「都市社会」「遊牧社会」を、それぞれ異なったタイプの「機械」と見なしているようです。「原始社会」という機械は、国家を先取りしながら、祓いのけるように作用する。「都市社会」は、ネットワークの一点に人や物を集中させるように作用します。「国家社会」は、原始社会、都市、戦争機械などを「捕獲」するよう作用する。遊牧社会は、戦争機械を作り出し、あらゆる社会に生成変化を起こさせるよう作用します。これらの作用をする諸社会が、相互に影響を及ぼし合いながら、それぞれ変化していくプロセスが進行しているわけです。なので、これらは生産様式の低い段階、高い段階という関係にあるわけではない、ということです。

> 国際関係に関する経済理論など存在しないというサミール・アミンは、まったく正しい。国際関係が経済的なものであるときでさえ、それはさまざまな異質の社会形成にまたがっているからである。全世界的国際組織というものは、一つの国家から発生するものではない。このことは国家が帝国的なものである場合も変わらない。帝国的国家も、全世界的組織の一部となるだけであり、それに固有の様態にしたがって、つまり可能なものは何でも捕獲するという固有のレベルにおいて、その一部となるのである。全世界的組織は、徐々に同質化を行なうのでも全体化を行なうのでもなく、多様なものを多様なものとして、堅固にし、これに存立性を与えるのである。たとえば一神教は、普遍的なものであるという主張によって、土俗的宗教から区別され

> る。しかしこの普遍性に対する主張は、同質化することによってではなく、いたるところを通過することによって正当化されるだけである。キリスト教の例がそうであり、キリスト教は国家や都市のものとなったとき、それに固有の徒党、砂漠、戦争機械などを産み出さずにはおかなかった。同じことが芸術運動についても言える。固有の都市や帝国をもたない芸術運動など存在しないが、同時にそれは固有の遊牧民、徒党、原始人を持つのである。

サミール・アミン（一九三一－二〇一八）は、最近はあまり聞かなくなりましたが、エジプト出身の経済学者で、第三世界の国々の多くが低開発の状態にとどまっている原因を、西側の諸国への依存という観点から説明した「従属理論 dependency theory」の提唱者の一人として知られていました。ただ、ここでは従属理論自体はあまり関係なくて、重要なのは、マルクス主義経済学者で、第三世界の低開発の原因に拘っているアミンでさえ、「国際関係 relations internationales」それ自体を規定する経済理論などない、と認めているということです。

「全世界的国際組織」という言い方は、何か陰謀論的な世界政府的なもの、ドゥルーズたちがモル的と呼んでいる組織の究極の形態のようなものを連想させますが、原語は〈une organisation œcuménique〉です。キリスト教の「エキュメニカル運動」の「エキュメニカル」と同じ系統の形容詞が使われているわけです。「エキュメニカル」は「全世界のキリスト教の」という意味ですが、ギリシア語にまで遡る、元の意味は、人間にとって「居住可能な οἰκουμενικός (oikoumenikós)」ということです。恐らく、国同士の関係であるという意味合いが強い〈international〉や、単純に「世界」全体を指す〈mondial〉をひとまず避けたいのと、キリスト教を例として出したいことから、この「形容詞」を選んだのでしょうし、司令部を持ったまとまった一つの組織のようなものを連想させたくなかったのでしょう。といっても、少し後で、〈œcuménique〉を〈mondial〉や〈international〉に置き換えて使っていると思われる箇所があるので、さほどの拘りはないのかもしれません。とりあえず、「エキュメニカルな組織」あるいは、かなり意訳して、「世界の至る所に広がる組織状態」くらいに訳すのがいいと思います。一つ前に読み上げた箇所でも、「遊牧社会」－「戦争機械」が、「国際的というより全世界的な組織」を形成すると述べられていましたが、この「全世界的な」の原語も〈œcuménique〉です。

「エキュメニカルな組織」は、地球上に存在する様々な社会の相互作用＝機械的プロセスによって出来上がったというか、生成されつつある「ネットワーク」で、帝国的な国家とかキリスト教のような宗教とはイコールではありませんし、イコールになりようがありません。たとえ、帝国的な国家とか、キリスト教のように普遍性を標榜する宗教が台頭して支配権を広げたとしても、そういう態度を〝他者〟に対して取っているわけなので、世界を文字通り一元的に支配しているということはないわけです。この地球の至るところに広がる「エキュメニカルな組織」の中で、いろんな社会が独自の徒党や戦争機械、条里化されておらず、いろんな集団が苦労して行きかわねばならないという場所という意味での「砂漠」を作り出しているわけです。芸術においても、エキュメニカルなネットワークが形成されて、様々なタイプの芸術機械が影響を与え合っていると見ているわけですね。

> これに対して、少なくとも資本主義を通じて、国際経済関係、さらにあらゆる国際関係というものは、社会的形成を同質化するという異議が可能であろう。原始社会の冷酷で計画的な破壊だけでなく、帝国的形成の最後の残滓の崩壊もこの例にあげられるだろう。たとえばオスマン帝国は、資本主義の要請に対し、たいへんな抵抗と停滞を示して崩壊したのである。だが、こうした異議申し立てが正当なのも部分的にでしかない。資本主義が一つの公理系を形成するにしたがって（市場のための生産）、すべての国家、すべての社会的形成は、実現のモデルとして同形になっていく傾向にある。中心を持つ唯一の世界市場つまり資本主義市場があり、社会主義国といわれる国々でさえもこの市場に参加している。世界的な組織はこうして、諸形成の同形性を実現し、もはや異質な形態の「あいだ」を通過するものではなくなる。しかし同形性を等質性と混同するのは誤りだろう。まず同形性は、国家間の異質性を残存させ、しかも要請する（民主主義国家、全体主義国家、まして「社会主義」国家は、表面上だけのものではない）。また、国際資本主義の公理系が、さまざまな形成間の同形性を確保できるのは、国内市場が発展・拡大するところ、つまり「中心」においてでしかない。他方、この公理系は、周辺では多形性をある程度許容し、さらに公理系が飽和しないで活発に限界を押しやれば押しやるほど、多形性を要請しさえする。周辺における異形的社会形成の存在はここに起因し、超近代的な資本主義生産を実現しているかぎり（石油、鉱山、プランテーション、設備財、鉄鋼業、化学工業など）、それが時代遅れや過渡的な形態でないことは確かである。しかしこのような社会的形成は生産におけるその他の側面や、世界市場に対する国内市場の否定しがたい不適応などが理由で、前資本主義的であり、さらには資本主義外のものである。国際組織は資本主義の公理系となっても、社会的形成における異質性を内包し続けるのであり、それ自身の「第三世界」を発生させ組織するのである。

左派系のグローバリゼーション論でよく耳にするテーマですね。グローバル資本主義は単に市場を統一するだけでなく、伝統的な文化やライフスタイル、政治・法制度を破壊し、全てを「同質化 homogénéisation」すると彼らは論じます。これが書かれた当時は東欧にはまだソ連型の社会主義政権がありましたが、それらも資本主義の単一世界市場に参加している、ということが普通に言われていました。しかし、ドゥルーズたちに言わせると、それは、先ほどの「エキュメニカルな組織」＝ネットワークの中で起こっていることです。この「エキュメニカルな組織」に資本主義の「公理系」が浸透しても、完全に「組織」を均質化して一元的に支配することはできず、周辺に「異質性 l'hétérogénéité」が残り、それが、現在のメンバーや特徴とは大分異なるかもしれないけれど、「第三世界 tiers-monde」を発生させ続ける。これだけの話だと、現在よく聞く反グローバル派のポジティヴな抵抗可能性の話と同じで、こんなにごたごたした書き方にはならないと思いますが、ドゥルーズたちは、どうして「異質性」が残るのか、これまでの議論に即して説明しようとしているので、少しややこしくなっているわけです。

　理論上のポイントは「同質性 une homogénéité」と「同形性 l'isomorphisme」の違いです。「同質性」というのが、いわゆる、どこに行っても「同じ」に感じられる状態、「同じもの」のコピーばかりで、違いを見出せない状態を指すとすれば、「同形性」というのは、やりとりする時のコミュニケーションの形式やそのコードだけが同じで、それ以外の面では、多様性が保たれている状態を指すのではないかと思います。例えば、英語を共通言語にする、ドルを基軸通貨にする、国際的取引に適用される契約法を統一する、ＰＣで作成する文書ファイルのフォーマットとか、インターネットで通信する、といったことを指すのだと思います。国際取引で、英米法のルールに従ってドル決済する取引をし、投資のルールを統一したとしても、各国・地域の産業や文化の特性がなくなって、同質的になることはないでしょう。異なった要素を保持していてくれないと、商売をして利益を上げることができないからです。エキュメニカルな組織全体が、資本主義の「公理系」を媒介にして人、物、情報を交換するようになっても、それらの実質的な特徴まで同質化される必然性はないわけです。資本主義の枠内に収まり切れない社会形成が周辺地域にある限り、「第三世界」が誕生してきます。

　さまざまな形成の外的な共存のほかに、機械状プロセスの内的な共存も存在する。各プロセスはみずからに固有の「力能」のもとだけでなく、他の力能のもとでも機能し、他のプロセスに対応する力能によって中継されるのである。捕獲装置としての国家は所有の力能を持つが、この力能は、系統流として定義される質料において、可能なものすべてをできるだけ捕獲することに存するだけではない。捕獲装置とは、戦争機械も、極化作用のための装備も、先取り－祓いのけのメカニズムも等しく所有するのである。反対に、先取り－祓いのけのメカニズムは、多大な転送の力能を持つことにもなる。このメカニズムは、原始社会だけで作用しているのではなく、国家形態を祓いのける都市において、資本主義を祓いのける国家において、みずからの限界を祓いのけ押しやるものとしての資本主義においてさえも作用

する。そしてこのメカニズムは、他の力能のもとを通過するだけでは満足しない。すでにわれわれが見た、みずからに固有の都市や国際主義を持つ「徒党」の現象が示すように、先取り－祓いのけのメカニズムは、抵抗や感染の焦点を形成する。同様に、戦争機械は変身の力能を持つのである。国家に捕獲されたのもこの力能によってであったが、戦争機械が捕獲に抵抗し、別の形態のもとで戦争とは別の「対象」をともなって（革命？）再生するのもこの力能によってである。

ここは抽象度が高くて難しそうですが、先ほどが、資本主義の公理系が支配的になった後でも、残存するであろう各地域・領域の社会がどうやって共存し、相互に影響を与え合うのかという、いわば社会同士の外的関係の話だったのに対し、ここでは、それらの社会で進行する「機械状プロセス」にはそれぞれ固有の「力能 puissance」があって、その「力能」の分布によって様々な、一見矛盾・対立するように見える諸作用が共存しているという話です。「力能」という言い方がしっくりこなかったら、運動を引き起こす力とかエネルギーと考えて下さい――物理学のメタファーを厳密に使っているわけではないので、力か運動量かエネルギーかには拘らないで下さい。国家や原始社会などの各形成体にも備わっています。この「力能」の作用の仕方を理解するカギになるのが、「系統流 phylum」「所有 appropriation」「転送 transfert」です。〈phylum〉は生物の分類の用語で、通常「門」と訳されますが、この場合は、あるプロセスの中で、同じ作用を受けることになる、つまり同じものと見なされる、諸要素、素材の集合体です――「質料」の原語は〈une matière〉です。〈appropriation〉は厳密には「所有化」です。現代思想では、「固有化」とか「我有化」と訳されることが多いです。要は、自分のものにするということです。「国家」は一定の形態を備えた素材を「捕獲」し、自分の内に取り込んでなじませようとするわけですが、そういう素材には、「戦争機械」、ネットワーク上で繋がる様々な人や物を一極に集中させる「極化作用のための装備」、国家自体と微妙な関係にある「先取り－祓いのけのメカニズム mécanismes d'anticipation-conjuration」も含まれます。それらは、「国家」自体にとって破壊的になる可能性もあるし、お互いに矛盾する面もあります。「戦争機械」は、何度も出てきたように「国家」に収まりきらないし、もともと定住しない性格なので、極化作用とも相容れない面があるでしょう。ある社会的機械における作用が、その社会が変容し、別のタイプの社会になったり、捕獲によって他の社会に取り込まれてしまった場合でも、新たな社会に引き継がれるのが、「転送」です。「転送」に際して、その作用が及ぶ対象や範囲も変化する。ここでは、「原始社会」における「先取り－祓いのけのメカニズム」は、「都市」が「国家」を「祓いのける」作用や、「国家」が「資本主義」を「祓いのける」作用へと転送されるわけです。「資本主義」が「みずからの限界を祓いのけ押しやる」という意味で、このメカニズムの一種だというわけですが、「みずからの限界を祓いのけ押しやる」というのが抽象的で分かりにくいですね。これは恐らく、「資本主義」が、資本主義経済体制の延命を図るために、これが完全に実現したら、本当は資本主義は終わりになってしまうようなヴィジョンを掲げて、自己修正を施しながら、そのヴィジョンの最終実現だけは回避しようとする、ということでしょう。近年言われていることで言えば、大手金融機関をはじめ、大企業を延命させるため、大規模な財政出動を続け、巨額の財政赤字を出しながら、中央銀行の国債買取で持ちこたえようとする、年金の運用益を出すため危ない株や債権に投資する、といったことが考えられます。もっとシンプルに、軍需で利益を得るために大量破壊兵器による戦争を仕掛けるとか、環境破壊の影響を無視して、開発・増産を続ける。あるいは、IT化を進めて大量に失業者を出し、消費による再生産が成り立たなくする、といったことも考えられます。

「そしてこのメカニズムは、他の力能のもとを通過するだけでは満足しない」というのも、抽象的で摑みどころがない感じがしますが、「このメカニズム」というのは、この場合、「先取り-祓いのけのメカニズム」を指します。「他の力能」というのは、「原始社会」とか「国」とか「都市」とかの社会的機械に備わっている「力能」ということです。これらの社会的機械に寄生して、その「力能」を利用するのではなく、独自の「力能」を発揮して、「抵抗」や「感染」を引き起こすということですが、念頭に置いているのは恐らく、ある人々や集団、芸術家とか活動家、宗教・思想運動、国際NGOなどに取り憑いて、グローバルな人や物の、文化の流れを生み出したり、逆にそれが全面化するのを阻止するといったことでしょう。「戦争機械」の「変身 métamorphose」の力能というのは、これまで出てきた、戦士の変身の延長で出てくるのでしょうが、この場合は、戦争機械が国家の「軍隊」に「変身」するというように、自分を受け入れたり、自分と対峙したりする社会的機械の性質に、カメレオンのように適応するということでしょう。それが、軍隊の暴走という形を取ることもあれば、「革命」という形を取ることもあるでしょう。「国家」に捕獲された「戦争機械」はどういう風に反逆するか分からないわけです。

命題十二

一八〇頁以降の「命題十二——捕獲」は、タイトルからの予想に反して、経済の話から入っていきます。

ストック、労働、商品という考え方に頼ることなく、互いに未知である原始人集団のあいだにおける「交換」を考えられるだろうか。限界効用説を手直しすれば、一つの仮説が得られるようにみえる。限界効用説は経済理論としてはきわめて脆弱だが、そのすぐれた論理的力能はジェヴォンズを、ほとんど経済学のルイス・キャロルにしている。

抽象的な集団を二つ想定しよう。集団Aは種子を提供し、斧を受け取る。集団Bは反対に、斧を提供し種子を受け取る。交換される物に対する集団としての評価は、何を対象としているのだろうか。対象とされるのは、互いの集団にとって、受け取るというより受け取りうる最後の物という観念である。「最後」もしくは「限界」という言葉は、最も新しいとか最終という意味ではない。むしろペニュルティエーム、最後の手前、つまり見掛け上の交換が交換を行なう者に利益を与えなくなる手前、別の言い方をすれば、交換する者同士がそれぞれのアレンジメントの変更を余儀なくされ、別のアレンジメントに移らねばならなくなる一歩手前という意味である。

限界効用価値説に基づいて、新古典派経済学が出来上がるのは一八七〇年前後のことだとされています。限界効用価値説の基本は、どんなに欲しいものでも、「これ以上」は要らなくなる限界というものがあって、その限界に近付くにつれてその財の交換価値は減少していき、最後はゼロになるという発想で、その値を中心に、各財の間の均衡を導き出すというものです。それ以前の古典派経済学では、供給すれば、それに対応する需要は何らかの形で生じ、どの価格で折り合いを付けるかが問題でした。セーの法則に基づいて、需要曲線と供給曲線が交差している図が有名ですね。その場合の適正な価格は、投下した労働時間によって決まるという労働価値説を取っていました。念のために言っておきますと、労働価値説の元祖はアダム・スミス（一七二三－九〇）で、マルクスは労働をして価値を生み出している労働者が、その分け前のごく一部しか与えられないのはおかしいと批判しているわけです。古典派経済学は、労働を投入して生産する側の視点からの理論だったわけですが、限界効用価値説によって、消費する側の視点の理論に切り替わったわけです。英国の経済学者ジェヴォンズ（一八三五－八二）と、オーストリア学派の創始者メンガー（一八四〇－一九二一）、スイスの経済学者で社会主義者でもあるワルラス（一八三四－一九一〇）がほぼ同時期に限界効用価値説に到達したとされています。ドゥルーズたちは、そのうちのジェヴォンズ版の限界効用価値説が、ルイス・キャロルの小説のように逆説的な様相を呈しかけている、と言っているわけです。

「受け取りうる最後のもの derniers objets reçus」というのは、買い手にとって、限界効用価値に達する一歩手前の商品ということです。しかし、そういう対象がごく自然に存在するわけではなく、そういう「観念 l'idée」として設定されているだけ、と言っているわけです。これは当然ですね。本当に、一個刻みで値が下がっていく商品もどこかにあるかもしれませんが、それはかなりレアな条件が揃っていないとありえないでしょう。限界効用価値説では、「最後 dernier」とか「限界 marginal」という言葉を使いますが、当然これらも、文字通りの意味ではありませんね。むしろ、限界効用価値説で問題になっているのは

「ペニュルティエーム pénultième」だと言っているわけです、英語だと〈penultimate〉で、〈pén-〉または〈pene-〉という接頭辞は、「ほとんど頂点に近い」という意味合いで使われます。ここでは、その「一歩手前」の財あるいは商品自体ではなく、それを取引する集団の「アレンジメント」を問題にしています。「アレンジメント」はこの本の最初から使われているけれど、抽象的でなかなかなじめない概念だと思いますが、ここでは単純に、その集団の置かれている状況、集団的欲求とか経済事情、相手と取引を続けようとする動機のような、関連する社会的状況全般のような意味だと思って下さい。通常の限界効用理論だと、取引する各個人にとっての「効用 utilité（utility）」だけを問題にしますが、ドゥルーズたちに言わせれば、「効用」なんて抽象的な単位が実在するわけではなく、その人がそれを取引するには、その瞬間の欲求とか習慣とか立場とかいろんな要素が絡んでいるし、周りの人と関係なく、純粋に自分だけの判断で取引することなどないだろう、ということでしょう。

こう考えるとき、斧を受け取る採集栽培集団Aは、彼らのアレンジメントに変更を迫る斧の数についての「観念」をもち、斧を製作する集団Bは、彼らのアレンジメントに変更を迫る種子の数についての観念をもっている。このとき、種子と斧の関係は、（集団Aにとっての）最後の斧に対応する（集団Bにとっての）最後の種子の量により決定されるだろう。集団によって行なわれる評価の対象となる最後のものが、その系列全体の価値を決定する。最後のものは、アレンジメントが再開されるべき点、次の活動もしくは周期が開始されるべき点、次の領土に落ち着くべき点を示すのであり、それを越えれば、アレンジメントは今まで通りのものとしては存続しえない。このように、最終の手前にかかわるものであることから、まさしく一歩手前、ペニュルティエームなのである。最終とは、アレンジメントがその性質を変えなければならないときである。つまり集団Bは余った種子を植えねばならず、集団Aは自分たちの植え付けのリズムを速くし、同一の領土に留まらなければならなくなる。

経済学の教科書ほど丁寧な書き方ではなくて、説明が抜けている感じがしますが、一定量以上の取引をすれば、お互いの生活パターンが変化せざるを得ない、という話だと分かりますね。Bの方がここに書かれている通り、「斧だけ作っていた集団」だとすると、斧と交換で手に入れた種子をとりあえずは、食糧にするでしょうが、自分たちが当面食べたい量を超えて種子を手に入れたら、腐らせるか、自分たちで植えて栽培するか、どちらかです。後者を選ぶと、彼らの生き方が変わってきます。Aは「採集栽培集団 le groupe cueilleur-planteur」、つまり植物の「採集」と「栽培」を両方やっている集団です。木の実や野草を採集するだけなら、「斧」はあまり使いそうにないですね。「斧」は、森林を切り開き、切った木で農具や柵などを作るた

めに使います。受け取る「斧」を増やすことは、「採集」の割合が減って、「栽培」の割合が増えることを意味します。そうなると、AでもBでも同じ種子を栽培することになるので、取引の方向が変わるとか、競争する、差異化するといったことが起こってくるでしょう。また、AもBも、栽培に合わせて定住することが必要になり、場合によっては、移住も必要になるでしょう。普通の経済学では、これは取引自体とは直接関係ない、その影響を受けての社会的分業の問題として分離されます。分業は経済史のテーマにはなりますが、いわゆる、理論経済学では無視されます。ドゥルーズたちは、分業という予定調和的な概念ではなく、双方のアレンジメントの変容という、より一般的な範疇で考えようと言っているわけです。

　こうしてわれわれは、「限界」と「閾」〔しきい〕とのあいだに概念上の区別を設けることができる。「限界」とはペニュルティエームを指し、必然的な再開をしるすものであり、「閾」とは不可避となった変更をしるすものとしての最終を指すのである。これはどんな企業でも持っている経済データなのだ。すべての企業は、そこを越えたら企業がその構造を修正しなければならなくなる限界に対する評価を行なっている。

「再開 recommencement」という言葉を説明抜きに使っているので、何かよく分からない抽象的な事態のように思えてしまいますが、これは、その集団の活動の周期の「再開」ということです。「限界 limite」の場合は、取引の後、また元の生産・生活サイクルが「再開」するけれど、「閾 deuil」を超えた場合は、アレンジメントが変わる。企業は構造を変える。恐らく、新古典派の経済学は、限界効用価値説を抽象的な前提にしていて、その前提が、自分たちの主たる分析対象である企業が被る変化について考えていない、と皮肉っているつもりなのでしょう。経済学者は、これが皮肉になっていると思っていること自体が、分かっていない証拠だと言うでしょうが。

　交換とは見かけだけのものである。二人または二集団のそれぞれが、受け取りうる最後のもの（限界のもの）の値を評価し、見かけ上の等価性がそれに付随して生まれてくる。等置は、二つの異質な系列から生まれ、交換またはコミュニケーションは、二つの独白から発生する（黒人酋長との談合）。交換価値や使用価値があるのではなく、それぞれの側に、最後のものに対する評価（限界を超えることにともなうリスクの計算）がある。儀式的性格も実利的性格も、系列的性格も交換的性格もすべて等しく説明する評価－先取りのメカニズムがあるのだ。それぞれの集団において、限界に対する評価は最初から存在し、すでに二つの集団間の最初の「交換」を導きつつあるのだ。

　強引な理屈だけど言いたいことは分かりますね。限界効用価値説で考えると、「受け取りうる最後のもの＝限界のもの」に至るまでは、個々の商品の価値は決まっていません。たくさん

手に入れば入るほど、徐々に減っていきます。「限界効用価値」に達した時点で、二つの商品に付けられる値段がイコールになり、商売が成立し、その時の値段から、一個当たりの価値が〝逆算〟されるわけですが、一個一個にバラしてしまうと、〝限界効用価値〟から乖離してしまいます。一個単独で「限界」に達している、ということはないからです。そういう風に考えると、一個の商品にどれだけの、交換価値や使用価値があるかは、確かに、経済学的な計算上の「見かけ une apparence」ということになるでしょう。「最後のものに対する評価 évaluation du dernier de chaque côté」は、ここでは、単に限界効用に達する直前の商品の価値というだけではなく、（ ）内で言い換えられているように、「限界を超えることにともなうリスクの計算 calcul de risque afférent à un franchissement de la limite」、つまり、その財を獲得すること、及び、その代償としてその社会の産物を差し出すことによる、その社会全体のアレンジメントの根源的な変化の恐れを帯びた予感、という意味も込められています。

その見かけ上の交換が、「コミュニケーション」ではなく、「二つの独白 deux monologues」であるというのは、お互いが等価性について合意するのが、そのやりとりの本質ではなく、それぞれが、その「もの」を受け取ることによって、自分の集団にどういう変化が起こるかを考えながら、「独白的」に語るうち、双方とも、そのリスクを引き受けると決めたところで、〝取引〟が成立するからでしょう。「黒人酋長との談合」の原語は、〈palabre〉で、これは「長談義」という意味です。どうして、訳に「黒人酋長」と入れたのかはっきりしませんが、恐らく、部族的な生活のイメージで語られているので、植民地征服者である白人と、現地の黒人の酋長が、取引に関係のない無駄な話を延々としている、いかにもありそうな光景を連想したのでしょう。ただ、それだとイメージが偏りすぎな気がします。西欧人同士の日常的な取引、例えば、家を売買、貸借するとか、結婚するとか、養子縁組をする、入学金を払うといったことでも、アレンジメントの変化を結構意識するのではないでしょうか。「評価－先取のメカニズム」――原語は、〈une évaluation-anticipation〉で「メカニズム」という言葉は入っていません――というのは、先ほどの「先取り－祓いのけのメカニズム」と似ていますが、「祓いのける」のではなくて、むしろ来るべき変化に備える働きということですね。こういう、何らかのやりとりによって、「閾」を超えることへの予感と準備は、経済的な活動と儀礼的な活動のいずれにもあるわけですね。

「系列的 sériel」というのは、「交換」のように、他の相手との相互作用によって変化が起きるのではなく、自らの一連の行動、セリーの中で起きる変化を念頭に置いているのでしょう。「限界効用価値説」の話を持ちだしたのは、純粋な理論経済学上の話のように見えながら、実は、「見かけの交換」と共に進行する、共同体の在り方の変化を含意しているからでしょう。

――閾とは限界の「後」、最後に受け取りうるものの「後」

である。閾は見かけ上の交換がもはや利益をもたらさない瞬間をしるす。さてわれわれは、ストックはまさにこの瞬間に始まると考える。この瞬間以前には、交換用の倉庫、交換される倉庫はあったが、正確な意味でのストックは存在していない。交換がそれに先行すべきストックを前提とするのではない。交換が前提にするのは一つの「柔軟性」だけである。ストックが開始されるのは、もはや交換が両者にとって利益、欲求可能性を提供しないときである。ただしもう一つの条件、ストックが提供する利益、欲求可能性も必要である（そうでなければストックになるよりも、むしろ物は破壊されたり消費されたりする。事実、消費は、原始人集団にとって、ストックを祓いのけ、自分たちのアレンジメントを維持するための手段となっている）。ストック自体は、新しいタイプのアレンジメントに依存する。

先ほど、生産様式が発達して、「余剰」が出たので、それが分業や生産拡大のための「ストック」になるのではなくて、「ストック」形成への動機が先行する、という話がありましたが、ここでは、「ストック」が始まるのは、「見かけ上の交換」が「閾」を越えた「後」だと言っているわけですね。ごたごたした書き方をしていますが、要は、その交換をそれ以上続けてももはや利益が出なくなった後、「ストック」がその社会にとっての新しい利益、欲求可能性（une désirabilité）の源泉になる、更に言えば、新しい「アレンジメント」形成の起点になるわけです。狩猟採集を基本にする原始社会は、そもそも「ストック」すること自体を祓いのけるメカニズムを備えているわけですね。

問題は、ストックに現勢的な利益を与え、ストックへの欲求可能性を与える新しいアレンジメントは何かということだ。ストックはある必然的な相関物をもつように思われる。同時に耕作されている領土が共存すること、または、唯一の同じ領土において継起的な耕作が行なわれること。諸領土が一つの〈土地〉を形成し、〈土地〉が領土にとって代わる。このようなアレンジメントは必然的にストックを持ち、第一の場合には拡大耕作となり、第二の場合には、集中耕作となる（これはジェーン・ジェイコブスのパラダイムに該当する）。

抽象的でピンと来にくい書き方をしていますが、要は、「ストック」が存在することは、耕作が行われる「土地」が存在するということです。原語では、《土地》は《Terre》と大文字表記になっています。「領土」の原語は、《territoire》です。恐らく、人々の定住生活の基盤になり続ける不動の大地、これからずっと耕作のための地面として確保され続ける大地のようなイメージでしょう。狩猟採集生活や遊牧生活の場合、その上で移動する「領土」はありますが、《土地》は持ちません。

一八六頁以降、「ストック」は「土地」の他に「労働」を相関物として持っていること、「ストック」に基づく人間の活動

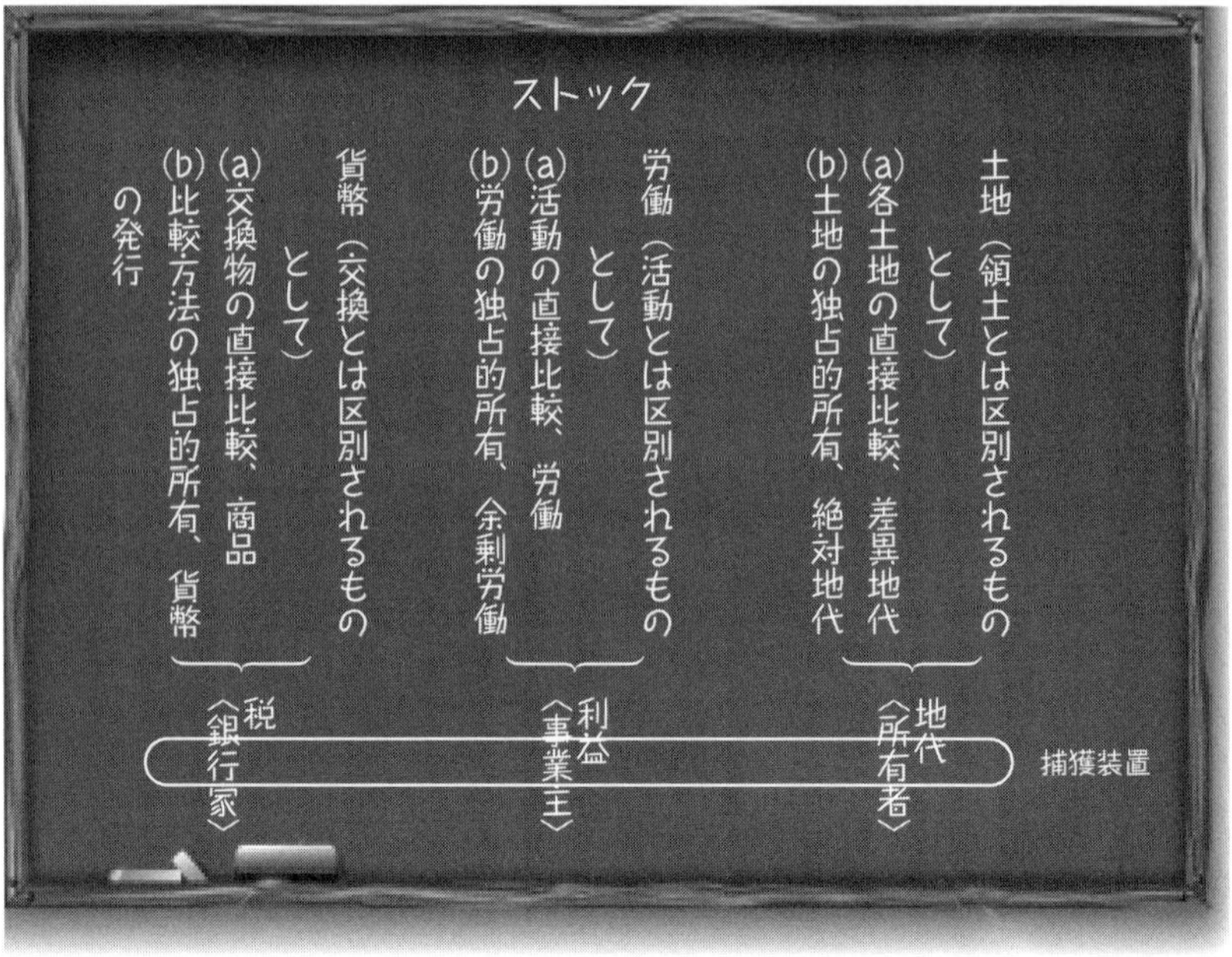

から生じるための「剰余 surprofit」を捕獲するための三つの捕獲装置として、「地代 rente」と、余剰労働から引き出される事業主の「利益 profit」、「税 l'impôt」の三つを挙げています。こうした捕獲装置によって、「ストック」したものが、生産活動の拡大を通して領域の外へと逃げていく、脱領土化するのを防いでいるわけですね。一九〇頁を見ると、「税」が「財（biens）―役務（services）―金銭（argent）」の間の等価関係を成立させ、経済の「貨幣化 monétariser」をもたらす、ということが述べられていますね。

> 税が、必然的に運動、流通、循環の中にある貨幣を作るのであり、循環する流れの中で、必然的に役務と財に対応するものとして貨幣を作るのである。国家は税に、対外貿易の手段を見出す、つまり対外貿易を所有する手段を見出すだろう。しかし貨幣形態が生まれるのは、交易からではなく、税からなのである。そして税から発生する貨幣形態によって、国家が外部との交換を独占すること（貨幣による交換）が可能になる。事実ここで、交換の体制におけるすべてが変化する。

ＭＭＴは、国家が決まった通貨での納税を義務付けるので、貨幣が流通するようになるという前提で議論をしますが、これも同じ発想だと思います。貨幣は市場で出来上がったのではなくて、国家が領域内の流通をコントロールし、「ストック」を領土内にとどめるために生み出したわけです。一九二頁の最初の図（黒板にしました）から分かるように、三つの「捕獲装置」、「地代」「利益」「税」は、それぞれ「土地」「労働」「貨幣」を対象にしていて、それを直接的に手にするのは、土地の「所有者」、「事業者」、「銀行家」だということですね。古典派経済学では、「土地」「労働」「資本」が生産の三要素とされていますが、それに大体対応しているわけですね。ひと頃現代思想界隈でも注目された、ハンガリー出身の経済史家・経済人類学者カール・ポランニー（一八八六―一九六四）は、「土地」「労働」「貨幣」は、人間の生産活動によって生み出されたのではないので本来商品にならないはずなのに、むしろこれら三大要素を主要な商品にしている市場中心経済は歪んでおり、いつか崩壊すると論じていました。この辺は、従来の経済学やマルクス主義で、何が重視されているかを念頭に置きながら、それを「機械状プロセス」という観点から再構成しているのでしょう。

一九二～一九四頁にかけて、ストックを保持するためのこれら三つの捕獲装置の相互関係について結構丁寧に説明されています。

1．ストックは、土地と種子、道具、金銭という三つの側面を同時に持っている。ストックされた領土が土地となり、ストックされた活動が道具となり、ストックされた交換が金銭となる。だがストックは、領土、活動、交換いずれからも発生しない。ストックはもう一つ別のアレンジメントをしるすのであり、ストックを生むのはこのアレンジメントである。

2．このアレンジメントが「メガマシーン」、捕獲装置、または古代帝国である。このアレンジメントは三つの様態のもとで機能し、三つの様態はストックの三つの側面に対応する。つまり地代、利益、税である。

1は、シンプルな文なのに肝心なところが抽象的でとっつきにくいですが、ポイントは、「ストック」が生じることは必然的に、それにふさわしい新しいアレンジメントが生まれることを意味している、ということです。少なくとも、原始社会では、「ストック」はあり得ませんね。

「ストック」の誕生に対応して生まれてきた、三つの捕獲装置を備えた新しいアレンジメントが、「メガマシーン mégamachine」または「古代帝国 empire archaïque」だというわけです。地代、利益、税が、古代の帝国と結び付いているというのはイメージしやすいですね。特に「税」は、王家や官僚、聖職者、軍隊などを維持するのに必要になります。

3．捕獲装置となるものは、収束する三つの様態の一つ一つに見出される二つの操作、つまり直接比較と独占的所有である。そしてつねに比較は所有を前提とする。労働は余剰労働を、差異地代は絶対地代を、商業貨幣は税を前提とする。捕獲装置は、一般的な比較空間と所有のための可動的中心を作る。われわれがすでに見たように、ホワイ

ト・ウォールとブラック・ホールのシステムは専制者の顔を作る。

「直接比較：comparaison direct」というのは、土地同士、特定の財やサービスを生み出すのに必要な労働同士、交換される財やサービス同士の比較ということです。交換される「商品」の比較のために、「貨幣」が必要とされる、というのは分かりますね。「地代」は、土地を貸し出すことに対する対価ですが、その相場は土地と土地を比較して、作物の予想収穫量や、住宅建設などにした場合の使い勝手の良さを比較することで、決定されます。地代論は、古典派経済学とマルクスの『資本論』第三巻（一八九四）の重要なテーマです。「利益」が、出来上がった商品の価格と、「労働」への対価の差だとすると、どれだけの時間労働したか、誰の労働か、質の高い労働かを比較することが「利益」の前提になります。「独占的所有 appropriation monopolistique」というのは、例えば、土地であれば、条件のいい土地を独占的に所有することで、「地代」を確保することが考えられますし、「労働」であれば、働ける場を独占的に所有することで、賃金をコントロールできます。「税」を独占すれば、交換手段を支配できるようになります。「所有のための可動的中心 un centre mobile d'appropriation」というのは、経済が変化し続けているので、領土内のどこで誰のもとにどのように所有化されているかは変動する可能性があるということでしょう。ホワイト・ウォールとブラック・ホールが重ね合わさることで、「顔貌」が生じるという議論は、第7プラトーで出てきました。「専制者の顔 le visage du despote」は、国家が形成する超コード系の頂点に位置し、経済的アレンジメントが徐々に変化していく中で、国家が捕獲装置によって「ストック」を維持し続けることを正当化します。「専制者の顔」によって、究極の所有の主体が露わになるわけです。

命題十三

命題十三——国家とその形態

われわれは古代専制国家から出発する。超コード化、捕獲装置、隷属の機械であり、公共の土地、貨幣、労働をそなえ、最初から完璧なものとして現われるが、「私的」なものを何一つ前提とせず、生産様式さえも自分で生み出し、先行する生産様式など前提にしない古代専制国家。これは考古学の発見に属し、先の分析から得られた出発点である。そこで、問われるべき問いは以下のようになる。一瞬にして形成され出現した国家は、どのように「進化」していくのだろう、その進化や変質の要因は何だろう、進化した国家は古代専制国家とどのような関係を持つのだろう。

どのような外的要因に支えられようと、進化の理由は内的なものである。古代専制国家は、超コード化を行なうと同時にそれを逃れていく多量の脱コード化された流れを産み出さずにはいない。「脱コード化」とは、それぞれの流れのコードが理解された（解読、翻訳、同化された）状態を意味するのではなく、反対に、より語源的な意味で、流れの状態が、もはや流れに固有のコードに含まれない状態、流れ自身のコードから逃れてしまっていることを意味するものであった。さて、原始共同体によって相対的にコード化されていた流れは、原始的コードがみずからの調整機能を失い上位の審級に従属するやいなや、コードから逃れ出る機会を見出す。しかし他方で、古代専制国家の超コード化の方も、それを逃れていく新しい流れを可能にし、発生させる。

国家の進化について述べられているわけですね。「古代専制国家」は先ほど見たように、土地、貨幣、労働に対する捕獲装置を持っていることを特徴としているわけですが、全てが「公共 public」のもので、「私的 privé」なものは想定されていない、というところに原始社会と通じる特徴があったわけです。「より語源的な意味で」というのが、この訳文からだけでは分かりませんが、これは多分誤訳です。原文は、〈un sens plus radical〉となっていて、これは普通に「より根源的な意味で」と訳すべきでしょう。

「超コード化」が不可避的に「脱コード化」を伴うというのはこれまで何度も出てきた話ですね。「超コード化」すると、どうしてもそれに収まらない「流れ」が生じるからです。原始社会がもはや独自に機能しなくなって、古代専制国家に組み込まれ、後者による超コード化が始まると、それが、それまで原始社会に属していた「流れ」の「脱コード化」を引き起こすわけです。

国家が大土木工事を起こすときには、公共のものではない独立した労働の流れが官僚機構から派生せずにはいない（特に鉱山と冶金業において）。国家が貨幣形態における税を作り出すときには、貨幣の流れが逃れ出て、その他の力能を（特に交易と銀行において）養い発生させずにおかない。

大規模土木工事を監督する官僚機構から、その成果を私物化する者たちが出てくるというのは何となく想像できる話です。超コード化の担い手でありながら、自らはその超コードに縛られ続けることなく、所有者になっていく存在として、「解放奴隷 l'esclave affranchi」を挙げていますね。イスラエル民族を考えるといいかもしれません。二〇二～二〇四頁にかけて、超コード化によって古代帝国が出来上がっていく様が、東西の比較を交えながら述べられていますね。特に面白そうなのが、「農業ストック」の随伴物として、官僚機構、軍隊機構、冶金業、商業などが形成されたということと、自分で余剰を生み出せなかったエーゲ海民族は貧しすぎて、自らは「ストック」を形成できなかったが、商人たちを送って東方の「ストック」を略奪させ、それを利用するようになった、と述べていますね。

――農民はしばしば東方世界と同じか、またはもっと厳しい搾取をこうむるが、職人や商人はより自由な身分と、より多様な市場を享受し、後の中産階級を先取りするものとなる。東方世界の多くの冶金職人や商人がエーゲ海に渡り、より自由で、より多様で、より安定した条件を見出すだろう。要するに、たがいが表象をなすか相関し合う新しい状況の中で、東方においては超コード化を受けた同じ流れが、ヨーロッパでは脱コード化する傾向にある。剰余価値はもはやコード（超コード化）の剰余価値ではなく、流れに対する剰余価値となる。

歴史的記述として適切かは別として、言わんとしていることは分かりやすいですね。商人や職人が、西側で自由にやらせてもらえることになって、西側では、それほど生産力を高めるための「ストック」が貯まっておらず、エジプトやペルシアのような超コード化を断行する帝国がないにもかかわらず、脱コード化だけが進んだということですね。超コード化の場所と脱コード化の場所が、地理的に離れていたわけですね。「コード化（超コード化）の剰余価値」ではなくて、「流れの剰余価値」というのは、農業など「土地」を固定化してそこから剰余価値を引き出すのではなく、領土内あるいは領土を越える、人や物の流れ＝商業から剰余価値を引き出すようになる、ということです。二〇五頁に、「エーゲ海と西欧の国家は、最初から、国家を越えた経済システムの中に捕えられていた」、とありますね。

資本主義は、質的な限定を受けない富の流れが、質的な限定を受けない労働の流れと出会い、それに接合されたときに形成される。まだ質的な限定を受け局所的に行なわれていた先行の接合作用は、これをつねに禁止していた（農村地帯を封建的に組織することと都市を組合的に組織することが、二つの主要な禁止の手段であった）。言いかえるなら、資本主義は脱コード化した流れのための一般公理系とともに形成されるのである。「資本とは一つの権利、より正確に言えば、一つの権利として姿を現わすような生産関係であり、この点で、生産機能における個々の瞬間に資本が纏う具体的な形態からは独立している。」私的所有はもはや、人と人とのあいだの依存関係ではなく、唯一の絆を構成する一つの〈主体〉の独立を表現するものとなる。

「質的な限定を受けない non qualifié」というのは、固有の性格を持たないので、どこでも同じように機能する、ということでしょう。富と、労働者の双方を縛っていた禁令を解除して、自由に流れるようにした結果、両者が合流したところに、つまり、移動する労働者を雇って、商品を大量に生産して、各地に売りさばくようになったところで成立するわけです。この文脈からすると、「一般公理系 une axiomatique générale」というのは、やはり「具体的な形態からは独立し」た抽象的な、どんな種類の対象も表示できる数の間の方程式で表現できるような関係、その最も基礎的な形式ということになりそうですね。高度な資本主義的な取引、先物取引とかになると、現物を動かさないで、権利だけ売り買いし、いつのまにか所有者が変わっている。金融商品の取引になると、どういう実体に対応する取引かはっきりしないし、現在では、ほとんどの場合、現金を使わないで、口座に出ている数字を移すだけですから、本当に、数学的な操作のような感じになりますね。「 」内の引用は、先進国と低開発国の間の不等価交換の理論を提起した、ギリシア出身のフランスのマルクス主義経済学者アルギリ・エマニュエル（一九一一－二〇〇一）からのものです。「唯一の絆を構成する一つの〈主体〉」というのは、その公理系に属する取引がまるで一人の人が実行しているように無駄なく、予め決まった法則の通りに進行するかのように想定されている、ということでしょう。人同士の関係だと、どうしても交換に際してお互いに影響を与え合い、新たなアレンジメントが生まれるきっかけになりますが、一つの〈主体〉しかないと、それがないわけです。

　二〇九～二一〇頁にかけて、資本主義は当初から脱領土的性格を持っていて、土地とは関係なく、社会を形成する、ということが述べられていますね。

> 「公理系」という言葉を単なるメタファーとして使用しないためには、コード、超コード化、再コード化といった、あらゆるコードから公理系を区別するものは何か、はっきりさせなければならない。性質を特定されないまま、多様な分野で同時に無媒介的に実現される純粋に機能的な要素や関係を、公理系は直接的に取り扱う。これに対してコードとは、それぞれに固有の分野に関係し、規定された要素間の特定の関係を言表し、超越的または間接的にしか、至高の形式的統一性（超コード化）に到達しない。この意味で、内在的公理系は、さまざまな分野を通過するごとにいわばさまざまな実現モデルを持つことになる。

コードは領域固定的で、どのような性質のものをその要素にするのかが決まっているけれど、公理系は、具体的な対象から抽出された数理的に処理可能な要素間の単純な関係から成り立っているというわけです。「内在的公理系 l'axiomatique immanente」というのは、この場合、その論理あるいは法則だけで既に自己完結的な体系になっている、完成した公理系というような意味でしょう。基本的には、誰かの口座の貨幣の量としてもっぱらヴァーチャルに存在する「資本」が、いろんな地域の物や人に投資されて、資本主義的な生産体制を実体化するわけです。

　二一四頁で「国民国家」の話が出てきます。資本主義的な「公理系」が、現実化するうえで「国民国家 l'État-nation」がその基礎を提供するということのようです。

> つまり国民の成立は、帝国のシステムやその発達したシステムに対し、封建制に対し、都市に対し、活発な闘争を行なうことによって可能になるばかりか、同時に国民にとっての「マイノリティ」、つまり少数民族現象を押し潰すの

> である。マイノリティとは、国民に内側から働きかけ、かつての古いコードにおいては、必要に応じてより大きな自由を獲得していた「民族自決派」とでも呼ばれうる者たちである。国民を構成するのは、大地と民衆である。「故郷の」といっても必ずしも生まれつきというわけではなく、「民衆的」といっても必ずしも与えられてあるわけではない。国民の問題は、民衆をもたない大地と、大地をもたない民衆という二つの極端な場合に、先鋭なものとなる。民衆と大地、つまり国民をどのように作るか――リトルネロ? ロマン主義の高揚とともに、最も血なまぐさい手段と最も冷酷な手段とが合流する。

ややこしい書き方をしていますが、要は、「国民」というのが古代から自然と存在していたわけではなく、資本主義の形成期、それに伴う国家の変容期に作られたものであり、本当は不自然であるからこそ、自分たちの内と外の境界線上の微妙なところに「マイノリティ」を見つけて、それを攻撃することで、自己のアイデンティティを確認しようとする、というよく聞く話なのですが、それを、「脱属領化」とか「リトルネロ」といった、自分たちの議論の枠で説明しようとしているわけです。

「故郷の」という言葉がいきなり出てきている感じですが、原語は〈natal〉で、これは〈nation〉=「国民」と同じ系統の形容詞です。元になったラテン語〈natio〉は、「生まれ」という意味です。〈natal〉は、「生まれた場所の」「故郷の」という意味で使われるので、それを利用して、「国民 nation」とは言うものの、「生まれた」場所、「大地」に根ざした生き方をしているわけではない、というニュアンスを出しているわけです。

「『民衆的』といっても必ずしも与えられてあるわけではない」というのも、やや捉えにくいですが、これは「民衆的の」の原語である〈populaire〉に、英語の〈popular〉のように、まさに普通に慣れ親しまれている、という意味合いがあるのを利用した、言葉遊びです。「国民」の基盤になる、素朴な「民衆 peuple」というのがどんな存在なのか、よく分からない。「民衆をもたない大地 une terre sans peuple」と「大地をもたない民衆 un peuple sans terre」というのは、前回見た第11プラトーで、ロマン主義のジレンマという形で出てきましたね。結局、「大地」も「民衆」も幻想なわけですが、ドイツのロマン主義は、「民衆をもたない大地」のイメージを、ラテン系やスラブ系のロマン主義は、「大地をもたない民衆」のイメージを、自分たちではそういう半端なものだと自覚しないまま膨らませた、という話でした。いずれも、「国民」を作ることを目指したわけですが、材料が足りない。そこで、芸術的には、最初に領土を生み出した原初のリズムとメロディである「リトルネロ」に訴える。「最も血なまぐさい手段」と「最も冷酷な手段」が合流するというのは、恐らく、ナチスのようなこと、ユンガーが描いたような世界を念頭に置いているのでしょう。

> ――故郷または大地とは、すでに他で見たように、領土からの

> （公有地、帝国の属州、領主領など）一定の脱領土化を必要とし、民衆とは人口の脱コード化を必要とするからである。これらの脱コード化され脱領土化された流れの上に国民は形成されるのであり、国民はそれに対応する大地と民衆を確固としたものにする近代国家と切り離しえないのである。民衆を作るのは裸の労働力であり、同じく、大地とその装備を与えるのは資本の流れなのである。要するに国民とは、集団的主体化の操作そのものであり、近代国家とはこれに対応する服従のプロセスなのである。可能なかぎりの多様性をともないつつこうした国民国家という形態のもとで、国家は資本主義公理系にとっての実現モデルとなっていく。これは決して、国民とは見かけだけのもの、イデオロギー上の現象だというのではない。反対に国民を、抽象的資本の質的な均一性と量的な競争を最初に実現する生き生きとした情熱的形態としてとらえることである。

細かいことですが、（　）の位置がヘンなので、「領土」にかかるのか、「一定の脱領土化」にかかるのか分かりにくいですね。原文では、（　）は「領土」の直後についていて、その詳しい言い換えになっているので、「領土（公有地、帝国の属州、領主領など）からの……」とした方がいいでしょう。「大地」も「民衆」も、原初から連綿と存在しているオリジナルなものではなくて、領土の脱領土化と、人口の脱コード化の帰結として生じてきた、ということですね。具体的には、公的な管理から外れて私有化された土地と、元の居住地を離れて活動の場を求めた職人や商人たちから成る、ということでしょう。◇◇村の▽▽一家、というようなローカルな属性・境界線にしばられない、●●の国の共通のアイデンティティが生まれてきたということでしょう。ある程度交通・通信網が発達し、標準語が話され、同じような生活・商習慣が形成されないと、そうはならないですね。ヨーロッパだと、一七世紀半ば、ウェストファリア条約以降の状況でしょう。「資本」というか、貨幣を中心とした経済の流れが、こうした「国民」化を推進したというのは、国民国家論の教科書的なものに普通に書かれていることですね。国民が「集団主体化 une subjectivation collective」の操作で、近代国家はそれに対応する「服従 assujettissement」のプロセスだというのは、「主体 sujet」になるのは、規範とか秩序に「従属化 assujettir」することだという、フーコーがよく使う「主体＝従属化」の言葉遊びの集団ヴァージョンです。「国民」という集団的主体として、内外に向けて自立的に振る舞うようになるには、まず資本主義的な「公理系」に従属しないといけない、つまり資本の「流れ」に適合した生き方をみんなでするようにならないといけない。

　こういう言い方をすると、「国民」とは単なる「見かけ des apparences」あるいは「イデオロギー上の現象 des phénomènes idéologique」だと言いたいのかと思ってしまいますね。ドゥルーズたちはそうではなくて、「抽象的資本の質的な均一性と量的な競争を最初に実現する生き生きとした情熱的形態 les formes vivantes et passionnelles où se réalisent d'abord l'homogénéité qualitative et la concurrence quantitative du capital abstrait」だと言っているわけですが、要は、抽象的で冷たく均質的なイメージの「資本」が、生き生きした姿で現れてくるのが「国民」だということですが、だとすると、普通の「国民」という言葉でイメージされるものと大分違いますね。実体はなくはないけど、資本主義的な実体だというわけですから、やはりイデオロギー的な存在だという感じがしますね。厳密に言うと、イデオロギー的に生き生きしているように見える、資本主義が生み出した、自由な労働力群としての「民衆」ということになるでしょう。

> 機械状隷属と社会的服従を二つの概念として区別しよう。隷属とは、人間みずからが、上位の統一性による管理と指揮のもとで、人間同士で、あるいは他のもの（動物や道具）とともに合成する機械の構成部品になっている場合に現われる。服従とは、上位の統一性が、動物であろうと道具であろうと機械であろうと、外部のものとなった対象にかかわる主体として人間を構成するときに現われる。このときもはや人間は機械の構成物ではなく、労働者や使用者となり、機械によって利用されるのではなく、機械に服従するのである。こう言っても第二の体制の方がより人間的であるというのではない。ところで第一の体制は、まず何よりも古代の専制的社会形成に関係するようにみえる。この場合人間は主体ではなく、全体を超コード化している機械の部品である（古代の私有奴隷や封建制の農奴と区別され、「全面的奴隷制度」と呼ばれたもの）。古代帝国をメガマシーンと呼び、さらにそれはメタファーではないと断っているルイス・マンフォードは正しい。

「機械状隷属 asservissement machinique」の方は、機械に属し、その部品になることです。この場合の「機械」は、通常の意味の機械ではなく、ドゥルーズたちがずっと話題にしている狭義の機械と人間や動物がユニットになっている機械や、社会的機械も含んでいるでしょう。自律的に運動し続けるユニットとしての「機械」の一部になっているわけですね。「社会的服従」の方は、少し難しい言い方をしていますが、「服従 l'assujettissement」の方は、労働のシステムの外部に位置する他の誰かに「服従」することにポイントがあるわけです。「服従」と、「主体 sujet」になることが関係付けられているのは、先ほど見た、〈as-sujet-tissement〉の言葉遊びがあるわけですが、実質的な意味としては、いったん「機械」から解き放たれて、自立的に判断する「主体」に一応なった後で、他の「主体」に服従するということでしょう。「機械状隷属」にストレートに対応するのが、「古代の専制的社会形成」だということですね。ルイス・マンフォード（一八九五－一九九〇）はアメリカの技術史家で、メガ技術（megatechnichs）批判で知られています。『アンチ・

オイディプス』でも参照されています。

それに対して近代国家は、「機械的隷属」を次第に「社会的服従」に置き換えていったということですね。「『自由な』裸の労働者 le travailleur «libre»」を「主体化」していったわけです。

> しかし資本主義が世界的規模での主体化の企てとして出現するとしても、それは脱コード化された流れに対して公理系を形成することによってなのである。ところで主体化の相関物としての社会的服従は、公理系そのものにおいてよりも、はるかに公理系の実現モデルの中に現われている。主体化の手続きとそれに対応する服従が現われるのは、国民国家または国民的主体性という枠組みの中だからだ。国家をみずからの実現モデルとする公理系そのものの方は、技術的なものとなった新たな形態のもとで、機械状隷属システムを再建し、発明している。もはや形式的な「統一性」という超越性のもとにではなく、公理系の内在性のもとに置かれているのだから、これは決して帝国機械への回帰ではない。しかし、これは人間がその構成部品となるような機械の再発明であり、人間はもはや機械に服従した労働者や使用者ではなくなっている。動力機械を技術機械の第二世代とするなら、サイバネティクスとコンピュータは、技術機械の第三世代となり、全面的な隷属の体制を再び作り出している。「人間－機械というシステム」は、人間と機械の関係を非可逆的かつ非循環的にしていたかつての服従に代わって、この関係を可逆的かつ循環的にしている。ここで人間と機械の関係は、もはや使用や活動という用語によってではなく、互いの内的なコミュニケーションから成立する。

資本主義の公理系そのものではなく、むしろその実現モデルにおいて、「主体化↔社会的服従」が現れてくると言っているわけですが、これは当然ですね。公理系は単なる、取引されている数値を式にしただけのものです。先ほど見た国民国家という枠の中で、国民の一人として主体化する中で、いろんな国民特有の社会生活の条件、教育とか言語とか、生活パターン、職場での規律といったものを身に付けることが必要になるわけです。後半の「公理系」が、新たな技術的形態の下で、「機械的隷属」を再建するという話がやたらと抽象的で難解に見えますが、要は、古代の帝国のように、役人の指図の下で、さほど技術水準が高くない機械や道具、家畜などと一緒に、大規模土木工事のようなものに従事させられるのではなくて、全体的にサイバネティクス化されているかのような、システムに組み込まれて作業し続けるということです。これはドゥルーズたちがこれを書いた当時よりも、AIやインターネットが生活・仕事の至るところに浸透している現代のような状況でこそピンと来やすい話だと思います。私たちは、AIで管理された手順に従って、PCで作業する。その結果がネットを通じて企業や組織ごとに、AIで集計され、次の生産へフィードバックされていく。

システムがフィードバックしながら、自己再生産しているので、どこが起点なのか分からないわけです。ひと頃流行ったルーマン（一九二七－九八）のシステム理論は、そういう感じで社会システムを説明しますね。

命題十四

二二二頁からの「命題十四　公理系と現状」というところで、文字通り、資本主義の公理系と、それがどういう現実的な形態をとっているか、という話が続きます。

> 決定や予見のための要因はかぎられている。世界規模の超政府を想定し、それが最終的な決定を下すと考えるのは馬鹿げている。通貨量の増大を予測することさえできないのが実情である。同様に、あらゆる種類の不確定性や予測不可能性が国家に影響を与える。

システムと聞くと、すぐにシステムを操って世界を支配している資本主義の本部のようなものがあると妄想する、陰謀論的な思考の左翼は昔からいたので、そういう話ではないよ、公理系というのは抽象的な数式の連鎖だけど、それがどう現実化して、グローバル資本主義をどこに動かしていくかは、少なくとも短期的に予測できないよ、という話をしているわけです。なので、あまり予言できないことは言えないと分かりつつ、これまで分かってきたことから、言えるだけのことを言ってみようということでしょう。

> １．付加、除去。——資本主義の公理が定理的命題でもイデオロギー的公式でもないのは明らかである。公理はむしろ操作を行なう言表であり、「資本」の記号論的形態を作り、生産、流通、消費というアレンジメントの中に構成部分として入っていく。

具体的な対象に当てはまる命題でも、現実について断言するイデオロギーでもないので、「公理」であるわけですね。そう言ってしまうと、「公理」なんて抽象的なもので、どう現状分析するんだ、という話になりそうですね——宇野派経済学のように、原理論→段階論→現状分析、と進むのは難しそうですね。しかし、この小見出しのタイトルのように、「公理」を追加したり、除去したりすることは、あるということですね。

> 資本主義には恒常的に公理を追加する傾向がある。第一次世界大戦後、世界恐慌とロシア革命の影響を統合し、資本主義は、労働者階級、雇用、組合組織、社会制度、国家の役割、国外市場と国内市場に関して、公理を多様化し新しく発明することを余儀なくされた。ケインズ経済学、ニューディール政策は、公理の実験の場だった。第二次世界大戦後に創造された新しい公理の例。マーシャル・プラン、援助や借款の形態、通貨システムの変形。

通貨システムの変形、つまり金本位体制の廃止→ブレトンウッズ体制以外とマーシャル・プランは、一般的に社会民主主義とか福祉国家に向けての資本主義の修正と言われるものですね。

マーシャル・プランは、アメリカによるヨーロッパ経済への介入だけで、目的は反社会主義の結束ということなので、微妙ですね。イデオロギー的に捉えると、より自由主義的な方向とより社会主義的な方向に分類してしまいそうですが、いずれも、公理の追加と捉えるわけですね。

公理が増加するのは発展期や復興期だけではない。諸国家との関係において公理系に変化をもたらすのは、国外市場と国内市場の区別と両者の関係である。

他国との関係でも、公理が増えるというのは分かりますね。通貨関係とか、保護主義／自由主義、労働者や資本の流れなど。ただ問題は、左／右、集権／分権などのイデオロギーではなく、「流れを制御する仕方」だということですね。今挙げたのが、「指導的公理」を増やして制御するパターン。もう一つが当然、除去するパターン。そうなると、資本主義の流れは「野生状態に放置される laissé dans un état sauvage」ことになるわけですが、それで「国民国家」がひどい状態になってくると、逆に、「国家権力の暴力的な介入 l'intervention brutale du pouvoir d'Etat」を引き起こすかもしれない。

これは「全体主義」国家の極であり、公理の数を制限する傾向を体現し、国外資本への呼びかけ、原料や食糧の輸出に向かう産業の飛躍、国内市場の崩壊など、外的部門だけを重視することによって成立する。全体主義国家とは、国家としての最大値ではなく、むしろヴィリリオの公式通り、無政府状態資本主義の最小国家（チリの例）なのである。極端な場合、保存される公理は国外部門の均衡、備蓄の水準、インフレ率だけとなり、「人口はもはや与件ではなく、結果となってしまう」。

これは普通の全体主義国家のイメージとは逆で、現代では新自由主義の国家というところですが、恐らく、チリのピノチェト政権を念頭に置いて、軍事力を背景にした権威主義によって、新自由主義的な政策を推進している、現代的な資本主義国家という意味合いで、「全体主義国家」と言っているのでしょう――我々がよく知っている意味での、「新自由主義」という言い方が一般的に流行るようになったのは、一九九〇年代以降のことで、この当時は、市場中心主義とか、古典的自由主義といった言い方しかなかったと思います。ピノチェト（一九一五―二〇〇六）が軍事クーデターを起こして、チリで軍事独裁政権を樹立したのは、『アンチ・オイディプス』が刊行された翌年の一九七三年、その二年後くらいから、シカゴでミルトン・フリードマン（一九一二―二〇〇六）の下で学んだ経済学者、テクノクラートたちがチリの経済政策をリードするようになり、フリードマン自身もチリを訪れて、アドバイザーのようなことをします。それで、新自由主義のイデオローグと呼ばれるようになったわけです。チリの新自由主義的改革は一時期うまく行ったとされますが、ドゥルーズたちからしてみれば、単に数値だけをコントロールして、大事な労働力である人口を粗末にし

ている、ということなのでしょう。
「2．飽和」では、資源やエネルギーの問題に代表されるように、資本主義はしばしば各種の制約要因でシステムの限界に達したかのような様相を呈するけれど、そのたびに新しい資源や成長の領域を見つける。

資本主義がその限界に衝突するのと、限界を遠くに押し退け、より遠くに設置し直すのは同時にである。公理の数を制限しようとする全体主義的傾向が限界との対決であるとすれば、限界を移動させる傾向は社会民主主義的なものといえよう。ところがこの二つは他方なしでは進行しない。

さらっと書いていますが、これは二〇〇八年のリーマン・ショック後、グローバル資本主義がどうしてあんなに無茶苦茶やっているのに生きのびているのかをめぐって、よく聞くようになった議論です。ドゥルーズたちは、極めて限定的な意味ですが、先見の明があったのかもしれません。左派の中には、社会民主主義こそが答えだと言う人もいますが、こういう風に、社会民主主義と、金融グローバリズムは同じ公理系の二つの側面なので、社民への依拠は解決にはならないと指摘する、よりペシミスティックな理論家もいます。フランクフルト学派の影響を受けたヴォルフガング・シュトレーク（一九四六－　）というドイツの経済社会学者がそういう論調です。邦訳も出ている彼の、『時間かせぎの資本主義』（二〇一三）はまさに、タイトル通りの話です。ドゥルーズたち自身は、公理系と、「現実の生きた流れ les flux vivants」の間のギャップに注目し、テクノクラートたちが公理を足し引きするのを上回る速度で闘争することが、資本主義を突破するカギになると示唆しています。いかにも彼らが言いそうなことですが、ずるいですね（笑）。

「3．モデル、同形性」では、まず、全ての国家は資本主義の世界市場に囚われているので必然的に「同形的 isomorphe」になるけれど、必ずしも、「等質的」ではないということが主張されています――「同形性」と「等質性」の違いは先ほど出てきましたね。「同形性」が一番はっきり現れる西側の資本主義諸国でさえ、先ほどの「全体主義国家」と「社会民主主義国家」に分かれる。東側の官僚社会主義は、一応、資本主義国家ではなく、これは西側から見ると、「異形性 hétéromorphie」を示しているけれど、資本主義の世界市場の中で寄生虫的な役割を担っている、ということですね。このいずれにも属さない、第三世界の「多形性 polymorphie」に注目すべきと強調していますね。

「4．力能」では、「公理系」が、自らが処理している「力能」以上の「力能」を作り出してしまうということが述べられています。制御不能な力が生じて、危機に陥るということですね。これは「2．」の「限界」を押しやって延命するという話とも関係します。ここでは、具体的には、軍事、産業、金融等の複合体が競合しながら膨張していく中で、戦争へと発展していくことを念頭に置いているようですね。予想されるように、その戦争で「戦争機械」が浮上してきます。しかも、オートメーションン化された技術の体系によって自立化し、次第に国家の方を支配するようになっていく、ということですね。

われわれはすでに第三次世界大戦の最中にあった。戦争機械は、「経済ー世界」を包囲する連続的なものの力能として公理系全体を支配し、世界のすべての部分を接触させていた。世界は再び平滑空間となったが（海、空、大気圏）、戦争機械がその諸部分を対立させていても、この平滑空間を支配しているのは唯一の同じ戦争機械なのだ。戦争は平和の部分となった。それだけではない。国家はもはや戦争機械を所有するのではなく、国家自身が戦争機械の一部分にすぎぬような戦争機械を再構成したのである。

ここでの「戦争機械」は、軍隊というより、軍産複合体とか、あるいは、そうした攻撃的な性質を備えたグローバル資本主義を指しているのでしょう。グローバル資本主義が、国境や特定の国の法律やライフスタイルに縛られることなく移動して回り、全世界を作り替えていくことを「平滑空間」と表現しているのでしょう。リアルな遊牧民が移動して回る、もともとのイメージでの「平滑空間」とは大分違うけど、国家の捕獲装置に囚われず、数値的な論理だけに従って自己を構成し、国家に攻撃を加えていく、という意味では、確かに「戦争機械」です。

「5．第三項包摂」では、資本主義が絶えず「第三世界」や「周辺 la périphérie」を作り出し、それによって新たな〝成長〟の余地を作り出すけれど、結果的に、「2．」や「3．」で示唆されているような、増減し続ける公理系によっても捕らえ切ることができないものを生み出すことになるわけです。

それを受けて、「6．マイノリティ」では、

マイノリティ。——われわれの時代はマイノリティの時代となった。すでに何度も見たように、マイノリティとは必ずしも数が少ないことで定義されるものではなく、生成変化または浮動、つまり冗長性の高いマジョリティを形成する個々の公理（「ユリシーズ」、または現代の平均的都会の西欧人」、またはヤン・ムーリエが言う「三十五歳以上の男性で、有資格の国民労働者」）からの隔たりによって決定されるものである。一つのマイノリティは少数でしかない場合もあるが、大きな数になり限定されない絶対多数を形成する場合もある。これは、左翼といわれる論者さえもが、資本主義の警鐘を鳴らしながら触れていることである。二十年後には、「白人」は世界人口の一二パーセントでしかなくなる……。こんなことを言う者たちは、マジョリティが変わろうとしているとか、変わってしまったと言うだけで満足せず、むしろ、数えられないマイノリティが増殖しつつ内部から作用し、マジョリティという概念自体、つまり公理としてのマジョリティを破壊する危険をもっていると警鐘を鳴らすのだ。そして非白人という不思議な概念は、数えられる集合を構成しない。だからマイノリティ

を定義するのは数ではなく、数に対する内的関係なのである。一つのマイノリティは、多数でもあれば無数でもありうる。これはマジョリティに関しても同様である。マイノリティとマジョリティの区別とは、マジョリティの場合、数との内的関係は、無限であれ有限であれ、数えられる集合をなすのに対し、マイノリティの場合は、その要素の数にかかわらず、数えられない集合として定義されることだ。

「マイノリティ」は数の問題ではなくて、生成変化するかしないかだというのは既に出てきた話ですね。数だけだと、白人が〃マイノリティ〃だということになってしまう。「ユリシーズ」が「現代の平均的都会の西欧人 l'Européen moyen d'aujourd'hui, habitant des villes」だというのは、ジョイスの『ユリシーズ』の主人公ブルームを念頭に置いているのでしょう。彼は、アイルランドの首都ダブリンに住む、ハンガリー系のユダヤ人で、雑誌の広告取りの仕事をしているので、白人としては〃マイナー〃な方であるような気がしますが、ヨーロッパの「白人」が移民や国境の変化によってかなり流動化かつ標準化しているので、その象徴とも言えるでしょう。『ユリシーズ』というタイトル自体が、危ない航海の中で辛うじて自己のアイデンティティを保持している、という感じを喚起しています。ヤン・ムーリエ＝ブータン（一九四九－　）は、フランスの経済学者・評論家で、イタリアの労働者のアウトノミア運動や、ガタリ主導で作られた自由の新たな空間のためのイニシアティヴ・センター（CINEL）に関わったこととか、アルチュセール（一九一八－九二）の評伝で知られています。

これがどうして「公理系」に関係あるかというと、多少こじつけめいて聞こえますが、「マイノリティ」が「数えられない dénombrable」ということにあります。具体的には、〃マイノリティ〃という集団が特定できて、それを「マジョリティ」と別扱いできるのなら、対処のしようがありますが、例えば、「ユダヤ人」といっても、どういう人をそうカテゴライズするのかはっきり確定することはできません。「ラテン系」とか「黒人」でもそうでしょう。●●は▼▼の属性を持っているので、■■の扱いをすると決めて、紛争を解決しようとしても、必ず当てはまらない人が出てきて、元の〃マイノリティ〃とは異なった分布になります。生成変化というのは、そういうことを含意しています。ブルームは状況によっては、「マジョリティ」ではなくなるし、既にそうだとも言えます。政治的にリアルな問題として、ソ連とかユーゴスラヴィアの解体以降の状況、あるいは、アフガニスタンやシリア、イラクなどイスラム圏を考えてもいいでしょう。アメリカで「ヒスパニック」と括られている人も、出身国では、いろんな民族的系譜に属していたはずです。宗教的アイデンティティやジェンダーも絡んできます。どこに焦点が当たっているかで、「マイノリティ」の範囲や集団数、「マジョリティ」との関係がどんどん変わってきます。彼らはこのことを闘争に結び付けようとしているようです。

7. 決定不可能な命題。——公理系は数えられない無限集合の力能をそれ自体で産み出していくものだという異議が出るかもしれない。具体的には戦争機械の力能である。しかし戦争機械をマイノリティに対する一般的な「処理」として適用すれば、戦争機械が祓いのけると見なされる絶対戦争を引き起こさずにはおかないように見える。そのため、戦争機械は、「不特定の敵」（個人、集団、民族……）の性質に合わせてそのつど、攻撃や反撃の度合を調節できるように、ミニチュア化や適応といった、量および質にかかわるプロセスを組み立てることをわれわれは見た。しかしこのような条件のもとでも、資本主義の公理系は、戦争機械が絶滅しようとするものをたえまなく生産し、再生産する。飢餓の組織は、飢えた者を殺しながら、飢えた者を増やしていく。「社会主義」圏において残忍にも突出している強制収容所の組織は、権力が夢見る根本的な解決を提供するものではない。一つのマイノリティを絶滅させても、このマイノリティからもう一つ別のマイノリティが生まれるだろう。

これは先ほどの「マイノリティ」の話から当然予想できることですね。「マイノリティ」が至るところに出現すれば、「公理系」は解答を出せなくなってしまうわけです。

資本主義はたえずみずからの限界を設け、それをより遠くへ押しやるが、それと同時に、その公理系を逃れていく流れをあらゆる方向に発生させずにはいない。資本主義が、その実現モデルとなっている数えられる集合において現実に機能するためには、これらのモデルを横断しつつ転倒させる数えられない集合を発生させなくてはならない。資本主義によって脱コード化され脱領土化された流れの「接合」が行なわれるときには必ず、それらの流れはより遠くへと行き、流れを再領土化するモデルに流れを接合する公理系を逃れ、新しい「大地」を描き戦争機械を構成する「連結」の中に入っていこうとする。この戦争機械の目的はもはや絶滅のための戦争でも全面的恐怖としての平和でもなく、ひたすら革命的な運動である（流れの連結、数えられない集合の構成、すべての者がマイノリティになること）。

これは今までの主張をまとめると当然出てくる帰結です。少し違うのは、「4.」では、世界が戦争機械に覆われた「全面的恐怖としての平和」までしか語られていませんでしたが、ここでは、その次の段階として、戦争機械が革命的運動を起こす可能性を示唆しているわけですね。ポイントは、脱領土化・脱コード化した「流れ」を再び「接合 conjugation」しようとする資本主義の「公理系」の作用を逃れて、自由に運動をめぐる新しい「大地」を描きながら、相互に「連結 connexion」することができるかどうかです。この場合の「大地」は当然、一度足を踏み入れたら出られなくなるようなものではなくて、「連結」

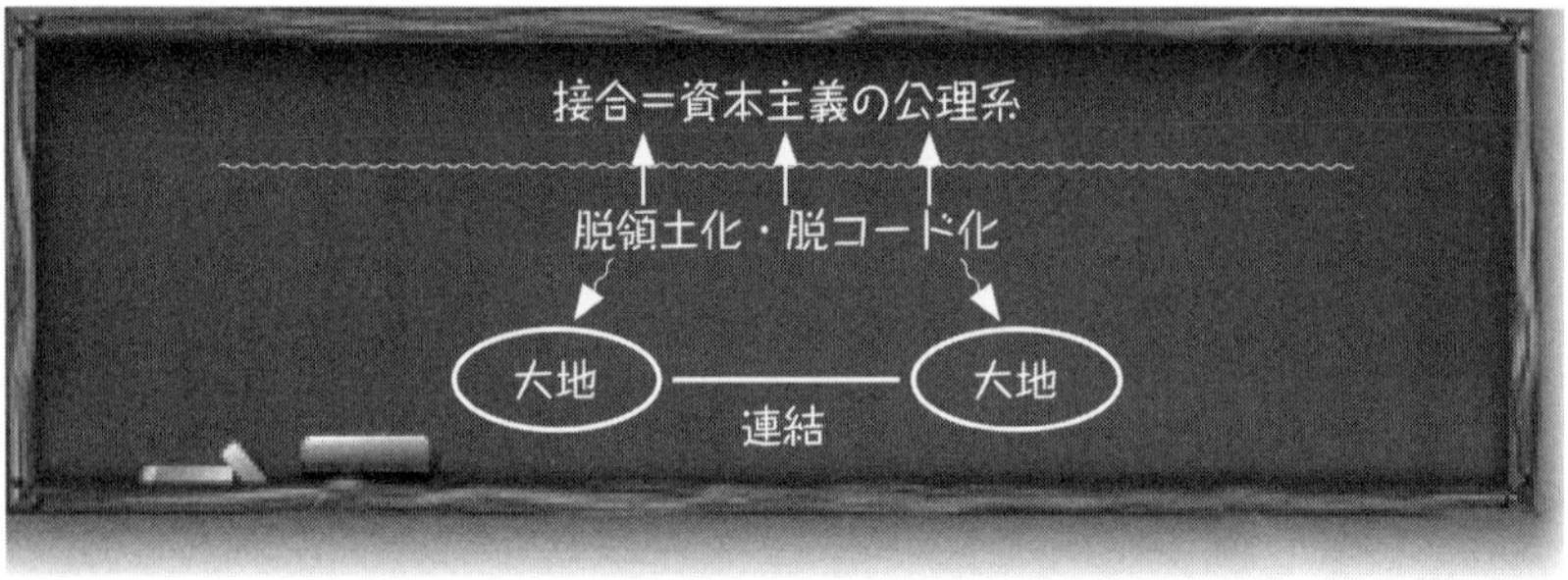

も比較的自由に解けるものでしょう。

この「大地」を「存立平面 un plan de consistance」と言い換えていますね。この平面は「資本の組織または発展の平面 le plan d'organisation et de développement du capital」とも、「官僚社会主義的平面 le plan socialiste bureaucratique」とも違って、これまで見てきたように、多様なものの多層的な共存を可能にします。機能的に分化していない、「器官なき身体」の様相を呈します。

それは資本主義公理系のオートメーション化とも官僚社会主義のプログラム化とも対立する。だからわれわれが「決定不可能命題」と呼ぶものは、どんなシステムにも必ず存在する結果の不確実性ではない。反対に、システムによって接合されるものと、それ自体連結可能なさまざまな逃走線にしたがってシステムから逃れていくものが、同時に存在すること、分離不可能であることを言うのである。決定不可能なものはこうして、何よりも革命的決定因の萌芽であり、場なのである。世界規模の隷属システムとしてハイテクが思い浮かべられるかもしれない。しかしこんな機械状隷属にさえ、あるいはここにこそ、決定不可能な命題や運動が溢れているのである。このような命題や運動は、技術に誓いを立てた専門家の知に委ねられているのではなく、「ラジオになること」、「エレクトロニクスになること」、「分子的なものになること」といった万人の生成変化に武器を提供するものなのだ。

この「決定不可能命題 propositions indécidables」が、単なる「結果の不確実性 l'incertitude des conséquences」ではないというのは、単に不確定要因があるということではなく、互いに相容れないはずの二つの要素が含まれていて、その矛盾が解消できないということです。新たな「機械状隷属」か「革命的決定要因」になるか、です。ポイントは「ハイテク」ですね。通常の資本主義批判の言説だと、「ラジオ」とか「エレクトロニクス」とかは、資本主義的な機械文明、疎外の象徴ですが、そういうハイテク的なものに「生成」すること、そういうものと一体化して自分のアイデンティティを変えていくことを、「マイナーなものへの生成」と見ているようですね。

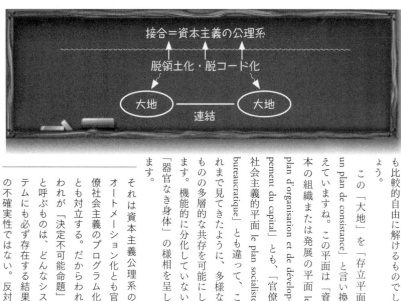

ネグリ（一九三三－　）＋ハート（一九六〇－　）の〈帝国 Empire〉の議論も、グローバル資本主義が作り出した、インターネットなどの国際的なインフラを利用して、マルチチュード（多数派＝群衆）の革命が可能になるという話です。ネグリはガタリと、『自由の新たな空間』（一九八五）という共著を出していて、互いに影響を与え合ったことが知られています。

第14プラトー「一四四〇年――平滑と条理」

第14プラトー「一四四〇年――平滑と条理」の日付は、少し後で見るように、大航海時代と関係があります。平滑／条理という二つの種類の空間の違いはもう何度も出てきましたね。

> 平滑〔滑らかな〕空間と条里〔区分された〕空間、――遊牧民空間と定住民空間、――戦争機械が展開する空間と国家装置によって設定される空間、――これら二つの空間の性質は異なっている。ところが、この二種類の空間のあいだに単純な対立を設けると、すぐにそれよりはるかに複雑な差異があり、対立項は継起するのであって、必ずしも同時に存在しないと認めざるをえなくなる。しかもこの二空間は、事実上、互いの混合においてしか存在しないと言わざるをえない。平滑空間はたえず条里空間の中に翻訳され、そこを横断する一方、条理空間は平滑空間にいつも反一転し、送り返される。

平滑空間≒遊牧民空間≒戦争機械が展開する空間、条里空間≒定住民空間≒国家装置によって設定される空間、という対置になっているので、分かりやすいですね。ここまで、両者の違いを強調してきたわけですが、実際には、同じ時期に隣り合って対峙しているわけではなく、もう一方はまだ実在しない、あるいは、今は実在しておらず、潜在的な可能性しかないが、そのヴァーチャルな影響を受けているということがあるし、ほとんどの場合、両者が混じり合っていることが多い、といった、当たり前のことを確認しているわけですね。

技術的モデル、音楽モデル、海洋モデル

二五〇頁から、この両者の関係を理解する際にモデルがいくつか紹介されています。まず、「技術的モデル」として、条里空間を、垂直、水平の糸の規則正しい交差から成る「織物」と、平滑空間を、糸と糸の区別はなく、繊維を圧縮しただけの「フェルト」に譬えていますね。それから、編み物における、中心的なテーマを持った刺繍とパッチワーク。二つの布を重ねて指し縫いするキルティングの歴史を見ると、刺繍的な様式からパッチワーク様式への移行が見られる、ということですね。次に音楽モデルで、振動数の配分に区切りがある場合と、区切りがない場合、といった違いがあるということですね。

二五六頁から「海洋モデル」について述べられています。ご

く普通に考えると、海それ自体は平滑空間ですが、次第に「条里化」が行われている、ということですね。要するに、海に国境線とか排他的経済水域とかが設定され、国家などに管理されるようになったということです。

> ［…］海の条里化が行なわれたのは外洋航海においてであった。海洋空間は、天文学と地理学という二つの成果にもとづいて条里化された。星と太陽の正確な観察の上に成立つ一連の計算によって得られる点と、経線と緯線、経度と緯度を交差させて既知もしくは未知の地域を囲む地図によって（メンデレーエフの表のように）。ポルトガルの主張にしたがって、一四四〇年頃を、最初の決定的な条里化が起き、大発見が可能になった転回点とすべきだろうか。

メンデレーエフ（一八三四－一九〇七）の周期表の譬えを出しているのは、その元素がまだ発見されていなくても、表の空白の位置にあるはずのものとしてその存在を想定できるのと同じように、地図上の位置さえ確定すれば、まだ誰も訪問していない土地や海域でも、地図上に位置付けて、政治的交渉の対象にすることができるからでしょう。

一四四〇年代は、ポルトガルのエンリケ航海王子（一三九四－一四六〇）を中心とする、非ヨーロッパ地域への遠洋航海が活性化する時期です。彼は、イスラムの支配する北アフリカへの進出や、イスラム商人を介さないで、インド方面との交易路を確立することを目指し、一四一六年頃に、ポルトガルの南西端のサグレスという地域に、天文台、造船所、遠洋航海術や地図作成を学ぶ学校を築き、海外進出の拠点とします。四〇年代には、現在のモーリタニア、五〇年代にはシエラレオネまで船団を派遣することに成功します。コロンブス（一四五一－一五〇六）がキューバやイスパニオーラ島など西インド諸島を発見したのが一四九二年、ヴァスコ・ダ・ガマ（一四六〇頃－一五二四）が喜望峰を経てインドに到達するのが九八年。九二年には、コロンブスの発見を受けて、教皇アレクサンデル六世（一四三一－一五〇三）が、アフリカのヴェルデ岬西方の子午線を、地球儀上のスペインとポルトガルの勢力圏の境界線とする教皇子午線を宣言します。

> おそらくこんなふうにして、平滑空間の原型である海は、同時にあらゆる平滑空間の条里化の原型となったのだ。砂漠の条里化、空の条里化、成層圏の条里化（それゆえヴィリリオは方向転換として「垂直方向の沿岸地帯」について語っている）。平滑空間が馴致されたのはまず海の上であり、これは土地整備や、条里化されたものの強制のモデルとして後に他のところでも利用されるだろう。

海の条里化が空や成層圏の条里化のモデルになったというのはいいとして、砂漠の条里化とか土地整備のモデルになったと言われると、順序が逆なのではないか、という気もしますが、この場合の陸上の条里化というのは、古代の帝国のような、都市を作ってそこから支配を広げていくというような大雑把なやり方ではなく、最初から科学に基づく厳密な測定法に従って実行されるものだと考えると、大航海時代以降、測量術や土木技術、都市計画が急速に発展したわけですから、おかしくはありません。しかし、そうやって条里化されたかと思うと、

条里化をくぐり抜けて海は再び一種の平滑空間を与える。まず現存艦隊 *fleet in being* が、次には戦略潜水艦の恒常的な運動がこれを占め、あらゆる碁盤割りを凌駕する。条里化の極限で戦争機械を再構築する国家装置よりもいっそう不気味な新しいノマディズムが発明され、戦争機械に奉仕する。海が、次には空と成層圏が再び平滑空間となって現れるが、これは、実に奇妙な転倒によって、条里化された陸をより巧みに管理するためである。平滑なものは条里化されたものよりも常に高い脱領土化の力能を持つ。

先ほどの、単一の戦争機械が、「全面的恐怖としての平和」で世界を覆い尽くすという話の軍事的側面ですね。国境線を越えて威力を発揮する兵器の出現で、国家間の合意によって成り立っていた国際秩序の基盤が揺らぐ、ということですね。潜水艦とか長距離ミサイルがどこから出現するか分からない、ノマド的な動きを示すおかげで、海や空が、ある意味、平滑空間化しているわけです。カール・シュミットも『大地のノモス』（一九五〇）で、海と空を自在に横断する兵器によって、ヨーロッパの国民国家の間で生まれ、かなりの歪みを伴いながらも、帝国主義と共に全世界に拡大した国家間秩序が最終的に終焉しつつあると指摘しています——拙著『カール・シュミット入門講義』をご覧下さい。しかし、そのおかげで、陸上ではセキュリティ・システムが強化され、大都市を中心に条里化が強化される、という、先ほどもあったような、平滑空間と条里空間が反発しながら、互いを前提にしている妙な状況が生まれているわけです。九・一一事件以降、それがかなり可視化されたわけですね。

数学モデル

二六四頁から、「数学モデル」です。数学的な「多様体 multiplicité」の二つの重要な特徴である「大きさ grandeur」と「隔たり distance」に注目していますね。「大きさ」と違って「隔たり」は分割される度に、性質が変わるということですね。例えば、温度はそれより低い二つの温度の合計ではないし、速度もそれより低い二つの速度の合計ではありません。これらは、何らかの基準となる状態からの「隔たり」を示しているだけで、「大きさ」ではないわけです。この違いが、これまで出てきた、計量的／非計量的、中心化／非中心化、条里／平滑、メジャー科学／マイナー科学といった一連の対立と対応しているということですね。

二七二～二七三頁に図が掲載されています。これは中沢新一さんもよく話題にするフラクタルですね。条理化を進めていくと平滑的なものも生じてくるという話の例ですね。ライプニッ

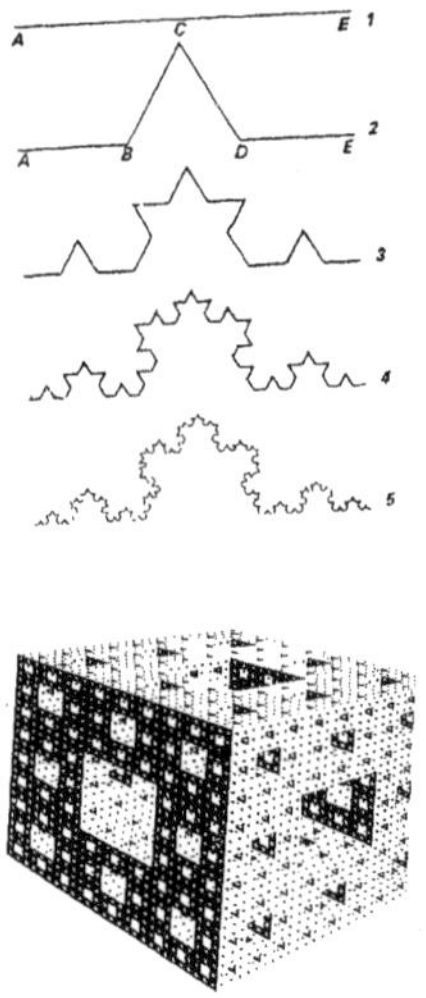

翻訳書下巻p.272（下）、p.273（上）より

ツの襞の話とも関連してきますが、まっすぐな線分に見えても、細部を見ると、凸凹があるので、その凸凹の部分まで含めて線の長さを測定しようとする場合、大まかに線分と見た場合より、ずっと長くなるでしょう。その凸凹のそれぞれをよく見ると、更に細かい凸凹があり、その凸凹の……とどんどんミクロのレベル、分子、原子……のレベルでまで細かく見ていくと、恐らく無限に同じようなパターンが繰り返されて、長くなっていきます。

物理学モデル

二七五頁から物理学モデルですね。ある空間が条里化を逃れる二つの契機として、「偏位」＝「最小のずれ」と「螺旋または渦巻」を挙げています。「平滑空間は、垂直線から逸れていく最小角と、条里化をはみ出す渦巻きによって作られる」と述べていますが、そういう運動を扱う領域として、やはり水力学や流率法（微積分）が挙げられていますね。では、そういう細かいところで偏位し、流れるようなイメージに対応するのは、どういう社会の在り方か。

> われわれはすでに、平滑空間における「自由活動」と条里空間における「仕事」とを区別する必要に出会った。この二つの概念の精密化が進んだのは、確かに十九世紀である。〈仕事〉というものの物理的科学的な概念の精密化（重さ－高さ、力－移動）と、労働力または抽象的な労働という社会経済学的概念の精密化（倍加したり分化したりでき、すべての労働に適用される抽象的で均質な量）。ここには物理学と社会学のあいだの深い結び付きがあったのであり、社会学は労働の経済学的な測定方法をもたらし、物理学はといえば、仕事についての「力学的な貨幣」を与えたのだ。

工場でスケジュールが組まれ、組織化され、抽象的な労働時間や産出量で測られる「仕事 travail」と、「自由活動 action libre」が対比されているわけですね。〈travail〉は、通常は「労働」と訳されます。「仕事」というと、職人仕事みたいな印象を与えますね。しかし、ここでは物理学の概念の「仕事」の意味もあるので、そちらに合わせたのでしょう。こじつけっぽい感じはしますが、物理学で「仕事」の概念が確立されたのは、一九世紀半ば、熱力学の関係だったわけですが、熱力学と言えば、工場で使う蒸気機関ですね。つまり、工場労働が組織化され、マルクスたちが共産主義の理論を構想していた時に、工場で使うカルノー機関が開発され、それとの関連で熱力学の「仕事」の理論が精緻化されていったわけです。「労働＝仕事」によって、工場での規格化された生産に合わない「自由活動」が排除されたわけです。

検証。国家装置、余剰労働が存在しないところには、労働モデルも存在しない。そこにあるのは、言葉から活動へ、ある活動から別の活動へ、活動から歌へ、歌から言葉へ、言葉から企てへ、といった一つの不思議な半音階法によって移動する自由活動の連続変化だけである。そこにはときとして強度に突出した瞬間が出現するが、外部の観察者はこれを努力の瞬間として、労働の文脈に「翻訳する」だけだ。実際、黒人についてはいつも言われてきた。「彼らは働かないし、働くとはどんなことか知らない。」そして誰にもまして、抽象的な量にしたがって働くことを強制されてきたのも彼らである。さらにまた、インディアンたちは、それがたとえ奴隷制の労働組織であっても、労働の組織が何であるか理解することもそれに適応することもできなかったようだ。アメリカ人たちがあんなに多くの黒人を連れてきたのは、むしろ死んでいくままになっていたインディアンを使用することができなかったからである。

この「余剰」をめぐる議論は、先ほど見たように、「ストック」に伴うアレンジメントの変化をめぐる議論と表裏一体の関係にあります。「自由活動」だと、ここまでは遊び、ここから真剣な仕事という区別がないし、労働が当たり前だと思っている人間には理解できないことをすることがあります。先ほどお話ししたように、サーリンズなどの研究によると、未開社会の人は当面の生活に必要な分だけ収穫すると、労働をやめてしまい、私たちのように、将来の不安のためにストックを作るという発想はないようです。植民地化の初期には、ネイティヴ・アメリカンを無理やり労働させると、そういう生活に慣れていないので早く死ぬ、というのは実際あったようです。それで、アフリカから黒人を連れてきた。ちくま学芸文庫から訳が出ているエリック・ウィリアムズ（一九一一－八一）の『資本主義と奴隷制』（一九四四）でも、植民地化を始めた当初の白人入植者たちの認識が紹介されています。

ところで、労働が国家装置に対応する条里化された時空間を作るとすれば、それはむしろ前古代もしくは古代的な形態ではないだろうか。なぜなら、余剰労働が貢ぎ物や賦役の形で区別され抽出されてきたのは、これらの形態においてだったからだ。だからここでこそ、労働概念が最も明確な形態を現わすのである。たとえば、古代帝国の大土木工事、都市や農村の給水工事であり、そこでは平行と見なされる区画により、水は「短冊状」に流される（条里化）。資本主義体制においては反対に、余剰労働がますます労働「そのもの」と区別できなくなり、完全に労働に溶け込んでしまうように見える。現代の公共工事は、古代帝国の大土木工事と同じ地位を持っていない。再生産に必要な時間と「搾取される」時間が時間として分離されなくなっている以上、どのようにして二つを区別できるのだろう。こう言ったとしても、決してマルクスの剰余価値の理論に反するものではない。なぜならまさにマルクスこそ、資本主義体制においてはこの剰余価値が位置決定可能なものでなくなることを示しているのだから。これこそがマルクスの根本的な成果なのである。だからこそマルクスは、機械はそれ自体、剰余価値を産み出すものとなり、資本の流通は、可変資本と不変資本の区別を無効にするようになると予知しえた。このような新しい条件のもとでも、すべての労働は余剰労働であることに変わりはない。だが、余剰労働はもはや労働さえ必要としなくなってしまう。余剰労働、そして資本主義的組織の総体は、徐々に労働の物理的社会的概念に対応する時空の条里化とは無縁になってきている。むしろ、余剰労働そのものにおいて、かつての人間の疎外は「機械状隷属」によって置き換えられ、任意の労働とは独立に、剰余価値が供給されるようになっている（子供、退職者、失業者、テレビ視聴者など）。

確かに、古代国家の方が分かりやすい条里化をやっていたというイメージはありますね。ここで「余剰労働 surtravail」と言っているのは、労働者の再生産に必要な労働という意味で、「労働『そのもの』travail «tour court»」というのは、再生産に必要なだけの労働という意味です。〈tour court〉を「そのもの」と訳すと、何だか「物それ自体」のような形而上学的な話に聞こえますが、〈tour court〉は、余計なことは付け加えないで、ストレートに本題に、というような意味合いで使われる副詞なので、「『余計なこと抜きの』労働」くらいに訳すのがいいと思います。マルクス主義用語で「不変資本」とは、生産過程を通して価値が変化しない工場設備や原材料のことで、「可変資本」とは剰余価値を生み出す、労働力の購入に充てられる資本を指します。

後半は何となく、通常のマルクス主義経済学の大前提を述べているようですが、そうではありません。再生産に必要な時間と搾取される労働の時間の区別がなくなることと、機械自体が剰余価値を生み出すことを認めてしまったら、マル経は崩壊します。資本家が労働者から搾取している、とは言い切れなくなります。ただ、ここで言っている「機械」は恐らく、マルクスが想定している、人間の外に不変資本として存在している金属の塊ではなくて、ドゥルーズ＋ガタリ的な意味での「機械」です。「機械状隷属」というのは、機械を通じて、資本家が労働者を搾取しているのではなく、両者ともに、様々な形で剰余価値を作り続ける「機械」の運動に巻き込まれているわけです。

こうして使用者が被雇用者になる傾向があるだけでなく、資本主義は、労働の量に対して作用するよりも、複雑な質

> 的過程に対して作用するのであり、この過程は交通手段、都市のモデル、メディア、レジャー産業、知覚や感じ方、これらすべての記号系にかかわるものとなっている。

企業のトップが資本家というより、ただの雇われた経営者となり、彼らも「機械」の部品になっている、というのはよく聞く話ですね。メディアとかレジャー産業など第三次産業的なものと、「知覚や感じ方 les manières de percevoir et de sentir」が並べられているのは、アドルノ＋ホルクハイマーやボードリヤール（一九二九－二〇〇七）の文化産業－消費社会論で示唆されているように、私たちが消費したり、レジャーを楽しむこと自体が、資本主義を発展させることになる、と言いたいからでしょう。私たちが検索したり、チャットすること自体が、ＧＡＦＡの利益になっているという話を聞きますね。私たちの身体が全体的に「機械」に取り込まれ、隷属化しているせいで、「機械」の中にいる限り、どこまでが生計を立てるための本気の労働か、どこからが遊びか区別の付けようがなくなっているわけです。

> ますます加速された現在の資本流通の新しい形は、不変資本と可変資本との区別、さらには固定資本と流動資本の区別さえ、だんだんと相対的なものにしつつある。本質的なことは、むしろ条里化された資本と平滑な資本の区別であり、国家と領土、さらには異なったタイプの国家群をも通り抜けていく複合体を通して、前者が後者を産み出していく仕方である。

「固定資本」というのもマルクス主義の用語で、機械や建物などすぐには商品に転化しないが、減価償却の形で徐々に転化する資本のことです。「流動資本」とは、原材料と労働力のことです。「不変資本」から原材料を取ったのが「固定資本」で、「可変資本」に原材料を足したのが「流動資本」です。固定／流動の境界線も流動化するというのは、現代のＩＴを目いっぱい活用して、ヴァーチャル・リアリティ、アニメ・コンテンツ、金融商品などを扱う産業になると、何をもって、商品の生産というのかさえ曖昧になっているので、インフラとして固定している部分と、回転している部分の違いが曖昧になっているわけですね。ＰＣやスマホのアプリを使ってコンテンツを作り出すような場合、アプリは固定資本なのか？　こういう意味で、流動的状況になり、様々な対象や人間の間で、平滑空間的＝リゾームな関係が生じていることを、ドゥルーズ＋ガタリたちは、資本主義による条里化が社会の隅々にまで浸透したことの帰結と見ているわけです。

美学モデル、遊牧民芸術

最後の「美学モデル、遊牧民芸術」を見ておきましょう。

> まず、遠くからの像と区別される「近接像」である。それはまた、光学的空間と区別される「触覚的空間」、というよりむしろ「把握的空間」とでもいうべき概念である。把

握的という言い方は触覚的という言い方よりも適切である。というのは、把握的という言葉は二つの感覚器官を対立させないで、眼もそれ自体で光学的な機能以外の機能を持つと考えさせるからである。アロイス・リーグルは賞讃すべきページを書いて、この近接像―把握的空間という対概念に、美学上の根本的な地位を与えた。

アロイス・リーグル

アロイス・リーグル（一八五八―一九〇五）は、オーストリアの美術史家で、『末期ローマの美術工芸』（一九〇三、二三）という著作で、「触覚的空間」という概念について論じています。ベンヤミンも『複製技術時代の芸術作品』（一九三六）で参照しています。リーグルの議論の特徴は、芸術作品、特に建築における「触覚」の役割を強調しています。「触覚」といっても、直接、皮膚に触れるかどうかが問題ではなくて、建物を歩いている時に全身で感じる圧迫感のようなものです。リーグルは、視覚と触覚がセットになって、対象の経験を構成する、と指摘しています。ドゥルーズ＋ガタリは、「触覚的 tactile」だと言うと、視覚と対立するように聞こえるので、「把握的 haptique」と言い換えるべきだと言っているわけですが、原語の〈tactile〉も〈haptique〉も、いずれも「触る」という意味の言葉が語源です。前者がラテン語、後者がギリシア語に由来します。日本語で訳し分けた時に、ラテン語由来のものと、ギリシア語由来の本来同じ意味の言葉が違う訳になるのは、ヘンな感じです。恐らく〈haptique〉の方は日常的にあまり使われていないので、狭い意味での触覚を連想させにくいので、意味を広げるために、こっちの方が便利だとドゥルーズたちは考えたのでしょう。リーグルは普通の「触覚」より広い意味を〈taktisch = tactile〉――今のドイツ語だと、フランス語式に〈taktil〉という言い方が普通です――という形容詞に与えているわけですが、この言葉のままだと〈optisch（視覚的）⇔ taktisch（触覚的）〉と対比している感じが出てしまうので、狭い意味での「触覚」を、皮膚全体での体感という感じに、単に拡大するのではなく、近接した対象を身体全体で把握するという知覚の仕方があることを、リーグルは指摘しているんだということを強調するために、〈haptique〉という聞きなれない言葉に込めようとしているわけです。確かに、ある物体にものすごく接近すると、目も、鼻や耳など顔の他の器官と同じように触覚的な働きを強める。目や鼻というか、その周辺の皮膚も、何らかの接触による圧力とか、暑さ寒さを感知することがありますね。まぶしさとか、目がちかちかする時の痛みは、触覚的な性質を持っていますね。

―― われわれには〈平滑なもの〉こそが、近接像の特権的な対

> 象であるとともに把握的空間（触覚だけでなく視覚にも聴覚にもあてはまる）の要素でもあるように思われる。反対に、〈条里化されたもの〉は、より遠くからの像、より光学的な像の方に依拠しているようだ――眼だけがこうした像を持つ唯一の器官だとはいえないにしても。次にここでもまた何らかの変形によって修正することが必要となる。このような変形において、平滑と条里のあいだの移行は、必然であると同時に不確定で、一瞬にしてすべてが変わるほどである。

「条里化」は、一定の距離を置いて、対象の全体を視覚的に捉え、空間的に位置付ける作用だと言えます。都市計画とか、大規模なプロジェクトは、光学的・視覚的な図面に基づいて実行されます。それに対して、視野がほとんど閉鎖されてしまうくらいものすごく近い距離にあって、体的接触を通じて感じ取れるようなものから構成される空間は、ドゥルーズたちの言う平滑空間な性質を帯びてくるのではないか、と考えられます。ただ、こういう対比はこれまで見てきたように、相対的なものでしかありません。条里空間の細部を、触覚が働くくらい近くから見ると、細かい断裂や襞、先ほどのフラクタル曲線のようなものが見えてきて、修正を余儀なくされる。その意味で、条里空間には常に潜在的に平滑空間を含んでいます。

> リーグル、ヴォーリンガー、マルディネのすぐれた分析もわれわれには曖昧に見えるのは、こうした理由によるようだ。この三人は把握的空間を、エジプト芸術の帝国的な条件のもとでとらえている。それによれば把握的空間は、背景－水平線の存在、空間を面に還元すること（垂直と水平、高さと幅）、個体性を閉じ込めその変化を捨象する直接的輪郭、によって定義される。このようなものが、不動の砂漠を背景に、どこから見ても平らな面を現わすピラミッドの形である。反対に彼らは、ギリシア芸術とともに（ついてビザンチン芸術、そしてルネサンス芸術まで）どのように光学的空間が生まれてくるか、明らかにする。この光学的空間は背景を形態に合流され、さまざまな面同士を干渉させ、奥行きを獲得し、体積をもつ立体的な拡がりに働きかけ、遠近法を組織し、凹凸や陰影、光や色彩を作用させるのである。だが、彼らがこうして把握的空間を見出すのは、最初からそれが変異する点において、つまりそれがすでに空間を条里化する役をになっているという条件においてである。光学的空間は、こうした条里化をより完全により細かに、というよりむしろ別の仕方で完全にし細かくするのである（これは同一の「芸術意志」ではない）。

ヴォリンガー（一八八一－一九六五）はドイツの美術史家で、リーグルと同じウィーン学派と呼ばれるグループに属していて、「芸術意欲 Kunstwollen」という概念を継承し、初期の論文『抽象と感情移入』（一九〇八）では、抽象化へと向かっていく「芸術意欲」を解明しようとする姿勢を示しています。アン

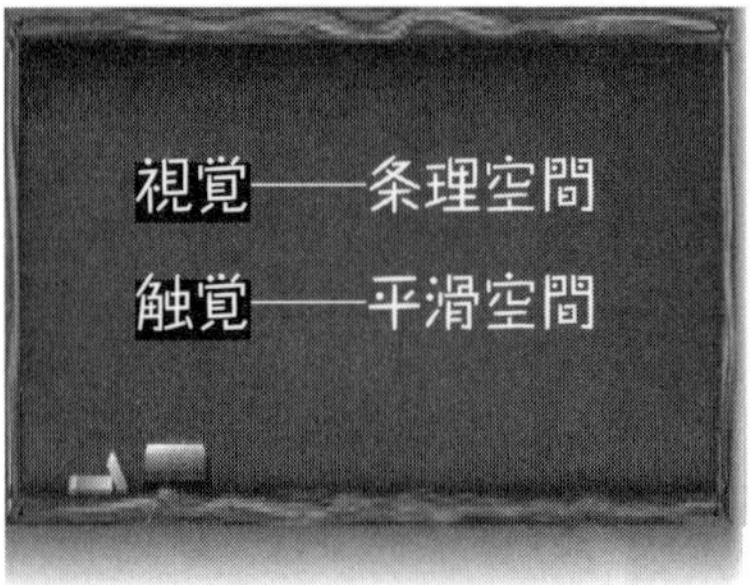

リ・マルディネ（一九一二－二〇一三）は、フランスの現象学の哲学者で、フランスでの現象学の代表格の一人ですが、美術関係の仕事も多くてがけています。ドゥルーズたちが彼らの仕事に対して抱いている不満は、せっかく、「把握的空間」の概念に到達していたのに、それも含めて、芸術の発展は全て光学的な条理空間の中で起こっているかのように記述していて、条里空間が平滑空間を含んでいて、条里制を突き詰めると、細部に把握空間的なものが現れ、平滑空間が次第に現れてくる、というところまで議論を進めていない、ということでしょう。

抽象線

二九一～二九三頁にかけて、ヴォリンガーの著作における「抽象線 ligne abstraite」の意味について述べています。ヴォリンガー自身は、芸術は、対象を抽象化するところに始まるという前提に立ち、古代エジプト帝国における、幾何学的で抽象的な線を、その始まりと捉えていましたが、ドゥルーズたち自身はむしろ、遊牧民が平滑空間に引く、直線的ではない線こそが、抽象線であるという立場を取っています。彼らは抽象線は、単に芸術的創造の始まりであるだけでなく、無限の運動を続ける機械状の力によって生じるもので、「存立平面」を形成する「抽象機械」の現れと見ているようです。

彼らは、ヴォリンガーが「ゴチック」的と呼んでいる線こそ、自分たちの言う意味での「抽象線」であると主張します。

> ヴォーリンガーが次のように語っているのは遊牧民の線のことなのだ。この線は機械的であるが、自由活動の線であり渦を巻いている。この線は非有機的だが、生き生きしている。そして非有機的であるからこそ生き生きしている。それは幾何学的なものとも有機的なものとも区別される。それは「機械的」な関係を直観にまで高めている。

我田引水的な感じはしますが、確かにヴォリンガー自身が、抽象化作用に伴うキーワードとして「機械的 mechanisch」という言い方をしています。「遊牧民」の話はしていませんが、古代のオリエントやイスラエルの芸術的表象を、芸術的抽象化の起源と見ているので、「遊牧民」のことを言っていると取れる箇所はあります。いずれにしても、ドゥルーズたちの言いたいのは、芸術における「抽象化」というのは単に直線的な幾何学模様を描くことではなく、平滑空間の中での流動性の高い運動、自らが存在するための存立平面を形成する運動だということでしょう。

―― 要素のあいだの速度と緩やかさの関係、これはいずれにせ

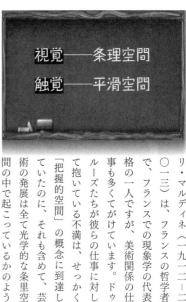

よ有機的な形態の運動と器官の規定を逸脱するものだ。線が逃れる動きの軽やかさによって幾何学を逃れるのと、生が自分の場で渦を巻き、交換し続けることによって有機的なものから身を引き離すのは、同時に起きることである。〈抽象作用〉に固有のこのような生の力学こそが平滑空間を描くのだ。抽象線とは平滑空間の情動であり、有機的表象作用とは条里空間をつかさどる感情だったのだ。こうして、把握的－光学的、近接的－遠隔的の差異は、抽象線と有機的線との差異に従属すべきものとなり、それらの原則は二つのタイプの空間の一般的対立のうちに見出されるものとなる。そして、抽象線は幾何学的、直線的なものとしては定義されなくなる。ここから生じる問いがある。現代芸術において何を抽象的と呼ぶべきか。方向を変える一つの線、いかなる輪郭も引かず、いかなる形を限定することもなく……。

現代芸術が抽象的なものを求めているというのは、よく聞く話ですが、それが条里空間を支配する有機的・幾何学的な表象を逃れようとする機械的運動の現れで、砂漠やステップでの遊牧民の運動、戦争機械を作り出す運動と連動しているわけですね。「抽象線」は、「有機的線 ligne organique」というか、あらゆる流れを条里空間の中に取り込もうとする組織化する線から逸脱する運動、マイナーな生成の過程が、どのような組織や形態にも拘束され続けない「抽象線」の形を取るわけですね。条里化が極度に進むと、細部の平滑性が露出してくる、抽象線が次第にはっきりした痕跡を見せるようになるのだとすると、資本主義的な「公理系」の支配が全世界に及んでいる現在のような時こそ、いろんな「抽象線」が見えてくるはずですね。そうしたいろんな抽象線が集まって、「平滑空間」になるのでしょう。

最も条里化された都市さえも平滑空間を出現させるのだ。再び遊牧民または穴居民として都市に住むことができる。平滑空間を作り出すには、運動、速さ、緩やかさだけで十分なこともある。そして、平滑空間は、確かにそれ自体で解放をもたらすものではない。だが、闘争が変化し移動するのは平滑空間においてであり、生が新たな賭けへと向かい、新しい障害に直面し、新しいスタイルを発明し、敵を変容させるのも平滑空間においてなのである。ただし平滑空間ひとつで救われるなどと決して信じないようにしよう。

左派的な芸術運動で、「空間を作る」という言い方をします、それは条理ではなく平滑空間を作るということ、様々な抽象線が交差する、リゾーム的な空間を作ることになるわけです。平滑空間は、この本の比較的前の方で出てきた「器官なき身体」の拡大ヴァージョンのような感じでしょう。ただ、麻薬のようなものによって、一つの「器官なき身体」を獲得したからといって、そこで満足したらダメになるというのと同じで、ある種の「平滑空間」が獲得できた気になって、そこで満足したらダ

メだ、と警告しているわけですね。条里空間から平滑空間が生まれてくるように、その逆もあるわけです。芸術的な空間を作ったつもりで、資本主義の延命のための新しい欲望・運動の回路を作っただけ、ということになりかねない。最終ゴールが見えてきたと思う感覚自体が、ノマド的ではないのでしょう。

最後に第15プラトーが残っていますが、これは「結論」というより、用語のまとめ的なものなので、本講義では触れません。以上までの本文をきちんと読めば十分理解されると思います。

■質疑応答――

Q1　大まかな質問で恐縮ですが、最終回なので。先生から見て、今日の時代、『千のプラトー』の意義はどの辺りにあるのか、お聞きしたいと思います。

A1　今であれば、さほど珍しくはないのかもしれませんが、当時、「革命」とは、資本主義の一律化するような秩序をぶち壊すものだとしか考えられていなかった。「カオス」を作る。しかし、その「カオス」とは一体どういうものなのか、あまり考えられていなかった。芸術的には、「空間」を作るということになるけど、どんな「空間」か？　資本主義的な疎外された空間でないことは確かだけど、どうなったら自由な「空間」なのか。軍隊的な規律によって団結した党とかセクト、前衛芸術家集団が支配する空間でないのも確かでしょう。

そういう「自由の空間」とはどういうものかを、現代芸術や文学の動向を踏まえて、それだけではなく、科学思想史や現代資本主義の動向までも含めて分析しようとしたわけです。マルクス主義を離脱して、アナーキスト的な方向を目指す左派的な前衛芸術運動というのは結構昔からありますが、そういうのは狭義の「経済」の話はほとんど無視するようになるし、文化人類学からの知見のようなものも、本格的には活用できません。未開文化の要素を取り入れるような前衛芸術ならいろいろありますが、それが、資本に対して相対的に自立した「自由の空間」の形成に寄与しているのか、資本のグローバル化に寄与しているのか分からないわけでしょう。

マイノリティの権利擁護運動も、一九七〇年代以降、次第にマルクス主義や社会民主主義と距離を置くようになったけど、どういう方向に向かったらいいのか。全てのマイノリティを白人男性集団から分離して、それぞれ独自の国を作るというようなのが解決策にならないことくらいはさすがに分かっている。闘争のために、アイデンティティの数を増やせばいいというものではないし、逆に、〝抑圧されたマイノリティの大同団結〟というのも、ファシズム的な匂いがする。

いろんな見通しが利かなくなりつつある状況で、精神分析批判の過程で獲得した「機械状の運動」というイメージをうまく使って、答えというのではないけれど、いろんな問題に見通しが付くようにしようとしたわけです。

自分で「機械」を作るとか、「抽象線」を引くとか考えると、どうやったら実行できるか分からないし、ヘンな空回りをしそうです。普通の人は途方に暮れる。そこで彼らは、自分の生きている空間の細部をよく見なさい、皮膚感覚を少しだけ敏感にしなさい、というわけです。襞やフラクタルが見つかるかもしれない。私たちの身体感覚に起きていた変化に気付くかもしれない。そういう変化の線を見つけていこう。それがいわゆる革命に相当するものになるだろう。そういう発想だと思います。

Q2　よく見たら規則正しいものもジグザグになっている。そこから変化が起きてくる、ということですか。

A2　それは「芸術」の中で既に起きている。「芸術」というのを狭く捉えたら、前衛芸術のトレンドの話に終わってしまうけど、そこで気付いた感覚の変化をもう少し広い領域に向けていく。普段出入りしている建物やオフィス、そこにいる人との関わり方にも、平滑的なもの、リゾーム的なものが既に現れているかもしれない。コロナ禍の最近の事情で言えば、Zoomを使って仕事をするようになると、お互いの身体や動作の特徴について気付くことがいろいろあるでしょう。

Q3　今のご説明は、革命に相当するような変化の逃走線を見つけていこう、ということが言いたい、ということですね。この結論を説明するために、彼らは「この本は独立したプラトーでどこから読んでもいい」と言っていますが、そういう逃走線を見つけやすいように、逆算して各プラトーを書いたのだと思います。それに加えて、既成の概念や言葉で表現できないことが多いので、文化人類学、文学、芸術、生物学、数学などの多用な比喩を必要としたのだと思いますが、それがハードルを高くしている面もあるように感じました。この本の解説で宇野邦一さん（一九四八－　）が、方法論的観点から解説されていますが、先生はこの本での彼らの方法論について、どのように考えられますか？また、特にユニークだと思われる箇所はどこでしょうか？

A3　各プラトーごとに違った分野から参照して、違った語彙を使っているので、まとめにくいですが、やはり、先ほどお話ししたように、グランド・セオリーとしてのマルクス主義が権威を喪失していく時代にあって、現代思想の最前線になっている主要領域ごとに、「逃走線」を見つけることに徹したというのが、特徴だと思います。ただ、領域ごとに全くバラバラなことをやっているわけではなくて、三つくらい共通ルールがあるのだと思います。条里空間的というかモル的な視点があまりにも支配的なせいで、それに抵抗しようとする人も、それと同じような見方をして二項対立に陥ることが多いので、それからうまくはずれていく、逃走線を見つける。逃走線を見つける際に、『アンチ・オイディプス』で開発した、機械系統の語彙、あるいはそれを発展させたものを見つける。強引に、こちらの視点を押し付けることをできるだけ避け、その分野のメジャーな理論家の言説からヒントを拾ってきて、主だった概念や言説を、デリダ風に言うと、脱構築する形で、自分たちの分析装置と連結させる。マルクス主義とか分析哲学のように、最初に言葉の意味をはっきり定義できず、〝分析対象〟との関係で拡張せざるを得ないので、いろんなところで、微調整しないといけない。

それで第15プラトーが必要だと思ったのでしょう。つまり、第15プラトーに列挙されているのは、当初からの定義ではなく、結果として暫定的に確定した定義です。なので、これを基準にして、各プラトーを読み直しても、そんなにクリアに理解できるようにはならないでしょう。

［あとがき］

極めてアクチュアルな問題提起をしつづけるテクスト

この本のもとになる月一回連続講義を始めたのは、コロナ禍が本格化する前で、まだ「緊急事態宣言」は出されていなかった。「緊急事態宣言」が出されると、会場の都合で、講義を中断せざるを得なくなった。ネット中継をやってもいいと思ったのだが、会場や受講者のネット接続環境を考えると、それも難しいということだった。何カ月中断したままになるのか予想が付かないので、本当に苛々しどおしだったが、おかげで、『千のプラトー』をもう一度しっかり読み直し、文化人類学や文学の関連書を読み直すきっかけになった。

コロナに関連して、ドゥルーズ＋ガタリと相互に影響を与え合ったフーコーの生権力論関係のものなど、疫病関連の文献を読んでいるうち、共進化を媒介し、種をえたリゾーム状の繋がりを生み出すウイルスの働きに、ドゥルーズたちが注目していたことに気が付いた。農地確保や都市の拡張、大航海などに伴う、生態系の変化が、ウイルスや細菌の変異のきっかけになり、それによって生じる新たな感染症が、人間の生活様式・文明の変化をもたらし、それが更なる生態系への干渉を……というフィードバックの連鎖をめぐるマクニールなどの議論と、マイナーなものへの絶えざる生成変化とが、同じグローバルな運動の異なった側面であるような気がしてきた。

そういう見方をすると、次に、マイナーなものへの生成変化を象徴する「ヴァンパイア」は、その広がり方がウイルス的なものを連想させると共に、それらの反人間に関する伝説・表象は、異なるタイプの社会が接触して、共進化的に生成変化し始める地域で発生していることに気が付いた。更に言えば、平滑空間と条里空間、定住民と遊牧民、国家と戦争機械の間の絶えざるせめぎ合いが、空間の性質を変化させ、ウイルスの変異を促す……。『千のプラトー』で指摘されている様々な問題が、今起こっていることと繋がっているように思えてくる。

それ自体としてはさほど強毒ではない新型コロナ・ウイルスが、これほどのパンデミックを引き起こし、私たちの衛生感覚、対人距離感、生活スタイル、労働を変化させ、生権力的なものを連想させる、「ニューノーマル」をもたらしたのが、元を辿れば、資本を中心としたグローバル化＝脱属領化だとすれば、『千のプラトー』や『〈帝国〉』の叙述がアクチュアルに見えるのは、単なる牽強付会でもないだろう。

無論、『千のプラトー』等の現代思想系のテクストで予見されていたように見えることが、現実化しているからといって、私は別に〝左翼的〟な気分になっているわけではない。その逆だ。テープに起こしてもらった内容を、本として仕上げるべく、本格的に手を入れていた時期に、安倍首相暗殺と統一教会問題が起こった。

多くの読者には、私が統一教会とどう関わっていたのかについては、今更言うまでもないことだろうし、いろんなところで散々語ったり、書いたりしているので省略するが、日本の〝左翼・リベラル〟の付和雷同ぶり、軽薄さに本当にうんざりした。私が、自分が体験したことをできるだけ忠実に再現しようとすると、すぐに、「まだマインド・コントロールが解けていない。あいつを雇っている大学大丈夫か？」、と騒ぎ立てる。相手が〝統一教会〟なら、信教の自由も、法の下の平等も関係ない。あのような日本社会を密かに蝕むウイルスのような輩は、例外措置で殲滅せよ、と言わんばかりに。まるで、コロナ・ウイルスで騒ぐのに飽きて、「統一教会」ウイルスで狂乱しているかのように。

狂乱している人たちは、ファシズム的な統一教会と戦う自分たちを、分子革命の戦士とでも思っているのだろう。しかし、統一教会がミニ・ファシズム的な抑圧体質――旧統一教会は、信者数数万人程度のミニ宗教である――を持っていて、長年にわたって自民党などの保守層にすり寄り、無節操にお先棒担ぎをするような集団だとしても、そういう相手を抹殺するためであれば、どんな手段を取ることも許されると思っている勢力が、革命戦士だということにはならない。そんなことさえ分からなくなっている〝サヨク〟に、今更ながら、うんざりしているのだ。きちんとその宗教の実体を把握せず、どういう人が信者になり、どういう人がやめて、どういう人が信者であり続けるのか、普段どういうことをやっているのか、実際どの程度政治的影響力を持っているのか、ちゃんと知ろうともせず、カルト専門家たちの発言を妄信し、ツイッターで反統一教会の声をかき集めて満足するのは、革命戦士か、それとも、ファシストか？

そうした何重もの意味で、『千のプラトー』は極めてアクチュアルな問題提起をしている、と思う。

『千のプラトー』の世界を更に深く理解するための読書案内

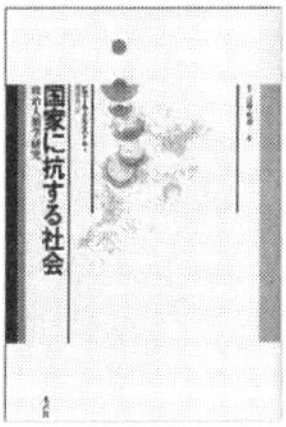

◎ピエール・クラストル『国家に抗する社会』（渡辺公三訳、水声社、1987年）

パラグアイの先住民グアヤキを中心に、南米の先住民の社会を研究したフランスの文化人類学者によるクラストルの主著。未開社会における首長の意味や権力構造の分析を軸にして、政治、戦争、国家の本質について哲学的に掘り下げて考察している。首長に権力が集中しないよう、その役割を限定しているメカニズムが結果的に、国家の発生を抑止することを指摘する。原国家と戦争機械のせめぎ合いをめぐる『千のプラトー』の中核的な議論に強い影響を与えた。一六世紀のフランスの人文主義者ラ・ボエシーの『自発的隷従論』に強い関心を持っており、ちくま学芸文庫から出ている邦訳には、クラストルのラ・ボエシー論も収められており、人文主義とグアヤキの間に意外な関係があったことが分かる。

◎ジルベール・シモンドン『個体化の哲学』（藤井千佳世監訳、法政大学出版局、2018年）

『千のプラトー』の随所で見られる、「形式／質料」の関係の相対化をめぐる議論に強い影響を与えた哲学者シモンドンの主要著作。物性、生物、人間の三つのレベルのそれぞれで、予め不動のイデアのようなものとして与えられている「形式」に従って、「質料」が自動的に組織化されるという二項対立的な発想が成り立たないことが、メタ理論的・形而上学的な考察だけではなく、科学的知見に即して論証されている。「形式」に相当するものが最初から確定しているわけではなく、初期の条件や系の外部からの影響を受け、変化の過程で〝質料〟から影響を受けている面もあることが、ガラス状物体の状態変化、ヒトデ、イソギンチャク、クラゲなどに見られる生殖と個体化の諸形態、人間の個体化に関与するリアリティの諸相に即して示されている。『千のプラトー』の地層的な比喩表現が、科学哲学的な議論を踏まえていることを理解するうえで必読。

◎アントニオ・ネグリ＋マイケル・ハート『〈帝国〉』（水嶋一憲ほか訳、以文社、2003年）

ガタリと共著のあるイタリアのアナーキズム活動家・哲学者ネグリと、ドゥルーズやネグリの思想をベースにした新しい民主主義を志向するハートによる共著。『千のプラトー』で〝予言〟されている、脱属領化・脱コード化を進めながら、世界を覆い尽くしていく資本主義の「公理系」を、国連、ＩＭＦ、ＷＴＯなどの法的機関を備え、世界を一つの論理で統治することを試みる新たな〈帝国〉として読み替える。『千のプラトー』で、「公理系」の支配を潜り抜けていく可能性を託されている、「マイナーなものへの生成変化」を、〈帝国〉が準備したインターネットなどの情報ネットワークを利用して、反〈帝国〉のために結集する〈多数派＝マルチチュード〉に置き換える。ドゥルーズ＋ガタリの見解との違いも随所に見受けられるが、脱属領化論やフーコーの生権力など、ポストモダン系の権力論を、アクチュアルな国際政治・経済の分析にどのように応用できるかを示す、興味深い試みになっている。

◎クライスト『ペンテジレーア』（仲正昌樹訳、論創社、2020年）

『千のプラトー』で、マイナーなものへと生成変化する「戦争機械」のモデルとしてたびたび言及されている、ロマン主義時代のドイツの作家クライストの戯曲。トロイ戦争の最中の、ギリシアの英雄アキレスとアマゾンの女王ペンテジレーアの間の恋愛と闘いを、「愛」の戦争的な本質と、その身体的表出をテーマに大胆にリメイクした作品。領土と富をめぐって争う通常の「国家」の二項対立的な論理に関わること

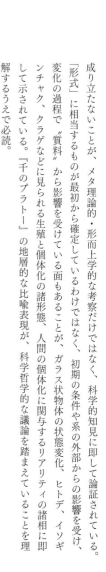

なく、生殖の相手を求めて様々な戦場に出現し、男たちを狩るアマゾンの一族の風習、そして、犬たちと共に愛するアキレスの心臓に噛みつくペンテジレーアの姿が印象的。身体に生じる表象の不調和から、狂気が生じる過程を克明に描き出している。

◎ Muriel Gardiner (ed.), *The Wolf-Man and Sigmund Freud*, Routledge, 1972

フロイトの「狼男」論文に、この症例を受け継いだルース・マック・ブルンスウィックの追加報告や、「狼男」こと、セルゲイ・パンケイエフ自身の回想と併せて、一冊に編集したもの。編者のミュリエル・ガーディナーも精神分析医で、ウィーンでフロイトや狼男と直接会っている。フロイトの分析のどこに問題があるのか、「狼男」は実際には何を体験したのか、ドゥルーズ+ガタリが拘る、「狼」という表象にどういう意味があるのか考えるための重要な資料。

	ベイトソン『精神の生態学へ』
1973	メラニー・クライン『子供の精神分析』 サミール・アミン『不均等発展』『不等価交換と価値法則』 チリ、ピノチェトによる軍事クーデタ
1974	ガタリ『精神分析と横断性』 クラストル『グアヤキ年代記』『国家に抗する社会』 バンヴェニスト『一般言語学の諸問題Ⅱ』 ノージック『アナーキー・国家・ユートピア』
1975	ドゥルーズ+ガタリ『カフカ　マイナー文学のために』 フーコー『監獄の誕生』 メラニー・クライン『リチャードのケース』 ミルトン・フリードマン、チリ訪問
1976	フーコー『性の歴史』第１巻
1976	フルーティオー『深淵と望遠鏡』
1977	ガタリ『マイナー文学のために』『政治と精神分析』 クラストル『暴力の考古学』 ヴィリリオ『速度と政治』
1979	ガタリ『機械状無意識』 ベイトソン『精神と自然』 ネグリ、赤い旅団事件に関連して逮捕・起訴 サッチャー、英国首相に就任
1980	ドゥルーズ+ガタリ『千のプラトー』 レーガン、米大統領に当選
1981	ドゥルーズ『スピノザ　実践の哲学』『フランシス・ベーコン　感覚の論理』 フランス、ミッテラン社会党政権発足
1983	ドゥルーズ『シネマⅠ』 浅田彰『構造と力』
1984	フーコー『性の歴史』第２・第３巻 浅田彰『逃走論』
1985	ドゥルーズ『シネマⅡ』 ガタリ+ネグリ『自由の新たな空間』
1986	ドゥルーズ『フーコー』
1988	ドゥルーズ『襞』
1989	ガタリ『三つのエコロジー』 ベルリンの壁崩壊
1990	ドゥルーズ『記号と事件　1972-1990』
1991	ドゥルーズ+ガタリ『哲学とは何か』
1992	ガタリ、死去 ソ連解体
1993	ドゥルーズ『批評と臨床』
1995	ドゥルーズ、死去

1957	ユンガー『ガラスの蜂』 ウィットフォーゲル『東洋的専制主義』
1958	レヴィ＝ストロース『構造人類学』 デュメジル『神々の構造　印欧語族の三区分イデオロギー』 フランス、第五共和政発足 チャタル・ヒュユクの遺跡発見
1959	ウィリアム・バロウズ『裸のランチ』
1960	サルトル『弁証法的理性批判』 カネッティ『群衆と権力』
1961	フーコー『狂気の歴史』 レヴィナス『全体性と無限』
1962	ドゥルーズ『ニーチェと哲学』 レヴィ＝ストロース『野生の思考』 デリダ、フッサールの『幾何学の起源』を長文の序説付きで翻訳 マクルーハン『グーテンベルクの銀河系』
1963	ドゥルーズ『カントの批判哲学』 フーコー『臨床医学の誕生』 コンラート・ローレント『攻撃　悪の自然誌』
1964	ドゥルーズ『プルーストとシーニュ』 シモンドン『個体とその物理学・心理学的発生』
1964 ～ 65	ルロワ＝グーラン『身ぶりと言葉』
1964~71	レヴィ＝ストロース『神話論理』
1965	ドゥルーズ『ニーチェ』 グリオール＋ディテルラン『青い狐』 チョムスキー『デカルト派言語学』 スピッツ『人生の最初の年』
1966	ドゥルーズ『ベルクソンの哲学』 フーコー『言葉と物』 ラカン『エクリ』 バンヴェニスト『一般言語学の諸問題Ⅰ』 ラボフ『ニューヨーク市の英語の社会的階層化』
1967	ドゥルーズ『マゾッホとサド』
1968	ドゥルーズ『差異と反復』『スピノザと表現の問題』 チョムスキー『言語と精神』 カスタネダ『ドン・ファンの教え』 パリ、学生蜂起
1968 ～ 73	デュメジル『神話と叙事詩』 ドゥルーズ『意味の論理学』 フーコー『知の考古学』
1970	ウィリアム・バロウズ・ジュニア『スピード』
1971	ミュリエル・ガーディナー（編）『狼男』 ダニエル・マン『ウィラード』（映画） ニクソン・ショック
1972	ドゥルーズ＋ガタリ『アンチ・オイディプス』

『千のプラトー』関連年表

1925	ドゥルーズ、誕生 カフカ『審判』 エイゼンシュタイン『戦艦ポチョムキン』『ストライキ』（映画） アルバン・ベルク『ヴォツェック』（オペラ）
1926	カフカ『城』
1927	フロイト『幻想の未来』
1929	パプスト『パンドラの箱』（映画） 世界大恐慌
1930	ガタリ、誕生
1931	シュペングラー『人間と技術』
1932	ベルクソン『道徳と宗教の二源泉』 フランクリン・ルーズヴェルト、米大統領に当選
1933	ヒトラー政権掌握
1934	ラヴクラフト『銀の鍵の門を越えて』 ユクスキュル『生物から見た世界』
1934～61	トインビー『歴史の研究』
1936	フィッツジェラルド『崩壊』 ポール・モラン『ムッシュー・ゼロ』 イザコウアー「入眠現象の病態心理学への寄与」 ケインズ『雇用・利子および貨幣の一般理論』
1939	フロイト『モーゼと一神教』 第二次世界大戦勃発
1943	サルトル『存在と無』 イェルムスレウ『言語理論の確立をめぐって』
1944	ブレトンウッズ協定
1945	アルトー『タラウマラ』 アーサー・ミラー『焦点』 第二次世界大戦終結
1946	ルウィン「睡眠、口、夢のスクリーン」
1947	マーシャル・プラン発表
1948	アルトー『神の裁きと訣別するため』 グリオール『水の神』
1949	レヴィ＝ストロース『親族の基本構造』 ヘンリー・ミラー『セクサス』
1953	ドゥルーズ『経験論と主体性』
1954～62	アルジェリア戦争
1955	レヴィ＝ストロース『悲しき熱帯』 サリンジャー『フラニーとゾーイ』
1956	リチャード・マシスン『縮みゆく男』

【著者略歴】

仲正昌樹（なかまさ・まさき）

1963年広島生まれ。東京大学大学院総合文化研究科地域文化研究専攻博士課程修了（学術博士）。現在、金沢大学法学類教授。専門は、法哲学、政治思想史、ドイツ文学。古典を最も分かりやすく読み解くことで定評がある。また、近年は、『Pure Nation』（あごうさとし構成・演出）でドラマトゥルクを担当し自ら役者を演じるなど、現代思想の芸術への応用の試みにも関わっている。

・最近の主な著作に、『人はなぜ「自由」から逃走するのか　エーリヒ・フロムとともに考える』（ベストセラーズ）、『現代哲学の論点』（NHK出版新書）
・最近の主な編・共著に、『政治思想の知恵』『現代社会思想の海図』（ともに法律文化社）、『宗教を哲学する』（塩野谷恭輔対談、明月堂書店）
・最近の主な翻訳に、クライスト著『ペンテジレーア』（論創社）、ジャック・デリダ他著『デリダのエクリチュール』（明月堂書店）、ハンナ・アーレント著『アーレントの二人の師　レッシングとハイデガー』（明月堂書店）
・最近の主な共・監訳に、カール・シュミット著『国民票決と国民発案　ワイマール憲法の解釈および直接民主制論に関する一考察』（作品社）

ドゥルーズ＋ガタリ〈千のプラトー〉入門講義

2023年9月25日第1刷印刷
2023年9月30日第1刷発行

著　者　仲正昌樹

発行者　福田隆雄
発行所　株式会社作品社
〒102-0072　東京都千代田区飯田橋2-7-4
Tel 03-3262-9753 Fax 03-3262-9757
https://www.sakuhinsha.com
振替口座 00160-3-27183

装　幀　小川惟久
本文組版　有限会社閏月社
印刷・製本　シナノ印刷(株)

Printed in Japan
落丁・乱丁本はお取替えいたします
定価はカバーに表示してあります
ISBN978-4-86182-992-5 C0010

Ⓒ Nakamasa Masaki, 2023